Udo Kempf · Markus Gloe
(Hrsg.)

Kanzler und Minister 2013–2021

Biografisches Lexikon der deutschen
Bundesregierungen

 Springer VS

Hrsg.
Udo Kempf
Institut für Sozialwissenschaften
Pädagogische Hochschule Freiburg
Freiburg, Deutschland

Markus Gloe
Geschwister-Scholl-Institut für
Politikwissenschaft, Didaktik der
Sozialkunde/Politik & Gesellschaft
Ludwig-Maximilians-Universität München
München, Deutschland

ISBN 978-3-658-38668-9   ISBN 978-3-658-38669-6   (eBook)
https://doi.org/10.1007/978-3-658-38669-6

Die Deutsche Nationalbibliothek verzeichnet diese Publikation in der Deutschen Nationalbibliografie; detaillierte bibliografische Daten sind im Internet über http://dnb.d-nb.de abrufbar.

Lektorat: Frank Schindler
Springer VS ist ein Imprint der eingetragenen Gesellschaft Springer Fachmedien Wiesbaden GmbH und ist ein Teil von Springer Nature.
Die Anschrift der Gesellschaft ist: Abraham-Lincoln-Str. 46, 65189 Wiesbaden, Germany

Inhalt

Teil 1: Einleitung

Teil 2: Biografien

Vorwort

Als am 8. Dezember 2021 Olaf Scholz mit 395 von 707 abgegebenen Stimmen zum neuen Bundeskanzler der Bundesrepublik Deutschland gewählt wurde, endete die 16jährige Regierungszeit von Angela Merkel. Offiziell war die Amtszeit Merkels bereits am 26. Oktober, dem Tag der konstituierenden Sitzung des am 26. September neu gewählten 20. Deutschen Bundestages abgelaufen, aber bis zur Wahl des neuen Kanzlers agierte Merkel weiter als geschäftsführende Bundeskanzlerin. Nach schlechten Wahlergebnissen bei Landtagswahlen in Hessen und Bayern hatte sie bereits 2018 auf eine erneute Kandidatur zum CDU-Parteivorsitz verzichtet und angekündigt, auch nicht für eine Wiederwahl zur Kanzlerin 2021 zur Verfügung zu stehen.

Der vierte Band der Reihe »Kanzler und Minister der Bundesrepublik Deutschland« beinhaltet Porträts der Mitglieder der letzten beiden Kabinette Angela Merkels. Die insgesamt 31 Persönlichkeiten der Regierungszeit von 2013 bis 2021 werden im Einleitungskapitel unter den Aspekten ihres Sozialprofils sowie ihrer Karriereverläufe betrachtet.

Nach einem kurzen biographischen Vorspann versuchen die einzelnen Biographien Antworten auf folgende Kernfragen zu geben:

- Warum erfolgte die Berufung zum Regierungsmitglied?
- Welche zentralen politischen Themenbereiche wurden in der Amtszeit bearbeitet?
- Welche Durchsetzungschancen lassen sich für die Kabinettsmitglieder erkennen?
- Lassen sich Erfolge und/oder Misserfolge der Amtsinhaber bzw. Amtsinhaberinnen bei der Realisierung ihrer politischen Vorhaben aufzeigen?
- Welchen Einfluss spielten die Parteiführungen der Koalitionspartner bei der Amtsernennung oder beim Ausscheiden von Regierungsmitgliedern aus dem Kabinett? Sigmar Gabriel (SPD), der gerne Bundesaußenminister geblieben wäre, ist dafür ebenso ein Beispiel wie die Nichtberücksichtigung von Anton Hofreiter (Bünd-

nis 90/Die Grünen) in der seit 2021 amtierenden Ampelkoalition. Auch Bundesinnenminister Thomas de Maizière (CDU) konnte 2018 seine Nichtberücksichtigung im letzten Merkel-Kabinett zunächst nicht fassen. Er musste Horst Seehofer (CSU) Platz machen und bezweifelte öffentlich die Fähigkeiten seines Nachfolgers für dieses Ministerium – ein Novum in der Geschichte der Regierungsbildungen.

- Welche Dissonanzen zwischen den Amtsträgern bzw. Amtsträgerinnen traten auf? So »knallte« es zwischen SPD-Umweltministerin Swenja Schulze und ihrem CSU-Amtskollegen Scheuer, Bundesverkehrsminister, mehrfach. Die Kanzlerin musste beschwichtigend eingreifen.

Der Anhang informiert über die Zusammensetzung der beiden Kabinette sowie über die Ergebnisse der Bundestagswahlen und die jeweiligen Mehrheitsverhältnisse bei der Wahl der Bundeskanzlerin.

Die Artikel der Kanzlerin sowie der Ministerinnen und Minister, die bereits Mitglieder in den Kabinetten Merkel I und II waren, schließen an die im Vorgängerband an und stellen insofern keine vollständigen biografischen Porträts dar. Gegebenheiten, die sich gegenüber der ersten Hälfte von Angela Merkels Kanzlerschaft nicht oder kaum verändert haben und die im Vorgängerband ausführlich behandelt wurden, wie beispielsweise der Regierungsstil der Kanzlerin im Beitrag über Angela Merkel, werden daher in diesem Band nicht oder nur am Rande angesprochen.

Die Herausgeber haben allen Autorinnen und Autoren für die kollegiale und engagierte Kooperation herzlich zu danken. Dank gebührt außerdem Alessa Diehl, David Distel und Ahmmad Haase vom Münchner Geschwister-Scholl-Institut für die Erfüllung zahlreicher Rechercheaufträge und die Erstellung des Anhangs. Alessa Diehl, Lena Schütt sowie Marianne Wischer vom Münchner Geschwister-Scholl-Institut danken wir recht herzlich für die kritische Durchsicht der Beiträge. Die gute Zusammenarbeit bei der Manuskripterstellung mit Britta Laufer vom Springer VS-Verlag war uns ein Genuss. Herr Frank Schindler vom Springer VS hat auch diesen Band höchst großzügig unterstützt, dafür vielen Dank.

Freiburg/München im Juni 2022

Udo Kempf
Markus Gloe

Autorinnen und Autoren

Carmele, Gordon, Dr. phil., Akademischer Mitarbeiter in der Abteilung Politikwissenschaft der Pädagogischen Hochschule Schwäbisch Gmünd: Karliczek, Wanka

Carstensen, Franziska, Dr. phil., Institut für Politikwissenschaft an der Fernuniversität Hagen: Gröhe, Zypries

Debus, Marc, Dr. rer. soc., Professor für Politikwissenschaft, Universität Mannheim: von der Leyen

Decker, Frank, Dr. rer. pol., Professor für Politikwissenschaft, Friedrich-Wilhelms-Universität Bonn: Maas

Detjen, Joachim, Dr. phil., Professor (em.) für Politikwissenschaft, Katholische Universität Eichstätt-Ingolstadt: Friedrich, Klöckner, Schmidt

Furtak, Florian T., Dr. phil., Professor für Europäisches Recht und Politikwissenschaft, Hochschule für Wirtschaft und Recht Berlin: Giffey, Steinmeier

Glaab, Manuela, Dr. phil., Professorin für Politikwissenschaft, Universität Koblenz-Landau (Campus Landau): Barley

Gloe, Markus, Dr. paed., Professor für Politische Bildung und Didaktik der Sozialkunde/Politik & Gesellschaft, Ludwig-Maximilians-Universität München: Altmaier, Heil, Hendricks, Schulze, Schwesig

Heindl, Fabian, Wissenschaftlicher Mitarbeiter an der Lehreinheit für Politische Bildung und Didaktik der Sozialkunde/Politik & Gesellschaft, Ludwig-Maximilians-Universität München: Dobrindt, Schwesig

Jesse, Eckhard, Dr. phil., Professor (em.) für Politikwissenschaft, Technische Universität Chemnitz: de Maizière

Kempf, Udo, Dr. phil., Professor (em.) für Politikwissenschaft an der Pädagogischen Hochschule Freiburg und assoziiertes Mitglied des Frankreich-Zentrums der Albert-Ludwigs-Universität Freiburg: Gabriel, Kramp-Karrenbauer, Schäuble, Scheuer

Oberreuter, Heinrich, Dr. phil., Dr. phil. h. c., Professor (em.) für Politikwissenschaft, Universität Passau, Direktor der Akademie für Politische Bildung in Tutzing 1993–2009: Seehofer

Oppelland, Torsten, Dr. phil., Akademischer Oberrat und apl. Professor für Politikwissenschaft, Friedrich-Schiller-Universität Jena: Braun, Merkel

Schüttemeyer, Suzanne S., Dr. rer. pol., Professorin (em.) Martin-Luther-Universität Halle-Wittenberg: Zypries

Staff, Helge, Dr. phil., ehem. Mitarbeiter an der Technischen Universität Kaiserslautern: Lambrecht

Stüwe, Klaus, Dr. phil., Professor für Politikwissenschaft, Katholische Universität Eichstätt-Ingolstadt: Spahn

Thieme, Tom, Dr. phil., Professor für Gesellschaftspolitische Bildung, Hochschule der Sächsischen Polizei, Rothenburg/O. L.: Scholz

Voigt, Linda M., Dr. rer. pol., Akademische Mitarbeiterin, Institut für Politische Wissenschaft Universität Heidelberg: Nahles

Wagschal, Uwe, Dr. phil., Professor für Politikwissenschaft, Albert-Ludwigs-Universität Freiburg: Müller

Wenzelburger, Georg, Dr. rer. pol., Professor für Politikwissenschaft mit Schwerpunkt komparative Europaforschung, Universität des Saarlandes: Lambrecht

Abkürzungsverzeichnis

a. D.	außer Dienst
AA	Auswärtiges Amt
Abs.	Absatz
Abt.	Abteilung
AfD	Alternative für Deutschland
APuZ	Aus Politik und Zeitgeschichte
Art.	Artikel
BDI	Bundesverband der Deutschen Industrie
BGB	Bürgerliches Gesetzbuch
BIP	Bruttoinlandsprodukt
BKA	Bundeskriminalamt
bzw.	beziehungsweise
CDU	Christlich-Demokratische Union Deutschlands
CSU	Christlich-Soziale Union in Bayern
DGB	Deutscher Gewerkschaftsbund
DIHT	Deutscher Industrie- und Handelstag
EBA	Eisenbahnbundesamt
EU	Europäische Union
f.	folgend
ff.	folgende
FAS	Frankfurter Allgemeine Sonntagszeitung
FAZ	Frankfurter Allgemeine Zeitung
FDP	Freie Demokratische Partei Deutschlands
FR	Frankfurter Rundschau
GASP	Gemeinsame Außen- und Sicherheitspolitik
GG	Grundgesetz

Hg.	Herausgeber
IGBCE	Industriegewerkschaft Bergbau, Chemie, Energie
IP	Zeitschrift Internationale Politik
IS	Islamischer Staat
JVA	Justizvollzugsanstalt
NATO	North Atlantic Treaty Organization
o. D.	ohne Datum
o. J.	ohne Jahr
o. O.	ohne Ort
ÖPNV	Öffentlicher Personennahverkehr
SPD	Sozialdemokratische Partei Deutschlands
SZ	Süddeutsche Zeitung
vgl.	vergleiche
ZfP	Zeitschrift für Politik
ZParl	Zeitschrift für Parlamentsfragen

Teil 1
Einleitung

A. Bundestagswahlen, Regierungsbildungen und Regierungsleistungen 2013 bis 2021

Die Wahlen zum Deutschen Bundestag am 22. 9. 2013

Die Wahlen zum 18. Deutschen Bundestag am 22.9.2013 endeten mit einer Überraschung. Dass die Union erneut stärkste Partei würde, zeichnete sich in allen Umfragen des Jahres 2013 ab. Ebenfalls zeigten die Prognosen, dass der Spitzenkandidat der SPD, der ehemalige Finanzminister Peer Steinbrück, kaum eine Chance haben würde, die amtierende Kanzlerin zu schlagen.

Schon vorher zeigten die Umfragen das schlechte Erscheinungsbild des liberalen Koalitionspartners der Regierung Merkel II. Während die Kanzlerin hohe Zustimmungswerte bei allen Befragungen erzielte, verloren die Liberalen zunehmend an Beliebtheit und rutschten in zahlreichen Meinungsumfragen trotz des Wechsels im Parteivorsitz zu Philipp Rösler, der kurz vor der Wahl aus dem Gesundheitsministerium in das Wirtschaftsressort gewechselt war, zeitweilig unter die Fünfprozentklausel.

Nach Auszählung der Stimmen im September 2013 erhielt die FDP nur 4,8 % der Stimmen, ihr niedrigstes Ergebnis bei nationalen Wahlen seit Bestehen der Bundesrepublik Deutschland. Damit verlor die Union einen potentiellen Koalitionspartner. Ganz unschuldig war sie daran nicht. Während des Wahlkampfes hatte sie es strikt abgelehnt, eine Zweitstimmenkampagne zu Gunsten der Liberalen zu unterstützen. Die Union gewann am 22. 9. 2013 die Wahl mit 41,5 % der gültigen Zweitstimmen und erhielt 311 Sitze im neugewählten Bundestag. Ihr fehlten damit nur fünf Sitze zur absoluten Sitzmehrheit. Die Sozialdemokraten erhielten 25,7 % der Zweitstimmen, ein Zuwachs von enttäuschenden 2,7 %. Neben den Liberalen verloren auch Bündnis '90/Die Grünen mit 8,4 % (ein Minus von 2,3 % gegenüber 2009). Die Katastrophe im japanischen Kernkraftwerk Fukushima im Jahr 2011 hatte sich nicht zu ihren Gunsten ausgewirkt. U. a. frühere Äußerungen von führenden Grünen zur Pädophilie schmälerten ihre Wahlchancen. Auch Die Linke büßte Stimmen ein: 8,6 %, ein Minus von 3,3 % gegenüber der letzten Bundestagswahl.

© Springer Fachmedien Wiesbaden GmbH, ein Teil von Springer Nature 2023
U. Kempf und M. Gloe (Hrsg.), *Kanzler und Minister 2013–2021*,
https://doi.org/10.1007/978-3-658-38669-6_1

Die erstmals bei einer nationalen Wahl kandidierende rechtspopulistische AfD verfehlte mit 4,7 % den Einzug in den Bundestag. Die Wahlbeteiligung lag mit 71,5 % um 0,72 Prozentpunkte über dem historischen Tiefstand der Bundestagswahl 2009. Theoretisch hätte ein Bündnis aus SPD, Linke und Grüne eine hauchdünne Regierungsmehrheit gehabt. Da jedoch vor der Wahl Kanzlerkandidat Peer Steinbrück ebenso wie die SPD-Generalsekretärin Andrea Nahles eine solche Koalition kategorisch ausgeschlossen hatten, lief alles auf eine Neuauflage einer Großen Koalition hinaus. Zwar hatte die Union auch Sondierungen mit den Grünen aufgenommen; diese scheiterten jedoch am Widerstand führender Vertreter von Bündnis '90/Die Grünen; sie sahen keine gemeinsame Basis für eine schwarz-grüne Koalition. Ob es aber selbst bei positiven Koalitionsgesprächen zu einem solchen Bündnis gekommen wäre, ist jedoch wegen der innerparteilichen Widerstände in beiden Parteien bzw. Fraktionen fraglich.

Ergebnis der Wahl zum 18. Deutschen Bundestag am 22.9.2013

Partei	Zweitstimmenergebnis in %	Sitze
CDU/CSU	41,5	311
SPD	25,7	193
FDP	4,8	–
Die Linke	8,6	64
Bündnis '90/Die Grünen	8,4	63
AfD	4,7	–
gesamt		631

Quelle: Holzapfel, Klaus: Kürschners Volkshandbuch: Deutscher Bundestag, 18. Wahlperiode. Rheinbreitbach 2014: 49 und 62.

Die Regierungsbildung 2013

Folglich lief alles auf eine Neuauflage der unbeliebten Großen Koalition hinaus, obgleich die SPD-Parteiführung mit erheblichen Widerständen in den eigenen Reihen rechnen musste. Diesen versuchte die Parteiführung bzw. die 200 Delegierten des SPD-Parteikonvents durch die Zusicherung zu begegnen, der Parteikonvent werde über die Ergebnisse befragt. Noch während des Wahlkampfes hatte die SPD eine Neuauflage einer Großen Koalition eindeutig ausgeschlossen. Andererseits erlaubte das Wahlergebnis bzw. die Sitzverteilung kaum eine Alternative, da eine von der SPD geführte Linksregierung mit nur vier Sitzen Mehrheit bei den stark divergierenden Vorstellungen der Parteien vor allem in der Außenpolitik kaum dauerhaft handlungsfähig gewesen wäre.

Von der Partei Die Linke wurde unermüdlich auf eine Linksmehrheit jenseits der Union verwiesen; diese wurde jedoch von der SPD-Führung nahezu während der gesamten Legislaturperiode u. a. wegen außen- und militärpolitischer Divergenzen verworfen.

Nach einigen Sondierungsgesprächen zwischen Union und SPD, die als eine Art »Eisbrecher« zur Befriedung der SPD-Parteibasis dienten (Sturm 2014: 209), begannen am 23. 10. 2013, fast genau einen Monat nach der Bundestagswahl, die Koalitionsverhandlungen zwischen Union und SPD. Widerstände gegen eine Neuauflage der Großen Koalition u. a. von der nordrhein-westfälischen Ministerpräsidentin Hannelore Kraft und zahlreichen Parteifunktionären konnte der Parteivorsitzende Sigmar Gabriel u. a. damit überwinden, dass der beabsichtigte Koalitionsvertrag durch ein SPD-Mitgliedervotum bestätigt werden sollte. Trotz des bescheidenen Wahlergebnisses bestand Gabriel darauf, dass die Verhandlungen mit der CDU/CSU auf »Augenhöhe« geführt würden. Kernanliegen der Sozialdemokraten (siehe unten) müssten sich im Koalitionsvertrag wiederfinden. Außerdem betonte er öffentlich, dass sich die erneute Koalition zwischen den beiden Volksparteien um ein »Bündnis auf Zeit, um eine befristete Koalition der praktischen Vernunft« handele (ebd.: 216). Eine weitere Große Koalition nach dieser Wahlperiode schlossen Ende 2013 die Führungsspitzen der SPD aus.

Fünf Wochen lang verhandelten 77 Unterhändler in zwölf Arbeitsgruppen, teilweise aber auch im Plenum. Das Ergebnis war ein 185 Seiten starker Koalitionsvertrag.

In den Vertragsverhandlungen hatten die Sozialdemokraten u. a. den Mindestlohn, die abschlagfreie Rente mit 63 Jahren nach 45 Beitragsjahren und die doppelte Staatsbürgerschaft für in Deutschland geborene Kinder ausländischer Eltern durchgesetzt. Die Rückführung von Zeit- und Leiharbeit wurde ebenso wie die Gleichstellung von Ehe und gleichgeschlechtlicher Partnerschaft vereinbart.

Die beiden Unionsschwestern setzten durch, dass es in der beginnenden Legislaturperiode keine Steuererhöhungen geben sollte, dass das Ehegattensplitting bleibe und eine Mütterrente ab dem 1. 7. 2014 für Kinder, die vor 1992 geboren worden sind, vereinbart wurde. Auf Drängen der CSU einigten sich die Koalitionspartner auch auf eine Pkw-Maut für Halter von nicht in Deutschland zugelassenen Pkws. Darüber hinaus beschlossen die Partner, sich regelmäßig zu Koalitionsgesprächen zu treffen, um Angelegenheiten von grundsätzlicher Bedeutung zu beraten. Wechselnde Mehrheiten im Bundestag wurden ebenso ausgeschlossen; auch Überstimmungen im Kabinett in Fragen grundsätzlicher Bedeutung sollte es nicht geben (ebd.: 221 f.).

Zahlreiche Kommentatoren werteten die Verhandlungen als einen Sieg der Sozialdemokraten. »Deutschland hat bürgerlich gewählt – und bekommt eine sozialdemokratische Regierung«, so der Chefredakteur der Basler Zeitung. Angela Merkel habe »die konservative Seele« verkauft (zitiert nach Grunden 2015: 510). Und der Spiegel-Kolumnist Jan Fleischhauer merkte an, der Vertrag sei ein »besonders bedrückendes Dokument staatlicher Selbstermächtigung«. Seine »wohlfahrtstaatliche Kuschelsprache zeuge von der Auflösung der konservativ-liberalen Ideenwelt der CDU« (zit. ebd.). So verwundert es nicht, dass »es in der Union zu einem kleinen Aufstand junger Funktionäre kam. […] Sie wandten sich gegen die einseitige Belastung der jungen Generation durch die neuen Sozialleistungen« (Sturm 2014: 223). Allerdings blieb der Protest ohne Konsequenzen für die Verabschiedung des Koalitionsvertrages auf dem kleinen Parteitag der CDU; es gab nur zwei Enthaltungen. Auch die CSU-Vorstandsmitglieder und Bundestagsabgeordneten billigten die Vereinbarungen. Die SPD »strafte« aber den Parteivorsitzenden, die Generalsekretärin und den Hamburger Ersten Bürgermeister Olaf Scholz, der als stärkster Befürworter des geplanten Bündnisses galt, mit nur bescheidener Zustimmung bei den Vorstandswahlen »ab«. Ergänzend beschloss der Parteitag zur »Befriedung« der koalitionsskeptischen Parteibasis, ab 2017 Koalitionen mit der Partei Die Linke auch auf Bundesebene nicht mehr auszuschließen (ebd.: 217).

Wie zu Beginn der Koalitionsverhandlungen zur »Beruhigung« der Basis beschlossen, führte die SPD erstmals in der Geschichte bundesdeutscher Regierungsbildungen vom 2. bis 12. 12. 2013 einen Mitgliederentscheid durch. Von den etwa 475 000 Parteimitgliedern beteiligten sich fast 78 % daran. 76 % billigten den Koalitionsvertrag und machten damit den Weg frei für eine erneute Große Koalition. Am 16. 12. 2013 unterzeichneten die drei Parteivorsitzenden den Koalitionsvertrag.

Unmittelbar anschließend teilten die Koalitionspartner die Ressortverteilung mit: Die CDU stellte neben der Kanzlerin sechs Ministerinnen und Minister, die CSU besetzte drei Ressorts und die SPD sechs. Sechs bzw. 37,5 % der Kabinettsmitglieder waren Frauen. Für Überraschung bei den Personalentscheidungen sorgten u. a. Ursula von der Leyen als neue Verteidigungsministerin (bislang zuständig für das Ressort Arbeit und Soziales), Heiko Maas als Justiz- und Verbraucherschutzminister sowie der SPD-Vorsitzende Sigmar Gabriel. Der neue Vizekanzler verzichtete auf das prestigeträchtige Außenministerium zu Gunsten von Wirtschaft und Energie. Wolfgang Schäuble (CDU) behielt das Finanzministerium. »Den Sozialdemokraten gelang es, trotz ihres zweitschlechtesten Wahlergebnisses seit 1949 wichtige Schlüsselstellen im Kabinett zu besetzen und aus ihrer Sicht ›Augenhöhe‹ mit der CDU zu erreichen« (ebd.: 226). Die CSU behielt zwar drei Ressorts, musste aber das wichtige Innenministerium gegen das »schwächere« Entwicklungsressort »tauschen«.

Am 17. 12. 2013 wählte der Deutsche Bundestag Angela Merkel zum dritten Mal zur Bundeskanzlerin. Sie bekam 462 Stimmen, 42 weniger als die Koalitionspartner zusammen Abgeordnete hatten. 86 Tage nach der Bundestagswahl endete damit die bislang längste Regierungsbildung in der bisherigen Geschichte der Bundesrepublik Deutschland.

Die Regierungsarbeit 2013 bis 2018

Während in der schwarz-gelben Vorgängerregierung schon kurz nach Amtsantritt der Eindruck großer Zerstrittenheit entstand, nicht zuletzt wegen der ständigen Forderungen der Liberalen nach Steuersenkungen (»Mehr Netto vom Brutto«) arbeitete die dritte

Die Mitglieder des Kabinetts Merkel III, 2013

Angela Merkel	CDU
Peter Altmaier	CDU
Katarina Barley ab 2. 6. 2017	SPD
Thomas de Maizière	CDU
Alexander Dobrindt	CSU
Hans-Peter Friedrich bis 17. 2. 2014	CSU
Sigmar Gabriel bis 17. 1. 2017	SPD
Hermann Gröhe	CDU
Barbara Hendricks	SPD
Heiko Maas	SPD
Gerd Müller	CSU
Andrea Nahles	SPD
Wolfgang Schäuble	CDU
Christian Schmidt ab 17. 2. 2014	CSU
Manuela Schwesig bis 2. 6. 2017	SPD
Frank-Walter Steinmeier bis 27. 1. 2017	SPD
Ursula von der Leyen	CDU
Johanna Wanka	CDU
Brigitte Zypries ab 27. 1. 2017	SPD

Große Koalition zunächst ohne große Probleme. Die Partner vertrauten einander. Auch behielten nahezu alle Kabinettsmitglieder während der gesamten Legislaturperiode ihre Ämter. Zu Beginn ihrer Amtszeit arbeiteten die Koalitionäre eine Reihe von sozialpolitischen Projekten wie die Einführung des Mindestlohns relativ zügig und geräuschlos ab. Kanzlerin Merkel wurde allerdings aus den eigenen Reihen, vor allem von Vertretern des Wirtschaftsflügels der Union, mit dem Vorwurf konfrontiert, die Union zu »sozialdemokratisieren«. Besonders die Rente mit 63 Jahren nach 45 Beitragszahlungen wurde kritisiert, ohne dass es jedoch zu einem »Aufstand« gegen die Kanzlerin kam. Sie blieb während der gesamten Legislaturperiode unangefochten. Nach den Daten der Forschungsgruppe Wahlen erzielte sie in der ersten Hälfte der Legislaturperiode bei der Frage nach Sympathie und Leistung hohe Zustimmungswerte. Die Werte des Vizekanzlers verblassten demgegenüber (Zohlnhöfer 2019: 55). Erst kurz vor der Bundestagswahl

2017 »holte« Gabriel »auf« – allerdings schon nicht mehr als Kanzlerkandidat der SPD. Martin Schulz' Werte, neuer Parteivorsitzender und Bewerber um das Kanzleramt, brachen nach einem kurzen Hoch mit über 40 % in den Umfragen dramatisch ein. Eine Wechselstimmung ließ sich nicht feststellen.

Nach Untersuchungen des Instituts für Demoskopie Allensbach zählte in der Mitte der 18. Legislaturperiode die Hälfte der Bevölkerung die Qualität der schwarz-roten Regierungsleistung zu den besonderen Stärken Deutschlands. Die politische Stabilität sahen sogar 87 % als einen besonderen Pluspunkt Deutschlands (Köcher in FAZ vom 20.11.2018: 10). Dagegen war Mitte der 19. Legislaturperiode das Zutrauen in die Regierungsleistung und die politische Stabilität »geradezu dramatisch verfallen« (ebd.).

Nach dem relativ konfliktfreien Verlauf der ersten Hälfte der 18. Legislaturperiode rückte ab Sommer 2015 das Thema Migration und Zuwanderung in den Mittelpunkt der politischen Diskussion in Deutschland. Die Zuwanderung von 1,3 Millionen Flüchtlingen vor allem aus dem Bürgerkriegsland Syrien, weiteren Ländern des Nahen und Mittleren Osten, aus Afrika sowie Merkels Satz in einer Pressekonferenz am 31.8.2015 »Wir schaffen das«, also die Aufnahme der Asylsuchenden ohne Kontrolle an den deutschen Grenzen, blieb bis Ende der Wahlperiode mit weitem Abstand das wichtigste innenpolitische Thema für die Wähler. 34 % der Befragten, die die Asyl- und Zuwanderungspolitik als das dringendste Problem in Deutschland wahrnahmen, billigten der Union die größten Kompetenzen bei der Lösung zu.

Trotz des teilweisen heftigen Streites innerhalb der Union u.a. über Merkels Weigerung Grenzkontrollen und auch Grenzschließungen vorzunehmen, blieb ihre Führungsposition und folglich die erneute Kanzlerkandidatur unangefochten. »Dass Angela Merkel die nächste Kanzlerin sein werde, zeichnete sich nach dem Kollaps des Martin Schulz-Hypes im Frühsommer 2017 [und den von der SPD verlorenen Landtagswahlen im Saarland und in Nordrhein-Westfalen] ab« (Dietz/Roßteutscher 2019: 140).

Die Wahl zum 19. Deutschen Bundestag am 24.9.2017

Der Erfolg der AfD bei den Bundestagswahlen im September 2017 veränderte das Parteiensystem nachhaltig. War die rechtspopulistische Partei bei den Wahlen 2013 noch knapp unter der Fünfprozenthürde geblieben, gelang es ihr aufgrund des dominierenden Wahlkampfthemas Flüchtlingspolitik vier Jahre später, ihr Wahlergebnis auf 12,6 % mehr als zu verdoppeln. Sie zog mit 94 Abgeordneten in den Deutschen Bundestag ein.

Das Wahlergebnis vom 24.9.2017 war für die Koalitionspartner zutiefst enttäuschend. Die Union sackte gegenüber 2013 um 8,6 % auf nur noch 32,9 % ab und verlor 65 Bundestagsmandate. Insbesondere für die bayrische CSU war der Verlust von 10,5 % der Zweitstimmen in Bayern desaströs. Die SPD erhielt mit 20,5 % der Zweitstimmen ihr schlechtestes Wahlergebnis seit 1949. Ihre Fraktion schrumpfte um 40 Mandate auf nur noch 153. Erstmals seit den fünfziger Jahren saßen nun Abgeordnete von sechs

Ergebnis der Wahl zum 19. Deutschen Bundestag am 24.9.2017; Wahlbeteiligung 76,2 %

Partei	Zweitstimmen in %	Sitze
CDU/CSU	32,9	246
SPD	20,5	153
Die Linke	9,2	69
Bündnis '90/Die Grünen	8,9	67
FDP	10,7	80
AfD	12,6	92
fraktionslos		2
gesamt		709

Aus: Holzapfel, Klaus: Kürschners Volkshandbuch: Deutscher Bundestag, 19. Wahlperiode. Rheinbreitbach 2018: 47

Fraktionen im Deutschen Bundestag. Neben der AfD mit 94 Abgeordneten gelangten der FDP mit 80, der Linken mit 69 und Bündnis '90/Die Grünen mit 67 Mandaten der Einzug in den Bundestag.

Die Regierungsbildung 2017/2018

Noch am Wahlabend hatte der SPD-Vorsitzende Martin Schulz vor laufenden Kameras mitgeteilt, eine erneute Große Koalition werde es nicht geben. Eine linke Mehrheit erlaubte das Wahlergebnis allerdings genauso wenig wie eine Neuauflage von Schwarz-Gelb. Eine Unterstützung durch die oder gar eine Koalition mit der AfD hatten Union und Liberale strikt ausgeschlossen; das Gleiche galt für ein Bündnis mit Der Linken. Da die SPD eine Neuauflage der Großen Koalition vehement verneint hatte, blieb dem bisherigen Koalitionspartner nur die Option für eine sogenannte Jamaika-Koalition mit der FDP und Bündnis '90/Die Grünen. Ein solches Bündnis wäre auf 393 Sitze gekommen – eine Mehrheit von 54 Mandaten. Eine theoretisch mögliche Minderheitsregierung wurde von Angela Merkel und der CDU/CSU kategorisch abgelehnt.

Union, Liberale und Grüne nahmen vier Wochen nach der Bundestagswahl Sondierungsgespräche auf, nachdem vorher die vier Parteien grundsätzlich Gesprächsbereitschaft bekundet hatten (Blinzler u. a. 2019: 359). Hatten bisherige Sondierungsgespräche in einem eher kleinen Kreis stattgefunden, trafen sich nunmehr über 50 Delegierte, eine Verhandlungsgruppe die von der FDP zu Recht als zu groß und zu unflexibel kritisiert wurde (die Liberalen nahmen nur mit 4 Vertretern teil). In den Medien wurden nicht nur die schleppenden Verhandlungen, das »Durchstechen« von angeblich getroffenen Vereinbarungen, die anschließend nach innerparteilichen Protesten wieder zu-rückgenommen werden mussten, und die nicht überzeugende Gesprächsleitung durch die Kanzlerin kritisiert. Hauptstreitpunkte waren insbesondere die Flüchtlingspolitik mit einer von der CSU verlangten Obergrenze von 200 000 Flüchtlingen, der Familien-nachzug von anerkannten Asylanten, das Thema »Kohleausstieg« und die Abschaffung des Solidaritätszuschlags. Bei Meinungsumfragen befürworteten 55 % der Befragten eine Jamaika-Koalition und erwarteten trotz erheblicher Schwierigkeiten bei einzelnen Sachthemen eine Einigung.

Umso überraschter waren die Öffentlichkeit, aber auch potentielle Koalitionsbefür-worter, als FDP-Chef Christian Lindner die Sondierungsgespräche am 19.11. kurz vor Mitternacht mit den Worten »Es ist besser nicht zu regieren, als falsch zu regieren« scheitern ließ. In seiner eigenen Partei stieß dieser Rückzug nicht auf ungeteilte Zu-stimmung, in den Meinungsumfragen erst recht nicht. Die FDP rutschte im ZDF-Po-litbarometer in den folgenden Monaten auf unter 6 % ab. In einem Gespräch mit der Badischen Zeitung zwei Jahre später begründete Lindner den Rückzug aus den Jamaika-Gesprächen: »In einem Dreierbündnis braucht es ein faires Miteinander, sonst besteht die Gefahr, dass zwei Partner sich verbünden, um den dritten überflüssig zu machen.« In dieser Lage sah Lindner seine Partei 2017. Kanzlerin Merkel hätte während der Ja-maika-Sondierungsgespräche »versucht, die Grünen aus dem linken Lager herauszulö-sen hinein in eine bürgerliche Regierung. Den Preis dafür sollte die FDP zahlen. Dazu waren wir nicht bereit« (Badische Zeitung vom 21.11.2019: 6).

Erstmals in der 70jährigen Geschichte der Bundesrepublik griff der Bundespräsident einen Tag nach den gescheiterten Sondierungsgesprächen aktiv in eine Regierungsbil-dung ein. Frank-Walter Steinmeier mahnte alle demokratischen Parteien – also auch »seine« SPD – das Gemeinwohl zu beachten und sich nicht aus rein parteipolitischem Kalkül einer Regierungsallianz zu verweigern. »Ich erwarte von allen Gesprächspart-nern Gesprächsbereitschaft, um eine Regierungsbildung in absehbarer Zeit möglich zu machen. Wer sich in Wahlen um politische Verantwortung bewirbt, der darf sich nicht drücken, wenn man sie in den Händen hält.« Seine Mahnung richtete er nicht nur an die Jamaika-Sondierer sondern auch an seine eigene Partei. »[Ich richte mich] an Par-teien, bei denen programmatische Schnittmengen eine Regierungsbildung nicht aus-schließen« (Badische Zeitung vom 21.11.2017: 1). Das Staatsoberhaupt kündigte an, in den kommenden Tagen Gespräche mit den Parteivorsitzenden zu führen. Mögliche Neuwahlen, in seiner Erklärung nicht erwähnt, schien er abzulehnen. Merkel ihrerseits lehnte eine von den kleineren Parteien und Teilen der SPD-befürwortete Minderheits-regierung ab und betonte in einem ARD-Interview, sie würde Neuwahlen vorziehen, sollte keine Regierung mit einer parlamentarischen Mehrheit zustande kommen.

Die vom Scheitern der Jamaika-Sondierungsgesprächen völlig überraschte SPD-Führung verabschiedete einstimmig einen Antrag, weiterhin nicht für eine große Koali-tion zur Verfügung zu stehen. Parteichef Schulz sagte: »Wir scheuen Neuwahlen unver-ändert nicht« (FAZ vom 21.11.2017: 1).

In den folgenden Tagen ergriff der Bundespräsident erneut die Initiative und bestellte die Parteivorsitzenden zunächst einzeln zu Gesprächen ein, um auszuloten, ob und wo sich Gemeinsamkeiten zwischen möglichen Koalitionspartnern ergeben könnten. »Und dies mit einem ersten Erfolg«: Nach langen Beratungen der SPD-Parteiführung im Anschluss an Steinmeiers Treffen mit dem SPD-Vorsitzenden signalisierte die Partei grundsätzliche Gesprächsbereitschaft und »rückte somit von ihrer strikten bisherigen Position ab« (Blinzler u. a. 2019: 360). Um die kritische Parteibasis sowie etliche Funktionäre zu besänftigen, bot Schulz einen Mitgliederentscheid im Falle eines Regierungseintritts der SPD an. Er betonte auch, alles sei noch offen.

Der Bundespräsident lud am 30.11. die Vorsitzenden der bisherigen Großen Koalition zu einem gemeinsamen Gespräch ein, bei dem es zu einer Annäherung zwischen den Spitzen von Union und Sozialdemokratie kam. Am 4.12. beschloss der SPD-Parteivorstand, offene Gespräche mit der Union über eine eventuelle Neuauflage der bisherigen Koalition zu führen. Der bevorstehende SPD-Parteitag sollte darüber befinden. Nach heftiger Debatte und Widerstand von Seiten der Jungsozialisten stimmte am 7.12. 2017 eine klare Mehrheit der Delegierten für Sondierungsgespräche mit der Union. Sollten diese erfolgreich verlaufen, hätte ein Sonderparteitag über die Aufnahme von Koalitionsverhandlungen zu befinden. Nach dem Beschluss der Union sowie zwei Tage später auch des SPD-Vorstandes begannen die Sondierungsgespräche am 7.1.2018 und sollten am 11.1.2018 abgeschlossen werden.

Im Gegensatz zu den Jamaika-Gesprächsrunden waren nicht nur die Verhandlungsteams deutlich kleiner, sondern auch die Zeitspanne wesentlich kürzer, um einen möglichen Sondierungserfolg auszuloten. Das 28seitige Sondierungspapier diente der Parteiführung als Grundlage, dem für den 21.1.2018 anberaumten SPD-Sonderparteitag die Aufnahme von Koalitionsverhandlungen mit der Union zu empfehlen. Eine knappe Mehrheit von 362 der 642 Delegierten (also 56 %) befürwortete die Aufnahme der Koalitionsverhandlungen mit der CDU/CSU. Knapp zwei Wochen später wurde der Koalitionsvertrag beschlossen und den SPD-Mitgliedern zur Abstimmung vorgelegt. Vom 20. 2. 2018 bis zum 2. 3. 2018 konnten über 463 000 Parteimitglieder ihr Votum abgeben. Während der Parteivorsitzende Martin Schulz und die Fraktionschefin Andrea Nahles gemeinsam mit den übrigen Mitgliedern der Parteispitze für die Annahme warben, waren die Jungsozialisten strikt gegen eine Neuauflage der ungeliebten Großen Koalition. Ihr Vorsitzender Kevin Kühnert reiste auf einer »NoGroKo-Tour« werbewirksam durch Deutschland und versuchte die Parteibasis von einem »Nein« zu einem erneuten Bündnis mit der Union zu überzeugen.

Als am 4.3.2018 das Ergebnis bekanntgegeben wurde, »herrschte Erleichterung [im Foyer des Willy-Brandt-Hauses], doch verkneift man sich den Jubel: Wunden müssen heilen«, so Majid Sattar in der FAZ. »Bei der Verkündung des Ergebnisses bleibt es auffallend still. Spiegelt dies die Stimmung der Gefühlslage wider?« (FAZ vom 5. 3. 2018: 3). Von den 463 722 Parteimitgliedern nahmen 362 933 an der Abstimmung teil. 66,2 % (239 604) stimmten mit Ja (zehn Prozent weniger als vier Jahre zuvor) und 123 329

(33,98 %) votierten mit Nein (Badische Zeitung vom 5. 3. 2018: 3). Mit anderen Worten, ein Drittel der Befragten hatte gegen den Koalitionsvertrag gestimmt. Unter den zwei Dritteln, die der Empfehlung der Parteiführung gefolgt waren, waren »viele Zweifler, welche die SPD in einem fatalen Dilemma wähnten und im Grunde nur mit Ja stimmten, weil sie in diesem Schritt eine lebensverlängernde Maßnahme sahen«, so Majid Sattar. Bei möglichen Neuwahlen hätte die SPD mit einem weiteren Absturz rechnen müssen. Die heftigsten Gegner einer neuen »GroKo« bekundeten, sie seien »enttäuscht« (so der Juso-Chef), würden aber das Abstimmungsergebnis hinnehmen, jedoch ihre Kritik an der Koalitionsneuauflage ungeschmälert fortsetzen.

Fast ein halbes Jahr nach der Bundestagswahl 2017 stand einer erneuten Regierungsbildung unter Angela Merkel nichts mehr im Wege. Der 175 Seiten umfassende Koalitionsvertrag, auf den sich die Partner während der Legislaturperiode bei nahezu jeder Gelegenheit beriefen, zeigte eindeutig die Handschrift der Sozialdemokraten. Nicht nur bei der Besetzung von Schlüsselressorts (siehe unten) sondern vor allem auch bei zahlreichen sozialpolitischen Themen setzten sich die Sozialdemokraten durch: Zwar konnte die Union die SPD-Forderung nach einer paritätischen Bürgerversicherung zur Ablösung des angeblichen Zwei-Klassen-Kassensystems abwenden, musste dafür aber neben der weitgehenden Abschaffung der sachgrundlosen Befristung von Arbeitsverhältnissen eine deutliche Erhöhung der Grundrente (die sogenannte Respekt-Rente) akzeptieren. Beim strittigen Thema Asyl- und Zuwanderungspolitik setzte die Union eine Obergrenze von 180 000 bis 200 000 Zuwanderern und eine Begrenzung des Familiennachzugs von monatlich 1 000 Angehörigen durch. Angela Merkel kommentierte das Gesamtergebnis: »Wir haben hart gerungen und mussten Kompromisse eingehen. Wir haben aber viel erreicht« (FAZ vom 27. 2. 2018: 3). Wenn auch nur 27 unter den 975 Delegierten des CDU-Parteitages gegen den Koalitionsvertrag votierten, rumorte es in der Partei. Der ehemalige hessische Ministerpräsident Roland Koch brachte dies stellvertretend für etliche CDU-Funktionsträger mit den Worten zum Ausdruck: »Die CDU hat fast alles mit sich machen lassen, damit es zu einer Regierung kommt: [...] Der jetzt vorliegende Koalitionsvertrag geht davon aus, die großen Herausforderungen [wie] Zukunftsgestaltung und gesamtgesellschaftliche Entwicklungen mit dem Verteilen von Geld lösen zu können. [...] Große Koalitionen sind zu grundsätzlichen Reformen nicht in der Lage« (FAZ vom 12. 2. 2018: 2).

Auch bei der Verteilung der Ressorts gab es Unmut in der CDU. Während die CSU – wie bislang – außer Verkehr und Digitales sowie Entwicklungszusammenarbeit das um Bau und Heimat erweiterte Innenministerium für Horst Seehofer »erobern« konnte, musste die Schwesterpartei besonders auf das prestigeträchtige und für finanzpolitische Stabilität (ein »Markenzeichen« der Union) wichtige Finanzministerium verzichten. Olaf Scholz, Erster Bürgermeister der Stadt Hamburg und kommissarischer SPD-Parteivorsitzender, folgte Wolfgang Schäuble, der zum Bundestagspräsidenten gewählt worden war. Sigmar Gabriel, der gerne das Außenressort weiterhin geleitet hätte, wurde jedoch von Olaf Scholz und Andrea Nahles bei der Ressortvergabe nicht mehr berücksichtigt. Martin Schulz hatte sich noch Hoffnung auf dieses Ministerium gemacht, obwohl er vor der Wahl verkündet hatte, er würde nicht in einem Kabinett unter Angela Merkel mitregieren wollen. Mit seinem Schwenk stand seine Glaubwürdigkeit, die schon durch seine Befürwortung einer erneuten GroKo massiv gelitten hatte, völlig in Frage. Dem noch Parteivorsitzenden blieb schließlich nichts anderes übrig, als auf ein Ministeramt zu verzichten. Neuer Hausherr am Werderschen Markt wurde dank Scholz und Nahles der bisherige Justizminister Heiko Maas. Sein ehemaliges Ressort ging an die Familienministerin Katarina Barley.

Der Forderung nach einer Verjüngung des Kabinetts trugen Merkel und Nahles Rechnung. Für die Union traten Jens Spahn, der bislang als heftiger Merkel-Kritiker aufgefallen war und nun als neuer Gesundheitsminister in die Kabinettssolidarität eingebunden wurde, Julia Klöckner, zuständig für Ernährung, Landwirtschaft und Verbraucherschutz, und Anja Karliczek als Bildungs- und Forschungsministerin ins Kabinett ein. Die SPD nominierte die junge Berliner Bezirksbürgermeisterin Franziska Giffey als Familienministerin; für die CSU wurde ihr bisheriger Generalsekretär Andreas Scheuer als Verkehrsminister berufen.

Thomas de Maizière musste sein Ressort zu Gunsten von Horst Seehofer räumen. Ein anderes Ministerium sei für ihn nicht in Frage gekommen. »Das ist [seine] Art, sich nicht herumschubsen zu lassen«, so Eckhart Lohse in der FAZ (FAZ vom 12. 2. 2018: 2). Sein Verhältnis als Innenminister zur Kanzlerin war wegen Differenzen in der Flüchtlingspolitik nicht ungetrübt. Streitigkeiten wie bei Sigmar Gabriels »Ausbooten« durch die SPD-Parteiführung gab es bei de Maizière jedoch nicht. »Ein Ministeramt ist ein Amt auf Zeit, das war mir immer bewusst«, schrieb der Ex-Minister. »Jetzt ist für mich die Zeit gekommen, aus der Bundesregierung auszuscheiden« (de Maizière 2019: 210). Seinen Abschied aus dem Ministerium »feierte« der amtierende Innenminister bei der Amtsübergabe, so ein FAZ-Korrespondent, nicht wie die übrigen ausscheidenden Kollegen und Kolleginnen, sondern »im Stil einer Beerdigung im engsten Familienkreis« (FAZ vom 15. 3. 2018: 3). Die Öffentlichkeit war von der Zeremonie ausgeschlossen. Schon vorher hatte de Maizière die rhetorische Frage gestellt, ob ein so bedeutendes Ministerium von einem Nichtjuristen (Seehofer ist Betriebswirt) geleitet werden könne. Vier Jahre später sagte er in einem Spiegel-Interview: »Dass Horst Seehofer für dieses Amt infrage kommen würde, war mir schlicht unvorstellbar, weil er wenig mit Fragen der inneren Sicherheit zu tun gehabt hatte.« (Der Spiegel Nr. 39 vom 25. 9. 2021: 24). »In meiner ersten Schockstarre habe ich mit meiner Frau gesprochen und mit einigen wenigen Mitarbeitern. […] Und dann habe ich funktioniert, habe der Öffentlichkeit mitgeteilt, dass ich das akzeptiere. Ich wollte die damals sehr schwierigen Koalitionsverhandlungen nicht mit meinen Empfindlichkeiten belasten.« Dass ein ehemaliger Minister seinen Nachfolger mit so ätzenden Worten für das neue Amt in Frage stellte, ist in der Geschichte der Regierungsbildungen nahezu einmalig.

Bei der Kanzlerwahl erhielt Angela Merkel gerade neun Stimmen mehr, als es die Regeln des Grundgesetzes verlangen – so wenige wie bei keiner ihrer drei bisherigen

Wahlen. Der neue Bundestag umfasste wegen der Überhang- und Ausgleichsmandate 709 Abgeordnete. Von den 688 gültigen Stimmen votierten 364 mit Ja, 315 mit Nein und neun Abgeordnete enthielten sich. Das Ergebnis belegte, dass mindestens 33 Parlamentarier aus den Reihen der Großen Koalition Merkel nicht gewählt hatten (ebd.).

Bei der Ernennung der neuen Regierung fand Bundespräsident Steinmeier mahnende Worte – ein Novum in der 70jährigen Geschichte der Bundesrepublik. Die abermalige Verständigung auf die dritte Große Koalition unter Angela Merkel verwirke »nicht den Anspruch, zunächst einmal ernst genommen zu werden mit dem Ziel Gutes für das Land zu bewirken. Ein Neuanfang des Alten genügt nicht.« Die neue Regierung müsse »sich neu und anders bewähren«, mahnte das Staatsoberhaupt (FAZ vom 15.4. 2018: 1).

Merkels drittes Bündnis mit der SPD umfasste neben der Kanzlerin 15 Ministerinnen und Minister: neben der Kanzlerin sechs Frauen und neun Männer. Die CDU ernannte sechs Ressortchefs (drei Frauen und drei Männer), die SPD ebenfalls paritätisch sechs und die CSU stellte drei männliche Regierungsmitglieder. Fünf Minister hatten schon der alten Regierung angehört. Aus dem dritten Kabinett Merkel (2013 bis 2017) schieden nach der Wahl von Frank-Walter Steinmeier zum Bundespräsidenten und Wolfgang Schäuble zum Bundestagspräsidenten bei der Kabinettsneubildung aus: die Minister Hermann Gröhe, Thomas de Maizière, Johanna Wanka, Sigmar Gabriel, Barbara Hendricks, Brigitte Zypries, kurzzeitige Nachfolgerin von Wirtschaftsminister Gabriel, Alexander Dobrindt, neuer Chef der CSU-Landesgruppe im Bundestag, sowie Christian Schmidt, der im Februar 2014 Hans-Peter Friedrich nachgefolgt war. Andrea Nahles legte ihr Amt als Bundesministerin für Arbeit und Soziales nach ihrer Wahl zur Vorsitzenden der SPD-Fraktion nieder. Familienministerin Manuela Schwesig wurde 2017 zur Ministerpräsidentin von Mecklenburg-Vorpommern gewählt, nachdem ihr Amtsvorgänger dieses Amt aus Gesundheitsgründen niedergelegt hatte.

Lässt man die Zahl der Kabinettsmitglieder, die in »höherwertige« Funktionen aufstiegen oder aus persönlichen Gründen wie Johanna Wanka nicht erneut für einen Kabinettsposten zur Verfügung standen unberücksichtigt, ist die Zahl der Ex-Minister und Ministerinnen, die dem vierten Kabinett Merkel nicht mehr angehörten, bescheiden: drei der Union und ebenfalls drei der SPD.

Die Regierungsarbeit 2018 bis 2021

Nicht nur der Start der neuen Bundesregierung im Frühjahr 2018 verlief holprig; die Turbulenzen setzten sich in der ersten Hälfte der Legislaturperiode fort. Nach dem Scheitern der Bildung einer Jamaika-Koalition sah sich die SPD gezwungen, ihre von schlechten Wahlergebnissen bei der Bundestagswahl genährte Sehnsucht nach Opposition zu überwinden und doch wieder in eine Regierung unter Angela Merkel einzutreten. Der Widerwille gegen das erneute Bündnis prägte den Regierungsalltag und ließ

Die Mitglieder des Kabinetts Merkel IV, 2018

Angela Merkel	CDU
Peter Altmaier	CDU
Katarina Barley bis 27. 6. 2019	SPD
Helge Braun	CDU
Franziska Giffey bis 20. 5. 2021	SPD
Hubertus Heil	SPD
Anja Karliczek	CDU
Julia Klöckner	CDU
Annegret Kramp-Karrenbauer ab 17. 7. 2019	CDU
Christine Lambrecht ab 27. 6. 2019	SPD
Heiko Maas	SPD
Gerd Müller	CSU
Andreas Scheuer	CSU
Olaf Scholz	SPD
Svenja Schulze	SPD
Horst Seehofer	CSU
Jens Spahn	CDU
Ursula von der Leyen bis 17. 7. 2019	CDU

eine vertrauensvolle Zusammenarbeit wie in früheren Merkel-Regierungen weitgehend vermissen. Nicht nur die ständigen Forderungen des Juso-Vorsitzenden Kevin Kühnert »Raus aus der GroKo« und seine Forderungen nach Vergesellschaftung von Banken und Unternehmen sorgten für permanente Unruhe im Regierungsbündnis. Überlagert wurde die Ablehnung des erneuerten, auch durch Druck des Bundespräsidenten zustande gekommenen »Zwangs«-Bündnisses von breiten Kreisen der SPD-Basis und ihrer Funktionäre sowie vom Wirtschaftsflügel der Union. Er monierte den in seinen Augen zu sozialdemokratisch ausgerichteten Koalitionsvertrag.

Überlagert wurden solche Missstimmungen durch die dramatischen Wahlverluste aller Koalitionspartner bei den Europawahlen und den Landtagswahlen in Hessen, Bayern, Sachsen, Brandenburg und Thüringen.

In Bayern fuhr die CSU mit 37,2 % ihr schlechtestes Wahlergebnis seit 1950 ein. Die SPD sackte mit 9,7 % auf das Niveau einer Randpartei ab. Dagegen gelangen den Grünen

(17,6 %) und der rechtspopulistischen AfD (10,2 %) herausragende Resultate. In Hessen konnte sich die CDU am 28.10.2018 zwar als stärkste Partei behaupten, verlor aber gegenüber 2013 11,3 %, während der Koalitionspartner Die Grünen mit 19,8 % (ein Plus von 8,7 %) die SPD knapp überholte. In den drei östlichen Bundesländern Sachsen-Anhalt, Sachsen und Thüringen konnten die amtierenden Ministerpräsidenten ihre Ämter als Regierungschefs nur dank der Bildung von Dreier-Koalitionen bewahren – weitgehend ein Novum in der jüngeren Geschichte der Bundesrepublik. In Thüringen reichte es für das Rot-Rot-Grüne-Bündnis sogar nur zur Bildung einer Minderheitsregierung. In allen drei Ländern hatte die AfD große Stimmengewinne erzielt, die die bisherigen Zweierbündnisse rechnerisch nicht mehr zuließen.

Bei den Europawahlen am 26. Mai 2019 setzte sich der Abwärtstrend der Koalitionäre fort. Während Union (28,9 %) und SPD (15,8 %) dramatische Verluste hinnehmen mussten, stiegen Die Grünen mit 20,5 % erstmals bei bundesweiten Wahlen zur zweitstärksten Kraft auf. Auch die AfD setzte mit 11 % ihren Aufwärtstrend fort.

Auswirkungen der schlechten Wahlergebnisse auf das Führungspersonal der Koalitionspartner konnten nicht ausbleiben: Alle drei Parteivorsitzenden traten – zeitlich versetzt – von ihren Ämtern zurück.

Einen Tag nach dem Wahleinbruch ihrer Partei in Hessen erklärte Bundeskanzlerin Angela Merkel am 29.10.2018, sie werde auf dem nächsten Bundesparteitag der CDU im Dezember in Hamburg nicht wieder für das Amt der Parteivorsitzenden kandidieren und als Kanzlerkandidatin der Union bei der Bundestagswahl 2021 nicht erneut antreten. Sie begründete ihre Entscheidung »mit schweren Mängeln im Erscheinungsbild der großen Koalition. [...] Das Bild, das die Regierung abgibt, ist inakzeptabel. Ihre in weiten Teilen sehr ordentliche Sacharbeit hatte bislang überhaupt keine Chance, wahrgenommen zu werden« (FAZ vom 30.10.2018: 5). Damit spielte sie insbesondere auf den Streit mit Innenminister Seehofer um die Zurückweisung von Asylbewerbern an den deutschen Grenzen an. Während der Innenminister dies in seinem »Masterplan« vorgeschlagen hatte, lehnte die Kanzlerin diesen einen Punkt (von 63) ab mit der Konsequenz, dass die Fraktionsgemeinschaft aus CDU und CSU im Bundestag zu zerbrechen drohte. Nur mit größter Mühe konnte dieser Bruch durch einen Kompromiss abgewendet werden. Bilaterale Abkommen mit EU-Staaten, in denen Asylsuchende vor ihrer Weiterreise nach Deutschland registriert worden waren, sollten deren Rücknahme ermöglichen. Dass dieser nur notdürftig beigelegte Streit durch Seehofers Äußerung »Ich lasse mich nicht von einer Kanzlerin entlassen, die nur wegen mir Kanzlerin ist« (Badische Zeitung vom 4.7.2018) auf die Spitze getrieben wurde, zum schlechten Abschneiden der CDU in Hessen beigetragen und das Erscheinungsbild der Regierung in der Öffentlichkeit negativ beeinflusst hatte, verschwieg auch die Kanzlerin in ihrer Rückzugserklärung nicht.

Als Nachfolgekandidatin um den CDU-Parteivorsitz bewarben sich Generalsekretärin Annegret Kramp-Karrenbauer, Gesundheitsminister Jens Spahn und Friedrich Merz. Dieser einstige Hoffnungsträger der Union, hatte sich mittlerweile nahezu völlig

aus der Politik zurückgezogen und zahlreiche wohldotierte Aufsichtsratsmandate übernommen. Innerparteilich wurde er nun vor allem vom CDU-Wirtschaftsflügel, aber
auch vom Bundestagspräsidenten Wolfgang Schäuble unterstützt.

Beim Stichentscheid auf dem Hamburger Parteitag am 7. 12. 2018 siegte Kramp-Karrenbauer knapp vor ihrem Mitbewerber Friedrich Merz. Das enge Abstimmungsergebnis belastete fortan nicht nur das Verhältnis zwischen den beiden, sondern auch die Arbeit der neuen Parteivorsitzenden, die beide Flügel zusammenführen musste. Ein Jahr
später stellte sie auf dem Leipziger Parteitag indirekt die Vertrauensfrage: »Wenn ihr
der Meinung seid, dass dieses Deutschland so wie ich es möchte, nicht das Deutschland
ist, dass ihr euch vorstellt, dann lasst es uns aussprechen und dann lasst es uns heute beenden.« Mit Standing Ovations sprachen ihr die Delegierten nach dieser Rede das Vertrauen aus (Der Tagesspiegel vom 23. 11. 2019).

Schon wenige Wochen später, am 10. 2. 2020, teilte Kramp-Karrenbauer auf einer
Pressekonferenz mit, dass sie weder Kanzlerkandidatin werden noch den Parteivorsitz
über den nächsten Parteitag im Dezember 2020 hinaus behalten wolle. Den Findungs-
prozess für ihren Nachfolger beabsichtige sie aber aktiv begleiten zu wollen. Die Noch-
Parteivorsitzende war nach ihrem knappen Wahlerfolg über Friedrich Merz durch ständige innerparteiliche Angriffe zermürbt worden. Etliche »Parteifreunde« machten kein
Hehl daraus, dass sie Annegret Kramp-Karrenbauer als Fehlbesetzung für eine mögliche Kanzlerkandidatur der Union hielten. Schlechte Wahlergebnisse bei Landtagswahlen und ein Rückgang der Zustimmungswerte in den Meinungsumfragen bestärkten zusätzlich diese innerparteilichen Kritiker. Das »Fass zum Überlaufen« brachte im Februar
2020 die Weigerung der Thüringer CDU-Fraktion das Bemühen der Parteivorsitzenden
um eine politische Lösung des Dilemmas nach der Wahl des FDP-Kandidaten Kemmerich mit Stimmen der CDU, der FDP und der AfD zum neuen thüringischen Ministerpräsidenten zu bereinigen. Die Parteichefin sagte auf einer Pressekonferenz, nachdem
ihr die Thüringer Parteifreunde die Gefolgschaft bei der Forderung sofortiger Neuwahlen, verweigert hatten, die AfD »stehe gegen alles, was die CDU ausmacht«. Damit verwies sie auf einen CDU-Parteitagsbeschluss gegen eine wie auch immer geartete Zusammenarbeit mit der AfD und der Partei Die Linke. Die Wahl Kemmerichs zum neuen
Ministerpräsidenten in Erfurt mit Stimmen der AfD stellten, so Kramp-Karrenbauer,
den offiziellen Parteitagsbeschluss in Frage. Die Bundeskanzlerin, die die Parteivorsitzende nur begrenzt unterstützt hatte, meldete sich von einer Dienstreise nach Südafrika
mit dem Diktum von einem Vorgang, der »unverzeihlich« sei und umgehend rückgängig gemacht werden müsse. Das Bemühen der Parteivorsitzenden, eine einvernehmli-
che Lösung mit den Erfurter Parteifreunden zu finden, war durch dieses Machtwort der
Kanzlerin unterlaufen worden. Sie musste sich des Vorwurfs erwehren, über kaum mehr
innerparteiliche Autorität zu verfügen. Erst Anfang März, nach dem Rücktritt von Ministerpräsident Kemmerich, ermöglichte die Stimmenthaltung der CDU-Fraktion im
dritten Wahlgang, auf die sich die Partei nach langem Ringen schließlich geeinigt hatte,
die erneute Bestellung Bodo Ramelows (Die Linke) zum Ministerpräsidenten.

Auf ihrer Pressekonferenz am 11. 2. 2020 sagte die Parteivorsitzende, die Trennung von Kanzlerschaft und Parteivorsitz sei eine Schwächung der Partei in einer Zeit, in der Deutschland eine starke CDU brauche. »Parteivorsitz und Kanzlerkandidatur müssen aus meiner Sicht in einer Hand liegen« (FAZ vom 11. 2. 2020) – eine eindeutige Kritik an ihrer Vorgängerin, die ihrer Kanzlerschaft bis zum Ende der Legislaturperiode aus-üben wollte. Zwar dankte die Kanzlerin ihrer Nachfolgerin für ihre Parteiarbeit und erklärte ihr Bedauern über die Rückzugsentscheidung. Diese recht dürftige »Würdi-gung« ließ die Distanz zwischen den beiden Frauen klar erkennbar werden. Auch als Verteidigungsministerin hatte Kramp-Karrenbauer als Nachfolgerin von Ursula von der Leyen, die sich im Herbst 2019 erfolgreich um das Amt der Kommissionspräsidentin der Europäischen Union beworben hatte, wenig Fortune. Letztlich ist Kramp-Karren-bauer auch daran gescheitert, dass sie sich neben der Kanzlerin nicht behaupten konnte. Schon die Bundeskanzler Helmut Schmidt und Gerhard Schröder hatten die Trennung von Kanzlerschaft und Parteivorsitz in ihren Memoiren bedauert, dass dies mit ein Grund für ihre innerparteiliche Schwäche und letztlich für ihr politisches Scheitern ge-wesen sei.

Desaströse Wahlverluste bei Landtagswahlen wie in Thüringen und im Februar 2020 in Hamburg schwächten Kramp-Karrenbauers Autorität zusätzlich. Ihr Vorschlag, den neuen Parteichef erst Ende 2020 auf dem offiziellen Parteitag in Hamburg zu bestellen, lehnte das CDU-Führungspersonal zunächst ab. (Die Corona-Epidemie machte eine Durchführung des Parteitags aber unmöglich.)

Nach intensiver innerparteilicher Diskussion einigte sich die CDU-Führung schließ-lich darauf, am 16. 1. 2021 einen digitalen Parteitag abzuhalten. In der digitalen Stichwahl wurde Achim Laschet, Ministerpräsident von Nordrhein-Westfalen, mit 521 Stimmen der insgesamt 1001 Delegierten zum neuen Parteivorsitzenden gewählt. Sein Gegenkan-didat Friedrich Merz bekam 466 Stimmen. In der in den Parteistatuten vorgesehenen Briefwahl erhielt Laschet 83,35 % der Stimmen (auf dem Stimmzettel stand – wie verein-bart – nur ein Name).

Das Abschneiden der CSU bei der Landtagswahl im Oktober 2018 führte wenige Monate später auch zu einem Amtswechsel an der Spitze der bayerischen Partei. Mi-nisterpräsident Söder löste am 19. 1. 2019 den umstrittenen bisherigen Parteichef See-hofer ab. Dieser schied mit »Wehmut« und den Worten »Mein Werk ist getan« aus der Parteizentrale. Sein Amt als Bundesinnenminister behielt der neue CSU-Ehrenvorsit-zende.

Auch die SPD-Partei- und Fraktionsvorsitzende Andrea Nahles kündigte am 2. 6. 2019 an, von ihren Ämtern zurückzutreten. »Die Diskussion in der Fraktion und die vielen Rückmeldungen aus der Partei [nach dem schlechten Wahlergebnis bei der Eu-ropawahl] haben mir gezeigt, dass der zur Ausübung meiner Ämter notwendige Rück-halt nicht mehr da ist. [...] Ob ich die nötige Unterstützung habe, die Partei wiederauf-zurichten und die Bürgerinnen und Bürger mit neuen Inhalten zu überzeugen, wurde in den letzten Wochen wiederholt öffentlich in Zweifel gezogen« (www.zeit.de/2019-

06/nahles-kuendigt-ruecktritt-an [2.1.2020]). Führende Sozialdemokraten würdigten Nahles Arbeit und kritisierten den rüden innerparteilichen Umgangston mit der Parteivorsitzenden. So sagte u. a. die Ministerpräsidentin von Rheinland-Pfalz Malu Dreyer: »Die Lage [der Partei] ist sehr, sehr ernst.« Gemeinsam mit Manuela Schwesig aus Schwerin und Thorsten Schäfer-Gümbel aus Wiesbaden stellte sie am 4.6.2019 einen Dreierrat als vorübergehende Führungsspitze der Partei. Dieser sollte während der Suche nach einer neuen Parteiführung für einen geordneten Übergang sorgen. Die Parteigremien verständigten sich darauf, die Parteimitglieder über die neue Parteispitze entscheiden zu lassen – nach Möglichkeit über ein Spitzen-Duo. Bewerbungen gingen nur sehr zögerlich ein. Aus der Führungsgarnitur der Partei bewarb sich schließlich nur Finanzminister Olaf Scholz.

Nach mehrmonatigem kräftezehrendem Auswahlprozess in einer langen Reihe von Regionalkonferenzen standen sich im Dezember zwei Spitzen-Duos gegenüber: Finanzminister Scholz mit der brandenburgischen Landtagsabgeordneten Klara Geywitz und die weitgehend unbekannte Calwer Bundestagsabgeordnete Saskia Esken mit dem Polit-Veteran Norbert Walter-Borjans, ehemaliger nordrhein-westfälischer Finanzminister. Das Ergebnis überraschte die Parteiführung und die Öffentlichkeit: Am 2.12.2019 siegten die Außenseiter über den amtierenden Bundesfinanzminister und seine Partnerin mit 53,67 % zu 45,33 %. Scholz' Niederlage wurde weithin als Ablehnung des bisherigen SPD-Spitzenpersonals interpretiert. Scholz' Festhalten an der »schwarzen Null« und an einem ausgeglichenen Bundeshaushalt stieß bei der Parteibasis auf hohe Ablehnung. Das siegreiche Duo hatte bei seinen Vorstellungsgesprächen keinen Hehl aus seiner Ablehnung der Großen Koalition gemacht. Es forderte unmittelbar anschließend Nachverhandlungen des Koalitionsvertrages, was von der Union postwendend abgelehnt wurde. Anfänglich zögerte das neue Spitzen-Duo nicht, stets die »GroKo« in Frage zu stellen, was zur Folge hatte, dass »die Mehrheit [der Wähler] den Eindruck hat, dass diese Koalition nicht funktioniert und schlechter ist, als die Bürger es einschätzen«, so die Meinungsforscherin Renate Köcher (FAZ vom 29.1.2020: 8). Die Stimmung in der Koalition Ende 2019 brachte der hessische Ministerpräsident Volker Bouffier auf den Punkt: »Ich bin Anwalt für Scheidungsrecht. Wenn der eine Ehepartner ständig laut darüber nachdenkt auszuziehen, dann sagt der andere irgendwann: Dann geh doch. Wir in der Union haben keine Angst vor Wahlen« (Der Spiegel Nr. 51 vom 14.12.2019: 32). Und Finanzminister Scholz beklagte sich, dass mit der Union mühsam ausgehandelte Kompromisse wie etwa zum Klimaschutz durch Kritik von Parteifreunden kleingeredet würden (FAZ vom 30.12.2019: 4). Baden-Württembergs Ministerpräsident Winfried Kretschmann (Grüne) stellte sogar die Regierungsfähigkeit der SPD im Bund in Frage. Bundeskanzlerin Merkel koaliere mit einem Partner, »der sich jede Woche fragt, ob er überhaupt regieren soll. […] Der Kurs der neuen SPD-Führung ist nicht verantwortlich«, kritisierte Kretschmann weiter (ebd.).

Das Spitzen-Duo rückte nicht zuletzt wegen weiterhin dürftiger Umfrageergebnisse von seiner »Wahlkampf«-Forderung »Raus aus der GroKo« weitgehend ab. Der Demokratische Sozialismus bleibe allerdings für Saskia Esken, so die Ko-Parteivorsitzende in einem Spiegel-Gespräch im Januar 2020, weiterhin ein anzustrebendes Ziel (Der Spiegel Nr. 3 vom 10.1.2020).

Die nahezu tagtäglichen Streitigkeiten zwischen Kabinettsmitgliedern wie Umweltministerin Schulze mit Landwirtschaftsressortchefin Klöckner und Verkehrsminister Scheuer über die Reduzierung von CO_2-Gasen verebbten nach einem Machtwort der Kanzlerin und dem Klimagipfel im Kanzleramt. Schlechte Umfrageergebnisse über die Arbeit der Koalition Mitte der Legislaturperiode (FAZ vom 29.1.2020: 8) dürften zu der geräuschärmeren Arbeitsweise beigetragen haben.

Wie im Koalitionsvertrag zur Besänftigung kritischer SPD-Mandatsträger und -Mitglieder vorgesehen, legte die Regierung Ende 2019 ein Zwischenzeugnis über ihre Tätigkeit vor (FAZ vom 7.11.2019: 2). Kanzlerin und Vizekanzler hoben bei der Präsentation hervor, dass die Arbeit der Koalition besser sei als sie öffentlich dargestellt werde. Von 300 geplanten Großmaßnahmen seien zwei Drittel vollendet oder auf den Weg gebracht, so die Kanzlerin. »Wir investieren auf Rekordniveau und haben mit drei Änderungen des Grundgesetzes ermöglicht, dass der Bund die Länder bei Investitionen besser unterstützen kann. Dabei wahren wir das Prinzip solider Finanzpolitik und senken die Gesamtverschuldung.« Als Erfolge ihrer Halbzeitbilanz listete sie die »Bestandsaufnahme« auf: der Zuzug von 1 000 Familienangehörigen von in Deutschland subsidiär geschützten Migranten, die (theoretische) Rücküberstellung von Asylanten in EU-Staaten wie Österreich, Spanien und Italien, die Beschleunigung und Vereinfachung der Asylverfahren, das Fachkräfte-Einwanderungsgesetz, die Erhöhung des gesetzlichen Mindestlohns, die Abschaffung des Solidarzuschlages für 90 % der Steuerzahler, das Baukindergeld, eine bessere Finanzausstattung der Bundeswehr, Veränderungen bei der Begrenzung befristeter Arbeitsverträge, eine Erhöhung der Grundrente (»Respektrente«), eine Vereinbarung über den Kohleausstieg bis 2038 und das Klimaschutzgesetz. Dass Kritikern der Regierungspolitik und insbesondere des ungeliebten Bündnisses diese Maßnahmen nicht weit genug gingen, liegt auf der Hand. Besonders ärgerlich für SPD-Regierungsmitglieder und -Spitzenmandatsträger war die Tatsache, dass die Partei zwar viele eigene Ziele durchsetzen konnte, diese aber vom Wähler nicht gewürdigt wurden.

Die Corona-Pandemie, die Mitte März 2020 auch Deutschland dramatisch befiel, ließ nicht nur das Fehlverhalten der Thüringer CDU-Fraktion und die angeblich größte Krise der Partei in den Hintergrund rücken. Auch Klima- und Umweltschutz, bis zu diesem Zeitpunkt dominierende Themen, wurden durch das beängstigende Ausmaß der Covid-19-Lungenkrankheit überlagert. Die »Stunde der Exekutive« mit ihren politischen, sozialen und bislang nahezu unvorstellbaren finanziellen Rettungsmaßnahmen ließen in den Meinungsumfragen die Werte für die Regierungsparteien und ihre führenden Vertreter deutlich nach oben klettern. Die Union sprang in den Meinungsumfragen von unter 30 % Ende Februar 2020 auf 39 % in der ZDF-Politumfrage, ihren besten Wert in der laufenden Legislaturperiode. Auch Kanzlerin Merkel verbesserte sich stark in der Beurteilung der 10 wichtigsten Persönlichkeiten. Finanzminister Olaf Scholz (SPD), Wirtschaftsminister Altmaier, Gesundheitsressortchef Jens Spahn und der bayrische Ministerpräsident Markus Söder erhielten ebenfalls Bestnoten. Dagegen landete das neue SPD-Führungsduo nur auf den hinteren Plätzen.

Die Corona-Pandemie führte zum faktischen Stillstand des gesamten Wirtschafts- und Soziallebens in Deutschland: Geschäfts- und Unternehmensschließungen, Schul-, Kitas- und Hochschulsperren, Besuchs- und Reiseeinschränkungen wurden in den Befragungen von der überwiegenden Mehrheit der Befragten ebenso wie die Einschränkung von Grundrechten zur Eindämmung der Corona-Epidemie begrüßt (Forschungsgruppe Wahlen: Politbarometer April II 2020, ZDF vom 24.4.2020). Das öffentliche und private Leben kam in Deutschland – ebenso wie in zahlreichen anderen Ländern – ab Mitte März faktisch zum Erliegen. Der überwiegende Teil der Bevölkerung befolgte die von der Regierung verhängten Auflagen mit ihren drastischen Einschränkungen.

Um die nahezu unvorstellbaren hohen Kosten zur Eindämmung des Wirtschaftseinbruchs von 6,3 % des Bruttoinlandsprodukts (»Es handelt sich um die schwerste Rezession in der Geschichte der Bundesrepublik Deutschland«, so Wirtschaftsminister Altmaier am 29.4.2020) abzufedern, beschloss das Parlament Kredite und Zuschüsse von über einer Billion Euro zur Unterstützung der Groß- und Mittleren Unternehmen, der Gastronomie, der Kulturschaffenden und der zahlreichen Solo-Unternehmer. Diese letzteren verfügten wegen des Lockdowns und der Massenquarantänen über keine Einnahmen.

Bundestag und Bundesrat ratifizierten häufig nur an einem einzigen Tag die von der Regierung beschlossenen Hilfen. Für solche Verabschiedungen wären in Normalzeiten Wochen benötigt gewesen. Der Fraktionsvorsitzende der Union, Ralph Brinkhaus, sagte dazu: »Nun beginnen wir wieder mit der Normalisierung [der parlamentarischen Arbeit]. Wir gehen raus aus dem Modus: Erste, zweite, dritte Lesung an einem Tag. […] Man muss darauf achten, dass die Balance gewahrt bleibt und die Regierung sich nicht daran gewöhnt zu sagen: Wir hauen jetzt mal einen raus, das muss jetzt mal schnell durchs Parlament [wie u.a. die nahezu einstimmig beschlossenen Eilgesetze zur Stabilisierung der Wirtschaft, die Erhöhung des Kurzarbeiter- und Arbeitslosengeldes]. Die Zeit der Schnellschüsse ist jetzt vorbei« (Spiegel-Interview Nr. 18/2020 vom 25.4. 2020: 3).

Brinkhaus bezog sich auf die Aufnahme zusätzlicher Kredite durch den Bund in Höhe von 156 Milliarden Euro zur Bekämpfung der Covid-19-Pandemie und ihrer Folgen. Nach sechs Jahren ohne neue Schulden fiel die schwarze Null im Bundeshaushalt. Außerdem wurde ein staatlicher Schutzschirm mit Garantien von Bund und Ländern im Umfang von 820 Milliarden Euro beschlossen. Insgesamt erreichten die diversen Rettungsprogramme des Staates allein im Jahr 2020 ein Volumen von fast 1,3 Billionen Euro (Badische Zeitung vom 24.3.2020), Finanzminister Scholz betonte, die Bundesregierung werde alles Nötige und alles Mögliche tun, um die wirtschaftlichen und sozialen Folgen der Krisenbewältigung abzumildern (FAZ vom 26. 3. 2020: 16). Anfang Mai 2020 hatten 751 000 Betriebe Kurzarbeit für 10,14 Millionen Beschäftigte angemeldet. Die Zahl der Arbeitslosen stieg auf 2,65 Millionen (FAZ vom 2. 5. 2020).

Im Laufe des Jahres 2020 stieg die Arbeitslosenzahl trotz der im Spätherbst wieder steigenden Infektionszahlen »nur« auf fast drei Millionen an. Dagegen erhöhte sich die Zahl der Kurzarbeitenden auf 6,7 Millionen. Laut Bundesanstalt für Arbeit wurde auf diese Weise »größerer Schaden vom Arbeitsmarkt abgewendet« (Badische Zeitung vom 31. 7. 2020: 2). Geht ein Beschäftigter in die Kurzarbeit, bleibt sein Arbeitsverhältnis bestehen, reduziert aber seine Arbeitszeit. Der entsprechend gesunkene Lohn wird durch ein konjunkturelles Kurzarbeitergeld weitgehend ausgeglichen.

Anfang Juni 2020 verständigten sich die Vertreter der Großen Koalition auf ein »Konjunktur- und Krisenbewältigungspaket« sowie ein »Zukunftspaket« in Höhe von rund 130 Milliarden Euro. Neben Überbrückungshilfen für kleine und mittlere Unternehmen wurde vor allem eine befristete Senkung der Mehrwertsteuer von 19 auf 16 % bzw. von sieben auf fünf Prozent bis Ende 2020 beschlossen (FAZ vom 5. 6. 2020: 17). Für die unter den Corona-Beschränkungen besonders leidenden Betriebe wie Gaststätten, Hotels, Reisebüros, Schaustellern und Solo-Unternehmer wurden direkte Zuschüsse vergeben. Im Laufe des Jahres wurden diese Beihilfen erhöht. Kritik der Betroffenen blieb trotzdem nicht aus. Vor allem die schleppende Auszahlung, aber auch die vermeintlich zu geringen Zuschüsse wurden moniert.

Parallel zu den dramatisch gestiegenen Ausgaben zur Stabilisierung der Wirtschaft brachen die Steuereinnahmen bei Bund, Ländern und Gemeinden mit knapp hundert Milliarden Euro weg. Zur Finanzierung der Ausgabenpakete nahm insbesondere der Bund 2020 und 2021 Kredite in Höhe von insgesamt 310 Milliarden Euro auf, die mit Abstand höchste Neuverschuldung, die der Bund jemals hatte. Von der »schwarzen Null« war vor dem Hintergrund der Pandemie nicht mehr die Rede. Lag 2019 die deutsche Staatsschuldenquote bei rund 60 %, stieg sie anschließend auf 90 % des Bruttoinlandsprodukts an. Eine Alternative, die Wirtschaft vor dem Kollabieren zu retten, gab es nicht. Die im Grundgesetz vorgeschriebene Schuldenbremse (Artikel 109, Absatz 3) wurde jeweils durch Parlamentsbeschluss ausgesetzt.

Bei der Verabschiedung des Bundeshaushalts für 2021 billigte der Bundestag der schwarz-roten Regierung eine Kreditaufnahme von 180 Milliarden Euro zu. Insgesamt umfasste das neue Budget des Bundes ohne die bewilligte Kreditaufnahme fast 500 Milliarden Euro. In den Jahren 2018 und 2019 betrugen die Ausgaben des Bundes »nur« gut 700 Milliarden Euro; es gab in diesen Jahren keine Defizite, sondern Überschüsse von insgesamt 24 Milliarden Euro (FAZ vom 9. 12. 2020: 17). Zwar monierte die Opposition im Parlament das »süße Gift der Verschuldung«, konnte jedoch an der raschen Verabschiedung des Bundesbudgets nichts ändern.

Die Bundesbürger billigten im Jahr 2020 in Meinungsumfragen die Politik der Bundesregierung. Vor allem die Werte für die Kanzlerin stiegen auf bislang nie erreichte Höhen: 72 % der Befragten brachten ihr Mitte 2020 Vertrauen entgegen (FAZ vom 2. 6.

2020: 10). Auch in den folgenden Monaten bzw. im Jahr 2021 lag die Regierungschefin unangefochten an der Spitze der Vertrauensbekundungen. Im Gegensatz zum Beginn der Koalition im Jahr 2018 bewertet die überwiegende Mehrheit der Befragten die Arbeit der Bundesregierung positiv.

Vor dem Hintergrund erneut steigender Infektionszahlen ab Oktober 2020 beschloss die Bundesregierung erneut drastische Maßnahmen, die Bewegungsfreiheit der Bürger einzuschränken, um auf diese Weise die Pandemie einzudämmen. Zwar blieben Schulen und Kitas bis zu den Weihnachtsferien sowie der Einzel- und Großhandel für Güter des täglichen Bedarfs geöffnet. Personenkontakte außerhalb des eigenen Hausstandes waren auf ein Minimum begrenzt; eine Ausgangssperre zwischen 20 Uhr und 5 Uhr morgens wurde verfügt. Auf private Reisen auch an den Feiertagen sollte verzichtet werden. »Ich bitte Sie: Verzichten Sie auf jede Reise und auf jede Feier. Bitte bleiben Sie, wenn immer möglich zu Hause, an ihrem Wohnort«, bat die Bundeskanzlerin bei der Vorstellung der neuen Maßnahmen (Badische Zeitung vom 19.10.2020: 1).

Nachdem die Corona-Verordnungen mit zum Teil drastischen Einschränkungen von Grundrechten zu Demonstrationen, Kritik von Oppositionsabgeordneten des Bundestages und zur Aufhebung von einzelnen auf Bundesebene verfügten Eingriffen durch Gerichte geführt hatten, beschloss der Deutsche Bundestag am 18.11.2020 mit den Stimmen der schwarz-roten Koalition eine Überarbeitung des Informationsschutzgesetzes, bislang die rechtliche Grundlage der verfügten Einschränkungen. So sollen die Maßnahmen zur Pandemie-Eindämmung zukünftig begründet und befristet werden. Die bisherigen vagen Klauseln, von Gerichten teilweise gerügt, wurden u. a. durch 17 Maßnahmen wie z. B. Maskenpflicht in Geschäften und im öffentlichen Nahverkehr, Schließungen von Restaurants sowie Sporteinrichtungen ergänzt bzw. konkretisiert; sie wurden damit rechtssicherer gemacht.

Gegen die Corona-Politik der Bundesregierung und der Novellierung des Infektionsschutzgesetzes protestierten am Tag der Bundestagsentscheidung mehrere tausend Menschen am Brandenburger Tor. Dieser Protest wurde anschließend von der Polizei wegen fehlender Abstandsregeln und Mund-Nasen-Schutz u. a. mit Wasserwerfern aufgelöst. Um die Verabschiedung des Gesetzes zu verhindern, hatte vorher eine gewalttätige Gruppe versucht, den schlecht gesicherten Bundestag zu stürmen; sie konnte nur mit Mühe abgedrängt werden. »Alle Maßnahmen müssen gut begründet und für die Bürger nachvollziehbar sein. Nur so können wir die Zustimmung der Bevölkerung erhalten. Nach Umfragen stimmen 80 % der Bevölkerung den Maßnahmen zu«, so Bundesjustizministerin Lambrecht in einem Interview (FAZ vom 19.10.2020: 19).

Um die massiven finanziellen Einbußen vor allem bei Klein- und Mittelbetrieben zu dämpfen, beschloss der Bundestag diese pauschal mit 75 % ihres Vorjahresumsatzes zu entschädigen. Da die Infektionszahlen trotz aller Einschränkungen zu Beginn des Jahres 2021 weiterhin sehr hoch blieben, verfügten die Kanzlerin und die 16 Länderchefs Mitte Januar 2021 eine weitere Einschränkung der Bewegungsfreiheit und die Verlängerung des Lockdowns.

Am 27. 12. 2020 startete das mit Hochdruck vorangetriebene Impfprogramm zur Bekämpfung der Corona-Pandemie. Zunächst wurden Personen ab 80 Jahren und Pflege- sowie medizinisches Personal geimpft. Allerdings wurden der unzureichend vorhandene Impfstoff sowie der vermeintlich späte Start bemängelt. Insbesondere Gesundheitsminister Jens Spahn wurde auch vom Koalitionspartner gerügt – ein Zeichen für den beginnenden Vorwahlkampf für die bevorstehende Bundestagswahl am 26. 9. 2021.

Im Juli 2020 übernahm Deutschland turnusmäßig die EU-Ratspräsidentschaft für sechs Monate. Eines der wichtigsten Themen für die Bundeskanzlerin als Ratspräsidentin waren vor allem von dem südeuropäischen Staaten, besonders von Italien und Spanien geforderte finanzielle Hilfen zur Überwindung befürchteter Staatsbankrotte wegen der durch die Corona-Pandemie verursachten Kosten; auch die Verabschiedung des Haushaltes für die Jahre 2021 bis 2027 stand an. Jahrelang hatte sich die Kanzlerin strikt geweigert, Mitgliedsstaaten Finanzhilfen zur Stabilisierung ihrer Haushalte zu gewähren. Wichtigstes Argument war jeweils, die EU-Verträge sähen die Aufnahme von sogenannten Euro-Bonds nicht vor (»No bail out«). Mit anderen Worten: Die finanzstarken Mitgliedsstaaten hätten nicht für Kredite, die die finanzschwachen Euro-Länder aufnehmen, zu bürgen. Vor allem in Griechenland, Italien und Spanien wurde diese Haltung Deutschlands massiv kritisiert. Aber auch Frankreich äußerte mehrfach seinen Unwillen über die vermeintlich deutsche Unsolidarität mit den Südländern. Die Corona-Pandemie veränderte die angeblich deutsche »Hartherzigkeit« grundlegend. Am 18. 5. 2020 stellten die Bundeskanzlerin und der französische Staatspräsident Macron per Video-Konferenz ihren gemeinsamen Vorschlag für einen Corona-Wiederaufbaufonds in Höhe von 500 Milliarden Euro vor, aufzunehmen als Kredit durch die Europäische Union. Auf Vorschlag der Kommissionspräsidentin Ursula von der Leyen wurde dieser Wiederaufbaufonds um 250 Milliarden Euro aufgestockt. Etwa die Hälfte dieser gesamten Summe (390 Milliarden Euro) sollten nach langen Beratungen mit den sogenannten Sparländern wie die Niederlande und Österreich als nicht wieder zurückzuzahlende Zuschüsse vergeben werden; 360 Milliarden Euro waren für Kredite vorgesehen, die die Empfängerstaaten zurückzahlen sollten. Die EU sollte nach diesem Merkel-Macron-Pakt die Summen an den Finanzmärkten aufnehmen und dieses Geld als Zuschuss, faktisch als Geschenk an die stärksten von der Corona-Pandemie betroffenen Länder weiterreichen. Der kleinere Teil (360 Milliarden Euro) sollte ebenfalls von der EU aufgenommen und nach dem üblichen Haushaltsschlüssel, der alle Mitgliedsstaaten nach Maßgabe von Einwohnerzahl und Wirtschaftskraft beteiligt, langfristig zurückgezahlt werden. Mit ihrem nach langem Ringen mit den sogenannten Sparstaaten von allen Euro-Ländern akzeptierten Fonds vollzog die Bundeskanzlerin und die deutsche Bundesregierung eine 180-Grad-Wende. Denn bislang verlangte diese, das an den Finanzmärkten aufgenommene Geld könne allenfalls als Kredit vergeben und müsse kurzfristig wieder zurückgezahlt werden. Alles andere sei mit dem Verschuldungsverbot der EU nicht zu vereinbaren. Die nun erstmals vereinbarten EU-Anleihen sind erst nach 2027 allmählich zurückzuzahlen.

In der FAZ brachte Ralph Ballmann Merkels Wende auf den Punkt: »Berlin hat den Nord-Süd-Konflikt [in der EU] entschärft. […] Wenn durch die [die Zuschüsse und die Kredite] die moralisierende Anklage gegen vermeintliche ›Schuldensünder‹ [wie Italien] ebenso leiser werden wie gegen angeblich hartherzliche Deutsche, dann muss das kein Nachteil sein. Im Gegenteil« (FZ am Sonntag vom 19.7.2020: 17). Allen Beteiligten dürfte bei der Verabschiedung des Wiederaufbauplans klar gewesen sein, dass Staaten wie Italien, Spanien und Griechenland die Kredite aller Voraussicht nach nicht zurückzahlen können.

Eine deutliche Mehrheit der befragten Bevölkerung in der Bundesrepublik war laut ARD-Deutschland-Trend zu fast 70 % der Meinung, das europäische Hilfspaket weise in die richtige Richtung (FAZ vom 1.8.2020: 10).

Am 21.7.2020 einigten sich die 27 Staats- und Regierungschefs unter der Leitung von Angela Merkel nach langen, teilweise sehr kontroversen Verhandlungen auf die Verabschiedung der EU-Finanzierung bis 2027. Das Finanzpaket enthält zwei Teile: die Wiederaufbauhilfe »Next Generation EU« mit den genannten Zuschüssen und Krediten in Höhe von 750 Milliarden Euro sowie dem EU-Haushalt für die Jahre 2021 bis 2027 mit insgesamt 1 074 Milliarden Euro. Allein ein Drittel dieser gewaltigen Summe fließt – wie bisher – in den Agrarbereich. Für Frankreich war eine Reduzierung dieser Agrarhilfen trotz heftiger Kritik im Europäischen Parlament indiskutabel.

Während der schwierigen Budget-Beratungen gelang es Merkel, die mit einem Veto gegen das Budget drohenden Ministerpräsidenten Orban (Ungarn) und Morawiecki (Polen) zur Zustimmung zu bewegen. Beiden Staaten war vorgeworfen worden, die Rechtsstaatlichkeit in ihren Ländern einzuschränken. Sie verstößen folglich gegen die Grundsätze der EU. Die Kommission und die übrigen Mitgliedsstaaten drohten deshalb mit finanziellen Kürzungen bzw. Sanktionen. Der Gipfel drohte zu scheitern, weil das Budget nur einstimmig beschlossen werden kann. Schließlich einigten sich die Ratsmitglieder auf einen für viele letztlich unbefriedigenden Kompromiss mit dem Satz, der Europäische Rat werde sich »rasch mit der Angelegenheit [der fehlenden Rechtsstaatlichkeit und der Ausgabendisziplin] befassen«, wenn die Kommission Maßnahmen zur Ahndung von Verstößen vorgeschlagen habe.

Zum Schutz des Haushalts »wird die Kommission im Falle von Verstößen Maßnahmen vorschlagen, die vom Rat mit qualifizierter Mehrheit angenommen werden.« Orban konnte wie sein polnischer Kollege diesen Text akzeptieren. Der Rat hatte einen Weg gefunden, der die Mittelvergabe ohne unmittelbare Sanktionsmöglichkeit bei Nichteinhaltung des Rechtsstaatsprinzips ermöglicht. Trotzdem dürfte Streit bei Verstößen vorprogrammiert sein.

Während Merkels Amtszeit als Ratspräsidentin wurden zwei wichtige Abkommen mit Nicht-EU-Staaten geschlossen: An Heiligabend hatten sich die EU und Großbritannien nach langen, äußerst zähen Verhandlungen auf ein Handels- und Partnerschaftsabkommen verständigt. Es ordnet die wirtschaftlichen Beziehungen nach der Brexit-Übergangsphase ab dem 1.1.2021. Das 1 246 Seiten lange Dokument regelt nach dem

Austritt Großbritanniens aus der Europäischen Union nicht nur den zoll- und weitgehend kontrollfreien Handel mit Waren und Dienstleistungen. Es legt u. a. auch den Schutz von Investitionen, Wettbewerb, Staatshilfen, Steuertransparenz, Transport, Energie und Klimaschutz fest (FAZ vom 28. 12. 2020: 15). Kritisiert wurde der Wegfall des Studentenaustauschprogramms Erasmus und die bislang relativ leichte gegenseitige Anerkennung von Berufsqualifikationen; für Aufenthalte von mehr als 90 Tagen müssen Briten und EU-Bürger künftig ein Visum vorweisen.

Nach siebenjährigen Verhandlungen wurde mit China am Jahresende 2020 eine grundsätzliche Einigung auf ein Investitionsabkommen unterzeichnet. Es soll den Zugang europäischer Firmen zum chinesischen Markt verbessern und Wettbewerbsbedingungen angleichen. So soll u. a. die Diskriminierung europäischer Unternehmen durch die chinesische Bürokratie verhindert werden. Auch sollen europäische Firmen nicht länger gezwungen werden, Gemeinschaftsunternehmen mit chinesischen Partnern zu gründen. Ausgeklammert wurden aber die Streitthemen Investitionsschutz und Menschenrechte, sprich z. B. die Zwangsarbeit von Mitgliedern der muslimischen Minderheit der Uiguren, was zu teilweise heftiger Kritik in Europa führte. Beim Thema »gemeinsame Asylpolitik« gelang es in Merkels sechsmonatiger Ratspräsidentschaft nicht, eine Einigung zu erzielen.

Angela Merkels letztes Amtsjahr im Bundeskanzleramt wurde von vier Zentralthemen beherrscht: Die Corona-Pandemie, die Auseinandersetzungen um die Kanzlerkandidatensuche in der Union, die Flutkatastrophe im Ahr- und Erfttal im Juli 2021 sowie der Wahlkampf und die Bundestagswahl am 26. 9. 2021.

Konnte noch am 21. 2. 2021 die Bundeskanzlerin in einem Interview andeuten, »Lockerungen der Corona-Maßnahmen klug und vorsichtig anzugehen«, wurde Deutschland schon bald von der dritten Corona-Welle überrollt. Schulen mussten wieder geschlossen werden und die Schüler mit digitalem Unterricht vorliebnehmen. Dass dies besonders die Kinder bildungsferner Familien traf, wurde nicht nur von Eltern- und Lehrerverbänden heftig kritisiert. Home Office wurde für sehr viele Arbeitnehmerinnen und Arbeitnehmer zur ständigen Tätigkeit. Die Bundeskanzlerin und die Ministerpräsidenten verständigten sich nach langem Ringen auf Maßnahmen, die die Bewegungsfreiheit weiter einschränkten. So blieben u. a. Schulen, Hochschulen und Kindertagesstätten weitgehend geschlossen. Bewohner durften sich nicht weiter als 15 Kilometer von ihrem Wohnort entfernt aufhalten. Solch eine Einschränkung galt in Stadt- und Landkreisen mit einer Inzidenz von 200 Neuinfizierten pro 100 000 Einwohner binnen sieben Tagen. Der bevorstehende Wahlkampf warf auch seine Schatten voraus. Insbesondere Gesundheitsminister Spahn wurde wegen fehlender Schutzmasken und wegen fehlendem Impfstoff auch vom Koalitionspartner scharf angegriffen. Spahn wehrte sich gegen die Vorwürfe mit dem Hinweis, die Bestellung von Impfstoff sei ein europaweiter Bestellvorgang gewesen. Deutschland habe Solidarität mit den übrigen EU-Ländern zeigen wollen. Gegen das am 18. 11. 2020 beschlossene, geänderte Infektionsschutzgesetz zur Bekämpfung der Corona-Pandemie regte sich heftiger Widerstand von Corona-

Leugnern und Gegnern der verschärften Maßnahmen zur Bekämpfung der Pandemie. So versammelten sich am Abstimmungstag mehrere tausend Gegner vor dem Bundestag, um die Abstimmung über das Gesetz zu verhindern. Die Polizei, die einen Sturm auf den Reichstag befürchtete, musste schließlich Wasserwerfer gegen die Demonstranten einsetzen.

Gegen die Grundrechtseingriffe, aber auch gegen die Impfangebote, die Maskenpflicht im öffentlichen Bereich und die empfohlenen Abstandsregeln organisierten sich zunehmend Gegner der Auflagen, Impfgegner, Querdenker und Kritiker der demokratischen Grundordnung. Zwar handelte es sich um Minderheiten, die aber wöchentlich in zahlreichen Städten zu Demonstrationen mit teilweise mehreren tausend Teilnehmern aufriefen. Wenn auch Anfang 2022 über 72 % der Erwachsenen geimpft waren und der Staat erneut mit großzügigen Finanzhilfen Betriebe und Industrie unterstützte, ebbten die Protestwellen der Corona-Leugner bzw. der Impfgegner nicht ab. Die Hoffnung auf eine baldige Normalität bei Abklingen der dritten Welle erhielt den »Todesstoß« (FAZ vom 30. 12. 2022: 7) bei Auftreten der sehr ansteckenden Virusvarianten Omikron. Zwar gelang es, die Impfquote deutlich zu erhöhen; trotzdem ließ sich die Ansteckungsgefahr besonders bei Kindern nicht eindämmen. Vor diesem Hintergrund beschloss der Bundestag nach langen Diskussionen schließlich im Frühjahr 2022 eine allgemeine Impfpflicht, was die Proteste der Impfgegner und Coronaleugner zusätzlich anstachelte.

In der Nacht vom 14. auf den 15. 7. 2021 wurden Teile von Rheinland-Pfalz und Nordrhein-Westfalen von sintflutartigen Regenfällen betroffen. Innerhalb kürzester Zeit schwollen bis dahin kleine Flüsse zu reißenden Strömen an, die insbesondere im Ahr- und Erfttal Ortschaften überschwemmten, Häuser, Brücken, Straßen- und Schienenwege zerstörten. Die Zahl der Toten wurde auf über 180 geschätzt, 800 Personen wurden zum Teil schwer verwundet. Hunderte Familien in den besonders schwer betroffenen Gemeinden verloren nicht nur Hab und Gut, sondern auch ihre Existenz wie Handwerksbetriebe, Gastronomie oder Einzelhandelsgeschäfte.

Über die Frage, ob die Flut vorhergesehen werden konnte, entbrannte sofort eine heftige Diskussion. Landräten wurde wohl zu Recht vorgeworfen, nicht rechtzeitig den Katastrophenfall ausgerufen und die Menschen in den betroffenen Gebieten nicht früher gewarnt zu haben, obwohl die Wetterdienste vor heftigen Starkregenfällen gewarnt hatten. Ein Untersuchungsausschuss im rheinland-pfälzischen Landtag bemühte sich um Aufklärung. Die Kosten des Jahrhunderthochwassers werden auf eine zweistellige Euro-Milliardensumme taxiert. Bund und Länder versprachen großzügige finanzielle Hilfen. So sollen 18 Milliarden Euro Wiederaufbauhilfe nach Rheinland-Pfalz fließen und 12 Milliarden Euro nach Nordrhein-Westfalen. Bundesfinanzminister Scholz konnte sich anders als der nordrhein-westfälische Ministerpräsident Laschet als finanzieller »Helfer« besonders wahlkampftauglich präsentieren. Laschet wurde während einer Ansprache von Bundespräsident Steinmeier im Katastrophengebiet in Erftstadt von Kameras »erwischt«, als er im Hintergrund mit einem Kommunalpolitiker scherzte.

Dieser Lacher führte zu scharfer Kritik an dem Unions-Kanzlerkandidaten und ließ seine Sympathiewerte drastisch einbrechen.

Die Bewohner in den betroffenen Gebieten erfuhren eine bis dahin in Deutschland kaum gekannte Hilfsbereitschaft. Zahlreiche Bundesbürger reisten in die verwüsteten Gebiete, um teilweise wochenlang bei Aufräumarbeiten zu helfen. Hinzu kam eine finanzielle Spendenbereitschaft von etwa einer halben Milliarde Euro, um die Menschen, deren materielle Existenz vernichtet wurde, zu unterstützen. Der gemeinsame Kampf gegen Schlamm und Dreck sowie die Schäden an Gebäuden war schließlich trotz aller Verwüstungen erfolgreich.

Der bayerische Ministerpräsident Markus Söder sowie der am 16. 1. 2021 gewählte CDU-Vorsitzende und Ministerpräsident von Nordrhein-Westfalen Armin Laschet führten im Frühling einen erbitterten unionsinternen Machtkampf um die Kanzlerkandidatur. Söder verwies ständig auf die Meinungsumfragen, die ihn als den aussichtsreicheren Unionskandidaten auswiesen. In nahezu allen Bundesländern wurde Söder in den Umfragen als der bessere Kandidat geführt. Auch die CDU-Basis sprach sich entgegen des Votums vieler CDU-Granden für Markus Söder als den geeigneteren Kandidaten aus. Der Bayer nutzte diese Grundstimmung und warb dafür, auf den »Schild gehoben« zu werden. Laschet verwahrte sich mehrfach gegen Söders Attacken. Am 20. 4. 2021 wurde der Machtkampf der beiden durch ein Votum des CDU-Bundesvorstandes entschieden. Eine klare Mehrheit der Granden entschied sich auch nach einem Machtwort des Bundestagspräsidenten Schäuble für Armin Laschet: 31 Mitglieder votierten in geheimer Wahl für den NRW-Ministerpräsidenten, neun für den Bayerischen und sechs enthielten sich.

Söder sagte nach dieser Entscheidung, er akzeptiere diese und werde Laschet im Wahlkampf voll unterstützen. Das Votum des CDU-Bundesvorstandes stieß bei zahlreichen Mitgliedern, besonders in den Neuen Bundesländern, auf Kritik und führte vor allem dort, aber auch in einigen westlichen zu einer unbefriedigenden Kampagnenbereitschaft für den offiziellen Unionskanzlerkandidaten. Söder ließ während des gesamten Wahlkampfes keine Gelegenheit aus, gegen Laschet zu sticheln. Vor allem die sinkenden Umfragewerte der CDU/CSU, aber auch diejenigen des Unions-Kanzlerkandidaten wurden von Söder zunehmend kritisch bewertet: »Es besteht die sehr realistische Möglichkeit, ohne die Union zu regieren«, so Markus Söder nach einer Sitzung des CSU-Präsidiums am 19. 8. 2021. Laut Umfragen lag die Union im Vorfeld der Bundestagswahl nur noch einen Prozentsatz Vorsprung vor der SPD und deren Kanzlerkandidaten Olaf Scholz. Die Stimmung war einen Monat vor dem Wahltag gekippt. Noch im Frühjahr hatte sie bei gut 30 % gelegen. Der SPD-Kanzlerkandidat schien mit 15 Umfrageprozentpunkten einen aussichtslosen Kampf um das Kanzleramt zu führen. Nicht nur die Flutkatastrophe und Laschets unseriöses Verhalten bei einer Gedenkfeier für die Flutopfer führten Mitte Juli zum Meinungsumschwung auf der Zielgeraden. Der Leiter der Forschungsgruppe Wahlen, Matthias Jung, warf der Union in einem ganzseitigen Zeitungsbeitrag kurz nach der Wahl »strategisches und taktisches Fehlverhalten«

vor (FAZ vom 15. 11. 2021: 7). Und der Chef des Bundeskanzleramtes Helge Braun sagte in einem Interview auf die Frage, ob die Union die Wahl hätte gewinnen können: »Weniger Fehler!«. Auf die Frage welche, antwortete er unverblümt: »Vor allem der Parteispitze war es nicht gelungen, im Wahlkampf für Geschlossenheit und Mobilisierung zu sorgen«, so ist die wichtigste Personalie, »wer [Unions-]Vorsitzender und wer Kanzlerkandidat wird, so kurz vor der Wahl getroffen worden, dass die Zeit für eine gute Wahlkampfvorbereitung fehlte. Daraus resultierte ein Bündel von Fehlern« (FAS vom 6. 1. 2021: 4). Der Ressortleiter Innenpolitik der FAZ, Jasper von Altenbokum, merkte zur desaströsen Unions-Niederlage an: »Die Gräben der Personalwahlen [um den CDU-Parteivorsitz seit 2018] führten zur Wahlniederlage der Union. [...] Der Parteispitze war es nicht gelungen, im Wahlkampf für Geschlossenheit und Mobilisierung zu sorgen« (FAZ vom 10. 11. 2021). »Ja, Armin Laschet hat die Bundestagswahl für die CDU/CSU verloren. Ja, er war der falsche Kandidat. Ja, er hat einen miserablen Wahlkampf geführt und ja, durch sein Verhalten nach der Wahl hat er die Niederlage zu einem nachhaltigen Desaster für die Union gemacht«, so der Meinungsforscher Jung. Eine interne Analyse der CDU beschreibt schonungslos die Gründe für das Scheitern am 26. 9. (Peter Carstens in: FAZ vom 27. 1. 2022: 3). Die vom scheidenden Generalsekretär der CDU Paul Ziemiak in Auftrag gegebene Studie beschreibt offen die Defizite der Unions-Kampagne. Der Partei habe ein programmatischer Markenkern gefehlt. Aus grundlegenden gesellschaftlichen Debatten habe sich die CDU in den letzten Jahren zurückgezogen. Bei relevanten Themen offenbare die Partei programmatische Defizite und großen Nachholbedarf. Hinzu komme, dass die Partei auf zahlreichen Politikfeldern nicht mehr glaubwürdig und authentisch war, so die Studie.

Während der SPD-Kanzlerkandidat das Thema »soziale Gerechtigkeit« und die Forderung nach »Respekt« mit Vorschlägen zur Erhöhung des gesetzlichen Mindestlohns auf 12 Euro, eine Stabilisierung der Renten und einen Verzicht auf eine Erhöhung des Renten-Eintrittsalters sowie den Bau von vier Millionen Wohnungen versprach, setzte Laschet auf Steuersenkungen. Da diese jedoch primär auf mittlere und höhere Einkommensschichten sowie Unternehmen abzielten, verfehlten sie ihre Wirkung auf zahlreiche Wähler. »Die Forderungen nach Steuersenkungen werden [aber] von einer klaren Mehrheit der Bevölkerung abgelehnt«, so der Meinungsforscher Jung (FAZ vom 15. 11. 2021: 7). Laut Umfragen verlor die Union zwei Millionen Stimmen an die SPD – vor allem von älteren Wählern. Hinzu kam, dass der SPD-Kanzlerkandidat über hohes öffentliches Ansehen verfügte. Da die Bundeskanzlerin sich weitgehend aus dem gesamten Wahlkampf heraushielt und erst ganz zum Schluss an einer Wahlveranstaltung mit Armin Laschet teilnahm, konnte ihr Vizekanzler mit seiner betulichen hanseatischen Art als möglicher Nachfolger bei vielen Wählern »punkten«.

Die Wahl zum 20. Deutschen Bundestag am 26.9.2021

Mit 24,1 % erzielte die Union ihr schlechtestes Ergebnis seit 1949 bei einer Bundestagswahl. Gegenüber 2017 verlor sie 8,7 %. Bei den Direktmandaten büßte die Union 88 Mandate besonders in den neuen Bundesländern, aber auch in Hessen, Schleswig-Holstein und Niedersachsen ein. Die Sozialdemokraten zogen mit 25,7 % knapp an der Union vorbei und sicherten sich somit den Anspruch auf eine von der SPD geführte Regierung. Die Zahl der SPD-Direktmandate stieg von 59 auf 121, besonders durch Gewinne in den neuen Bundesländern und Teilen von Rheinland-Pfalz. Die rechtspopulistische AfD gewann ihre 16 Direktmandate vor allem in Sachsen und Thüringen. Die Partei Die Linke scheiterte mit 4,9 % an der Fünf-Prozent-Hürde und konnte nur dank von drei Direktmandaten in den Bundestag einziehen. Der Südschleswigsche-Wählerverband konnte ein Direktmandat gewinnen.

Trotz des Wahldesasters hoffte Armin Laschet eine Jamaika-Koalition bilden zu können. Liberale und Grüne verständigten sich jedoch auf zweiseitige Sondierungsgespräche, um nach deren erfolgreichen Abschluss mit den Sozialdemokraten zu sondieren. Diese Gespräche mündeten in Koalitionsverhandlungen; am 24.11.2021 einigten sich die Partner der geplanten Ampelkoalition auf einen Koalitionsvertrag (FAS vom 25.11. 2021: 1).

Nach den Parteigremien von SPD und FDP stimmte auch eine klare Mehrheit von 86 % der digital befragten Grünen Mitglieder für den 177seitigen Koalitionsvertrag. Klimapolitik, soziale Sicherheit, Kindergrundsicherung, Erhöhung des Mindestlohns auf 12 Euro, digitaler Aufbruch, Ausstieg aus der Kohleverstromung, Abbau bürokratischer Hemmnisse bei der Förderung erneuerbarer Energien waren zentrale Punkte des Vertrages. Steuererhöhungen wurden ebenso wenig beschlossen wie ein Tempolimit von 130 km/h auf Bundesautobahnen. Allerding soll die Steuer für die Ökostromumlage zunächst gesenkt, um schließlich ganz entfallen.

Bei 303 Gegenstimmen und sechs Enthaltungen wurden bei der Kanzlerwahl 395 Stimmen für Olaf Scholz abgegeben. Damit erhielt er 21 Stimmen weniger als die Ampelkoalition über Sitze verfügte. Die neue Bundesregierung unter seiner Leitung umfasst neben dem Kanzler acht Männer und acht Frauen, was einem Wahlkampfversprechen des SPD-Kandidaten entsprach. Damit ist der Frauenanteil am Kabinett so hoch wie noch nie zu Beginn einer Wahlperiode. Die SPD stellt neben dem Kanzler sieben Regierungsmitglieder, die Grünen fünf und die Liberalen vier. Aus der Regierung der letzten Großen Koalition wechselten neben dem Regierungschef drei Mitglieder in das neue Kabinett. Vizekanzler und Minister für Wirtschaf und Klima wurde der Grüne Robert Habeck. Unstimmigkeiten bei der Personalauswahl gab es bei den Grünen. Dort konnte sich schließlich nach heftigen Auseinandersetzungen Cem Özdemir, der den Realo-Flügel seiner Partei vertrat gegen Anton Hofreiter vom linken Flügel durchsetzen. Christian Lindner, Vorsitzender der Liberalen, hatte zu Beginn der Ampel-Sondierungsgespräche seine Forderung, Finanzminister zu werden, mit größtem Nachdruck

Ergebnis der Wahl zum 20. Deutschen Bundestag am 26. 9. 2021

Zweitstimmen		in %	Sitze
Wahlberechtigte	61 181 072		
Wahlbeteiligung	46 854 508	76,6	
Gültige Stimmen	46 442 023		
SPD	11 955 434	25,7	206
CDU/CSU	11 178 298	24,1	197
Die Grünen	6 848 215	14,8	118
FDP	5 316 698	11,5	92
AfD	4 802 097	10,3	82
Die Linke	2 269 993	4,9	39
Sonstige	4 058 883	8,6	2
Bundestag gesamt			736

Aus: Holzapfel, Klaus: Kürschners Volkshandbuch: Deutscher Bundestag, 19. Wahlperiode. Rheinbreitbach 2022.

20. Wahlperiode (seit 2021): Kabinett Olaf Scholz

Bundeskanzler	Olaf Scholz
Mitglieder der SPD	
Chef des Bundeskanzleramts	Wolfgang Schmidt
Inneres und Heimat	Nancy Faeser
Arbeit und Soziales	Hubertus Heil
Verteidigung	Christine Lambrecht
Wohnen, Stadtentwicklung und Bauwesen	Klara Geywitz
Wirtschaftliche Zusammenarbeit und Entwicklung	Svenja Schulze
Gesundheit	Karl Lauterbach
Mitglieder Der Grünen	
Wirtschaft und Klimaschutz	Robert Habeck
Auswärtiges	Annalena Baerbock
Ernährung und Landwirtschaft	Cem Özdemir
Familie, Senioren, Frauen und Jugend	Anne Spiegel bis 25. 4. 2022
	Lisa Paus ab 25. 4. 2022
Umwelt, Naturschutz, nukleare Sicherheit und Verbraucherschutz	Steffi Lemke
Mitglieder der FDP	
Finanzen	Christian Lindner
Justiz	Marco Buschmann
Digitales und Verkehr	Volker Wissing
Bildung und Forschung	Bettina Stark-Watzinger

erhoben. Robert Habeck, der gleichfalls Interesse für das wichtigste Ministerium angemeldet hatte, fügte sich schließlich, um das Ampelbündnis nicht platzen zu lassen.

Literatur

Alexander, Robin: Die Getriebenen – Merkel und die Flüchtlingspolitik: Report aus dem Inneren der Macht. München 2017.

Bieber, Ina/Roßteutscher, Sigrid: Zur Ausgangslage der Bundestagswahl 2017. In: Roßteutscher, Sigrid/Schmitt-Beck, Rüdiger/Schoen, Harald/Weels, Bernhard/Wolf, Christof (Hg.): Zwischen Polarisierung und Beharrung: Die Bundestagswahl 2017. Baden-Baden 2019. S. 15–32.

Blinzler, Katharina/Blumenberg, Manuela S./Bucher, Hannah: Die Regierungsbildung. In: Roßteutscher, Sigrid/Schmitt-Beck, Rüdiger/Schoen, Harald/Weßels, Bernhard/Wolf, Christof (Hg.): Zwischen Polarisierung und Beharrung: Die Bundestagswahl 2017. Baden-Baden 2019 S. 357–374.

Bündnis 90/Die Grünen/FDP/SPD: »Mehr Fortschritt wagen – Bündnis für Freiheit, Gerechtigkeit und Nachhaltigkeit«. Koalitionsvertrag. Berlin 2021, online: https://www.spd.de/fileadmin/Dokumente/Koalitionsvertrag/Koalitionsvertrag_2021-2025.pdf [zuletzt: 21. 2. 2022].

de Maizière, Thomas: Regieren – Innenansichten der Politik. Freiburg 2019.

Dietz, Melanie/Roßteutscher, Sigrid: Das Ergebnis der Bundestagswahl 2017. In: Roßteutscher, Sigrid/Schmitt-Beck, Rüdiger/Schoen, Harald/Weßels, Bernhard/Wolf, Christof (Hg.): Zwischen Polarisierung und Beharrung: Die Bundestagswahl 2017. Baden-Baden 2019, S. 123–144.

Eberle, Lukas/Hickmann, Christof/Medick, Veit: Der Alte, in: Der Spiegel Nr. 27/11. 9. 2021, S. 8–15.

Grunden, Timo: Das Programm der Großen Koalition: Eine Regierung der sozialstaatlichen Restauration? In: Korte, Karl-Rudolf (Hg.): Die Bundestagswahl 2013. Wiesbaden 2015, S. 509–527.

Jung, Matthias: Von Merkel lernen heißt siegen lernen, in: FAZ vom 15. 11. 2021, S. 7.

Korte, Karl-Rudolf (Hg.): Die Bundestagswahl 2013. Analysen der Wahl-, Parteien-, Kommunikations- und Regierungsforschung. Wiesbaden 2015.

Roßteutscher, Sigrid/Schmitt-Beck, Rüdiger/Schoen, Harald/Weßels, Bernhard/Wolf, Christof: Zwischen Polarisierung und Beharrung: Die Bundestagswahl 2017. Baden-Baden 2019.

Rüdiger Schmitt-Beck: Wahlpolitische Achterbahn – Wer wählte wen bei der Bundestagswahl 2021? In: Aus Politik und Zeitgeschichte 47-49/2021 vom 22. November 2021, S. 10–16.

Scherer, Philipp: Die Wahlentscheidung in der Gesamtschau, in: Roßteutscher, Sigrid/Schmitt-Beck, Rüdiger/Schoen, Harald/Weßels, Bernhard/Wolf, Christof: Zwischen Polarisierung und Beharrung: Die Bundestagswahl 2017. Baden-Baden 2019, S. 345–356.

Sturm, Roland: Die Regierungsbildung nach der Bundestagswahl 2013: lagerübergreifend und langwierig. In: ZParl 1/2014, S. 207–230.

Wolfrum, Edgar: Der Aufsteiger – Eine Geschichte Deutschlands von 1990 bis heute. Stuttgart 2020.

Zohlnhöfer, Reimut/Saalfeld, Thomas (Hg.): Zwischen Stillstand, Politikwandel und Krisenmanagement – Eine Bilanz der Regierung Merkel 2013–2017. Wiesbaden 2019.

B. Die Mitglieder der Bundesregierung von 2013 bis 2021: Sozialstruktur und Karriereverläufe

Etwa ein halbes Jahr nach der Bundestagswahl am 24.9.2017 vereidigte Bundespräsident Frank-Walter Steinmeier am 14.3.2018 das IV. Kabinett von Angela Merkel. Noch nie hatte eine Regierungsbildung in der Bundesrepublik Deutschland so lange gedauert. Erst nach Eingreifen des Staatsoberhauptes verständigten sich schließlich Union und die »widerspenstigen« Sozialdemokraten auf eine erneute Große Koalition.

Angela Merkel wurde 2018 mit 354 Ja-Stimmen von 692 erneut zur Kanzlerin gewählt – neun Stimmen mehr als die erforderliche Mehrheit, aber 35 Stimmen weniger als die 399 Mandate, über welche die Koalition verfügte. Bei Merkels Wahl am 17.12. 2013, 86 Tage nach der Bundestagswahl am 22.9.2013, hatte sie noch 462 Ja-Stimmen erhalten, 42 weniger als das damalige Bündnis Sitze hatte. 150 Abgeordnete stimmten damals mit Nein, neun enthielten sich, vier Voten waren ungültig und 17 Mandatsträger gaben ihre Stimmkarten nicht ab.

Die Union und die SPD hatten sich 2013 auf die gleiche Ressortanzahl verständigt: Von den insgesamt 15 Ressortleitern und -leiterinnen stellte die CDU neben der Kanzlerin sechs Kabinettsmitglieder, die SPD ebenfalls sechs und die CSU drei. Im am 27.11. 2013 unterzeichneten Koalitionsvertrag übernahm die Union – neben dem Chef des Bundeskanzleramtes – die Ministerien für Inneres, Finanzen, Ernährung, Verteidigung, Gesundheit, Bildung und wirtschaftliche Zusammenarbeit. Die SPD stellte die Ressortchefs für Wirtschaft und Energie, für Auswärtiges, Justiz, Arbeit und Soziales, Familie, Umwelt sowie Naturschutz und Reaktorsicherheit. Stellvertreter der Bundeskanzlerin wurde Sigmar Gabriel (SPD).

Nach Artikel 64, Absatz 1 GG »werden die Bundesminister auf Vorschlag des Bundeskanzlers vom Bundespräsidenten ernannt und entlassen.« Faktisch haben aber die Parteiführungen über die Besetzung der Ministerposten zu bestimmen. »Die Personalhoheit von Kanzlern ist – bei allem Respekt vor der Verfassung auf die eigene Partei beschränkt«, so der ehemalige Leiter des Hauptstadtbüros der FAZ Günter Bannas. Schon

© Springer Fachmedien Wiesbaden GmbH, ein Teil von Springer Nature 2023
U. Kempf und M. Gloe (Hrsg.), *Kanzler und Minister 2013–2021*,
https://doi.org/10.1007/978-3-658-38669-6_2

1993 hatte sich der damalige Bundeskanzler Helmut Kohl – widerwillig – dem Votum des Koalitionspartners FDP beugen müssen, wie auch 1991 dem Besetzungsvorschlag der Unionsschwester. Vizekanzler Gabriel, der 2018 gerne »sein« Außenministerium behalten hätte, erklärte in einem Spiegel-Interview: »Die erste SPD-Doppelspitze Olaf Scholz und Andrea Nahles wollten mich loswerden. Parteivorsitzende dürfen so etwas entscheiden« (Der Spiegel Nr. 102 vom 9. 2. 2020: 39).

Von den insgesamt neun 2018 ernannten Unionsministern hatten insgesamt drei dem alten Kabinett angehört (Peter Altmaier, Ursula von der Leyen und Gerd Müller). Von den sechs SPD-Kolleginnen und Kollegen traten vier neu in das Kabinett Merkel IV ein (Olaf Scholz, Hubertus Heil, Franziska Giffey und Svenja Schulze). Justizministerin Barley darf auch als »Neuling« betrachtet werden. Sie hatte erst im Juni 2017 nach Manuela Schwesigs Wechsel nach Mecklenburg-Vorpommern das Familienministerium übernommen.

Die SPD hatte 2018 in den Koalitionsverhandlungen das prestigeträchtige Finanzministerium für Olaf Scholz erhalten; ihm wurde zugleich auch das Amt des Vizekanzlers übertragen. Der bisherige Ressortleiter Wolfgang Schäuble wurde auf den Posten des Bundestagspräsidenten weggelobt. Horst Seehofer, bis März 2018 Ministerpräsident des Freistaates Bayern und bis 2019 CSU-Vorsitzender, wurde das Ministerium für Inneres, Bau und Heimat übertragen. Der bisherige Amtsinhaber Thomas de Maizière übergab eher unwillig sein Amt dem bayerischen Nachfolger. Ein alternativ angebotenes Ressort lehnte er laut Pressemitteilung ab.

Während Merkels dritter Kanzlerschaft schieden vier Mitglieder aus: Frank-Walter Steinmeier wurde 2017 zum Bundespräsidenten gewählt. Manuela Schwesig übernahm das Amt der Ministerpräsidentin in Schwerin. Landwirtschaftsminister Hans-Peter Friedrich trat am 14. 2. 2014 von seinem Amt als Landwirtschaftsminister wegen der Weitergabe von Informationen über ein mögliches staatsanwaltschaftliches Ermittlungsverfahren gegen ein führendes SPD-Mitglied zurück. Andrea Nahles legte am 27. 9. 2017 nach der Wahl zur Vorsitzenden der SPD-Bundestagsfraktion ebenfalls ihr Ministeramt nieder. Ihr Ministerium übernahm kommissarisch Katarina Barley.

Das vierte Kabinett Merkel kannte nur wenige »Abgänge«: Justizministerin Barley wechselte im Juli 2019 ins Europaparlament. Ihr Ministerium übernahm Christine Lambrecht. Ursula von der Leyen kandidierte am 2. 7. 2019 für das Amt der Präsidentin der Europäischen Kommission, in das sie am 16. 7. 2019 gewählt wurde. Das Verteidigungsressort übernahm die CDU-Parteivorsitzende Annegret Kramp-Karrenbauer.

Thomas de Maizière, mehrfacher Landes- und Bundesminister, beschrieb in seinen »Innenansichten der Politik« folgende Kriterien für die Ministerauswahl: »In der Regel kann ein Regierungschef in einer Koalitionsregierung nur die Minister der eigenen Partei auswählen. Im Übrigen bestimmt der Koalitionspartner sein eigenes politisches Personal. Der Regierungschef hat allenfalls ein informelles Recht, ob er [oder sie] jemandem die Führung eines Ressorts zutraut. [...] Bei der Entscheidung kommt es allein auf die Prognose an, ob jemand in Zukunft ein guter Minister werden kann. [...] Entscheidend ist, ob ein Minister etwas durchsetzen kann« (de Maizière 2019: 28 f.). Der oder die Fraktionsvorsitzende hat auch ein wichtiges Wort mitzureden; das Gleiche gilt für die Landeschefs. »Es gibt folglich keinen typischen Weg, Minister zu werden«, so der mehrfache Ressortchef de Maizière (ebd.: 26). Dass aber eine Bundeskanzlerin bei der Auswahl der Kabinettsmitglieder insbesondere ihrer eigenen Partei eine Reihe von Kriterien berücksichtigen muss, steht außer Frage. Dazu zählen vor allem der Frauenanteil, die regionale Herkunft, das Alter, die Parteimitgliedschaft, aber auch die Frage, ob die Person ein Bundestagsmandat besitzt, obwohl von der Verfassung nicht vorgeschrieben,

Frauenanteil in den Regierungen seit 2013

Zu Beginn der 18. Legislaturperiode waren fünf Frauen Ressortchefinnen, drei von der SPD und zwei Unionsvertreterinnen. Vier Jahre später erhöhte sich die Zahl auf sechs. Jeweils drei Ministerinnen stellten die SPD und – außer der Kanzlerin – die CDU. Die CSU hatte auf ein weibliches Kabinettsmitglied verzichtet.

Religionszugehörigkeit

Seit der Jahrhundertwende spielt das religiöse Bekenntnis »So wahr mir Gott helfe« bei der Auswahl der Kabinettsmitglieder kein zentrales Kriterium mehr. Nur in der Union wird auf das religiöse Bekenntnis noch Wert gelegt. Von den insgesamt 31 Mitgliedern in Merkels drittem und viertem Kabinett waren neun evangelischen Glaubens, zwölf katholisch und sechs (diese ab 2018) konfessionslos. Hatten 2013 noch alle Minister und Ministerinnen sowie die Kanzlerin bei der Vereidigung vor dem Bundestag mit der Formel »So wahr mir Gott helfe« geschworen, verzichteten 2018 sieben (alle Mitglieder der SPD) auf diesen Zusatz. War im dritten Merkel-Kabinett Peter Altmaier der einzige katholische Unionsressortchef gewesen, kehrte sich dies im 2018 gebildeten Kabinett um (Bannas 2019: 41). Nur Ursula von der Leyen war neben der Kanzlerin evangelisch. Auch an der CDU-Parteispitze folgte im Frühjahr 2018 die Katholikin Annegret Kramp-Karrenbauer der Kanzlerin, deren Vater evangelischer Pfarrer in der DDR gewesen war. Im Gegensatz zu früheren unionsgeführten Regierungen spielte die Religionszugehörigkeit in den Kabinetten Merkel III und IV nur noch eine untergeordnete Rolle.

Bundestagsmandat

Von den insgesamt 31 Mitgliedern der Kabinette Merkel III und IV (einschließlich Nachrücker) hatten zehn zunächst kein Bundestagsmandat. Allerdings konnten etliche, wie z. B. Sigmar Gabriel (SPD) oder Olaf Scholz (SPD) auf teilweise lange Mitgliedschaften in Landesparlamenten verweisen. Von den fünf mandatslosen Mitgliedern des IV. Kabinetts bewarben sich drei erfolgreich bei der Bundestagswahl am 26. 9. 2021 um ein Mandat im Deutschen Bundestag. Horst Seehofer, Johanna Wanka sowie Manuela Schwesig schieden ebenso wie Sigmar Gabriel aus der Bundespolitik aus. Schon vorher hatten Bundespräsident Steinmeier nach Amtsübernahme des höchsten Staatsamtes in der Bundesrepublik Deutschland sowie Ursula von der Leyen und Manuela Schwesig nach dem Amtsantritt in Brüssel bzw. Schwerin ihr Bundestagsmandat niedergelegt. Franziska Giffey trat am 19. 5. 2021 wegen der drohenden Aberkennung ihres Doktorgrades von ihrem Amt zurück. An der SPD-Spitzenkandidatur für das Amt der Regierenden Bürgermeisterin in Berlin hielt sie auch nach dem Beschluss der Freien Universität Berlin auf Aberkennung des Titels fest.

Andrea Nahles, von 2013 bis 2017 Bundesministerin für Arbeit und Soziales sowie anschließend seit September 2017 SPD-Fraktionsvorsitzende sowie seit 22. 4. 2018 SPD-Parteivorsitzende legte ihre Ämter sowie ihr Bundestagsmandat zum 1. 11. 2019 nieder. Tief enttäuscht über die mangelnde Unterstützung ihrer Parteifreunde zog sie sich aus der Politik zurück. Im Juni 2020 wurde sie zur Präsidentin der Bundesanstalt für Post und Telekommunikation gewählt, im Januar 2022 zur Vorsitzenden der Agentur für Arbeit.

Parteimitgliedschaft

Alle Mitglieder der Merkel-Regierungen III und IV gehörten einer der Koalitionsparteien an. Auf die längste Parteizugehörigkeit konnte Wolfgang Schäuble zurückblicken, der bereits im Jahr 1965 der CDU beigetreten war. Aber auch Barbara Hendricks hatte schon 1972 das SPD-Parteibuch erhalten. Horst Seehofer und Christian Schmidt, beide Mitglieder der CSU, zählten ebenfalls zu den Kabinettsmitgliedern mit sehr langen Parteizugehörigkeiten. Ohne Parteizugehörigkeit ist es nur in Ausnahmefällen möglich, ein Ministeramt in einer Bundesregierung zu erhalten. Unter den wenigen Ausnahmen in früheren Kabinetten sticht Ludwig Erhard hervor. Er soll die Parteimitgliedschaft der CDU erst nach seiner Wahl zum Bundeskanzler 1963 beantragt haben. Die überwiegende Mehrheit der Kabinettsmitglieder zwischen 2013 und 2021 verwiesen auf eine zwanzig- bis dreißigjährige Parteimitgliedschaft bei ihrer Ministerernennung. Franziska Giffey und Jens Spahn hatten mit »nur« elf bzw. neun Jahren die kürzeste Parteizugehörigkeit in Merkels viertem Kabinett.

Partei-Karrieren

Ohne eine herausragende Position in der Partei auf Bundes- oder Landesebene ist eine Berufung auf einen Kabinettssitz kaum erfolgreich. Das häufige Scheitern von sogenannten Quereinsteigern ohne »Fleißarbeit« in der Partei belegt dies. Von den insgesamt 31 Bundesministerinnen bzw. Bundesministern seit 2013 hatten drei das Amt eines Ministerpräsidenten (Gabriel, Kramp-Karrenbauer) bzw. das des Ersten Bürgermeisters (Scholz) ausgeübt. Acht weitere waren vor ihrem Amtsantritt in Berlin Landesministerinnen bzw. Landesminister gewesen.

Die sogenannte Ministerschule als Parlamentarische Staatssekretäre hatten vor Übernahme eines Bundesministeriums acht Regierungsmitglieder »absolviert«. Hinzu kommen vier weitere, die z. T. in deutlichem zeitlichen Abstand ein solches Amt ausgeübt hatten (Gröhe [in seiner Funktion als Staatsminister bei der Bundeskanzlerin], Seehofer, Klöckner, Müller). Auch die Funktion als Generalsekretär der CSU ist ein gutes Sprungbrett auf einen Ministerposten, wie sich bei Alexander Dobrindt und Andreas Scheuer zeigte.

Der Vorsitz einer Landespartei ist bei der Auswahl der Ministerkandidaten gleichfalls hilfreich. So übernahmen fünf spätere Mitglieder der Kabinette Merkel III bzw. IV – zum Teil zeitlich recht versetzt – ein Ministeramt (Klöckner, Kramp-Karrenbauer, Schäuble, Scholz, Wanka); hinzu kommen zwei CSU-Landesgruppenvorsitzende. Vier weitere waren Stellvertretende Vorsitzende ihrer Partei auf Länderebene (Lambrecht, von der Leyen, Nahles, Steinmeier).

Auch die Funktion einer Generalsekretärin bzw. eines Generalsekretärs war bei der Ministerauswahl hilfreich. Fünf Kabinettsmitglieder hatten der Partei entsprechend – teilweise zeitversetzt – »gedient«, so die späteren Kabinettskollegen und -kolleginnen Heil, Merkel (1998 bis 2000), Kramp-Karrenbauer, Scheuer und Scholz. Ob die Übernahme eines Ministeramts als »Belohnung« für geleistete Parteidienste angesehen werden darf, ist nicht auszuschließen.

Die Funktion eines Parlamentarischen Geschäftsführers bzw. Geschäftsführerin wurde schon bei früheren Regierungsbildungen schließlich mit einem Kabinettssitz »belohnt«. So konnten zwei Minister und eine Ressortchefin auf diese Tätigkeit verweisen, wobei für Schäuble und Altmaier diese Tätigkeit zeitlich weit zurücklag. Bildungsministerin Anja Karliczek dürfte ihre Ernennung als Ministerin dieser Tätigkeit in der CDU/CSU-Fraktion verdanken. Spitzenkandidaturen bei Landtagswahlen bzw. bei einer Bundestagswahl sichern gleichfalls eine spätere Ressortübernahme (so Julia Klöckner und Frank-Walter Steinmeier). Das Gleiche trifft auf Stellvertretende Vorsitze einer Bundestagsfraktion zu (Gröhe, Lambrecht). Aber auch das Amt einer Schatzmeisterin, so Barbara Hendricks, kann hilfreich sein.

Weitere herausragende Positionen in der Partei stellen häufig eine Schlüsselfunktion bei der Berufung zahlreicher späterer Ressortchefs dar; so waren in Merkels Regierungen sieben Ressortinhaber bzw. -inhaberinnen Mitglied im Parteipräsidium bzw. im Parteivorstand, so die späteren Kabinettsmitglieder Hendricks, Heil, Maas, Nahles und Spahn. Aber auch das Amt des Juso-Vorsitzes bei der SPD bietet ein gutes Sprungbrett für höhere Regierungs-»Weihen«, so Katarina Barley, Heiko Maas und die spätere Arbeitsministerin Andrea Nahles. Die Mitgliedschaft als Vorsitzende oder Vorsitzender in einem wichtigen Bundestagsausschuss ist gleichfalls von Bedeutung.

Wie schon bei den meisten Regierungsbildungen in der Bundesrepublik Deutschland zeigen auch Merkels Kabinette seit 2013 eine vergleichbare Typologisierung: Eine langjährige Laufbahn in verschiedenen leitenden Partei-Funktionen auf Bundes- oder Landesebene, seltener im kommunalen Bereich ist ebenso vorteilhaft wie eine Mitgliedschaft im Deutschen Bundestag oder wenigstens in einem Landesparlament.

Von den insgesamt 31 Mitgliedern der seit 2013 vereidigten Ressortchefs bzw. -chefinnen besaßen in der 18. Legislaturperiode nur drei kein Bundestagsmandat (Maas, Schwesig, Wanka); in der 19. Wahlperiode waren es fünf (Giffey, Klöckner, Scholz, Schulze, Seehofer). Unmut in den jeweiligen Fraktionen über solche, auch der Öffentlichkeit manchmal wenig bekannten »Gesichter« bleibt gelegentlich nicht aus. Die Berufung von Parlamentarischen Staatssekretären kann aber solche Enttäuschungen mildern. In den parlamentarischen Gremien gewonnene Kenntnisse und Erfahrungen können Kompromissbereitschaft, Konsensfindung und Durchsetzungsfähigkeit fördern helfen. Gleichzeitig sind sie die Grundlage für die Bildung stabiler Netzwerke innerhalb der Fraktion. Ohne diese können Kabinettsmitglieder leicht scheitern. Dies gilt auch für die gefürchteten Untersuchungsausschüsse. Beispielhaft sei auf Verkehrsminister Scheuer verwiesen. Ohne den Rückhalt beim ehemaligen bayerischen CSU-Parteivorsitzenden, seiner Partei und der Unionsmitglieder im Untersuchungsausschuss über hohe Vorschusszahlungen an die schließlich gescheiterte Maut-Einzugsagentur wäre seine Ministerkarriere möglicherweise schon 2020 zu Ende gewesen. Auch die Kanzlerin stützte den Minister. Der Koalitionspartner SPD hielt sich in den »Kreuzverhören« auffallend zurück. Finanzminister Olaf Scholz hatte seinen »eigenen« Untersuchungsausschuss über die Wirecard-Banken Pleite zu bestehen.

Theodor Eschenburgs schon Anfang der sechziger Jahre gemachte Feststellung, dass für die Leitung eines Ministeriums – von wenigen Ausnahmen wie das Justizressort abgesehen – eine berufliche Spezialausbildung nicht erforderlich ist, trifft nach wie vor zu. Entscheidend sei vielmehr, das Ministerinnen und Minister führungsbegabt, durchsetzungsstark und urteilsfähig sind (Eschenburg 1960: 698). Die Kanzlerin, so der langjährige Bundesminister Thomas de Maizière, »müsse bei der Auswahl ihrer Regierungsmitglieder überzeugt sein, ob sie jemandem die Führung eines Ressorts zutraut. Das wird sie bewerten anhand der Persönlichkeit, der fachlichen Eignung und der bisherigen Zusammenarbeit mit dem Kandidaten oder der Kandidatin. […] Bei der Entscheidung kommt es allein auf die Prognose an, ob jemand in Zukunft ein guter Minister werden kann« (de Maizière 2019: 27 f.). Dass eine Regierungschefin in einer Koalitionsregierung nur die Ressortchefs der eigenen Partei auswählen kann, ist bekannt. Sie hat allenfalls ein »informelles Vetorecht«. So musste Merkel bei der Bildung ihrer vierten Regierung Horst Seehofer als Innenminister akzeptieren, obwohl beide einen heftigen Streit über die Flüchtlingspolitik im Allgemeinen und die Abweisung von Asylbewerbern an den deutschen Grenzen austragen mussten. Sogar die Fraktionsgemeinschaft von CDU und CSU stand auf der Kippe. Welchen Einfluss Parteivorsitzende auf die Nicht-Ernennung von Kabinettsmitgliedern ausüben können, schilderte der langjährige SPD-Vorsitzende

Sigmar Gabriel in einem Spiegel-Interview. Auf die Frage, wer im Frühjahr 2018 daran schuld war, dass der beliebte Außenminister nicht erneut ins Kabinett berufen wurde, antwortete er: »Das war der Wille von Olaf Scholz und Andrea Nahles [die SPD-Vorsitzende und ihr Stellvertreter]. […] Beide haben meine Ausgrenzung damals gewollt, um einen möglichen Konkurrenten von Anfang an loszuwerden« (Der Spiegel Nr. 20 vom 29.2.2020). Gabriel zog sich nach diesem »Rauswurf« faktisch aus der Politik zurück. Seine Nachfolgerin im Parteivorsitz scheiterte etwa ein Jahr später.

Vorparlamentarische Berufe

Laut Kürschners Volkshandbuch Deutscher Bundestag, 19. Wahlperiode gehörten von den insgesamt 709 Abgeordneten des Deutschen Bundestages 99 rechts-, wirtschafts- und steuerberatenden Berufen an. 79 hatten für Parteien und Fraktionen gearbeitet sowie waren Mitarbeiter bei Abgeordneten gewesen. Selbständige Tätigkeiten u.a. in der Industrie gaben nur 46 Parlamentarier an (Holzapfel 2018: 332 f.).

Merkels Kabinette in der 18. und in der 19. Legislaturperiode waren ein Spiegelbild der Abgeordneten-Berufskarrieren des Deutschen Parlaments. Wie schon in früheren Legislaturperioden dominierten in den Bundeskabinetten unter Angela Merkel freiberufliche oder im Staatsdienst tätige Juristen bei der Leitung der Bundesministerien. Von den insgesamt 31 Regierungsmitgliedern der Jahre 2013 bis 2021 hatten neun vor der Ressortübernahme als Beamte in der Verwaltung (ohne Lehrpersonal und Justizwesen) gearbeitet (Altmaier, Friedrich, Heil, Hendricks, Kramp-Karrenbauer, de Maizière, Müller, Schäuble, Schwesig). Acht weitere hatten eine Lehrtätigkeit in Schulen, Universitäten oder sonstigen wissenschaftlichen Einrichtungen ausgeübt (Gabriel, Giffey, Klöckner, Merkel, Nahles, Scheuer, Steinmeier, Wanka). Als Juristen in staatlichen Einrichtungen oder als Freiberufler waren sieben Kabinettsmitglieder tätig gewesen (Barley, Gröhe, Lambrecht, Maas, Schmidt, Scholz, Zypries). Aus der »freien« Wirtschaft kamen drei. So war Svenja Schulze vor ihrer Ministertätigkeit in Düsseldorf, dann als Umweltministerin in Berlin als Unternehmensberaterin tätig gewesen. Verkehrsminister Alexander Dobrindt arbeitete als Geschäftsführer im Maschinenbau, Anja Karliczek u.a. als »Leitende Angestellte Hotellerie«, so ihr Eintrag in Kürschners Volkshandbuch. Als selbständiger Unternehmer bzw. Unternehmerin in der Wirtschaft war vor der Berufung ins Bundeskabinett niemand tätig gewesen. Bemerkenswert war die Betreuung von zwei Ministerien mit Medizinern. Ursula von der Leyen übernahm nach früherer Tätigkeit als Familienministerin ab Dezember 2013 das Verteidigungsressort. Professor Helge Braun wurde im März 2018 die Leitung des Bundeskanzleramtes übertragen. Einzige Naturwissenschaftlerin war wie schon in früheren Kabinetten die Bundeskanzlerin. Von 1978 bis zur deutschen Einheit war sie als wissenschaftliche Mitarbeiterin am Zentralinstitut für Physikalische Chemie der Akademie der Wissenschaften in (Ost-)Berlin tätig gewesen.

Regionale Herkunft

Jeder Regierungschef bzw. -chefin muss bei der Kabinettsbildung auf eine ausgewogene Besetzung mit Personen aus den verschiedenen Bundesländern achten. Regionale Ausgewogenheit der landmannschaftlichen Verbundenheit bzw. Herkunft der Amtsinhaberinnen und Amtsinhabern spielen seit Beginn der Bundesrepublik Deutschland eine nicht zu unterschätzende Rolle. So konnte Kanzlerin Merkel zu Beginn ihrer Amtszeit den Unmut ihrer Parteifreunde aus Nordrhein-Westfalen nur mit Mühe dämpfen, da kein Vertreter des größten CDU-Landesverbandes ein Bundesministerium erhielt. Diesen »Fehler« korrigierte sie in der Folgezeit.

Dass Bayern mit jeweils drei CSU-Ressortchefs in Merkels Kabinetten vertreten war, verwundert nicht. Im Jahr 2018 konnte Horst Seehofer das um das Bauressort und den Bereich Heimat aufgewertete Innenministerium in den Koalitionsverhandlungen durchsetzen. Die Bezeichnung »Heimat« tauchte erstmals in einem Ministeriumstitel auf. Vier Jahre später kam kein Ressortchef aus dem Freistaat.

Die übrigen großen Flächenstaaten waren 2018 gleichfalls gut am Kabinettstisch vertreten: Niedersachsen entsandte wie schon 2013 Ursula von der Leyen als einziges CDU-Mitglied nach »Berlin«. Das SPD-Parteibuch besaßen 2013 der ehemalige niedersächsische Ministerpräsident Sigmar Gabriel, der spätere Bundespräsident Frank-Walter Steinmeier und – ab 2018 – Arbeits- und Sozialminister Hubertus Heil. Hessen war in der 19. Legislaturperiode mit zwei Kabinettsministern vertreten: Kanzleramtsminister Helge Braun (CDU) und seit Juni 2019 Christine Lambrecht (SPD). Ihre Parteifreundin Brigitte Zypries vertrat ebenfalls – wenn auch nur für kurze Zeit – hessische Interessen.

Ab 2018 entsandte Nordrhein-Westfalen zwei CDU-Vertreter ins Bundeskabinett: Jens Spahn und Anja Karliczek. Als dritte wurde Svenja Schulze, ehemalige SPD-Bildungsministerin in Düsseldorf, ins Bundeskabinett berufen. Sie »löste« Barbara Hendricks als Umweltministerin »ab«.

Nach Wolfgang Schäubles Wahl zum Bundestagspräsidenten Anfang 2018 »ging« Baden-Württemberg bei der Ministerauswahl »leer« aus. Auch Sachsen, Sachsen-Anhalt, Brandenburg und Bremen waren in Merkels vierter Regierung nicht vertreten. Aus Berlin stammte Familienministerin Giffey, aus Mecklenburg-Vorpommern die Bundeskanzlerin. Vizekanzler und Finanzminister Scholz vertrat die Freie und Hansestadt Hamburg. Überproportional präsent am Kabinettstisch war das kleinste Flächenland, das Saarland, vertreten. Drei Politiker bzw. Politikerinnen stellte es ab 2018 bzw. 2019: Wirtschaftsminister Altmaier, Justizminister Maas und Verteidigungsministerin Kramp-Karrenbauer. Auch Rheinland-Pfalz war mit zwei Ressortchefinnen im Kabinett vertreten: Landwirtschaftsministerin Klöckner und bis zu ihrer Wahl ins Europäische Parlament im Juli 2019 Justizministerin Barley.

Schulische, universitäre Bildung und Studienschwerpunkte

Schon 2010 und erneut 2017 hatte der Politikwissenschaftler Klaus von Beyme in seinem Lehrbuch »Das politische System der Bundesrepublik Deutschland« vermerkt: »Akademische Weihen eröffnen zunehmend Aufstiegschancen in die politische Klasse. […] Im Deutschen Bundestag gibt es ein Übergewicht an Juristen und […] Untergewicht von Naturwissenschaftlern und Technikern« (von Beyme 2010: 294 und von Beyme 2017: 304). An dieser Einschätzung hat sich seit 2013 auch mit Blick auf die Bundeskabinette nichts geändert. Ein einziges Kabinettsmitglied, Horst Seehofer, verfügte »nur« über die Mittlere Reife. Elf Ressortinhaber bzw. -inhaberinnen hatten promoviert; von ihnen besaßen zwei die Venia Legendi.

Zwei Kabinettsmitglieder (Franziska Giffey und Andreas Scheuer) hatten den Doktortitel niedergelegt. Giffey war der von der Freien Universität Berlin verliehene akademische Grad wegen Plagiatsvorwürfen aberkannt worden. Scheuer hatte seinen Titel in Deutschland nur mit der Bezeichnung »Karlsuniversität Prag« führen dürfen; folglich verzichtete er schließlich auf dieses akademische Prädikat.

Bei den Studienfächern dominierte vor allem Jura. Zwölf besaßen zumindest die erste juristische Staatsprüfung. Aber auch Politikwissenschaft und Soziologie hatten sieben Kabinettsmitglieder im Hauptfach studiert – ein wesentlich höherer Anteil als bei früheren Bundesregierungen unter Helmut Kohl bzw. Gerhard Schröder. Drei Kabinettsmitglieder hatten ein Staatsexamen für Fächer des Höheren Lehramts abgelegt (Hendricks, Nahles und Scheuer). Mit Ursula von der Leyen und Helge Braun saßen zwei Mediziner am Kabinettstisch. Einen Abschluss in Betriebswirtschaft bzw. Finanzen konnten drei vorweisen (Karliczek, Müller, Schwesig). Das höchste Regierungsamt seit 2005 übernahm die Diplomphysikerin Angelika Merkel.

Wie sich schon bei früheren Kabinettsbildungen oder -veränderungen zeigte, lässt sich auch in den Kabinetten Merkel III und IV keine tendenzielle Nähe zwischen Studienfach und Regierungsressort feststellen. Nur das Justizministerium war seit 1949 in den Händen eines Juristen oder einer Juristin. Auch das Landwirtschaftsressort wurde bis 1998 jeweils von einem »Bauernvertreter« geführt.

Ministerinnen bzw. Minister sind in der Regel »Generalisten« und weniger »Fachleute«. Bundeskanzler Helmut Schmidt belehrte den späteren Bundesminister Egon Bahr nach dessen Bemerkung, für die Leitung einiger Ressorts seien entsprechende Kenntnisse erforderlich: »Mit etwas überdurchschnittlicher Intelligenz kann man das.« Ein anderes Mal sagte er dem designierten Minister für wirtschaftliche Zusammenarbeit: »Mach [dort], was du für richtig hältst, aber möglichst wenig ›Ärger‹« (Bahr 1998: 243 und 463).

Alter der Ministerinnen und Minister bei Amtsantritt 2018

Neben einer langjährigen Parlamentsmitgliedschaft, einer langen Parteizugehörigkeit sowie frühes parteipolitisches Engagement sowie Führungspositionen auf Landes- und Bundesebene spielt auch das Lebensalter eine wichtige Rolle bei der Ernennung zu einem der wichtigsten Regierungsämter auf Bundesebene. Merkels viertes Kabinett hatte ein Durchschnittsalter von 51,2 Jahren: Von den im März 2018 vereidigten Ministerinnen und Minister hatten zehn das fünfzigste Lebensjahr erreicht. Fünf unter ihnen waren älter als sechzig Jahre. Damit wich Merkels viertes Kabinett im Hinblick auf die Altersstruktur nur geringfügig vom Mittelwert ihrer ersten drei Regierungen ab. Eine in der Öffentlichkeit bei nahezu jeder Vereidigung erhobene Forderung nach Verjüngung der Ministerriege fand weder 2013 noch 2018 statt. »Benjamine« am Kabinettstisch waren seit 2018 Manuela Giffey (geb. 1978), Jens Spahn (geb. 1980), Andreas Scheuer (geb. 1974) und Julia Klöckner (geb. 1972). Nur der Gesundheitsminister Jens Spahn hatte zum Zeitpunkt seiner Ernennung die »40« noch nicht erreicht. Die Mitglieder der rotgrün-gelben Ampelkoalition waren im Dezember 2021 nur unwesentlich jünger, nämlich 50,4 Jahre (FAS vom 12.1.2021: 2).

Wie schon in den früheren Bänden der Ministerbiographien vermerkt, sind politische, parlamentarische und administrative Erfahrungen, aber auch das Lebensalter für die Berufung an den Kabinettstisch von besonderer Bedeutung. Die Vereidigung zur Bundesministerin bzw. zum Bundesminister darf auch als eine Anerkennung für bisher im Parlament und in den Leitungsgremien der Parteien geleistete Dienste gewertet werden. Aber auch darf in Einzelfällen die Verpflichtung bzw. Einbindung eines »Rebellen« in die Kabinettsdisziplin als Befriedung innerparteilicher Kritiker angesehen werden, wie das Beispiel Jens Spahn zeigte. Seine heftige Kritik an Merkels Flüchtlingspolitik führte schließlich zu dem ersehnten Sitz am Kabinettstisch.

Die Mitglieder des Kabinetts Merkel III, 2013 (geschäftsführend bis März 2018)

Angela Merkel	CDU
Peter Altmaier	CDU
Katarina Barley	SPD (ab 2.6.2017)
Thomas de Maizière	CDU
Alexander Dobrindt	CSU
Hans-Peter Friedrich	CSU (bis 17.2.2014)
Sigmar Gabriel	SPD
Hermann Gröhe	CDU
Barbara Hendricks	SPD

Heiko Maas	SPD
Gerd Müller	CSU
Andrea Nahles	SPD
Christian Schmidt	CSU (ab 17. 2. 2014)
Manuela Schwesig	SPD (bis 2. 6. 2017)
Wolfgang Schäuble	CDU
Frank-Walter Steinmeier	SPD (bis 27. 1. 2017)
Ursula von der Leyen	CDU
Johanna Wanka	CDU
Brigitte Zypries	SPD (ab 27. 1. 2017)

(Wegen der schwierigen Regierungsbildung und der langwierigen Koalitionsverhandlungen blieb das Kabinett Merkel III bis zum 14. 3. 2018 kommissarisch im Amt)

Die Mitglieder des Kabinetts Merkel IV, 2018 (geschäftsführend bis 8. 12. 2021)

Angela Merkel	CDU
Peter Altmaier	CDU
Katarina Barley	SPD (bis 27. 6. 2019)
Helge Braun	CDU
Franziska Giffey	SPD (bis 20. 5. 2021)
Hubertus Heil	SPD
Anja Karliczek	CDU
Julia Klöckner	CDU
Annegret Kramp-Karrenbauer	CDU (ab 17. 7. 2019)
Christine Lambrecht	SPD (ab 27. 6. 2019)
Gerd Müller	CSU
Heiko Maas	SPD
Andreas Scheuer	CSU
Olaf Scholz	SPD
Svenja Schulze	SPD
Horst Seehofer	CSU
Jens Spahn	CDU
Ursula von der Leyen	CDU (bis 17. 7. 2019)

Regierungsmitglieder 2013 bis 2021 (nach Parteizugehörigkeit und in alphabetischer Reihenfolge)

CDU	CSU
Altmaier, Peter	Dobrindt, Alexander
Braun, Helge	Friedrich, Hans-Peter
de Maizière, Thomas	Müller, Gerd
Gröhe, Hermann	Scheuer, Andreas
Karliczek, Anja	Schmidt, Christian
Klöckner, Julia	Seehofer, Horst
Kramp-Karrenbauer, Annegret	
Merkel, Angela	
Schäuble, Wolfgang	
Spahn, Jens	
von der Leyen, Ursula	
Wanka, Johanna	

SPD

Barley, Katarina

Gabriel, Sigmar

Giffey, Franziska

Heil, Hubertus

Hendricks, Barbara

Lambrecht, Christine

Maas, Heiko

Nahles, Andrea

Scholz, Olaf

Schulze, Svenja

Steinmeier, Frank-Walter

Schwesig, Manuela

Zypries, Brigitte

Literatur

Bahr, Egon: Deutsche Interessen. Streitschrift zur Macht, Sicherheit und Außenpolitik. München 1998.

Beyme, Klaus von: Das politische System der Bundesrepublik Deutschland, 11. Auflage. Wiesbaden 2010.

Beyme, Klaus von: Das politische System der Bundesrepublik Deutschland, 12. Auflage. Wiesbaden 2017.

de Maizière, Thomas: Regieren – Innenansichten der Politik. Freiburg 2019.

Eschenburg, Theodor: Staat und Gesellschaft in Deutschland. Stuttgart 1960.

Holzapfel, Andreas: Kürschners Handbuch der Bundesregierung: Ausgabe 2018. Rheinbreitbach 2018.

Teil 2
Biografien

Altmaier, Peter (CDU)

Bundesminister für Umwelt, Naturschutz und Reaktorsicherheit, Bundesminister für besondere Aufgaben und Chef des Bundeskanzleramtes, Bundesminister für Wirtschaft und Energie

geb. 18.6.1958 in Ensdorf/Saar, röm.-kath.

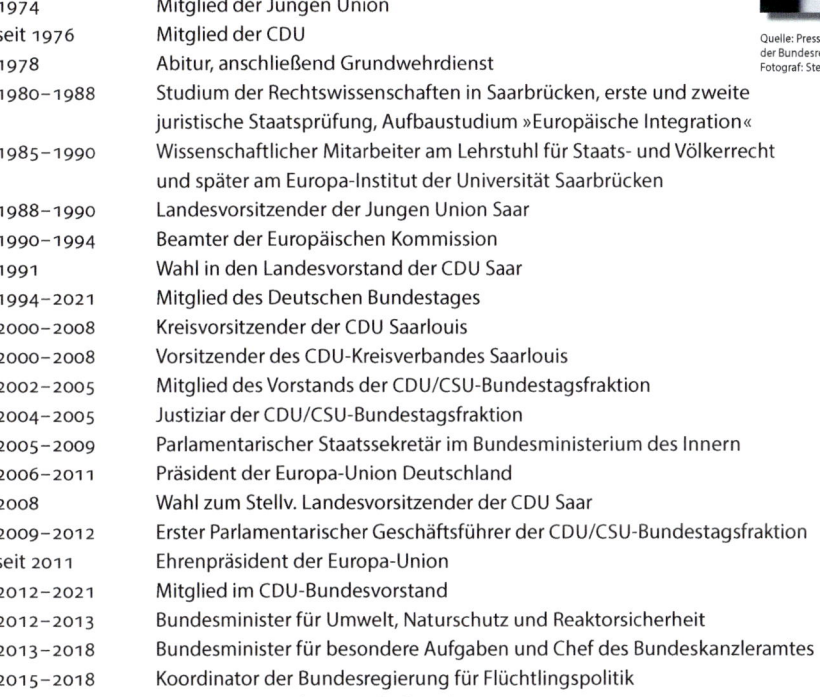

1974	Mitglied der Jungen Union
seit 1976	Mitglied der CDU
1978	Abitur, anschließend Grundwehrdienst
1980–1988	Studium der Rechtswissenschaften in Saarbrücken, erste und zweite juristische Staatsprüfung, Aufbaustudium »Europäische Integration«
1985–1990	Wissenschaftlicher Mitarbeiter am Lehrstuhl für Staats- und Völkerrecht und später am Europa-Institut der Universität Saarbrücken
1988–1990	Landesvorsitzender der Jungen Union Saar
1990–1994	Beamter der Europäischen Kommission
1991	Wahl in den Landesvorstand der CDU Saar
1994–2021	Mitglied des Deutschen Bundestages
2000–2008	Kreisvorsitzender der CDU Saarlouis
2000–2008	Vorsitzender des CDU-Kreisverbandes Saarlouis
2002–2005	Mitglied des Vorstands der CDU/CSU-Bundestagsfraktion
2004–2005	Justiziar der CDU/CSU-Bundestagsfraktion
2005–2009	Parlamentarischer Staatssekretär im Bundesministerium des Innern
2006–2011	Präsident der Europa-Union Deutschland
2008	Wahl zum Stellv. Landesvorsitzenden der CDU Saar
2009–2012	Erster Parlamentarischer Geschäftsführer der CDU/CSU-Bundestagsfraktion
seit 2011	Ehrenpräsident der Europa-Union
2012–2021	Mitglied im CDU-Bundesvorstand
2012–2013	Bundesminister für Umwelt, Naturschutz und Reaktorsicherheit
2013–2018	Bundesminister für besondere Aufgaben und Chef des Bundeskanzleramtes
2015–2018	Koordinator der Bundesregierung für Flüchtlingspolitik
2018–2021	Bundesminister für Wirtschaft und Energie

Bei der Vereidigung von Peter Altmaier als Bundesminister für besondere Aufgaben und Chef des Bundeskanzleramtes sagte Bundespräsident Gauck, Altmaier bekomme »immer die schwierigen Aufgaben«. Altmaier konnte zu diesem Zeitpunkt bereits auf eine lange politische Karriere in Berlin zurückblicken, die ihn für die Übernahme dieses Amtes in der Bundesregierung prädestinierten (vgl. im Folgenden Achenbach 2014). Altmaier stammt aus einer Arbeiterfamilie im Saarland und engagierte sich schon früh bei der Jungen Union. Bereits 1994 war Altmaier über die CDU-Landesliste Saar-

land in den Deutschen Bundestag eingezogen und hatte sich dort sowohl innerhalb der Union mit anderen jüngeren Abgeordneten wie Eckart von Klaeden, Norbert Röttgen oder Ronald Pofalla, als auch mit jüngeren Bundestagsmitgliedern anderer Parteien gut vernetzt. Altmaier gilt als Mitbegründer der sogenannten Pizza Connection, einem Kreis aus jungen Abgeordneten der CDU und von Bündnis 90/Die Grünen. Während der rot-grünen Regierungszeit unter Gerhard Schröder beschäftigte sich Altmaier inhaltlich mit der EU-Erweiterung und der europäischen Grundrechtscharta. Dabei

© Springer Fachmedien Wiesbaden GmbH, ein Teil von Springer Nature 2023
U. Kempf und M. Gloe (Hrsg.), *Kanzler und Minister 2013–2021*,
https://doi.org/10.1007/978-3-658-38669-6_3

konnte er auf seine Erfahrungen als Beamter der Europäischen Kommission zwischen 1990 und 1994 zurückgreifen. Parteipolitisch unterstützte er in der CDU-Spendenaffäre die damalige Generalsekretärin Angela Merkel. Dies legte den Grundstein für eine lange vertrauensvolle Zusammenarbeit. Zwischen 2002 und 2005 gehörte er dann dem Vorstand der CDU/CSU-Bundestagsfraktion an, war Fraktionsjustiziar und wurde von der damaligen Fraktionsvorsitzenden Angela Merkel als Obmann eines so genannten fraktionsinternen Lügenausschusses eingesetzt, der einen rot-grünen Wahlbetrug aufdecken sollte. Nach der Bundestagswahl 2005 wurde Altmaier für die gesamte Legislaturperiode Parlamentarischer Staatssekretär bei Bundesinnenminister Wolfgang Schäuble. Nach der Bundestagswahl 2009 übernahm er als Erster Parlamentarischer Geschäftsführer der Unionsfraktion das Amt von Norbert Röttgen, der Bundesumweltminister wurde. Nachdem Röttgen aufgrund des schlechten Abschneidens als Spitzenkandidat bei der nordrheinwestfälischen Landtagswahl auch als Bundesumweltminister zurücktreten musste, wurde Peter Altmaier auch dort sein Nachfolger. Die Ernennung Altmaiers überraschte viele, da er sich bis dahin nicht als umwelt- und energiepolitischer Experte präsentiert hatte. In der Folgezeit gab es daher, vor allem mit dem Wirtschaftsministerium, zahlreiche Auseinandersetzungen: »Zeitweise wirkten Bundeswirtschaftsminister Philipp Rösler und Peter Altmaier so zerstritten, dass Außenstehende den Eindruck gewinnen konnten, sie arbeiteten eher gegen als miteinander« (Achenbach 2014: 67). Die Auseinandersetzungen wiederholten sich später in der Zeit, als Altmaier als Bundeswirtschaftsminister auf der anderen Seite stand (s. u.). Als Umweltminister bearbeitete er vor allem die Energiewende sowie die Suche nach einem Endlager für Atommüll.

Auf der Grundlage dieser breiten Erfahrungen, die ihm den Ruf eines Generalisten einbrachte, wechselte Altmaier 2013 in das Amt als Minister für besondere Aufgaben und Chef des Bundeskanzleramts und übernahm damit die »härteste Aufgabe […], die die deutsche Politik zu vergeben hat« (FAZ vom 16.12.2013). Er

war damit der erste Kanzleramtschef seit Horst Ehmke, der vorher bereits ein anderes Ressort geleitet hatte. In einem Kommentar in der SZ wurde darin ein Vorteil gesehen: »Nichts, was im Kopf eines Ressortministers vorgeht, ist ihm fremd. Er weiß wie Ministerien funktionieren und Abteilungen ihre Minister positionieren. Da lässt man sich nicht mehr von jeder Vorlage ins Bockshorn jagen und kann leichter Kompromisse vermitteln« (SZ vom 12.4.2017: 4). Auch als Parlamentarischer Geschäftsführer der CDU/CSU-Bundestagsfraktion hatte Altmaier Erfahrungen in der Koordination und ausgleichenden Moderation unterschiedlicher Positionen gesammelt, auf die er jetzt zurückgreifen konnte.

Altmaier beschrieb seine Aufgabe selbst mit folgenden Worten: »Der Kanzleramtschef kümmert sich darum, dass die Maschinerie läuft« (zit. nach Badische Zeitung vom 23.6.2017: 3). Medial wurde kolportiert, dass er selbst dieses Amt als Rückschritt ansah. Aus parteipolitischer Sicht wäre ein anderer Posten für Altmaier strategisch gewinnbringender gewesen. So hielt der SPIEGEL fest: »In der Regierung stellt die SPD die Minister für Arbeit und Soziales, Wirtschaft und Energie, die Union hat also genau dort kein Gesicht mehr, wo die meisten Wähler noch immer einen Kompetenzvorsprung von CDU und CSU vermuten – in der Wirtschaftspolitik. Gerade Wirtschaftsverbände und Unternehmer suchen oft vergebens nach Ansprechpartnern mit CDU-Kennung« (Der Spiegel vom 1.3.2014: 22). Die Kanzlerin äußerte sich dazu, dass sie wisse, wie schwer es für Altmaier sein müsse, »die Freiheit eines Ministers wieder aufzugeben und ins Kanzleramt zu gehen« (Die Zeit vom 19.12.2013: 4). Als Chef des Bundeskanzleramtes gehörte Altmaier zum innersten Machtzirkel von Bundeskanzlerin Angela Merkel. Die Badische Zeitung schrieb: »er ist ihr wichtigster politischer Mitstreiter, auf den sie sich blind verlässt« (Badische Zeitung vom 23.6.2017: 3).

Nach der mühsamen Bildung der Regierung im Jahr 2013 konnten zu Beginn der Zusammenarbeit zwischen CDU/CSU und SPD zahlreiche Vorhaben, die im Koalitionsvertrag festgehalten waren, wie z.B. Rente mit 63, Reform der doppelten Staatsangehörigkeit oder Mütterrente umgesetzt werden, auch wenn die Regierung Merkel III als »Koalition von Kompromissen auf dem kleinsten gemeinsamen Nenner« (Saalfeld/Zohlnhöfer 2019: 1) galt. Das Bild verfestigte sich in der Öffentlichkeit. Obwohl die Große Koalition insgesamt 80 % ihrer sachpolitischen Ziele aus dem Koalitionsvertrag umsetzte, glaubten nur 13 % der Wählerinnen und Wähler, dass fast alle oder ein großer Teil umgesetzt worden seien (vgl. ebd.: 3). Im Frühjahr 2015 war Altmaier als Kanzleramtsminister, zuständig für die Geheimdienste, dann durch die Affäre um die Spionagehilfe des BND für den US-Geheimdienst NSA erstmals öffentlich gefordert. Vom Koalitionspartner SPD kam es zu scharfen Angriffen auf Altmaier (vgl. Saalfeld/Bahr/Seifert 2019: 281).

Bereits ab der zweiten Jahreshälfte 2014 nahm die Bedeutung des Themas Migration und Integration im öffentlichen Diskurs zu. Zuerst hatte Altmaier als Verhandlungsführer der Bundesregierung einen Asylkompromiss im Bundesrat vorbereitet, der die drei Balkan-Staaten Serbien, Bosnien-Herzegowina und Mazedonien als »sichere Herkunftsstaaten« einstufte. Ziel der Bundesregierung war es, den Zuzug vom Westbalkan damit abzuschwächen. Asylanträge von Menschen aus diesen Ländern konnten auf der Grundlage des Gesetzes schneller als »offensichtlich unbegründet« abgelehnt werden. Am 19. 9. 2014 verabschiedete der Bundesrat mit den Stimmen der rot-grünen Regierung in Baden-Württemberg unter Führung von Ministerpräsident Winfried Kretschmann das Gesetz. Als Gegenleistung erhielten Bundesländer und Kommunen eine einmalige finanzielle Unterstützung in Höhe von einer Milliarde Euro für den Ausbau der Unterbringungskapazitäten und das Bauplanungsrecht wurde so geändert, dass neue Flüchtlingsunterkünfte ohne großen bürokratischen Aufwand auch in Gewerbegebieten entstehen konnten. Zusätzlich machte die Regierung Zugeständnisse bei der Vorrangprüfung und der Residenzpflicht.

Eine Verstärkung erfuhr der Themenkomplex ab Herbst 2015, als die Zahlen der Geflüchteten anstiegen und sich der öffentliche Druck auf die Bundesregierung erhöhte: »Für Oktober und November 2015 berichtet die Forschungsgruppe Wahlen, dass nicht weniger als 88 Prozent der Befragten das Thema Migration als eines der wichtigsten in Deutschland anführte« (Saalfeld/Zohlnhöfer 2019: 9). Der zuständige Innenminister de Maizière geriet aufgrund des fachlichen Umgangs, insbesondere aufgrund der langen Bearbeitungsfristen für Asylanträge in der Bundesanstalt für Migration und Flüchtlinge (BAMF), stark in die Kritik. Zudem widersprachen sich die Aussagen der Kanzlerin und ihres Innenministers in Bezug auf eine mögliche Grenze der Belastbarkeit. Der Innenminister betonte immer wieder, dass ein endloser Zuzug nicht zu bewältigen sei, während die Kanzlerin keine Grenze ziehen wollte (vgl. Die Welt vom 8. 10. 2015). Im Oktober 2015 erklärte Bundeskanzlerin Angela Merkel die Flüchtlingspolitik daraufhin zur Chefsache: sie überließ Innenminister Thomas de Maizière lediglich die operative Steuerung und beauftragte ihren »engen Vertrauten« (SZ vom 7. 10. 2015: 1) Altmaier als Kanzleramtschef mit der ressortübergreifenden Gesamtkoordination der Flüchtlingspolitik. Medial wurde dies als Merkels Versuch gewertet, die Lage überhaupt wieder unter Kontrolle zu bringen. Um dem Eindruck einer möglichen Zurückstufung des Innenministers entgegenzuwirken betonte Altmaier schnell, dass er »eng und vertraulich« mit diesem zusammenarbeiten werde. Im Kanzleramt wurde zum einen die notwendige Abstimmung von der internationalen Ebene der Vereinten Nationen und der EU, über die Bundes- und Länderebene bis hin zur lokalen Ebene der Städte und Gemeinden zu bündeln versucht. Vor allem Altmaiers Erfahrungen und Kontakte, die er in der Zeit als EU-Beamter sammeln konnte, kamen dem Chef des Bundeskanzleramtes bei der Koordinierung der EU-Ebene zugute. Altmaier richtete im Kanzleramt eine zusätzliche Stabsstelle ein und setzte das Thema auf die Tagesordnung der wöchentlichen Kabinettssitzungen. Auf der anderen Seite versuchte Altmaier die Flüchtlingspolitik Merkels, die selbst in den eigenen Parteireihen höchst umstritten war, öffentlich zu erklären und zu verteidigen. Damit änderte sich die Rolle des Kanzleramtsministers grundlegend. Während unter den Vorgängern wie Roland Pofalla oder Thomas de Maizière die Arbeit des Chefs des Bundeskanzleramtes möglichst geräuschlos ohne öffentliche Auftritte vonstattengehen sollte, zeigte Altmaier eine große mediale Präsenz, »um Merkels Politik nicht nur hinter den Kulissen ein[zu]fädeln, sondern sie auch davor dar[zu]stellen« (Welt am Sonntag vom 21. 2. 2016: 2).

In der Folgezeit stellten vor allem der Streit innerhalb der Regierung zwischen SPD und Innenminister Thomas de Maizière den Kanzleramtschef und Flüchtlingskoordinator vor große Herausforderungen. Einigungen zwischen den Parteivorsitzenden, die beispielsweise auf dem so genannten Asylgipfel erzielt wurden, hatten eine geringe Halbwertszeit, weil der Innenminister sie mit der Ankündigung von deutlichen Asylverschärfungen konterkarierte. Einen Bruch der Regierung konnte Altmaier durch zahlreiche Gespräche aber verhindern.

Am 17. 3. 2016 traten das Gesetz zur »Einführung beschleunigter Asylverfahren«, kurz Asylpaket II, und das Gesetz zur erleichterten Ausweisung ausländischer Straftäter in Kraft. Ziel war die Einführung neuer beschleunigter Asylverfahren in sogenannten »besonderen Aufnahmeeinrichtungen«. Innerhalb einer Woche sollte über einen Asylantrag entschieden werden. Gelingt die Verfahrensbearbeitung innerhalb dieser Frist nicht, sollten reguläre Asylverfahren durchgeführt werden.

Darüber hinaus enthielt das Gesetz auch die Aussetzung des Rechtes auf Familiennachzug zu subsidiär Schutzberechtigten für zwei Jahre sowie Regelungen zur Beseitigung von Hindernissen bei Abschiebungen. Das zweite Gesetz sah vor, dass Freiheits-, Jugend- oder Bewährungsstrafen grundsätzlich als Anlass für eine Ausweisung genutzt werden konnten. Die Verschärfungen waren als eine Konsequenz aus den Vorfällen in der Silvesternacht in Köln und anderen Städten beschlossen worden. Zahlreiche Menschenrechts- und Flüchtlingsorganisationen hatten im Vorfeld das Gesetz vehement abgelehnt.

Im Nachhinein bewertet Altmaier diese

Phase als »eine Zeit allerhöchster Anspannung« (zit. nach Badische Zeitung vom 23. 6. 2017: 3) und stuft es als die schwierigste Situation in seiner politischen Karriere ein: »Es gab einen Moment, wo kaum noch jemand geglaubt hat, dass es uns gelingt, den unkontrollierten Strom von Flüchtlingen in humanitär verantwortliche, kontrollierte Bahnen zu lenken« (zit. nach Saarbrücker Zeitung vom 24. 12. 2021: 10).

Wie groß das Vertrauen der Kanzlerin in Altmaier war, wurde deutlich, als er 2017 auf den Wunsch Merkels hin beauftragt wurde, das Wahlprogramm der CDU für die Bundestagswahl 2017 zu schreiben. Robert Rossmann bewertete dies in einem Kommentar in der SZ in einer doppelten Weise. Altmaier sei damit »der wichtigste Helfer der Kanzlerin« (SZ vom 12. 4. 2017: 4). Zugleich sei dies aber »auch ein Zeichen dafür, wie groß der Mangel an vergleichbaren Persönlichkeiten in der CDU nach zwölf Regierungsjahren geworden ist. Altmaier muss deshalb regelmäßig als Nothelfer einspringen« (ebd.). Vom Koalitionspartner wurde das Engagement als Schreiber des Wahlprogramms vor dem Hintergrund seiner Aufgaben als Kanzleramtsminister heftig kritisiert. Ein zu starkes Auftreten als Parteipolitiker sabotiere das Regierungsamt. Altmaier wies darauf hin, dass auch SPD-Ministerinnen wie Andrea Nahles oder Manuela Schwesig für ihre Partei am Wahlprogramm mitarbeiten würden (Rheinische Post vom 25. 5. 2017: 7). Allerdings gab Peter Müller im Spiegel zu Recht zu bedenken, dass Altmaier als Chef des Bundeskanzleramtes geradezu davon lebe »als ehrlicher Makler zwischen den Koalitionsparteien und Ministerien wahrgenommen zu werden« (Der Spiegel vom 1. 3. 2014: 22).

Gegen Ende der Legislaturperiode beurteilte Altmaier seine Arbeit als Kanzleramtsminister selbst positiv: »Diese Koalition hat fast alle ihrer Vorhaben in die Tat umgesetzt – und das Bundeskanzleramt war dabei nie Teil des Problems, sondern der Lösung« (zit. nach Badische Zeitung vom 23. 6. 2017: 3).

Nach der Bundestagswahl 2017, bei der die Union mit 32,9 % das bis dahin schlechteste Ergebnis nach 1949 erzielte, und der bisherige Bundesfinanzminister Wolfgang Schäuble im Oktober 2017 zum Bundestagspräsidenten gewählt wurde, übernahm Altmaier kommissarisch ebenfalls das Finanzministerium während der monatelangen Regierungsbildung.

Im vierten Kabinett Merkel, das erst am 14. 3. 2018 vereidigt wurde, übernahm Altmaier das Bundesministerium für Wirtschaft und Energie. Altmaier selbst hätte nach seinen Tätigkeiten im Umweltministerium und im Kanzleramt lieber das Finanzministerium übernommen, das er ja schon kommissarisch geleitet hatte. Die SPD hatte in den Koalitionsverhandlungen jedoch darauf bestanden, dieses selbst zu besetzen. Vielleicht lag es am Gestaltungspotential, das Altmaier als Wirtschaftsminister gering einschätzte. So schreibt Der Spiegel über das Wirtschaftsministerium zu Recht: »Das Ministerium wirkt zwar nach außen mächtig, ist aber von den Kompetenzen her ein Scheinriese.« (Der Spiegel vom 25. 4. 2020: 35).

Erstmals seit 1966 stellte die CDU damit wieder den Wirtschaftsminister. Altmaier sollte »aus dem Haus Ludwig Erhards wieder den Hort der Sozialen Marktwirtschaft« (Handelsblatt vom 9. 2. 2018) machen. Sein Nachfolger als Chef des Bundeskanzleramtes wurde Helge Braun.

Nach zähem Ringen zwischen den Koalitionspartnern konnte im Juni 2018 die Kommission »Wachstum, Strukturwandel und Beschäftigung«, medial als Kohlekommission bezeichnet, im Wirtschaftsministerium zusammentreten. Ihr Auftrag war es, einen Konsens für den Kohleausstieg, insbesondere für zu ergreifende Maßnahmen zur sozialen und strukturpolitischen Entwicklung der Braunkohleregionen, vorzulegen. Damit sollte ein Ausgleich der unterschiedlichen beteiligten Interessen ermöglicht und ein breiter gesellschaftlicher Konsens erreicht werden. Gewerkschaften, Industrie, Energiewirtschaft, Umwelt, Wissenschaft, kommunale Verwaltung und lokale Bürgerinitiativen aus den beiden größten deutschen Braunkohlerevieren, Rheinisches Revier und Lausitz, entsandten Vertreterinnen und Vertreter in die Kommission. Mit den Vertreterinnen aus Bürgerinitiativen waren zum ersten Mal Bürgerin-

nen und Bürger zu ordentlichen Mitgliedern einer Expertenkommission der Bundesregierung berufen worden. In ihrem Abschlussbericht, der im Januar 2019 vorgelegt wurde, schlug die Kohlekommission den Ausstieg aus der Tagebauförderung und die Abschaltung aller Kohlekraftwerke bis spätestens 2038 vor. Im Jahr 2032 solle zudem geprüft werden, ob nicht ein früherer Ausstieg möglich sei. Für die Kohle fördernden Bundesländer Brandenburg, Nordrhein-Westfalen, Sachsen-Anhalt und Sachsen waren 40 Mrd. Euro Finanzhilfen vorgeschlagen worden, um den Strukturwandel in den betroffenen Regionen sowie für die Beschäftigten und Unternehmen zu bewerkstelligen (vgl. Löw Beer u. a. 2021; Grothus/Setton 2020). Auf Antrag von Altmaier beschloss das Bundeskabinett im August 2019 die Finanzhilfen zum Ausstieg aus der Braunkohle für die betroffenen Bundesländer.

Am 5. 2. 2019 stellte der Wirtschaftsminister seine »Nationale Industriestrategie 2030 – Strategische Leitlinien für eine deutsche und europäische Industriepolitik« der Öffentlichkeit vor. Damit wollte Altmaier eine Antwort auf die aus seiner Sicht wichtigste Frage der Gegenwart geben: »Wie können wir unser hohes Maß an privatem und öffentlichem Wohlstand dauerhaft erhalten und ausbauen – unter den Bedingungen zunehmender Globalisierung, enorm beschleunigter Innovationsprozesse und expansiv beziehungsweise protektionistisch betriebener Wirtschaftspolitik anderer Länder?« (Altmaier 2019: 1). Obwohl Altmaier in seinem Papier immer wieder betonte, dass der Staat ganz grundsätzlich nicht der bessere Unternehmer sei, definierte er in der vorgelegten Industriestrategie, »in welchen Fällen das Tätigwerden des Staates ausnahmsweise gerechtfertigt oder gar notwendig sein kann, um schwere Nachteile für die eigene Volkswirtschaft und das gesamtstaatliche Wohl zu vermeiden« (ebd.: 2). Altmaier beschrieb zunächst die Herausforderungen, vor denen die deutsche Industrie aufgrund der veränderten wirtschaftlichen Kräfteverhältnisse zwischen Unternehmen und Staaten in der Welt aus seiner Perspektive stehen würde. So benennt der Wirtschaftsminister den langsam schmelzenden Vorsprung der deutschen Industrie im Hinblick auf Technologie und Qualität, den Verlust des Anschlusses und den großen Nachholbedarf bei der Produktion neuartiger Kohlefaserwerkstoffe, der Plattformökonomie oder der Kommerzialisierung praktischer Anwendungen im Bereich der Künstlichen Intelligenz oder im Bereich der neuen Biotechnologien. Altmaier identifiziert »Basisinnovationen als Game-Changer« in der Realisierung neuer disruptiver Technologien wie Digitalisierung, künstliche Intelligenz, Nano- oder Biotechnologie. Auch das Innovationstempo war aus Sicht des Wirtschaftsministers als »Game-Changer« einzustufen. Als Lösungsansatz schlug Altmaier die staatliche Identifikation von Potentialen in Bereichen wie z. B. Künstliche Intelligenz oder Biotechnologie und eine gezielte Förderung dieser Industriebereiche vor. Als Vorbild können hier das so genannte »Important Projects of Common European Interest« (IPCEI) angesehen werden. Mehrere Mitgliedstaaten zusammen können, aus ihrer Sicht wichtige Projekte, die Einfluss auf Wettbewerbsfähigkeit, Nachhaltigkeit oder Wertschöpfung in der EU haben, so gemeinsam aufgreifen.

Ein Punkt, an dem sich vor allem die heftige Kritik gegenüber der Industriestrategie von Seiten der Arbeitgeberverbände entzündete, war die Erwägung von staatlich-industriepolitischen Eingriffen zum Erhalt der industriellen Wertschöpfung. Der Wirtschaftsminister dachte hier an den Schutz von Unternehmen, z. B. durch die Übernahme von Anteilen durch den Staat, vor unerwünschten Käufern aus dem Ausland. So kritisierten vier der fünf Mitglieder des Sachverständigenrats zur Begutachtung der gesamtwirtschaftlichen Entwicklung das Papier in einer Stellungnahme in der Zeitung »Die Welt«. Darin lehnten sie industriepolitische Eingriffe des Staates ab: »Es ist unwahrscheinlich, dass die Politik über verlässliches Wissen und genaue Kenntnis der künftigen technologischen Entwicklungen oder Nachfrageänderungen verfügt, um selbst zukunftsträchtige Technologien, Unternehmen oder Industrien zu identifizieren. Geht es der Politik um nachhaltigen Fortschritt, so sollte sie auf das dezentrale Wissen und die individuellen Handlungen der verschiedenen Akteure der Volkswirtschaft vertrauen und auf eine lenkende Industriepolitik verzichten« (Welt vom 6. 2. 2019). Ebenso die Benennung von konkreten Unternehmen, die eine »strategische« Bedeutung für die Volkswirtschaft hätten, wurde auf das heftigste kritisiert. Auch Vertreter des deutschen Mittelstands übten starke Kritik am Aufschlag des Wirtschaftsministers. Sie sahen sich in ihrer Bedeutung für die deutsche Industrie nicht angemessen gewürdigt (Handelsblatt vom 8. 4. 2019). Rückblickend bewertet Altmaier dies als »Tollpatschigkeit« (zit. nach Der Welt vom 7. 12. 2019), die ihm dabei unterlaufen sei. Im Mai 2019 veröffentlichte auch der Bundesverband der deutschen Industrie (BDI) seine Stellungnahme zur Industriestrategie des Ministers. Sie ist als klare Absage gegen jede Ausweitung des Staatssektors zu lesen. So heißt es darin u. a. »In unserer freiheitlichen, dezentral und wettbewerblich organisierten Wirtschaftsordnung muss daher auch in Zukunft privatwirtschaftliches Handeln immer Vorrang haben« (BDI 2019: 2). Des Weiteren wurde eine Stärkung der Handels- und Wettbewerbsordnung, eine Senkung der Steuerlast sowie ein Ausbau der Infrastruktur gefordert.

Die Kritik nahm Peter Altmaier zum Teil an und legte im November 2019 eine überarbeitete Version seiner Industriestrategie vor, in der er unter anderem Steuersenkungen und einen Deckel für Sozialausgaben forderte. Auf die Aufzählung konkreter Unternehmen verzichtete der Minister ebenso wie auf die Idee eines Fonds für staatliche Beteiligung. Stattdessen schlug Altmaier eine »nationale Rückgriffoption« vor. Der Präsident des BDI, Dieter Kempf, lehnte auch diese Idee ab, da sie mit den Grundprinzipien der deutschen Wirtschaftsordnung nicht vereinbar sei.

Zumindest die Beteiligung Deutschlands und deutscher Firmen an europäischen IPCEI-Batteriezellen zeigte im Nachhinein Erfolge. In enger Zusammenarbeit mit seinem französischen Amtskollegen Bruno Le Maire trieb Altmaier den Aufbau einer europäischen Fertigung von Batteriezellen für Elektroautos voran.

Mehrere Firmen (Daimler, Opel, BASF, Tesla, CATL) bauten entsprechende Batteriefabriken in der Bundesrepublik, die ohne staatliches Engagement wohl nicht entstanden wären.

Bei Altmaiers Abschiedspressekonferenz im Ministerium im Dezember 2021 verteidigte er noch einmal sein Vorgehen. Er hätte seine Rolle darin gesehen »den Buckel hinzuhalten, zu provozieren, eine Diskussion auszulösen«.

Neben Wirtschaftspolitik war Altmaier in seinem Ministerium auch für den Bereich Energie zuständig. Seit seiner Sommertour 2019 erklärte Altmaier sich selbst zum Treiber der Energiewende und strebte an, dabei aktiv eine Moderatorenrolle zu übernehmen. So kündigte Altmaier eine Wasserstoffstrategie für Deutschland an. Allerdings dauerte es aufgrund der Auseinandersetzungen zwischen Umwelt-, Forschungs-, Verkehrs-, Entwicklungs- und Wirtschaftsministerium bis Juni 2020, bis die Bundesregierung die Nationale Wasserstoffstrategie veröffentlichen konnte (vgl. Gochermann 2021: 40 und 260 f.).

Kritiker warfen ihm dagegen vor, sich zu wenig für den Ausbau der erneuerbaren Energien eingesetzt zu haben. Sinnbildlich bleiben davon die medialen Bilder, als Altmaier 2019 auf einer Demonstration von Fridays for Future vor seinem Ministerium sprechen wollte, aber ausgebuht wurde und so nicht zu Wort kam.

Lange Zeit galt Altmaier als »Minister ohne Fortune« (SZ vom 2. 9. 2020: 15). In der Corona-Krise konnte er allerdings seinen »Ruf als troubleshooter« (ebd.) wieder aufpolieren. Zusammen mit Finanzminister Olaf Scholz (SPD), der für die milliardenschweren staatlichen Hilfen den Begriff »Bazooka« prägte, sagten sie der deutschen Wirtschaft Unterstützung zu. Durch Milliardenhilfen in der Pandemie und ein entsprechendes Konjunkturprogramm schaffte Altmaier es, die Folgen der Pandemie für die Wirtschaft abzufedern. Im September 2020 konnte er sogar einen Aufschwung vermelden. Allerdings wurde auch Kritik laut, dass viele Hilfen nicht oder zu spät fließen würden. Auch Bundeskanzlerin Merkel konnte sich in der Pandemie auf die Unterstützung Altmaiers verlassen. Zur Überraschung der Minister-

präsidentinnen und Ministerpräsidenten, die mehrfach im Lockdown Lockerungen vor allem bei der Öffnung von Einkaufsläden durchsetzen wollten, folgte der Wirtschaftsminister der Einschätzung der Bundeskanzlerin, die eine vorschnelle Öffnung von Einkaufsläden ablehnte (Alexander 2021: 39).

Auch im Zusammenhang mit dem Wirecard-Betrugsskandal fiel immer wieder der Name des Wirtschaftsministers. Cerstin Gammelin bezeichnete Altmaier in einem SZ-Kommentar in diesem Zusammenhang als »Minister Mutlos« (SZ vom 21. 4. 2021: 4). Altmaier hätte als oberster Aufseher der Wirtschaftsprüfer versäumt, das Netzwerk zwischen diesen und den DAX-Konzernen zu zerschlagen und entsprechende Haftungsregeln zu verschärfen: »Er agiert so mutlos, als sei er vor der Lobby der Wirtschaftsprüfer in Respekt erstarrt. Das reicht nicht für den Wirtschaftsminister eines Exportweltmeisters.« (ebd.).

Immer wieder stand Altmaier als Bundeswirtschaftsminister zur Debatte, weil er bei den machtpolitischen Überlegungen innerhalb der CDU als Verfügungsmasse gesehen wurde. So versuchte die CDU-Vorsitzende Annegret Kramp-Karrenbauer nach der Ankündigung ihres Verzichts auf die Kanzlerkandidatur und den Parteivorsitz im Februar 2020 für ihre Nachfolge eine Teamlösung anzustreben. Friedrich Merz sollte in einer Kabinettsreform als Wirtschaftsminister ins Kabinett eingebunden, Armin Laschet neuer Vorsitzender und Kanzlerkandidat und Jens Spahn als Fraktionsvorsitzender mit einem wichtigen Posten betraut werden. Der bisherige Fraktionsvorsitzende Ralf Brinkhaus sollte dafür ins Kabinett aufgenommen werden und die glücklose Bildungsministerin Anja Karliczek ersetzen. Neben Karliczek wäre auch Altmaier das Opfer dieser Rochade geworden. Besonders bitter erscheint dieser Plan Kramp-Karrenbauers vor dem Hintergrund, dass Altmaier immer als Förderer und Unterstützer der damaligen CDU-Vorsitzenden sowohl beim Aufstieg zur saarländischen Ministerpräsidentin als auch auf dem Weg zum Parteivorsitz aufgetreten war. Allerdings lehnte Merz den Plan Kramp-Karrenbauers, für den sie bereits ihre Stellvertreterinnen und Stellvertreter gewonnen hatte, ab, weil Merz von der Bundeskanzlerin selbst gebeten werden wollte (Alexander 2021: 167 ff.). Ähnliche Pläne gab es im Januar 2021 als Laschet auf dem Parteitag zum neuen CDU-Vorsitzenden gewählt worden war. Während Laschet seinen Konkurrenten ins CDU-Präsidium einbinden wollte, forderte Merz jetzt selbst, Wirtschaftsminister zu werden. Altmaier sei »die Schwachstelle der Bundesregierung« (Merz, zit. nach Alexander 2021: 336). Bundeskanzlerin Merkel verhinderte jedoch mit allen Mitteln die Umbildung des Kabinetts vor dem Ende der Legislaturperiode.

Im Gegenzug warb Altmaier in der unionsinternen Auseinandersetzung um die K-Frage für Markus Söder von der CSU, obwohl er aus Zeiten der Pizza-Connection (s. o.) und dem gemeinsamen Werben für ein modernes Einwanderungsrecht innerhalb der CDU mit Laschet befreundet war. Als Begründung führte Altmaier »in der Rolle des Verräters« (Alexander 2021: 369) an, dass Söder im Gegensatz zu Laschet in der Corona-Politik immer an der Seite der Bundesregierung gestanden habe. Als tatsächlicher Grund kann angenommen werden, dass Altmaier im Falle einer Kanzlerkandidatur Laschets, der Friedrich Merz als Schattenminister für Wirtschaft in seinem Wahlkampfteam vorgesehen hatte, befürchtete, im Amt als Wirtschaftsminister als Fehlbesetzung wahrgenommen zu werden. (ebd.).

Die Antwort auf die Frage, was von Altmaier bleibe, fällt im Spiegel vom April 2020 ernüchternd aus: »Die Ukrainekrise schwelt bis heute, das Flüchtlingsproblem wurde eingedämmt, aber nicht gelöst, und die CDU hatte dank ihm zwar ein Wahlprogramm, sucht aber bis heute nach ihrem programmatischen Kern. Altmaier hat Brände gelöscht, aber nichts Neues aufgebaut« (Der Spiegel vom 25. 4. 2020: 37).

Bei der Bundestagswahl 2021 verlor er gegen den damaligen Außenminister Heiko Maas von der SPD seinen Wahlkreis, wäre über die CDU-Landesliste im Saarland dennoch wieder in den Deutschen Bundestag eingezogen. Allerdings verzichtete Altmaier letztlich auf sein Bundestagsmandat, um einen Generationenwechsel innerhalb der CDU/CSU-Fraktion zu ermöglichen und den Platz für jüngere Abgeordnete als Nachrückerinnen und Nachrücker von der Landesliste freizumachen.

Literatur: Achenbach, Cornelia: Altmaier, Peter. In: Kempf, Udo/Gloe, Markus/Merz, Hans-Georg (Hg.): Kanzler und Minister 2005–2013: Biografisches Lexikon der deutschen Bundesregierung, Wiesbaden 2014, S. 65–69; Alexander, Robin: Machtverfall: Merkels Ende und das Drama der deutschen Politik: Ein Report, 3. Auflage, München 2021; Altmaier, Peter: Nationale Industriestrategie 2030 – Strategische Leitlinien für eine deutsche und europäische Industriepolitik. Berlin 2019; Grothus, Antje/Setton, Daniela: Die »Kohlekommission« aus zivilgesellschaftlicher Perspektive. In: FJSB 33 (2020) 1, S. 282–304; Löw Beer, David/Gürtler, Konrad/Herberg, Jeremias/Haas, Tobias: Wie legitim ist der Kohlekompromiss? Spannungsfelder und Verhandlungsdynamiken im Prozess der Kohlemission. In: ZPW (2021) 31, S. 393–416; Gerlach, Frank/Ziegler, Astrid: Industriepolitik in Deutschland und Europa. Zur Debatte um das industriepolitische Papier von Peter Altmaier. In: Wirtschaftsdienst 2019 Nr. 9, S. 650–655; Gochermann, Josef: Halbzeit der Energiewende? An der Schwelle in eine neue Energiegesellschaft. Wiesbaden 2021; Saalfeld, Thomas/Zohlnhöfer, Reimut: Die Große Koalition 2013–2017: Eine Koalition der »Getriebenen«?. In: Zohlnhöfer, Reimut/Saalfeld, Thomas (Hg.): Zwischen Stillstand, Politikwandel und Krisenmanagement. Wiesbaden 2019, S. 1–12; Saalfeld, Thomas/Bahr, Matthias/Seifert, Olaf: Koalitionsmanagement der Regierung Merkel III. Formale und informelle Komponenten der Koordination und wechselseitigen Kontrolle. In: Zohlnhöfer, Reimut/Saalfeld, Thomas (Hg.): Zwischen Stillstand, Politikwandel und Krisenmanagement. Wiesbaden 2019, S. 257–289.

Markus Gloe

Barley, Katarina (SPD)

**Bundesministerin für Familie, Senioren, Frauen und Jugend,
Bundesministerin der Justiz und für Verbraucherschutz,
geschäftsführende Bundesministerin für Arbeit und Soziales**

geb. 19. 11. 1968 in Köln

Quelle: Presse- und Informationsamt
der Bundesregierung;
Fotograf: Steffen Kugler

1987	Abitur
1987–1993	Studium der Rechtswissenschaften an der Philipps-Universität Marburg und Université Paris XI
1993	Erstes Juristisches Staatsexamen
1993–1995	Wissenschaftliche Hilfskraft an der Westfälischen Wilhelms-Universität Münster
1993–1998	Promotion zur Dr. iur.
seit 1994	Mitglied der SPD
1994–1998	Mitglied des Ortsbeirats Trier-Nord sowie Vorstandsmitglied im Ortsverein Trier-Nord
1995–1998	Rechtsreferendariat in Trier und Düsseldorf
1998	Zweites Juristisches Staatsexamen (Diplôme de Droit Français)
1998–1999	Rechtsanwältin bei Taylor Wessing, Hamburg
1999–2001	Referatsleiterin im Wissenschaftlichen Dienst des Landtags Rheinland-Pfalz
2001–2003	Wissenschaftliche Mitarbeiterin bei Dr. h. c. Renate Jaeger am Bundesverfassungsgericht
2005–2006	Deutsche Vertreterin im Haus der Großregion in Luxemburg
2005–2011	Mitglied des Stadtrats Schweich
2005–2016	Mitglied des SPD-Kreisvorstands Trier-Saarburg; zunächst als Beisitzerin, von 2010 bis 2016 Kreisvorsitzende
2005	Kandidatur zur Landrätin für die SPD Trier-Saarburg
2007–2008	Richterin am Landgericht Trier und am Amtsgericht Wittlich
2008–2013	Referentin im Ministerium der Justiz und für Verbraucherschutz Rheinland-Pfalz
2009–2015	Mitglied des Verbandsgemeinderats Schweich an der Römischen Weinstraße
seit 2011	Mitglied des Vorstands des SPD-Regionalverbandes Rheinland
seit 2013	Mitglied des Deutschen Bundestages
2014–2015	Mitglied des Kreistags Trier-Saarburg
2015–2017	Generalsekretärin der SPD
seit 2017	Mitglied des SPD-Bundesparteivorstands
2017–2018	Bundesministerin für Familien, Senioren, Frauen und Jugend sowie ab 2. 10. 2017 geschäftsführende Bundesministerin für Arbeit und Soziales
2018–2019	Bundesministerin der Justiz und für Verbraucherschutz
2018	Spitzenkandidatin der SPD für die Europawahl vom 26. Mai 2019
seit 2019	Mitglied des Europäischen Parlaments und Vizepräsidentin des Europäischen Parlaments

Auf den ersten Blick scheint es, als habe Katarina Barley die Politik »im Sturm erobert«. Tatsächlich aber verfolgte sie nach ihrem Eintritt in die SPD im Jahr 1994 zunächst eine berufliche Karriere als Juristin und Referentin, während sich ihr politisches Engagement auf die kommunale sowie die Kreisebene beschränkte.

Ab 2005 gehörte sie dem Kreisvorstand der SPD Trier-Saarburg an, von 2010 bis Juli 2016 als Kreisvorsitzende. Im Juni 2005 machte sie mit Ihrer Kandidatur zur Landrätin für die SPD Trier-Saarburg auf sich aufmerksam, unterlag jedoch dem Kandidaten der CDU, Günther Schartz (jr.), mit einem Stimmenergebnis von

© Springer Fachmedien Wiesbaden GmbH, ein Teil von Springer Nature 2023
U. Kempf und M. Gloe (Hrsg.), *Kanzler und Minister 2013–2021*,
https://doi.org/10.1007/978-3-658-38669-6_4

44,6 % (gegenüber 55,4 %). Bei den Bundestagswahlen 2017 verpasste sie das Direktmandat für Trier ebenso wie schon im Jahr 2013, als sie über die rheinland-pfälzische Landesliste der SPD erstmals den Sprung in den Deutschen Bundestag schaffte (2013: Listenplatz 7; 2017: Listenplatz 3).

Nach dem Einzug in den Deutschen Bundestag im Herbst 2013 – die Kandidatur war von der rheinland-pfälzischen Ministerpräsidentin Malu Dreyer unterstützt worden – fällt gleichwohl der rasante Aufstieg Katarina Barleys in der Bundespolitik ins Auge. Das Image der »Universalwaffe« der SPD brachte Barley – in Anbetracht des sich drehenden Personalkarussells der Partei treffend – selbst auf den Begriff. Die viel zitierte Äußerung fiel bei einem Heringessen am Aschermittwoch in ihrer rheinland-pfälzischen Heimat (Zeit Online vom 15.2.2018).

Einer breiten Öffentlichkeit wurde Barley anlässlich ihrer Wahl zur Generalsekretärin der SPD auf dem Berliner SPD-Parteitag am 11.12. 2015 bekannt, wobei sie in der Medienberichterstattung auffallend positiv portraitiert wurde. Die Rheinland-Pfälzerin mit deutschem und englischem Pass erzielte mit 93 % der Delegiertenstimmen ein starkes Votum, wohingegen Sigmar Gabriel mit einem nur mäßigen Ergebnis von 74,3 % Zustimmung im SPD-Vorsitz bestätigt wurde. Als dritte weibliche Generalsekretärin in Folge (erst am 26.1.2014 war Yasmin Fahimi auf einem Sonderparteitag mit 88,5 % Zustimmung zur Nachfolgerin der seit 13.11.2009 amtierenden Andrea Nahles ins Amt der Generalsekretärin gewählt worden) trat sie ein schwieriges Amt an, zumal die im Jahr 2017 bevorstehende Bundestagswahl bereits ihre Schatten voraus warf.

Anders als ihre Amtsvorgängerin Fahimi galt Barley aufgrund ihrer Funktion als Justiziarin innerhalb der SPD-Bundestagsfraktion als gut vernetzt, brachte aber keinerlei Erfahrung als Wahlkampfmanagerin mit. Nicht erst seitdem Sigmar Gabriel den Parteivorsitz übernommen hatte, galt die Führung der SPD-Parteizentrale ohnehin als spezielle, mit strukturellen wie personellen Problemen behaftete Herausforderung.

Vor diesem Hintergrund erscheint erwähnenswert, dass Barley im April 2016 Juliane Seifert, die in der Staatskanzlei Rheinland-Pfalz das Referat »Politische Planung und gesellschaftliche Analysen« leitete und als enge Vertraute von Ministerpräsidentin Dreyer galt (Doering 2018), als Bundesgeschäftsführerin der Partei vorschlug, woraufhin der Posten nach 2012 erstmals wieder besetzt wurde. Seifert sollte den Bundestagswahlkampf planen und aus dem Willy-Brandt-Haus heraus koordinieren. Nachdem die Kandidatenfrage der SPD im Januar 2017 zugunsten von Martin Schulz ausfiel, wurde die Wahlkampfleitung jedoch neu aufgestellt. Ab Mai 2017 übernahm Hubertus Heil als Generalsekretär diese Aufgabe zusammen mit einigen Vertrauten des neuen Parteivorsitzenden (Feldenkirchen 2018), so dass Katarina Barley das sich im Herbst desselben Jahres vollziehende Wahl(kampf)debakel der SPD unbeschadet überstand.

Wenige Monate vor der anstehenden Bundestagswahl, im Juni 2017, war Barley vielmehr als Familienministerin in das Bundeskabinett aufgerückt, da Manuela Schwesig als Ministerpräsidentin von Mecklenburg-Vorpommern nach Schwerin wechselte. Ein nächster Karriereschritt sollte bald folgen: Denn nachdem Andrea Nahles im September 2017 ihr Ministeramt aufgab, um die Führung der SPD-Bundestagsfraktion zu übernehmen, wurde Barley zum Ende der Legislaturperiode hin auch noch geschäftsführende Bundesministerin für Arbeit und Soziales. Damit hatte sie sich in der bundespolitischen Führungsriege der SPD etabliert. Als die SPD nach dem Scheitern der Jamaika-Sondierungen schlussendlich doch in Verhandlungen über eine erneute Große Koalition mit der CDU eintrat, galt Katarina Barley als »gesetzt« für ein Ministeramt. Für die Position der Justizministerin schien die promovierte Juristin prädestiniert zu sein, so dass sie schließlich Heiko Maas an der Spitze des Hauses ablöste.

Innerhalb kürzester Zeit stieg Katarina Barley somit vom einfachen Bundestagsmandat in mehrere Ministerämter der Regierungen Merkel III und IV auf. Jedoch bekleidete sie diese Positionen – dies ist als Besonderheit festzuhalten – nur für wenige Monate. Der politische Gestaltungsspielraum ist daher von vornherein als begrenzt einzuschätzen. Zu berücksichtigen ist ferner, dass Barley das erste Ressort, wie schon angesprochen, im unmittelbaren Vorfeld zur Bundestagswahl des Jahres 2017 übernahm: Erst als sich das Ende der 18. Wahlperiode des Bundestags bereits näherte, im Juni 2017, wurde sie als Bundesministerin für Familien, Senioren, Frauen und Jugend vereidigt. Es muss also davon ausgegangen werden, dass wesentliche Gesetzesvorhaben der Großen Koalition zu diesem Zeitpunkt bereits abgearbeitet waren (vgl. den Beitrag Schwesig in diesem Band) – wie auch Barley selbst konzedierte. Geschäftsführend blieb sie weiter im Amt bis zur Regierungsbildung im März 2018; in der Übergangszeit vom 2.10.2017 bis März 2018 übernahm sie außerdem geschäftsführend das Ministerium für Arbeit und Soziales.

In die kurze Amtsphase Barleys im Kabinett Merkel III fällt der Beschluss des Deutschen Bundestages vom 30.6.2017 zur Verabschiedung des Gesetzes über die sogenannte »Ehe für alle«, worum die SPD mit den Koalitionspartnern CDU und CSU zuvor vergeblich gerungen hatte. Nachdem im Koalitionsvertrag keinerlei Schritte vereinbart worden waren, ergingen im Verlauf der Legislaturperiode hierzu Gesetzesvorschläge seitens des Bundesrats wie auch der Oppositionsparteien. Absehbar handelte es sich hierbei nicht nur um ein kontroverses Wahlkampfthema, sondern auch um einen Gegenstand künftiger Koalitionsverhandlungen zwischen den konkurrierenden Parteien. Ein wesentliches Signal der Annäherung setzte Bundeskanzlerin Merkel im Rahmen eines Gesprächs mit der Zeitschrift »Brigitte« am 26.6.2017 mit der Äußerung, es gehe dabei »eher in eine Richtung Gewissensentscheidung«. Die SPD-Führung – allen voran Martin Schulz (vgl. Feldenkirchen 2018, 114–118, 124–127) – sah sich daraufhin nicht mehr an die Koalitionsvereinbarungen gebunden und nutzte die Gelegenheit, um die Beratung des Gesetzesvorhabens im Rechtsausschuss zu forcieren und die Abstimmung in der letzten Sitzungswoche der ablaufenden Legislatur-

periode im Bundestag noch durchzubringen. Die »Ehe für alle« sei »keine Frage der Taktik« und dürfe der Union daher nicht als »Verhandlungsmasse« in möglichen Koalitionsverhandlungen mit den Liberalen oder den Grünen überlassen werden, so begründete Bundesfamilienministerin Barley das Vorgehen ihrer Partei (Interview mit dem Deutschlandfunk am 28.6. 2017). CDU und CSU erklärten diese ihrerseits zu einer »Gewissensfrage« und gaben die Abstimmung frei. Nach emotionaler Debatte wurde das Gesetz in namentlicher Abstimmung mit 393 Ja-Stimmen, darunter auch 75 Stimmen aus der Unionsfraktion, vom Deutschen Bundestag verabschiedet. Unterstützung erhielt es zudem von sämtlichen Abgeordneten der SPD, von Bündnis 90/Die Grünen sowie der Linken.

Im neuen Kabinett IV unter Kanzlerin Merkel leitete Barley für etwa anderthalb Jahre, von März 2018 bis Juni 2019, das Bundesministerium der Justiz und für Verbraucherschutz (BMJV). Sie folgte damit ihrem Parteikollegen, Heiko Maas (vgl. den Beitrag Maas in diesem Band), im Justizressort nach, welches traditionell in einem Spannungsverhältnis zum Ministerium des Inneren steht. »Moderne Rechtspolitik (sei) immer auch Gesellschaftspolitik«, so betonte sie in ihrer Rede anlässlich der Amtsübergabe und verwies dazu auf unter Maas vorangetriebene Projekte mit klaren Bezügen zu ihrem vorigen Ressort, wie die Frauenquote, die »Ehe für alle« oder die Rehabilitierung der nach dem früheren Paragrafen 175 StGB Verurteilten. Die Bewahrung der Freiheitsrechte und eines starken Rechtsstaates, gerade in Zeiten eines erstarkenden Populismus, benannte die Ministerin ähnlich wie ihr Vorgänger als eine der zentralen Herausforderungen ihres Amtes (vgl. auch das Interview mit Die Zeit vom 22.2.2018). In der weiter schwelenden Debatte um Migration und Asyl, aber auch in Fragen der inneren Sicherheit, grenzte sie sich ab von der restriktiven Linie der CSU, indem sie auf bereits vorgenommene Verschärfungen etwa im Bereich des Bleiberechts verwies und die Bedeutung rechtsstaatlicher Verfahren betonte (vgl. die Interviews mit Welt am Sonntag vom 9.5.2018 sowie Bild am Sonntag vom 27.5.2018).

Unter der Überschrift »Pakt für den Rechtsstaat« bündelte der Koalitionsvertrag für die 19. Legislaturperiode die zentralen Vorhaben auf dem Gebiet von Rechtssicherheit und Rechtsdurchsetzung, für die das BMJ (zusammen mit dem BMI) sich zuständig zeichnete. Sichtbare Akzente setzte Barley innerhalb kurzer Zeit im Bereich der Verbraucherschutzrechte: Anfang Juni 2018 legte die Bundesregierung einen federführend vom Justizministerium erarbeiteten Entwurf eines »Gesetzes zur Einführung einer zivilprozessualen Musterfeststellungsklage« (Deutscher Bundestag, Drucksache 19/2439 vom 4.6.2018) vor, welches eingetragenen Verbraucherschutzverbänden die Möglichkeit eröffnen sollte, »zugunsten von mindestens zehn Verbrauchern das Vorliegen oder Nichtvorliegen zentraler anspruchsbegründender beziehungsweise anspruchsausschließender Voraussetzungen feststellen zu lassen«. Hintergrund der »Musterfeststellungsklage«, welches als erstes von Barley verantwortetes Gesetzesvorhaben zum Abschluss gebracht wurde, waren Forderungen nach einer Stärkung von Verbraucherschutzrechten infolge des sogenannten »Dieselabgasskandals«. Um einer zum Jahreswechsel bevorstehenden Verjährung der Schadensersatzansprüche der hiervon Betroffenen zuvorzukommen, sollte das Gesetz bis zum 1.11.2018 in Kraft treten. Vertreter der Opposition wie auch Sachverständige kritisierten allerdings das Schnellverfahren, in dem das Gesetz bereits am 14.6.2018 mit den Stimmen der Großen Koalition vom Bundestag beschlossen wurde, ohne die dagegen vorgebrachten Bedenken und weitergehende Anträge zu berücksichtigen. Barley wiederum konnte dieses auch als »Eine-für-alle-Klage« bezeichnete Rechtsinstrument, welches auch eine Maßnahme zur Stärkung des Verbraucherschutzes im Bereich von Online-Geschäften darstellte, als politischen Erfolg verbuchen. Dass sie einen sympathisch-frischen Stil der Politikvermittlung pflegte und damit auch Medienresonanz erzielte, lässt sich am Beispiel der Musterfeststellungsklage ebenfalls nachvollziehen; denn darüber berichtete sie in einem ihrer 30 Sekunden langen, im Fahrstuhl gedrehten und auf Twitter veröffentlichten »Thema der Woche«-Videos (vgl. FAS vom 21.10.2018 sowie https://twitter.com/katarinabarley/status/1005050583299043328 [12.2.2020]).

Zu den weiteren Vorhaben auf der verbraucherschutzpolitischen Agenda zählten Maßnahmen gegen den Missbrauch des Abmahnrechts. Das BMJV entwarf dazu unter Barley ein Gesetz zur »Stärkung des fairen Wettbewerbs«, welches sich insbesondere gegen missbräuchliche Abmahnungen durch Anwälte und Vereine richtet, die gezielt nach (im Zusammenhang mit der Datenschutzgrundverordnung) fehlerhaften Websites suchen, um hieraus Profit zu schlagen. Basierend auf dem im September 2018 vorgelegten Referentenentwurf erging hierzu – in abgeänderter Fassung – am 15.5.2019 der Kabinettsbeschluss. Der Gesetzesentwurf (Deutscher Bundestag, Drucksache 19/12084 v. 31.7.2019) sah vor, die Anforderungen an die Klagebefugnis zu erhöhen, finanzielle Anreize für Abmahnungen zu verringern und den fliegenden Gerichtsstand im Wettbewerbsrecht weitgehend abzuschaffen. Bis zum Ausscheiden Barleys aus dem Amt gab es jedoch keine nennenswerten Fortschritte, vielmehr wurden noch im Oktober 2019 in der öffentlichen Anhörung im Ausschuss für Recht und Verbraucherschutz gewichtige Kritikpunkte hierzu vorgebracht (https://www.bundestag.de/presse/hib/664650-664650).

Ein für die SPD wichtiges, jedoch nicht unstrittiges Thema auf der Regierungsagenda stellte die Verschärfung der 2015 eingeführten »Mietpreisbremse« dar. Der Koalitionsvertrag enthielt hierzu wesentliche Zielvereinbarungen und sah neben strikteren Regelungen zunächst eine Bewertung der »Mietpreisbremse« bis Ende 2018 »auf Geeignetheit und Wirksamkeit« vor. Gutachten wurden hierzu vom BMJV in Auftrag gegeben. Bereits im September 2018 erreichte Barley jedoch einen Kabinettsbeschluss über das von ihrem Haus vorgelegte »Mietrechtsanpassungsgesetz«. Dieses war Bestandteil eines umfangreicheren Gesetzespakets zum Komplex Bauen und Wohnen; neben einer Auskunftspflicht der Vermieter über die Höhe der Vormiete beinhaltete es auch Regelungen zur

Absenkung der Modernisierungsumlage sowie gegen missbräuchliche Modernisierungsmaßnahmen (Schutz vor »Entmietung«). Mit den Stimmen von CDU/CSU und SPD wurde das Mietrechtsanpassungsgesetz (MietAnpG) am 29.11.2018 vom Deutschen Bundestag verabschiedet (Inkrafttreten zum 1.1.2019). Damit war Barley ein erster Aufschlag gelungen, doch bestanden weiterhin Zweifel an der Wirksamkeit des Instruments. Noch im Mai 2019 kündigte sie daher Nachbesserungen in Form eines weiteren Gesetzesentwurfs ihres Ressorts an: »Wir haben damals das umgesetzt, was im Koalitionsvertrag stand, und jetzt machen wir das, was sich aus unserer Evaluierung der Mietpreisbremse ergeben hat«, begründete die Ministerin ihren Vorstoß (Barley, zit. nach Zeit Online vom 12.5.2019). Ziel sei es, Mietern das Recht einzuräumen, zu viel gezahlte Miete auch rückwirkend und nicht erst seit dem Zeitpunkt der Rüge zurückverlangen zu können.

Barleys Nachfolgerin im BMJV, Christine Lambrecht (SPD), brachte im Juli 2018 – im Rahmen ihres ersten großen Interviews nach dem Amtsantritt – als »ultima ratio« der Wohnungsmarktpolitik sogar Enteignungen ins Spiel (vgl. https://www.bmjv.de/SharedDocs/Interviews/DE/2019/Print/070619_FunkeMedien.html [13.3.2020]), was für entsprechende Schlagzeilen sorgte. Die Bundesregierung verständigte sich schließlich Anfang Oktober 2019 auf eine Verlängerung der sogenannten »Mietpreisbremse« um fünf weitere Jahre bis 2025; zudem einigte sich das Kabinett darauf, die Rückforderung von zu viel gezahlter Miete künftig auch rückwirkend – wie von Barley seinerzeit angedacht – für die ersten zweieinhalb Jahre des Mietverhältnisses zu ermöglichen. Bundestag (14.2.2020) und Bundesrat (13.3.2020) bestätigten dies im Frühjahr 2020.

Katarina Barley wusste die sich im Personalkarussell der SPD eröffnenden Aufstiegschancen zu ergreifen. Dabei profitierte sie sicherlich davon, die Berliner Bühne als weibliche Politikerin mit Rückendeckung aus Rheinland-Pfalz in einer Phase, da ihre Partei unter Auszehrungserscheinungen litt, ganz neu zu betreten. Als Generalsekretärin der SPD erreichte sie innerhalb kurzer Zeit einen hohen medialen Bekanntheitsgrad, gab den Posten allerdings noch vor der Bundestagswahl wieder ab. Die publizierten Portraits und Interviews ließen seither ein ausgeprägtes Interesse an der Persönlichkeit und dem Werdegang der Politikerin erkennen. Auch als Ministerin verfügte sie über mediale Sichtbarkeit, wozu ihre aktive und in Teilen durchaus innovative Medienarbeit ebenfalls beitrug. Dies ist umso bemerkenswerter, als Barley in den jeweils kurzen Amtszeiten in den Regierungen Merkel III und IV nur wenig Zeit hatte, Politik kontinuierlich zu gestalten. Gleichwohl machte sie mit diversen Gesetzesvorhaben auf sich aufmerksam, die angekündigt, auf den Weg gebracht oder auch innerhalb kurzer Zeit beschlossen wurden. Daher kann angenommen werden, dass Barley über das Potenzial verfügte, sich als Ministerin weiter zu profilieren, zumal im Justizressort wichtige Themen anstanden; siehe etwa verschiedene mit der Digitalisierung im Zusammenhang stehenden Regelungsbedarfe, welche sie bei ihrer Antrittserklärung zur Rechts- und Verbraucherschutzpolitik vom 23.3.2018 im Deutschen Bundestag in den Mittelpunkt gestellt hatte.

So wie der Aufstieg Katarina Barleys in die erste Riege der Bundespolitik rasant verlief, so erfolgte auch ihr Wechsel in die Europapolitik eher plötzlich. Medienberichten zufolge hatte sie die ihr von der SPD-Vorsitzenden Nahles angetragene Spitzenkandidatur bei der Europawahl im Mai 2019 zwar zunächst abgelehnt, sich dann aber – aufgrund der richtungsweisenden Bedeutung des Wahlgangs – entschieden, anzutreten (vgl. FAS vom 21.10.2018). Als populäres Gesicht der SPD ließ sich Barley damit zugleich von der Partei in die Pflicht nehmen. Wiederum konnte sie darauf verweisen, aufgrund ihrer Biographie – mithin die doppelte Staatsbürgerschaft, den Ausbildungsweg sowie familiäre Bande – geradezu prädestiniert zu sein für die europäische Politik und glaubwürdig für die EU-Integration einzutreten. Diesen Schritt ging sie konsequent, denn sie widmete sich nicht nur mit großem Engagement dem Europawahlkampf, sondern verzichtete schließlich auch auf ihr Bundestagsmandat. Mit Ablauf des 1.7.2019 schied Barley aus dem Bundestag aus (Nachfolgerin seit 2.7.2019 ist MdB Isabel Mackensen (SPD) für den Wahlkreis Neustadt-Speyer) und wechselte in das Europäische Parlament. Dort wurde die Sozialdemokratin sogleich in das Amt der Vizepräsidentin gewählt und wirkt seither an prominenter Stelle in Straßburg und Brüssel.

Literatur: Barley, Katarina: Rede der Bundesministerin der Justiz und für beim Wechsel der Hausleitung im Bundesministerium der Justiz und für Verbraucherschutz am 15. März 2018 in Berlin, online: www.bmjv.de/SharedDocs/Reden/DE/2018/031518_Amtsuebergabe.html [zuletzt: 22.2.2022]; Barley, Katarina: Regierungserklärung zur Rechts- und Verbraucherschutzpolitik v. 23. März 2018, online: www.bmjv.de/SharedDocs/Reden/DE/2018/032318_BT_Regierungserklaerung.html [zuletzt: 22.2.2022]; Doering, Kai: Juliane Seifert wird SPD-Bundesgeschäftsführerin, online: www.vorwaerts.de/artikel/juliane-seifert-spd-bundesgeschaeftsfuehrerin [zuletzt: 22.2.2022]; Feldenkirchen, Markus: Die Schulz-Story. Ein Jahr zwischen Höhenflug und Absturz. München, 4. Aufl. Hamburg 2018; www.deutschlandfunk.de/ehe-fuer-alle-keine-frage-von-taktik-eine-von-ueberzeugung.694.de.html?dram:article_id=389771 [zuletzt: 22.2.2022]; https://katarina-barley.de/person-2/ [zuletzt: 22.2.2022]; https://katarina-barley.spd.de/ueber-mich/ [zuletzt: 22.2.2022]; www.bundestag.de/abgeordnete/biografien/B/barley_katarina-518134 [zuletzt: 22.2.2022].

Manuela Glaab

Braun, Helge (CDU)

**Bundesminister für besondere Aufgaben
und Chef des Bundeskanzleramtes**

geb. 18. 10. 1972 in Gießen, röm.-kath.

Quelle: Presse- und Informationsamt
der Bundesregierung;
Fotograf: Steffen Kugler

1989–2007	Mitglied der Jungen Union
seit 1990	Mitglied der CDU
1992	Abitur an der Liebigschule in Gießen
1993–1994	Wehrdienst bei der Bundeswehr in Koblenz
1994–2001	Studium der Humanmedizin an der Justus-Liebig-Universität Gießen
1997–2009	Stadtverordneter der Universitätsstadt Gießen
2001–2009	Wissenschaftlicher Mitarbeiter an der Klinik für Anästhesiologie, Intensivmedizin, Schmerztherapie am Universitätsklinikum Gießen und Marburg
2002–2005	Mitglied des Deutschen Bundestages
seit 2004	Vorsitzender des CDU-Kreisverbandes Gießen
2006–2009	Mitglied des Kreistages und Vorsitzender der CDU-Kreistagsfraktion im Landkreis Gießen
seit 2007	Vorsitzender des CDU-Bezirksverbandes Mittelhessen
2007	Promotion zum Dr. med.
seit 2009	Mitglied des Deutschen Bundestages
2009–2013	Parlamentarischer Staatssekretär bei der Bundesministerin für Bildung und Forschung
2013–2018	Staatsminister bei der Bundeskanzlerin
seit 2015	Honorarprofessor an der Goethe-Universität Frankfurt/M.
2018–2021	Bundesminister für besondere Aufgaben und Chef des Bundeskanzleramtes
seit 2021	Vorsitzender des Haushaltsausschusses des Deutschen Bundestages

Der vierte und letzte Kanzleramtsminister von Angela Merkel wies in seinem Werdegang einige sehr typische und ein sehr untypisches Merkmal für einen Berufspolitiker auf. Bereits in jungen Jahren vor dem Abitur trat er in seiner Heimatstadt Gießen der Jugendorganisation einer politischen Partei bei, in seinem Fall der Jungen Union, in der er dann die Ämterlaufbahn vom Kreisvorsitzenden bis zum Bezirksvorsitzenden durchlief. Ebenfalls noch als Schüler trat er in die CDU Gießen ein. Auch dort wurde er sehr bald in den Kreisvorstand gewählt und 2004 als Nachfolger von Volker Bouffier Kreisvorsitzender. In diesen parteipolitischen Netzwerken wurde offenbar auch entschieden, dass Braun eine bundespolitische Karriere anstreben würde, während der etwas ältere, ebenfalls aus Mittelhessen stammende Thomas Schäfer in der Landespolitik aufsteigen sollte. Der Suizid seines Parteifreundes im

Jahr 2020, damals war Schäfer hessischer Finanzminister und galt als Kronprinz des Ministerpräsidenten Bouffier, ging Braun sehr nahe. Völlig untypisch für einen angehenden Politiker war dagegen Brauns Berufswahl. Denn anders als viele Nachwuchspolitiker studierte er nicht Rechts- oder Politikwissenschaft, sondern Medizin. Dabei verstand er es, die sich anbahnende politische Karriere und die Tätigkeit als Anästhesist und Notarzt zu verbinden; auch als er 2002 bereits sein erstes Bundestagsmandat gewonnen hatte, arbeitete er noch in Teilzeit in seinem Beruf. Dies erleichterte ihm insofern den Übergang bzw. die Überbrückung, als er 2005 den Wahlkreis verlor und auf der hessischen CDU-Landesliste zur Bundestagswahl etwas zu weit hinten platziert war, um über die Liste in den Bundestag einzuziehen. Zwischen 2005 und 2009 arbeitete er daher erneut in seinem erlernten Beruf und nutzte die Zeit, um

© Springer Fachmedien Wiesbaden GmbH, ein Teil von Springer Nature 2023
U. Kempf und M. Gloe (Hrsg.), *Kanzler und Minister 2013–2021*,
https://doi.org/10.1007/978-3-658-38669-6_5

2007 zu promovieren. Seine Dissertation geriet später, nachdem eine Reihe von Doktorarbeiten bekannter Politiker und Politikerinnen als Plagiate entlarvt worden waren, in die Schlagzeilen (z. B. taz vom 15.5.2021), die Universität Gießen stellte jedoch im Zuge einer Überprüfung keinerlei Täuschungsabsicht und insofern auch keine Begründung für einen Entzug des Doktortitels fest. Die Tatsache, dass Braun als Arzt den Klinikalltag kannte, erlangte in seiner politischen Karriere eine gewisse Bedeutung. Zum einen wurde in der Presse während der Corona-Krise immer wieder betont, dass ein Arzt als Kanzleramtsminister einer der wichtigsten Ansprechpartner Angela Merkels war; zum anderen wurde im Bundestag auch deutlich, dass sein Beruf für Helge Braun mit bestimmten Überzeugungen verbunden war. 2011 begann er eine Rede im Bundestag zur Präimplantationsdiagnostik (PID) mit den Worten: »Es ist keine einfache Debatte, auch nicht für mich; denn in meinem beruflichen Leben als Narkosearzt habe ich es stets abgelehnt, an Abtreibungen teilzunehmen« (Stenogr. Berichte vom 14.4.2011: 11968). Der Zusammenhang lag darin, dass die PID dazu beitragen könnte, die Einpflanzung von befruchteten Eizellen zu vermeiden, bei denen es später aufgrund von medizinischer Indikation zu einer Abtreibung kommen könnte. Braun empfahl damals in der Bundestagsdebatte bei der frei gegebenen Gewissensabstimmung die Zustimmung zum fraktionsübergreifenden Antrag der FDP-Politikerin Ulrike Flach, der sich dafür aussprach, PID nur in Fällen zuzulassen, in denen die Eltern eine Veranlagung zu einer schwerwiegenden Erbkrankheit aufwiesen oder wenn eine Tot- oder Fehlgeburt drohte.

Seit 2009 ist Helge Braun durchgehend Bundestagsabgeordneter. 2009 gewann er den Wahlkreis Gießen mit einer recht knappen Mehrheit, 2013, dem Jahr des größten Unionstriumphes in der Ära Merkel, mit einem sehr deutlichen Vorsprung von fast zehn Prozentpunkten und 2017 zwar mit einem deutlich schlechteren Ergebnis, aber wiederum mit großem Abstand zum zweitplatzierten SPD-Kandidaten. 2021 schlug die Niederlage der Unions-

parteien mit dem Kanzlerkandidaten Armin Laschet auch auf Brauns Erststimmenergebnis durch; sehr knapp verlor er den Wahlkreis an einen jungen SPD-Konkurrenten, konnte aber dennoch in den Bundestag einziehen, da er inzwischen den ersten Platz auf der hessischen Landesliste zur Bundestagswahl eingenommen hatte.

Braun war jedoch nicht nur Parlamentarier, bereits 2009 nach der Bundestagswahl wechselte er als Parlamentarischer Staatssekretär im Forschungsministerium in die Exekutive. Diese frühe Berufung kam für ihn selbst unerwartet. Sie war insofern ungewöhnlich, als normalerweise langjährig verdiente Abgeordnete zu parlamentarischen Staatssekretären ernannt werden. Das ist vor allem deshalb sinnvoll, da diese den Minister oder die Ministerin im Bundestag zu vertreten und die Verbindung zur Fraktion zu halten haben. Braun wurde offenbar deshalb so früh berufen, weil er bereits in seiner ersten Wahlperiode zwischen 2002 und 2005 ein gutes Arbeitsverhältnis zur damaligen Fraktionsvorsitzenden und Oppositionsführerin Angela Merkel aufgebaut hatte. Bereits kurz nach seiner ersten Wahl in den Bundestag hat er Parteifreunden in der Jungen Union das Erfolgsrezept eines Bundestagsabgeordneten mitgeteilt: »Niemandem vergessen die Hand zu schütteln und sich als Mitantragsteller von Gesetzentwürfen eintragen, dann Frau Merkel lauschen.« (zit. nach FAS vom 25.5.2003) Er hat aber nicht nur zugehört, sondern sich auch als fachkundiger Redner empfohlen, als die Fraktionsvorsitzende einen Abgeordneten suchte, der in der Debatte gegen das Vorhaben der rot-grünen Bundesregierung argumentieren konnte, Tierversuche für die Forschung weitgehend zu verbieten (vgl. Alexander 2021: 135). Offenbar hat Merkel, inzwischen schon seit 2005 Bundeskanzlerin, der ihr besonders nahestehenden Annette Schavan dann 2009 Helge Braun als Parlamentarischen Staatssekretär empfohlen. Braun konnte durch seinen naturwissenschaftlichen Hintergrund die Ministerin, eine promovierte Erziehungswissenschaftlerin, ideal ergänzen; außerdem hatte er bereits zwischen 2002 und 2005 den einschlägigen Bundestagsausschüssen angehört. Die Zeit im Bildungs- und Forschungsministerium, in der er nicht nur Fördermittelbescheide verteilte, was durchaus auch zu seinen Aufgaben gehörte, sondern sich darüber hinaus mit zahlreichen Projekten angefangen von der Medizinerausbildung über die Internationalisierung der deutschen Forschungslandschaft bis hin zu Fragen der Überführung von Forschungsergebnissen in neue Produktentwicklungen befasste, war für Braun eine Zeit der Bewährung. Immerhin wurde auch sein Name in der Presse genannt, als 2013 nach dem Rücktritt von Schavan wegen der Entziehung ihres Doktorgrads durch die Universität Düsseldorf ein neuer Bildungs- und Forschungsminister gesucht wurde (FAZ vom 6.2.2013). Bereits in diesem Amt wurde eine gewisse Neigung Brauns deutlich, die Arbeit der Bundesregierung superlativisch anzupreisen: »Deutschland muss sich [...] auf den Weg begeben, einer der dynamischsten, wissensbasiertesten Räume in Europa zu werden, und Europa muss der dynamischste, wissensbasierteste Raum der Welt werden. Ein Mangel an Rohstoffen macht diesen Weg für uns alternativlos« (Stenogr. Berichte vom 9.2.2010: 1859).

Nach der Bundestagswahl von 2013 folgte für Braun insofern der nächste Karriereschritt, als die Kanzlerin ihn zu sich ins Kanzleramt holte. Rein formal betrachtet war die Berufung zum »Staatsminister bei der Bundeskanzlerin« kein Aufstieg, da dieses Amt trotz des Titels dem eines parlamentarischen Staatssekretärs entsprach; der Chef des Bundeskanzleramts und Minister für besondere Aufgaben – und damit Brauns unmittelbarer Chef – war in der Wahlperiode von 2013 bis 2017 Peter Altmaier. Dennoch war die Berufung Brauns ins Machtzentrum faktisch eine Beförderung. Als Staatsminister war er formal für zwei Gebiete zuständig, die Koordinierung der Bund-Länder-Beziehungen und den Bürokratieabbau. Daneben beschäftigte er sich, seiner beruflichen Herkunft angemessen, auch mit der internationalen Gesundheitspolitik, bei der in diesen Jahren die Bekämpfung der Ebola-Pandemie im Vordergrund stand.

Bereits 2006 hatte die damalige Große Koalition unter Angela Merkel einen »Normenkontrollrat« eingeführt, der die Auswirkungen von Gesetzen auf die Bürokratie transparent machen sollte. Mit dem »Bürokratieentlastungsgesetz« der 18. Wahlperiode wurden die Bemühungen fortgesetzt, die – trotz der Gesetzesbezeichnung – nicht der Entlastung der Bürokratie, sondern der Entlastung der Wirtschaft und der Bürger dienen sollten. Braun sprach in diesem Zusammenhang im Bundestag analog zur Schuldenbremse von einer »Bürokratiebremse«, die vorsah, dass jedes neue Formular, jede neue Berichtspflicht für Unternehmen durch die Streichung eines anderen bzw. einer anderen kompensiert würde; neue Bürokratie sollte also vermieden werden. Das Bundesamt für Statistik habe die Methoden der Bürokratiemessung und die unabhängige Kontrolle der produzierten Daten so weit entwickelt, dass Deutschland in dieser Frage »methodisch Weltmarktführer« (Stenogr. Berichte vom 11.6.2015: 10386) sei, von dem viele Länder lernten, wie man Bürokratie abbauen könne.

Zu den Aufgaben des Koordinators der Bund-Länder-Beziehungen gehörte es, im Zusammenwirken mit den Bevollmächtigten der Landesregierungen die wöchentlichen Bundesratssitzungen vorzubereiten und ganz allgemein, den Kontakt zu den Staatskanzleien in den Bundesländern zu halten, um für möglichst große Zustimmung in den Gesetzgebungsverfahren der Bundesregierung zu sorgen. Über diese Routineaufgaben hinaus gewann diese Rolle Brauns extrem an Bedeutung, als die leitende Koordinierung der Flüchtlingspolitik im Oktober 2015 auf Weisung der Kanzlerin vom Innenministerium auf das Kanzleramt übertragen wurde. Auf dem Höhepunkt der sog. Flüchtlingskrise erhielten Fragen der Verteilung der angekommenen Flüchtenden und deren Versorgung sowie, dem zeitlich etwas nachgeordnet, die Frage der Beschleunigung von Asylverfahren eine völlig unerwartete Dringlichkeit. Beide Komplexe betrafen unmittelbar die Kooperation von Bundes- und Landesregierungen, denn die Unterbringung der Geflüchteten erfolgte in den Ländern bzw. Kommunen und die Geschwindigkeit des Asylverfahrens war entscheidend dafür, ob die für Asylbewerber zuständigen Landeshaushalte oder der Bundeshaushalt – zuständig für anerkannte politisch Verfolgte – die Lasten zu tragen hatte; daneben unterstützte der Bund die Länder in der akuten Krisensituation mit erheblichen Haushaltsmittel, aber beispielsweise auch dadurch, dass Bundesliegenschaften für die Unterbringung zur Verfügung gestellt wurden. In dieser Situation wurde der Koordinator der Bund-Länder-Beziehungen fast automatisch auch für die Koordinierung der Flüchtlingspolitik zuständig. Offenbar konnte Braun sich dabei so weit profilieren, dass Angela Merkel ihn nach der Bundestagswahl 2017 und der sich lange hinziehenden Regierungsbildung zum neuen Kanzleramtsminister berief.

In den einschlägigen Darstellungen zur Rolle des Kanzleramtsministers kann man immer wieder lesen, seine Aufgabe sei es, die Arbeit einer Bundesregierung aus dem Hintergrund, möglichst wenig von der Öffentlichkeit beachtet zu leiten. Mithilfe der Spiegelreferate des Kanzleramts soll er den Überblick darüber behalten, was in den einzelnen Ministerien geschieht, um, ausgestattet mit diesem Wissen, die Kabinettssitzungen vorzubereiten und den Kanzler oder die Kanzlerin zu informieren, wenn es bei einzelnen Gesetzgebungsprojekten in der Koalition zu Problemen kommen könnte. In normalen Zeiten ist das tatsächlich so, die Amtszeit von Helge Braun lag jedoch in der Zeit der Corona-Pandemie.

In der ersten Hälfte der Legislaturperiode war Braun – trotz der Berufung einer Staatsministerin im Kanzleramt für dieses Thema – für die Koordinierung der Digitalisierungspolitik der Regierung verantwortlich und er war an den koalitionsinternen Verhandlungen über die Abschaffung des Strafrechtsparagrafen 219a (in dem Ärzten verboten wird, für die Durchführung von Abtreibungen zu werben), über die Einführung der Grundrente und über das Klimapaket der Regierung vom Herbst 2019 – alles Materien, die zwischen den Unionsparteien und der SPD umstritten waren – beteiligt. Dies entsprach der klassischen Rolle eines Kanzleramtsministers, am Ausgleich der Interessen innerhalb der Koalitionsregierung mitzuwirken, was in den drei genannten Fällen auch gelang.

Zwischen Januar und März 2020 änderten sich die Aufgaben und die Rolle des Kanzleramtsministers sehr weitgehend. Bereits Anfang Januar hatte Braun über den wöchentlichen Newsletter der WHO von einer viralen Lungenentzündung in China erfahren, ohne schon abschätzen zu können, was auf Europa und was auch auf ihn persönlich zukommen würde. Innerhalb weniger Wochen standen plötzlich völlig neue Aufgaben wie die Beschaffung von medizinischer Schutzkleidung und Gesichtsmasken, Atemgeräten, die Ausweitung von Krankenhauskapazitäten und besonders der intensivmedizinischen Versorgung nicht nur im Fokus des Gesundheitsministeriums, sondern auch des Kanzleramts. Je deutlicher wurde, dass die Pandemie auch Deutschland treffen würde, dass mit erheblichen Grundrechtseinschränkungen verbundene Schutzmaßnahmen für die Bevölkerung in die Kompetenz der Bundesländer fallen würden und dass besonders betroffene Bevölkerungsgruppen und Wirtschaftsakteure durch staatliche Hilfsmaßnahmen entlastet werden müssten, geriet die Braun aus der letzten Wahlperiode vertraute Aufgabe der Koordination mit den Bundesländern in den Mittelpunkt seiner Tätigkeit. In der ersten Phase der Coronakrise seit Ende März 2020 hielt er in einer täglichen Schalte den Kontakt zu den Chefs der Länderstaatskanzleien. Im weiteren Verlauf spielten die regelmäßigen Konferenzen der Kanzlerin mit den Ministerpräsidenten, die im Kanzleramt vorbereitet wurden, eine wachsende Rolle. Zugleich änderte sich die Rolle des Kanzleramtsministers dahingehend, dass der Arzt Helge Braun, der zudem als Honorarprofessor Vorlesungen gehalten hatte, in wachsendem Maße öffentlich wirken musste, um der Bevölkerung die Notwendigkeiten der Pandemiebekämpfung zu erklären. Selbst in der Provinzpresse wurde bemerkt, dass er »auf allen Kanälen … in Talkshows und Interviews Auskunft über das Handeln der Regierung« gebe (OTZ vom 1. 4. 2020).

Braun hatte in der Corona-Krise ähnlich wie auch die Kanzlerin selbst, für die er in der Krise zu einem der wichtigsten Mitarbeiter wurde, stets die Gefahr im Blick, dass die Intensivstationen der Krankenhäuser an die Grenze der Belastung kommen und gezwungen würden zu entscheiden, wer noch behandelt würde und wer nicht mehr (»Triage«). Um eine solche Situation zu vermeiden, ging es dem Kanzleramt schon seit Ende März 2020 vor allem darum, durch verschiedene Maßnahmen wie insbesondere die Kontaktbeschränkungen Zeit zu gewinnen und das exponentielle Wachstum der Infektionen zu verlangsamen. Die Notwendigkeit beispielsweise von Schulschließungen den Regierungschefs der Länder zu vermitteln, wurde im Laufe der Krise nicht einfacher und war häufig mit Konflikten – auch innerhalb des eigenen parteipolitischen Lagers – und für alle Beteiligten quälend langen Sitzungen verbunden.

Unter dem Druck des, wie Mitarbeiter des Kanzleramts es ausdrückten, »wahnwitzigen Arbeitspensums« (zit. nach Badische Zeitung vom 3.4.2020), lag auch Braun nicht immer richtig. So musste er einige Kritik, teilweise sogar Spott in der Presse hinnehmen, als sich herausgestellt hatte, dass die Corona-Warn-App nicht zuletzt aufgrund der strikten deutschen Datenschutzbestimmungen in der Pandemiebekämpfung wenig Wirksamkeit entfalten konnte. Er hatte als der im Kanzleramt für den Bereich der Digitalisierung Verantwortliche ihre Entwicklung nicht nur sehr forciert, sondern bei der öffentlichen Präsentation hatte er sie, seiner Neigung zu Superlativen nachgebend, als die »beste App der Welt« angepriesen (zit. nach Alexander 2021: 139). Sehr viel erfolgreicher, aber in der Öffentlichkeit viel weniger beachtet, war dagegen das Register der in Deutschland vorhandenen intensivmedizinischen Krankenhausbetten, das auch in Brauns Einschätzung entscheidend dazu beitrug, eine Überlastung zu vermeiden.

Ende Januar 2021, als die zweite Corona-Welle überstanden schien, erregte ein Gastkommentar von Helge Braun im Handelsblatt mit dem Titel »Ein Pakt für Deutschland nach der Pandemie« große Aufmerksamkeit. Braun beschrieb darin die Lasten für den Bundeshaushalt, die vor allem deshalb auch mit dem Ende der Pandemie – dass auf die zweite mehrere weitere Wellen folgen würden, hat offenbar auch Braun nicht geahnt – nicht aufhören würden, weil man an dem Ziel, die Sozialversicherungsbeiträge auf höchstens 40 % des Bruttolohns zu begrenzen, festhalten müsse, um der Wirtschaft die Erholung zu ermöglichen. Deshalb sei »die Schuldenbremse … in den kommenden Jahren … nicht einzuhalten.« Er hielt eine Grundgesetzänderung für sinnvoll, die »einen verlässlichen degressiven Korridor für die Neuverschuldung vorsieht und ein klares Datum für die Rückkehr zur Einhaltung der Schuldenregel vorschreibt.« Hier hat er offenbar in seiner Eigenschaft als Kanzleramtsminister einen Ballon steigen lassen, mit dem die öffentliche Reaktion getestet werden sollte. Diese fiel jedoch insbesondere im eigenen politischen Lager so negativ aus, dass der Vorschlag nicht weiterverfolgt wurde und Braun wenig später auf Twitter bekannte, die Schuldenbremse zu lieben.

Seit 2020 hatte die Pandemie die Arbeit des Bundeskanzleramts dominiert, gleichwohl wurden andere Projekte deshalb nicht aufgegeben. Am Anfang der Legislaturperiode hatte Braun beispielsweise das Ziel ausgegeben, dass bis Ende 2022 alle staatlichen Verwaltungsleistungen in einem einzigen zentralen Internet-Portal würden abrufbar sein. Das war in einem föderalen Staat mit starker Tradition kommunaler Selbstverwaltung und einem extrem hohen Datenschutzstandard zweifellos sehr ambitioniert. Auch wenn es am Ende seiner Amtszeit nicht danach aussah, dass das Ziel erreicht würde, so waren doch mit der Verabschiedung des Registermodernisierungsgesetzes und des »Gesetzes zur Einführung und Verwendung einer Identifikationsnummer in der öffentlichen Verwaltung« im März 2021 wichtige Schritte in eine Richtung gegangen worden, die den Bürgerinnen und Bürgern die Interaktion mit der öffentlichen Verwaltung zukünftig wesentlich erleichtern sollen.

Am 8.12.2021, 73 Tage nach der Bundestagswahl, endete Helge Brauns Amtszeit als Chef des Bundeskanzleramts und Minister für besondere Aufgaben. Verglichen mit dem Jahr

1998, damals ebenfalls nach sechzehn Jahren unionsgeführter Regierungen, ging die Übergabe der Geschäfte an seinen SPD-Nachfolger weitgehend geräuschlos vonstatten; denn das neue Kabinett wurde von der Partei geführt, die in drei von vier Merkel-Kabinetten der Koalitionspartner gewesen war. In der konstituierenden Sitzung des neuen Bundestages wurde Braun zum Vorsitzenden des Haushaltsausschusses gewählt, ein Amt, das traditionell von der größten Oppositionspartei besetzt wird.

Bei der Mitgliederbefragung über die Nachfolge des wenige Wochen nach der schweren Unionsniederlage bei der Bundestagswahl zu-rückgetretenen CDU-Vorsitzenden Armin Laschet trat Helge Braun etwas überraschend neben Friedrich Merz und Norbert Röttgen als Kandidat an. Er galt allgemein als Repräsentant der liberalen »Merkelianer« in der CDU, erreichte allerdings nur 12,1 % der abgegebenen Stimmen.

Literatur: Alexander, Robin: Machtverfall. Merkels Ende und das Drama der deutschen Politik: Ein Report, München 2021; Braun, Helge: Ein Pakt für Deutschland nach der Pandemie. In: Handelsblatt Nr. 17 vom 26.1.2021, S. 48.

Torsten Oppelland

de Maizière, Thomas (CDU)

Bundesminister des Innern

geb. 21. 1. 1954 in Bonn; ev.

seit 1971	Mitglied der CDU
1972	Abitur
1972–1974	Wehrdienst in Koblenz; Oberstleutnant der Reserve
1974–1979	Studium der Rechtswissenschaften und Geschichte an den Universitäten in Münster und Freiburg
1982	Assessorexamen
1983–1985	Mitarbeiter der Regierenden Bürgermeister von Berlin, Richard von Weizsäcker und Eberhard Diepgen, als Redenschreiber; Pressesprecher der CDU-Fraktion im Berliner Abgeordnetenhaus
1985–1989	Leiter des Grundsatzreferates der Senatskanzlei des Landes Berlin
1986	Promotion zum Dr. jur. an der Universität München
1990	Mitaufbau des Amtes des Ministerpräsidenten der freigewählten DDR-Regierung; Mitglied der Verhandlungsdelegation beim Einigungsvertrag
1990–1994	Staatssekretär im Kultusministerium von Mecklenburg-Vorpommern
1994–1998	Chef der Staatskanzlei in Mecklenburg-Vorpommern
1999	Berater des sächsischen Ministerpräsidenten
1999–2001	Staatsminister und Chef der Sächsischen Staatskanzlei
2001–2002	Staatsminister der Finanzen in Sachsen
2002–2004	Staatsminister der Justiz in Sachsen
2004–2005	Staatsminister des Innern in Sachsen
2004–2005	Mitglied des Sächsischen Landtages
2005–2009	Bundesminister für besondere Aufgaben und Chef des Bundeskanzleramtes
2009–2021	Mitglied des Deutschen Bundestages
2009–2011	Bundesminister des Innern
2011–2013	Bundesminister der Verteidigung
2012–2018	Mitglied des Bundesvorstandes der CDU
2013–2018	Bundesminister des Innern
2016–2018	Mitglied des Präsidiums der CDU
seit 2018	Honorarprofessur an der Universität Leipzig
seit 2018	Zulassung als Rechtsanwalt
seit 2018	Vorsitzender der Deutschen Telekom Stiftung
seit 2018	Vorsitzender der Ethik-Kommission des Deutschen Olympischen Sportbundes
2021	Vorsitzender der Expertenkommission »Staatsreform« der Konrad-Adenauer-Stiftung
seit 2021	Präsident des Evangelischen Kirchentages für 2023
seit 2022	Präsident des Fördervereins der Dresdner Philharmonie

»Ich weiß, wie schwer es ist aufzuhören. Als ich nach der letzten Wahl 2017 auf einmal nicht mehr Innenminister sein sollte, ist mir das sehr schwer gefallen. […] Aber dass Horst Seehofer für dieses Amt in Frage kommen würde, war mir schlicht unvorstellbar. […] Ich habe in meiner ersten Schockstarre mit meiner Frau gesprochen und mit einigen wenigen Mitarbeitern. Und dann habe ich funktioniert, habe der Öffentlichkeit mitgeteilt, dass ich das akzep-

© Springer Fachmedien Wiesbaden GmbH, ein Teil von Springer Nature 2023
U. Kempf und M. Gloe (Hrsg.), *Kanzler und Minister 2013–2021*,
https://doi.org/10.1007/978-3-658-38669-6_6

tiere« (Der Spiegel vom 25.9.2021: 24). Diese Offenherzigkeit verwundert bei einem Politiker, der stets durch ein hohes Maß an Zurückgenommenheit und Sachlichkeit in Erscheinung getreten ist, Emotionen nicht aufkommen lassend. Offenbar setzte ihm die Berufung Seehofers stark zu, als sei dadurch seinem früheren Kritiker innerhalb der Union nachträglich Recht gegeben worden.

Thomas de Maizère, Sohn von Ulrich de Maizère, des Generalinspekteurs der Bundeswehr, und Cousin von Lothar de Maizère, des ersten und letzten demokratisch gewählten Ministerpräsidenten der DDR, trat schon als 17-Jähriger der CDU bei. Nach einer Tätigkeit für den Berliner Senat in verschiedenen Funktionen übernahm ihn Cousin Lothar in dessen Team für die Verhandlungen zum deutsch-deutschen Einigungsvertrag. Es folgten Ministerämter in Mecklenburg-Vorpommern und Sachsen, ehe er solche im Bund unter der Kanzlerschaft Angela Merkels antritt, zunächst als Chef des Kanzleramtes. Seine Zusammenarbeit mit Merkel geht bereits auf das Jahr 1990 zurück. Damals hatte der Westdeutsche seinen ostdeutschen Cousin auf Merkel aufmerksam gemacht. Sie berief ihn – zu dessen Überraschung (Norbert Röttgen galt als Favorit) – 2005 in ihr erstes Kabinett zum Bundesminister für besondere Aufgaben und Chef des Bundeskanzleramtes.

In ihrem dritten Kabinett avancierte der aus einer Hugenottenfamilie Stammende am 17.12.2013 erneut zum Bundesinnenminister. Von 2009 bis 2011 hatte er in diesem Amt fungiert, das wegen seiner Übernahme des Verteidigungsministeriums (2011–2013) nach dem Rücktritt Karl-Theodor zu Guttenbergs aufgrund dessen Plagiatsaffäre aufgegeben werden musste. Der Wechsel war keinem Wegloben geschuldet, sondern entsprang eher einer Anerkennung, wobei de Maizère gerne – schon aus familiärer Tradition – weiter im Verteidigungsministerium gedient hätte. Zwei in einem gewissen Zusammenhang – und extrem wichtige – stehende Problembereiche bestimmten Thomas de Maizières Wirken in seiner zweiten Amtszeit als Bundesinnenminister: die Flüchtlingskrise und der internationale Terrorismus.

Die Migrationsproblematik war für ihn im Amt des Innenministers zwischen 2013 und 2018 wohl die größte Herausforderung. Im August 2015 gab de Maizère bekannt, die Bundesregierung rechne mit 800 000 Asylbewerbern im Jahr. Dies konnte so verstanden werden, als sei das akzeptabel. Hatte die Kanzlerin am 4.9.2015 in einer Notsituation eine Gruppe von Flüchtlingen auf Bitten Österreichs und Ungarns aufgenommen, musste der Innenminister auf dem Höhepunkt der Flüchtlingskrise in der ersten Septemberhälfte 2015 eine Entscheidung treffen. Angesichts der unklaren Rechtslage beschloss er, die Grenze nicht zu schließen, sondern sporadische Kontrollen durchführen zu lassen, ohne Identitätsprüfung. Der Verzicht auf Zurückweisung, von der Bundespolizei gewünscht, wurde ihm später verübelt, auch von Horst Seehofer, dem bayerischen Ministerpräsidenten und CSU-Vorsitzenden. De Maizère, der keine fehlende Rechtmäßigkeit seines Vorgehens zu erkennen vermochte, ließ daher den Vorwurf nicht gelten, »es hätte eine Herrschaft des Unrechts gegeben. Diese Formulierung überschreitet die politisch zulässige Grenze einer streitbaren Debatte unter Koalitionspartnern. Wenn sich ein Minister nach langen Diskussionen einer Rechtsauffassung anschließt und eine Entscheidung trifft, die er für rechtmäßig hält, die im Nachhinein aber manchen nicht gefällt, dann ist der Vorwurf eines Rechtsbruchs ehrabschneidend. Ich habe mich auch immer gegen die Formulierung gewendet, mit Zurückweisungen wird lediglich das geltende Recht wieder angewandt« (de Maizère 2019: 77).

Der Autor betonte ferner: »Eine konsequente Zurückweisung wäre zudem nur möglich gewesen unter Inkaufnahme von sehr hässlichen Bildern, wie Polizisten Flüchtlinge, darunter Frauen und Kinder, mit Schutzschilden und Gummiknüppeln am Übertreten der Grenze nach Deutschland hindern. Kein Flüchtling hätte eine einfache Zurückweisung akzeptiert und sich wieder auf den Rückweg nach Syrien oder Afghanistan gemacht. Sie hätten versucht, an der Grenze durchzubrechen und/oder auf die ›grüne Grenze‹ auszuweichen. Wir hätten wilde Lager wie im griechischen Idomeni auf österreichischem Boden direkt an der deutschen Grenze bekommen« (de Maizière 2019: 78). Diese Einschätzung, ob nun plausibel oder nicht, gab für den Verantwortungsethiker den Ausschlag für sein mit der Kanzlerin und dem Vizekanzler Sigmar Gabriel abgesprochenes Votum, das freilich bei vielen Bürgern zunehmende Irritationen hervorrief. Am Ende des Jahres 2015 beantragten mindestens 890 000 Personen einen Antrag auf Asyl.

Angesichts gravierender Koordinierungsprobleme erfuhr de Maizière, dem daran gelegen war, die Aufgaben auf mehrere Ressorts zu verteilen, eine Entmachtung durch das Ernennen des Kanzleramtschefs Peter Altmaier zum Flüchtlingskoordinator. »Der Innenminister hat zu spät begriffen, dass er nicht wie geplant vom Kanzleramt entlastet, sondern von dessen Chef ausgebootet wurde« (Alexander 2017: 117). De Maizière wollte in der Folge durch entschiedenes Handeln Boden gutmachen und erklärte – ohne Rücksprache mit der Kanzlerin – den erst im August 2015 beschlossenen Familiennachzug für Personen mit subsidiärem Schutz als ausgesetzt. Doch das Kanzleramt revidierte bald die Rücknahme – dadurch trübte sich vorübergehend das Verhältnis zwischen der Kanzlerin und dem Minister. Allerdings wandte sich de Maizières Vorgänger Wolfgang Schäuble mit dem Argument der beschränkten Aufnahmekapazität Deutschlands gegen das Votum des Kanzleramtes. So hatte sich de Maizière doch noch durchgesetzt – mit der Hilfe seines Vorgängers. Hingegen musste er immer wieder Kritik an der langen Dauer der Asylverfahren ertragen. Das – unterbesetzte – Bundesamt für Migration und Flüchtlinge machte aufgrund der vielen Anträge zeitweilig in der Tat einen recht überforderten Eindruck.

Auf der einen Seite übte der Innenminister deutliche Kritik an deutschen Nichtregierungsorganisationen, die mit ihren Schiffen vor der Küste indirekt Flüchtlinge und deren Schlepper ermutigten, auf der anderen Seite akzeptierte er prinzipiell die Rettung von Flüchtlingen durch solche Schiffe. Mitunter kündigte de Maizière Maßnahmen an, die dann unterblieben, so das

Kürzen der finanziellen Leistungen für Asylbewerber, um eine Sogwirkung zu unterbinden. Hingegen stockte er Rückkehrprämien für rückkehrwillige Asylbewerber großzügig auf.

Der Kampf gegen den internationalen Terrorismus zählte zu den Schwerpunkten seiner Ministertätigkeit. Am 13. 11. 2015 war in Paris zwar ein Anschlag auf das Stadion beim Spiel der deutschen Mannschaft gegen Frankreich verhindert worden, aber islamistisch motivierte Attentate hatten in der französischen Hauptstadt zu 130 Todesopfern geführt. Vier Tage später sollte die deutsche Nationalelf in Hannover gegen die Niederlande antreten, das gemeinsame Singen der Marseillaise ein Zeichen gegen den Terrorismus sein. Doch eine Stunde vor Beginn des Fußballduells sorgte de Maizière gemeinsam mit dem niedersächsischen Innenminister Boris Pistorius aufgrund aktueller Warnungen aus Kreisen der Geheimdienste für eine Spielabsage. Im Gegensatz zur Kanzlerin blieb er in Hannover – gegenüber der Presse sprach er von »bitteren Gründen« für die Absage. Auf Nachfrage ließ de Maizière überaus unvorsichtig und recht kryptisch verlauten: »Ein Teil der Antworten würde die Bevölkerung verunsichern« (zitiert nach Alexander: 172). Diese für ihn untypische alarmistische Antwort heizte Spekulationen erst recht an und rief Misstrauen wie Missmut hervor. Selbstkritisch erklärte der Innenminister Monate später im Fernsehen, diese Aussage habe nicht beruhigend gewirkt. Sie fiel deshalb, so seine Erklärung, weil er zum Zeitpunkt seiner Äußerung einen Anschlag auf den Hauptbahnhof nicht ausschließen konnte.

Der schwerste islamistische Terrorakt in Deutschland, nicht bloß in der Amtszeit des Ministers, fiel auf den 19. 12. 2016. Ein abgelehnter Asylbewerber namens Anis Amri, von den Sicherheitsbehörden als »Gefährder« eingestuft, erschoss den polnischen Fahrer eines Sattelzuges, um in den Besitz des Fahrzeuges zu gelangen. Danach tötete er, der enge Kontakte zum Islamischen Staat hatte, auf einem Berliner Weihnachtsmarkt in der Nähe der Gedächtniskirche mit seinem Sattelschlepper elf Personen. Weitere erlitten zum Teil schwere Verletzungen. Der Täter konnte zwar fliehen, wurde aber einige Tage später in Nord-italien bei einer Routinekontrolle getötet. In der Folge traten Sicherheitsdefizite zutage, eingeräumt auch vom Innenministerium. Ein Untersuchungsausschuss des Bundestages von 2021 stellte in seinem Abschlussbericht schwere Versäumnisse mit individuellen Fehlern und strukturellen Problemen fest (unzureichende Ressourcen und mangelnder Informationsaustausch).

Gleich nach dem Anschlag auf dem Berliner Breitscheidplatz hatte Thomas de Maizière »Leitlinien für einen starken Staat in schwierigen Zeiten« formuliert. Der Minister beklagte das Fehlen von Regelungen, die in anderen Staaten als selbstverständlich gelten, so die bundesstaatliche Zuständigkeit für nationale Katastrophen. Sein Plädoyer für Augenmaß und Mäßigung ging zugleich mit der Forderung einher, Deutschland sei krisenfest zu machen. Dazu zählten: mehr Steuerungskompetenz des Bundes über alle Sicherheitsbehörden; mehr Kompetenzen des Bundes beim Verfassungsschutz; wirksame polizeiliche Fahndungsmaßnahmen für die Bundespolizei; mehr Zuständigkeiten des Bundes bei Katastrophenfällen; Stärkung der Behörden durch bessere Informationstechnologie im Internet; Beseitigung des Vollzugsdefizits bei Ausreisepflichtigen; den Ausbau eines europaweiten Ein- und Ausreiseregisters, um Ausreisebewegungen über die Außengrenzen zu erfassen; Bewältigung des Massenzustroms durch »Rückführung ohne Asylsachprüfung, menschenwürdige Aufnahme am ›sicheren Ort‹ und legale Zugangswege« (FAZ vom 3.1.2017). Wer das las, musste zahlreiche Defizite in der inneren Sicherheit erkennen. Soll man den Minister mehr für seine schonungslose offene Kritik loben oder mehr für das fehlende Beseitigen der von ihm erkannten Schwachpunkte tadeln?

Im April 2017, ein halbes Jahr vor der Bundestagswahl, wartete Innenminister Thomas de Maizière mit einem Paukenschlag auf. Er präsentierte zehn Thesen zur Frage, »was uns im Innersten zusammenhält«. Der jeweils erste Satz lautete wie folgt: »Wir legen Wert auf einige soziale Gewohnheiten, nicht weil sie In-

halt, sondern sie Ausdruck einer bestimmten Haltung sind. Wir sehen Bildung und Erziehung als Wert und nicht allein als Instrument. Wir sehen Leistung als etwas an, auf das jeder Einzelne stolz sein kann. Wir sind Erben unserer Geschichte, mit all ihren Höhen und Tiefen. Wir sind Kulturnation. In unserem Land ist Religion Kitt und nicht Keil der Gesellschaft. Wir haben in unserem Land eine Zivilkultur bei der Regelung von Konflikten. Wir sind aufgeklärte Patrioten. Unser Land hatte viele Zäsuren zu bewältigen. Wir haben ein gemeinsames kollektives Gedächtnis für Orte und Erinnerungen« (de Maizière 2017). Jeder »Leitkultur«-These folgte eine knappe Begründung mit einem prägnanten Satz zum Schluss, etwa zur These 1: »Wir sind nicht Burka«. Allerdings plädierte der Minister, im Selbstverständnis ein aufgeklärter Patriot, weder für ein Verbot der Burka noch für ein Verbot der doppelten Staatsbürgerschaft.

Selbst wer solche Thesen mitunter als etwas plakativ-platt ansah und in ihnen ein wahltaktisches Kalkül witterte, musste das Ziel de Maizières erkennen, mit ihnen die prägende Kraft von (vornehmlich kulturellen) Prinzipien für das Zusammenleben von Menschen zu verdeutlichen, gerade in einer durch den Zuzug von Flüchtlingen charakterisierten Einwanderungsgesellschaft. »Wenn wir uns klar darüber sind, was uns ausmacht, was unsere Leitkultur ist, wer wir sein wollen, wird der Zusammenhalt stabil bleiben, dann wird auch Integration gelingen – heute und in Zukunft« (ebd.). Damit sollte an die einstige Leitkultur-Debatte, entfacht durch Friedrich Merz im Jahre 2000, angeknüpft werden. Vor allen in konservativen Kreisen stieß die Initiative, die freilich bald versandete, auf große Sympathie.

Die Digitale Agenda, die drei Hauptziele betrifft (Wachstum und Beschäftigung; Zugang und Teilhabe; Vertrauen und Sicherheit), lag de Maizière besonders am Herzen, etwa im Bereich der Informationstechnologie, um die Sicherheitsstandards bei wesentlichen Infrastrukturen (etwa Strom- und Wasserversorgung) auszubauen. Mit dem IT-Sicherheitsgesetz 1.0 von 2014, das ebenso dem Schutz der Bürger vor Hackern dienen soll, wurden die Funktionen des Bundesamtes für Sicherheit in der Informationstechnik ebenso erweitert wie die des Bundeskriminalamtes und des Verfassungsschutzes. Ob Deutschland aber die beanspruchte Vorreiterrolle einnehmen konnte, mag zu bezweifeln sein. Allerdings trat das Innenministerium unter der Ägide Thomas de Maizières nicht als Bremser auf.

Wenn de Maizière erwähnt, die Bundeskanzlerin habe jedes Wort auf die Goldwaage legen müssen und ihre Reden seien dadurch als langweilig empfunden worden, so dürfte dies ebenso für ihn gegolten haben. Als er 2016 in einem Zeitungsinterview erklärt hatte, Ärzte stellten bei abschiebepflichtigen Männern zu viele Atteste aus (de Maizière, der mit dem Hinweis auf das Vollzugsdefizit einen wunden Punkt traf, nannte unvorsichtigerweise die – nicht belegbare – Zahl von 70 %), hagelte es prompt Rücktrittsforderungen von den Grünen wie der Partei Die Linke, und selbst der sozialdemokratische Koalitionspartner ging in diesem Fall auf Distanz. An sich stieß de Maizière durch seine verbindliche Art ungeachtet sachlicher Differenzen meistens auf Respekt bei großen Teilen der Opposition.

In seiner zweiten Amtszeit als Innenminister fand ein erneutes Verfahren gegen die NPD statt: Ende 2013 wurde der Antrag beim Bundesverfassungsgericht eingereicht, Anfang 2016 die Verhandlung vor diesem Gericht abgehalten, jedoch Anfang 2017 ein Verbot der extremistischen Partei wegen mangelnder Kampagnenfähigkeit abgelehnt. Anders als beim ersten Verbotsantrag unter Otto Schily hatte sich das Bundesministerium wohlweislich zurückgehalten, das Scheitern, wenn nicht ahnend, so doch befürchtend: Der Verbotsantrag kam diesmal ausschließlich vom Bundesrat. Allerdings leitete de Maizière ein Verfahren ein, um die staatliche Finanzierung der NPD zu stoppen. Das Gericht hatte die Möglichkeit einer Grundgesetzänderung eröffnet.

Entschieden verurteilte de Maizière nicht nur die militanten Hamburger Krawalle gegen den G20-Gipfel im Juli 2017, sondern auch die Vorwürfe gegen die Polizei. Wohl als Reaktion darauf verbot das Innenministerium, das seinerzeit zusätzliche Grenzkontrollen vorgenommen hatte, im August 2017 die linksextreme Plattform »linksunten indymedia.org« mit ihren Gewaltaufrufen gegen Staat und Polizei sowie den Anleitungen zum Bau von Brandsätzen. Das war die erste Verbotsverfügung gegen einen linksextremistischen deutschen Verein seit Jahren. Obwohl das Bundesverwaltungsgericht mehrere Klagen gegen ein Verbot abgewiesen hatte, ist – leicht verändert – »de.indymedia.org« weiterhin im Internet zu finden und abrufbar. Ob das Verhindern einer Lesung Thomas de Maizières beim »Göttinger Literaturherbst« 2019 durch Linksextremisten eine Folge des Verbots war? Schon 2016 hatte de Maizière das rechtsextreme Portal »Altermedia« verbieten lassen.

Als der Islamverband Ditib dem Friedensmarsch von Muslimen gegen islamistischen Terror im Juni 2017 abgesagt hatte, kritisierte dies de Maizière, unterstützt von Repräsentanten anderer Parteien. Und als der Innenminister im Oktober 2017 in einem Vortrag die Überlegung kundtat, ein muslimischer Feiertag ließe sich im christlichen geprägten Deutschland in bestimmten Ländern ins Auge fassen, schlug ihm Kritik aus den eigenen Reihen entgegen. Ihm sei es jedoch nie um einen islamischen Feiertag in ganz Deutschland gegangen. De Maizière hatte sich 2015, anders als sein Vorgänger Hans-Peter Friedrich, hinter den bekannten Leitsatz des früheren Bundespräsidenten Christian Wulff gestellt: »Der Islam gehört zu Deutschland«. Im Januar 2018 wurde das Amt eines Antisemitismus-Beauftragten der Bundesregierung dank der Initiative Thomas de Maizières eingerichtet.

Dieser galt nicht als ausgesprochener Hardliner im Amt des Bundesinnenministers, im Gegensatz zu Horst Seehofer. Sein Auftreten fiel weniger demonstrativ aus als das von Wolfgang Schäuble und Hans-Peter Friedrich. Nicht zuletzt dadurch gewann er den erwähnten Respekt bei der linken politischen Konkurrenz. Mit dem Wirtschaftsminister und SPD-Vorsitzenden Sigmar Gabriel funktionierte die Zusammenarbeit gut. Hingegen sah die AfD de Maizière als lasch an. Ihn hatten immer wieder Ausschläge bei den Stimmungen der Bürger aufgrund von Vorfällen irritiert, sei es in die eine, sei es in die andere Richtung. Sein Mantra, es sei mit der Bedrohung zu leben. Absolute Sicherheit könne es nicht geben. Das war kein Zeichen der Resignation, eher eines des gesunden Menschenverstandes. Sicherheit dürfe nicht auf Kosten der Freiheit gehen, Freiheit nicht auf die der Sicherheit.

Bei den als heikel empfundenen Themen der Vorratsdatenspeicherung, der automatischen Gesichtserkennung, verschlüsselten Kommunikation und der elektronischen Fußfesseln knickte de Maizière nicht ein. Der Minister wollte an der Sicherheitsarchitektur und dem Informationsaustausch auch über Grenzen hinaus nicht rütteln lassen. Dabei erschien ihm selbst eine Zusammenarbeit mit solchen Staaten unvermeidlich, die nicht den westlichen Standards von Rechtsstaatlichkeit und Demokratie entsprachen. Ihm war als Innenminister das plötzliche Auftreten von Krisen bewusst. Dagegen musste Vorsorge getroffen werden, z. B. durch das Stärken der Kompetenzen des Bundes, um einen Flickenteppich an Regelungen zu vermeiden. Sein besonderes Anliegen: die Zusammenarbeit der westlichen Nachrichtendienste zu verbessern.

Mit einer Zeitdauer von mehr als zwölf Jahren gehörte Thomas de Maizière zu den herausragenden Ministern in der Ära Merkel. Im Fall ihres – vorzeitigen – Rücktritts zählte er zu den aussichtsreichsten Nachfolgern. Sein Verhältnis zu ihr galt nicht zuletzt wegen des ähnlich nüchternen Politikstils über weite Strecken als vertrauensvoll, wiewohl ihn die Berufung Seehofers zu seinem Nachfolger im Amt des Innenministers zugesetzt, wenn nicht gar gekränkt haben dürfte. Wie eine Umfrage am Ende der Wahlperiode 2017 durch »Kantar Emnid« erhellte, fand de Maizière in seiner zweiten Amtszeit als Bundesinnenminister bei den Bundesbürgern deutlich mehr Zufriedenheit als Unzufriedenheit. Er lag beim Ministerranking auf dem zweiten Platz (hinter Finanzminister Wolfgang Schäuble). Auch Medien anerkannten seinen überwiegend ruhigen und sachlichen Politikstil.

Der Innenminister zeigte über Jahre hinweg Haltung und hielt an seinen Positionen konsequent fest. Hatte de Maizière als Verfassungsminister mehrfach scharf ein Kirchenasyl angeprangert (nur in ganz wenigen Fällen könne »Gnade vor Recht« ergehen), so verwässerte er zuletzt, mittlerweile gewählter Präsident des Evangelischen Kirchentages für 2023, diese Position nach heftiger Kritik von kirchlichen Repräsentanten. Kirchenasyle seien bei Übereinkünften zwischen der Kirche und dem Staat möglich. Als Innenminister habe er strikt den Maßstäben des Rechtsstaates folgen müssen. Gilt das nun nicht mehr? Kritikbedürftig ist weniger der Wandel seiner Position, sondern deren Begründung.

Von Anfang an fungierte de Maizière als ein Mann der Exekutive. Daran sollte sich nichts ändern – die Karriere in der Partei hielt mit seiner exekutiven nicht Schritt. Erst mit 50 Jahren übernahm er sein erstes Mandat im Parlament, als Abgeordneter im Sächsischen Landtag. Für ihn stand nie die Auseinandersetzung mit dem politischen Gegner im Vordergrund. Exekutives Agieren überlagerte politisches Agitieren. 2009, 2013 und 2017 gewann er das Direktmandat im Wahlkreis Meißen für den Bundestag, wobei 2017 nach Zweitstimmen die AfD klar vorne lag. Das Angebot nach der Bundestagswahl 2017, Nachfolger des glücklosen und zum Rücktritt entschlossenen CDU-Ministerpräsidenten Stefan Tillich zu werden (das Amt fiel dann an Michael Kretschmer, der gerade sein Wahlkreismandat an Tino Chrupalla von der AfD verloren hatte) – seine nicht ganz überzeugende Hauptbegründung: Im Bund lasse sich mehr für Sachsen bewirken. Vielleicht war ihm bewusst, seine Positionen könnten in der Sächsischen Union nicht nur Beifall ernten, obwohl gerade Kurt Biedenkopf ihn sehr für das Amt empfohlen hatte. Doch seine Zeit als Minister ging dann mit der Bildung der schwarzroten Koalition im Bund schnell (März 2018) zu Ende. Dies kam nach einer 27-jährigen verantwortlichen Exekutivtätigkeit nicht bloß für ihn überraschend. Er habe nach der Wahl der Kanzlerin gesagt, ausschließlich für dieses Amt zur Verfügung zu stehen, damit sich seine Projekte fortsetzen lassen. Intern soll die Ablösung zur Halbzeit der Wahlperiode durch Annegret Kramp-Karrenbauer im Gespräch gewesen sein, wie de Maizière 2021 enthüllte. Bis zum Ende der Wahlperiode 2021 blieb er – als Mitglied des Finanzausschusses – Abgeordneter des Deutschen Bundestages, nunmehr in der zweiten Reihe.

Sein Ausscheiden als Minister beruhte nicht auf zwei Faktoren, die sonst oft zutreffen: Weder musste seine Partei die Regierung verlassen noch lag eine Fehlbesetzung vor. Die Kanzlerin wollte an ihm wohl festhalten, doch da der Vorsitzender der bayerischen Schwesterpartei Horst Seehofer das Innenressort plötzlich anstrebte, musste sie sich dem fügen, um nicht gleich am Anfang einen Konflikt mit der CSU zu riskieren. De Maizière kartete zunächst nicht nach, und die Kanzlerin traf sich danach bald mit ihm zu einer Aussprache unter vier Augen. De Maizière übernahm in der Folge zahlreiche Ämter außerhalb der Politik.

Die vielen beruflich bedingten Ortswechsel (Berlin, Schwerin, Dresden, wieder Berlin) und die Ressortwechsel (dreimal Chef der Staatskanzlei, zweimal Innenminister, ferner Finanz-, Justiz- und Verteidigungsminister) stehen in einem auffallenden Gegensatz zur Kontinuität seines Wirkens. Sprunghaftigkeit ist ihm dabei nicht nachzusagen, anders als seinem Nachfolger, mit dem ihn keine Freundschaft verband, bedingt weniger durch eine unterschiedlich politische Sicht, mehr durch einen anderen Politikstil. Von populistischen Stimmungen ließ sich de Maizière, die personifizierte Verschwiegenheit, nie leiten. Selbst nach den Attacken Seehofers auf seine (Nicht-)Maßnahmen zur Flüchtlingspolitik schwieg de Maizière als Minister – erst nach seinem Ausscheiden aus dem Amt gab es deutlich Kontra, freilich ohne den Namen Seehofers zu erwähnen, wobei klar war, auf wen die Kritik zielte. Bereits kurz vor der Übergabe des Amtes kritisierte de Maizière die Vergrößerung des Innenressorts um Wohnungsbau und Heimat. Zugleich gab es Lob für das Angestrebte im Bereich des Innenressorts (Stellenausbau für die Polizei, verstärkte Videoüberwachung). Und eine Spitze gegen Seehofer,

einem »Erfahrungsjuristen«, so dessen Selbstverständnis, fehlte nicht: Der Jurist sah einen gelernten Juristen auf dem Stuhl des Verfassungsministers als hilfreich an.

Von de Maizière stammt eine Reihe von Regeln für »gutes Regieren« (de Maizière 2019: 244–250). Manche sind eher banal (übertriebenes Lob sei ebenso wenig ernst zu nehmen wie übertriebene Schelte), manche hingegen erhellend. Ein Ministeramt sei eines auf Zeit. »Mit dieser Spannung zwischen Dauerhaftigkeit des Anspruchs und jederzeitiger Begrenztheit muss ein Minister leben lernen« (ebd.: 250). Wer den Staatsdiener an dieser Maxime misst, muss ihm bescheinigen, als Minister überaus engagiert gewesen zu sein, aber danach losgelassen zu haben. Seine Tätigkeit nicht nur im Amt des Bundesinnenministers ist durch Pflichtbewusstsein, Disziplin und Effizienz gekennzeichnet. Allüren waren ihm nicht eigen. Was ihm nützte: sein vertrauensvolles Verhältnis zu Sigmar Gabriel, dem Parteivorsitzenden der SPD, des Koalitionspartners.

Unbedingte Loyalität zeichnete ihn als Minister stets aus, zunächst zu den Ministerpräsidenten Mecklenburgs-Vorpommerns und Sachsens, später zur Bundeskanzlerin. Sein Spitzname »Büroklammer« soll wohl einerseits die von ihm oft betonte Notwendigkeit des Zusammenhalts illustrieren, andererseits seine sachlich-spröde Art im persönlichen wie im dienstlichen Umgang. Auch Kritiker von de Maizières Politik bestritten nicht dessen Verlässlichkeit.

Von protestantischer Arbeitsethik geprägt, weiß Thomas de Maizière die Unterschiede dreier Ministerämter, die er alle innehatte, pointiert auf den Begriff zu bringen: »Der Chef des Bundeskanzleramtes arbeitet breit und nicht tief. Der Verteidigungsminister arbeitet tief und nicht breit. Der Innenminister arbeitet breit und tief« (ebd.: 122). Mit anderen Worten: Das Innenressort, wohl sein schwerstes, dürfte ihm das liebste gewesen sein. Deswegen sollte seine politische Karriere eigenem Bekunden nach nur in diesem Amt ausklingen, allerdings nicht schon im März 2018.

Literatur: Alexander, Robin: Die Getriebenen. Merkel und die Flüchtlingspolitik: Report aus dem Innern der Macht. München 2017; Kley, Karl-Ludwig/Maizière, Thomas de: Die Kunst guten Führens. Macht in Wirtschaft und Politik. Freiburg i. Brsg. 2021; Maizière, Thomas de: Staatliches Handeln im Wandel der Zeit. Baden-Baden 2012; Maizière, Thomas de: Damit der Staat den Menschen dient. Über Macht und Regieren. Im Gespräch mit Stefan Braun. München 2013; Maizière, Thomas de: Leitlinien für einen starken Staat in schwierigen Zeiten, in: Frankfurter Allgemeine Zeitung vom 3.1. 2017; Maizière, Thomas de: Leitkultur für Deutschland – Was ist das eigentlich?, unter: https://bmi.bund.de [30.4.2017]; Maizière, Thomas de: Regieren. Innenansichten der Politik. Freiburg i. Brsg. 2019; Schumann, Andreas: Familie de Maizière. Eine deutsche Geschichte. Zürich 2014.

Eckhard Jesse

Dobrindt, Alexander (CSU)

Bundesminister für Verkehr und digitale Infrastruktur

geb. 7. 6. 1970 in Peißenberg, röm.-kath.

1986	Eintritt in die Junge Union
1989	Abitur
1989–1995	Studium der Soziologie in München;
	Abschluss: Diplom-Soziologe
1990	Eintritt in die CSU
1990–1997	Vorsitzender des JU-Kreisverbands Weilheim-Schongau
1996–2005	Kaufmännischer Leiter und späterer (ab 2001) Geschäftsführer der Maschinenbaufirma
	Holzner & Sanamij (seit 2010: Holzner Druckbehälter) in Peißenberg
1996–2011	Mitglied des Marktgemeinderats Peißenberg
1996–2018	Mitglied des Kreistags Weilheim-Schongau
1999–2011	Vorsitzender des CSU-Ortsverbands Peißenberg
seit 2002	Mitglied des Deutschen Bundestags
2005–2008	Wirtschaftspolitischer Sprecher der CSU-Landesgruppe
2008–2009	Vorsitzender der Arbeitsgruppe Bildung und Forschung der CDU/CSU-Bundestagsfraktion
2009–2013	Generalsekretär der CSU
seit 2009	Vorsitzender des CSU-Kreisverbandes Weilheim-Schongau
2013–2017	Bundesminister für Verkehr und digitale Infrastruktur
seit 2017	Vorsitzender der CSU-Landesgruppe im Deutschen Bundestag

Quelle: Presse- und Informationsamt der Bundesregierung; Fotograf: Steffen Kugler

»Ein Alexander Dobrindt scheitert nicht.« (SZ vom 4. 11. 2016) – mit diesen Worten versuchte Horst Seehofer einst Einwände gegen die Umsetzbarkeit der geplanten Pkw-Maut zurückzuweisen. Die Wertschätzung für seinen Schützling hatte er bereits zu früheren Gelegenheiten mehrfach deutlich zum Ausdruck gebracht. Hierzu zählt zum einen die Ernennung Dobrindts zum CSU-Generalsekretär 2009, aber auch Seehofers politischer Blankoscheck im Zuge der Koalitionsverhandlungen 2013. Seehofer sagte damals deutlich: »Mir ist wichtig, dass die CSU drei Bundesministerien – wie bisher – besetzen kann. Welche, mit welchen Personen, steht ganz am Schluss. […] Nur dass Alexander Dobrindt ins Kabinett einziehen soll, habe ich schon klar gesagt.« (Münchner Merkur vom 21. 11. 2013).

Geboren 1970 im oberbayerischen Peißenberg, dessen zugehöriger Bundestagswahlkreis seit 1949 ununterbrochen von Direktkandidaten der CSU gewonnen wurde, trat Dobrindt bereits als Schüler der Jungen Union bei. Mit Blick auf sein Elternhaus sagte er selbst: »Mein Vater und meine Mutter waren durchaus politisch, sie hatten allerdings keine Ambitionen, nach Ämtern zu streben.« (SZ vom 18. 9. 2022).

Nach dem Abitur studierte Dobrindt Soziologie an der Ludwig-Maximilians-Universität in München und übernahm anschließend die Rolle als Kaufmännischer Leiter in einer mittelständischen Maschinenbaufirma, in der er später zum Geschäftsführer aufsteigen sollte. Nachdem er bereits seit 1990 Mitglied der CSU und Vorsitzender des JU-Kreisverbandes seiner Heimatregion war, gewann zeitgleich auch sein Engagement als Kommunalpolitiker im Marktgemeinderat Peißenberg und Kreistag Weilheim-Schongau Aufwind.

Der Sprung in die Bundespolitik gelang Dobrindt schließlich im Jahr 2002. Als Direktkandidat der CSU zog er im ersten Anlauf spektakulär mit einem Ergebnis von 63,5 % in den Bundestag ein und trat damit die Nachfolge

© Springer Fachmedien Wiesbaden GmbH, ein Teil von Springer Nature 2023
U. Kempf und M. Gloe (Hrsg.), *Kanzler und Minister 2013–2021*,
https://doi.org/10.1007/978-3-658-38669-6_7

von Michaela Geiger (CSU) an, die als Vizepräsidentin des Bundestags 1998 zuvor tragisch
verstorben war. Die Presse schrieb mit Blick auf
die Kandidatur im Vorfeld eher ironisch vom
»Peißenberger Schützenkönig« (SZ vom 18. 9.
2002) – ein Titel, der ihn noch lange begleiten sollte. Inhaltlich warb er vor allem mit einem Programm, das kommunale Interessen
und eine allgemeine Stärkung des Mittelstands
ins Zentrum rückte. Diesem Versprechen versuchte er durch seine Mitgliedschaft und seinen späteren stellvertretenden Vorsitz im Ausschuss für Wirtschaft und Arbeit bereits früh
Nachdruck zu verleihen. Auch bei seiner ersten
Rede im Bundestag prangerte Dobrindt bereits
die damals geplanten Maßnahmen der Mittel-
stands-Offensive unter der rot-grünen Bundesregierung als wirkungslos an. Gleichzeitig bemühte sich Dobrindt neben seinen politischen
Verpflichtungen auf Bundesebene um eine vergleichsweise hohe Präsenz im eigenen Wahlkreis und die Wahrnehmung seiner dortigen,
kommunalpolitischen Ämter; eine Tendenz,
die sich bis heute beobachten lässt.

Im Zuge der umstrittenen Vertrauensfrage
(Pilz/Ortwein 2011: 160) durch Gerhard Schröder und der damit verbundenen Neuwahlen
gelang Dobrindt 2005 die Verteidigung seines
Bundestagsmandats, wobei die Stimmenver-
luste mit 59,5 % im Vergleich zum allgemeinen
Abschneiden der CSU im Wahlkreis (2002:
64,3 %; 2005: 53,8 %) sowie in Bayern insgesamt (Hirscher 2012) noch glimpflich ausfie-
len. Von außen betrachtet verlief die darauffolgende Legislaturperiode, in der Dobrindt als
wirtschaftspolitischer Sprecher der CSU-Landesgruppe fungierte, zunächst wenig ereignis-
reich. Sein Abstimmungsverhalten im Bundestag deckt sich rückblickend ebenfalls mit der
parteiinternen Linie. Ausnahmen hierzu bilden
lediglich Vetos zum EU-Betritt Bulgariens und
Rumäniens im Jahr 2006 (Vergleich CDU/CSU:
196 dafür gestimmt, 10 dagegen gestimmt, 1 enthalten, 18 nicht beteiligt) sowie zum EU-Ver-
trag von Lissabon 2008 (Vergleich CDU/CSU:
198 dafür gestimmt, 7 dagegen gestimmt, 0 enthalten, 18 nicht beteiligt). Hinter den Kulissen
vollzog sich allerdings ein bedeutender Wan-

del. Bereits 2007 wurde Dobrindt vereinzelt
als möglicher Nachfolger Markus Söders für
das Amt des Generalsekretärs in der CSU genannt. Tatsächlich materialisieren sollten sich
diese Gerüchte jedoch erst nach den Rücktrit-
ten Christine Haderthauers 2008 sowie Frei-
herr Karl-Theodor von und zu Guttenbergs
2009, der den Posten nach nur knapp 100 Tagen zugunsten des Bundeswirtschaftsministe-
riums wieder abgegeben hatte. Zuträglich für
die Wahl Dobrindts dürfte in diesem Zusammenhang auch gewesen sein, dass sich dieser
als Konsequenz für das Fiasko in den Landtagswahlen 2008 öffentlich für eine personelle Zusammenführung der Ämter des Ministerpräsidenten und Parteivorsitzenden – damit Horst
Seehofer – aussprach.

Mit der Übernahme des Amts wurde Dobrindt vermehrt in der breiten Öffentlichkeit
wahrgenommen. Dabei zeigte sich früh, dass es
ihm in Hinblick auf kontroverse Äußerungen
nicht an Selbstbewusstsein mangelte. So ging er
insbesondere im Vorfeld der Bundestagswahlen 2009 auf Konfrontationskurs mit der FDP,
obwohl diese im Falle eines Wahlsiegs als of-
fensichtlicher Wunschpartner der Union galt.
Auch Angriffe gegen die eigene Schwesterpartei und den Kurs von Angela Merkel blieben in
diesem Kontext nicht aus: »Es kann nicht sein,
dass in der Union allein die CSU für das konservative Profil zuständig ist. Da muss auch von
der CDU mehr kommen.« (Spiegel vom 7. 3.
2009)

Sein Profil als EU-Skeptiker hatte er seit seinem Veto zum geplanten Beitritt Rumäniens
und Bulgariens sowie dem Vertrag von Lissabon (siehe oben) beständig geschärft. Dies zeigt
sich unter anderem an seiner Ablehnung zu den
damals diskutierten Beitrittsüberlegungen Is-
lands und der Türkei sowie seiner Position als
Leitfigur der CSU im Streit um das sogenannte *Begleitgesetz*. Das Bundesverfassungsgericht
hatte 2009 geurteilt, dass eine nationale Umsetzung des Vertrags von Lissabon einer stärkeren
gesetzlichen Konkretisierung hinsichtlich der
zukünftigen Mitspracherechte von Bundestag
und Bundesrat in bestimmten EU-Fragen be-
dürfe (Müller-Graff 2010). Einige Politiker, dar-

unter Dobrindt, sahen hierin die Chance, die Machtverhältnisse zugunsten der nationalen Legislative allgemein auszudehnen. So forderten Teile der CSU eine zwingende Beteiligung von Bundestag und Bundesrat in allen zukünftigen Entscheidungen und Initiativen der Bundesregierung auf EU-Ebene, sofern diese Auswirkungen auf den Bund oder einzelne Länder hätten. Dieser Anspruch führte nicht nur zu inhaltlichen Meinungsverschiedenheiten, sondern lief auch dem Vorhaben der Großen Koalition zuwider, die Entscheidung aus Karlsruhe noch rechtzeitig vor dem Ende der Regierungszeit umzusetzen. Dieser Plan ging letztlich trotz heftiger Auseinandersetzung noch auf, wobei dem Bundestag als Kompromiss ein Vorbehalt in allen künftigen Maßnahmen gewährt wurde, die zu einer direkten oder indirekten Stärkung der EU-Kommission führen würden (Gröning-von Thüna 2010). Auch die Länder erhielten neue Kompetenzen in Fragen des Arbeitsrechts, der Umweltpolitik sowie der Haushaltsplanung.

EU-Belange blieben im Vorfeld des Bundestagswahlkampfs 2009 allerdings nicht der einzige Streitpunkt mit der Schwesterpartei und dem geplanten Koalitionspartner FDP. So zogen sich vor allem Fragen in der Neuregelung von Gesundheitskosten und einem geplanten Betreuungsgeld als Konfliktlinien durch die Koalitionsverhandlungen bis in die neue Legislaturperiode. Dobrindts zahlreiche Spitzen, die sich teilweise auch gegen Personen innerhalb der eigenen Koalition richteten, wurden mitunter auch in der eigenen Partei als zunehmend problematisch aufgefasst. Der ehemalige CSU-Sprecher Ingo-Michael Feth bezeichnete Dobrindt in diesem Zusammenhang gar als »Problembären Doofbrindt« (SZ vom 30.1. 2010). Insbesondere das persönliche Verhältnis zwischen Dobrindt und Teilen der FDP blieb trotz weitgehend professioneller Zusammenarbeit in der Koalition über Jahre zerrüttet. Im Zuge zahlreicher verbaler Angriffe hatte Dobrindt die Partei unter anderem als »Gurkentruppe«, Hannelore Kraft als »das faulste Ei in der deutschen Politik« und geplante finanzielle Anreize zur Kooperation mit gemäßigten Taliban als »Taliban-Abwrackprämie« bezeichnet

(SZ vom 17.6.2011). Mitglieder der Opposition attestierten der Koalition zwischenzeitlich bereits ein allgemeines Scheitern verbunden mit Forderungen nach einer Vertrauensfrage.

Diese Sorgen verflüchtigten sich jedoch nach dem holprigen Start der neuen Regierung ab Oktober 2009 mit zunehmender Zeit. Während Dobrindt, trotz einzelner verbaler Angriffe, den Fokus vermehrt auf Fragen der Haushaltsführung und Steuergestaltung lenkte, trugen öffentliche Debatten um ein Aussetzen der Wehrpflicht, neue Hartz-IV-Sanktionen sowie Plagiatsvorwürfe gegen Verteidigungsminister Guttenberg dazu bei, dass sich die Wahrnehmung über interne Streitigkeiten der Koalition trotz vereinzelter Schlagzeilen, wie oben skizziert, zunehmend abmilderte. Zeitweise wurde Dobrindt sogar als möglicher Nachfolger Guttenbergs gehandelt, wobei das Amt letztlich an Thomas de Maizière fiel. Parallel unterstützte er Bundesinnenminister Hans-Peter Friedrich in seiner Aussage, wonach der Islam nicht Teil der deutschen Leitkultur sei (Welt am Sonntag vom 6.3.2011) und befeuerte somit eine Debatte, die über die kommenden Jahre immer wieder zum gesellschaftlichen Streitthema werden sollte.

Forderungen nach einem Verbotsverfahren gegen die Linkspartei führten überdies ebenso zu Protesten innerhalb der eigenen Partei wie regionale Bestrebungen zum Flughafenausbau in München, die für Dobrindt sogar zu einem Eierwurf vor heimischem Publikum führten (SZ vom 30.7.2011). Auch das vor der Wahl als Kernthema forcierte Betreuungsgeld – von Kritikern oftmals als »Herdprämie« bezeichnet – blieb durch negative Bevölkerungsumfragen und nachträglich bedeutend höher geschätzte Kosten ein Leidensthema, das erst mit der gesetzlichen Einführung 2013 ein vorzeitiges Ende fand.

Am Beispiel der Eurokrise wurde überdies deutlich, dass auch Dobrindts Unterstützung innerhalb der CSU-Spitze ihre Grenzen hatte. Nach umstrittenen Appellen zu einem Austritt Griechenlands aus der Eurozone und verbalen Angriffen gegen Zentralbankchef Mario Draghi (»Falschmünzer«) mahnte ihn Seehofer, der sich zeitgleich zu Merkels Kurs bekannte, offen zur Zurückhaltung (SZ vom 29.8.2012). Jedoch hatten weder zahlreiche sprachliche Ausrutscher – die Bezeichnung von Grünen-Politiker Volker Beck als »Vorsitzenden der Pädophilen-AG« hatte ihm zwischenzeitlich eine einstweilige Verfügung eingebracht – noch Vermutungen, wonach Dobrindt in die versuchte Einflussnahme des damaligen CSU-Sprechers Hans Michael Strepp gegenüber dem ZDF verwickelt sein könnte, letztlich einen entscheidenden Einfluss auf Seehofers Loyalität gegenüber seinem Schützling.

Der Beweis dafür dürfte spätestens in den Koalitionsverhandlungen 2013 (Bandau 2019) zu sehen sein. Nach einem, im Vergleich zu 2009 (Zweitstimmenanteil CSU 2009: 42,5 %), deutlich verbesserten Wahlergebnis (Zweitstimmenanteil CSU 2013: 49,3 %) setzte sich Seehofer in den Verhandlungen zwischen Union und SPD trotz interner Reibungspunkte und öffentlicher Ablehnung (infratest dimap 2013: 8) für Dobrindt als Minister ein. Dieser bekam letztlich als Minister für Verkehr und digitale Infrastruktur ein Doppel-Ressort zugesprochen. Das Amt des Generalsekretärs ging auf Andreas Scheuer über.

Im Rahmen des Wahlkampfs und der Sondierungsgespräche hatte Dobrindt in Übereinstimmung mit Horst Seehofer (Bandelow/Vogeler 2019) bereits zuvor die Einführung einer Pkw-Maut als zentrale Bedingung für den Koalitionsvertrag gemacht und sich somit als logischer Kandidat für das Amt in Stellung gebracht. Die Umsetzung des Vorhabens versprach er nur wenige Tage nach seiner Ernennung als Minister noch für das Jahr 2014 (Zeit Online vom 16.12.2013), worauf die technische Implementierung 2015 erfolgen sollte. Gleichzeitig drängte er auch früh auf einen Ausbau der digitalen Infrastruktur, für die der Koalitionsvertrag durchaus ehrgeizige Ziele benannte. So sollte bis 2018 in allen Regionen Deutschlands eine Grundversorgung von 50 Mbit/s sichergestellt werden (Koalitionsvertrag zwischen CDU, CSU und SPD 2013, S. 34). Dobrindt selbst forderte für das Land nicht weniger als das »schnellste und intelligenteste Netz der Welt« (SZ vom 22.12.2013).

Abgesehen von zahlreichen Nebenschauplätzen – hierzu zählen unter anderem Defizite bei der Deutschen Bahn, aber auch Skandale beim ADAC – erschwerten gerade solch überambitionierte Äußerungen die praktische Umsetzung der Vorhaben schon von Beginn. Insbesondere im Kontext der Pkw-Maut mehrten sich nach der vagen Aussage Dobrindts, wonach die Finanzierung insbesondere durch ausländische Fahrer erfolgen solle (FAZ vom 29.10.2014), kritische Stimmen, die den Sinn sowie die rechtliche Durchführung des Projekts anzweifelten. Auch die erwarteten Einnahmen des Modells wurden von Gutachtern mehrfach in Frage gestellt und nachträglich nach unten korrigiert.

Nachdem die Einführung schon zuvor von 2015 auf 2016 verschoben wurde, veröffentlichte Dobrindt im Sommer 2014 sein geplantes Konzept. Dieses sah vor, dass für die Nutzung aller deutscher Straßen ab 2016 eine Vignette benötigt werde, wobei inländische Fahrzeughalter über eine Senkung der Kfz-Steuer entlastet werden sollten. Zahlreiche Aspekte technischer und bürokratischer Natur, etwa zur Kontrolle der tatsächlichen Einhaltung oder preislichen Staffelung unterschiedlicher Fahrzeugklassen, blieben hingegen offen. So stieß das Konzept nicht nur in der EU wie erwartet auf Kritik, sondern rief auch Politiker und Experten auf den Plan. Vertreter der Deutschen Zoll- und Finanzgewerkschaft (BDZ) zweifelten mit Blick auf internen Personalmangel und den knappen Zeitplan öffentlich daran, ob die Einhaltung der Mautpflicht überhaupt flächendeckend kontrolliert werden könne (SZ vom 10.7.2014). Grenznahe Kommunen drückten zudem ihre Bedenken um Einbußen im Tagestourismus aus und forderten entsprechende Ausnahmeregelungen.

Die breite Welle an Kritik führte im Nachgang zu zahlreichen nachträglichen Anpassungen und Zugeständnissen. Dies betraf insbesondere die Beschränkung der Maut auf Autobahnen und Bundesstraßen, was gleichzeitig jedoch auch dazu führte, dass die prognostizierten Einnahmen von 600 Millionen auf 300 Millionen Euro sanken. Gleichzeitig wandelte sich auch die öffentliche Zustimmung zum Vorhaben. Während sich im November 2013 noch 59 % der Befragten für die Einführung der Pkw-Maut ausgesprochen hatten, lag dieser Wert ein Jahr später, im November 2014, nur noch bei 43 % (infratest dimap 2014: 5). Entgegen ausdrücklichen Warnungen aus Brüssel billigte das Kabinett Dobrindts überarbeiteten Entwurf schließlich im Dezember 2014. Die Verabschiedung im Bundestag erfolgte daraufhin im März 2015 durch das Infrastrukturabgabengesetz (InfrAG), welches vom Bundesrat im Mai ebenfalls akzeptiert wurde. Der geplante Start für 2016 wurde jedoch bereits kurze Zeit später ausgesetzt, nachdem die EU-Kommission wie erwartet angekündigt hatte, aufgrund der mittelbaren Ungleichbehandlung inländischer und ausländischer Fahrer juristisch gegen das Vorhaben vorgehen zu wollen. Das angestrebte Vertragsverletzungsverfahren vor dem EuGH wurde letztlich jedoch überraschend gestoppt, nachdem sich Dobrindt dazu bereit erklärt hatte, Änderungen am Gesetz vornehmen zu wollen. Ein neuer Entwurf, der unter anderem Kurzzeitvignetten sowie eine größere Differenzierung in der Bepreisung unterschiedlicher Fahrzeugkategorien vorsah, wurde zwei Jahre nach der ersten Fassung im März 2017 durch den Bundestag verabschiedet und trotz anfänglicher Widerstände durch den Bundesrat gebilligt.

In der Praxis kam das Vorhaben dennoch nie zum Tragen. Nach Klagen Österreichs und der Niederlande entschied der EuGH abschließend im Juni 2019 – damit bereits unter dem neuen Verkehrsminister Andreas Scheuer (CSU) –, dass die Infrastrukturabgabe in ihrer aktuellen Fassung nicht mit europäischem Recht vereinbar sei. Dobrindt selbst gab sein Ministeramt am 24. 10. 2017 mit dem Beginn der neuen Legislaturperiode auf. Auf Basis der Bestätigung seines Bundestagsmandats übernahm er daraufhin den Vorsitz der CSU-Landesgruppe sowie die Rolle als Chef-Unterhändler in den Koalitionsverhandlungen.

Rückblickend überschattet gerade der Sachverhalt der Pkw-Maut die Amtszeit Dobrindts. Obgleich man das Durchhaltevermögen in dieser Angelegenheit als durchaus respektabel be-

werten kann, steht am Ende doch das Scheitern des Projekts. Hier muss sich Dobrindt den Vorwurf gefallen lassen, entgegen expliziten Warnungen zu stark am eigenen Idealismus festgehalten zu haben. Insbesondere die Werbung mit einer Ungleichbehandlung von EU-Bürgern war in diesem Zusammenhang nicht nur im Sinne des Vorhabens unpragmatisch, sondern auch in hohem Maße populistisch. Ein finanzieller Ausgleich aus den Belastungen der Pkw-Maut hätte sich ebenso gut durch Reinvestitionen oder Vergünstigungen des öffentlichen Nahverkehrs realisieren lassen können. Für weitaus dringlichere Themen, etwa den Ausbau und die Sanierung von Fernstraßen sowie die Förderung alternativer Verkehrskonzepte standen somit weniger Zeit und Ressourcen zur Verfügung.

Differenzierter zu betrachten ist der Fortschritt im geplanten Ausbau der digitalen Infrastruktur. Ende 2017 verfügten immerhin 80,5 % aller Haushalte über Zugang zu Breitbandanschlüssen von mindestens 50 Mbit/s, 86,6 % zumindest über mindestens 30 Mbit/s (Vergleich Ende 2013: $\geq$ 50 Mbit/s = 59,7 %, $\geq$ 30 Mbit/s = 65,2). Diese Zahlen sind zwar weit entfernt von den gesetzten Zielen des Koalitionsvertrags und Dobrindts noch ambitionierterer Forderung, Deutschland zum schnellsten und intelligentesten Netz der Welt zu verhelfen, stellen jedoch angesichts der bereits zuvor bestehenden Defizite und schwierigen Finanzierungssituation (Reents 2016) dennoch eine Verbesserung dar. Wie sehr der Erfolg hier letztlich Dobrindt allein zuzuschreiben ist, darf als umstritten gelten. An der sogenannten *Digitalen Agenda* waren letztlich auch Bundeswirtschaftsminister Sigmar Gabriel (SPD) und Innenminister Thomas de Maizière (CDU) beteiligt. Hinzu kamen erhebliche Investitionen der Deutschen Telekom und anderer Unternehmen im Bereich des Breitbandausbaus.

Mit Blick auf beide Ressorts muss betont werden, dass die Anfangsbedingungen für Dobrindt selbstverständlich alles andere als ideal waren. Dies lag an teils erheblichen Defiziten in der Infrastruktur, fehlenden finanziellen Ressourcen, aber auch der naturgemäß eher langfristigen Zeitspanne zwischen Arbeit und sichtbarem Ertrag in den Zuständigkeitsbereichen. Gerade vor diesem Hintergrund zeigt sich die Notwendigkeit entsprechender Priorisierung einzelner Herausforderungen und die Besinnung auf Kernaufgaben jedoch umso deutlicher.

Den oftmals vorgebrachten Vorwurf, wonach Dobrindt seinen eigenen Wahlkreis übermäßig bevorteilen würde (SZ vom 20. 6. 2016), könnte man sicherlich durch eingehendere Prüfung einzelner Sachverhalte genauer beleuchten. Gleichzeitig muss man Dobrindt zugestehen, dass er sich seit dem Beginn seiner Karriere in der Bundespolitik stets um Präsenz bei der Wählerbasis und die Wahrnehmung seiner Ämter in der Kommunalpolitik bemühte. Angesichts von Politik- und Parteienverdrossenheit sollte deshalb durchaus kritisch hinterfragt werden, ob dieser Umstand wirklich Anlass für eine einseitige Kritik bietet oder nicht doch eher eine berechtigte Betonung föderalistischer Prinzipien widerspiegelt.

Abschließend beurteilt scheint Dobrindt die Doppelrolle als parteiinterner Stratege und verbaler Schützenkönig mehr zu liegen, als das Ministeramt. Obgleich er hier häufig über das Ziel hinausschießt und auch aus objektiver Sicht gerne hin und wieder die Grenzen des guten Geschmacks verfehlt, fügt er sich dennoch gut in die Tradition seiner Vorgänger ein. Den normativen Gehalt der Aussagen kann man gutheißen oder verurteilen. Am Ende bleibt, dass Dobrindt zumindest seine von ihm geforderte »offene Streitkultur« (Berliner Morgenpost vom 29. 9. 2018), wenn auch auf eigene Art, selbst vorlebt.

Literatur: Bandau, Frank.: Zwischen Regierungsverantwortung und Oppositionshaltung. Die CSU in der Großen Koalition 2013–2017. In: Zohlnhöfer, Reimut/Saalfeld, Thomas (Hg.): Zwischen Stillstand, Politikwandel und Krisenmanagement. Wiesbaden 2019, S. 87–110; Bandelow, Nils C./ Vogeler, Colette S.: Koalitionsverhandlungen als Entscheidungsfenster im deutschen politischen System? Das Beispiel PKW-Maut. In: Zohlnhöfer, Reimut/Saalfeld, Thomas (Hg.): Zwischen Stillstand, Politikwandel und Krisenmanagement. Wiesbaden 2019, S. 533–548; Gerichtshof der Europäischen Union: Pressemitteilung Nr. 75/19 – Urteil in der Rechtssache V-591/17 Österreich/Deutschland, 2019; Gröning-von Thüna, Sebastian: Die neuen Begleitgesetze zum Vertrag von Lissabon aus Sicht des Deutschen Bundestages – offene Fragen und neue Herausforderungen. In: Integration 94 (2010) 4, S. 312–333; Hirscher, Gerhard: Die Wahlergebnisse der CSU. Analysen und Interpretationen. HSS aktuelle analysen (59), München 2012; Infratest dimap: Dezember 2013 – Eine Umfrage zur politischen Stimmung im Auftrag der ARD-Tagesthemen und der Tageszeitung DIE WELT, online: www.infratest-dimap.de/fileadmin/_migrated/content_uploads/dt1312_bericht.pdf [zuletzt: 31. 3. 2022]; Infratest dimap: November 2014 – Eine Umfrage zur politischen Stimmung im Auftrag der ARD-Tagesthemen und der Tageszeitung DIE WELT, online: www.infratest-dimap.de/fileadmin/_migrated/content_uploads/dt1411_bericht_.pdf [zuletzt: 31. 3. 2022]; Müller-Graff, Peter-Christian: Das Lissabon-Urteil: Implikationen für die Europapolitik. In: APuZ 18 (2010), S. 22–29; Pilz, Frank/Ortwein, Heike: Das politische System Deutschlands. Systemintegrierende Einführung in das Regierungs-, Wirtschafts- und Sozialsystem. 4. Auflage. München/ Wien 2011; Reents, Reent Ricklef: Ausbau und Finanzierung einer flächendeckenden Breitbandversorgung in Deutschland. Tübingen 2016.

Fabian Heindl

Friedrich, Hans-Peter (CSU)

Bundesminister für Ernährung und Landwirtschaft

geb. 10. 3. 1957 in Naila (Oberfranken), ev.

seit 1974	Mitglied der CSU
1978	Abitur
1978–1979	Wehrdienst
1979–1983	Studium der Rechtswissenschaften in München und Augsburg
1983	Erstes juristisches Staatsexamen
1984–1986	Studium der Wirtschaftswissenschaften in Augsburg (Vordiplom)
1986	Zweites juristisches Staatsexamen
1986–1988	Studium der Volkswirtschaftslehre an der FernUniversität in Hagen
1988	Promotion zum Dr. jur.
1988	Regierungsrat im Bundesministerium für Wirtschaft
1991–1993	Mitarbeiter der CDU/CSU-Bundestagsfraktion
1993	Persönlicher Referent von Michael Glos, dem Vorsitzenden der CSU-Landesgruppe im Deutschen Bundestag
seit 1998	Mitglied des Deutschen Bundestages
2005–2009	Stellvertretender Vorsitzender der CDU/CSU-Bundestagsfraktion
2009–2011	Vorsitzender der CSU-Landesgruppe im Deutschen Bundestag
seit 2011	Vorsitzender des CSU-Bezirksverbandes Oberfranken und Mitglied des CSU-Parteipräsidiums
2011–2013	Bundesminister des Innern
2013–2014	Bundesminister für Ernährung und Landwirtschaft
2014–2017	Stellvertretender Vorsitzender der CDU/CSU-Bundestagsfraktion
seit 2017	Vizepräsident des Deutschen Bundestages

Hans-Peter Friedrich war schon in jungen Jahren parteipolitisch aktiv. 1973 trat er in die Junge Union, ein Jahr später in die CSU, ein. 1999 wurde er Stellvertretender Vorsitzender des CSU-Bezirksverbandes Oberfranken. 2011 stieg er zum dortigen Bezirksvorsitzenden auf. Seit dieser Zeit ist er auch Mitglied im Parteipräsidium der CSU.

Auch beruflich war Friedrich von Beginn an aufs Engste mit der Politik verbunden. Unmittelbar nach Abschluss seiner wissenschaftlichen Ausbildung trat er 1988 im Range eines Regierungsrates in das Bundesministerium für Wirtschaft ein. 1997 brachte er es dort zum Ministerialrat. Während seiner Ministerialtätigkeit ließ er sich zum Bundestag als wissenschaftlicher Mitarbeiter der CDU/CSU-Fraktion abordnen, wo er als Referent der CSU-Landesgruppe im

Arbeitskreis Wirtschaft, Verkehr, Landwirtschaft fungierte. 1993 wurde er persönlicher Referent von Michael Glos, dem Vorsitzenden der CSU-Landesgruppe im Deutschen Bundestag.

Friedrich ist seit 1998 Mitglied des Deutschen Bundestages. Der erste Einzug in das Parlament gelang ihm nur über die Landesliste. Seitdem gewann er in fünf Bundestagswahlen seinen Wahlkreis Hof direkt. Jedes Mal überwogen die für ihn abgegebenen Erststimmen deutlich die für die CSU abgegebenen Zweitstimmen.

Friedrich stieg innerhalb seiner Fraktion schnell auf. Von 2002 bis 2005 war er Justitiar seiner Fraktion. Von 2005 bis 2009 amtierte er als stellvertretender Vorsitzender der CDU/CSU-Bundestagsfraktion. 2009 gelang es ihm, Vorsitzender der CSU-Landesgruppe im Deut-

© Springer Fachmedien Wiesbaden GmbH, ein Teil von Springer Nature 2023
U. Kempf und M. Gloe (Hrsg.), *Kanzler und Minister 2013–2021*,
https://doi.org/10.1007/978-3-658-38669-6_8

schen Bundestag zu werden. Diese Position brachte ihn auf Augenhöhe mit der Bundeskanzlerin.

Im Zusammenhang mit dem Rücktritt von Karl-Theodor zu Guttenberg (CSU) als Verteidigungsminister und der Übernahme dieses Amtes durch den bisherigen Innenminister Thomas de Maizière (CDU) wurde Friedrich am 16. 3. 2011 dessen Nachfolger als Bundesminister des Innern. Friedrich hatte sich nicht hiernach gedrängt, aber aus den Reihen der CSU hatte sich niemand anderes zur Übernahme dieses Ministeriums bereit gefunden. Friedrich blieb Innenminister bis zum Ende des zweiten Kabinetts Merkel am 13. 12. 2013, also gut zweieinhalb Jahre. Zusätzlich übernahm er am 30. 9. 2013 kommissarisch das Bundesministerium für Ernährung, Landwirtschaft und Verbraucherschutz von Ilse Aigner (CSU). Aigner war an diesem Tage zurückgetreten, um in die bayerische Landespolitik zu wechseln. Auch dieses Amt nahm Friedrich bis zum Ende des zweiten Kabinetts Merkel wahr.

Bei der Bildung des dritten Kabinetts Merkel, einer großen Koalition aus CDU, CSU und SPD, griff die CDU auf das Innenressort zu und besetzte es erneut mit Thomas de Maizière. Friedrich konnte damit nicht länger Bundesinnenminister bleiben, obwohl er dieses Amt mittlerweile lieb gewonnen hatte und es gerne weitergeführt hätte. Da für die CSU ein großes Ressort nicht mehr zur Verfügung stand, entschied sie sich unter der Ägide des Parteivorsitzenden Horst Seehofer dafür, auf jeden Fall am Agrarministerium festzuhalten. »Die Landwirtschaft aufzugeben, hätten die Bauern als Verrat betrachtet«, verteidigte Seehofer vor der Presse die Ausbeute der CSU bei den Bundesministerien. Friedrich für dieses Amt vorzuschlagen, lag insofern nahe, als er es kommissarisch schon einige Monate ausgeübt hatte und aufgrund seiner innerparteilichen Position Anspruch auf einen Ministerposten geltend machen durfte.

Friedrich wurde am 17. 12. 2013 zusammen mit den anderen Bundesministern vom Bundespräsidenten ernannt und vor dem Bundestag vereidigt. Objektiv betrachtet war die Betrau-

ung mit dem Amt eines Ministers für Ernährung und Landwirtschaft zwar eine Versetzung in die zweite Kabinettsriege, Seehofer unterstrich aber, dass das Agrarressort keine Bremse für die Karriere sei. Friedrich bemühte sich überdies, seine faktische, wenn auch nicht formelle Herabstufung zu relativieren: »Wer mich kennt, weiß, dass ich nicht geltungssüchtig bin«, sagte er. Friedrich konnte sich angesichts der Umstände sogar bestätigt fühlen, sollte er doch weiterhin mit einem Ministerium betraut werden. Dies gelang beispielsweise dem bisherigen Verkehrsminister Peter Ramsauer nicht mehr. Beobachtern erschien es zudem, dass Friedrich irgendwie erleichtert über seine neue Funktion war und der Verlust des prestigeträchtigen Innenministeriums durch einen Gewinn an Lebensqualität ausgeglichen wurde.

Friedrich musste allerdings eine Schwächung des Agrarministeriums hinnehmen. Die Zuständigkeit für den Verbraucherschutz, sofern nicht auf Lebensmittel bezogen, wanderte in das von der SPD geführte Justizministerium. Bundeskanzlerin Merkel hatte offenbar auf die Kritik von Verbraucherbänden gehört, die gewarnt hatten, Friedrich die Verbraucherschutzsparte zu überlassen. In deren Sicht hatte sich Friedrich bei Verbraucherschutzfragen wie etwa der EU-Datenschutzverordnung wenig kooperativ gezeigt.

In seiner knapp zwei Monate währenden Amtszeit als Landwirtschaftsminister hatte Friedrich kaum Gelegenheit, der Agrarpolitik seinen Stempel aufzudrücken. Was der Koalitionsvertrag im Kapitel »Landwirtschaft und ländlicher Raum« an Absichten ankündigte, konnte er nur ansatzweise in Angriff nehmen. Sein agrarpolitisches Selbstverständnis legte er gleichwohl in zwei Reden dar: Zum einen bei der Eröffnung der 79. Internationalen Grünen Woche in Berlin Mitte Januar 2014, zum anderen im Rahmen der Aussprache zur Regierungserklärung der Bundeskanzlerin vor dem Deutschen Bundestag am 30. 1. 2014.

Friedrich ging es insbesondere um die Stärkung des ländlichen Raums. Dort spielten die Landwirtschaft, die Forstwirtschaft, die Ernährungswirtschaft und das Ernährungshandwerk eine zentrale ökonomische Rolle. Dies müsse der Bevölkerung im ganzen Land, vor allem in den Städten, bewusst gemacht werden. Der Politik, speziell seinem Ministerium, sei aufgegeben, dafür Sorge zu tragen, dass die unternehmerische Gestaltungs- und Handlungsfreiheit der Landwirtschaft auch in der Zukunft erhalten bleibe. Friedrich sprach sich in diesem Sinne dafür aus, am System der europäischen Fördertöpfe mit ihren Direktzahlungen an die Landwirte festzuhalten. Diese Zahlungen seien allein schon deshalb gerechtfertigt, weil die Landwirte die Kulturlandschaft pflegten und der Heimat damit ein Gesicht gäben. Ferner seien Direktzahlungen legitimiert, weil die Politik in Form von Verordnungen und Gesetzen intensiv in die Eigentumsrechte und Bewirtschaftungsmöglichkeiten der Landwirte eingreife.

Auf der Grünen Woche fasste Friedrich seine Auffassung wie folgt zusammen: »Für mich ist dieses Ministerium auch das Wirtschaftsministerium der ländlichen Räume. Es ist mir ein wichtiges Anliegen, die Land- und Ernährungswirtschaft zu stärken und damit auch die Lebensqualität und Attraktivität der ländlichen Räume zu sichern.« Dabei dachte Friedrich vor allem an die bäuerlichen Familienbetriebe. »Unter anderem werden wir kleinere und mittlere Betriebe gezielt fördern und auf eine noch stärkere Orientierung an Umwelt- und Nachhaltigkeitskriterien achten. Zudem wird die Politik die Rahmenbedingungen für junge Landwirte verbessern.«

Friedrich war sich darüber im Klaren, dass er außer der Sorge für die Landwirte auch für die Ernährung und den Tierschutz zuständig war. Auf diesen Feldern hatten sich die Koalitionsparteien zum einen auf die Förderung des Ökolandbaues und anderer nachhaltiger Formen der Landwirtschaft sowie auf eine kritische Haltung zur Gentechnik verständigt. Und sie hatten sich zum anderen auf diverse Maßnahmen hinsichtlich einer gesunden Tierhaltung, darunter eine Verringerung des Antibiotika-Einsatzes, geeinigt. Friedrich bekannte sich öffentlich zu diesen Absichtserklärungen.

Zu einer konflikthaften Entscheidungssitua-

tion zwischen herkömmlicher und ökologischer Landwirtschaft kam es während Friedrichs Amtszeit ein einziges Mal. Es ging um die Mitte Februar 2014 vom Ministerrat zu entscheidende Frage, ob in der Europäischen Union gentechnisch veränderter Mais zugelassen werden sollte. Dieser Mais war resistent gegenüber einem verbreiteten Herbizid und sonderte zugleich große Mengen an Insektengift ab, war also für die industriell betriebene Landwirtschaft der Agrarkonzerne höchst attraktiv. Um die Zulassung zu verhindern, hätte es einer qualifizierten Mehrheit im Ministerrat bedurft. Auch wenn Deutschland mit Nein gestimmt hätte, wäre die erforderliche Mehrheit für die Ablehnung nicht zustande gekommen. Ein Nein wäre aber ein Signal an die eigene Bevölkerung gewesen, die Gentechnik auf Äckern und in Lebensmitteln deutlich ablehnte. Deutschland enthielt sich jedoch der Stimme, weil das Kabinett keine Einigung zu dieser Frage erzielen konnte und Deutschland sich in solchen Fällen auf europäischer Ebene der Stimme enthält. Die Bundeskanzlerin und die CDU befürwortete die Gentechnik, die CSU und die SPD waren skeptisch.

Friedrich hatte sich gegen den gentechnisch veränderten Mais ausgesprochen. Er musste daher die ihm aufgezwungene Enthaltung sowie den eine Genehmigung beinhaltenden Beschluss des Ministerrates als Niederlage empfinden. Er erklärte im Nachgang, sich für ein nationales Anbauverbot von Genmais stark zu machen. Gleichwohl war seine Glaubwürdigkeit bei den ökologisch orientierten Landwirten sowie in der kritischen Öffentlichkeit nachhaltig erschüttert.

In unmittelbarer zeitlicher Nähe zu den Vorgängen um die Genmais-Entscheidung sah sich Friedrich mit der Forderung nach seinem Rücktritt konfrontiert. Anlass hierfür war aber nicht sein Tun als Bundesminister für Ernährung und Landwirtschaft, sondern eine Handlung, die er vier Monate zuvor in seiner Eigenschaft als Bundesminister des Innern begangen hatte. Während der Koalitionsverhandlungen hatte Friedrich Mitte Oktober 2013 den SPD-Parteivorsitzenden Sigmar Gabriel darüber informiert, dass gegen den SPD-Bundestags-abgeordneten Sebastian Edathy wegen des Verdachts ermittelt wurde, im Besitz kinderpor-nographischer Bilder zu sein. Friedrich wollte mit dieser Information die SPD davor bewah-ren, Edathy für ein herausgehobenes Amt in der neuen Bundesregierung vorzuschlagen, und damit zugleich Schaden von der künftigen Koalition abwenden. Kaum war Friedrichs In-formationsweitergabe am 13.2.2014 öffentlich bekannt geworden, kündigten mehrere Staats-anwaltschaften an, die Einleitung förmlicher Ermittlungen wegen Verrats von Dienstgeheim-nissen prüfen zu wollen. Die Opposition for-derte sogleich seinen Rücktritt. Friedrich er-klärte, im Amt bleiben zu wollen und es erst dann zur Verfügung zu stellen, wenn die Staats-anwaltschaft tatsächlich ein Ermittlungsverfah-ren gegen ihn aufnehmen werde. Diese Position hielt er einen Tag durch. Nachdem die Bundes-kanzlerin telefonisch ein »intensives Gespräch« mit ihm geführt hatte und auch von der CSU-Spitze eine Rückendeckung unterblieben war, erklärte er am 14.2.2014 seinen Rücktritt. Er beendete seine Erklärung mit dem Satz: »Ich komme wieder.« Denn Friedrich beharrte dar-auf, politisch und rechtlich nicht falsch gehan-delt zu haben. Am 25.2.2014 leitete die Staats-anwaltschaft Berlin ein Ermittlungsverfahren gegen ihn ein, stellte das Verfahren im Septem-ber 2014 aber wegen geringer Schuld ein.

Friedrich war im Machtgefüge der CSU zu bedeutungsvoll, als dass die Partei ihn in der politischen Versenkung hätte verschwin-den lassen können. Folglich schlug die CSU ihn als stellvertenden Vorsitzenden der CDU/CSU-Bundestagsfraktion vor. Die Wahl erfolg-te am 18.2.2014, also nur vier Tage nach seinem Rücktritt. Dieses Amt behielt er bis zum Ende der 18. Legislaturperiode im Oktober 2017. Seit der Konstituierung des 19. Deutschen Bundes-tages am 22.10.2017 ist er einer der Vizepräsi-denten des Bundestages. Bei der Wahl der Vize-präsidenten erhielt er das mit Abstand beste Ergebnis.

Friedrich war der Landwirtschaftsminis-ter mit der bei weitem kürzesten Amtszeit. Er amtierte gerade einmal zwei Monate. Von ei-nem politischen Vermächtnis lässt sich des-halb nicht sprechen. Friedrich überzeugte vor allem mit seiner Persönlichkeit. Er gilt in Ber-lin als einer der nettesten Politiker. Es war wohl nicht geheuchelt, als Bundeskanzlerin Merkel eine halbe Stunde nach Friedrichs Abschieds-erklärung behauptete, sie habe immer gern mit ihm zusammengearbeitet. Einmal mehr habe er für das Wohl des Ganzen die eigenen Interes-sen zurückgestellt.

Joachim Detjen

Gabriel, Sigmar (SPD)

Bundesminister für Wirtschaft und Energie, Bundesminister des Äußeren

geb. 1959 in Goslar, ev.

seit 1977	Mitglied der SPD
1979	Abitur
1979–1981	Wehrdienst
1982–1987	Studium der Politikwissenschaft, Soziologie und Germanistik
1987	Erstes Staatsexamen für das Lehramt an Gymnasien
1987–1989	Referendariat und Zweites Staatsexamen
1989–1990	Lehrer in der beruflichen Erwachsenenbildung im Bildungswerk der Niedersächsischen Volkshochschulen
1990–2005	Mitglied des Niedersächsischen Landtages
1990–1994	Mitglied u. a. im Ausschuss für Umwelt
1991–1996	Vorsitzender des Umweltausschusses im Rat der Stadt Goslar
1997–1998	Stellvertretender Fraktionsvorsitzender, ab März 1998 Vorsitzender der SPD-Landtagsfraktion
1999–2003	Ministerpräsident von Niedersachsen
2003–2005	erneut Vorsitzender der SPD-Landtagsfraktion
2005–2019	Mitglied des Deutschen Bundestages
2005–2009	Bundesminister für Umwelt, Naturschutz und Reaktorsicherheit
2007	Mitglied des SPD-Parteivorstandes
2009–2017	Vorsitzender der SPD
2013–2017	Bundesminister für Wirtschaft und Energie
2017–2018	Bundesminister des Äußeren (ab Oktober 2017 kommissarisch)

Am 17.12.2013 wurde der SPD-Vorsitzende, der dieses Amt seit Oktober 2009 bekleidete, zum Bundesminister für Wirtschaft und Energie ernannt. Auf seine Initiative hin hatten die Mitglieder der SPD über den Koalitionsvertrag mit der Union abgestimmt.

Bei einer Beteiligung von 78 % wurde der Koalitionsvertrag von 75,96 % der SPD-Basis angenommen, so dass einem Eintritt der SPD – trotz Widerständen bei etlichen Funktionären – nichts mehr im Wege stand.

Dass sich Gabriel für das Wirtschafts- und Energieressort entschied, löste bei etlichen Kommentatoren Verwunderung aus. Zwar galt Frank-Walter Steinmeier, der unglückliche Kanzlerkandidat von 2009, als enger Vertrauter von Gerhard Schröder als Außenminister »gesetzt«. Der neue Vizekanzler hätte aber auch Anspruch auf das Finanzministerium erheben können. Die Union hätte eine solche Forderung des widerspenstigen Koalitionspartners kaum zurückweisen können.

Das Verhältnis zwischen der Kanzlerin und ihrem Vizekanzler darf in den ersten Regierungsjahren der zweiten Großen Koalition als durchaus konstruktiv bezeichnet werden. Etliche sozialpolitische Maßnahmen wie u. a. der bundesweit geltende Mindestlohn von 8,50 Euro konnten umgesetzt werden.

Im Vorfeld der Bundestagswahl 2017 verschlechterte sich jedoch die »Chemie« zwischen beiden. Noch während der Flüchtlingskrise im Herbst 2015 hatte der Vizekanzler die Position von Bundeskanzlerin Merkel voll und ganz unterstützt: Keine Grenzzäune und keine Zurückweisung von Flüchtlingen an den deut-

© Springer Fachmedien Wiesbaden GmbH, ein Teil von Springer Nature 2023
U. Kempf und M. Gloe (Hrsg.), *Kanzler und Minister 2013–2021*,
https://doi.org/10.1007/978-3-658-38669-6_9

schen Grenzen. Insgesamt kamen 2015/16 fast 1,3 Millionen Flüchtlinge nach Deutschland. Gabriel saß sogar mit einem »Refugees Welcome – Wir helfen«-Button auf der Regierungsbank im Deutschen Bundestag.

Erst Ende August 2016 sprach sich Gabriel in einem ZDF-Interview für eine von ihm nicht näher definierte Obergrenze für Flüchtlinge aus, denn »es ist undenkbar, dass Deutschland jedes Jahr eine Million Menschen aufnimmt« (wikipedia.org/wiki/Sigmar-Gabriel [zuletzt: 25. 6. 2018]).

Im beginnenden Wahlkampf äußerte Gabriel massive Kritik an der Bundeskanzlerin (SZ vom 11. 7. 2017). So sagte er, der G-20 Gipfel in Hamburg sei mit Blick auf »die großen Fragen der Menschheit ein totaler Fehlschlag gewesen. Die Bundeskanzlerin wollte im Wahljahr in ihrer Heimatstadt Hamburg den Gipfel nutzen, um mit attraktiven Bildern ihr Image aufzupolieren.« Gabriel spielte, so die Süddeutsche Zeitung, mit diesem »politischen Gegenschlag« auf die heftige Kritik von Unionsabgeordneten an der Sicherheitspolitik des Hamburger Ersten Bürgermeisters Olaf Scholz bei den gewalttätigen Krawallen im Hamburger Schanzenviertel an. Der Vizekanzler warf dem Koalitionspartner »ein bisher nicht gekanntes Maß an Verlogenheit vor« (ebd.). »Wer Scholz' Rücktritt fordert«, so Gabriel, »der muss auch den Rücktritt von Angela Merkel fordern«, denn diese sei es, »die die Verantwortung für die Wahl des Gipfelortes trage.« Merkel, so die Zeitung, reagierte gelassen auf die scharfe Kritik des Vizekanzlers. Aber »schlimmer«, so der Kommentator, »kann Kritik [am Regierungspartner] nicht mehr ausfallen. Man muss sich fragen, wie dieses Kabinett in den nächsten Wochen noch friedlich kooperieren möchte.«

In den drei Jahren seiner Amtszeit als Minister für Wirtschaft und Energie entwickelte sich die Wirtschaft – laut Jahreswirtschaftsberichten – »solide und stetig«. So wuchs das Bruttoinlandsprodukt im Durchschnitt um 1,7 % (2015) und 1,9 % (2017). In »einem schwierigen weltpolitischen Umfeld« profitierte die deutsche Wirtschaft besonders von einem ungebrochen gestiegenen Konsum des Staates und der privaten Haushalte.« Wie in den Jahren zuvor stiegen auch 2017 die Exporte auf rund 1 442,2 Milliarden Euro, was einem Exportüberschuss von etwa 200 Milliarden Euro entsprach. Auch die Erwerbstätigenzahl erzielte 2017 einen neuen Höchststand mit 43 Millionen Beschäftigten. Die Arbeitslosenquote lag 2016 bei 6,1 % – der niedrigste Wert seit der Wiedervereinigung.

In seinen Geleitworten zu den Jahreswirtschaftsberichten 2013 bis 2017 verhehlte der Minister nicht seinen Stolz auf die insgesamt positive Gesamtbilanz der Wirtschaftsentwicklung in dem Zeitraum, den er zu verantworten hatte. Besonders hob er im Bericht 2016 hervor, »die Bundesregierung habe die Rahmenbedingungen für Wagniskapital verbessert, um einen neuen Gründergeist bei jungen und innovativen Unternehmen zu fördern.«

In seiner dreijährigen Erfolgsbilanz als Wirtschaftsminister verwies Gabriel auch auf die flächendeckende Einführung des Mindestlohns von 8,50 Euro. Diese von ihm und der SPD seit Langem geforderte Maßnahme setzten er und seine Partei im 2013 geschlossenen Koalitionsvertrag durch.

In seiner Abschiedserklärung am 8. 3. 2018, als feststand, dass er der neuen Bundesregierung nicht mehr angehören werde (siehe unten), hob er als »bleibende Erinnerung der letzten Jahre die Rettung von mehr als 10 000 Arbeitsplätzen bei der Übernahme der Einzelhandelskette Kaiser's-Tengelmann« hervor. Dabei wäre diese »Rettung« beinahe zu einem Desaster für den Wirtschaftsminister geworden. Wegen anhaltender Verluste sollte die Supermarktkette mit gut 400 Filialen mit Billigung des Ministers an den Marktführer Edeka verkauft werden. Gegen diesen Deal wandten sich sowohl das Bundeskartellamt als auch die Monopolkommission. Beide befürchteten, dass Edekas Marktanteil zu groß würde. Gabriel folgte diesen Bedenken jedoch nicht und überstimmte am 17. 3. 2016 das Veto des Bundeskartellamtes mit einer sogenannten Ministererlaubnis (Spiegel Online vom 19. 6. 2016). Am 12. 7. 2016 hob das Oberlandesgericht Düsseldorf die Ministererlaubnis auf. Die Düsseldorfer Richter warfen Gabriel u. a. Befangenheit vor, weil »er in der entscheidenden Phase nur mit Edeka, nicht aber mit weiteren Interessenten wie Rewe Gespräche geführt habe« (Redaktion Weltalmanach 2017: 142). Gegen diesen Beschluss rief der Minister den Bundesgerichtshof an. Um einen höchstrichterlichen Beschluss zu verhindern, verständigten sich Ende Oktober 2016 Edeka und Rewe auf einen Schlichtungsprozess unter Altkanzler Gerhard Schröder. In einem Interessenausgleich zog Rewe seine Klage gegen Gabriels Ministererlaubnis zurück; die Tengelmann-Filialen gingen an Edeka. Der Handelskonzern seinerseits verkaufte gut 60 dieser Filialen an Rewe. Mit dieser Vereinbarung konnte Gabriel einen langwierigen Prozess verhindern. Am 31.10.2016 verkündete er, »die Jobs bei Kaiser's-Tengelmann seien für sieben Jahre gesichert« (ZEIT online vom 31.10.2016).

Zwei internationale Abkommen stechen aus Gabriels Amtszeit als Wirtschaftsminister besonders hervor: das Ceta-Abkommen mit Kanada und das geplante Freihandelsabkommen TTIP mit den USA.

Das Freihandelsabkommen CETA (Comprehensive Economic and Trade Agreement) trat am 21.9.2017 in Kraft. Es sieht vor, dass Handels- und Investitionshemmnisse zwischen Kanada und den Staaten der EU abgebaut werden; u.a. sollen 98 % der Zölle entfallen.

Gabriel hatte sich vehement für das Abkommen eingesetzt. Vor dem Bundesverfassungsgericht, das zahlreiche Gegner des Abkommens angerufen hatten, plädierte er nachdrücklich – und schließlich erfolgreich – für den Freihandelsvertrag mit Kanada. Auch innerhalb seiner eigenen Partei konnte der Parteichef letztendlich eine breite Zustimmung für das Abkommen gewinnen.

Allerdings wurde dieses Abkommen immer noch nicht vom Bundestag ratifiziert. Gabriel plädierte Ende 2021 in einem umfangreichen Zeitungsartikel dafür, »es wäre hilfreich, wenn der Bundestag das Freihandelsabkommen mit Kanada ratifizierte. Mit fadenscheinigen ideologischen Gründen halten Teile der SPD sowie Grüne und Linke die EU seit fünf Jahren davon ab, mit einem Land ein Handelsabkommen zu schließen, das europäischer ist als man-

cher europäische Mitgliedsstaat« (FAZ vom 6.12. 2021: 6).

Hatte der Minister das transatlantische Freihandelsabkommen zwischen der EU und den USA anfänglich nachdrücklich verteidigt, rückte er im August 2016 von TTIP ab. In einem ZDF-Interview sagte er: »Die Verhandlungen mit den USA sind de facto gescheitert, weil wir uns den amerikanischen Forderungen als Europäer nicht unterwerfen dürfen« (Spiegel Online vom 28.8.2016). In 14 Verhandlungsrunden hätten die Unterhändler nicht in einem einzigen von 27 Bereichen Einigung erzielt. Insbesondere bei Agrarprodukten, Umweltstandards und den geplanten Schiedsgerichten gab es nicht überbrückbare Meinungsverschiedenheiten. Während Bundeskanzlerin Merkel nach wie vor für TTIP eintrat, schwenkte der SPD-Chef auf die Linie weiter Teile seiner Partei ein, die dem Abkommen ablehnend gegenüberstanden. Nach dem Amtswechsel im Weißen Haus beendete der neue US-Präsident Trump die Verhandlungen; das geplante Freihandelsabkommen mit den USA war damit erledigt.

Als Wirtschaftsminister war Gabriel auch für deutsche Rüstungsexporte zuständig. Über diese Geschäfte entscheidet in geheimer Sitzung der Bundessicherheitsrat, dem die Kanzlerin, der Vizekanzler sowie mehrere Bundesminister angehören. Seit Beginn der Übernahme des Wirtschaftsressorts verwandte sich der neue Amtsinhaber für eine Reduzierung von Rüstungsexporten an Nicht-Nato-Länder und sonstige befreundete Staaten. So fielen in seiner Amtszeit die Ausfuhrgenehmigungen von 7,86 Milliarden Euro 2015 auf 4,68 Milliarden Euro im Jahr 2018. Auch soll in seiner Amtszeit als kommissarischer Außenminister der Exportstopp von zunächst genehmigten 20 Patrouillen-Booten an Saudi-Arabien, das im Jemen Krieg führt, zustande gekommen sein. Allerdings kam es in der Amtszeit des Wirtschaftsministers zu keinem grundlegenden Kurswechsel. Insbesondere in der dritten Großen Koalition ab 2018 stiegen die Rüstungsexporte deutlich an: von 7,9 Milliarden Euro im Jahr 2015 auf 9,35 Milliarden Euro in Merkels letztem Amtsjahr – ein Rekordniveau (FAZ vom 19.1.2022: 15).

Mit seiner geplanten Abgabe für ältere Kohlemeiler konnte sich Gabriel nicht durchsetzen. Die umstrittene Strafabgabe für alte Kohlemeiler wurde durch »eine breite Koalition aus Kohlebefürwortern aus Gewerkschaften, Industrie, Braunkohle-Ländern, Union und Teilen der SPD« verhindert (Spiegel Online vom 2.7.2015). Stattdessen beschlossen die Spitzen der Großen Koalition Braunkohlekraftwerke abzuschalten und als Reserve vorzuhalten. Die Kraftwerksbetreiber wurden im Gegenzug für die faktische Stilllegung entschädigt. Dieser Beschluss, eine »Luxusrente für Kohlekraftwerke«, führte zu heftiger Kritik nicht nur von Seiten der Grünen, sondern auch von Vertretern der Erneuerbaren Energien.

Für den Netzausbau von den Nordsee-Windparks in die süddeutschen Bundesländer verständigte sich die Koalition auf die vorrangige Verlegung von Erdkabeln, um den Widerstand von Anwohnern zu reduzieren. »Das wird viele Bürgerinitiativen freuen,« kommentierte Gabriel diese Verständigung (ebd.). Mittlerweile wehren sich allerdings trotz dieser Vereinbarung zahlreiche Initiativen gegen diesen Ausbau in ihrer Nähe.

Am 27.1.2017 übernahm Sigmar Gabriel das Außenministerium am Werderschen Markt in Berlin. Sein Amtsvorgänger Frank-Walter Steinmeier war mit Gabriels tatkräftiger Unterstützung zum Bundespräsidenten gewählt worden.

Während seiner vierzehnmonatigen Amtszeit gelang es dem neuen Ressortchef zu einem der beliebtesten Politiker zu werden. Alle seine Vorgänger – bis auf Guido Westerwelle – hatten es kraft ihres Amtes in die Spitze der jeweils angesehensten Politiker geschafft. Während seiner Tätigkeit am Werderschen Markt machte Gabriel keinen Hehl daraus, dass er nach der Bundestagswahl 2017 das Amt behalten wolle. »In solch international verwirrenden Zeiten seinem Land als Außenminister dienen zu können, ist natürlich ungeheuer spannend und auch eine große Ehre. Und es wäre ja seltsam, wenn man das nicht gerne weitermachen würde,« so der Amtsinhaber (Der Spiegel 6/2018: 35). Als Anfang 2018 über eine erneute Große Koalition verhandelt wurde, kursierte in der SPD eine Absprache, die Gabriel und sein Nachfolger Schulz als Parteivorsitzender angeblich getroffen hätten. So hätte dieser Gabriel zugesichert, im Falle einer erneuten Regierungsbeteiligung Außenminister bleiben zu dürfen (ebd.: 36). Der Wirtschaftsminister hatte wegen ständig schlechter Werte in den Meinungsumfragen sowohl auf eine Kanzlerkandidatur als auch auf den Parteivorsitz zu Gunsten von Schulz verzichtet, wie er in einem Stern-Interview zur Überraschung seiner Parteifreunde mitteilte.

Gabriels Bilanz als Minister des Äußeren ist wegen der kurzen Amtszeit nur kurz zu streifen. Strategische Akzente lassen sich in dem guten Jahr nach Amtsübernahme nicht feststellen. Man darf anmerken, er führte die Grundlinien der deutschen Außenpolitik seines Vorgängers fort. Zweifellos war Gabriel wie fast alle seine Amtsvorgänger ein guter Chefdiplomat, der die deutschen Interessen auf dem internationalen Parkett gut zu vertreten wusste. Bemerkenswert ist aber, dass er in seiner Abschiedserklärung als einzige außenpolitische Glanzleistung die »Befreiung deutscher Staatsangehöriger aus ungerechtfertigter Haft im Ausland« anführte. Er spielte damit auf die Freilassung des deutsch-türkischen Journalisten Deniz Yücel nach über einem Jahr Haft in der Türkei an. Geheimverhandlungen mit seinem türkischen Amtskollegen und mit Staatspräsident Erdogan führten schließlich zum Erfolg.

Zum Thema Europa forderte der amtierende Außenminister in einer Grundsatzrede mehr Engagement Deutschlands und ein Zusammenrücken der europäischen Staaten (FR vom 6.2.2017). Er warb für eine neue deutsche Außenpolitik, die mehr Verantwortung in Europa und in der Welt übernimmt. Zwar blieben die USA auch weiterhin »unser wichtigster globaler Partner«, aber Deutschland könne sich nicht länger auf sie verlassen, denn »diese Partnerschaft allein wird nicht ausreichen, um unsere strategischen Interessen zu wahren.«

Die Interessenkonflikte zwischen den USA und Europa hatten besonders unter Präsident Trump dramatisch zugenommen. Folglich sprach sich der Minister für eine stärkere gemeinsame europäische Außenpolitik aus, wo-bei Deutschland und Frankreich der Motor ei-ner vertieften Politik sein müssten. »Nur wenn die EU ihre eigenen Interessen definiert und auch ihre Macht projiziert, kann sie auch über-leben.« Gleichzeitig sprach er sich dafür aus, Vorschläge des französischen Staatspräsidenten Macron für eine Reform der Währungs- und Finanzpolitik aufzugreifen. »Wir sind gefordert, gemeinsame Linien zwischen Deutschland und Frankreich für Europa zu finden,« so der amtie-rende Außenminister (ebd.).

Kritik vom Koalitionspartner musste Ga-briel einstecken, als er sich im Februar 2018 auf der Münchner Sicherheitskonferenz für einen schrittweisen Abbau der gegenüber Russland, wegen seiner Ukraine-Politik, auferlegten Sank-tionen aussprach. Selten hat ein Bundesminister mit einer abweichenden Privatmeinung öffent-lich gemacht, dass sich die amtierende Regie-rung in einer zentralen außenpolitischen Frage nicht einig sei (wikipedia.org/wiki/Sigmar-Ga-briel [zuletzt: 25. 6. 2018]).

Auch im Rahmen seines Antrittsbesuchs in Israel im April 2017 löste er mit seiner Begeg-nung mit regimekritischen Organisationen hef-tige Kritik aus. Israels Premierminister Netan-jahu sagte ein geplantes Treffen mit Gabriel ab; Staatspräsident Reuven Rivlin dagegen emp-fing ihn. Schon vorher hatte Gabriel sich kri-tisch über Israels Präsenz im Westjordanland geäußert und die dortige Lage als »Apartheid-Regime« bezeichnet (Basler Zeitung vom 5.1. 2018).

Am Vorabend der Münchner Sicherheits-konferenz 2018 veröffentlichte der Außenminis-ter in der FAZ ein Außenpolitisches Vermächt-nis unter dem Titel »Flexitarier in einer Welt der Fleischfresser«: »Deutschland zu regieren und Europa zusammenzuhalten«, so der Minis-ter, »wird weit anstrengender und unbequemer sein als in der Vergangenheit. […] Deutschland muss jetzt seine Stimme erheben und Europas zivile Krisenmanagement-Fähigkeiten stärken. Europa ist die stärkste zivile Interventions-macht der Welt. […] Europa muss ein ›Flexi-tarier‹ werden, ein ›Vegetarier zweiten Grades‹ sozusagen, der Fleischkonsum gelegentlich zu-

lässt und militärische Macht nicht scheuen darf, der aber dem Zivilen den Vorrang gibt. Für Deutschland ist dies Ansporn genug, weiter auf friedliche Wege der Konflikteindämmung zu setzen. […] Neben der militärischen müs-sen wir auch in die zivilen Instrumente inves-tieren. […] Das Ziel ist klar: der militärischen (EU-Verteidigungsinitiative PESCO) eine zivi-le und diplomatische Logik entgegenzustellen. Und eine Verengung auf die Welt der Fleisch-fresser nicht zuzulassen« (FAZ vom 16. 2. 2018).

Mit anderen Worten: Vor dem Hintergrund der russischen Annexion der Krim und dem Ausbruch des Konflikts in der Ostukraine, der Kündigung des Iran-Atomabkommens durch die USA und irritierenden Äußerungen von US-Präsident Trump über die Nato müssen Deutschland bzw. die EU weniger auf militä-rische und mehr auf zivile Konfliktlösungs-möglichkeiten setzen, also eine »Art zivile Ver-teidigungsinitiative« als »das gleichgewichtige Pendant zur gemeinsamen Verteidigungsinitia-tive Europas«, so der scheidende Außenminis-ter.

Obwohl er ein entschiedener Befürwor-ter der Neuauflage der Großen Koalition war, nahm Gabriel an den Sondierungsgesprächen mit der Union nicht teil. Auch in der so ge-nannten Kleinen Runde der Verhandler fehlte er. Nur in der Großen Runde wirkte er schließ-lich mit und verhandelte für die SPD federfüh-rend die Bereiche Außen, Entwicklung, Vertei-digung und Menschenrechte. Sein Fehlen in der Kerngruppe wurde als Anzeichen dafür gewer-tet, dass er möglicherweise der neuen Regie-rung nicht angehören werde. Am 8. 3. 2018 teilte Deutschlands beliebtester Sozialdemokrat mit: »Andrea Nahles und Olaf Scholz haben mich heute darüber unterrichtet, dass ich der nächs-ten Bundesregierung nicht angehören werde« (Welt online vom 8.3.2018). Nachdem Gabriel dies vom neuen Duo an der SPD-Spitze mit-geteilt worden war, warf der noch amtierende Außenminister, laut Der Spiegel, der SPD-Füh-rung Wortbruch vor. Er sei gerne Außenminis-ter und habe in den Augen der Öffentlichkeit das Amt auch ganz gut und erfolgreich geführt. »Und da ist es ja klar, dass ich bedauere, dass diese Wertschätzung meiner Arbeit der neuen SPD-Führung herzlich egal ist. […] Was bleibt, ist eigentlich nur das Bedauern darüber, wie respektlos bei uns in der SPD der Umgang miteinander geworden ist und wie wenig ein gegebenes Wort noch zählt« (SPIEGEL Online vom 8. 2. 2018). Ob er damit auf die Absprache mit Martin Schulz anspielte, der sich nach Abschluss der Koalitionsverhandlungen – allerdings vergebens – selbst als Außenminister ins Gespräch gebracht hatte, ließ er offen. Seine Verbitterung über Schulz' Ambitionen auf das Außenamt fasste er mit den Worten seiner kleinen Tochter Marie zusammen: »Du musst nicht traurig sein, Papa, jetzt hast Du doch mehr Zeit für uns. Das ist doch besser als mit dem Mann mit den Haaren im Gesicht zu arbeiten« (ebd.). Damit »schlug er den letzten Nagel in den Sarg, in dem seine Chancen, den Posten des Außenministers behalten zu dürfen, ohnehin schon lagen,« so Berthold Kohler in der FAZ vom 9. 3. 2018.

Sein »Aus« war wenig überraschend. Zu unüberbrückbar waren die Differenzen mit der neuen SPD-Führung. Hätte ihn der Parteivorstand im Amt belassen, wären Querelen nur eine Frage der Zeit gewesen. Sein impulsiver Stil, seine Neigung zu Alleingängen, seine angeblich fehlende Teamfähigkeit und ständig drohende Querschüsse hatten weite Teile der (SPD-)Führungsriege gegen den Ex-Parteivorsitzenden aufgebracht (NZZ vom 10. 3. 2018).

Auch Wochen nach seinem Abschied rechnete die Parteiführung mit dem ehemaligen Wirtschafts- und Außenminister noch einmal ab. In einem Bericht zur verlorenen Bundestagswahl im September 2017 schrieb die Parteivorsitzende Andrea Nahles Sigmar Gabriel die Hauptschuld für die desaströse Lage der Partei zu. Über Jahre sei die SPD »Geisel seiner Launen, Selbstzweifel und taktischen Manöver« gewesen, heißt es in dem 108 Seiten starken Bericht (Der Spiegel 25/2018). Dass Gabriel nach Willy Brandt der SPD-Vorsitzende mit der weitlängsten Amtszeit war, im Jahr 2013 der Union einen tiefroten Koalitionsvertrag aufgedrückt hatte und seinen Vorgänger im Außenamt als Bundespräsidenten durchsetzte, erwähnt der Bericht nicht.

Seit Sommer 2019 ist Sigmar Gabriel Geschäftsführender Vorsitzender des gemeinnützigen Vereins Atlantik-Brücke in Berlin, dem es insbesondere um die Kontaktpflege zwischen Deutschland und den USA geht.

Literatur: Bundesministerium für Wirtschaft und Energie: Jahreswirtschaftsberichte 2015 bis 2018, Berlin 2015 ff.; Gabriel, Sigmar: Neuvermessungen – Was da alles auf uns zukommt und worauf es jetzt ankommt, Köln 2017; Gabriel, Sigmar: Auf den Schultern von Riesen, in: FAZ vom 6. 12. 2021: 6; Redaktion Weltalmanach: Der neue Fischer Weltalmanach 2018: Zahlen Daten Fakten. Frankfurt/M. 2017.

Udo Kempf

Giffey, Franziska (SPD)

Bundesministerin für Familie, Senioren, Frauen und Jugend

geb. 3. 5. 1978 in Frankfurt/Oder

1997	Abitur
1997–1998	Lehramtsstudium an der Humboldt Universität zu Berlin
1998–2001	Studium zur Diplom-Verwaltungswirtin (FH) an der Fachhochschule für Verwaltung und Rechtspflege (FHVR) Berlin
2001–2002	Büro des Bezirksbürgermeisters von Treptow-Köpenick
2002–2010	Europabeauftragte des Bezirks von Berlin-Neukölln
2003–2005	Studium Europäisches Verwaltungsmanagement (M. A.) an der FHVR Berlin
seit 2007	Mitglied der SPD
2010	Promotion am Otto-Suhr-Institut der Freien Universität Berlin
2010–2015	Bezirksstadträtin für Bildung, Schule, Kultur und Sport in Berlin-Neukölln
2014	Kreisvorsitzende der SPD Berlin-Neukölln
2015–2018	Bezirksbürgermeisterin in Neukölln und Stadträtin für Finanzen und Wirtschaft
2018–2021	Bundesministerin für Familie, Senioren, Frauen und Jugend
seit 2020	Landesvorsitzende der SPD Berlin (mit Raed Saleh)
2021	Spitzenkandidatin der SPD für die Wahl zum Berliner Abgeordnetenhaus
seit 2021	Regierende Bürgermeisterin von Berlin

Franziska Giffey (geb. Sülke) wurde am 14. 3. 2018 zur Bundesministerin für Familie, Senioren, Frauen und Jugend (im folgenden Familienministerin) ernannt. Überraschend war ihre Berufung zur Bundesministerin insofern, als sie zuvor weder landes- noch bundespolitisch hervorgetreten war und keine klassische Parteikarriere aufweisen konnte. Allerdings erfüllte sie nicht nur die Eigenschaften »jung« und »weiblich«, sondern auch das für die SPD so wichtige Merkmal »ostdeutsch«. Als Bürgermeisterin von Neukölln, einem von sozialen Verwerfungen geprägten Berliner Bezirk galt sie zudem als fachlich gut vorbereitet für das neue Amt. Vom Kiez ins Kabinett – ein ungewöhnlicher wie eindrucksvoller Aufstieg.

Als Motivation für die Übernahme des Bundesfamilienministeriums sah Giffey nach eigenen Angaben die Möglichkeit nach zehn Jahren Kommunalpolitik, in der man manchmal an die Grenzen des Machbaren stößt, auf höherer Ebene einen größeren Gestaltungsspielraum zu haben (Redaktionsnetzwerk Deutschland vom 21. 3. 2018). Geprägt durch ihre Arbeit in Berlin-Neukölln sah sie ihre Priorität in der Bekämpfung von Kinderarmut. Darüber hinaus wollte sie eine Verbesserung in folgenden Bereichen erzielen: Vereinbarkeit von Familie und Beruf, Qualität von Kitas, Bezahlung in den Pflegeberufen sowie Fortbildungsmöglichkeiten für Erzieherinnen und Erzieher. Auch die Stärkung des ehrenamtlichen Engagements war ihr ein wichtiges Anliegen (Tagesspiegel vom 17. 3. 2018).

Um Pflegeberufe attraktiver zu machen, legte Giffey bereits nach kurzer Zeit im Amt (gemeinsam mit dem Bundesgesundheitsministerium) einen Entwurf für eine Ausbildungs- und Prüfungsverordnung für die Pflegeberufe vor, die in zwei Stufen bis zum 1. 1. 2020 in Kraft trat. Mit ihr wurde die Voraussetzung für eine moderne Pflegeausbildung geschaffen, die Pflegefachkräfte besser auf die veränderten Herausforderungen in der Berufspraxis vorbereitet und neue Berufs- und Aufstiegsmöglichkeiten eröffnet.

© Springer Fachmedien Wiesbaden GmbH, ein Teil von Springer Nature 2023
U. Kempf und M. Gloe (Hrsg.), *Kanzler und Minister 2013–2021*,
https://doi.org/10.1007/978-3-658-38669-6_10

Bereits zum 1.1.2019 trat eines der zentralen Gesetzesvorhaben der Familienministerin in Kraft – das Gesetz zur Weiterentwicklung der Qualität in der Kindertagesbetreuung (Gute-KiTa-Gesetz). Mit dem Gesetz verfolgte der Bund das Ziel, die Länder bei einer guten, qualitativ hochwertigen Kindertagesbetreuung zu unterstützen und stellte hierfür 5,5 Mrd. Euro bis 2022 zur Verfügung. Zwar begrüßten die Länder diese Initiative des Bundes, bezweifelten jedoch deren Nachhaltigkeit, weil sie die Finanzierung nicht über das Jahr 2022 hinaus als gesichert ansahen.

Mit der Bezeichnung Gute-KiTa-Gesetz führte Giffey ein neues Wording für Gesetze ein – eine einfache Sprache, die von allen verstanden werden soll. Dies zeigte sich auch an einem weiteren Projekt: dem Gesetz zur zielgenauen Stärkung von Familien und ihren Kindern durch die Neugestaltung des Kinderzuschlags und die Verbesserung der Leistungen für Bildung und Teilhabe, kurz: Starke-Familien-Gesetz. Das Gesetz, das Giffey zusammen mit dem Bundesministerium für Arbeit und Soziales ins Leben rief und das zum 1.7.2019 in Kraft trat, verfolgt insbesondere das Ziel, Familien mit geringen Einkommen wirksamer vor Armut zu schützen. Hierfür wurde der Kinderzuschlag erhöht, um Eltern, die erwerbstätig sind, aber trotzdem finanziell kaum über die Runden kommen, zu unterstützen, damit sie nicht aufgrund ihrer Kinder auf den Bezug von Arbeitslosengeld II (»Hartz IV«) angewiesen sind. Bei der Opposition stieß das Gesetz auf Kritik. Von Seiten der Grünen und Linken, weil es ihnen nicht weit genug ging, von Seiten der FDP, weil diese ein Bürokratiemonster befürchtete.

Im Oktober 2019 widmete sich Giffey einem weiteren Thema ihrer Agenda. Gemeinsam mit dem Bundesinnenministerium legte sie einen Entwurf für ein Gesetz zur Errichtung der Deutschen Stiftung für Engagement und Ehrenamt vor, das Anfang April 2020 in Kraft trat. Die Stiftung soll das Engagement der rund 30 Mio. Menschen in Deutschland, die sich zum Beispiel in Sport- und Kulturvereinen, Kirchen, Rettungs- und Umweltorganisationen, den Freiwilligendiensten und in der Wohlfahrtspflege für das Gemeinwohl einsetzen, nachhaltig stärken und fördern. Ein besonderes Augenmerk gilt dabei den ostdeutschen Ländern sowie strukturschwachen und ländlichen Regionen, in denen das ehrenamtliche Engagement weniger stark ausgebildet ist.

Ein wichtiges Anliegen Giffeys war es stets, den Bund stärker in die (finanzielle) Verantwortung für eine gute frühkindliche Bildung, Betreuung und Erziehung zu nehmen. Deshalb legte das Familienministerium im November 2019 das Gesetz zur Änderung des Gesetzes über Finanzhilfen des Bundes zum Ausbau der Tagesbetreuung für Kinder und des Kinderbetreuungsfinanzierungsgesetzes vor, mit dem Ziel, Länder und Kommunen mit Finanzhilfen durch den Bund bei ihren Bemühungen, Plätze für Kinder von der Geburt bis zum Schuleintritt zu schaffen, zu unterstützen. Mit dem Änderungsgesetz, das rückwirkend zum 30.12.2019 in Kraft trat, wurde die Frist zur vollständigen Bewilligung der Bundesmittel von Investitionsvorhaben im vierten Investitionsprogramm vom 31.12.2019 auf den 31.12.2020 verschoben. So sollten die Länder die durch den Bund bereitgestellten Finanzhilfen ausschöpfen und die Finanzmittel vollständig für die Schaffung zusätzlicher Betreuungsplätze einsetzen können.

Mitte Dezember 2020 trat ein weiteres Gesetz aus dem Hause Giffeys (in Zusammenarbeit mit dem Bundesministerium für Bildung und Forschung) in Kraft: Das im November 2019 auf den Weg gebrachte Ganztagsfinanzierungsgesetz, mit dem der Bund ein Sondervermögen zum Ausbau ganztägiger Bildungs- und Betreuungsangebote für Kinder im Grundschulalter errichtet. Das Sondervermögen dient dazu, den Ländern Finanzhilfen für den Ausbau verlässlicher und bedarfsgerechter Bildungs- und Betreuungsangebote zu gewähren. Zunächst hatte der Bund für diese Aufgabe zwei Mrd. Euro Fördervolumen für die Länder zur Verfügung gestellt. Diese wurden im Zuge des Konjunktur- und Krisenbewältigungspakets der Bundesregierung als Reaktion auf die Corona-Pandemie um weitere Bundesmittel in Höhe von bis zu 1,5 Mrd. Euro aufgestockt.

Giffey wollte Kinder nicht nur vor Armut schützen, sondern auch vor den Gefahren der digitalen Welt. So legte sie im Dezember 2019 das Zweite Gesetz zur Änderung des Jugendschutzgesetzes vor, das zum 1. 5. 2021 in Kraft trat und den gesetzlichen Kinder- und Jugendmedienschutz auf eine neue, der heutigen digitalen Medienrealität angepasste Grundlage stellt. Durch die Reform werden Internetdienste verpflichtet, für Kinder und Jugendliche angemessene und wirksame strukturelle Vorsorgemaßnahmen für eine unbeschwerte Teilhabe zu treffen (sogenannte Anbietervorsorge), beispielsweise durch Voreinstellungen, Hilfs- und Beschwerdesysteme sowie Begleitung und Steuerung der Mediennutzung durch die Eltern. Das Gesetz wurde auf Basis eines breiten Konsenses des Abschlussberichts der Bund-Länder-Kommission zur Medienkonvergenz von Juni 2016, des Beschlusses der Jugend- und Familienministerkonferenz von Mai 2018 und der Empfehlungen der Kinderkommission des Deutschen Bundestages von Juni 2019 erarbeitet. Kritik gab es gleichwohl: zu bürokratisch, zu kompliziert, zu viel Kompetenzgerangel zwischen Bund und Ländern hieß es von verschiedenen Seiten. Für die Grünen ging die Reform nicht weit genug, weil für sie der Bund noch zu wenig Kompetenz im Bereich des Jugendschutzes hat, die Länder wiederum kritisierten das reformierte Gesetz wegen der neuen Kompetenzen, die der Bund an sich zieht (Spiegel online vom 5. 3. 2021).

Dass das digitale Zeitalter nicht nur Gefahren, sondern vor allem auch Chancen bietet, zeigt das vom Bundesfamilienministerium (in Zusammenarbeit mit dem Bundesinnenministerium) im April 2020 erarbeitete und ab Dezember 2020 in Kraft getretene Gesetz zur Digitalisierung von Verwaltungsverfahren bei der Gewährung von Familienleistungen (Digitale-Familienleistungen-Gesetz). Dieses erleichtert es Eltern bei der Geburt eines Kindes, die wichtigsten Familienleistungen digital zu beantragen, wie beispielsweise Elterngeld, Kindergeld und perspektivisch auch den Kinderzuschlag, sowie den Namen ihres Kindes festzulegen oder auch die Geburtsurkunde zu beantragen. Daten,

wie Name und Geburtsdatum, müssen damit in verschiedenen Anträgen nicht wieder neu angegeben werden. Der elektronische Datenaustausch ermöglicht es Standesämtern, Krankenkassen und der Deutschen Rentenversicherung notwendige Daten mit den zuständigen Elterngeldstellen auszutauschen, ganz nach der Devise: nicht die Eltern laufen, sondern die Daten.

Giffeys Tätigkeit als Bundesfamilienministerin wurde ab Februar 2019 zunehmend überschattet von Plagiatsvorwürfen gegen ihre 2009 eingereichte Dissertation mit dem Titel: »Europas Weg zum Bürger – Die Politik der Europäischen Kommission zur Beteiligung der Zivilgesellschaft«, mit der sie 2010 von der Freien Universität Berlin (FU Berlin) promoviert wurde. Giffey solle, so Recherchen von sogenannten Plagiatsjägern der Website VroniPlag Wiki, in einem nennenswerten Umfang unsauber zitiert bzw. bewusst falsche Quellenangaben gemacht haben. Giffey bestritt die Vorwürfe und verteidigte sich mit dem Argument, sie habe die Arbeit nach bestem Wissen und Gewissen angefertigt und nur die Zitiervorgaben ihrer Doktor-Mutter befolgt. Als Ergebnis einer von Giffey selbst beantragten Überprüfung gab die FU Berlin am 30. 10. 2019 bekannt, Giffey für ihre Dissertation eine Rüge zu erteilen, ihr jedoch den Doktorgrad nicht zu entziehen. Mitte November 2020 machte die Familienministerin indes öffentlich, ihren Doktortitel freiwillig nicht mehr führen zu wollen. Die FU Berlin hatte zuvor angekündigt, aufgrund eines Gutachtens des wissenschaftlichen Dienstes des Berliner Abgeordnetenhauses, wonach eine Rüge nur bei minderschweren wissenschaftlichen Verfehlungen rechtlich zulässig sei, das Verfahren neu aufzurollen. Am 19. 5. 2021 schließlich kündigte Giffey in einer Sitzung des Bundeskabinetts ihren Rücktritt vom Amt der Familienministerin an (Nachfolgerin wurde Christine Lambrecht). Bundeskanzlerin Angela Merkel äußerte darüber ihr großes Bedauern und dankte ihr für die sehr gute und vertrauensvolle Zusammenarbeit, was als Beleg für das gute Verhältnis der beiden ostdeutschen Politikerinnen gewertet wurde (Süddeutsche Zeitung vom 20. 5. 2021). Knapp vier Wochen später, am 10. 6. 2021, gab die FU-Berlin bekannt, Giffey den Doktorgrad zu entziehen.

Durch ihren Rücktritt konnte Giffey einige Lorbeeren für von ihr angestoßene und zu verantwortende Gesetzesvorhaben nicht mehr ernten. Hierzu zählen das Zweite Gesetz zur Änderung des Bundeselterngeld- und Elternzeitgesetzes, das zwar bereits im Februar 2021 verkündet wurde, jedoch erst zum 1. 9. 2021 in Kraft trat. Für Eltern, deren Kinder ab dem 1. 9. 2021 geboren werden, sieht das Gesetz neue Elterngeldregelungen vor. Damit sollen Familien gestärkt und dabei unterstützt werden, Familie und Beruf noch besser miteinander zu vereinbaren. Darüber hinaus sollen Familien mehr Freiräume erhalten und die partnerschaftliche Aufteilung von Erwerbs- und Familienzeiten zwischen den beiden Elternteilen besser unterstützt werden.

Die Verabschiedung des Gesetzes zur Stärkung von Kindern und Jugendlichen (Kinder- und Jugendstärkungsgesetz – KJSG) durch Bundestag und Bundesrat im April/Mai 2021 erlebte Giffey noch im Amt, in Kraft trat das Gesetz indes erst im Juni 2021, also bereits nach ihrem Rücktritt als Ministerin. Im Mittelpunkt des Gesetzes steht eine Stärkung von denjenigen Kindern, Jugendlichen und jungen Volljährigen, die einen besonderen Unterstützungsbedarf benötigen. Konkret erreicht werden soll ein besserer Kinder- und Jugendschutz, die Stärkung von Kindern und Jugendlichen, die in Pflegefamilien oder in Einrichtungen der Erziehungshilfe aufwachsen, Hilfen aus einer Hand für Kinder und Jugendliche mit und ohne Behinderungen, mehr Prävention vor Ort und mehr Beteiligung von jungen Menschen, Eltern und Familien.

Ähnlich verhält es sich mit dem Gesetz zur Ergänzung und Änderung der Regelungen für die gleichberechtigte Teilhabe von Frauen an Führungspositionen in der Privatwirtschaft und im öffentlichen Dienst (Zweites Führungspositionen-Gesetz – FüPoG II), dessen Entwurf Giffey Anfang Januar 2021 gemeinsam mit dem Bundesministerium für Justiz und Verbraucherschutz in das Bundeskabinett eingebracht hatte, das aber erst im August 2021 in Kraft

trat. Das Ziel des Gesetzes liegt darin, den Anteil von Frauen in Führungspositionen zu erhöhen und verbindliche Vorgaben für die Wirtschaft und den öffentlichen Dienst zu machen. Es entwickelt das 2015 in Kraft getretene Führungspositionen-Gesetz (FüPoG) weiter, indem es dessen Wirksamkeit verbessert und Lücken schließt. Eine der zentralen Neuerungen der Reform ist ein Mindestbeteiligungsgebot von Frauen in Vorständen mit mehr als drei Mitgliedern in großen deutschen Unternehmen.

Anfang Mai 2021, also wenige Tage vor dem Ausscheiden aus dem Amt, konnte Giffey (zusammen mit Bundesbildungsministerin Anja Karliczek) noch die Erfüllung eines der zentralen Koalitionsprojekte verkünden: Die von der Bundesregierung beschlossene Einführung eines Rechtsanspruchs auf Ganztagsbetreuung für Grundschulkinder. Giffey sagte dazu: »Der Rechtsanspruch auf Ganztagsbetreuung für Grundschulkinder kann zum Gamechanger werden – für mehr Vereinbarkeit und Bildungsgerechtigkeit. Denn was vor der Pandemie wichtig war, ist nach den Erfahrungen des letzten Jahres noch dringlicher: Es braucht einen verbindlichen Rahmen dafür, dass alle Kinder gleich gut gefördert werden und ihre Chancen nutzen können. Und wir wollen Eltern ihr Leben erleichtern, indem wir die Vereinbarkeit von Familie und Beruf verbessern. Mit dem Rechtsanspruch auf Ganztagsbetreuung kommen wir beiden Zielen deutlich näher und stellen die Weichen für spürbare Verbesserungen für 2,8 Millionen Grundschulkinder und ihre Familien. Es geht aber nur mit den Ländern. Sie müssen dem Vorhaben zustimmen. Ich hoffe sehr, dass wir hier gemeinsam an einem Strang ziehen werden und eine Lösung im Interesse der Familien finden« (Pressemitteilung Bundesfamilienministerium vom 5. 5. 2021). Das Gesetz, das erst nach einem Vorschlag des Vermittlungsausschusses auch vom Bundesrat im September 2021 beschlossen wurde, trat im Oktober 2021 in Kraft und beinhaltet die stufenweise Einführung eines Rechtsanspruchs auf Ganztagsbetreuung für Grundschulkinder. Ab August 2026 zunächst für alle Kinder der ersten Klassenstufe, was in den Folgejahren um je eine Klassenstufe ausgeweitet wird, damit ab August 2029 jedes Grundschulkind der Klassenstufen 1 bis 4 einen Anspruch auf ganztägige Betreuung hat. Der Bund unterstützt diesen Ausbau mit bis zu 3,5 Mrd. Euro für Investitionen in ganztägige Bildungs- und Betreuungsangebote. Ferner beteiligt er sich auch an den laufenden Betriebskosten der Ganztagsbetreuung und unterstützt die Länder hier stufenweise aufsteigend ab 2026 und dauerhaft ab 2030 mit bis zu 1,3 Mrd. Euro jährlich.

Kritisiert wurde Giffey für ihre anfängliche Zurückhaltung in der Corona-Pandemie bezüglich der Folgen für Kinder und Jugendliche durch Schul- und Kitaschließungen. Hier hatten sich manche Kritiker ein stärkeres Engagement der Ministerin gewünscht (Spiegel online vom 20.3.2021). Diesen Eindruck korrigierte Giffey im April 2021 mit der Ankündigung, ein Programm auf den Weg zu bringen, dass die negativen Folgen der Corona-Pandemie für Kinder und Jugendliche ausgleichen soll. Bereits Anfang Mai 2021 beschloss das Bundeskabinett das Aktionsprogramm »Aufholen nach Corona für Kinder und Jugendliche« in Höhe von zwei Mrd. Euro für die Jahre 2021 und 2022. Das Geld, das zu je einer Milliarde Euro aus dem Budget des Bundesfamilienministeriums und des Bundesbildungsministeriums stammt und auch den Ländern zu Gute kommt, soll im Bereich der frühkindlichen Bildung, zusätzliche Sport-, Freizeit- und Ferienaktivitäten sowie Unterstützung für Kinder und Jugendliche im Alltag ermöglichen sowie Schülerinnen und Schüler dabei unterstützen, Lernrückstände mit zusätzlichen Förderangeboten aufzuholen und Bildungslücken zu schließen.

Nachweislich gescheitert ist ein Gesetzesvorhaben, das Giffey (zusammen mit dem Bundesministerium für Justiz und Verbraucherschutz) ausgearbeitet hat, nämlich das Gesetz zur Förderung der wehrhaften Demokratie (Demokratiefördergesetz). Als Antwort auf die rechtsextremen Anschläge von Hanau und Halle hatte die Bundesregierung im Dezember 2020 einen 89-Punkte-Plan gegen Rechtsextremismus und Rassismus vorgelegt, darunter das sogenannte »Wehrhafte-Demokratie-Gesetz«,

das die finanzielle Unterstützung zivilgesellschaftlichen Engagements gegen Extremismus durch den Bund ausbauen soll. Der zwischen Familien- und Innenministerium abgestimmte Gesetzesentwurf sollte eigentlich im April 2021 im Kabinett beschlossen werden, was jedoch, sehr zum Ärger von Bundesinnenminister Horst Seehofer, von der Unionsfraktion verhindert wurde, weil sie grundsätzliche Bedenken gegen das Gesetz kundtat.

Geholfen hat Giffey während ihrer Amtszeit als Familienministerin ihre für den Berliner Politikbetrieb unkonventionelle Art. Sie war eine den Menschen zugewandte Politikerin, machte klare und einfache Aussagen und wirkte authentisch. Nur hinter einem Aktenberg im Ministerium zu sitzen, entsprach nicht ihrer Art. Vielmehr inszenierte sie sich gerne bei medienwirksamen Auftritten in der Öffentlichkeit, wie z.B. anlässlich des Internationalen Frauentags 2019, als sie ein Netzwerk-Treffen von Müllwerkerinnen besuchte oder bei einem Besuch beim Stadtteilmütter-Projekt in Berlin-Neukölln im Oktober 2020. Profitieren konnte sie immer auch von ihrem Image, das sie als Bezirksbürgermeisterin aufgebaut hatte. Sie galt während ihrer Zeit in Berlin-Neukölln als »sozialdemokratische Kümmerin und Pragmatikerin« (Tagesspiegel vom 19.5.2021). So stellte sie u.a. Strafgefangene an, um Schulen neu zu streichen, verstärkte die Polizeipräsenz im Bezirk, gewann Unterstützer für die Integration migrantischer Familien. Zudem kämpfte sie unermüdlich gegen die Clankriminalität im Bezirk (ebd.). Das war ihr Programm: Einerseits ohne Scheu auf die Menschen zugehen und gesprächsbereit sein, andererseits hart im Durchgreifen, um Regeln durchzusetzen. Ihr hierdurch erworbenes Ansehen in der Bevölkerung mag auch ein Grund dafür gewesen sein, dass Rücktrittsforderungen infolge der Plagiataffäre eher die Ausnahme als die Regel waren, insbesondere im Vergleich zu ähnlich gelagerten Fällen aus der Vergangenheit wie beim ehemaligen Verteidigungsminister zu Guttenberg und der ehemaligen Bildungsministerin Schavan.

In der Gesamtschau hat Giffey in den rund drei Jahren ihres Wirkens als Bundesfamilienministerin mit etlichen Gesetzesvorhaben (teils auch in Zusammenarbeit mit anderen Bundesministerien) einer Verbesserung der Lebenssituation von Familien und deren Kindern den Weg geebnet, auch wenn sie das Inkrafttreten einiger ihrer Projekte nicht mehr im Amt erlebte. Nicht alle Gesetze, auch wenn sie teils einen wohlklingenden Namen haben, konnten alles erfüllen, was sie auch versprochen haben. Gleichwohl sind mit ihnen Entwicklungen angestoßen worden, die zielführend sind für eine moderne Familienpolitik. Giffey selbst sah die Vereinbarungen im Koalitionsvertrag für ihr Ressort noch während ihrer Amtszeit als abgearbeitet an. Ihr gelang es zudem, das Haushaltsbudget des Familienministeriums kontinuierlich zu steigern. Waren es 2018 10,2 Mrd. Euro und 2019 10,45 Mrd. Euro, stieg das Budget 2020 auf 12,05 Mrd. Euro und 2021 auf sogar 13,1 Mrd. Euro.

Nach ihrem Ausscheiden aus der Bundesregierung gab es nur eine kurze öffentliche Diskussion darüber, ob sie geeignet sei, als Spitzenkandidatin für die SPD bei der Landtagswahl in Berlin anzutreten. Am 26. 9. 2021 errang die SPD bei den Wahlen zum Berliner Abgeordnetenhaus mit 21,4 % zwar ihr schlechtestes Ergebnis, gleichwohl lag sie vor den Grünen, die knapp zweitstärkste Kraft vor der CDU wurden. Damit war die Grundlage für eine Wiederauflage der Koalition aus SPD, Grünen und Linken gelegt – auch wenn Giffey ursprünglich mit einer Zusammenarbeit mit den Grünen und der FDP geliebäugelt hatte. Am 21. 12. 2021 wurde Franziska Giffey zur ersten weiblichen Regierenden Bürgermeisterin von Berlin gewählt.

Florian Furtak

Gröhe, Hermann (CDU)

Bundesminister für Gesundheit

geb. 25. 2. 1961 in Uedem, ev.-luth.

1975	Beitritt zur Jungen Union
seit 1977	Mitglied der CDU
1980	Abitur
1980–1987	Studium der Rechtswissenschaften an der Universität zu Köln
1983–1989	Kreisvorsitzender der Jungen Union Neuss
1984–1989, 1993/94	Mitglied des Kreistages Neuss
1987	Erste juristische Staatsprüfung
1987–1993	Wissenschaftlicher Mitarbeiter bzw. Wissenschaftliche Hilfskraft an der Universität zu Köln
1989–1994	Bundesvorsitzender der Jungen Union Deutschlands
1991–1993	Rechtsreferendariat am Landgericht Köln
1993	Zweite juristische Staatsprüfung
seit 1994	Rechtsanwalt
seit 1994	Mitglied des Deutschen Bundestages
2001–2009	Vorsitzender der CDU im Rhein-Kreis Neuss
2008–2009	Staatsminister bei der Bundeskanzlerin
2009–2013	Generalsekretär der CDU
2013–2018	Bundesminister für Gesundheit
seit 2014	Mitglied im Bundesvorstand der CDU
seit 2018	stellvertretender Vorsitzender der CDU/CSU-Bundestagsfraktion

Hermann Gröhe übernahm 2013 in der zweiten Großen Koalition aus CDU/CSU und SPD unter Angela Merkel das Bundesministerium für Gesundheit. Bis zu seinem Amtsantritt hatte er eine mustergültige und für einen Bundesminister typisch gewordene Laufbahn in seiner Partei und im Bundestag absolviert: Er war langjähriges Partei- und Bundestagsmitglied (seit 1977 bzw. seit 1994) und hatte vor dem Ministerposten eine herausgehobene Stellung in der Partei bekleidet (Generalsekretär). Zudem wies er die typischen soziostrukturellen Merkmale auf: Er ist ein Mann, Jurist, Mitglied der evangelischen Kirche und war mittelalt (52 Jahre) bei Regierungsantritt.

Bereits mit 16 Jahren war der im Jahr 1961 in Uedem, einer Gemeinde im Nordwesten Nordrhein-Westfalens, geborene Gröhe Mitglied der CDU geworden. Seine Eltern kamen 1958 aus der DDR in die Bundesrepublik. Er engagierte sich in der Jungen Union und war in den 1980er Jahren sechs Jahre lang Kreisvorsitzender der Jungen Union Neuss, bevor er 1989 für fünf Jahre den Bundesvorsitz der Jungen Union Deutschlands übernahm.

In den 1980er Jahren studierte er Rechtswissenschaften an der Universität zu Köln, danach arbeitete er als Wissenschaftliche Hilfskraft und Wissenschaftlicher Mitarbeiter an derselben Hochschule. Nach der zweiten juristischen Staatsprüfung fing er im Jahr 1994 an, als Rechtsanwalt zu arbeiten. Im selben Jahr wurde er im Alter von 33 Jahren erstmals in den Bundestag gewählt, und zwar über die Landesliste Nordrhein-Westfalens; unter den damals neu in den Bundestag Gewählten waren zum Beispiel auch Peter Altmaier und Norbert Röttgen. In dieser Wahlperiode fungierte

© Springer Fachmedien Wiesbaden GmbH, ein Teil von Springer Nature 2023
U. Kempf und M. Gloe (Hrsg.), *Kanzler und Minister 2013–2021*,
https://doi.org/10.1007/978-3-658-38669-6_11

er als Sprecher der Jungen Gruppe der Unions-fraktion. Der Einzug in den Bundestag über die Landesliste gelang ihm auch bei der Wahl 1998. Seit 2002 konnte er sich bei den Wahlen hin-gegen immer als Wahlkreiskandidat für Neuss durchsetzen. In der Fraktion fungierte er sie-ben Jahre lang als Sprecher für Menschenrech-te und Humanitäre Hilfe (1998 bis 2005) sowie als Justiziar (2005 bis 2008). Parallel war er von 2001 bis 2009 Vorsitzender der CDU im Rhein-Kreis Neuss. Ihm gelang es allerdings nicht, 2014 Vorsitzender des CDU-Bezirks Nieder-rhein zu werden. Er unterlag mit 44 zu 41 Stim-men. Ebenso gelang es ihm im selben Jahr nicht, ins CDU-Präsidium einzuziehen. Er verlor ge-gen Jens Spahn (SZ vom 20. 3. 2018).

Bei der Bundestagswahl 2013 konnte er sei-nen Wahlkreis mit dem bisher besten Ergeb-nis von 51,6 % erringen. Bei Amtsantritt begann damit Gröhes 6. Wahlperiode als Bundestags-abgeordneter. Parlamentserfahrung auf Lan-desebene hatte er nicht, er war jedoch in den 1980er Jahren und für ein kurzes Intermezzo auch 1993/94 Mitglied des Kreistages in Neuss. Vor Übernahme des Ministeramts war er zu-dem vier Jahre lang Generalsekretär der CDU gewesen. Wie andere vor ihm, zog er von die-sem Posten aus in ein Ministerium ein (Ronald Pofalla für die CDU, Dirk Niebel für die FDP und Olaf Scholz für die SPD). Regierungserfah-rung hatte Gröhe zuvor nur kurz in den Jahren 2008 und 2009 als Staatsminister bei der Bun-deskanzlerin in der Spätzeit der ersten Großen Koalition unter Merkel sammeln können.

Neben seiner Partei- und Parlamentsarbeit engagiert sich Gröhe in der Evangelischen Kir-che. Er ist seit 1997 Mitglied der Synode der Evangelischen Kirche in Deutschland (EKD) und war von 1997 bis 2009 Mitglied des Rates der EKD. Zudem fungierte er neun Jahre (2000 bis 2009) als Mitherausgeber des evangelischen Zeitschriftenmagazins »Chrismon«. Das kirch-liche Engagement spiegelte sich auch in ein-zelnen seiner Entscheidungen als Minister wi-der, wie weiter unten zu lesen sein wird. Seiner parteipolitischen Arbeit zur Seite steht Grö-hes Engagement in der Konrad-Adenauer-Stif-tung, dort ist er seit 2001 Mitglied im Vorstand

und mitunter als Mitherausgeber von Sammel-bänden zu allgemein-politischen Fragestellun-gen tätig.

Die Übernahme des Gesundheitsministe-riums kam durchaus überraschend, da die-ses Politikfeld nicht Gröhes Spezialgebiet war und er in den Koalitionsverhandlungen nicht der thematisch damit befassten Arbeitsgruppe angehört hatte. Vielmehr waren in diesen Fach-verhandlungen Jens Spahn für die CDU und Karl Lauterbach für die SPD prägend. Als Mer-kel-Vertrauter konnte Gröhe aber im Gegen-satz zu Spahn ins Kabinett einziehen. Er trat damit die Nachfolge von zwei FDP-Ministern an, die dieses Amt in der 17. Wahlperiode be-kleidet hatten (Philipp Rösler und Daniel Bahr), sowie von Ulla Schmidt von der SPD, die 2001 bis 2009 als Gesundheitsministerin erst un-ter Kanzler Gerhard Schröder und dann un-ter Angela Merkel amtiert hatte. Zuletzt hatte ein CDU-Mitglied das Gesundheitsressort zwi-schen Ende 1988 und Anfang 1991 geführt – als Ursula Lehr Ministerin gewesen war.

Die Amtszeit wird einerseits als »Phase des Gleichgewichts« (Bandelow u. a. 2019: 463) be-schrieben, andererseits wird argumentiert, dass die Gesundheitspolitik unter Gröhe »eine Zä-sur gegenüber den Reformen der vergangenen 20 Jahre« (Illing 2017: 4) markiere. Gröhe wird bescheinigt, dass er den Koalitionsvertrag sys-tematisch und fleißig abgearbeitet hat, moniert wird allerdings, dass eigene Schwerpunktset-zungen von ihm nur bedingt erkennbar waren. Besonders war seine Regierungszeit dahinge-hend, dass er aufgrund steigender Einnahmen keinen finanziellen Handlungsdruck hatte und daher statt auf Kostensenkung auf andere Ziele setzen konnte, so zum Beispiel hinsichtlich von Leistungsverbesserungen, mehr Rechte für Ver-sicherte und Investitionen (ebd.: 4).

In Gröhes Amtszeit als Minister wurden laut der Internetseite des Ministeriums für Gesund-heit 24 Gesetze und 25 Rechtsverordnungen auf den Weg gebracht (in Kraft getreten sind davon jeweils 22), wobei rein quantitativ betrachtet Schwerpunkte in den Bereichen »Arzneimittel, Medizinprodukte, Biotechnologie« (acht Geset-ze und elf Verordnungen) und »Gesundheitsversorgung, Krankenversicherung« (neun Gesetze und vier Verordnungen) zu finden waren.

Besonders weitreichend war die Reform der Pflege, die in den so genannten Pflegestärkungsgesetzen I, II und III in den Jahren 2014, 2015 und 2016 umgesetzt wurde. Das alte Bewertungssystem der drei Pflegestufen wurde in ein neues Raster von fünf Pflegegraden umgewandelt. Grundlage dafür bildete ein neuer Pflegebedürftigkeitsbegriff, der nun auch Menschen mit psychischen Problemen und beeinträchtigten kommunikativen Fähigkeiten umfasste. Dies hatte bereits im Jahr 2009 ein Beirat zur Überprüfung des Begriffs vorgeschlagen. Das Paket II wurde als »erstaunlich großzügige Reform« (Rothgang/Kalwitzki 2015) bewertet. Zudem wurde der Beitragssatz in der Pflegeversicherung um 0,3 Prozentpunkte erhöht und die Inanspruchnahme von Kurzzeitpflege erleichtert. Außerdem erhielten die Kommunen mehr Kompetenzen bei der Beratung zum Thema Pflege. Zu diesen Reformgesetzgebungen kann thematisch auch das Pflegeberufereformgesetz von 2017 gezählt werden, das zum 1.1.2020 in Kraft trat. Dafür wurden die bis dahin getrennt geregelten Ausbildungen im Alten- und Krankenpflegegesetz zusammengeführt. Die Pflegegesetzgebung insgesamt gilt als eines der Großprojekte von Gröhes Amtszeit, die kurz- und langfristig viele Wirkungen und Veränderungen hinterlässt.

Einen besonders langen Vorlauf hatte das Präventionsgesetz, das bereits in der Großen Koalition von 2005 bis 2009 diskutiert worden war, damals aber an den unterschiedlichen Vorstellungen von CDU/CSU und SPD gescheitert war. Es sieht beispielsweise vor, das Impfwesen zu fördern und Früherkennungsuntersuchungen fortzuentwickeln. Es wurden dafür neue Aufgabenfelder in das Fünfte Buch des Sozialgesetzbuches aufgenommen. Die Krankenkassen bekommen den »Auftrag zur Förderung gesundheitlicher Eigenkompetenz und -verantwortung erteilt« (Illing 2017: 321). Die Zusammenarbeit von Krankenkassen und Behörden soll beim Arbeitsschutz und bei der betrieblichen Gesundheitsförderung verbessert werden. Als neues Gremium wurde die »Nationale Präventionskonferenz« eingerichtet. Träger und gleichzeitig stimmberechtigte Mitglieder sind die Spitzenorganisationen der gesetzlichen Kranken-, Unfall- und Rentenversicherung sowie der sozialen Pflegeversicherung. Die Konferenz soll eine Präventionsstrategie entwickeln und fortschreiben. Kontrovers diskutiert wurde, dass die Krankenkassen fortan der Bundeszentrale für gesundheitliche Aufklärung (BZgA) Beiträge zu überweisen haben, da die Bundeszentrale die Krankenkassen künftig beraten und dabei unterstützen soll, gezielte Präventionsprojekte zu entwerfen.

Im Gesetz zur Verbesserung der Hospiz- und Palliativversorgung in Deutschland wird die häusliche Krankenpflege im Besonderen betont; zudem ist eine zusätzliche vertragsärztliche Vergütung vorgesehen. In die Pflegeversicherung wird die Sterbebegleitung als Teil des Versorgungsauftrags aufgenommen. Gröhe wurde bescheinigt, mit diesem Gesetz »neue und eigene gesundheitspolitische Akzente« gesetzt zu haben (Bandelow u.a. 2019: 458). Die Zusammenarbeit im Bundestag wurde in der abschließenden Plenardebatte sowohl von Gröhe als auch von Karl Lauterbach hervorgehoben und gelobt: »Ich [Lauterbach] bin schon eine gewisse Zeit Mitglied des Bundestages, und wir haben über viele Gesetze gemeinsam beraten. Aber ich habe noch nie erlebt, dass ein Gesetzentwurf von allen – hier schließe ich die Opposition ausdrücklich ein – so konstruktiv, sachorientiert und mit gemeinsamem Willen vorbereitet wurde und heute hoffentlich auch verabschiedet wird.« (BT PlPr 18/133: 12890) Gröhe, der als Gesundheitsminister insbesondere auch moralisch-ethische Fragen betonte, war es in der Debatte um dieses Gesetz gelungen, eigene Akzente zu setzen. Er hatte zudem ein Referat Ethik im Gesundheitswesen im Ministerium eingerichtet und sah es als dringlich an, »eine ethische Diskussion, wie man mit einem Wissensvorsprung dank moderner Medizin umgeht«, zu führen (zit. im Deutschen Ärzteblatt 2015).

Besonders kontrovers wurde im Bundestag hingegen der Regierungsentwurf für Änderungen am Arzneimittelgesetz debattiert. Hier ging es darum, klinische Prüfungen auch an Demenzkranken zu ermöglichen. Während die einen die Notwendigkeit von solchen Studien betonten, um Hilfe für Kranke zu entwickeln, lehnten andere den Entwurf ab, da die Würde von Menschen bedroht werden könnte. Es fand im Bundestag abschließend – auf Verlangen der Fraktionen von CDU/CSU und SPD – eine namentliche Abstimmung statt, bei der auch Abgeordnete der Fraktionen von Union und SPD mit Nein stimmten, das Gesetz aber mit 358 Ja-Stimmen angenommen wurde (BT PlPr 18/200: 20006 ff.).

Um Arzneimittel ging es auch im Gesetz zur Stärkung der Arzneimittelversorgung, das 2017 verabschiedet wurde und einige Korrekturen des Arzneimittelmarktneuordnungsgesetzes enthielt, das 2011 unter der schwarz-gelben Bundesregierung verabschiedet worden war, um steigende Arzneimittelausgaben der Krankenkassen zu begrenzen. Es entstand unter anderem nach Beratungen im Rahmen des so genannten Pharmadialogs mit der Pharmaindustrie, was von den Oppositionsfraktionen im Bundestag durchaus kritisch gesehen wurde (vgl. z. B. die Debatte in BT PlPr 18/221). Eine ursprünglich vorgesehene Vertraulichkeit über die verhandelten Erstattungsbeiträge zwischen den Herstellern und der gesetzlichen Krankenversicherung wurde im Bundestag gestrichen – ebenso eine im Entwurf noch vorgesehene Umsatzschwelle (mehr als 250 Millionen Umsatz) für teure neue Medikamente. Hier war geplant gewesen, »dass die Krankenkassen ab dem Erreichen der Schwelle nicht mehr den vom Hersteller selbst gewählten Preis zahlen sollten, sondern den niedrigeren, von Krankenkassen und Hersteller ausgehandelten Preis« (Ärzteblatt vom 7. 3. 2017). Die Resonanz auf das neue Gesetz war daher gemischt, so begrüßten Krankenkassenvertreter die Streichung der Vertraulichkeit, waren aber enttäuscht von der Nichtumsetzung einer Umsatzschwelle (Ärzteblatt vom 7. und 9. 3. 2017).

Ein Anliegen Gröhes war es auch, den Versandhandel mit verschreibungspflichtigen Arzneimitteln zu verbieten, nachdem der Europäische Gerichtshof 2016 gegen die in Deutschland geltende Preisbindung für verschreibungspflichtige Medikamente für Versandapotheken, die ihren Sitz im Ausland haben, entschieden hatte. Allerdings erreichte dieses Vorhaben nur das Stadium eines Referentenentwurfs des Ministeriums, nachdem viel Kritik an diesem Vorhaben geäußert worden war. Mit Cannabis als Medizin befasste sich ein Gesetzentwurf, der 2017 verabschiedet wurde und in Kraft trat. Damit wird schwer erkrankten Personen der Zugang zu diesem Mittel erleichtert, nach Indikation durch einen Arzt. Mit der Preisfindung im Heilmittelbereich befasste sich daneben das Heil- und Hilfsmittelversorgungsgesetz von 2017.

Datenzusammenführungen und Digitalisierung standen beispielhaft in drei Gesetzen im Vordergrund: Das Transplantationsregistergesetz, das 2016 in den Bundestag eingebracht und verabschiedet wurde, sieht die Etablierung solch eines Registers vor. Damit wurde es möglich, unterschiedliche Datensätze in einem einheitlichen Register zusammenzuführen. Im so genannten E-Health-Gesetz von 2015 wurde die Digitalisierung des Gesundheitswesens behandelt. Es soll erleichtern, eine Telematik-Infrastruktur zu schaffen. Zudem werden die Datennutzungsmöglichkeiten der elektronischen Gesundheitskarte erweitert. Die jeweils verantwortliche Gesellschaft für Telematik erhält dafür neue Kompetenzen. Auch im Gesetz zur Modernisierung der epidemiologischen Überwachung übertragbarer Krankheiten wird ein elektronisches Melde- und Informationssystem (DEMIS) eingeführt, das durch das Robert-Koch-Institut bis spätestens 2021 einzurichten ist. Meldepflichtige Infektionskrankheiten werden demnach zum Beispiel von Ärzten und Laboren elektronisch an DEMIS übermittelt. Die Daten werden dann zentral verwaltet und zum Beispiel dem Öffentlichen Gesundheitsdienst zur Verfügung gestellt (Epidemiologisches Bulletin 9/2018: 1). In der Bundestagsdebatte am 1. 6. 2017 wurde von Katja Leikert (CDU/CSU) dementsprechend ausgeführt: »Wir erleichtern den Datenaustausch und sorgen gleichzeitig für eine bessere Zusammenarbeit von Bundes- und Landesbehörden. Das ist für eine funktionierende Früherkennung essenziell. Im Ernstfall kann so in Zukunft schneller reagiert werden und die Einleitung entsprechender Maßnahmen erfolgen.« (BT PlPr 18/237: 24251) Die Relevanz dieser Regelung sollte sich erst drei Jahre nach der Verabschiedung des Gesetzes zeigen, als sich das Coronavirus SARS-CoV-2 pandemisch ausbreitete. Zusätzlich wurde im Bundestag aufgrund einer Ausschussempfehlung (in Form eines Änderungsantrages) eine Regelung zu Personaluntergrenzen in pflegeintensiven Bereichen von Krankenhäusern hinzugefügt.

Kontrovers wurde das Gesetz zur Stärkung der Versorgung in der gesetzlichen Krankenversicherung diskutiert, das 2015 verabschiedet wurde und in Kraft trat. Insbesondere die Kassenärztliche Vereinigung übte Kritik, da das Gesetz die ärztliche Freiheit reglementiere (Illing 2017: 297). Andreas Gassen, Vorstandsvorsitzender der Kassenärztlichen Bundesvereinigung, sah einen »erheblichen staatlichen Eingriff in die Belange der Selbstverwaltung und eine Schwächung bewährter Strukturen« (Ärzte Zeitung online vom 4.9.2017). Das Gesetz setzte Anreize für Praxisöffnungen in unterversorgten und strukturschwachen Gebieten und machte gleichzeitig Stilllegungen wegen Überversorgung möglich, da – so Gröhe in der Bundestagsdebatte am 11.6.2015 – gelte: »Wer über Unterversorgung redet, muss auch über Überversorgung reden.« (BT PlPr 18/109: 10452) Zugleich wurde den Krankenhäusern ermöglicht, ambulante Versorgungen auszubauen. Medizinische Versorgungszentren (MVZ) und Praxisnetze wurden gefördert und Terminservicestellen (zur Vermittlung eines Arzttermins innerhalb von vier Wochen) ermöglicht.

Die Beziehung zur Kassenärztlichen Bundesvereinigung war während der Amtszeit Gröhes insgesamt eher belastet. So wurden vom Gesundheitsministerium fünf aufsichtsrechtliche Verfahren gegen die Vereinigung angestrengt. Zudem wurde Strafanzeige gegen den langjährigen Vorstandschef Andreas Köhler wegen »Untreue in besonders schwerem Fall« bei der Berliner Staatsanwaltschaft gestellt. (SZ vom 2.12.2015) Die Vertreterversammlung verweigerte wiederum den Vollzug ministerieller An-

ordnungen. Diese Skandale waren wohl auch Auslöser für weitergehende Überlegungen zur Organisation der Selbstverwaltung der Spitzenorganisationen in der gesetzlichen Krankenversicherung, also zum Beispiel die Kassenärztliche Bundesvereinigung, der GKV-Spitzenverband und der Gemeinsame Bundesausschuss. Das GKV-Selbstverwaltungsstärkungsgesetz, das 2017 verabschiedet wurde, macht nun klare Vorgaben für das Aufsichtsverfahren sowie für die Haushalts- und Vermögensverwaltung und sieht mehr Kontrolle und Transparenz vor.

Ein weiteres Gesetz, das bereits 2015 verabschiedet worden war, befasste sich mit dem allgemeinen Beitragssatz zur gesetzlichen Krankenversicherung, der von 15,5 auf 14,6 % sank, wovon 7,3 % die Arbeitnehmerinnen und Arbeitnehmer zu tragen haben. In das Gesetz zur Weiterentwicklung der Finanzstruktur und der Qualität in der Gesetzlichen Krankenversicherung wurde zudem im Bundestag ein Passus zur Hebammenhilfe hinzugefügt, der sich mit der Berufshaftpflicht der Hebammen beschäftigt.

Mit den Krankenhäusern im Besonderen befasste sich das Krankenhausstrukturgesetz, das ebenfalls 2015 verabschiedet wurde und zum 1.1.2016 in Kraft trat. Kern des Gesetzes ist, zusätzlich zu einer Basisversorgung mit Krankenhäusern eine Spezialisierung von einzelnen Häusern und Abteilungen zu forcieren. Dazu wurde »Qualität« als Finanzierungskriterium eingeführt, wobei jeweils eine Mindestzahl von Operationen als ausschlaggebend für ein gewisses Qualitätsniveau angesehen wurde. Den Ländern wird mithilfe eines Strukturfonds Geld gegeben, wenn sie beispielsweise Überkapazitäten abbauen und stationäre Versorgungsangebote konzentrieren. Das Gesetz wurde von Gröhe selbst als ein Anstoß für einen Umbau der deutschen Krankenhauslandschaft beschrieben. Es sei richtig, »zu einer vernünftigen Arbeitsteilung zwischen ortsnah und gut erreichbarer Grund- und Regelversorgung und Spezialisierung zu kommen« (BT PlPr 18/133: 12963).

Gröhe engagierte sich darüber hinaus für ein Verbot von geschäftsmäßigen Förderungen von Selbsttötungen. Der Gesetzentwurf stammte allerdings nicht aus Gröhes Ministerium, sondern von einer Abgeordnetengruppe um Michael Brand (CDU) und Kerstin Griese (SPD). Dafür wurde 2015 ein zusätzlicher Paragraph ins Strafgesetzbuch aufgenommen. Das Bundesverfassungsgericht entschied allerdings im Jahr 2020, dass dieses Gesetz gegen das Grundgesetz verstoße und nichtig sei (Urteil vom 26. 2. 2020).

Charakteristisch für Gröhes Amtsstil war, dass er Gesetzesvorhaben lange im Hintergrund in Absprache mit vielen Verhandlungspartnern vorbereitete, bevor sie vorschnell hätten scheitern können. Dabei wird seine Arbeitsweise als »[u]naufgeregt, fleißig, an der Sache orientiert, Konflikte eher sportlich als ideologisch betrachtend« (Ärzteblatt 2015) beschrieben. An den Konflikten mit der Kassenärztlichen Bundesvereinigung zeigte sich allerdings auch, dass Gröhe durchaus auch zur Konfrontation, wenn nötig, fähig war. Herauszustellen ist gleichzeitig sein Engagement für moralisch-ethische Fragen, das getragen ist von seinem christlichen Glauben und auch in Zusammenhang mit seinen vielfältigen kirchlichen Kontakten steht (z. B. Zitate in Die Welt vom 11. 8. 2009).

Gemessen an den verabschiedeten Gesetzen war Gröhes Amtszeit sehr produktiv. Als Krisenmanager war er allerdings nicht gefragt, da keine Entscheidungen zu Geldkürzungen zu treffen waren und er – im Gegensatz – zur Amtszeit seines Nachfolgers keine medizinische Notlage und Krise zu bewältigen hatte. Im Vergleich zu Spahn war er daher in der Öffentlichkeit weniger präsent und bekannt. Gröhes inhaltliche Bilanz wird unter anderem als das Bohren harter Bretter gekennzeichnet – »in der Sache letztlich erfolgreich, aber politisch geräuschlos« (FAZ vom 17. 7. 2019). Resümiert wird auch, dass mit dem Zuwachs an Ausgaben und neuen Aufgaben »eine gestärkte Position des Staates einher [gehe], der hoheitlich agiert und zugleich die KV-freundliche Position der schwarz-gelben Gesundheitspolitik der 17. Legislaturperiode wieder aufgibt« (Illing 2017: 331).

Bei der Bundestagswahl 2017 konnte Gröhe wieder ein Direktmandat im Wahlkreis Neuss I gewinnen, mit 44,0 % der Erststimmen (Rück-

gang um 7,6 Prozentpunkte gegenüber 2013). Er wäre gern Mitglied der Bundesregierung geblieben, auch gern als Gesundheitsminister (Ärzte Zeitung online vom 4. 9. 2017). Nachfolger wurde aber Jens Spahn. Nach seiner Amtszeit als Gesundheitsminister wurde Gröhe für einige Ämter als Kandidat gehandelt; letztlich übernahm er aber kein Regierungsamt, sondern sicherte sich eine hervorgehobene Position in der Fraktion: Er wurde stellvertretender Vorsitzender der Bundestagsfraktion von CDU/CSU. Dazu passt, dass er als »ziemlich beliebt« in der Partei beschrieben wird, der »in seiner langen Karriere ungewöhnlich wenig Kollegen auf die Füße getreten« ist (SZ vom 20. 3. 2018). Zudem war Gröhe – neben Manuela Schwesig von Bundesratsseite – Vorsitzender des Vermittlungsausschusses. Bei der Bundestagswahl 2021 konnte Gröhe erneut ein Direktmandat erringen (35,8 %). Inhaltlich ist er in der 19. und 20. Wahlperiode weniger in der Gesundheitspolitik verortet, er ist stattdessen stellvertretendes Mitglied in den Ausschüssen für wirtschaftliche Zusammenarbeit und Entwicklung (und kehrt somit zu einem Interessenschwerpunkt der Jahre 1998 bis 2005 zurück) sowie für Arbeit und Soziales; fraktionsintern ist er für letzteres Themengebiet verantwortlich. Zudem ist er seit April 2019 Aufsichtsratsmitglied bei der Ecclesia Holding GmbH in Detmold, einem Versicherungsdienst. Gesellschafter ist unter anderem die Evangelische Kirche in Deutschland.

Literatur: Bandelow, Nils C./Hartmann, Anja/Hornung, Johanna: Selbstbeschränkte Gesundheitspolitik im Vorfeld neuer Punktierungen, in: Zohlnhöfer, Reimut/Saalfeld, Thomas (Hg.): Zwischen Stillstand, Politikwandel und Krisenmanagement. Eine Bilanz der Regierung Merkel 2013–2017, Wiesbaden 2019, S. 445–467; Gröhe, Hermann: Zwischen Datenschutz und Datenschatz – Worauf es bei der Digitalisierung des Gesundheitswesens ankommt, in: Bär, Christian/Grädler, Thomas/Mayr, Robert (Hg.): Digitalisierung im Spannungsfeld von Politik, Wirtschaft, Wissenschaft und Recht. 1. Band: Politik und Wirtschaft, Berlin 2018, S. 117–126; Gröhe, Hermann/Krings, Günter/Borchard, Michael/Baus, Ralf Thomas (Hg.): Föderalismusreform in Deutschland. Wege zur Stärkung des Parlamentarismus?, Sankt Augustin 2009; Gröhe, Hermann/Kannengießer, Christoph (Hg.): Globalisierung und Recht, Sankt Augustin 2008; Gröhe, Hermann/Kannengießer, Christoph (Hg.): Wertentscheidungen als Grundlage der Rechtsordnung, Sankt Augustin 2007; Illing, Frank: Gesundheitspolitik in Deutschland, Wiesbaden 2017; Rothgang, Heinz/Kalwitzki, Thomas: Pflegestärkungsgesetz II: Eine erstaunlich großzügige Reform, in: G&S Gesundheits- und Sozialpolitik, 69. Jg. (2015), H. 5, S. 46–54.

Franziska Carstensen

Heil, Hubertus (SPD)

Bundesminister für Arbeit und Soziales

geb. 3.11.1972 in Hildesheim

seit 1988	Mitglied der SPD
1991–1995	Bezirksvorsitzender der Jusos Braunschweig
1992	Abitur
1994–1998	Mitarbeiter der brandenburgischen Landtagsabgeordneten Heidrun Förster
1995–2006	Studium der Politikwissenschaft und Soziologie an der Universität Potsdam und der Fernuniversität Hagen
1995–1997	Geschäftsführer der Arbeitsgemeinschaft für Arbeitnehmerfragen der SPD Brandenburg
1998	Mitarbeiter der Bundestagsabgeordneten Eva Folta (SPD)
seit 1998	Mitglied des Deutschen Bundestages
2001–2007	Stellv. Vorsitzender des SPD-Unterbezirks Peine
2001–2007	Stellv. Vorsitzender des SPD-Bezirks Braunschweig
2005–2009	Generalsekretär der SPD
seit 2009	Vorsitzender des SPD-Bezirks Braunschweig
2009–2017	Stellv. Vorsitzender der SPD-Bundestagsfraktion
seit 2011	Mitglied des SPD-Parteivorstandes
2017	Generalsekretär der SPD
2017–2018	Stellv. Vorsitzender der SPD-Bundestagsfraktion
seit 2018	Bundesminister für Arbeit und Soziales
seit 2019	Stellv. Vorsitzender der SPD

Quelle: Presse- und Informationsamt der Bundesregierung; Fotograf: Sandra Steins

Am 7.2.2018 wurde nach langen Koalitionsverhandlungen der Koalitionsvertrag zwischen, CDU, CSU und SPD mit dem Titel »Ein neuer Aufbruch für Europa – Eine neue Dynamik für Deutschland – Ein neuer Zusammenhalt für unser Land« geschlossen. In den Bereichen Arbeit und Soziales waren zuvorderst eine Absenkung der Beiträge zur Arbeitslosenversicherung um 0,3 Punkte, die Einführung eines Rechts auf befristete Teilzeit bei Unternehmen mit mehr als 45 Mitarbeiterinnen und Mitarbeitern, mehr Finanzen für die Eingliederung von Langzeitarbeitslosen in den Arbeitsmarkt, eine Festschreibung des Rentenniveaus bis 2025 auf 48 % sowie die Einführung einer Grundrente vorgesehen. Insgesamt 33 Versprechen enthielt der Koalitionsvertrag im Politikfeld Arbeit und Soziales (Vehrkamp/Matthieß 2019: 17). Die Arbeits- und Sozialpolitik zeichnet sich

durch eine hohe Komplexität, einen großen Finanzbedarf, eine große Polarisierung und Emotionalisierung sowie viele Betroffene aus. Das macht politisches Handeln in diesem Politikfeld grundsätzlich schwierig. Als neuer zuständiger Bundesminister für Arbeit und Soziales sollte Hubertus Heil die genannten politischen Vorhaben umsetzen. Im Vergleich zu vielen anderen Ministerinnen und Ministern im Kabinett Merkel trat Heil erstmals in eine Regierung ein. Mit Blick auf den Länderproporz repräsentierte Heil den niedersächsischen SPD-Landesverband, nachdem Sigmar Gabriel nicht mehr mit einem Ministerposten bedacht worden war. Allerdings konnte der neue Minister auf eine lange Partei- und Politikkarriere zurückblicken.

Bereits während seiner Schulzeit trat Heil den Jusos bei und arbeitete während seines Stu-

© Springer Fachmedien Wiesbaden GmbH, ein Teil von Springer Nature 2023
U. Kempf und M. Gloe (Hrsg.), *Kanzler und Minister 2013–2021*,
https://doi.org/10.1007/978-3-658-38669-6_12

diums der Politikwissenschaft und Soziologie in Potsdam als Mitarbeiter im brandenburgischen Landtag. Im Jahr 1998 zog er erstmals für seinen Wahlkreis Gifhorn/Peine in Niedersachsen in den Deutschen Bundestag ein. Er gilt als Gründungsmitglied des so genannten Netzwerks innerhalb der SPD. Diese Gruppierung innerhalb der SPD-Bundestagsfraktion gilt im Gegensatz zum konservativen Seeheimer Kreis und dem parlamentarischen linken Flügel der SPD als »reformorientiert und pragmatisch« (Handelsblatt vom 31.5.2017). Ab 2003 fungierte er zeitweise als Sprecher dieser Gruppe.

Im Jahr 2005 legte Franz Müntefering den SPD-Vorsitz nieder, weil er seinen Wunschkandidaten Kajo Wasserhövel bei der Neubesetzung des Postens des Generalsekretärs nicht durchsetzen konnte. Laut dem Tagesspiegel gehörte auch Hubertus Heil zu »den treibenden Kräften, die unbedingt Franz Münteferings Kandidaten auf diesem Posten verhindern wollten und damit den Rücktritt des SPD-Chefs auslösten« (Tagesspiegel online vom 15.11.2005). Der neue SPD-Vorsitzende Matthias Platzeck, brandenburgischer Ministerpräsident, favorisierte als neuen Generalsekretär Hubertus Heil. Beide kannten sich aus den Jahren zwischen 1994 und 1998 als Heil Mitarbeiter des Landtags von Brandenburg war. Damit war Heil mitverantwortlich für den SPD-Wahlkampf im Jahr 2009. Bei der Bundestagswahl im selben Jahr erreichte die SPD mit 23 % das bis dahin schlechteste Ergebnis seit 1949.

Im Jahr 2009 kandidierte Heil nicht erneut für das zweitwichtigste Parteiamt und schied auch aus dem Bundesvorstand und dem Parteipräsidium aus. Stattdessen wurde er zum Vorsitzenden des SPD-Bezirks Braunschweig gewählt. In der SPD-Fraktion im Deutschen Bundestag bekleidete er zwischen 2009 und 2017 das Amt des stellvertretenden Fraktionsvorsitzenden. Im Wahlkampf 2017 übernahm Heil auf Bitten des neuen SPD-Vorsitzenden Martin Schulz kommissarisch abermals das Amt des Generalsekretärs, nachdem durch den Wechsel von Bundesfamilienministerin Manuela Schwesig auf den Posten als Ministerpräsidentin von Mecklenburg-Vorpommern

und des Einzugs von Generalsekretärin Katarina Barley ins Bundeskabinett das Personalkarussell sich erneut gedreht hatte. Heil wurde von den Medien als »loyal, verschwiegen, diszipliniert« (Die Welt vom 2.8.2017) charakterisiert. Allerdings war die Arbeit von Heil als Generalsekretär wieder nicht von Erfolg gekrönt. Bei den Wahlen erzielte die SPD mit 20,5 % ein noch schlechteres Ergebnis als 2009. Er gab das Amt im Dezember 2017 an Lars Klingbeil ab.

In den schwierigen und langwierigen Koalitionsverhandlungen nach der Bundestagswahl 2017 waren verschiedene Kandidatinnen und Kandidaten für den Ministerposten im Arbeits- und Sozialministerium im Gespräch. Horst Seehofer (CSU), Eva Högl (SPD), Heiko Maas (SPD) oder auch Katarina Barley (SPD) (Tagesspiegel online vom 8.2.2018). Mitte März wurde dann Hubertus Heil als neuer Chef des Bundesministeriums für Arbeit und Soziales vereidigt.

Relativ schnell nach der Übernahme der Amtsgeschäfte legte Heil bereits im April einen ersten Gesetzesentwurf für das Rückkehrrecht von Teilzeit- in Vollzeitarbeit für alle Arbeitnehmerinnen und Arbeitnehmer in Betrieben mit mehr als 45 Mitarbeitern – nicht nur wie bisher beispielsweise bei Elternzeit, Pflegezeit oder Familienzeit – vor. Dies war im Koalitionsvertrag so festgehalten gewesen. Im Deutschlandfunk begründete Heil seinen Gesetzesentwurf wie folgt: »Wir wollen, dass es möglich ist, Brücken zu bauen zu den eigenen Lebensplänen, zu Lebenslagen. Da geht es um die Brücke ins Ehrenamt, in die Weiterbildung, in die Verwirklichung eigener Ziele und zurück auch in Vollzeit. Das wird ganz konkret Frauen und Männern helfen, die jetzt zum Teil noch in der Teilzeitfalle sind, das heißt, die in Teilzeit sind, aber kein Rückkehrrecht haben. Und es geht um ein zukünftiges Recht für Neuverträge für befristete Teilzeit.« (DLF vom 17.4.2018). Am 13.6.2018 verabschiedete das Bundeskabinett den Gesetzesentwurf nach zähen Verhandlungen. Mitte Oktober 2018 beschloss dann der Deutsche Bundestag das vom Minister für Arbeit und Soziales vorgelegte Gesetz zur Weiterentwicklung des Teilzeitrechts – Einführung einer Brückenteilzeit. Danach gelten für einen Anspruch auf die Rückkehr zur vorherigen Arbeitszeit lediglich vier Voraussetzungen: 1. Der Betrieb, in dem man arbeitet, muss mehr als 45 Beschäftigte haben. 2. Man muss mehr als sechs Monate im Betrieb angestellt sein. 3. Die Teilzeitphase muss auf einen Zeitraum zwischen einem und fünf Jahren beschränkt sein. 4. Es muss ein schriftlicher Antrag mindestens 3 Monate vor Beginn der Teilzeit gestellt sein, allerdings ohne Angaben von Gründen.

Ein anderes Kernvorhaben von Hubertus Heil war die Einführung einer Grundrente. Auch sie war im Koalitionsvertrag vereinbart worden. Damit sollten die Rentenansprüche von langjährigen Geringverdienern hochgestuft werden und ein Alterseinkommen zehn Prozent oberhalb des Grundsicherungsbedarfs garantiert werden. Wer eine bestimmte Anzahl an Beitragsjahre aufweise und über ein geringes zu versteuerndes Jahreseinkommen verfüge, sollte eine Grundrente erhalten, die über der Grundsicherung liege. Allerdings sollte sich die Verabschiedung der Grundrente deutlich länger hinziehen, als das Gesetz zur Weiterentwicklung des Teilzeitrechts. Bereits im Februar 2019 legte Heil sein Konzept der Grundrente vor. Danach sollten Rentenempfänger bei 35 Beitragsjahren in der gesetzlichen Rentenversicherung – Kindererziehungs- und Pflegezeiten angerechnet – bis zu maximal 447 Euro mehr bekommen. Die Grundrente sollte aus Steuern finanziert werden. Eine Bedürftigkeitsprüfung war im Konzept von Heil nicht vorgesehen.

Im Zuge der Aushandlungen kam es zu heftigen Auseinandersetzungen mit dem Koalitionspartner, die zu Verzögerungen führten und zeitweise fast das Regierungsbündnis sprengten (Handelsblatt vom 15. 5. 2020: 8). Die Vorwürfe lauteten, dass das Vorhaben zu teuer, nicht zielgenau und zu bürokratisch sei. Eine Finanzierung aus Steuergeldern, deren Aufwendung im ersten Jahr auf 1,4 Milliarden Euro geschätzt wurde, wurde abgelehnt. Vor allem bei der Finanzierbarkeit wurden aufgrund der staatlichen Aufwendungen im Zuge der Corona-Krise bis zuletzt Zweifel angemeldet. Der CSU-Sozialexperte Stephan Stracke warnte vor einer

»Rentenpolitik mit der Gießkanne« (zit. nach Süddeutsche online vom 4. 2. 2019) und der arbeits- und sozialpolitische Sprecher der CDU/CSU-Fraktion Peter Weiß ergänzte: »Was Hubertus Heil vorlegt, entspricht nicht dem Koalitionsvertrag«. Die Union plädiere, so Weiß, für »ein differenziertes System, das am tatsächlichen Bedarf ansetzt und dann die Rente aufstockt« (zit. nach ebd.). Zustimmung kam dagegen von der Christlich Demokratischen Arbeitnehmerschaft (CDA), dem Sozialflügel der CDU, und dem DGB. Für Heil drücke sich in der Finanzierung aus Steuergeldern »Respekt vor harter Arbeit durch die ganze Gesellschaft« aus. Eine Bedürftigkeitsprüfung lehnte Heil mit den Worten ab: »Ich fände es respektlos, wenn wir diese Menschen nach einem Arbeitsleben zwingen würden, beim Amt ihre Vermögensverhältnisse darzulegen« (zit. nach ebd.). Dagegen sprachen sich Vertreter der Unionsparteien für eine umfassende Bedürftigkeitsprüfung aus, bei der die kompletten Vermögensverhältnisse offen gelegt werden sollten. Die SPD hielt dagegen an einem unbürokratischen Verfahren fest. Erst am 16. 1. 2020 konnte der Referentenentwurf veröffentlicht werden. Trotz der Ressortabstimmung gab es weiterhin Ablehnung aus den Reihen der Union. Gesundheitsminister Spahn (CDU) und der Arbeits- und Sozialminister einigten sich schließlich vor der Verabschiedung im Kabinett darauf, dass bei der Einkommensprüfung Kapitalerträge einbezogen werden sollten (Rheinische Post vom 12. 2. 2020: B1). Die Rentenversicherung, die die Abwicklung der Grundrente übernehmen sollte, beschwerte sich über den bürokratischen Aufwand. In einer Stellungnahme des Nationalen Normenkontrollrats, einem unabhängigen Gremium, das alle Gesetze im Regierungsauftrag auf Bürokratiekosten prüft, kamen die Gutachter zu dem vernichtenden Urteil, dass dies »das Gegenteil besserer Rechtsetzung« (zit. nach Handelsblatt vom 12. 2. 2020: 12) sei. Trotzdem stellte sich Angela Merkel hinter das Vorhaben. Zu Beginn des Jahres 2020 versuchte sie mit einem Machtwort die parteiinterne Diskussion zu beenden. Am 19. 2. 2020 wurde der Regierungsentwurf verabschiedet. Eine gemeinsame

Pressekonferenz nach dem Kabinettsbeschluss mit Gesundheitsminister Jens Spahn (CDU), Innenminister Horst Seehofer (CSU) und Hubertus Heil (SPD) sollte die Geschlossenheit der Koalition demonstrieren (Handelsblatt vom 15. 5. 2020: 8). Dennoch setzten sich die Diskussionen auch nach der Verabschiedung des Regierungsentwurfs fort. Erst am 12. 8. 2020 konnte das Gesetz verkündet werden und die Grundrente trat zum 1. 1. 2021 in Kraft. Letztlich sieht das »Gesetz zur Einführung der Grundrente für langjährige Versicherung in der gesetzlichen Rentenversicherung mit unterdurchschnittlichen Einkommen und für weitere Maßnahmen zur Erhöhung der Alterseinkommen (Grundrentengesetz)« bei mindestens 33 Jahren Beitragszeiten bei Anrechnung von Kindererziehung und Pflegezeiten von Angehörigen eine automatische Prüfung der Höhe des Anspruchs vor. Eine Anrechnung des Vermögens erfolgt nicht. Das anzurechnende zu versteuernde Einkommen wird vom Finanzamt individuell ermittelt. Der höchstmögliche Grundrentenzuschlag zur Rente beträgt etwa 418 Euro; durchschnittlich wird er ca. 75 Euro im Monat betragen. Aufgrund des bürokratischen Aufwands erhielten aber erst Mitte Juli 2021 die ersten Rentnerinnen und Rentner ihre Grundrentenbescheide.

Im Juli 2018 wurde der Referentenentwurf für das Gesetz über Leistungsverbesserungen und Stabilisierung in der gesetzlichen Rentenversicherung veröffentlicht. Knapp einen Monat später wurde der Entwurf am 28. 8. 2018 vom Bundeskabinett verabschiedet. Mit dem Gesetz sollten Leistungen in der gesetzlichen Rentenversicherung weiter verbessert und gleichzeitig die Beitragslast für die Bürgerinnen und Bürger sowie die Wirtschaft stabilisiert werden. Dazu wurde eine doppelte Haltelinie für das Rentenniveau bei 48 % eingeführt und der Beitragssatz auf maximal 20 % bis 2025 festgeschrieben. Zusätzlich sah das Gesetz verbesserte Leistungen bei Erwerbsminderung, eine bessere Anerkennung von Kindererziehungszeiten für vor 1992 geborene Kinder – Stichwort Mütterrente – sowie eine Entlastung von Beschäftigten mit geringem Verdienst vor.

Ungefähr zeitgleich zu den Verhandlungen über das Gesetz über Leistungsverbesserungen und Stabilisierung in der gesetzlichen Rentenversicherung setzte die Bundesregierung im Mai 2018 eine Rentenkommission »Verlässlicher Generationenvertrag« unter der Leitung von Gabriele Lösekrug-Möller (SPD) und Karl Schiewerling (CDU) ein. Diese Kommission sollte bis 2020 Vorschläge für eine nachhaltige Alterssicherung in Deutschland ab 2025 entwickeln. Im Koalitionsvertrag hieß es dazu: »Sie soll eine Empfehlung für einen verlässlichen Generationenvertrag vorlegen. Dabei streben wir eine doppelte Haltelinie an, die Beiträge und Niveau langfristig absichert. Die Rentenkommission soll ihren Bericht bis März 2020 vorlegen. Ihr sollen Vertreter der Sozialpartner, der Politik und der Wissenschaft angehören. Die Rentenkommission soll die Stellschrauben der Rentenversicherung in ein langfristiges Gleichgewicht bringen sowie einen Vorschlag unterbreiten, welche Mindestrücklage erforderlich ist, um die ganzjährige Liquidität der gesetzlichen Rentenversicherung zu sichern« (CDU/CSU/SPD 2018: 92). Der zehnköpfigen Kommission gehörten Vertreterinnen und Vertreter aus Politik, Wissenschaft, Gewerkschaft und Arbeitgeberverbänden an. Am 27. 3. 2020 übergab die Kommission ihren Bericht dem Bundesarbeitsminister und dem Chef des Kanzleramtes Helge Braun (CDU).

Im Gesetz über Leistungsverbesserungen und Stabilisierung in der gesetzlichen Rentenversicherung – im August 2018 von der Bundesregierung beschlossen – war eine sogenannte doppelte Haltelinie festgelegt worden: Bis 2025 soll das Rentenniveau stabil bei 48 % gehalten werden und der Beitragssatz gleichzeitig 20 % nicht übersteigen. Die Kommission empfahl, diese doppelte Haltelinie über das Jahr 2025 hinaus fortzuführen. In den Augen der Kommission sollte langfristig das Rentenniveau zwischen 44 und 49 % gehalten und der Beitragssatz zwischen 20 und maximal 24 % garantiert werden. So könnten die Rentnerinnen und Rentner aus Sicht der Kommission an der Wohlstandsentwicklung teilhaben und zugleich die Belastung der Beitragszahlerinnen und Beitragszahler begrenzt werden.

Ab März 2020 wurde der Arbeits- und Sozialminister durch den Kampf gegen die Folgen der Corona-Pandemie gefordert. Im Koalitionsausschuss, dem Heil selbst nicht angehörte, wurde am 8.3.2020 beschlossen, befristet bis Ende 2021 Verordnungsermächtigungen einzuführen, um die Voraussetzungen für den Bezug von Kurzarbeitergeld abzusenken. Im Einzelnen wurde das Quorum der im Betrieb Beschäftigten, die vom Arbeitsausfall betroffen sein müssen, auf bis zu 10 % gesenkt, und auf den Aufbau negativer Arbeitszeitsalden verzichtet. Sozialversicherungsbeiträge werden durch die Bundesagentur für Arbeit vollständig erstattet. Diese Maßnahmen sollten zusätzlich zu den bereits am 29.1.2020 beschlossenen Verbesserungen bei Kurzarbeit in Kombination mit Weiterbildung umgesetzt werden. Die Zahlen der Kurzarbeiter schnellten empor. Im April 2020 waren es sechs Millionen Kurzarbeiter, ein Jahr später immerhin noch zweieinhalb Millionen. Allerdings bewährte sich das Instrument in der Krise zur Rettung von Arbeitsplätzen. Bis zum Sommer 2021 kostete das Instrument 38 Milliarden Euro, die zum Teil aus den Rücklagen der Bundesagentur für Arbeit und zum Teil aus dem Bundeshaushalt kamen.

Des Weiteren plante Heil aus den guten Erfahrungen in der Corona-Pandemie mit Home-Office ein Recht auf Arbeit im Home-Office gesetzlich zu verankern (Süddeutsche Zeitung vom 28.4.2020: 7). Damit griff Heil einen weiteren Punkt aus dem Koalitionsvertrag auf. Dort hatten sich die Koalitionspartner auf eine rechtliche Regelung zur Förderung und Erleichterung von mobiler Arbeit geeinigt. Wörtlich heißt es dort: »Wir wollen mobile Arbeit fördern und erleichtern. Dazu werden wir einen rechtlichen Rahmen schaffen. Zu diesem gehört auch ein Auskunftsanspruch der Arbeitnehmer gegenüber ihrem Arbeitgeber über die Entscheidungsgründe der Ablehnung sowie Rechtssicherheit für Arbeitnehmer wie Arbeitgeber im Umgang mit privat genutzter Firmentechnik. Auch die Tarifpartner sollen Vereinbarungen zu mobiler Arbeit treffen.« (CDU/CSU/SPD 2018: 41). Allerdings wurde der Vorschlag Heils für das sogenannte Mobile-Ar-

beit-Gesetz, den er am 26.11.2020 veröffentlichte, von den Koalitionspartnern blockiert. Im Interview mit der Stuttgarter Zeitung sagte Heil dazu: »Aber die CDU hat sich geweigert, das im Kabinett zu beraten. So ist es auf Druck der Unions-Bundestagsfraktion im Kanzleramt hängen geblieben, weil die CDU in der modernen Arbeitswelt noch nicht angekommen ist. Ich will das nach der Bundestagswahl wieder angehen« (Stuttgarter Zeitung vom 29.7.2021: 10).

Auch bei einer deutlichen Anhebung des Mindestlohns konnte sich Heil nicht gegen die Koalitionspartner von CDU und CSU durchsetzen. Im Gesetz zur Regelung eines allgemeinen Mindestlohns, dem sogenannten Mindestlohngesetz (MiLoG), ist im Paragraph 23 festgehalten, dass das Gesetz selbst im Jahr 2020 zu evaluieren sei. Diesen Passus des Gesetzes wollte der Bundesminister für Arbeit und Soziales auch mit Rückendeckung seiner Partei dazu nutzen, den gesetzlichen Mindestlohn auf 12 Euro anzuheben. Das Bundeskabinett beschloss dann entsprechend den Empfehlungen der Mindestlohnkommission eine Anhebung des Mindestlohns zum 1. Januar 2021 auf 9,50 Euro und über weitere Stufen zum 1. Juli 2022 auf 10,45 Euro (Tagesspiegel vom 14.12.2020: 13). Eine einmalige deutliche Anhebung der Lohnuntergrenze auf 12 Euro war mit den Koalitionspartnern von CDU und CSU nicht zu erreichen. Sie konnte erst mit den Koalitionspartnern in der Ampelkoalition beschlossen werden.

Nach den Bundestagswahlen im September 2021 und der Bildung der Koalition aus SPD, Bündnis 90/Die Grünen und der FDP blieb Hubertus Heil Arbeits- und Sozialminister und konnte seine Arbeit fortsetzen.

Literatur: CDU/CSU/SPD Ein neuer Aufbruch für Europa – Eine neue Dynamik für Deutschland – Ein neuer Zusammenhalt für unser Land. Koalitionsvertrag zwischen CDU, CSU und SPD. 19. Legislaturperiode. Berlin 2018; Kommission Verlässlicher Generationenvertrag (Hg.): Bericht der Kommission Verlässlicher Generationenvertrag. Kurzfassung. Berlin 2020, online: www.bmas.de/SharedDocs/Downloads/DE/Rente/Kommission-Verlaesslicher-Generationenvertrag/bericht-der-kommission-kurzfassung.pdf?__blob=publicationFile&v=1 [zuletzt: 15. 1. 2022]; Vehrkamp, Robert/Matthieß, Theres: Besser als ihr Ruf. Halbzeitbilanz der Großen Koalition zur Umsetzung des Koalitionsvertrages 2018. Gütersloh 2019.

Markus Gloe

Hendricks, Barbara (SPD)

Bundesministerin für Umwelt, Naturschutz, Bau und Reaktorsicherheit

geb. 29.4.1952 in Kleve, röm.-kath.

1970	Abitur
1971–1976	Studium der Geschichte und der Sozialwissenschaften an der Universität in Bonn
seit 1972	Mitglied der SPD
1976	Erstes Staatsexamen für Lehramt
1976–1978	Tätigkeit beim Deutschen Studentenwerk
1978–1981	Referentin bei der Pressestelle der SPD-Bundestagsfraktion
1980	Promotion zum Dr. phil.
1981–1990	Pressesprecherin des Finanzministers des Landes Nordrhein-Westfalen
1984–1989	Mitglied im Kreistag des Landkreises Kleve
1987–2001	Mitglied im Landesvorstand der SPD Nordrhein-Westfalen
1989–2014	Vorsitzende des SPD-Unterbezirkes Kreis Kleve
1990–2001	Mitglied im SPD-Parteirat
1991–1994	Ministerialrätin im Ministerium für Umwelt, Raumordnung und Landwirtschaft des Landes Nordrhein-Westfalen
1994–2021	Mitglied des Deutschen Bundestages
1995–1998	Mitglied im Vorstand der SPD-Bundestagsfraktion
1996–2001	Schatzmeisterin der SPD Nordrhein-Westfalen
1998–2007	Parlamentarische Staatssekretärin beim Bundesminister der Finanzen
2001–2013	Mitglied im Parteivorstand der SPD
2007–2013	Bundesschatzmeisterin der SPD
2013–2018	Bundesministerin für Umwelt, Naturschutz, Bau und Reaktorsicherheit

Bei ihrer Ernennung zur Bundesministerin konnte Hendricks schon auf eine lange politische Karriere und auch auf Regierungserfahrung zurückblicken, zunächst auf Landesebene in Nordrhein-Westfalen. Während des Studiums in Bonn tritt sie in die SPD ein und setzt sich für einen gerechten Sozialstaat und die Ostpolitik Willy Brandts ein. Nach ihrer Promotion über »Die Entwicklung der Margarineindustrie am unteren Niederrhein« war Hendricks neun Jahre lang Pressesprecherin des Finanzministeriums. Anschließend konnte sie als Ministerialrätin im Ministerium für Umwelt, Raumordnung und Landwirtschaft des Landes Nordrhein-Westfalen in dem Politikfeld, für das sie später im Bundeskabinett Verantwortung tragen sollte, erste Erfahrungen

sammeln. Im Jahr 1994 gelang ihr der Einzug als Abgeordnete in den Deutschen Bundestag. Ab 1998 war sie unter drei Bundesfinanzministern Staatssekretärin: Oskar Lafontaine, Hans Eichel und Peer Steinbrück. In den Jahren 2007 bis 2013 war sie dann als Schatzmeisterin im SPD-Vorstand tätig. Mit diesen Tätigkeiten hatte sie sich einen Ruf als »immer um Sachlichkeit bemühte Politikerin« (Rheinische Post vom 16.12.2013) erworben. In der Öffentlichkeit war sie jedoch bis dahin nicht stark in Erscheinung getreten und galt eher als »graue Eminenz« (Welt vom 15.12.2013).

Ihre Berufung zur Umweltministerin im Dezember 2013 galt dennoch als überraschend. Sie war zwar durchaus für einen Ministerposten gehandelt worden, aber eher im Ressort Entwick-

© Springer Fachmedien Wiesbaden GmbH, ein Teil von Springer Nature 2023
U. Kempf und M. Gloe (Hrsg.), *Kanzler und Minister 2013–2021*,
https://doi.org/10.1007/978-3-658-38669-6_13

lungspolitik. Manche Medien munkelten auch, dass Hendricks nur aufgrund des Geschlechter- und Länderproporzes einen Ministerposten bekommen hätte, denn um dem internen Proporz gerecht zu werden hätte Sigmar Gabriel unbedingt noch eine Frau aus Nordrhein-Westfalen gebraucht (Frankfurter Rundschau vom 1.1. 2015: 22). Im Morgenmagazin sagte sie dazu einmal: »Soziologen zufolge hätte ich, katholisch, vom Land und ein Mädchen, eigentlich keine Chance haben dürfen. Aber es hat geklappt« (zit. nach Handelsblatt vom 24.6.2015: 47). Hendricks, die aus Kleve stammt, repräsentierte den mächtigen SPD-Landesverband von Nordrhein-Westfalen. Sie wurde damit zunächst als »verlängerter Arm von Nordrhein-Westfalens Ministerpräsidentin Hannelore Kraft und vor allem Kohlelobbyistin« (Badische Zeitung vom 29.8.2015: 5) gesehen.

Hendricks übernahm das Ressort von Peter Altmaier (CDU), der als enger Vertrauter Merkels ins Kanzleramt wechselte. Das Ressort hatte durch den Verlust der Zuständigkeit für die Energiewirtschaft, die an das Wirtschaftsministerium unter SPD-Chef und Vizekanzler Sigmar Gabriel übertragen wurde, erheblich an Gestaltungsmacht eingebüßt. Gabriel wollte damit die Kompetenzen für die Energiewende, ein Schlüsselprojekt aus Sicht der SPD, in einer Zuständigkeit bündeln. Der ehemalige Umweltminister Jürgen Trittin prophezeite bei der Feier zum 30jährigen Jubiläum des Umweltministeriums, dass das Ministerium in dieser Konstellation »zur Handlungsunfähigkeit« (Frankfurter Rundschau vom 17.12.2013) verdammt sei. Zudem gereichte es Hendricks zum Nachteil, dass Angela Merkel als Bundeskanzlerin, Sigmar Gabriel als Vizekanzler und Peter Altmaier als Chef des Bundeskanzleramtes alle selbst auf eine Vergangenheit im Bundesumweltministerium zurückblicken konnten und mit der Materie somit bestens vertraut waren. Allerdings war dem Umweltministerium als neue Zuständigkeit der Baubereich übertragen worden, der zuvor im Verkehrsministerium angesiedelt war.

Medial wurde die neue Umweltministerin erstmals wahrgenommen, als sie Fracking eine klare Absage erteilte (Badische Zeitung vom 4.2.

2014: 16). Mit dieser Methode werden mit Hilfe von Wasser, Sand und einer speziellen Chemikalienmischung unter großem Druck Erdgas und Erdöl aus Schiefergestein gelöst. Einige versprachen sich von dieser Technik eine größere Unabhängigkeit von russischem Gas. Andere warnten dagegen vor den Folgen, dass gesundheitsgefährdende Chemikalien in das Grund- und später das Trinkwasser gelangen könnten. Im Jahr 2013 war es der Regierungskoalition aus CDU/CSU und FDP nicht gelungen, Fracking gesetzlich zu regeln. Zusammen mit Sigmar Gabriel stellte Hendricks im Juli 2014 Eckpunkte für eine strenge Regelung vor, die ein Verbot von Fracking-Vorhaben in Schiefer- und Kohleflözgestein oberhalb von 3000 m durch das Wasserhaushaltsgesetz vorsah (Töller/Böcher 2016: 212). Aufgrund einer Intervention des Kanzleramtes verzögerte sich die Fertigstellung des Gesetzesentwurfes. Das Kanzleramt setzte die Einsetzung einer Expertenkommission durch, die jährlich die Unbedenklichkeit im Hinblick auf Umweltauswirkungen überprüfen sowie die Risikobeherrschbarkeit abschätzen sollte. Aufgrund der Experteneinschätzung sollte das Verbot entsprechend aufgehoben werden können (Töller 2019: 579). Im Mai 2015 war der Gesetzentwurf dann sowohl im Deutschen Bundestag als auch im Bundesrat heftig umstritten und eine Entscheidung wurde vertagt. Erst im Sommer 2016 einigte sich die Koalition und das Gesetz wurde sowohl im Bundestag als auch im Bundesrat beschlossen. Damit ist kommerzielles Fracking unbefristet verboten und die Zahl der wissenschaftlichen Probebohrungen auf vier begrenzt. Die Expertenkommission kann Empfehlungen abgeben, aber der Bundestag hat die letzte Entscheidung über die Zulassung von Fracking (ebd.: 579 f.).

Zur Einhaltung der Klimaziele hatte die Koalition beschlossen, Kraft-Wärme-Kopplungsanlagen zu fördern und in mehr Energieeffizienz zu investieren. Dagegen wurde auf eine Abgabe für alte Braunkohlekraftwerke verzichtet. Hendricks bedauerte öffentlich den mühsam ausgehandelten Energiekompromiss, insbesondere den Verzicht auf eine Kohleabgabe im Juli 2015. In einem Gastbeitrag für die Zeitung Die Welt hatte sie der Union bescheinigt mit der Streichung der geplanten Kohleabgabe »eine deutlich teurere Alternative erwirkt« zu haben. Auch hätte es »viele Polemiken und so manchen Unfug gegeben«. Damit spielte Hendricks auf Behauptungen, dass Arbeitsplätze wegfallen und Kohlendioxid nicht eingespart werden könnte, an. Dies wertete Hendricks als »Ausdruck politischer Unfähigkeit und Zukunftsverweigerung«. Auch die Kanzlerin kritisierte Hendricks mit den Worten: »Man kann nicht in Elmau die klimaneutrale Weltwirtschaft verkünden und gleichzeitig so tun, als ob das alles für die Kohleregionen in unserem Land nicht gilt« (zit. nach Die Welt vom 4. 7. 2015: 4). Der Koalitionspartner CDU/CSU reagierte empört auf die Äußerungen Hendricks. Der damalige stellvertretende CDU-Bundesvorsitzende Armin Laschet sprach von einer »Geisterfahrt« und der stellvertretende Vorsitzende der Unionsfraktion, Michael Fuchs, wertete Hendricks Aussagen als »völlig verfehlt« (ebd.). Hendricks Einlassungen missfielen aber auch dem Vizekanzler Sigmar Gabriel. Das Verhältnis der beiden zueinander galt als schwierig. Auch die nordrhein-westfälische Ministerpräsidentin Hannelore Kraft wetterte öffentlich gegen ihre Parteigenossin Hendricks: »Das ist ein Alleingang und nicht die Position der NRW-SPD und auch nicht der Bundes-SPD« (zit. nach Frankfurter Rundschau vom 1. 12. 2015: 22). Damit schüttelte Hendricks aber auch den Vorwurf des verlängerten Arms von Hannelore Kraft im Hinblick auf die Verteidigung der Kohle ab.

Nach Berechnungen von Hendricks Umweltministerium zeigte sich, dass die Bundesrepublik ihre selbstgesteckten Ziele, bis 2020 die Emissionen der Treibhausgase um mind. 40 % gegenüber 1990 zu reduzieren, mit den ergriffenen Maßnahmen verfehlen würde. Die Umweltministerin wurde nicht müde, Nachbesserungen zu fordern, um die »Klimalücke« zu schließen. Allerdings fuhren Hendricks beim Klimaschutz immer wieder das Wirtschafts- und das Verkehrsministerium in die Parade. So wurden die Vorschläge zur Verbesserung der Luftqualität beispielsweise vom Verkehrsministerium blockiert.

In der Atompolitik verabredeten Bund und Länder im Jahr 2013 die Verteilung von 26 Castor-Behältern mit Atommüll aus den Wiederaufbereitungsanlagen Sellafield und La Hagaue auf drei Bundesländer. Man wollte damit im Hinblick auf die neue Endlagersuche keine Tatsachen schaffen, indem man den Atommüll ebenfalls in das Zwischenlager Gorleben transportiere. Doch nur Schleswig-Holstein und Baden-Württemberg waren dazu bereit. Entsprechende Verhandlungen mit Hessen und Bayern führten zu keinem Ergebnis. Zunächst wurde die im Standortauswahlgesetz vorgesehene Kommission »Lagerung hochradioaktiver Abfallstoffe« im April 2014 eingesetzt. Sie legte im Juli 2016 ihren Abschlussbericht vor. Bereits ein Jahr zuvor prophezeite Hendricks: »Das wird Unruhe schaffen, denn niemand will so etwas in seiner Nachbarschaft haben. Ich sage den Bürgern: Es nützt nichts, wenn ihr mich jetzt mit Tomaten bewerft. Es muss so oder so gemacht werden.« (zit. nach Badische Zeitung vom 29. 8. 2015: 5). Anfang 2017 wurde dann eine Neufassung des Standortauswahlgesetzes beschlossen, in dem Kriterien für die Auswahl möglicher Standorte für die Endlagerung, Regelungen für Beteiligungsverfahren und der Ablauf des gesamten Verfahrens festgehalten wurden (Der Tagesspiegel vom 24. 2. 2017). Im Mai 2017 trat dann das »Gesetz zur Fortentwicklung des Standortauswahlgesetzes« in Kraft, das vorsah, die Endlagersuche bis zum Jahr 2031 abzuschließen und ab 2050 den Atommüll am endgültigen Standort einzulagern. Zudem war Ende 2016 im Gesetz zur Neuordnung der Verantwortung in der kerntechnischen Entsorgung die Zuständigkeit der Kernkraftwerksbetreiber für Stilllegung, Rückbau und Verpackung der radioaktiven Abfälle festgelegt worden (Töller 2019: 573).

Im September 2015 begann der sogenannte Abgasskandal. In den USA wurde aufgedeckt, dass Dieselmodelle deutscher Autohersteller ein Vielfaches der erlaubten Stickoxidwerte und CO_2-Werte ausstießen und dies bewusst durch eine manipulierte Testsoftware verschleiert werden sollte. Die Aufarbeitung des Skandals verantwortete das Bundesverkehrsministerium, das eine Beteiligung des Umweltministeriums offiziell ablehnte. Hendricks nutzte die Gelegenheit, das Problem der erhöhten Luftbelastung durch Stickoxid auf die politische Tagesordnung zu setzen. Im Oktober 2014 stellte sie einen 9-Punkte-Plan für bessere Luft in Städten und Ballungszentren vor. Darin schlug sie vor, das Verhängen von Fahrverboten, das Städten schon aufgrund erhöhter Feinstaubbelastung möglich war, auch auf erhöhte Stickoxidwerte auszudehnen (SZ vom 14.10.2015). Eine Weiterentwicklung der existierenden Umweltplakettenverordnung wurde durch Verkehrsminister Dobrindt blockiert. Die Pläne waren in seinen Augen »unausgegoren und mobilitätsfeindlich« (zit. nach Töller 2019: 577). Auf dem so genannten Dieselgipfel Anfang August 2017 scheiterte Hendricks auch mit ihrer Forderung, dass die Hersteller auf ihre Kosten die Hardware nachbessern sollten. Die Automobilhersteller sagten lediglich eine Softwareaktualisierung zu (FAZ vom 31.7.2017). Auch im Nachgang erneuerte Hendricks immer wieder vergeblich Ihre Forderung nach einer technischen Umrüstung der Fahrzeuge.

Nach der Bundestagswahl 2017 wurde Hendricks während der Koalitionsverhandlungen als amtierende Umweltministerin von der EU-Kommission zum Rapport bestellt (Trierischer Volksfreund vom 18.1.2018: 7). Seit 2010 hatte die Bundesrepublik die in der EU gültigen Jahresgrenzwerte für Stickstoffdioxid in 26 Gebieten systematisch und dauerhaft überschritten. Auch wenn Hendricks ein Sofortprogramm »Saubere Luft« vorstellte, wurde trotzdem Klage vor dem Europäischen Gerichtshof eingereicht. Als der Europäische Gerichtshof Deutschland im Juni 2021 verurteilte, war Hendricks jedoch schon nicht mehr Umweltministerin. Ende Februar 2018 urteilte allerdings das Bundesverwaltungsgericht (BVerwG) in Leipzig, dass Diesel-Fahrverbote rechtlich zulässig sind. Es gab damit der Klage der Deutschen Umwelthilfe (DUH) statt. In Folge des Urteils mussten die Bundesländer Diesel-Fahrverbote in die Luftreinhaltepläne als Maßnahme aufnehmen, um die Stickstoffdioxid-Werte in den Städten einzuhalten (ZEIT online vom 28.3.2018).

Auch mit ihrem CSU-Ministerkollegen Christian Schmidt, Bundesminister für Ernährung und Landwirtschaft, lag Hendricks mehrfach im Clinch. Am deutlichsten wurden die unterschiedlichen Ansichten in der Frage der Zustimmung zur Zulassung des Pestizids Glyphosat. Die EU verlängerte Ende November 2017 mit der Stimme Schmidts die Zulassung des umstrittenen Unkrautvernichters um fünf Jahre. 18 der 28 EU-Länder votierten für einen entsprechenden Vorschlag der EU-Kommission, neun Staaten votierten dagegen, einer enthielt sich. Deutschland stimmte für die Zulassungsverlängerung, anstatt sich wie bisher zu enthalten – und machte so die Entscheidung für das Mittel erst möglich. Damit setzte sich der Landwirtschaftsminister ausdrücklich über den Willen von Hendricks hinweg. »Genau zwei Stunden vor Beginn der Sitzung des Berufungsausschusses, nämlich heute um 12:30 Uhr, habe ich gegenüber dem Kollegen Schmidt telefonisch eindeutig erklärt, dass ich mit einer Verlängerung der Zulassung von Glyphosat weiterhin nicht einverstanden bin. Es war daher klar, dass Deutschland sich auch in der Sitzung des Berufungsausschusses enthalten musste«, wird Hendricks in den Medien zitiert (FAZ Online vom 27.11.2017). Landwirtschaftsminister Schmidt berief sich bei der Begründung für seine Zustimmung im Anschluss auf ein angebliches Recht als federführender Minister auch bei Dissens mit einer Kabinettskollegin auf EU-Ebene zuzustimmen (Spiegel Online vom 27.11.2017).

Aber auch umgekehrt setzte sich Hendricks über die Einwände von Christian Schmidt hinweg. Am letzten Arbeitstag vor der Bundestagswahl unterschrieb die Bundesumweltministerin Verordnungen zum Schutz der Meeresnatur in Nord- und Ostsee, die in Teilen der sogenannten ausschließlichen Wirtschaftszone des Meeres, die an die zwölf Seemeilen breite Küstenzone anschließt, Freizeitanglern das Fischen untersagte. Aus Sicht des Ernährungs- und Landwirtschaftsministers war dieses Unterfangen fachlich nicht begründet. Er warf ihr »eine schwerwiegende Verletzung des notwendigen Vertrauensverhältnisses in der Zusammenarbeit im Bereich der Meeresumwelt unserer beiden Ministerien« (zit. nach Welt Online vom 29. 11. 2017) vor.

Bis zur UN-Klimakonferenz in Paris Ende 2015 wurde Hendricks in den Medien als »die Unauffällige« (Frankfurter Rundschau vom 1. 12. 2015: 22) gesehen. Dies änderte sich durch das Agieren der Ministerin in Bezug auf den Abschluss des Klimaschutzabkommens auf der Klimakonferenz, die als Höhepunkt in ihrer Amtszeit gesehen werden kann. Am Zustandekommen des Klimaschutzabkommens hatte die deutsche Delegation unter Leitung der Umweltministerin einen beträchtlichen Anteil. Hendricks selbst sprach vom »allerwichtigsten Moment in meiner politischen Karriere«. Auch ihre Nachfolgerin im Amt, Svenja Schulze, lobte Barbara Hendricks für das Engagement: »Das Pariser Klimaschutzabkommen, das Barbara Hendricks und ihr Team mit ausverhandelt haben, ist die wohl größte umweltpolitische Errungenschaft unserer Zeit«. Erstmals wurde eine verbindliche Obergrenze von 2 Grad für die Erderwärmung völkerrechtlich festgeschrieben und alle Teilnehmerstaaten zu entsprechenden Maßnahmen zur Reduktion des Treibhausgasausstoßes verpflichtet. In den Medien wurde sie deshalb eine »Spätzünderin« (Frankfurter Allgemeine Woche vom 8. 7. 2016: 35) genannt.

In der Folge des Pariser Klimaabkommens erarbeitete das Bundesumweltministerium eine Vorlage, wie die Ziele des Pariser Abkommens auf nationaler Ebene erreicht werden könnten. Auf der Basis von wissenschaftlichen Studien und einem breiten Beteiligungsverfahren, das Bürgerinnen und Bürgern, Kommunen, Länder, Verbände und zivilgesellschaftliche Organisationen aus dem Umweltschutz integrierte, entstand der sogenannte Klimaschutzplan 2050. In einem ersten Entwurf war noch ein Komplettausstieg aus der Kohle vorgesehen. Dies wurde aber von SPD-Chef und Wirtschaftsminister Sigmar Gabriel zurückgewiesen. Auch stießen die ersten Entwürfe des Klimaschutzplans 2050 bei den Ländern auf Gegenwinde. In einem Beschluss der Wirtschaftsminister der Länder hieß es, dass die Umsetzung des Plans »hohe Risi-

ken für den Wirtschaftsstandort« mit sich bringen würde. Nordrhein-Westfalens Wirtschaftsminister Garrelt Duin (SPD) sagte: »Ich bin der Überzeugung, dass die bisherigen Maßnahmen zum Klimaschutz in Deutschland schon so weitreichend sind, dass wir keinen Bedarf an zusätzlichen ordnungsrechtlichen Maßnahmen haben.« (zit. nach. FAZ vom 10. 6. 2016: 19).

Aufgrund des Vorschlags der Bundesumweltministerin kam es erneut auch zu erheblichen Verstimmungen innerhalb der Koalition. Hendricks wollte mit dem verabschiedeten Klimaschutzplan 2050 auf dem Weltklimagipfel in Marrakesch (Marokko) Deutschlands Rolle als Vorreiter in Sachen Klimaschutz unterstreichen. Ihre Ministerkollegen Alexander Dobrindt (Verkehr) und Christian Schmidt (Landwirtschaft) verwehrten sich gegen eine Verabschiedung des Klimaschutzplans im Kabinett. Im Sommer 2016 hatte Hendricks gefordert, dass das Umweltministerium als Querschnittsressort auch ein Initiativrecht für andere Ressorts bekäme, insbesondere wollte sie im Landwirtschaftsministerium und Verkehrsministerium entsprechende Politik anstoßen (taz vom 8. 6. 2016: 8). Die CDU/CSU-Bundestagsfraktion beklagte, dass mit den Maßnahmen die deutsche Wirtschaft zu stark belastet und die Wettbewerbsfähigkeit Deutschlands damit aufs Spiel gesetzt würde. Barbara Hendricks machte ihrem Ärger Luft und forderte ein Machtwort der Kanzlerin: »Wenn die Richtlinienkompetenz der Kanzlerin etwas wert ist, müsste der Vorschlag nahezu unverändert aus den Ressorts zurückkommen« (zit. nach Main-Post vom 3. 11. 2016, 5). Sowohl Merkel als auch ihr Kanzleramtsminister Peter Altmaier forderten Hendricks auf, in Gesprächen mit den Kabinettskollegen nach einer Lösung zu suchen. Besonders kritisierte das Kanzleramt an Hendricks Plan, dass die Energiewirtschaft bis 2050 ganz auf erneuerbare Erzeugung umgestellt sein solle, dass bis 2030 im Verkehrssektor vor allem die Elektromobilität dominieren solle, Gasheizungen in Neubauten verboten sein sollen, und der Bestand an Mastvieh drastisch reduziert werden solle. Auch die Bevormundung der Bürgerinnen und Bürger, ihren Fleischkonsum einzuschränken, wurde vom Kanzleramt kritisiert (FAZ vom 30. 7. 2016).

Eine Einigung konnte schließlich am 11. 11. 2016 – kurz vor dem Klimagipfel in Marrakesch – erreicht werden. Es wurden für die Zeit nach 2020 erste konkrete Reduktionsschritte festgelegt und für die relevanten Handlungsfelder Leitbilder für das Jahr 2050 skizziert. Außerdem war eine regelmäßige Fortschreibung des Klimaschutzplans vorgesehen.

Der endgültige Klimaschutzplan wurde von allen Seiten kritisiert. Die Gewerkschaften stuften die Umsetzung als »nach wie vor eine enorme Herausforderung« (zit. nach FAZ vom 12. 11. 2016) ein. Auch der Industrieverband BDI kritisierte die Maßnahmen als zu weitreichend, während die Umweltverbände die Maßnahmen als völlig unzureichend einstuften (ebd.).

Neben der Umweltpolitik war Hendricks auch für die Baupolitik zuständig. Die Anzahl der gebauten Wohnungen konnte in ihrer Amtszeit deutlich gesteigert werden. Aber die Anzahl der Sozialwohnungen sank in der gleichen Zeit in Deutschland von rund 1,47 Millionen auf rund 1,22 Millionen. Zu Beginn ihrer Amtszeit wurden gerade einmal bundesweit im Schnitt 11 000 Sozialwohnungen pro Jahr geschaffen (Welt kompakt vom 11. 7. 2014: 19). Infolgedessen reichte die Zahl der Fertigstellungen nicht aus, um den Bedarf zu decken. Seit der Föderalismusreform 2006 lag die soziale Wohnraumförderung in der ausschließlichen Gesetzgebungskompetenz der Länder. Sie erhalten dafür Kompensationsleistungen vom Bund, die aber nicht zweckgebunden sind. Deshalb forderte Hendricks eine Grundgesetzänderung, um den sozialen Wohnungsbau wieder zur Gemeinschaftsaufgabe von Bund und Ländern zu machen (Deutschlandfunk vom 16. 8. 2016). Allerdings konnte sie sich beim Koalitionspartner damit nicht durchsetzen. Erst 2019 wurde das Grundgesetz entsprechend geändert.

Bei ihrem Ausscheiden aus dem Ministeramt resümierte Hendricks: »Ich gehe mit einem guten Gefühl aus diesem Amt, weil ich glaube, dass ich dazu beitragen konnte, Positives für unser Land und für die Umwelt bewegt zu haben.« (zit. nach Spiegel Online vom 8. 3. 2018).

Literatur: Töller, Annette Elisabeth: Kein Grund zum Feiern! Die Umwelt- und Energiepolitik der dritten Regierung Merkel (2013–2017). In: Zohlnhöfer/Saalfeld (Hg.): Zwischen Stillstand, Politikwandel und Krisenmanagement, Wiesbaden 2019, S. 569–590; Töller, Annette Elisabeth/Böcher, Michael: Varianten der Fracking-Regulierung in Deutschland und ihre Erklärung. In: Zeitschrift für Umweltpolitik und Umweltrecht 3/2016, S. 208–234.

Markus Gloe

Karliczek, Anja Maria-Antonia (CDU)

Bundesministerin für Bildung und Forschung

geb. 29.4.1971 in Ibbenbüren, röm.-kath.

1990	Abitur in Ibbenbüren
1990–1993	Ausbildung zur Bankkauffrau bei der Deutschen Bank
1993	Ausbildung zur Hotelkauffrau im familieneigenen Betrieb
seit 1994	Leitende Funktion im Hotel Teutoburger Wald
seit 1998	Mitglied der CDU
2003–2008	Studium der Betriebswirtschaftslehre an der Fernuniversität Hagen mit Abschluss zur Diplom-Kauffrau
2004–2014	Mitglied im Rat der Stadt Tecklenburg
2009–2011	Stellvertretende Fraktionsvorsitzende der CDU im Stadtrat Tecklenburg
2011–2014	Fraktionsvorsitzende der CDU im Stadtrat Tecklenburg
2011	Stadtverbandsvorsitzende der CDU Tecklenburg
seit 2013	Mitglied des Deutschen Bundestages
2017–2018	Parlamentarische Geschäftsführerin der CDU/CSU-Bundestagsfraktion
2018–2021	Bundesministerin für Bildung und Forschung

Quelle: Presse- und Informationsamt der Bundesregierung; Fotograf: Steffen Kugler

Bei der Nominierung von Anja Karliczek als Bundesministerin für Bildung und Forschung titelte die Zeit »Karli wer?« (Die Zeit vom 26.2.2018) und sprach damit aus, was viele Beobachter sich fragten. Mit ihrer Vereidigung am 14.3.2018 erlebte eine zuletzt steile politische Karriere zum 20-jährigen Parteimitgliedschaftsjubiläum ihren (vorläufigen) Höhepunkt. 2013 zog Anja Karliczek als Kandidatin im Wahlkreis Steinfurt III erstmals für die CDU in den Bundestag ein.

Nachdem der vorherige Bundestagsabgeordnete der CDU Dieter Jaspers nach einer Kontroverse um seinen Doktortitel 2013 nicht mehr im Wahlkreis antrat, setzte sich Karliczek mit 99 von 191 Delegiertenstimmen denkbar knapp gegen ihre Konkurrenten durch. Programmatisch setzte sie dabei auf die Themen Schutz der Familie, die Mütterrente, die bessere Vereinbarkeit von Familie und Beruf sowie Mittelstandpolitik (vgl. Westfälische Nachrichten vom 9.12.2012). Den Wahlkreis gewann sie bei der Bundestagswahl 2013 mit knapp 48% der Stimmen. 2017 erreichte sie ca. 3% weniger. Bei beiden Wahlen hätten ihre Platzierung auf der Landesliste (2013 Platz 15 und 2017 Platz 12)

sie bei einer Niederlage im Wahlkreis nicht abgesichert. Dass selbst ihre Partei den Namen auf der Landesliste 2017 falsch schrieb, dürfte ein Indiz für ihre Bekanntheit innerhalb des Landesverbands bis dato gewesen sein. 2021 kündigte der Rechtsanwalt Hendrik Kaldewei aus dem CDU-Ortsverband Ibbenbüren an, ebenfalls für den Wahlkreis Steinfurt III kandidieren zu wollen, womit es zu einer Kampfabstimmung kam. In dieser setzte sich Karliczek mit 94,2% durch und wurde zudem durch die CDU auf den zweiten Platz der Landesliste, gleich nach Armin Laschet, selbst für den Fall abgesichert, dass sie den Wahlkreis nicht gewinnen sollte. Nach der Wahl 2017 stieg Karliczek zur Parlamentarischen Geschäftsführerin der CDU/CSU-Fraktion auf und kam dadurch mit dem Fraktionsvorsitzenden Volker Kauder in Kontakt, der als einer der Strippenzieher hinter ihrer Beförderung zur Ministerin galt. Zusätzlich passte sie gleich in mehrfacher Hinsicht in das Personalpuzzle der CDU-Minister von Angela Merkel. Als junge Frau (unter 50) schuf sie einen Ausgleich im Geschlechter- und Altersverhältnis, als Katholikin war sie für den Konfessionsausgleich wichtig und aus Nord-

© Springer Fachmedien Wiesbaden GmbH, ein Teil von Springer Nature 2023
U. Kempf und M. Gloe (Hrsg.), *Kanzler und Minister 2013–2021*,
https://doi.org/10.1007/978-3-658-38669-6_14

rhein-Westfalen stammend, entsprach sie dem Selbstverständnis von Ministerpräsident Laschet und dem größten CDU-Landesverband, aus dem sich die Minister für Gesundheit (Jens Spahn) und für Bildung und Forschung rekrutierten. Durch die Bundesumweltministerin der SPD Schulze war das Land zusätzlich auch beim Koalitionspartner in der Regierung vertreten. Karliczek galt als das am wenigsten bekannte Gesicht in Merkels Kabinett (vgl. Stuttgarter Nachrichten vom 6.3.2018).

Karliczeks Nominierung für das Amt überraschte auch, weil sie im Gegensatz zu ihren Vorgängerinnen im Amt Wanka, Schavan und Bulmahn weder eine Karriere in der Wissenschaft noch in der Bildungsverwaltung vorweisen konnte. Demgegenüber konnte sie ihr Engagement in der Kirchengemeinde sowie als Klassen- und Schulpflegschaftsvorsitzende in die Waagschale werfen. Sie hatte nach ihrem Abitur 1990 zunächst eine Lehre zur Bankkauffrau gemacht und daran eine Ausbildung im familieneigenen Betrieb zur Hotelfachfrau angeschlossen. Während sie hier Leitungsaufgaben wahrnahm, erwarb sie in einem Studium an der Fernuniversität in Hagen den Titel der Diplom-Kauffrau. Zum Ausgangspunkt für ihr politisches Engagement wurde die fehlende Mittagsbetreuung in der Schule ihrer drei Kinder (im Jahr 2021: 20, 24 und 25 Jahre alt), die sie 1998 in die CDU eintreten ließ. 2004 wurde sie Stadträtin von Tecklenburg und stand der Ratsfraktion ab 2009 als stellvertretende und ab 2011 als Vorsitzende vor. In der Legislaturperiode von 2013 bis 2017 hatte sie sich vor allem mit Finanzthemen beschäftigt, dazu gehörten die Reform der Lebensversicherung, die betriebliche Altersvorsorge und der Bund-Länder-Finanzausgleich. Nach eigenen Worten erreichte sie nach der Wahl der Anruf der Kanzlerin mit der Bitte, ins Kanzleramt zu kommen. Dort bot sie ihr den Ministerposten an. Karliczek erbat sich eine Bedenkzeit, um mit ihrem Mann und der Familie zu sprechen. Nach diesem Gespräch mit ihrem Mann, der als Pilot zunächst bei air-berlin und danach bei Germania zwei Mal in Folge seinen Job verlor, nahm sie die Berufung an. Als eines ihrer ersten Vorhaben unternahm

sie eine Reise durch die Bundesländer, um die Bildungssysteme und ihre Kooperationspartner vor Ort kennenzulernen.

Die Digitalisierung machte Karliczek früh zu einem ihrer Kernthemen, mit deren Hilfe sie eine »große Grundlagenbildung [erreichen möchte], um Kinder zu befähigen, Dinge einzuschätzen und zu vernetzen« (Die Zeit vom 28.3.2018). Dabei sollte es die Aufgabe des Bundes werden, die dafür erforderliche Infrastruktur anzuschaffen. Dazu sollten im Rahmen des Digitalpakts zwischen Bund und Ländern WLAN, Smartboards oder Tablets gehören, aber auch die Integration von Schülergeräten sollte ermöglicht werden. In einer bundesweiten Schulcloud sollten zudem Unterrichtsmaterialien bereitgestellt werden. Außerdem sollten die Lehrer im Umgang mit den angeschafften Medien geschult werden, damit diese den Weg in die unterrichtliche Praxis auch finden. Für die Digitalisierung wollte der Bund den Ländern bis 2021 3,5 Milliarden Euro zur Verfügung stellen. Im Koalitionsvertrag hatten sich CDU/CSU und SPD dafür auf ein Ende des sogenannten Kooperationsverbots zwischen Bund und Ländern geeinigt. Dazu sollte aus Artikel 104c des Grundgesetzes das Wort finanzschwach gestrichen werden. Für diesen sogenannten Digitalpakt konnte die Unterstützung aller im Bundestag vertretenen Parteien, mit Ausnahme der AfD, gewonnen werden. Im Bundesrat deutete sich dagegen schon früh aus einigen Landesregierungen Widerstand an, am deutlichsten formulierte diesen der grüne Ministerpräsident von Baden-Württemberg Kretschmann, aber auch einige CDU/CSU geführte Länder verstanden diese Änderung als Einmischung in ihre Kompetenzen und wünschten sich stattdessen eine veränderte Verteilung der Steuereinnahmen zu Gunsten der Bundesländer. Außerdem störte die Landesfürsten, dass für zukünftige Projekte eine gleichhohe Beteiligung der Länder vorgesehen wurde. Im Falle des Digitalpaktes wollte der Bund dagegen 90 % der Kosten übernehmen (vgl. Hamburger Abendblatt vom 30.11. 2018). Als wichtige Voraussetzung für diese Kompetenz- und Finanzübernahme sah die Ministerin die Möglichkeit, die Mittelverwendung in den Ländern auch kontrollieren zu können, dies war nach ihrer Einschätzung das große Defizit bei der Übernahme des Bundesausbildungsförderungsgesetzes (Bafög). Mit der Verwendung der freigewordenen Mittel (1,2 Mrd. Euro) durch die Bundesländer nach der Übernahme der Kosten durch den Bund 2015 zeigte sich Karliczek unzufrieden und sprach davon, dass die Mittel nicht bei den Hochschulen angekommen seien (vgl. Deutschlandfunk vom 29. 4. 2018). Vor diesem Hintergrund verlangte sie eine Bindung der Mittel an den vorgegebenen Zweck sowie mehr Kontrollrechte für den Bund bei der Verwendung der Mittel von zukünftigen Kooperationsvorhaben. Nachdem der Bundestag der Grundgesetzänderung zugestimmt hatte, verwiesen die Bundesländer das Vorhaben an den Vermittlungsausschuss. Der dort erarbeitete Kompromiss sah weiterhin die Unterstützung des Bundes für digitale Geräte, Lernprogramme und befristete Personalausgaben etwa zur Systemadministration vor, diese Ausgaben sollten auch vom Geldgeber kontrolliert werden können. Allerdings verzichtete das Gesetz auf eine generelle Beteiligungsquote der Bundesländer, diese sollte für jedes Projekt individuell festgelegt werden. Dass die Ministerin gleich nach dem erfolgreichen Abschluss verkündete »Wir haben es geschafft« (Stuttgarter Zeitung vom 21. 2. 2019) und damit den Verhandlungsführenden im Vermittlungsausschuss zuvorkam, sorgte in der eigenen Partei, beim Koalitionspartner und bei der Opposition für Verstimmung. Dem Kompromiss und der damit verbundenen Grundgesetzänderung stimmten Bundestag und Bundesrat anschließend zu, so dass dieses zentrale Vorhaben Karliczeks in den kommenden Jahren umgesetzt werden konnte. Allerdings hatten bis zum Schuljahr 2019/20 noch nicht alle Bundesländer Förderrichtlinien zur Vergabe der Mittel erarbeitet und bis Februar 2021 waren trotz der Pandemie und dem dadurch noch dringlicher gewordenen Fortschritt im Bereich der Digitalisierung der Schulen nur 2 % der Mittel an die Länder abgeflossen. In der ersten Welle der Corona-Krise wünschte sich die Ministerin die Wiedereröffnung der Schulen, verhielt sich aber mit Blick auf eine Koordina-

tion durch den Bund zurückhaltend und verwies in einem Spiegel-Interview auf die durch die Bundeskanzlerin und Ministerpräsidenten getroffenen Vereinbarungen (vgl. Der Spiegel vom 25. 4. 2020). Sie widerstand damit erfolgreich der Versuchung, sicher auch unter dem Eindruck der Konflikte mit diesen in der laufenden Legislaturperiode, zusätzliche Kompetenzen im Entscheidungsfeld der Bundesländer zu beanspruchen. Die Wiederöffnung der Schulen unter Einhaltung der Hygieneregeln wünschte sie sich entsprechend als »Ministerin und Mutter« und beschrieb eigene Erfahrungen aus den Sommerferien. Mit Blick auf die Umsetzung des Digitalpaktes und von der Regierung zur Digitalisierung der Schulen zusätzlich bewilligten 500 Millionen Euro konstatierte sie allerdings zum Abruf der Mittel vor und während der Corona-Pandemie: »Unter den heutigen Bedingungen wäre es schön gewesen, wenn es etwas schneller gegangen wäre« (ebd.: 17). Für das Schuljahr 2020/21 verlangte sie alle möglichen Anstrengungen zu unternehmen, um einen regulären Schulbetrieb wieder sicherzustellen und dafür ggf. auch zusätzliche Räumlichkeiten zu nutzen. Die Maskenpflicht sollte auf den Fluren und dem Schulhof beibehalten werden und nur im Klassenzimmer auf die Abstandsregeln verzichtet werden. Dazu schien ihr auch eine Mischung aus Präsenz- und digitalem Unterricht möglich zu sein. Den gewohnten Unterricht würde es erst mit der Corona-Impfung geben. Die SPD nutzte die Corona-Krise für einen Angriff auf die Ministerin und warf ihr vor, »dass die Bundesmittel aus dem sogenannten Digitalpakt Schule nicht schnell genug abflössen, weil bürokratische Hürden zu hoch seien« (Redaktionsnetzwerk Deutschland vom 6. 8. 2020). Dabei überraschte nicht nur der Angriff aus den Reihen der eigenen Regierung, sondern vor allem, dass der Koalitionspartner geflissentlich ignorierte, dass die Förderrichtlinien von den Bundesländern erstellt worden waren. Im Herbst 2020 setzte sich Karliczek angesichts steigender Corona-Fallzahlen dafür ein, die Schulen so lange wie möglich offen zu halten und bei einer Teil-Schließung vor allem Kinder mit Lerndefiziten weiterhin in Präsenz zu unterrichten. Nach dem Rückgang der Inzidenzzahlen drängte Karliczek im Frühjahr 2021 auf die Stärkung des Präsenzunterrichts und forderte, dass alle Schülerinnen und Schüler vor dem Beginn der Sommerferien noch in die Schulen zurückkehren müssten. Einen Bärendienst erwies ihr dabei Familienministerin Giffey, die das Thema noch am Tag ihres Rücktritts besetzte und damit der Bildungsministerin zuvorkam. Den Rücktritt ohne echte Nachbesetzung beim Koalitionspartner dürfte Karliczek daher kaum bedauert haben, denn so fiel eine Konkurrentin um Aufmerksamkeit in diesem in der Pandemie omnipräsenten Themenfeld aus. Um den Lernrückstand bei den Schülern und Schülerinnen auszugleichen, der durch den Unterrichtsausfall entstanden war, der je nach Schüler bzw. Schülerin auf 300 bis 900 Unterrichtsstunden beziffert wurde, legte der Bund ein Hilfsprogramm auf. Dieses beinhaltete die Säulen Verringerung von Lerndefiziten sowie Unterstützung von Sprachförderung in Kindertagesstätten, Schulsozialarbeit und Ferienfreizeiten und umfasste zwei Milliarden Euro. Die Bundesbildungsministerin forderte, diese Anstrengungen des Bundes durch die ergänzende Bereitstellung zusätzlicher Mittel im eigenen Kompetenzbereich zu ergänzen. Die Ausstattung der Lehrkräfte mit Dienstlaptops für den Digitalunterricht, die Karliczek aus Mitteln des Digitalpaktes finanzieren wollte, um den digitalen Unterricht zu fördern, konnte 2020 nicht mehr umgesetzt werden und wurde daher auf 2021 verschoben. Als Grund wurden Verzögerungen bei den Bund-Länder-Vereinbarungen sowie längere Lieferfristen genannt. Gleichzeitig beschrieb die Ministerin die Digitalisierung als gigantisches Individualisierungsprojekt, das die Lernqualität verbessern könnte. Dazu schlug sie eine Stärkung der Lehrer- und Lehrerinnenfortbildung im Bereich digitaler Unterricht vor. Die Hochschulen könnten vom Bund gefördert werden und Module entwickeln, die Fortbildungen sollten dann mit den Landesinstituten für Lehrer- und Lehrerinnenbildung koordiniert werden. Die Länder reagierten zunächst reserviert, da die Lehrerinnen- und Lehrerfortbildung zu ihren Kompetenzen gehört

und die Finanzierung damit auch zu ihren Lasten gegangen wäre. Nachdem die Schulen 2020 vor Weihnachten aufgrund der steigenden Inzidenzzahlen wieder schließen mussten, legte Karliczek Anfang Februar 2021 ein Konzept zur Öffnung von Schulen vor, für das die Fachwissenschaften die bestehenden Forschungsergebnisse ausgewertet und daran anknüpfend Empfehlungen ausgearbeitet hatten. Mit Hilfe des Wechselunterrichts sollten die psychischen Belastungen der Kinder und das daraus entstehende Risiko von Erkrankungen gesenkt werden. Deutlich kritisiert wurde, dass das Papier die sich zu diesem Zeitpunkt schon stark verbreitende Virusmutation Delta aufgrund fehlender Studienergebnisse noch nicht berücksichtigte. Im Spätsommer 2021 mahnte die Bundesbildungsministerin, ähnlich wie Virologen, aber im Widerspruch zum Ärztepräsidenten, zur Vorsicht angesichts des bevorstehenden Herbstes und Winters sowie einer altersbedingt weitgehend ungeimpften Schülerschaft. Einen Verzicht auf die Maskenpflicht befürwortete sie daher nur bei gleichzeitiger Intensivierung der Schnelltests an den Schulen.

Noch im Jahr 2019 initiierte sie zusätzlich die Bund-Länder-Initiative »Schule macht stark«, die vor allem auf Schulen in schwierigen Lagen bzw. Brennpunkten ausgerichtet ist. Dazu fördert das Ministerium ab 2021 bis 2025 die Entwicklung von Konzepten zwischen Wissenschaft und Schulen in allen Bundesländern. Im Zeitraum zwischen 2025 und 2030 sollen die Schulen dann auch in der Breite von den Ergebnissen profitieren. Die Konzepte beziehen sich auf die Klassenstufen 1 bis 10. Die 2020 auslaufenden Hochschulpakte konnte Karliczek ebenfalls erfolgreich fortschreiben und so Milliardenausgaben für Forschung und Wissenschaft sichern. Bemerkenswert war zudem, dass sowohl der Hochschulpakt wie auch der Qualitätspakt Lehre unbefristet beschlossen wurden, was den Hochschulen eine bisher nicht gekannte Planungssicherheit beim Erhalt der Bundesmittel verschaffte. Auch der Pakt für Forschung und Innovation wurde mit einer Laufzeit von zehn Jahren versehen. Karliczek ermöglichte den Hochschulen so eine langfristige Planungssicherheit. Im Rückblick bezeichnete sie diese Programme als Wendepunkte in ihrer Amtszeit, mit denen sie »sicher einige Skeptiker überzeugen konnte« (Wiarda 2020).

Nachdem die Zahl der Studierenden, Schülerinnen und Schüler, die von der Bafög-Förderung profitierte 2017 sank, schlug Karliczek eine Steigerung der Förderhöhe und Freibeträge ab dem Wintersemester 2019/2020 vor. Die letzte Bafög-Anpassung wurde 2014 beschlossen und 2016 umgesetzt. Beim Höchstfördersatz wurde eine Steigerung von 735 auf 861 Euro vorgesehen, darin enthalten ist der Wohnzuschlag, der von 250 auf 325 Euro steigt. Der Elternfreibetrag steigt bis 2021 um 16 %. Nach einer Tilgung von 77 Monaten wird die Restschuld erlassen. Die Opposition kritisierte die Erhöhung als längst überfälligen Inflationsausgleich und führte dafür vor allem die steigenden Mieten in den Universitätsstädten ins Feld. Karliczek forderte demgegenüber eine Intensivierung des sozialen Wohnungsbaus, äußerte allerdings auch: »Man muss ja nicht in die teuersten Städte gehen« (Der Spiegel vom 12.2.2019). Dass sie damit auf die vielfältigen Studienmöglichkeiten innerhalb des deutschen Hochschulwesens hinweisen wollte, ging in der Diskussion um die Einschränkung der freien Studienplatzwahl unter. Die Corona-Krise traf auch die Studierenden, von denen viele ihre Nebenjobs verloren, während die Kosten für das Studium gleich hoch blieben. Das Bundesministerium für Bildung und Forschung (BMBF) stärkte die Notfonds der Studierendenwerke und Karliczek setzte sich für eine Ausweitung der Studiendarlehen über die Kreditanstalt für Wiederaufbau (KfW) ein. Die Kredite wurden bis 2021 zinsfrei vergeben. Angesichts der durch den Finanzminister angekündigten Investitionsoffensive wünschten sich die Studierenden allerdings Zuschüsse für den Lebensunterhalt und die Miete ohne Rückzahlungsverpflichtung. Die Opposition verlangte, zumindest die 2019 nicht abgerufenen Bafög-Mittel von gut 917 Millionen Euro für Zuschüsse zu verwenden. Die Notfonds der Studierendenwerke waren für eine große Nachfrage nicht ausreichend ausgestattet und die Hilfen wurden in der Regel nur ein-

malig vergeben. Der Studienkredit der KfW betrug höchstens 650 Euro und wurde nur bei Nichtüberschreiten der Regelstudienzeit gewährt (vgl. SZ vom 20.5.2020). Karliczek nutzte mit dem Studienkredit ein etabliertes Instrument, das die Erwartungen der Betroffenen in der Krise allerdings nicht erfüllen konnte. So organisierten 20 000 Studierende einen Livestream, um die Ministerin zu einem Umdenken zu bewegen. Für das Wintersemester 2020/21 wurden die Corona-Nothilfen verlängert, es blieb allerdings beim Kreditmodell. Bis Ende September waren in 150 000 Fällen Nothilfen zwischen 100 und 500 Euro ausgezahlt. Im Haushalt des Ministeriums wurden 2020 von den Bafög-Mitteln 360 Millionen Euro nicht ausgeschöpft, davon wurden für die Unterstützung der Studierendenwerke in der Pandemie 134 Millionen Euro genutzt sowie 66 Millionen für die Studienkredite der KfW. 160 Millionen Euro flossen ungenutzt an das Finanzministerium zurück (vgl. Augsburger Allgemeine vom 3.3.2021). Dabei konnte kein Zweifel bestehen, dass es sich hier um einen ökonomisch besonders wichtigen, aber auch vulnerablen Teil der Bevölkerung handelte, der in der Krise nicht die Unterstützung erhielt, die er benötigte. Als die Ministerin im Rahmen der Debatte um die Evaluation des Wissenschaftszeitvertragsgesetzes am 24.6.2021 in einer aktuellen Stunde des Bundestages äußerte, diese könne nicht stattfinden, »wenn in den Hochschulen überhaupt gar nichts im Moment stattfindet« (vgl. Tagesspiegel vom 25.6.2021), gewann sie weder bei Lehrenden Sympathien, die zu diesem Zeitpunkt seit 1,5 Jahren die Lehre mit erheblichem Aufwand auf digitale Formate umgestellt hatten, mündliche und schriftliche Prüfungen digital vorbereitet und korrigiert hatten, sowie in zahllosen Sitzungen vor dem heimischen Notebook und am Dienstort nach den besten Lösungen in der Pandemie unter der Prämisse, dass den Studierenden nur möglichst geringe Nachteile entstehen sollten, gesucht hatten. Noch konnten die Studierenden, die um ihr Studentenleben gebracht wurden, sich nicht selten in prekären finanziellen Verhältnissen vorfanden und mit den stark veränderten Studienbedingungen sowie teilweise völlig veränderten Voraussetzungen in Praktikumsphasen konfrontiert sahen, dieser Sicht etwas abgewinnen. Gegenüber dem von jungen Wissenschaftlerinnen unter dem Hashtag #IchBinHanna vorgetragenen Protest gegen zeitliche Befristungen an den Hochschulen und Universitäten sowie prekäre Arbeitsbedingungen erklärte die Ministerin, der Bund sei hier nicht zuständig und nicht alle, die in der Wissenschaft ausgebildet würden, könnten dort auch tätig sein.

Gerade angesichts der Bedeutung, die die Ministerin dem Thema Digitalisierung der Schulen und der Entwicklung der ländlichen Region, als deren Vertreterin sie sich verstand, zumaß, überraschte ihre Aussage, der Mobilfunkstandard 5G sei »nicht an jeder Milchkanne notwendig« (Stuttgarter Nachrichten vom 28.11.2018). Neben der vorhersehbaren Kritik aus der Opposition und vom Koalitionspartner SPD wurde sie dafür auch von ihren Parteigenossen, u.a. dem stellvertretenden Ministerpräsidenten von Niedersachsen Althusmann und der Digital-Staatsministerin Bär kritisiert.

Für die Demonstrationen von Schülerinnen und Schülern für den Klimaschutz brachte die Ministerin wenig Verständnis auf und kritisierte insbesondere, dass diese während der Schulzeit stattfanden. Mit Blick auf den Klimaschutz verlangte sie eine breite Zustimmung durch die Bevölkerung und mahnte die finanziellen Lasten sozial ausgewogen zu verteilen und die wirtschaftliche Leistungsfähigkeit gemeinsam mit dem Klimaschutz zu denken. Zusammen mit Verkehrsminister Scheuer setzte sich Karliczek für die Förderung von Wasserstoff ein, der mit ökologischem Strom als sogenannter grüner Wasserstoff erzeugt werden sollte. Den Vorschlag des Wirtschaftsministers, den Wasserstoff auch mit konventioneller Energie zu erzeugen, unterstützte sie dagegen nicht. Gerade für energieintensive Wirtschaftssektoren, die einerseits mittelfristig nicht auf fossile Energieträger verzichten können, andererseits aber in einem globalen Konkurrenzverhältnis stehen, erkannte die Ministerin als Chance die Umweltziele der Bundesregierung zu erreichen und die heimische Wirtschaft und Arbeits-

plätze zu schützen. So sah das Ministerium in einer Pressemitteilung grünen Wasserstoff als Schlüssel für den zukünftigen Erfolg der Stahlindustrie in Deutschland (Bundesministerium für Bildung und Forschung vom 13.7.2020).

Im Bereich der künstlichen Intelligenz begann der Bund mit der Förderung von vier Kompetenzzentren zum Maschinenlernen. Für den Bau einer Batteriefabrik erhielt unter mehreren Regionen Münster den Zuschlag. Er wurde vom Bildungs- und Forschungsministerium mit bis zu 500 Millionen Euro gefördert. Die Minister und Ministerinnen aus den unterlegenen Regionen unterstellten Karliczek daraufhin, sie hätte diesen wahlkreisnahen Standort gegenüber geeigneteren bevorzugt und die Opposition kündigte an, sie dazu befragen zu wollen. Gegen diesen Vorwurf verwehrte sich die Ministerin entschieden. Verschiedene Vertreter und Vertreterinnen der Länderregierungen in Bayern und Baden-Württemberg wünschten sich danach allerdings mehrfach eine intensivere Förderung der Standorte in ihren Ländern. Im Gespräch mit der Stuttgarter Zeitung gestand Karliczek dann im August 2020 Defizite im Vergabeverfahren ein, betonte aber gleichzeitig: »Die Entscheidung für das Konzept zum Standort Münster war und ist richtig« (ebd. vom 27.8.2020). So waren in Nordrhein-Westfalen interne Dokumente sowie die Kommissionsmitglieder schon vor dem Beginn des Vergabeverfahrens bekannt. Der Bundesrechnungshof nannte die Entscheidung »schwer nachvollziehbar« und listete gleich mehrere schwerwiegende Defizite im Vergabeverfahren auf (vgl. Der Spiegel vom 2.9.2020).

Den »Polarstern«, ein deutscher Eisbrecher, der in der Arktis Daten zum Klimawandel sammelte, verabschiedete die Ministerin im Sommer 2019 persönlich im norwegischen Tromsø. Der Eisbrecher ließ sich dazu in der Arktis einfrieren, an dem Projekt nahmen Wissenschaftler und Wissenschaftlerinnen aus 190 Ländern teil, die Hälfte der Kosten von insgesamt rund 140 Millionen Euro steuerte die Bundesrepublik bei. Am 12.10.2020 wurde das Schiff von der Bundesbildungsministerin in Bremerhaven in Empfang genommen. Durch die Corona-Krise hatte die Expedition zum Austausch der Besatzung zwar zwischenzeitlich unterbrochen werden müssen, insgesamt wurden dennoch viele Daten gesammelt, die über den Klimawandel sowie zum Nordpolarmeer Aufschluss geben können.

Neben den allgemeinbildenden obligatorischen Schulformen nahm Karliczek zusätzlich besonders die Berufsschulen in den Blick, die stärker an den Förderungen partizipieren sollten. Durch den Berufsbildungspakt sollten akademische und andere Bildungswege gleichberechtigt ermöglicht werden. Zusätzlich sollte das Bund-Länder-Programm »Demokratie leben« um das Thema Toleranz bzw. tolerant miteinander leben erweitert werden. Der geäußerte Vorschlag zur Einführung eines Berufsbachelors und -masters sollte dazu die beruflichen Qualifikationswege den akademischen auch sprachlich gleichstellen. Fast schon erwartungsgemäß konnte sich die Hochschulrektorenkonferenz mit dieser Gleichstellung nicht anfreunden. Überraschender war die Kritik von den Vertretern der beruflichen Bildung, die dieser Vorschlag ja stärken wollte. So kritisierte der Bundesverband der Freien Berufe die entstehende Verwechslungsgefahr zwischen studien- und berufsbezogenen Abschlüssen. Der Handwerkspräsident äußerte ebenfalls an dem anerkannten Meister festhalten zu wollen, dabei hielt er es für wichtiger, den Qualifikationsweg kostenlos zu gestalten. Auf diese Kritik hin schlug die Ministerin vor, den Bachelor und Master mit dem Zusatz Professional zu versehen. Ihr besonderes Interesse an der beruflichen Bildung wurde auch beim Berufsbildungsgesetz sichtbar. Hier gelang es ihr, sowohl die Partner innerhalb der Koalition wie auch die Gewerkschaften und Arbeitgeberverbände einzubinden und so die Kritik an dem vereinbarten Mindestlohn für Auszubildende (515 Euro ab 2020, Anstieg auf 620 Euro bis 2023) zu vermindern. Dabei gilt dieser Mindestlohn nicht für tarifgebundene Verträge mit niedrigerem Einkommen. Auch die Durchsetzung der nationalen Weiterbildungsstrategie schien ihr ein echtes Anliegen zu sein. Dabei spielte sie erneut ihre Stärken beim Einbinden verschiedener

Interessen aus und konnte auf der Grundlage einer persönlichen Vertrauensbasis unterschiedliche Positionen von Bund, Ländern, Gewerkschaften und Arbeitgebern zusammenführen. Die Regierung stellte im Zuge dieser Initiative 245 Milliarden Euro für die berufliche Weiterqualifikation vor allem Geringqualifizierter in unterbesetzten Branchen bereit. Mit den Mitteln sollte u. a. für mehr Übersichtlichkeit im Weiterbildungsangebot gesorgt werden, so dass sich hier zwei Interessensschwerpunkte der Ministerin verbanden. Angesichts dieser Entscheidungen erfuhr die Arbeit der Ministerin eine in der Öffentlichkeit bis dahin in der Legislaturperiode nicht gekannte Wertschätzung, die auch auf die Ernennung von Ulrich Scharlack und seine Arbeit zurückgeführt wurde. Auch in der Corona-Krise vergaß die Ministerin diesen Schwerpunkt ihrer Arbeit nicht. In einem Gastkommentar im Handelsblatt wies sie auf das Aufstiegs-Bafög ebenso wie auf die vom Ministerium ausgelobten Prämien für die Schaffung, Beibehaltung oder Übernahme von Auszubildenden in der Krise hin. Mit Blick auf den wirtschaftlichen Einbruch und den bestehenden Fachkräftemangel konstatierte sie treffend: »Die Unsicherheit ist sowohl aufseiten der Bewerber als auch der Unternehmen sehr hoch. Doch gerade deshalb gilt: Genau jetzt ist die Zeit, für die Zukunft vorzusorgen« (ebd. vom 7. 8. 2020).

Mit dem »nationalen Bildungsrat« wollte Karliczek ein Organ schaffen, das ähnlich wie der Wissenschaftsrat Vorschläge für mögliche Vereinheitlichungen innerhalb des Bildungssystems erarbeitet. Die Schaffung eines solchen Gremiums war bereits im Koalitionsvertrag vereinbart und maßgeblich von der CSU unterstützt worden. Dass Karliczek ihren Plan als Gastbeitrag auf einem Internetblog veröffentlichte, irritierte viele Kolleginnen und Kollegen. Ihr Vorschlag sah zwei gleichberechtigte Kommissionen zu den Themen Bildung und Verwaltung vor. Der Bildungsrat sollte längerfristige Perspektiven diskutieren und erarbeiten und damit eher als Beratungs- denn als Beschlussorgan dienen. In den Kommissionen sollten auch Persönlichkeiten des öffentlichen

Lebens und aus der Praxis vertreten sein. Mit ihrem Vorhaben setzte sie sich nicht gegen den Bildungsföderalismus ein, wollte aber die Vergleichbarkeit der Verhältnisse zwischen den Bundesländern verbessern. Die Bundesländer reagierten auf den Vorschlag zum Bildungsrat ablehnend, dabei ging es vor allem um dessen Zusammensetzung. Karliczek sah in ihrem Entwurf eine dominante Rolle des Bundes vor, die Ländervertreter wollten dagegen keinesfalls Mehrheitsverhältnisse, bei denen sie überstimmt werden könnten. Die Frage von Unabhängigkeit oder Abhängigkeit von der Kultusministerkonferenz wurde von beiden Seiten unterschiedlich bewertet. Das Konzept der Ministerin sah 74 stimmberechtigte Mitglieder vor, von denen nur 16 von den Bundesländern besetzt werden sollten, der Bund sollte demgegenüber 19 Stimmen im Verwaltungsrat haben und die Kommunen drei. Bei Beschlüssen beider Kommissionen hätten Bund, Wissenschaftler und Wissenschaftlerinnen und Schulpraktiker über insgesamt 57 Stimmen verfügt (vgl. Tagesspiegel vom 7. 5. 2018). Ihre Parteikollegin Eisenmann, die baden-württembergische Bildungsministerin, versuchte die Gründung des Gremiums, das sie für überflüssig hielt, zu unterlaufen. Sie signalisierte einerseits in der zentralen Frage des Abiturs Kompromissbereitschaft, in dem sie ein Zentralabitur »auf bayerischem Niveau«, einheitliche Regeln für das Abitur sowie vergleichbare Bildungspläne innerhalb von 5–10 Jahren vorschlug. Ein neuer Staatsvertrag der Kultusministerkonferenz solle das ermöglichen, der letzte stammt allerdings aus dem Jahr 1964. So sollten mögliche Entscheidungen des nationalen Bildungsrates mindestens vorweggenommen oder das Gremium als schlicht überflüssig gekennzeichnet werden. Karliczek reagierte umgehend und machte ihre Unterstützung für ein solches Abitur deutlich. Allerdings stellte sich ausgerechnet Ministerpräsident Söder, auf dessen Zustimmung der Vorschlag Eisenmanns sichtbar zielte, gegen eine solche Vereinheitlichung (vgl. SZ vom 12. 7. 2019). Während sich Eisenmann durch die Ablehnung des Nationalen Bildungsrates schon im Vorfeld der Landtagswahl in Baden-Würt-

temberg 2021, bei der sie als Spitzenkandidatin der CDU antrat, bekannt machen wollte, nutzte Karliczek im Gegenzug die Chance, mehr Studienplätze im Lehramtsbereich zu fordern, als eine Studie der Bertelsmann-Stiftung 2019 herausfand, dass bis 2025 11 000 Lehrerinnen und Lehrer mehr allein im Grundschulbereich fehlen würden, als es die Kultusministerkonferenz annahm (Funke Mediengruppe vom 9. 9. 2019). Mit dem Ausstieg der Länder Bayern und Baden-Württemberg aus dem Bildungsrat, die diesen Schritt mit einem drohenden Zentralismus begründeten, scheiterte mit dem Gremium ein wichtiges Projekt der Ministerin. Die Kultusministerkonferenz beschloss dagegen einen »Bildungsrat/wissenschaftlichen Beirat« ins Leben rufen zu wollen. Dieser soll ein Expertenrat für die Bildungsforschung werden und sich dementsprechend auf die Wissenschaftlichkeit konzentrieren und auf die Zusammenarbeit mit Elternvertretern, Kommunen und Sozialpartnern verzichten. Die Gründung soll entweder durch einen Staatsvertrag oder eine Ländervereinbarung geschehen und die Beteiligung des Bundes nur noch von Fall zu Fall vorsehen (Der Tagesspiegel vom 6. 12. 2019).

Von den Forschern verlangte Karliczek, »dass die Wissenschaft sich besser erklärt. Sie muss raus aus ihrem Kämmerchen« (Die Zeit vom 28. 3. 2018). So forderte sie die Wissenschaftler und Wissenschaftlerinnen bei der Nobelpreisträgertagung 2018 auf, sich am Kampf gegen Fake News zu beteiligen. Nach ihrer Rede bei der Hochschulrektorenkonferenz erlaubte sie allerdings weder eine Diskussion noch Rückfragen und begründete dies nach acht Monaten Amtszeit mit der fehlenden Einarbeitungszeit (vgl. Der Spiegel vom 12. 2. 2019). In der Corona-Krise kam sie auf diese Forderung in einem Gastbeitrag in der FAZ unter der Überschrift »Die Stunde der Erklärer« zurück und würdigte die Leistungen der Wissenschaftlerinnen und Wissenschaftler als Grundlage politischer Entscheidungen. Sie bemängelte in diesem Zusammenhang journalistische Verkürzungen und wünschte sich: »Wer als Forschender sein Wissen […] der öffentlichen Sache zur Verfügung stellt, sollte davon auch im wissenschaftsinternen Reputationssystem profitieren können« (ebd. vom 2.4.2020).

In einem Interview im November 2018 kritisierte die Ministerin die Einführung der Ehe für alle und äußerte Bedenken zum Aufwachsen von Kindern in gleichgeschlechtlichen Partnerschaften. Sie forderte eine langfristige Studie zu den Auswirkungen einer solchen Partnerschaft auf die Kinder. Einzig die AfD gratulierte ihr zum Mut, dieses Thema anzusprechen. Dass bei dieser Aussage bestehende Untersuchungen von der Bildungs- und Forschungsministerin ignoriert wurden, brachte ihr nicht nur die Kritik von Grünen und FDP ein. Der zeitliche Zusammenhang mit ihrer unglücklichen Aussage zur Einführung des 5G sorgten für negative Aufmerksamkeit und den kurzfristigen Ruf als Pannenministerin (Stuttgarter Nachrichten vom 28.11.2018).

Im Gegensatz zu ihren Vorgängerinnen setzte Karliczek zunächst nicht auf eine Erhöhung der Mittel für ihr Ministerium, sondern wollte die Verwendung des vierthöchsten Etats aller Ministerien zunächst effizienter gestalten. Als Finanzminister Scholz im Haushalt für 2020 jedoch eine Kürzung der Finanzmittel vorsah und dies indirekt mit rechnerischen Ungenauigkeiten im Haushaltentwurf des Ministeriums begründete, wehrte sich die Ministerin gegen diesen Vorwurf und zweifelte laut am Sinn von Kürzungen in einem derart zukunftsrelevanten Ministerium.

Insgesamt lässt sich Karliczeks Amtszeit resümieren: »Sie gab sich nahbar und zugewandt [...]. Wir müssen die Wissenschaft auf die Straße bringen, lautet eine ihrer Lieblingsmetaphern, die viel über ihr Verständnis von Wissenschaft sagt« (FAZ vom 22.9.2021). »Aber vielleicht ist genau das die Tragik von Anja Karliczek: dass das Amt einer Bundesministerin eben kein langes Einarbeiten erlaubt. Und dass gutes Zuhören keine ausreichende Qualifikation für die Bundespolitik darstellt« (Der Spiegel vom 12.2.2019). Durch die langen Koalitionsverhandlungen nach der Wahl 2017 verfügt Karliczek bis 2021 über keinen Versorgungsanspruch als Ministerin; auf die Frage, ob sie nach der Bundestagswahl 2021 Ministerin bleiben wolle, antwortete sie: »Das würde mir große Freude bereiten. [...] Ich würde gerne Bildung, Forschung und Innovation weiter vorantreiben« (Wiarda 2020). Die FAZ resümiert dazu: »Allzu groß sind ihre Chancen nicht. Man kann sich die tatkräftige und sympathische Politikerin in vielen Rollen vorstellen. Der Wissenschaft ist sie bislang fremd geblieben« (FAZ vom 22.9.2021).

Literatur: Böcking, David: Batteriefabrik in der Heimat. Rechnungsprüfer kritisieren Karliczek scharf. Der Spiegel: 2.9.2020; Bundesministerium für Bildung und Forschung: Karliczek: Grüner Wasserstoff ist der Schlüssel für den künftigen Erfolg der Stahlindustrie in Deutschland. Pressemitteilung Nr. 98/2020, 13.7.2020; Himmelrath, Armin: Bildungsministerin Anja Karliczek. Die Unsichtbare. In: Der Spiegel, 12.2.2019; Medick, Veit/Traufetter, Gerald: »Das muss geübt werden«. Bundesbildungsministerin Anja Karliczek, 48, fordert, dass alle Schüler künftig Masken tragen – auch Erstklässler. In: Der Spiegel, 25.4.2020: 16–17; Wiarda, Jan-Martin: Wir dürfen hier nichts bröckeln lassen. o.O. 2020. Online: https://www.jmwiarda.de/2020/11/13/wir-d%C3%BCrfen-hier-nichts-br%C3%B6ckeln-lassen/ [zuletzt: 13.11.2020].

Gordon Carmele

Klöckner, Julia (CDU)

Bundesministerin für Ernährung und Landwirtschaft

geb. 16. 12. 1972 in Bad Kreuznach, röm.-kath.

1992	Abitur
1995	Deutsche Weinkönigin
seit 1997	Mitglied der CDU
1993–1998	Studium der Politikwissenschaft, katholische Theologie und Pädagogik
1998	Staatsexamen für das Lehramt an Gymnasien und Magisterexamen an der Johannes-Gutenberg-Universität Mainz
1998–2009	Journalistische Tätigkeit
2002–2011	Mitglied des Deutschen Bundestages
seit 2003	Mitglied des Bundesvorstands der Frauen Union
2009–2011	Parlamentarische Staatssekretärin im Bundesministerium für Ernährung, Landwirtschaft und Verbraucherschutz
seit 2010	Landesvorsitzende der CDU Rheinland-Pfalz
2011–2018	Vorsitzende der CDU-Fraktion im Landtag von Rheinland-Pfalz
2011 und 2016	Spitzenkandidatin der CDU bei der rheinland-pfälzischen Landtagswahl
seit 2012	Stellvertretende Bundesvorsitzende der CDU
2018–2021	Bundesministerin für Ernährung und Landwirtschaft

Julia Klöckner trat als fünfundzwanzigjährige Studentin 1997 in die CDU ein, nachdem sie ein Jahr zuvor Mitglied der Jungen Union geworden war. Auslöser ihrer politischen Orientierung war neben ihrer Herkunft aus einer konservativen Winzerfamilie eine Erfahrung in ihrem Studium der Politikwissenschaft. »Die PDS hat mich in die Arme der CDU getrieben«, antwortete sie einmal auf die Frage, warum sie gerade der CDU beigetreten sei. Im Rahmen eines Seminars über Parteien wurde die Aufgabe gestellt, die Grundsatzprogramme der Parteien miteinander zu vergleichen und das Menschen- und Gesellschaftsbild herauszuarbeiten. Ihr wurde aufgetragen, die PDS mit der CDU zu vergleichen. »Die Gesellschaft wächst von unten nach oben. Erst wenn der Mensch die Freiheit hat, sich zu dem zu entwickeln, wozu er angelegt ist, dann kann eine Gesellschaft ein Bund werden, dann herrscht nicht der eine über den anderen. Bei der PDS war es umgekehrt«, so Klöckner.

Klöckner machte schnell politische Karriere.

So wurde sie bereits 2001 in den Vorstand des CDU-Kreisverbandes Bad Kreuznach gewählt. Protegiert vom ehemaligen Kreuznacher Kreisvorsitzenden Michael Prinz zu Salm-Salm erhielt sie bereits ein Jahr später einen sicheren, auf dem Frauenquorum der CDU basierenden Listenplatz für die Bundestagswahl 2002. Mit 29 Jahren wurde sie auf diese Weise Bundestagsabgeordnete. In den Bundestagswahlen 2005 und 2009 gewann sie den Wahlkreis Bad Kreuznach, der mehr als fünfzig Jahre von der SPD gehalten wurde, direkt. Im Januar 2006 wurde sie in den Vorstand der CDU/CSU-Bundestagsfraktion gewählt und zur Beauftragten der Fraktion für Verbraucherschutz ernannt. Anderthalb Jahre später, im Oktober 2007, wurde sie zur Obfrau der Arbeitsgruppe Ernährung, Landwirtschaft und Verbraucherschutz ihrer Fraktion gewählt.

Als Mitglied des Bundestagsausschusses für Verbraucherschutz, Ernährung und Landwirtschaft seit 2002 avancierte Klöckner schnell zur Expertin auf diesem Gebiet. Gekrönt wur-

© Springer Fachmedien Wiesbaden GmbH, ein Teil von Springer Nature 2023
U. Kempf und M. Gloe (Hrsg.), *Kanzler und Minister 2013–2021*,
https://doi.org/10.1007/978-3-658-38669-6_15

de ihre Abgeordnetenkarriere 2009 durch die Ernennung zur Parlamentarischen Staatssekretärin im Bundesministerium für Ernährung, Landwirtschaft und Verbraucherschutz. Dieses Amt nahm sie bis zu ihrem Ausscheiden aus dem Bundestag 2011 wahr. Klöckner verließ den Bundestag, um sich in Rheinland-Pfalz um das Amt der Ministerpräsidentin zu bewerben.

Auch in der CDU stieg Klöckner rasch auf. 2006 wurde sie stellvertretende Vorsitzende des CDU-Landesverbandes Rheinland-Pfalz. Nur vier Jahre später wurde sie im September 2010 mit fast 97 % der gültigen Stimmen zur Landesvorsitzenden gewählt. In diesem Amt wurde sie mehrfach bestätigt. Auf Bundesebene ging der Aufstieg ähnlich schnell vonstatten. Im November 2010 wurde sie mit der höchsten Zustimmung aller Kandidaten Mitglied im Präsidium der CDU. Im Dezember 2012 wurde sie mit annähernd 93 % der Stimmen zur stellvertretenden Bundesvorsitzenden der CDU gewählt. Auch in diesem Amt wurde sie mehrfach bestätigt.

Klöckner trat bei den rheinland-pfälzischen Landtagswahlen 2011 und 2016 jeweils als Spitzenkandidatin ihrer Partei an. Beim ersten Mal verpasste sie den Einzug in die Staatskanzlei nur knapp. Trotz der Niederlage blieb sie in Rheinland-Pfalz und fungierte im Landtag als Oppositionsführerin. Auch bei der Landtagswahl 2016 gelang es ihr nicht, Ministerpräsidentin zu werden. Von der Niederlage schmerzlich getroffen, erwog Klöckner ihren Rückzug aus der Politik, entschied sich dann aber dafür, erneut die Rolle der Oppositionsführerin anzunehmen.

In ihrer Eigenschaft als stellvertretende Bundesvorsitzende der CDU war Klöckner an den Koalitionsverhandlungen im Anschluss an die Bundestagswahl 2017 beteiligt. Vor dem Hintergrund ihrer Erfahrungen fungierte sie dabei als Sachverständige ihrer Partei für Fragen der Landwirtschaft und des Verbraucherschutzes. Zusammen mit dem amtierenden Landwirtschaftsminister Christian Schmidt (CSU) leitete sie federführend die Verhandlungen auf diesem Politikfeld für die Unionsseite. Was mit dem Koalitionspartner SPD in der Agrarpolitik vereinbart wurde, trug zu einem erheblichen Teil ihre Handschrift.

Einigen konnten sich beide Seiten auf vier wesentliche Ziele: 1. Reduzierung des Einsatzes chemischer Pflanzenschutzmittel, insbesondere von Glyphosat, 2. Verbesserung des Insektenschutzes, vor allem des Bienenschutzes, 3. Stärkung des Tierschutzes durch ein Bündel von Maßnahmen (Verbesserung der Nutztierhaltung, Einführung eines Tierwohllabels, Beendigung des Tötens von Eintagsküken, Suche nach Alternativen zur Ferkelkastration, Förderung der Erforschung von Ersatzmethoden für Tierversuche, Verkürzung von Tiertransportzeiten), 4. Weiterentwicklung und Neujustierung der Gemeinsamen Europäischen Agrarpolitik (GAP) dergestalt, dass Tier-, Natur- und Klimaschutz sowie Einkommensstabilisierung der Landwirte gleichermaßen zur Geltung kommen sollten. Leitbild der Agrarpolitik sollte eine ökologisch wie auch konventionell ausgerichtete, familiengeführte und regional verwurzelte Landwirtschaft sein. Klar wurde ausgesprochen, dass der geforderte Wandel in der Landwirtschaft ohne finanzielle Förderung auf nationaler wie europäischer Ebene nicht zu haben sein würde.

Nachdem als Ergebnis der Koalitionsverhandlungen feststand, dass das Agrarressort an die CDU fallen sollte, war es keine Überraschung, dass Bundeskanzlerin Merkel Ende Februar 2018 bekannt gab, dem Bundespräsidenten Julia Klöckner zur Bundesministerin für Ernährung und Landwirtschaft vorzuschlagen. Eine Überraschung auch deshalb nicht, weil Merkel und Klöckner ein gutes, ja vertrautes Verhältnis verband. Die Ernennung Klöckners zur Agrarministerin war zudem in der Union unangefochten.

Im Zuge der Regierungsbildung musste Klöckner noch einen Streit mit dem für das Bundesministerium des Innern, für Bau und Heimat vorgesehenen Horst Seehofer (CSU) austragen. Dabei ging es um die Zuständigkeit für den ländlichen Raum. Diese Zuständigkeit wollte Seehofer in seiner Eigenschaft als Heimatminister für sein Haus beanspruchen. Konkret verlangte er die Eingliederung der für die Gleichwertigkeit der Lebensverhältnisse in Stadt und Land zuständigen Abteilung in das

Innenministerium. Diese Abteilung war erst während der vorangegangenen Legislaturperiode von Klöckners Vorgänger Christian Schmidt geschaffen worden. Klöckner gelang es, Seehofers Zugriff abzuwehren. In einem Interview einige Tage nach Amtsantritt bewertete sie ihren Erfolg wie folgt: »Mir ist die Gleichwertigkeit im ländlichen Raum ein besonderes Anliegen. […] Wir müssen dafür sorgen, dass die Bürger überall in Deutschland gut leben können. Dazu gehören: schnelles Internet, gute Verkehrsanbindungen, bezahlbarer Wohnraum, Kinderbetreuung, Pflegeangebote und auch flächendeckende medizinische Versorgung. […] Die Zuständigkeit für den ländlichen Raum liegt in meinem Ressort. Das ist gut und richtig so.«

Klöckners Ernennung am 14.3.2018 rief in der Land- und Ernährungswirtschaft überwiegend positive Reaktionen hervor. Der Deutsche Bauernverband lobte Klöckner als »eine ausgewiesene Expertin im Bereich Landwirtschaft«. Die Bundesvereinigung der Deutschen Ernährungsindustrie sah in der Entscheidung für Klöckner »eine hervorragende Wahl«, da sie die Lebensmittelbranche und das ihr zugewiesene Ministerium bestens kenne. Demgegenüber kritisierten die Grünen, dass sie nicht für eine ökologische und damit zukunftsfähige Landwirtschaft stehe.

Klöckner begann ihre Arbeit als Ministerin mit großem Elan. Die Freude über ihr neues Amt war ihr bei der Antrittsrede im Bundestag anzumerken. Wie es schon ihr Vorgänger Schmidt getan hatte, sagte sie, dass ihr Ministerium nichts Geringeres als ein »Lebensministerium« sei. Die von den Landwirten erzeugten Lebensmittel seien »Mittel zum Leben und daher systemrelevant«. Stolz sei sie auf die »grünen Berufe« im Land. Sie sicherte den Beschäftigten in diesen Berufen zu: »Für Sie will ich mich einsetzen.« Auch später noch hob sie hervor, dass ihr die Arbeit als Agrarministerin große Freude bereite.

Klöckner war sich im Klaren darüber, dass Agrarpolitik im Interessendreieck von Produzenten, also Landwirten, Verbrauchern sowie Umwelt-, Natur- und Tierschützern statt-

findet und Zielkonflikte daher unausweichlich sind. So sagte sie in einem Interview im Frühjahr 2019: »Wir wollen sichere Ernten und einwandfreies Obst, aber keine Pflanzenschutzmittel, hohes Tierwohl, aber wenig für Fleisch bezahlen, wir beklagen, dass immer mehr kleine Produzenten dicht machen, aber formulieren immer mehr Anforderungen an sie, was deren Wettbewerbsfähigkeit erschwert.« Ihr war deshalb klar, dass es in der Agrarpolitik ohne Kompromisse nicht geht. Sie war sich zugleich dessen bewusst, dass eine Haltung des Kompromisses insbesondere bei Umwelt-, Natur- und Tierschutzverbänden auf wenig Gegenliebe stoßen würde. In einem Interview zum Jahresbeginn von 2019 führte sie hierzu aus: »Heute werden schnell Forderungen formuliert – immer zu 100 Prozent. Doch die Zusammenhänge werden zu wenig analysiert. Damit lösen wir keine Zielkonflikte. Stattdessen müssen wir sie klar benennen. Beispiel Pflanzenschutz. Wir brauchen Pflanzenschutzmittel für die Gesundheit der Pflanzen. Es gibt jedoch in der Gesellschaft Gruppen, die komplett gegen deren Anwendung sind. Diese Gruppen würden aber klagen, wenn wir keine Ernährungssicherheit mehr hätten. Darin sehen wir: Es kann nicht um alles oder nichts gehen, also etwa Pflanzenschutzmittel komplett zu verbieten. Denn das würde bedeuten, dass Lebensmittel nicht für jeden zu bezahlbaren Preisen angeboten werden können. […] Ich mache keine ideologische Schublade auf und bin auch nicht für ein Alles-Oder-Nichts-Prinzip. Wir wollen beim Pflanzenschutz Mengen reduzieren und gleichzeitig Alternativen für die Landwirte anbieten.«

Das nicht zu vermeidende Ausgleichen unterschiedlicher Interessenpositionen in der Agrarpolitik brachte Klöckner zwangsläufig in eine gewisse Spannung zur Umweltpolitik und damit zu Umweltministerin Svenja Schulze (SPD). Klöckner gab dies in wünschenswerter Klarheit zu: »Auch andere Ministerien sind nicht immer im Gleichklang. Wo Menschen zusammenarbeiten, gibt es unterschiedliche Meinungen. Naturgemäß sieht ein Umweltministerium mit dem Umweltbundesamt manches häufig anders als wir. Jeder hat auch einen anderen Auftrag. Wir ringen um die richtigen Wege. Aber ich bringe die Praxis und damit Maß und Mitte in die Themen.« In einem anderen Zusammenhang äußerte sie sogar Verständnis für die Kabinettskollegin: Diese stehe stark unter Druck seitens der Umweltlobby sowie einiger Gruppen, die aufgrund ihrer extremen Positionen viele Spendengelder sammelten.

Klöckner verstand sich als Anwältin der Landwirte. Sie sah diesen Berufsstand zu Unrecht auf der öffentlichen Anklagebank sitzen. Unmittelbar nach Amtsantritt sagte sie: »Wir müssen weg von den stimmungsgeladenen Zuschreibungen, nach dem Motto: Eine Berufsgruppe ist schuld, und die sitzt auf dem Trecker.« Anderthalb Jahre später sprach sie von radikalen Stimmen, die alle Akteure im »landwirtschaftlichen System« als Klimasünder, Tierquäler und Giftmischer beschimpften. Kurzum: Das Bild von der Landwirtschaft sei zu negativ. Denn die Landwirte produzierten schließlich die Mittel zum Leben der Menschen. Sie verdienten daher Wertschätzung und keine Beschimpfung. Gegen aus ihrer Sicht überzogene Forderungen der Umweltschützer wandte sie ein, dass Landwirte nicht in erster Linie Landschaftsgärtner seien, sondern Fachleute, die wüssten, dass sie von ihrem Boden leben müssten. In einem Ende November 2019 veröffentlichten Zeitungsartikel fasste sie ihre Wahrnehmungen wie folgt zusammen: »Viele Landwirte sehen sich überfordert angesichts immer weiterer umweltpolitischer Forderungen aus Teilen der Gesellschaft – immer schneller, immer pauschaler. Und sie haben zum Teil ja recht: Wie einfach ist das, aus der Ferne und ohne Betroffenheit immer neue Wünsche zu äußern, Ausstiegstermine zu fordern und zu verlangen, die Politik müsse das sofort umsetzen!«

Klöckner war jedoch keine naive Verteidigerin des bäuerlichen Besitzstandes. Sie wusste, dass Klima-, Umwelt- und Naturschutz ihren Tribut forderten. Die Landwirte müssten akzeptieren, dass Artenschutz, Klimaanpassungen und Anforderungen an mehr Tierwohl Arbeit und Investitionen von ihnen verlangten. Es würden höhere Kosten auf sie zukommen. Diese müssten sich dann allerdings auch in den Preisen niederschlagen. Dass Klöckner nicht der verlängerte Arm des Deutschen Bauernbandes war, wie ihr jedoch immer wieder von den Umwelt-, Natur- und Tierschutzverbänden vorgeworfen wurde, unterstrich sie gleich zu Beginn ihrer Ministertätigkeit. Das Jahr 2018 war von extremer Trockenheit gekennzeichnet, so dass große Ernteausfälle zu befürchten waren. Der Bauernverband forderte die Ausrufung des nationalen Notstandes und eine Milliarde Euro Soforthilfe für die Bauern. Klöckner hielt dagegen: Erst müssten verlässliche Erntezahlen vorliegen, bevor es Geld vom Steuerzahler gebe. Es solle ferner keine Hilfe nach dem Gießkannenprinzip geben, sondern eine Unterstützung dort, wo die Lage besonders schwierig sei. Klöckner gab damit den Bauern zu verstehen, dass sie auf ihrer Seite stand, ohne jedoch den Forderungen des Bauernverbandes einfach nachzugeben. Das Bundeskabinett folgte ihrem Vorschlag und gewährte betroffenen Betrieben insgesamt 340 Millionen Euro Hilfe.

Den Vorwurf auf dem sächsischen Bauerntag in Schkeuditz im Sommer 2019, die Politik tue nicht genug für die Bauern, wies Klöckner entschieden zurück und bekräftigte ihre Unterstützung für den Berufsstand. Sie sagte den Bauern aber auch, dass sie den Herausforderungen der Wirklichkeit in die Augen schauen müssten: »Es ist nicht gut, wenn bei jeder politischen Neuerung immer der komplette Untergang des Berufsstandes heraufbeschworen wird.« Nicht die Verweigerung, sondern das rechtzeitige Eingehen auf das Erforderliche sei die angemessene Reaktion. Diesen Grundsatz illustrierte sie in dem erwähnten Zeitungsartikel vom November 2019 wie folgt: »Unsere Düngeverordnung muss jetzt Versäumnisse einfangen, die über Jahrzehnte gemacht wurden – auch aus Rücksicht auf den Berufsstand. Deutschland ist zweimal vor dem Europäischen Gerichtshof unterlegen. Nun drohen Vertragsstrafen bis zu 860 000 Euro. Täglich. Der Fall zeigt: Kleine schrittweise Anpassungen an ökologische und gesellschaftliche Anforderungen sind praktikabler als jahrelanges Hinhalten, auf das dann ein plötzliches Umsteuern folgen muss.«

Klöckner sah die Zukunft der Landwirtschaft nicht in einer Wiederbelebung kleinbäuerlicher Strukturen. Dergleichen schwebe vielleicht naiven Romantikern vor, die von einer Sehnsucht nach Bullerbü getrieben seien. Der Grad an Technisierung in der modernen Landwirtschaft sei jedenfalls zu akzeptieren. Die Zukunft liege daher auch in einer digitalen Präzisionslandwirtschaft. Sie vermutete ein großes Potenzial in der präziseren Düngung und Spritzung durch sensorgestützte Landtechnik, ferner in der automatisierten Bedarfsanalyse durch Sensoren oder Drohnen. Sie setzte ihre Hoffnung auf Landwirte, die sich von der Wissenschaft begleiten lassen wollen. Klöckners Vision waren gleichsam smarte ländliche Räume.

Klöckners Amtszeit war von zahlreichen Kontroversen geprägt. Ihre Vorhaben kollidierten entweder mit den Interessen der Landwirte oder den Vorstellungen der Umwelt-, Natur- und Tierschutzverbände, die häufig mit der Unterstützung des Bundesumweltministeriums rechnen konnten. Was den Landwirten an Eingriffen zu weit ging, war den Verbänden in der Regel nicht scharf genug. Dies gilt selbst für die weniger spektakulären Vorhaben wie etwa die Reduktion der Lebensmittelabfälle. Grüne und Umweltverbände störten sich an der Freiwilligkeit der Maßnahmen. Auch Klöckners Wolfsstrategie rief Gegenvorstellungen hervor. Um einem Überhandnehmen der Wölfe entgegenzuwirken und die hohe Zahl der Wolfsrisse an Nutztieren zu senken, setzte sie sich für eine Änderung des Bundesnaturschutzgesetzes ein. Gefährliche Wölfe sollten präventiv entnommen werden können. Naturschutzverbände und das Bundesumweltministerium lehnten dies mit der Begründung ab, dass der Wolf immer noch eine gefährdete Tierart sei. Im Konsens verlief eigentlich nur Klöckners Programm zur Wiederaufforstung der Wälder aus dem Jahr 2019. Die Wälder hatten aufgrund langanhaltender Trockenheit schwer gelitten. Klöckner erhielt für ihr millionenschweres Vorhaben breite Zustimmung aus den Fraktionen.

Schon gleich zu Beginn der Regierungsarbeit entluden sich die Spannungen zwischen Agrar- und Umweltministerium am Streit um den Einsatz des umstrittenen Pflanzenschutzmittels Glyphosat. Glyphosat war 2017 in der EU nach monatelangem Streit für weitere fünf Jahre bis zum 31. 12. 2023 zugelassen worden. Dies hatte Klöckners Vorgänger Schmidt gegen den Widerstand des auch zu jener Zeit von der SPD geführten Umweltministeriums möglich gemacht. Umweltministerin Schulze forderte nun im Einklang mit Umweltschützern ein schnelles und kompromissloses Verbot des Mittels bis 2021. Klöckner verwies im Gegenzug auf dessen europarechtlich gesicherte Zulassung und darüber hinaus auf die generelle Notwendigkeit von Pflanzenschutzmitteln. Hierzu sagte sie: »Wir brauchen Pflanzenschutzmittel. Ich kenne niemanden, der im Supermarkt sagt, ich hätte gerne einen Salat mit Schädlingen.« Klöckner setzte auf Forschung nach alternativen Pflanzenschutzmitteln, um auf diese Weise Glyphosat überflüssig zu machen. Weil Forschung Zeit braucht, löste ihr Ansatz prompt viel Kritik seitens der Umweltschutzverbände und der Grünen aus. Erst im September 2019 konnten sich Klöckner und Schulze auf ein Vorgehen einigen. Die Einigung sah vor, Glyphosat bis zum Ablaufzeitpunkt zuzulassen. Der Einsatz des Mittels sollte jedoch schon zuvor um drei Viertel reduziert werden. So sollten mehr Schutzgebiete ausgewiesen werden. Der Einsatz des Mittels auf Streuobstwiesen sollte künftig untersagt sein. Landwirte sollten zudem beim Einsatz von Unkrautvernichtern einen Mindestabstand von fünf Metern zu Gewässern einhalten. Es erstaunt nicht, dass der Ausstieg aus dem umstrittenen Unkrautvernichtungsmittel nicht die Zustimmung des Bauernverbandes fand.

Auch beim Insektenschutz brauchte es Zeit, bis Landwirtschafts- und Umweltministerium eine Einigung fanden, ging es doch auch hier um den Einsatz von Pflanzenschutzmitteln. Nun hatte sich Klöckner in ihrer Antrittsrede ausdrücklich zum Schutz der Bienen bekannt. Sie stimmte deshalb im April 2018 im EU-Rahmen auch für ein Verbot der für Bienen besonders schädlichen Neonikotinoid-Pestizide. Es dauerte dann allerdings bis Februar 2021, dass das Bundeskabinett das von beiden Ministerien getragene Insektenschutzpaket beschließen konnte. Das Paket sah Einschränkungen beim Gebrauch von Herbiziden und Insektiziden auf bestimmten Flächen vor, was die Landwirte nicht erfreute. Sie befürchteten deutliche Einbußen an Obst und Gemüse. Der Bauernverband äußerte sich daher auch kritisch. Er vermisste einen »partnerschaftlichen Weg zwischen Landwirtschaft und Naturschutz«. Das Gesetzespaket gefährde die Existenzgrundlage vieler Bauernfamilien. Grüne und Umweltverbände hatten sich dagegen für weitergehende Vorschriften eingesetzt. Klöckner kündigte nach Beratungen mit den Agrarministern der Länder ein Förderprogramm an, um die letzten Vorbehalte der Bauern gegen das Paket auszuräumen. 65 Millionen Euro zusätzlich stellte der Bund für Betriebe bereit, deren Flächen von den geplanten Einschränkungen betroffen wurden. Klöckner sagte, dass Insektenschutz mit Einkommenssicherung zusammengehen müsse.

Es war Klöckner ein wichtiges Anliegen, die Tierhaltung in Deutschland tierwohlgerecht umzubauen, den Tieren also mehr Platz im Stall, mehr Auslauf, mehr Tageslicht und mehr Frischluft zu geben. Hierfür fand sie breite Unterstützung sowohl von Seiten der Agrarminister der Länder als auch von den Umwelt- und Tierschutzverbänden. Ihr war klar, dass der Umbau der Ställe die Landwirte viel Geld kosten würde: »Die Gesellschaft möchte mehr Tierwohl, das gibt es nicht zum Nulltarif.« Um den Finanzierungsbedarf zu ermitteln, hatte Klöckner eine Expertenkommission unter Leitung des früheren Landwirtschaftsministers Jochen Borchert (CDU) eingesetzt. Diese schlug Anfang 2020 unter anderem vor, eine Tierwohlabgabe von 40 Cent pro Kilogramm Fleisch zu erheben. Die Kosten für die Verbesserung der Tierhaltung sollten also von den Verbrauchern in Gestalt einer Art »Fleischsteuer« gezahlt werden. Andere Ideen waren, einen Tierwohl-Solidaritätszuschlag zusätzlich zur Einkommensteuer einzuführen oder die Mehrwertsteuer auf Fleischprodukte zu erhöhen. Der letztgenannte Vorschlag entsprach den Wünschen von SPD und Grünen, die sich davon auch eine Senkung des Fleischkonsums versprachen. Der Bundestag unterstützte das Gesamt-

konzept der Borchert-Kommission mit breiter Mehrheit und forderte Klöckner auf, noch in der laufenden Legislaturperiode eine Strategie mit Finanzierungsvorschlägen vorzulegen. Dasselbe tat der Bundesrat. Der Deutsche Bauernverband drang auf eine rasche und vollständige Umsetzung der Vorschläge. Notwendig sei vor allem eine langfristige Zweckbindung: Das Geld müsse dauerhaft dort ankommen, wo das Tierwohl entstehe, nämlich bei den Landwirten. Sozialverbände warnten indes, dass eine Verteuerung von Fleisch besonders Menschen mit geringem Einkommen belaste. Klöckner wählte nicht den Weg einer Belastung der Verbraucher, sondern wandte sich mit Erfolg an die EU. Im August 2021 konnte sie mitteilen: »Wir haben in den Verhandlungen für die Gemeinsame Europäische Agrarpolitik ab 2023 erreicht, dass Investitionen in höhere Tierwohl-Standards künftig mit bis zu 80 Prozent gefördert werden können – bislang waren nur 40 Prozent möglich, das haben wir verdoppelt! Daneben ist die Förderdauer für Tierwohlmaßnahmen nicht mehr auf sieben Jahre beschränkt, sondern unbegrenzt!«

Zu den Maßnahmen, die dem Tierwohl zugutekommen sollten, gehörte auch das Tierwohllabel, also eine Kennzeichnung des Fleisches nach den Haltungsbedingungen der geschlachteten Tiere. Zweck des Labels sollte sein, Verbraucher zu ermuntern, Fleisch aus besseren Haltungsbedingungen zu kaufen, auch wenn dies teurer ist als Fleisch aus der Massentierhaltung. Im September 2019 stellte Klöckner das von ihrem Haus entwickelte staatliche Tierwohlkennzeichen vor, das drei Stufen vorsah. Es sollte zunächst nur für Schweinefleisch gelten und erst später auf Rinder und Geflügel ausgeweitet werden. Ihr Problem war zum einen, dass die großen Supermarktketten einige Zeit zuvor bereits ein eigenes vierstufiges Tierwohllabel für alle Fleischsorten eingeführt hatten. Das staatliche Label hätte nur zur Verwirrung der Verbraucher führen können. Ihr Problem war zum anderen, dass sie die Produzenten nicht zwingen wollte, ihre Produkte mit dem Label zu versehen. In Übereinstimmung mit dem europäischen Recht sollte es eine freiwillige Leistung sein. SPD, Grüne und Tierschutzverbände verlangten dagegen eine verpflichtende Anwendung des Labels sowie deutlich schärfere Kriterien. Weil Klöckner die SPD-Bundestagsfraktion nicht für ihr Projekt gewinnen konnte, verzichtete sie im Juni 2021 darauf, das Tierwohlkennzeichen-Gesetz in den Bundestag einzubringen.

Erfolgreich war Klöckner hingegen mit dem im Koalitionsvertrag verabredeten Verbot des Tötens männlicher Küken, auch wenn die dafür benötigte Änderung des Tierschutzgesetzes nicht, wie vorgesehen, zur Mitte der Legislaturperiode, sondern erst im Mai 2021 zustande kam. Das Bundeskabinett hatte Anfang 2021 den Weg für den aus dem Landwirtschaftsministerium stammenden Gesetzentwurf freigemacht. Klöckners Begründung lautete: »Tierschutz wiegt höher als wirtschaftliche Interessen. Das Töten von Eintagsküken – weil sie ein bestimmtes Geschlecht haben – ist ethisch nicht vertretbar.« Damit befand sie sich im Einklang mit den Tierschutzverbänden wie auch grundsätzlich mit allen Parteien. Die Gesetzesänderung verbot das Kükentöten ab Januar 2022 und das Abbrechen des Brutvorganges bei männlichen Embryonen ab Januar 2024. Das zeitlich gestufte Inkrafttreten der Verbote sollte der von der Regelung massiv betroffenen Geflügelwirtschaft Zeit geben, Alternativen für den Umgang mit ungeborenen männlichen Küken zu erproben.

Die Gestaltung der Agrarsubventionen im Rahmen der Gemeinsamen Europäischen Agrarpolitik beschäftigte Klöckner während ihrer gesamten Amtszeit. Zunächst versicherte sie den Bauern, um die europäischen Fördermittel für die Landwirte kämpfen zu wollen. Sie sah sich hierzu veranlasst, weil die EU-Kommission 2018 ankündigte, die Agrarsubventionen als Folge des Brexits kürzen zu wollen. Sie war sich hierin mit ihrem französischen Amtskollegen in der Ablehnung dieser Absicht einig. Beide betonten im Sommer 2018, dass die Agrarsubventionen dazu beitrügen, die Ernährungssicherheit und Ernährungssouveränität der EU zu erhalten, und deshalb nicht gekürzt werden dürften.

Die EU-Agrarsubventionen waren – und sind – ein hochumstrittenes Feld. Denn sie zwingen zu einer Antwort auf die Frage nach der grundsätzlichen Ausrichtung der Agrarpolitik: Sollen die Bauern Geld dafür bekommen, dass sie Bauern sind und möglichst hohe Erträge erwirtschaften? Oder sollen sie Geld dafür bekommen, dass sie unter Inkaufnahme geringerer Erträge hohe Umwelt- und Tierschutzstandards erfüllen oder gar Landschaftspflege betreiben? Die Entscheidung über die Subventionen bedeuteten für Klöckner eine Gratwanderung zwischen den Interessen der konventionell wirtschaftenden Landwirte und den Vorstellungen der Umweltschutzverbände sowie der ökologisch orientierten Landwirte. Klöckner bekannte sich hinsichtlich der Verteilung der Mittel zum sogenannten Zwei-Säulen-Modell: Die erste Säule enthält die Direktzahlungen an die Landwirte zur Absicherung und Zukunftssicherung ihrer Betriebe. Die zweite Säule enthält Mittel für die Entwicklung ländlicher Räume, worunter auch Maßnahmen des Natur- und Umweltschutzes fallen. Die erste Säule umfasst etwa drei Viertel, die zweite Säule etwa ein Viertel des Agrarhaushaltes der EU. Während es dem Bauernverband auf die Erhaltung der ersten Säule ankam, forderten Umweltschützer eine Aufstockung der zweiten Säule, wenn nicht gar die Abschaffung der ersten Säule. Die Besonderheit der ersten Stufe bestand nämlich darin, dass die Auszahlungen der Subventionen an der Betriebsgröße ausgerichtet waren. Je größer der Betrieb, desto höher die Zahlungen. Für die Auszahlung der Flächenprämien war es zudem unerheblich, ob die Flächen ökologisch bewirtschaftet wurden.

Unter der Leitung von Klöckner verhandelten die EU-Agrarminister über eine Neuausrichtung der europäischen Agrarpolitik für die Haushaltsperiode von 2021 bis 2027. Durchaus im Einverständnis mit Klöckner hatte ein Kabinettsbeschluss 2019 festgelegt, dass zukünftig ein größerer Anteil der EU-Subventionen für den Umwelt- und Klimaschutz zur Verfügung stehen solle. Die Minister einigten sich im Oktober 2020 darauf, 20 % der Direktzahlungen aus der ersten Säule ab 2025 von der Teilnahme an Umweltschutzprogrammen (Eco-Schemes) abhängig zu machen. Dabei sollten die Mitgliedstaaten in der Festlegung ihrer Programme weitgehend frei sein, was zu unterschiedlichen Standards geradezu einlud. Klöckner sprach gleichwohl von einem »Meilenstein« und einem »Systemwechsel«. Der Bauernverband sagte, Klöckner habe »gute Arbeit« geleistet. Bei der Entscheidung handele es sich um einen »tragfähigen Kompromiss«. Die Grünen und die Umweltschutzverbände übten hingegen heftige Kritik an der Regelung. Die kommenden Jahre seien verloren, obwohl sie dringend gebraucht würden, um den dramatischen Verlust der Artenvielfalt zu stoppen und eine zukunftsfähige bäuerliche Landwirtschaft aufzubauen. Nach Verhandlungen zwischen den Mitgliedstaaten und dem europäischen Parlament im Sommer 2021 kam es zu einer leichten Verschärfung der neuen Agrarpolitik: Nun wurden 25 % der Direkthilfen an die Teilnahme an Ökoprogrammen gebunden. Für Umweltschützer war auch dies immer noch viel zu wenig.

Klöckner versuchte, den Bauern im Rahmen dessen entgegenzukommen, was der Koalitionspartner SPD und das von dieser Partei geführte Umweltministerium zuließen. Sie tat dies nicht zuletzt deswegen, weil die Bauern traditionell zur Wählerklientel der Unionsparteien zählen. Dennoch musste sie mehrfach heftige Proteste der Bauern gegen ihre Politik erleben. Die ersten Proteste richteten sich im Herbst 2019 gegen das sogenannte Agrarumweltpaket der Bundesregierung. Unter anderem enthielt dieses Paket strengere Düngeregeln zur Senkung der Nitratbelastung des Grundwassers und Restriktionen beim Einsatz von Pflanzenschutzmitteln zum Schutz der Insekten. Tausende Landwirte demonstrierten im Oktober und im November 2019 in Berlin. Umweltministerin Schulze und Klöckner stellten sich den Demonstranten. Sie drangen mit ihren erklärenden Reden jedoch nicht durch. Beide Ministerinnen wurden ausgebuht.

Die Bauerndemonstrationen hatten zweierlei zur Folge. Zum einen kündigte Klöckner Anfang Dezember 2019 an, eine »Zukunftskommission Landwirtschaft« einzurichten, die aus den so unterschiedlichen Interessen von Bauern, Umwelt- und Tierschützern sowie Verbraucherschützern eine Strategie für die künftige Entwicklung der Landwirtschaft entwickeln sollte. Zum anderen lud Bundeskanzlerin Merkel ebenfalls Anfang Dezember 2019 rund 40 landwirtschaftliche Organisationen zum »Agrargipfel« ins Kanzleramt ein, auf dem sie den Landwirten mehr Mitspracherecht im Umwelt- und Klimaschutz zusicherte. Diesem Agrargipfel ließ Merkel im Februar 2020 noch einen »Lebensmittelgipfel« mit den Chefs der großen Handelsketten folgen, auf dem unlautere Handelspraktiken zu Lasten der Landwirte besprochen wurden. Zusammen mit Wirtschaftsminister Altmaier war Klöckner dabei anwesend. Im Sommer 2021 präsentierte die Zukunftskommission Landwirtschaft ihre Empfehlungen. Sie hatte sich auf das Leitbild einer klimaschonenden und tierfreundlichen Landwirtschaft geeinigt, die sich gleichwohl wirtschaftlich lohnen sollte. Der »Agrarfrieden« kam aber nur deshalb zustande, weil die Kommission den ökologischen Umbau der Landwirtschaft zu einer gesamtgesellschaftlichen Aufgabe erklärte, für dessen Kosten neben den Steuerzahlern auch die Verbraucher aufkommen sollten. Die Kommission ging von einem jährlichen Finanzierungsbedarf zwischen sieben und elf Milliarden Euro aus.

Klöckner leitete ihr Wunschressort. Sie war daher eine engagierte Landwirtschaftsministerin. Sie führte ihr Amt skandalfrei. Ein einziges Mal geriet sie in negative Schlagzeilen: Im Sommer 2019 lächelte sie in einem kurzen Videoclip den neben ihr stehenden Nestlé-Vorstandsvorsitzenden an und lobte den Konzern, weil er die ministeriale Forderung nach reduziertem Zucker-, Salz- und Fettgehalt unterstütze. Der Vorwurf, dies sei eine unzulässige Schleichwerbung, wurde jedoch bald fallengelassen. Das Ganze kann man als eine Ungeschicklichkeit Klöckners bezeichnen.

Das Ministeramt stellte Klöckner vor die kaum lösbare Aufgabe, einen von allen Seiten akzeptierten Weg zwischen konventioneller und ökologischer Agrarwirtschaft zu finden. Sie wusste, dass in erster Linie die konventionelle Landwirtschaft die Ernährungssicherheit gewährleistet, und verweigerte sich deshalb einem abrupten Kurswechsel hin zur Biolandwirtschaft. Zugleich hatte sie keine Zweifel daran, dass mittel- und langfristig ökologischen Standards in der Landwirtschaft ein immer größerer Stellenwert zukommen muss. In gewisser Weise saß Klöckner damit zwischen den Stühlen: Traf sie Entscheidungen, die für die konventionelle Landwirtschaft hinnehmbar waren, musste sie sich von Umweltschützern, aber auch von SPD und Grünen den Vorwurf anhören, vor der Agrarlobby eingeknickt zu sein. Entschied sie sich dafür, den Landwirten ökologisch motivierte Auflagen zu machen, hörte sie von deren Interessenverbänden, dass sie die Arbeit der Bauern nicht genügend wertschätze und letztlich deren wirtschaftliche Existenz gefährde. Insgesamt gilt: Klöckners Politik war auf Ausgleich bedacht. Eine Alles-oder-nichts-Politik war ihr zuwider. Mit ihrer Ablehnung radikaler Lösungen entsprach sie auf ihrem Politikfeld dem Selbstverständnis der von Ausgleich und Kompromissen lebenden pluralistischen Demokratie. Das ist nicht geringzuschätzen.

Als Folge ihrer schweren Niederlage bei der Bundestagswahl im September 2021 schieden die Unionsparteien aus der Bundesregierung aus. Klöckner führte ihr Amt als geschäftsführende Bundesministerin bis zum 8. 12. 2021 weiter. Bei der Wahl war es ihr nicht gelungen, ihr Direktmandat zu verteidigen. Sie zog aber über die rheinland-pfälzische Landesliste erneut in den Bundestag ein. Wenige Tage nach der Bundestagswahl kündigte sie an, nicht erneut für den Landesvorsitz der rheinland-pfälzischen CDU kandidieren zu wollen. Es gehe ihr darum, »Klarheit« für die nächste Landtagswahl zu schaffen, bei der sie nicht als Spitzenkandidatin ihrer Partei antreten werde.

Literatur: Klöckner, Julia/Hartmann, Thomas: Der Wein erfreue des Menschen Herz. Geschichten über den Wein und die Menschen in der Bibel. Fribourg 1998; Hartmann, Thomas/Klöckner, Julia: Irdischer Wein – Himmlischer Genuss. Der Wein in der Bibel. Fribourg 2008; Klöckner, Julia: Zukunft statt Vergangenheit, in: Neuss, Beate/Neubert, Hildigund (Hg.): Mut zur Verantwortung. Frauen gestalten die Politik der CDU. Köln/Weimar/Wien 2013, S. 681–692; Klöckner, Julia: Zutrauen! Ideen statt Ideologien – Was mir in der Politik wichtig ist. Freiburg 2015; Klöckner, Julia: Nicht verhandelbar. Integration nur mit Frauenrechten. Gütersloh 2018.

Joachim Detjen

Kramp-Karrenbauer, Annegret (CDU)

Bundesministerin der Verteidigung

geb. 9. 8. 1962 in Völklingen, röm.-kath.

1982	Abitur
seit 1981	Mitglied der CDU
1990	Magistra Artium in den Fächern Politikwissenschaft und Öffentliches Recht
1991–1998	Grundsatz- und Planungsreferentin der CDU-Saar
1998	Mitglied des Deutschen Bundestages
1999	persönliche Referentin von Ministerpräsident Peter Müller
1999–2018	Mitglied des saarländischen Landtages
2000–2004	Ministerin des Inneren und des Sports
2004–2007	Ministerin für Inneres, Familie, Frauen und Sport im Saarland
2007–2009	Ministerin für Bildung, Familie, Frauen und Kultur
2009–2011	Landesministerin für Arbeit, Familie, Soziales, Prävention und Sport
2011	Wahl zur Ministerpräsidentin des Saarlandes auf Vorschlag von Peter Müller, der zum Bundesverfassungsrichter bestellt worden war
2011–2018	Landesvorsitzende der CDU-Saar
2/2018	Rücktritt als Ministerpräsidentin nach Wahl zur Generalsekretärin der Bundes-CDU
2018	Generalsekretärin der CDU
2018–2021	Parteivorsitzenden der CDU Deutschlands
2019–2021	Bundesministerin der Verteidigung
2020	Verzicht auf Kanzlerkandidatur 2021 und Rücktritt als CDU-Bundesvorsitzende
2021	Verzicht auf ihr Bundestagsmandat

Nach ihrem Studium der Politikwissenschaft und des Öffentlichen Rechts absolvierte Kramp-Karrenbauer, seit 1981 Mitglied der CDU, eine steile Parteikarriere. Zunächst von 1991 bis 1998 als Grundsatz- und Planungsreferentin der CDU-Saar wurde sie 1999 persönliche Referentin des damaligen Vorsitzenden der CDU-Saar und späteren Ministerpräsidenten des Saarlandes, Peter Müller. Ein Jahr vorher rückte sie für Klaus Töpfer in den Bundestag nach, wurde jedoch bei der Bundestagswahl im September 1998 nicht bestätigt.

Bei den Saarländischen Landtagswahlen im September 1999 gelang ihr der Einzug in den Landtag, ein Mandat, das sie bis März 2018 innehatte. Nach Peter Müllers Wahl zum neuen Ministerpräsidenten wurde Kramp-Karrenbauer parlamentarische Geschäftsführerin der CDU-Fraktion im Landtag und übernahm ab Dezember 2000 verschiedene Landesministerien: Zunächst wurde sie als erste Frau in der Bundesrepublik Deutschland – neben dem Sportressort – Innenministerin. 2004 wurde sie, seit 1999 auch Landesvorsitzende der Frauen-Union Saar, Ministerin für Inneres, Familie, Frauen und Sport.

Nach einer Kabinettsumbildung im September 2007 wechselte sie ins Bildungsministerium. Nach Peter Müllers Wechsel ins Bundesverfassungsgericht wurde auf seinen Vorschlag die Bildungsministerin am 10. 8. 2011 von der amtierenden Jamaika-Koalition im zweiten Wahlgang zur neuen Ministerpräsidentin gewählt. Das Justizressort übernahm sie in Personalunion.

Auf Bundesebene gelang es Kramp-Karrenbauer seit 2010 ins CDU-Bundespräsidium aufzurücken.

Wegen anhaltender Personalquerelen in der

© Springer Fachmedien Wiesbaden GmbH, ein Teil von Springer Nature 2023
U. Kempf und M. Gloe (Hrsg.), *Kanzler und Minister 2013–2021*,
https://doi.org/10.1007/978-3-658-38669-6_16

FDP-Saar, die eine konstruktive Regierungsarbeit erschwerten, schlug die Ministerpräsidentin den Koalitionspartnern die Auflösung der Jamaika-Koalition und Neuwahlen zum Landtag vor (Wikipedia). Am 25.3.2012 gewann die CDU-Saar die Wahl als stärkste Partei. Anschließend einigte sich die CDU-Landeschefin mit der SPD-Saar unter Heiko Maas am 24.4.2012 auf eine Große Koalition. Am 9.5.2012 wurde Kramp-Karrenbauer zur Ministerpräsidentin gewählt. Fünf Jahre später, Mitte März 2017, gewann die CDU-Saar erneut die Landtagswahl mit 40,7 % der Stimmen deutlich vor dem Koalitionspartner SPD. Beide Parteien beschlossen, das Bündnis fortzusetzen. So wurde die CDU-Saar-Vorsitzende zum dritten Mal zur Regierungschefin gewählt.

Nachdem Bundeskanzlerin Merkel nach dem schwachen Abschneiden der CDU bei der Hessen-Wahl im Oktober 2018 mitgeteilt hatte, sie würde nicht mehr bei der Wahl zur CDU-Bundesvorsitzenden kandidieren und auch nicht bei der Bundestagswahl im Herbst 2017 antreten, verkündete Kramp-Karrenbauer, seit Februar 2018 auf Merkels Vorschlag zur Generalsekretärin der Partei gewählt, sie würde für Merkels Nachfolge an der Parteispitze kandidieren. Am 7.12.2018 setzte sie sich auf dem Bundesparteitag in Hamburg in der Stichwahl gegen Friedrich Merz durch.

Ihre Amtszeit als CDU-Bundesvorsitzende währte nur recht kurz. Bei den Auseinandersetzungen mit Mitgliedern der CDU-Fraktion in Erfurt, von denen einige eine Zusammenarbeit mit der rechtsextremen AfD im Thüringer Landtag befürworteten, konnte sie sich nicht durchsetzen. Wegen dieses Autoritätslustes kündigte sie daraufhin ihren Rücktritt als CDU-Bundeschefin an. Innerparteiliche Sticheleien und eine mangelnde Unterstützung durch die Bundeskanzlerin in der Auseinandersetzung mit den Thüringer »Parteifreunden« bestärkten sie zu diesem Schritt. Ministerin der Verteidigung blieb sie jedoch bis zum Ende der Legislaturperiode. Am 15.12.2021 wurde sie mit dem Großen Zapfenstreich der Bundeswehr offiziell verabschiedet. Ihr am 26.9.2017 gewonnenes Bundestagsmandat legte sie nieder.

Am 24.7.2019 hatte die CDU-Vorsitzende Annegret Kramp-Karrenbauer das Verteidigungsressort von ihrer Vorgängerin Ursula von der Leyen, die zur Präsidentin der Europäischen Kommission gewählt worden war, übernommen. Laut Presseberichten war Kramp-Karrenbauer nicht die »erste Wahl« für dieses Amt. Die Kanzlerin und die CDU-Granden befürworteten Gesundheitsminister Jens Spahn (Alexander 2021: 111). Spahn hatte sich nach kurzer, erfolgreicher Arbeit als Gesundheitsminister für ein prestigeträchtigeres Amt qualifiziert. Kramp-Karrenbauer hatte noch Anfang Juli bekräftigt, nicht ins Bundeskabinett eintreten zu wollen. Umso überraschter war die Kanzlerin, als die CDU-Bundesvorsitzende den Präsidiumsmitgliedern mitteilte, sie wolle die Leitung des Verteidigungsministeriums selbst übernehmen (ebd.: 113). Ihr Sinneswandel lässt sich mit ihrer Absicht erklären, nach Merkels Rücktritt vom Kanzleramt selbst für dieses Amt zu kandidieren. Sie befürchtete, Spahn könnte bei der Bewerbung für das höchste Regierungsamt an ihr »vorbeiziehen«. Am 24.7.2018 wurde sie als zweite Frau im Verteidigungsressort vereidigt. Die Truppe, insbesondere das Offizierskorps, war über den Amtswechsel eher froh, hatte doch von der Leyen den Soldaten nach rechtsradikalen Vorfällen in der Truppe »Haltungsprobleme« vorgeworfen. Viele Offiziere fühlten sich durch diese Äußerung gedemütigt.

Die neue Ministerin sah es als eine ihrer vordringlichen Aufgaben an, die Bundeswehr stärker in der Öffentlichkeit präsent zu machen und den Soldatinnen und Soldaten der Freiwilligenarmee (die Wehrpflicht wurde 2011 ausgesetzt) ein besseres Ansehen zu verschaffen. So konnten die Soldatinnen und Soldaten kostenlos die Bahn benutzen, sofern sie Uniform trugen. Gelöbnisse von Rekruten wurden vermehrt vor dem Deutschen Bundestag sowie in den Hauptstädten der Bundesländer veranstaltet.

Zur Bekämpfung des Coronavirus wurden ab März 2020 rund 20 000 Armeeangehörige zur Unterstützung des zivilen Personals in den Impfzentren eingesetzt. »Wir helfen bei der Gesundheitsversorgung und wenn nötig auch bei der Gewährleistung von Infrastruktur und Versorgung sowie der Aufrechterhaltung von Sicherheit und Ordnung«, hieß es in einem Tagesbefehl an die rund 180 000 Mitglieder der Truppe. Artikel 35 des Grundgesetzes ist die rechtliche Grundlage für den Einsatz der Bundeswehr im Inneren. Auch mit Flugzeugen der Bundesluftwaffe beteiligte sich die Armee u. a. daran, Schwerstkranke aus Italien, Portugal und Frankreich in deutsche Krankenhäuser zu verlegen. »Das Virus hat keine Nationalität. Anschließend halte ich es für sehr wichtig, dass wir uns in Europa gegenseitig helfen,« so die Ministerin in einem Interview (28. 3. 2020: 2). Herausragendes leistete die Truppe bei der Flutkatastrophe im Erft- und Ahrtal im Sommer 2021. Neben dem Technischen Hilfswerk und regionalen Feuerwehren waren insbesondere Einheiten der Bundeswehr zu Aufräumarbeiten im Katastrophengebiet eingesetzt.

Im Juli 2020 rückten die ersten Rekruten des neugeschaffenen Freiwilligendiensts der Bundeswehr ein. Das Angebot für eine Schnellausbildung als Reservisten für den Heimatschutz sieht eine dreimonatige Grundausbildung in der Nähe des Wohnorts vor; es folgen vier Monate Spezialausbildung zum Sicherungs- und Schutzsoldaten. In den folgenden sechs Jahren sind fünf weitere Monate Dienst in der Reserve nahe der Heimat vorgesehen, also insgesamt zwölf Monate. Kramp-Karrenbauer stellte das neue Angebot, das allen einsatzfähigen Interessierten bis zum Alter von 65 Jahren offensteht, unter das Motto »Dein Jahr für Deutschland«. »Es werde Zeit, den Begriff Heimat wieder in die Mitte der Gesellschaft zu holen und ihn nicht den Rechten zu überlassen«, so die Ministerin (FAZ vom 24. 7. 2020). Ziel des neuen Dienstes ist es, jährlich rund 1 000 Freiwillige zu gewinnen. Diese erhalten für ihren Dienst rund 1 300 Euro im Monat sowie die kostenlose Nutzung der Bahn. Es geht Kramp-Karrenbauer »vor allem um die Verankerung der Bundeswehr in der Mitte der Gesellschaft, um den gesellschaftlichen Kitt in Deutschland und um die Anerkennung der Gesellschaft für die Bundeswehr« (Badische Zeitung vom 24. 7. 2020: 2). Von den Grünen und der Linken wurde der

Freiwilligendienst kritisiert. Auch Wohlfahrtsverbände lehnten ihn ab; sie befürchten eine Benachteiligung bestehender sozialer Dienste im Wettbewerb mit der Bundeswehr.

Kramp-Karrenbauer regte auch die Wiedereinführung der Wehrpflicht verbunden mit einer allgemeinen Dienstpflicht auch für Frauen an. Allerdings fand die Ministerin für diese Überlegungen bei den Fachpolitikern der Koalition keine Zustimmung. Schon ihr Vorschlag kurz nach Amtsantritt, eine internationale Sicherheitszone für Kurden in Nordsyrien einzurichten, wurde von deutschen Verteidigungs- und Außenpolitikerinnen und -politikern zurückgewiesen. Ihre Überlegungen zum Aufbau einer EU-Armee wurden ebenfalls nicht weiterverfolgt.

Das Verhältnis der Ministerin zum Koalitionspartner darf durchaus als gespannt bezeichnet werden. Dies fußt u. a. auf der Weigerung der SPD, bewaffnete Drohnen für die Bundeswehr zu beschaffen, und auf der Forderung des links-pazifistischen SPD-Fraktionsvorsitzenden Rolf Mützenich auf Abzug der amerikanischen Atomwaffen aus Deutschland. Die Ministerin warf der SPD vor, sie schwäche die Verteidigungsfähigkeit Deutschlands. Die Sozialdemokraten, so die Amtschefin, nähmen »eine für die Sicherheit Deutschlands problematische Entwicklung« ein, wenn sie den Abzug aller amerikanischen Atomwaffen aus Deutschland verlangten. »Solange es Staaten mit Atomwaffen gibt, die nicht zu unserer Wertegemeinschaft gehören, brauchen wir eine starke Verteidigungsposition«, so die Ministerin (FAZ vom 8. 5. 2020: 1). Die Bundeswehr hält taktische Atombomben und Sprengköpfe der amerikanischen Streitkräfte in Verwahrung, die im Zuge der nuklearen Teilhabe ein Element der nuklearen Abschreckung bilden sollen und im Verteidigungsfall von Kampfflugzeugen der Bundesluftwaffe ins Ziel gelenkt werden können. Nato-Generalsekretär Jens Stoltenberg sprang in einem Zeitungsartikel der Ministerin bei: »Während die Nato ihre nukleare Abschreckung als ein politisches Instrument betrachtet, hat Russland in den letzten Jahren erheblich in seine militärischen Fähigkeiten und insbesondere in sein Nukleararsenal investiert. Es hat in Kaliningrad nuklearfähige Raketen stationiert. Es hat Bündnispartner wie Dänemark, Polen und Rumänien mit Atomschlägen bedroht. […] Seit dem Ende des Kalten Krieges hat die Nato die Zahl der Nuklearwaffen in Europa um etwa 90 Prozent verringert. Russland hat [dagegen] eklatant gegen den INF-Vertrag verstoßen. Es hat neue nukleare Mittelstreckenraketen stationiert. […] Daher begrüße ich das klare Bekenntnis Deutschlands zur Nato und zu unserer Abschreckung. […] Unsere gemeinsamen Verfahren geben den Bündnispartnern in Nuklearfragen eine Stimme, die sie sonst nicht hätten« (FAZ vom 10. 9. 2020: 8).

Die für die Abschreckung erforderlichen Jagdbomber vom Typ Tornado müssen wegen Sicherheitsmängeln ersetzt werden. Während die Ministerin für den Kauf von amerikanischen F-18-Flugzeugen plädiert, lehnten SPD, Grüne und die Linke einen solchen Kauf ab. Eine Entscheidung für den Ersatz der betagten Tornados wurde in der 19. Legislaturperiode nicht mehr beschlossen. (In ihrem Koalitionsvertrag vom Dezember 2021 sprachen sich die Mitglieder der neuen Ampelkoalition für die Anschaffung eines neuen Kampfflugzeugs aus.)

Auch die Bewaffnung von Drohnen wurde vertagt. SPD-Verteidigungsexperten wie Fritz Felgentreu und die neue Wehrbeauftragte Eva Högl (SPD) konnten sich nicht gegen Mützenichs ablehnende Haltung durchsetzen. Die SPD-Führung verlangte erneute »sorgfältige Prüfungen«, obwohl diese seit zehn Jahren laufen. Zwar verfügt die Luftwaffe über eine israelische Leasing-Drohne, die aber nur zur Aufklärung eingesetzt werden darf. Im Gegensatz zu ihrer Fraktion warb die neue Wehrbeauftragte sowohl für den Kauf von neuen Flugzeugen als Ersatz für den Tornado wie auch für eine rasche Ausstattung der Bundeswehr mit bewaffneten Drohnen (FAZ vom 24. 2. 2021). Immerhin verständigten sich Anfang 2021 die Koalitionspartner auf die Finanzierung und den Bau der Eurodrohne gemeinsam mit Frankreich, Spanien und Italien. Der neue Flugkörper soll vor allem bei militärischen Einsätzen im Ausland Luftbilder an die Bodenstationen liefern. Ob

der ferngesteuerte Flugkörper in Deutschland bewaffnet sein wird, schien bei dem Widerstand der SPD höchst fraglich. Auch hier befürwortete die neue Ampelkoalition überraschend die Bewaffnung der Drohnen.

Für den Münchner Politologen Carlo Masala ist ungeachtet des überraschenden Sinneswandels der neuen Koalitionspartner, die SPD unter der Leitung ihres Fraktionsvorsitzenden Mützenich »schrittweise von einer realistischen Sicherheitspolitik auf die Linie einer idealistischen Sicherheitspolitik gerückt« (Badische Zeitung vom 18. 12. 2020: 4). Als Beispiele für diese Entwicklung nannte er u. a. Mützenichs Forderung nach Abzug der US-Atomwaffen aus Deutschland, eine Forderung, die allerdings im Koalitionsvertrag der neuen Ampelkoalition nicht thematisiert wurde.

Als Beispiel für die vertiefte deutsch-französische Rüstungszusammenarbeit werteten beide Verteidigungsministerinnen im Sommer 2021 die Dienststellung der gemeinsamen Flugtransport-Staffel. 300 Soldaten aus beiden Ländern werden die insgesamt zehn Flugzeuge warten bzw. fliegen. Für die deutsche Ministerin ist die »Zusammenarbeit zwischen beiden Nationen eine neue Dimension.« Für ihre französische Kollegin ist »die Staffel ein konkreter, wichtiger Fortschritt für das Europa der Verteidigung« (FAZ vom 4. 6. 2021). Vereinbart wurde 2020 auch die Herstellung eines neuen Kampfpanzers für beide Armeen sowie die gemeinsame Entwicklung eines Kampfflugzeugs der »neuen Generation«.

Nach erheblichen Kürzungen im Verteidigungshaushalt seit 2011 gelang es der Ministerin seit Amtsbeginn diesen aufzustocken. Für das Jahr 2021 waren 46,9 Milliarden Euro ausgewiesen, für das Folgejahr sogar 50,3 Milliarden Euro (FAZ vom 27. 9. 2021: 17). Laut der von der Großen Koalition beschlossenen mittelfristigen Finanzplanung soll der Etat aber wieder auf 47 Milliarden Euro sinken. Erneut würde das von allen 30 Nato-Partnern 2014 beschlossene Ziel, innerhalb von zehn Jahren die Verteidigungsausgaben auf zwei Prozent des jeweiligen Bruttosozialprodukts zu steigern, verfehlt. Dies hatte 2018 zu der Drohung von US-Präsident Trump geführt, gegebenenfalls die Nato zu verlassen, wenn dieses 2014 vereinbarte Ziel insbesondere von Deutschland verfehlt würde. Auch sein Nachfolger Joe Biden mahnte nachdrücklich eine Steigerung der Finanzausgaben für Verteidigung bei den Nato-Partnern an. Im Jahr 2020 betrugen die deutschen Militärausgaben 1,4 % des Bruttosozialprodukts.

Kaum Kontroversen gab es in der Koalition über den Einsatz der Bundeswehr in Afghanistan und in Mali. Dort waren 1 200 Soldaten der Bundeswehr im Auftrag der Vereinten Nationen eingesetzt, jedoch ohne Kampfauftrag. Anfang 2021 beschloss der Deutsche Bundestag den Einsatz der Soldaten am Hindukusch um ein Jahr zu verlängern. Er diene dazu, »die in zwanzig Jahren Stabilitätshilfe wie u. a. Mädchen und Frauen Zugang zu Bildung zu ermöglichen und eine funktionierende Verwaltung in einige Landesteilen aufzubauen«, so die Ministerin (FAZ vom 16. 1. 2021). Aber der überstürzte Abzug der westlichen Truppen aus Afghanistan im Sommer 2021 führte nahezu kampflos zur Machtübernahme der Taliban, was zu Recht um die Errungenschaften der vergangenen zwanzig Jahre fürchten lässt. Teilweise heftige Kritik gab es an der unbefriedigenden Rückholaktionen von afghanischen Ortskräften, die mit der Bundeswehr und anderen deutschen Einrichtungen zusammengearbeitet hatten und nun die Rache der neuen Machthaber befürchten müssen. Insgesamt gelang es der Bundesluftwaffe nach dem Zusammenbruch der afghanischen Armee und der Flucht der Politiker mehr als 5 000 Deutsche, Verbündete und Afghanen in kürzester Zeit zu evakuieren. Ein Großteil der »Unterstützer« deutscher Einrichtungen musste aber nach dem Fall von Kabul zurückbleiben. Die deutsche Regierung hofft, auf diplomatischem Weg, diese Personen nach Deutschland bringen zu können. Kramp-Karrenbauer sagte dazu in einem Interview: »Was mich belastet, ist die Tatsache, dass ich mich mit meinem Anliegen, den Kreis der Ortskräfte zu erweitern und auch Charterflugzeuge zu nutzen, [im Kabinett] nicht so durchsetzen konnte, wie ich es mir im Nachhinein gewünscht hätte« (FAZ vom 18. 9. 2021: 2).

In der zweiten Hälfte ihrer Amtszeit wurde die Ministerin von rechtsextremistischen Vorkommissionen in der Eliteeinheit Kommando Spezialkräfte (KSK) eingeholt. Wegen solcher Vorfälle war das KSK mit etwa 1 500 Soldaten im Jahr 2020 Gegenstand nachrichtendienstlicher Ermittlungen des Militärischen Abschirmdienstes geworden. In Folge der Untersuchungen u. a. über Nazi-Gegröle bei Abschiedsgelagen wurde die zweite Kompanie der Eliteeinheit aufgelöst. Auch die Auflösung des gesamten Verbandes wurde diskutiert. Aus dem Ministerium hieß es dazu: »Es scheint beim KSK eine Unkultur gegeben zu haben, in der man der Auffassung war, dass Regeln und Vorschriften nur für andere gelten. Das KSK wird nur eine Zukunft haben, wenn diese Unkultur nachhaltig aufgebrochen und verändert wird« (FAZ vom 22. 5. 2021).

Diese Kritik bezog sich auch auf die möglicherweise widerrechtliche Amnestie für Soldaten des KSK durch den Kommandeur des Verbandes wegen des Verschwindens von mehreren tausend Schuss Munition und auch Handgraten. Diese rechtswidrig behaltene Munition (meist Übungsmunition) sollte in Form einer Selbstamnestierung anonym in Sammelbehälter auf dem Kasernengeländen zurückgelegt werden. Konsequenzen hatten die Soldaten, die der Aufforderung umfassend folgten, nicht zu befürchten. Die Ministerin war über diese Amnestie-Aktion nicht informiert worden. Vor dem Verteidigungsausschuss musste sie tiefgreifende und lang andauernde Versäumnisse beim Umgang mit Übungsmunition im KSK einräumen. Sie sprach von einer »Kultur der Schlamperei« (FAZ vom 2. 3. 2021), lehnte aber das Ansinnen der Opposition nach Auflösen der Truppe ab.

Die vorbildliche Leistung vor allem von Einheiten des KSK bei der Sicherung des Flugplatzes in Kabul während der Rückholaktion von Deutschen und afghanischen Ortskräften kurz vor der Bundestagswahl im September 2021 verdrängte das Thema aus der politischen Diskussion.

»Wir müssen die durch jahrzehntelanges Sparen verursachten Lücken [beim Material] füllen und uns gleichzeitig gegen neue reale Bedrohungen wie Drohnen, Hyperschallwaffen oder Angriffe im Cyberraum wappnen«, so die Ministerin in einem Interview. »Sicherheit kostet nun einmal Geld. Der Staat hat die Kernaufgabe, die Sicherheit seiner Bürgerinnen und Bürger zu gewährleisten – unabhängig von der Kassenlage« (Badische Zeitung vom 17. 3. 2021: 6). Mit anderen Worten: Die Bundeswehr ist nur bedingt einsatzbereit. So berichtete der Generalinspekteur der Bundeswehr Eberhard Zorn, dass der Armee weiterhin funktionsfähige Waffen und Fahrzeuge fehlen. Häufig wurden defekte Geräte wie die neuen Fregatten und der technisch ambitionierte Schützenpanzer Puma von der Industrie nicht einsatzfähig ausgeliefert und mussten anschließend aufwendig überarbeitet werden. Gleiches gilt auch für das neue Transportflugzeug A400; weniger als ein Drittel der ausgelieferten Maschinen ist startklar. Kramp-Karrenbauer hatte bei Amtsantritt die Devise herausgegeben, die Einsatzfähigkeit des Materials bei allen Truppenteilen wesentlich zu verbessern. Trotz des gestiegenen Verteidigungshaushalts ist dies laut Generalinspekteur aber nur punktuell gelungen. Fehlende Ersatzteile und ständige Nachbesserungsforderungen von der Truppe führten zu den angeführten Dilemmata. Die Ministerin verlangte eine Abkehr von Sonderwünschen von Seiten der Streitkräfte und ein Zurückgreifen auf marktverfügbare Lösungen. Man brauche »Waffensysteme, die auch unter widrigen Bedingungen einsatzbereit seien«, so der oberste General. »Solche Lösungen seien häufig auch kostengünstiger und schneller verfügbar« (FAZ vom 3. 2. 2021). Mit anderen Worten: Es müsse mehr von der Stange gekauft, auf Sonderwünsche verzichtet und auch auf bei den Verbündeten bewährtes Material, wie beispielsweise leistungsfähige Transporthubschrauber, zurückgegriffen werden. Über Einwände von Seiten deutscher Unternehmen habe man sich hinwegzusetzen.

Fast gegen Ende ihrer Amtszeit konnte die Ministerin einen Erfolg verbuchen: Nach sechsjähriger Sanierung erhielt die deutsche Marine ihr Segelschulschiff Gorch Fock zurück. Der Kostenrahmen wurde zwar um das 14-fache überzogen, aber immerhin können Offizieranwärter und -anwärterinnen wieder auf dem Dreimaster ausgebildet werden.

Erstmals in der Geschichte der Bundeswehr stellten die Ministerin und der Generalinspekteur gemeinsam einen Bericht zur Modernisierung der Streitkräfte vor. Durch die Reform soll eine Neuausrichtung der Armee ermöglicht werden. So sollen die Organisation der Truppe gestrafft und die Bundeswehr wieder besser für Aufgaben der Landes- und Bündnisverteidigung vorbereitet werden. »Ziel ist es, die Verfügbarkeit einsatzbereiter Kräfte insgesamt zu erhöhen«, heißt es in dem vorgestellten Eckpunktepapier (FAZ vom 19. 5. 2021: 4). Dazu soll ein »Territoriales Führungskommando« geschaffen werden. In dem Eckpunktepapier bemängeln die beiden die »Unterfinanzierung« der Bundeswehr; sie »sei nicht ausreichend vorbereitet« und »einseitig auf Auslandseinsätze ausgerichtet«. Die Ministerin und der Generalinspekteur werben dafür, Europa und die Nato gemeinsam besser auf neue Bedrohungen durch Russland, das »sich als Gegengewicht zum Westen definiere« und seine »militärischen Drohungen in jüngster Zeit verschärft und internationale Verträge wissentlich verletzt [habe]«, vorzubereiten. Auch China werde »zu einem machtvollen und immer häufiger sichtbar ausgreifenden Akteur«. Daraus folge, »die Bundeswehr müsse schneller als alle anderen an den Außengrenzen von EU und Nato zur Stelle sein. Die Armee muss in der Lage sein, ohne lange Vorlaufzeiten auf eine Konflikteskalation zu reagieren. Sogenannte ›Kräfte der ersten Stunde‹ müssten insbesondere an den Außengrenzen des Bündnisses schnell eingesetzt werden können« (Badische Zeitung vom 19. 5. 2021: 1). Für solche Aufgaben sei die Bundeswehr aber »weiterhin unterfinanziert«, so die Ministerin. Die Armee brauche »einen weiter steigenden und verlässlich geplanten Verteidigungshaushalt« (FAZ vom 10. 2. 2021). Ob dieses Ziel in der 20. Legislaturperiode erreichbar ist, bleibt abzuwarten: Kramp-Karrenbauer ist es in ihrer kurzen Amtszeit gelungen, das Thema Bundeswehr trotz aller Kritik von Seiten der Opposition und des Koalitionspartners stärker

in die politische Diskussion um die Aufgabenbereiche der Armee präsent zu machen.

Der russische Überfall auf die Ukraine
im Februar 2022 führte zu einer »Zeitenwende« in der Sicherheitspolitik (so Olaf Scholz).
Der Bundeskanzler erklärte in seiner Regierungserklärung am 17.2.2022, die Bundeswehr
erhalte – neben den jährlichen Haushaltsmit-
teln – ein Sondervermögen von 100 Milliarden Euro. Damit sollen die Ausrüstungsdefizite
bei den Teilstreitkräften ausgeglichen werden.
Nach jahrelangen Sparmaßnahmen und der
häufigen Weigerung des SPD-Koalitionspartners veraltetes Gerät zu ersetzen, sollen nun
u.a. die Luftwaffe mit hochmodernen amerikanischen Kampfflugzeugen mit Nuklearbewaff-
nung, die nach langen Auseinandersetzungen
schließlich bestellten Drohnen auch bewaffnet
und die Bundesmarine mit weiteren Korvetten
ausgerüstet werden. Die Erfüllung der Nato-
Verpflichtung, den Verteidigungshaushalt jährlich mit 2% des Bruttosozialprodukts auszustatten, wurde vom Regierungschef dem Parlament
ebenfalls mitgeteilt. Alle Bundestagsabgeordneten, auch die meisten vor der Regierungserklärung nicht eingeweihten Vertreter von
SPD und Grünen, leisteten dem Bundeskanzler stehende Ovationen. »Selten«, so der Politikwissenschaftler Rudolf Korte, »sah man das
Parlament so zustimmend-überrascht über-
rumpelt. […] Putins Angriffskrieg erschütterte
die europäische Ordnung und veränderte vollkommen die Koordinaten der deutschen Innen-
und Außenpolitik« (Korte 2022: 266).

Literatur: Alexander, Robin: Machtverfall: Merkels Ende
und das Drama der deutschen Politik: Ein Report, 3. Auflage.
München 2021; Drexel, Richard/Kraus, Josef: Nicht einmal bedingt abwehrbereit. Die Bundeswehr in der Krise. München
2021; Dunz, Kristina: Ich kann, ich will und ich werde: Annegret Kramp-Karrenbauer, die CDU und die Macht. München
2018; Otzelberg, Manfred: Die Macht ist wohl weiblich: Annegret Kramp-Karrenbauer – Die Biografie. München 2018;
Wikipedia: Kramp-Karrenbauer. Online: https://de.wikipe-
dia.org/wiki/Annegret_Kramp_Karrenbauer_Bruchder_Ja-
maika_Koalition_und_Auflösung_des_Landtages [zuletzt:
28.12.2021].

Udo Kempf

Lambrecht, Christine (SPD)

Bundesministerin der Justiz und für Verbraucherschutz

geb. 19.6.1965 in Mannheim

seit 1982	Mitglied der SPD
1984	Abitur in Viernheim
1984–1992	Studium der Rechtswissenschaften in Mannheim und Mainz
1992	Erstes juristisches Staatsexamen
1995	Zweites juristisches Staatsexamen
seit 1995	Arbeit als selbstständige Rechtsanwältin
1992–1998	Dozentin für Handels- und Gesellschaftsrecht an der Berufsakademie Mannheim
1998–2021	Mitglied des Deutschen Bundestages (2021 nicht erneut angetreten)
1998–2013	Mitglied im Rechtsausschuss
2009–2011	Sprecherin der Arbeitsgruppe Rechtspolitik der SPD-Bundestagsfraktion, Mitglied des Fraktionsvorstandes der SPD-Bundestagsfraktion
2011–2013	Stellvertretende Vorsitzende der SPD-Bundestagsfraktion
2013–2017	Erste Parlamentarische Geschäftsführerin der SPD-Bundestagsfraktion
2011–2013 und 2017–2018	Stellvertretende Vorsitzende der SPD-Bundestagsfraktion
2018–2019	Parlamentarische Staatssekretärin beim Bundesminister der Finanzen
2019–2021	Bundesministerin der Justiz und für Verbraucherschutz
2021	In Personalunion: Bundesministerin für Familie, Senioren, Frauen und Jugend
seit 2021	Bundesministerin der Verteidigung

Es war wohl ein besonderes Geburtstagsgeschenk für Christine Lambrecht, als sie am 19.6.2019 erfuhr, dass sie das Amt der Bundesministerin für Justiz und Verbraucherschutz übernehmen sollte. Die zu diesem Zeitpunkt 54-jährige Juristin und Abgeordnete der SPD aus dem hessischen Wahlkreis »Bergstraße« war im Kabinett Merkel IV zunächst als Parlamentarische Staatssekretärin im Finanzministerium gestartet, ersetzte aber nun Katarina Barley, die in das Europäische Parlament wechselte. Barley war als Spitzenkandidatin der SPD in die Europawahl gegangen und kündigte noch vor der Wahl ihren Rücktritt als Ministerin an. Im Hinblick auf die Berufung Lambrechts scheint aber nach Presseberichten ein anderer Rücktritt entscheidend gewesen zu sein. Andrea Nahles, SPD-Vorsitzende von April 2018 bis Juni 2019, gab in Folge des schlechten Abschneidens ihrer Partei bei der Europawahl ihre politischen Ämter auf. Das plötzliche Vakuum an der SPD-Spitze wurde kommissarisch durch Malu Dreyer, Manuela Schwesig und Thorsten Schäfer-Gümbel gefüllt und diesen oblag mithin auch die Frage, wer Katarina Barley an der Spitze des Justizressorts ersetzen sollte. Auch wenn diese Personalie mit der Übernahme der SPD-Spitzenkandidatur durch Barley im Herbst 2018 schon länger zur Entscheidung anstand, hatte Nahles bislang die Bekanntgabe der Nachfolge auf einen Zeitpunkt nach der Europawahl verschoben – auch zum Unmut der Fachverbände. Die kommissarische SPD-Führung unter Dreyer, Schwesig und Schäfer-Gümbel berücksichtigte in ihrer kurzfristigen Entscheidung nach Nahles Abgang, nach einem Bericht der FAZ, nicht die bisherigen Favoritinnen für den Posten – ein Mann kam aus Proporzgründen nicht in Frage –, sondern wählte am Ende Christine Lambrecht aus (FAZ online vom 19.6.2019).

Auf dem Papier brachte Lambrecht einige wichtige Qualifikationen für das Amt der Bun-

© Springer Fachmedien Wiesbaden GmbH, ein Teil von Springer Nature 2023
U. Kempf und M. Gloe (Hrsg.), *Kanzler und Minister 2013–2021*,
https://doi.org/10.1007/978-3-658-38669-6_17

desjustizministerin mit: Sie ist Volljuristin (Studium in Mannheim und Mainz) und war als Sprecherin der Arbeitsgruppe Rechtspolitik lange Jahre eine wichtige Rechtspolitikerin ihrer Partei. Dennoch: Einem Bericht der Welt zufolge galt Christine Lambrecht nicht unbedingt als Favoritin für den Posten der Justizministerin (Welt online vom 19.6.2019). Tatsächlich wurden eher Stefanie Hubig, ehemalige Staatssekretärin im Justizressort unter Heiko Maas und anschließend Bildungsministerin in Rheinland-Pfalz, oder Nancy Faeser, Generalsekretärin der SPD in Hessen, als mögliche Kandidatinnen gehandelt. Als weitere mögliche Besetzungen galten Eva Högl, stellvertretende Fraktionsvorsitzende der SPD im Bundestag, oder auch Sonja Steffen, Justiziarin der Bundestagsfraktion. Auch wenn die Wahl Lambrechts nicht völlig überraschend war – ihr Name fiel bereits in der Diskussion über Barleys Nachfolgerin drei Monate vor der Entscheidung (MOZ online vom 6.3.2019) –, fällt ein abschließendes Urteil, warum im Juni 2019 das Vorstandstrio der SPD Lambrecht den Vorzug gab, schwer. Drei Gründe könnten aber für die SPD-Führung von Relevanz gewesen sein:

1) Regionalproporz: Die Welt berichtete, dass mit einer Wahl von Högl der Berliner Landesverband unverhältnismäßig in der Regierung repräsentiert gewesen wäre. Lambrecht hingegen stammte aus dem hessischen Landesverband, der keine Ministerin und keinen Minister auf Bundesebene stellte. Inwieweit Thorsten Schäfer-Gümbel als damaliger Vorsitzender der SPD Hessen Lambrecht beförderte, ist unklar.
2) Flügelproporz: Ferner nominierte das Führungstrio mit Lambrecht eine dezidierte Linke für das Ministeramt. Als einzige Ministerin oder Minister der SPD im Kabinett Merkel IV ist Lambrecht Mitglied der Parlamentarischen Linken in der SPD-Bundestagsfraktion und stellt damit ein gewisses Gegengewicht zu den eher konservativeren Ministerinnen und Ministern wie Franziska Giffey oder Olaf Scholz dar. So wäre mit Eva Högl z.B. eine zweite »Netzwerkerin« (ne-

ben Hubertus Heil) in der Bundesregierung vertreten gewesen. Entsprechend könnte insbesondere nach dem Rücktritt von Andrea Nahles und angesichts der Diskussion in der SPD um ihren Kurs und den Fortbestand der Großen Koalition die Auswahl einer linken SPD-Politikerin für das Amt als ein Signal an diesen Flügel der Partei verstanden werden. Allerdings verbindet sich mit der Person Christine Lambrecht keine Absage an die Große Koalition an sich. So interpretierte die ZEIT die Entscheidung der SPD-Führung auch als Signal für die Arbeitsfähigkeit der Regierung (Zeit online vom 19.6.2019). Und tatsächlich war Christine Lambrecht bereits Mitglied in der Arbeitsgruppe »Finanzen und Steuern« von Olaf Scholz im Rahmen der Koalitionsverhandlungen sowie im Folgenden Parlamentarische Staatssekretärin in seinem Ministerium und daher mit den handelnden Akteuren der Koalition vertraut.
3) Inhaltliche Passung und Kampf gegen Rechtsextremismus: Ein dritter Aspekt, der neben der inhaltlichen Expertise in der Justizpolitik für Lambrecht sprach, ergibt sich aus ihrem Engagement gegen Rechtsextremismus und der zeitlichen Nähe zum Mord am Kassler Regierungspräsidenten Walter Lübcke am 2.6.2019. Falls die kommissarische Führung der SPD ein diesbezügliches Signal für einen härteren Kurs gegen Rechts in der Justizpolitik setzen wollte, ergibt auch hier die Wahl von Christine Lambrecht politischen Sinn. Denn Lambrecht engagierte sich bereits in ihrer Jugend in einem antifaschistischen Arbeitskreis (Hausding 2013) und setzte den Kampf gegen Rechts gleich zu Beginn ihrer Amtszeit an die Spitze ihrer Agenda (siehe unten).

Nach dieser einführenden Diskussion der Umstände der Berufung von Christine Lambrecht als Ministerin für Justiz- und Verbraucherschutz wollen wir uns im Folgenden detailliert ihrem Wirken an der Spitze des Ressorts zuwenden. Dazu zeigen wir zunächst die größeren Projekte im Zuständigkeitsbereich des Ressorts auf, die der Koalitionsvertrag vorsieht, beleuchten ihren Stand zum Zeitpunkt der Amtsübernahme durch Lambrecht, werfen einen Blick auf ihre eigenen Schwerpunktsetzungen zu Beginn des Amts und diskutieren danach systematisch die wesentlichen inhaltlichen Anstrengungen bis zum Ende der Legislaturperiode. Zum Ende des Beitrags gehen wir kurz auch auf die Besonderheit ein, dass Christine Lambrecht von Ende Mai bis Dezember 2021 in Personalunion auch das Bundesministerium für Familie, Senioren, Frauen und Jugend leitete. Aufgrund der kurzen Amtszeit fokussieren wir uns jedoch stärker auf ihre Bilanz als Justizministerin.

Im Justizbereich waren die beiden größten im Koalitionsvertrag angekündigten Projekte des Ressorts sicherlich die Reform der Strafprozessordnung, die strafrechtliche Verfahren grundsätzlich modernisieren, aber vor allen Dingen auch beschleunigen sollte, sowie die Einführung der Musterfeststellungsklage, mit der eine Möglichkeit für Verbandsklagen in Verbraucherschutzfragen geschaffen werden sollte. Daneben finden sich im Koalitionsvertrag diverse kleinere Projekte wie die Ausweitung von Sanktionen gegen Unternehmen, die von Wirtschaftskriminalität profitieren, eine Stärkung des Opferschutzes, der Kampf gegen Kriminalität im Internet ebenso wie verschiedene Maßnahmen zur Stärkung des Verbraucherschutzes im digitalen Zeitalter. Von diesem Aufgabenpaket hatte Katarina Barley bereits einen Teil abgearbeitet, als sie die Leitung des Ressorts an Lambrecht übergab. So setzte nach Informationen des Handelsblatts Barley 14 Gesetzesvorhaben um, während 15 weitere in Vorbereitung bzw. bereits in den parlamentarischen Prozess eingebracht waren (Handelsblatt online vom 23. 5. 2019). Unter die abgeschlossenen Vorhaben fällt dabei auch die Einführung der Musterfeststellungsklage oder das erste Mieterschutzgesetz, auch wenn in der Legislaturperiode unter Christine Lambrecht weitere Anpassungen umgesetzt wurden. Die Reform der Strafprozessordnung wurde noch im Mai 2019 und damit kurz vor dem Amtsantritt Lambrechts als Referentenentwurf auf den Weg gebracht und Ende 2019 im Bundestag verabschiedet.

Unter der Ägide von Christine Lambrecht wurden weitere Projekte aus dem Koalitionsvertrag umgesetzt – etwa im Bereich des Opferschutzes (z. B. Stalking Gesetz, verabschiedet 2021, oder das Upskirting-Gesetz, verabschiedet 2020) oder im Kampf gegen Cyberkriminalität (z. B. Betreiben krimineller Handelsplattformen, verabschiedet 2021). Im Bereich des Verbraucherschutzes arbeitete das Ministerium ebenfalls die im Koalitionsvertrag gesetzten Ziele ab. Während die Musterfeststellungsklage noch unter Amtsvorgängerin Barley verabschiedet wurde, fallen mehrere Maßnahmen zum Vertragsrecht (Beschränkung automatischer Vertragsverlängerungen, leichtere Vertragskündigungen, Verkürzung von Vertragslaufzeiten) sowie die Einschränkung von Telefonwerbung in die Amtszeit von Christine Lambrecht.

Neben den im Koalitionsvertrag vorgesehenen Zielen war die Legislaturperiode in der Justizpolitik auch von Reaktionen auf gesellschaftspolitische Debatten und politische Ereignisse geprägt. In Folge der rechtsterroristischen Anschläge, die im Juni 2019 (Mord an CDU-Politiker Lübcke), im Oktober 2019 (Anschlag auf Synagoge in Halle/Saale) und im Februar 2020 (Mordserie in Hanau) die Republik erschütterten, wurde der Kampf gegen Rechtsextremismus ein zentrales Merkmal der Justizpolitik in der Amtszeit von Ministerin Lambrecht. Schon in ihrer ersten Rede im Bundestag, die direkt am Tag ihrer Vereidigung und anlässlich einer aktuellen Stunde zum Thema Rechtsextremismus wenige Tage nach dem Mord am Kassler Regierungspräsidenten Walter Lübcke stattfand, kündigte Lambrecht zusätzliche Anstrengungen im Kampf gegen Rechtsextremismus an. Lambrecht appellierte hier vor allen Dingen an die Parlamentarier und die Gesellschaft, kündigte aber keine konkreten Maßnahmen an, sondern sprach sich dafür aus, geltendes Recht durchzusetzen und keine weiteren Einschränkungen der Grundrechte vorzunehmen.

Die zunehmend politisierte Debatte führte jedoch dazu, dass das Ministerium im Dezember 2019, wenige Monate nach dem Anschlag in Halle, den Referentenentwurf eines Gesetzes gegen Hasskriminalität präsentierte, das drei zentrale Elemente umfasste: erstens die Anpassung des Netzwerkdurchsetzungsgesetzes, wonach soziale Netzwerke verpflichtet werden, dem Bundeskriminalamt strafbare Inhalte zu melden (z. B. Morddrohung, Volksverhetzung) und dafür ein Meldesystem einzurichten – ein Projekt, das bereits im Koalitionsvertrag angekündigt war –; zweitens eine Reihe von Verschärfungen im Strafgesetzbuch durch Erweiterung von Tatbeständen (z. B. Bedrohung oder Belohnung und Billigung von Straftaten) und Erhöhungen der Strafandrohung (z. B. Beleidigung) und drittens die Einführung der Möglichkeit, Nutzungs- und Bestandsdaten bei Telemediendiensten unter gleichen Voraussetzungen wie bei Telekommunikationsdiensten abzufragen. Die grundsätzliche Stoßrichtung des Entwurfes wurde von den Bundestagsparteien wie auch von Verbänden begrüßt. Gleichzeitig jedoch wurde insbesondere der dritte Teil – die Regelungen zur Abfrage von Daten bei Internetanbietern – scharf für ihre Eingriffstiefe in Bürgerrechte kritisiert, insbesondere die Möglichkeit, auf Bestandsdaten (etwa in einer Cloud gespeicherte Dokumente oder Fotos) zugreifen zu können (DJB 2020). Die Kritiker sahen sich bestätigt, als das Bundesverfassungsgericht in einem generellen Urteil zur Bestandsdatenabfrage, welches im Juli 2020 veröffentlicht wurde, die gesetzlich geplante Regelung zur Weiterleitung von Daten durch die Plattformbetreiber an das BKA obsolet machte. Da das Gesetz jedoch bereits den parlamentarischen Teil des Gesetzgebungsprozesses abgeschlossen hatte, verzichtete der Bundespräsident auf die Unterschrift des Gesetzes und bat die Regierung um eine Anpassung der vorgesehenen Regelung. Erst mit einem »Reparaturgesetz«, welches die Bestandsdatenabfrage verfassungskonform regelte, konnte das Gesetz schließlich im April 2021 – fast ein Jahr nach dem Referentenentwurf – in Kraft treten.

Auf eine ähnliche Weise getrieben von öffentlicher Aufmerksamkeit erreichte ein zweites zentrales Thema die politische Agenda – die Frage nach der angemessenen gesetzgeberischen Reaktion auf Sexualverbrechen an Kindern. Ausschlaggebend waren hier eine Reihe von Missbrauchsfällen – insbesondere die schrecklichen Vorfälle in Lügde und Bergisch Gladbach erreichten im Laufe des Jahres 2019 die Öffentlichkeit. In Reaktion hierauf – und nicht zuletzt auch nach Forderungen insbesondere CDU-geführter Innenministerien aus den Ländern sowie des Koalitionspartners im Bund – legte das Justizministerium im August 2020 einen Gesetzesentwurf vor, der eine Verschärfung des Sexualstrafrechts vorsah. Nach den parlamentarischen Beratungen wurde das Gesetz im Juni 2021 kurz vor Ende der Legislaturperiode verkündet. Auch wenn die Justizministerin diese Verschärfungen als Erfolg verkaufte, lässt sich durchaus im politischen Prozess zeigen, dass bei der inhaltlichen Ausgestaltung des Entwurfes maßgeblich auf den Druck des Koalitionspartners reagiert wurde. Denn die erste Reaktion des Ministeriums war eher zurückhaltend: Noch im Juni 2020 formulierte Christine Lambrecht, dass die Strafbewehrung für die in Frage stehenden Taten bereits sehr hoch sei und nicht das Strafmaß, sondern die Ressourcenausstattung der Ermittlungsbehörden erhöht werden müsse (Zeit online vom 10. 6. 2020). Letztlich war jedoch der politische Druck auf die Ministerin so hoch, dass eine Strafverschärfung beschlossen wurde. Nicht nur aufgrund dieses schnellen Einlenkens wurde die Ministerin auch als zu schwaches Korrektiv gegenüber dem Innenministerium und der Union kritisiert (Kaufmann/Sehl 2020).

Eine weitere Besonderheit stellt Lambrechts Ernennung zur Bundesfamilienministerin am 20. 5. 2021 – also wenige Monate vor der Bundestagswahl – dar. Sie übernahm dieses Amt nach dem Rücktritt von Franziska Giffey und führte beide Häuser die letzten Monate der Legislaturperiode in Personalunion. In ihrer kurzen Zeit als Familienministerin fiel insbesondere der Versuch, Kinderrechte im Grundgesetz zu verankern – ein Ziel, das jedoch mangels einer Einigung der Bundestagsfraktionen scheiterte. Umgesetzt wurde jedoch das Gesetz zur Frauenquote in Unternehmen (»Zweites Führungspositionen-Gesetz«), mit dem ein Mindestbeteiligungsgebot von Frauen in Vorständen eingeführt wird.

Die Bilanz von Christine Lambrecht als Bundesjustizministerin ist damit insgesamt durchaus von einer starken gesetzgeberischen Aktivität geprägt: Viele der im Koalitionsvertrag festgelegten Projekte wurden verwirklicht – wobei Ausnahmen, wie etwa der Konflikt um das Unternehmenssanktionsrecht zwischen SPD und Union, das letztlich nicht umgesetzt wurde – die Regel bestätigen. Zudem reagierte das Ministerium auf gesellschaftspolitische Fragen mit Initiativen, etwa im Bereich des Kampfes gegen Rechtsterrorismus (auch wenn das »Wehrhafte-Demokratien-Gesetz« ebenso am Widerstand der Unionsfraktion scheiterte wie die Streichung des Begriffs »Rasse« aus dem Grundgesetz«). In ihren koalitionsinternen Aushandlungsprozessen (traditionellerweise v. a. mit dem Innenministerium) wurde die Ministerin zwar für ihre – nach Ansicht einiger Beobachter – zu geringen bürgerrechtlichen Standhaftigkeit gegenüber sicherheitspolitischen Forderungen der Union (und des Innenministers) kritisiert. Die Bilanz im Politikfeld der Inneren Sicherheit weist jedoch für die letzte Regierung Merkel eher nicht auf eine übermäßige Betonung von Law-and-Order hin. Und auch wenn Querelen um die Besetzung von Richterstellen am Bundesfinanzhof zwar für Unverständnis sorgten (FAZ online vom 9. 10. 2020), so scheint zumindest die SPD mit der Leistung Lambrechts zufrieden gewesen zu sein und hat die Ministerin in jedem Fall machtpolitisch belohnt: Nicht nur durch die zwischenzeitliche Übertragung der Verantwortung für das Familienministerium, sondern auch durch die Nominierung als Verteidigungsministerin in der neuen Ampel-Koalition – obwohl Lambrecht für den Bundestag nicht mehr kandidierte.

Literatur: Deutscher Juristenbund (DJB): Stellungnahme zum Referentenentwurf des BMJV. Einwurf eines Gesetzes zur Bekämpfung des Rechtsextremismus und der Hasskriminalität vom 17. 3. 2020, online: https://www.bmj.de/SharedDocs/Gesetzgebungsverfahren/Stellungnahmen/2020/Downloads/011720_Stellungnahme_DJB_RefE__Belaempfung-Rechtsextremismus-Hasskriminalitaet.pdf?__blob=publicationFile&v=4 [zuletzt: 21. 2. 2022]; Hausding, Götz: Die Fraktionsmanagerin: Christine Lambrecht. In: Das Parlament 52/2013, online: https://www.das-parlament.de/2013/52/MenschenMeinungen/48396483-325866 [zuletzt: 21. 2. 2022]; Kaufmann, Annelie/Sehl, Markus: Viele Gesetzesvorhaben, vieles läuft schief, In: Legal Tribune Online vom 17. 12. 2020, online: https://www.lto.de/recht/justiz/j/bmjv-lambrecht-kritik-gesetze-justiz-laender-bmi-bilanz-legislatur-hate-speech-unternehmenssanktionen/ [zuletzt: 21. 2. 2022]; Wenzelburger, Georg: Kontinuität statt Überbietungswettlauf. Die Law and Order Politik der Regierung Merkel IV. In: Zohlnhöfer, Reimut/Engler, Fabian (Hg.): Eine Policy-Bilanz der vierten Regierung Merkel. Wiesbaden 2022.

Georg Wenzelburger/Helge Staff

Maas, Heiko Josef (SPD)

Bundesminister der Justiz und Bundesminister des Auswärtigen

geb. 19.9.1966 in Saarlouis

1987	Abitur
1987–1989	Wehrdienst und Arbeit als Produktionshelfer bei den Ford-Werken in Saarlouis
seit 1989	Mitglied der SPD
1989–1996	Studium der Rechtswissenschaften an der Universität des Saarlandes, erstes und zweites Staatsexamen
1992	Vorsitzender der Jusos Saar
1994–1996	Mitglied des saarländischen Landtages
1996–1998	Staatssekretär im Ministerium für Umwelt, Energie und Verkehr des Saarlandes
1998–2000	Minister für Umwelt, Energie und Verkehr des Saarlandes
1999–2013	Mitglied des saarländischen Landtages
1999–2012	SPD-Fraktionsvorsitzender und Oppositionsführer im Landtag des Saarlandes
2000–2018	Landesvorsitzender der SPD Saar
2001–2021	Mitglied des SPD-Parteivorstands
2007–2011	Mitglied des SPD-Parteipräsidiums
2004, 2009, 2011, 2012	Spitzenkandidat der SPD Saar für die Landtagswahl
2012–2013	Minister für Wirtschaft, Arbeit, Energie und Verkehr und stellvertretender Ministerpräsident des Saarlandes
2013–2018	Bundesminister der Justiz und für Verbraucherschutz
seit 2017	Mitglied des Deutschen Bundestages
2018–2021	Bundesminister des Auswärtigen

Am 24.2.2022, dem Tag des Beginns der russischen Invasion der Ukraine, lag die deutsche Außenpolitik der letzten zweieinhalb Jahrzehnte in Scherben. Putins Krieg markiert eine Zeitenwende, deren epochaler Charakter größer sein dürfte als der des 11.9.2001. Die Zerstörung der europäischen Friedensordnung durch den russischen Diktator und Aggressor veranlasste die neue Bundesregierung unter dem sozialdemokratischen Kanzler Olaf Scholz zu einer radikalen Kurskorrektur. Was vorher undenkbar schien – Waffenlieferungen an die Ukraine, die Mitwirkung an in Umfang und Schärfe bis dahin nicht gekannten Sanktionsmaßnahmen gegen Russland, das Aus für die deutsch-russische Gaspipeline Nord Stream II und insbesondere die von den Bundesregierungen jahrelang verweigerte deutliche Erhöhung der Militärausgaben –, wurden nun binnen weniger Tage angekündigt und durchgesetzt. Diese 180-Grad-Kehrtwende stellte insbesondere für die SPD eine schwer zu verdauende Zumutung dar, hatte diese doch die Außenpolitik der letzten Jahrzehnte maßgeblich mitgeprägt: in der rot-grünen Koalition unter Gerhard Schröder, dessen Vereinnahmung durch Putin während und nach seiner Regierungszeit sich als fatal erweisen sollte und der Partei spätestens mit dem Kriegsausbruch keine Wahl mehr ließ, als öffentlich mit dem Altkanzler zu brechen, und in der 16 Jahre währenden Ära Merkel, als die SPD in drei der vier Regierungsperioden die Außenminister stellte, von 2005 bis 2009 sowie 2013 bis 2017 mit Frank-Walter Steinmeier, nach dessen Aufrücken in das Amt des Bundespräsidenten von Februar 2018 bis zum Amtsantritt

© Springer Fachmedien Wiesbaden GmbH, ein Teil von Springer Nature 2023
U. Kempf und M. Gloe (Hrsg.), *Kanzler und Minister 2013–2021*,
https://doi.org/10.1007/978-3-658-38669-6_18

der dritten und letzten Großen Koalition unter Merkel im März 2018 mit Sigmar Gabriel und von dort bis zur Bildung der Ampelkoalition im Dezember 2021 mit Heiko Maas.

Maas' Wechsel vom Justizressort, das er seit 2013 bekleidet hatte, in das prestigeträchtige Auswärtige Amt stellte auch für Insider eine Überraschung dar. Er war zum einen dem Willen der neuen, von Andrea Nahles und Olaf Scholz gebildeten Parteiführung geschuldet, den als zu schroff und sprunghaft geltenden Gabriel loszuwerden, obwohl dieser nach allgemeiner Wahrnehmung als Außenminister keine schlechte Figur gemacht hatte (was sich auch in seinen steigenden persönlichen Beliebtheitswerten ausdrückte). Zum anderen ging er darauf zurück, dass der Versuch von Martin Schulz, nach dem Amt zu greifen, im Februar 2018 am Widerstand der Parteibasis und Delegierten scheiterte. Schulz, der im Gegenzug den von ihm erst zu Beginn des Wahljahres 2017 (als Nachfolger Gabriels) übernommenen Parteivorsitz zur Verfügung stellte, hatte als Kanzlerkandidat nicht nur das schlechteste Wahlergebnis der SPD seit 1949 zu verantworten, sondern auch stets beteuert, im Falle einer Niederlage selbst nicht in ein Kabinett unter Angela Merkel eintreten zu wollen. Diese Ankündigung holte ihn jetzt ein. So lief es mangels anderer Alternativen auf den außenpolitisch bis dato wenig in Erscheinung getretenen Maas hinaus.

Heiko Maas stammt aus dem Saarland. 1966 in Saarlouis geboren, wo er bis heute einen Wohnsitz unterhält, wuchs er in einem katholischen Milieu auf, stieß aber dennoch schon früh zur Sozialdemokratie. Im selben Jahr, in dem er sein Jurastudium an der Universität des Saarlandes in Saarbrücken aufnahm, 1989, trat er der SPD bei. Dort machte er rasch Karriere – 1992 als Vorsitzender der saarländischen Jusos und zwei Jahre später, im Alter von erst 28 Jahren und gefördert vom damaligen Ministerpräsidenten Oskar Lafontaine, als Mitglied des Saarländischen Landtags. Nach nur zwei Jahren als Abgeordneter wurde Maas 1996 als Staatssekretär im Ministerium für Umwelt, Energie und Verkehr des Saarlandes berufen. Dort

übernahm er 1998 die Nachfolge von Minister Willy Leonhardt.

1998 und 1999 veränderten sich die politischen Vorzeichen in Bund und Land in gegensätzlicher Richtung. Während Ministerpräsident Lafontaine, der die SPD als Bundesvorsitzender seit 1995 zurück auf die Erfolgsspur geführt hatte, nach dem rot-grünen Wahlsieg 1998 als Finanzminister nach Bonn wechselte, ging die Macht an der Saar unter Lafontaines Nachfolger Reinhard Klimmt im September 1999 nach 14 Jahren verloren. Lafontaines Doppelrücktritt als Minister und Parteivorsitzender im März 1999 trug eine erhebliche Mitschuld, dass Klimmts Amtszeit nicht einmal ein Jahr währte, womit auch Maas seinen Ministerposten verlor. Maas übernahm fortan mit dem Fraktionsvorsitz die Rolle des Oppositionsführers im Saarländischen Landtag. 2000 wurde er zugleich Vorsitzender der Landes-SPD und blieb es 18 Jahre lang. Sein Versuch, als Spitzenkandidat selber Ministerpräsident zu werden, scheiterte in der Folge aber gleich vierfach: 2004 gewann die CDU unter Ministerpräsident Peter Müller die Landtagswahlen deutlich. 2009 platzten Sondierungsgespräche mit der von Oskar Lafontaine angeführten Saar-Linken und den Grünen, weil letztere einer Jamaika-Koalition mit CDU und FDP den Vorzug gaben. 2011 forderte Maas die nach Müllers Rücktritt von der CDU als Nachfolgerin nominierte Sozialministerin Annegret Kramp-Karrenbauer bei der Wahl zur Ministerpräsidentin im Landtag mit einer Kampfkandidatur heraus, unterlag aber im zweiten Wahlgang. Und 2012 blieb die SPD bei den nach dem vorzeitigen Aus der Jamaika-Koalition anberaumten Neuwahlen hinter der CDU erneut nur zweitstärkste Kraft. Maas führte die Saar-SPD daraufhin in Verhandlungen über eine von Kramp-Karrenbauer geführte Große Koalition, in der er selbst das Amt des Ministers für Wirtschaft, Arbeit, Energie und Verkehr übernahm.

Nachdem sich die SPD trotz ihrer klaren Niederlage bei der Bundestagswahl 2013 ein weiteres Mal bereit erklärt hatte, als Juniorpartner in eine unionsgeführte Regierung einzutreten, wurde Heiko Maas am 15. 12. 2013 vom

SPD-Parteivorstand als künftiger Bundesminister der Justiz und für Verbraucherschutz nominiert. Eine sonderlich große Überraschung stellte das nicht dar, da sich Maas für die neue Aufgabe gleich in doppelter Hinsicht aufdrängte: durch seine juristische Qualifikation (mit zwei Staatsexamen), die für einen Justizminister in Deutschland quasi-obligatorisch ist, und durch seine Funktionen in der Bundes-SPD als langjähriges Vorstands- und Präsidiumsmitglied (2001 bis 2021 bzw. 2007 bis 2011). Aus Maas' eigener Sicht war der Wechsel auf die Bundesebene auch deshalb naheliegend, weil seine Karriere als Landespolitiker ausgereizt schien. Anke Rehlinger, die ihm an der Saar im Partei- und Regierungsamt folgte, schaffte nach einem ersten gescheiterten Anlauf 2017 fünf Jahre später, was Maas nicht vergönnt war, als sie als neue Ministerpräsidentin die SPD an die Regierung zurückführte.

Das Justizressort gehört zu den »klassischen« Ressorts. Formal reorganisiert wurde es zum ersten Mal bei Maas' Amtsantritt 2013, als man die Zuständigkeit für den Verbraucherschutz, der seit 2001 beim Landwirtschaftsministerium gelegen hatte, in das Justizministerium überführte. (2021 wurde es von der Ampelkoalition wieder ausgegliedert und dem Umweltressort zugeschlagen, um dieses für den Wegfall von energie- und klimapolitischen Kompetenzen zu entschädigen.)

Innerhalb der Bundesregierung besteht traditionell eine Rivalität zwischen dem Justiz- und dem Innenministerium, deren jeweilige Zuständigkeiten sich in vielen rechtspolitischen Fragen überschneiden. Ähnlich wie bei anderen thematisch verwandten Ressorts (Auswärtiges/Verteidigung oder Finanzen/Wirtschaft) ist es deshalb üblich, dass diese Ministerien in einer Koalitionsregierung zwischen den Regierungsparteien aufgeteilt werden. In allen vier Kabinetten Angela Merkels seit 2005 lag das Innenressort stets bei der Union, während die SPD beziehungsweise die FDP die Justizminister stellte. Am schwierigsten gestaltete sich die Zusammenarbeit zwischen beiden Ressorts ausgerechnet – aber dennoch wenig verwunderlich – in der schwarz-gelben Regierungszeit,

als die Union insbesondere unter dem seit 2011 als Innenminister amtierenden CSU-Politiker Hans-Peter Friedrich zahlreiche Vorhaben der liberalen Justizministerin Sabine Leutheusser-Schnarrenberger blockierte.

Der neue Minister Heiko Maas hatte sich deshalb neben dem, was Union und SPD an rechtspolitischen Vorhaben im Koalitionsvertrag vereinbart hatten, auch um vieles zu kümmern, was in der 18. Legislaturperiode im Kabinett Merkel II liegengeblieben war. Was die Zahl der im Kabinett beschlossenen Gesetzesentwürfe anging – 95 –, konnte er am Ende seiner vierjährigen Amtszeit auf eine stolze Bilanz verweisen. Das Justizministerium lag damit an der Spitze aller Ressorts. Auch inhaltlich konnte Maas reklamieren, in vielen Bereichen einschneidende Änderungen durchgesetzt und die Modernisierung der Rechts- und Gesellschaftspolitik gegen manche Widerstände in der Union durchgesetzt zu haben. Besonders symbolträchtig geriet dabei die am Schluss der Legislaturperiode, rechtzeitig zum Wahlkampfbeginn im Bundestag beschlossene »Ehe für alle« (offiziell: Gesetz zur Einführung des Rechts auf Eheschließung für Personen gleichen Geschlechts), die strenggenommen einen Bruch des Koalitionsvertrages darstellte, weil die von Kanzlerin Merkel im Vorfeld gemachte Ankündigung, die Union werde ihre Blockade in dieser Frage aufgeben, sich eigentlich erst auf die nachfolgende Wahlperiode beziehen sollte. Mit dem 1. 10. 2017 in Kraft getretenen Gesetz wurde § 1353 Abs. 1 Satz 1 des Bürgerlichen Gesetzbuches (»Die Ehe wird auf Lebenszeit geschlossen«) wie folgt geändert. »Die Ehe wird von zwei Personen verschiedenen oder gleichen Geschlechts auf Lebenszeit geschlossen.«

Die rechtspolitischen Vereinbarungen des Koalitionsvertrages betrafen vor allem drei Bereiche: Digitales, Gleichstellung und Mieterschutz. Im Mittelpunkt des Bereichs Digitales stand das am 1. 10. 2017 in Kraft getretene »Netzwerkdurchsetzungsgesetz« (offiziell: Gesetz zur Verbesserung der Rechtsdurchsetzung in sozialen Netzwerken« (BGBl I 2017, 3352)), das von heftigen Diskussionen begleitet war. Das Gesetz verpflichtet Betreiber sozialer Netzwerke wie Facebook, YouTube oder Twitter auf bestimmte Regeln bei Nutzerbeschwerden über rechtswidrige Inhalte. Solche Inhalte, zu denen zum Beispiel Volksverhetzung, die Bildung krimineller Vereinigungen, Beleidigung und üble Nachrede, Verbreitung von Kinderpornografie, Straftaten gegen die sexuelle Selbstbestimmung oder die Beschimpfung religiöser Bekenntnisse gehören, müssen nach einer Beschwerde innerhalb einer festgelegten Frist überprüft und bei Feststellung der Strafbarkeit vom Betreiber gelöscht oder gesperrt werden. Personen, die Opfer von Verleumdungen oder Beleidigungen werden, können gegen deren Urheber juristisch vorgehen. Den Betreibern drohen bei Verletzung der ihnen auferlegten Selbstregulierung Bußgelder.

Der Name des Gesetzes weist darauf hin, dass mit ihm keine neuen Straftatbestände geschaffen werden, sondern es nur darum geht, die bereits bestehenden gesetzlichen Regelungen auch im Internet durchzusetzen. Dennoch haben kritische Stimmen beklagt, dass die Pflicht zur Selbstregulierung einer Selbstzensur der Betreiber gleichkomme, die die Presse- und Meinungsfreiheit unzulässig beeinträchtige (Peukert 2017). Maas bezeichnet es selbst in einem Gespräch mit dem Autor am 2. 2. 2022 als größten Erfolg seiner Amtszeit als Justizminister, diese Widerstände überwunden zu haben. Damit sei ein starkes Signal gegen die weitere Ausbreitung der Hassrede im Netz gesetzt worden. Die seit 2017 eingetretenen Entwicklungen um den von zwei russischen Brüdern gegründeten Messenger-Dienst Telegram (mit Sitz in Dubai), der zu einer der wichtigsten Plattformen für die Verbreitung rechtsextremer Propaganda avanciert ist, geben diesen Überlegungen im Nachhinein recht. Sie machen aber zugleich die Unzulänglichkeit und teilweise Vergeblichkeit der Regulierungsbemühungen deutlich, wenn solche Plattformen von außerhalb der EU aus operieren.

Ebenfalls in den Bereich Digitales fallen die 2014, 2016 und 2017 beschlossenen Novellen des Urheberschutzgesetzes. Mit dem am 1. 9. 2017 in Kraft getretenen »Urheberrechts-Wissensgesellschafts-Gesetz« (BGBl. I 2017,

3346) wurden die Regelungen für die erlaubte Nutzung urheberrechtlich geschützter Werke in Bildung und Wissenschaft sowie Bibliotheken, Museen und Archiven neu geordnet und an die Bedingungen des digitalen Zeitalters angepasst. Dabei ging es einerseits um die Schaffung von mehr Rechtssicherheit für die betroffenen Bildungsinstitutionen, andererseits um eine angemessene Vergütung der Urheber.

Im Bereich der Gleichstellungspolitik sind neben der »Ehe für alle« vor allem das »Gesetz zur Verbesserung des Schutzes der sexuellen Selbstbestimmung« (BGBl. I 2016, 2460), mit dem die Strafbarkeit von sexueller Nötigung und Vergewaltigung verschärft wurde, sowie das »Gesetz für die gleichberechtigte Teilhabe von Frauen und Männern an Führungspositionen in der Privatwirtschaft und im öffentlichen Dienst« (BGBl. I 2015, 642) hervorzuheben. Mit letzterem wurde den börsennotierten und der Mitbestimmung unterliegenden Unternehmen die Einführung einer 30-Prozent-Frauenquote in ihren Aufsichtsräten auferlegt. Gleichzeitig sind sie verpflichtet, klare Zielgrößen für eine Erhöhung des Frauenanteils in den Vorständen und im Management zu benennen.

Im Bereich des Verbraucherschutzes standen neben einigen Verbesserungen für Bankkunden vor allem die Begrenzung der stark ansteigenden Wohnungsmieten im Mittelpunkt. Einerseits führte man bei den Maklerkosten das »Bestellerprinzip« ein, um Wohnungssuchende von den Zusatzkosten der Courtage zu entlasten. Andererseits wurde dafür gesorgt, dass in bestimmten Regionen nicht mehr allein der Vermieter über die Höhe der Miete entscheiden darf. Bei Neuvermietungen sollte eine Anhebung gegenüber der ortsüblichen Vergleichsmiete nur noch um 10 Prozent möglich sein (Mietpreisbremse) (BGBl. I 2015, 610). Auf Druck der Unionsparteien wurde das Gesetz an mehreren Stellen – etwa bei den Offenlegungspflichten der Vermieter oder der Modernisierungsklausel – »entschärft« und die Wirksamkeit der Mietpreisbremse somit eingeschränkt (Maas 2017: 263). Kritiker wiesen überdies auf die Negativfolgen für die Neubautätigkeit hin, die durch die Begrenzung des Mietenanstiegs zurückgehe und infolge des knapper werdenden Angebots die Preise dann erst recht in die Höhe treibe.

Heiko Maas agierte im Amt des Justizministers trittsicher. Nicht alle Vorhaben glückten. Als größtes Versäumnis benennt er selbst, dass es nicht gelungen sei, den noch aus der Nazizeit stammenden Mordparagraphen 211 des Strafgesetzbuches in eine zeitgemäße Fassung zu überführen – auch hier seien die Widerstände von Seiten der Union zu groß gewesen, wie Maas in einem Gespräch am 2.2.2022 dem Autor mitteilte. Öffentliche Kritik zog Maas auf sich, als er im August 2015 Generalbundesanwalt Harald Range in den einstweiligen Ruhestand versetzte. Range hatte dem Justizminister zuvor vorgeworfen, auf ein Ermittlungsverfahren seiner Behörde gegen die Plattform Netzpolitik.org (wegen möglichen Landesverrats) politisch Einfluss genommen zu haben. Seine nach dieser Äußerung unumgängliche Entlassung durch den Minister wirft ein Licht auf das generelle Problem der Weisungsgebundenheit der Staatsanwaltschaften, die in Deutschland als Teil der Justiz staatsrechtlich der Exekutive zugeordnet sind.

Aus Maas' Amtszeit als Justizminister in Erinnerung bleibt zugleich sein entschiedenes Auftreten gegen die sich in Deutschland seit Mitte der 2010er Jahre verstärkt ausbreitenden Erscheinungsformen des Rechtsextremismus und Rechtspopulismus. Im Zuge der 2015 einsetzende Flüchtlingskrise konnte sich mit der zwei Jahre zuvor gegründeten AfD eine Partei am rechten Rand erstmals fest etablieren. Insbesondere im Osten Deutschlands war die Stimmung stark aufgeheizt. Auf einer Kundgebung am 1. Mai 2016 in Zwickau wurde Maas von aufgebrachten Demonstranten niedergebrüllt und bedrängt. Die von den Kameras eingefangenen Bilder eines den Veranstaltungsort daraufhin fluchtartig verlassenden Ministers stehen symbolhaft für die Verachtung, die Teile der Gesellschaft den politischen Repräsentanten heute entgegenbringen.

Mit dem überraschenden Wechsel vom Justizministerium ins Auswärtige Amt begab sich Maas 2018 auf ein für ihn neues Terrain. Von den europabezogenen Tätigkeiten in den seinen Ämtern auf Landes- und Bundesebene abgesehen hatte er mit der Außenpolitik bis dahin keine Berührung gehabt (Zeit online vom 9.3.2018). Zieht man eine Bilanz von Maas' kurzer (dreieinhalbjähriger) Amtszeit, muss man fast von einer gewissen Tragik sprechen. Denn aus dem durchaus erfolgreichen Justizminister wurde jetzt ein – am Ende – fast total Gescheiterter.

Zwei Großbaustellen prägten die Außenpolitik seit 2018: Russland und Afghanistan. Anders als seinen Vorgängern Frank-Walter Steinmeier und Sigmar Gabriel eilte Maas nicht der Ruf eines »Russlandverstehers« voraus. Schon in seiner Antrittsrede bei der Amtsübergabe schlug er kritischere Töne gegenüber Putin an, indem er darauf hinwies, dass sich durch Russlands unverhohlene Gegnerschaft zum Westen die Realität der Außenpolitik verändert habe. Die vom Kreml zu verantwortenden Cyber-Angriffe und den Einsatz chemischer Waffen durch das russische Militär in Syrien verurteilte Maas im April 2018 scharf; entsprechend frostig verlief sein kurz darauf stattfindender Antrittsbesuch in Moskau. Maas versuchte sich vom sozialdemokratischen Erbe der Ostpolitik Willy Brandts und Egon Bahrs zu distanzieren, indem er aus der veränderten geopolitischen Situation in Mittelosteuropa, wo eine Mehrheit der jetzt nach Westen orientierten Staaten sich von Russland bedroht fühlt, die Notwendigkeit einer neuen Ostpolitik herleitete. In der SPD stießen diese Überlegungen auf ebenso wenig Begeisterung wie Maas' Bekenntnis zu höheren Verteidigungsausgaben. Besonderen Nachdruck entwickelte der Minister bei seinen Bemühungen, die Partei auf einen neuen außenpolitischen Kurs zu bringen, allerdings nicht. Das hing auch damit zusammen, dass ihm innerhalb der SPD das nötige Gewicht fehlte, war er doch weder Parteivorsitzender noch Vizekanzler. Hier liegt ein deutlicher Unterschied zu fast allen seinen Vorgängern. Der russische Aufmarsch an den Grenzen der Ukraine begann im April 2021, also etwa drei Monate vor der Bundestagswahl. Als sich die Kriegsgefahr real abzeichnete und die Bundesrepublik zusammen mit den westlichen Verbündeten noch unbemerkt von der Öffentlichkeit begann, sich auf den worst case vorzubereiten, war Maas bereits nicht mehr im Amt.

Auch in der Chinapolitik, wo er für eine stärkere Werteorientierung plädierte, und im Verhältnis zu Israel setzte Maas neue Akzente. Zum größten Erfolg seiner Amtszeit geriet der im September 2019 begonnene Libyen-Prozess, der auf deutsche Initiative und unter Federführung der UN einen Waffenstillstand herbeiführte und so den Rahmen für eine nachhaltige innenpolitische Stabilisierung des krisengeschüttelten nordafrikanischen Landes schuf. Dazu lud der Außenminister zu insgesamt sechs Expertentreffen auf hoher Beamtenebene ein, deren Ergebnisse auf der Berliner Libyen-Konferenz im Januar 2020 in einer Gipfel-Erklärung angenommen wurden. Im Juni 2021 fand ebenfalls in Berlin eine Folgekonferenz statt.

Die Politik des Multilateralismus geriet nach 2017 durch den Westen selbst in die Krise, nachdem in den USA mit Donald Trump ein Rechtspopulist und Gegner der liberalen Weltordnung zum Präsidenten gewählt worden war. Unter Maas versuchte die deutsche Außenpolitik darauf auch durch den Auf- beziehungsweise Ausbau von strategischen Partnerschaften mit mittleren Mächten jenseits der EU, insbesondere in Asien sowie in Nord- und Südamerika, zu reagieren. So schlug der Minister im Juli 2018 auf einem Besuch in Tokio vor, dass »Deutschland und Japan zum Kern einer Allianz der Multilateralisten« werden sollten. Als Themen nannte er dabei den Klimaschutz, die gemeinsame Verantwortung in internationalen Organisationen, freien Welthandel und offene Seewege (Speck 2018).

Relativ wenig engagiert zeigte sich Maas trotz seiner Herkunft aus dem deutsch-französischen Grenzgebiet im Saarland in der Europapolitik. Zur Erklärung verweist er in einem Gespräch mit dem Autor am 2.2.2022 hier auf die dominante Rolle des Kanzleramts in diesem Politikfeld, die dem Juniorpartner in der Koalition wenig Raum lasse. Angela Merkels europapolitische Kehrtwende, als sie im April 2020 der Aufnahme gemeinschaftlicher Schulden zur Fi-

nanzierung eines 540 Milliarden starken Corona-Wiederaufbaufonds zustimmte, stieß bei den Sozialdemokraten auf Wohlgefallen, verdankte sich aber weniger deren Druck als den äußeren Zwängen (Habermas 2020). Finanzminister Olaf Scholz sprach mit Blick auf die finanzrechtliche Konstruktion des Fonds von einem »Hamilton-Moment« – in Anspielung auf die Zentralisierung der Schulden der US-amerikanischen Gliedstaaten nach dem Unabhängigkeitskrieg. Obwohl das Europathema auf Drängen von Martin Schulz im Koalitionsvertrag prominent platziert wurde, genoss es in der Regierungspraxis wenig Priorität. Auf die Vorschläge des französischen Staatspräsidenten Emmanuel Macron für einen Neubeginn der europäischen Integration reagierte die SPD-Seite verhalten. Den dort formulierten Ideen für ein Europa unterschiedlicher Geschwindigkeiten kann Maas, wie er in einem Gespräch mit dem Autor am 2.2.2022 beteuerte, bis heute nichts abgewinnen. Gleichzeitig wurde der im Januar 2019 geschlossene Aachener Vertrag, der an den Elysée-Vertrag von 1963 anknüpft, bisher kaum mit Leben erfüllt und ist in der Öffentlichkeit entsprechend wenig bekannt.

Maas letztes Amtsjahr wurde vom Afghanistan-Desaster überschattet. Nachdem US-Präsident Joe Biden im April 2021 den Abzug aller US-Streitkräfte aus dem Land bis zum September 2021 angekündigt hatte, kam es dort bereits im August zur neuerlichen Regierungsübernahme durch die radikal-islamischen Taliban. Dieses Szenario hatte Minister Maas noch am 9.6.2021 in einer Bundestagsrede ausgeschlossen und einen Friedensprozess zwischen den Taliban und der afghanischen Regierung für erreichbar gehalten. Diese fatale Fehleinschätzung, für die er später den Bundesnachrichtendienst mit verantwortlich machte, führte dazu, dass die Bundesrepublik viel zu spät damit begann, die Soldaten und sogenannten Ortskräfte aus Afghanistan auszufliegen. Unter normalen Umständen wäre in dieser Situation der Rücktritt des Außenministers geboten gewesen – und tatsächlich hatte Maas diesen, wie er später bekannte, Vizekanzler Scholz angeboten, der das jedoch vier Wochen vor der Bundestagswahl für nicht angeraten hielt. Im selben Interview bezeichnete Maas den Afghanistan-Krieg als »Totalversagen des Westens unter amerikanischer Anleitung« (zit. nach SZ vom 5. 2. 2022).

Nach relativ gutem Start und manchen Vorschusslorbeeren begleiteten die Medien Maas' Amtszeit als Außenminister ab 2019 zunehmend kritisch. Anlass boten dabei weniger die einzelnen Auftritte, die er trotz seiner Unerfahrenheit auf dem diplomatischen Parkett meistens versiert und stilsicher absolvierte. Ausnahmen wie sein in 26 europäischen Zeitungen erschienener Namensartikel zum 30. Jahrestag des Mauerfalls, in dem er vergessen hatte, den Amerikanern für ihre historische Rolle im Einigungsprozess zu danken, oder der Türkei-Besuch im Oktober 2019, als er seine Kabinettskollegin Annegret Kramp-Karrenbauer für deren Vorschlag, im Nordosten Syriens eine UN-Schutzzone zu errichten, öffentlich bloßstellte, fallen hier nicht so sehr ins Gewicht. Schwerer wiegt der Vorwurf, dass Maas wenig Gestaltungswillen gezeigt und sein Amt, dessen Bedeutung im Kabinettsgefüge ohnehin rückläufig ist, insgesamt zu wenig ausgefüllt habe (FAZ vom 6. 11. 2019).

Maas wusste, dass er auch in einer von der SPD geführten Bundesregierung keine Chance haben würde, Außenminister zu bleiben oder in ein neues Ressort zu wechseln. Er bereitete sich deshalb frühzeitig auf das Aufhören vor. 2025 – wenn die Legislaturperiode endet – möchte er auch als Abgeordneter ausscheiden

und damit seine aktive politische Karriere ganz beenden. Der guten Gepflogenheit, sich nicht zur Politik seiner grünen Nachfolgerin Annalena Baerbock zu äußern, ist er seither konsequent gefolgt – der Kontrast zu seinem auf fast allen öffentlichen Bühnen omnipräsenten Vorgänger Sigmar Gabriel könnte nicht größer sein. Dass er in die Wirtschaft wechselt oder als gut bezahlter Lobbyist tätig wird, mag man sich bei Maas ebenfalls nicht recht vorzustellen. Heiko Maas hat sich als Justizminister gute Noten verdient. Als Außenminister blieb er ohne Fortune und musste es angesichts der Herausforderungen und Erblasten, die er zu bewältigen hatte, wohl auch bleiben. Einen besseren Ausklang seiner Ministerkarriere hätten ihm mit Ausnahme der AfD, für die er früh zu einer Art Lieblingsfeind avancierte, sicher alle gewünscht. Dass er einen würdigen und leisen Abschied genommen hat, bleibt aber auch so ein nicht gering zu schätzendes Verdienst.

Literatur: Habermas, Jürgen: 30 Jahre danach: Die zweite Chance. Merkels europapolitische Kehrtwende und der innerdeutsche Vereinigungsprozess. In: Blätter für deutsche und internationale Politik 65 (2020) 9, S. 41–56; Maas, Heiko: Moderne Rechtspolitik ist Gesellschaftspolitik. In: Recht und Politik 53 (2017) H. 3, S. 263; Peukert, Alexander: Kurzer Prozess mit der Meinungsfreiheit. In: Cicero vom 27. 3. 2017; Speck, Ulrich: Allianz der Multilateralisten. In: IP 9-10/2018, S. 74–78.

Frank Decker

Merkel, Angela, geb. Kasner (CDU)

Bundeskanzlerin

geb. 17.7.1954 in Hamburg; wenige Monate später Umsiedlung
der Familie in die DDR, wo der Vater eine Pfarrstelle übernahm.

1973	Abitur in Templin
1973–1978	Studium der Physik in Leipzig
1978–1990	Mitarbeit an der Akademie der Wissenschaften der DDR
1986	Promotion zur Dr. rer. nat.
1989	Beitritt zum Demokratischen Aufbruch (DA)
1990	Stellvertretende Sprecherin der DDR-Regierung Lothar de Maizière
1990	Eintritt in die CDU
1990–2021	Mitglied des Deutschen Bundestages
1991–1994	Bundesministerin für Frauen und Jugend
1991–1998	Stellvertretende Bundesvorsitzende der CDU
1992–1993	Vorsitzende des Evangelischen Arbeitskreises der CDU/CSU
1993–2000	Vorsitzende der CDU in Mecklenburg-Vorpommern
1994–1998	Bundesministerin für Umwelt, Naturschutz und Reaktorsicherheit
1998–2000	Generalsekretärin der CDU
2000–2018	Bundesvorsitzende der CDU
2002–2005	Vorsitzende der CDU/CSU-Bundestagsfraktion
2005–2021	Bundeskanzlerin

Nach der Bundestagswahl 2013 war Angela Merkel auf dem Zenit ihrer Macht. Die Union hatte einen hochgradig personalisierten Wahlkampf geführt, dessen Wahrzeichen ein gigantisches, an einem Rohbau in Sichtweite des Berliner Hauptbahnhofs angebrachtes Plakat von fast 2400 Quadratmetern geworden war. Dort war in einer Art Collage aus Einzelbildern von Unterstützern nur Merkels Rumpf abgebildet, vor dem ihre Hände die berühmte Raute formten. Die 41,5 %, die die Unionsparteien mit Merkel als erneuter Spitzenkandidatin erzielten, waren umso eindrucksvoller, als der Abstand zur nächsten Partei, der SPD, fast 16 Prozentpunkte betrug. Solche Ergebnisse über 40 % galten schon damals für die Volksparteien als kaum mehr erreichbar. Dennoch war die Höhe des Wahlsiegs in gewisser Weise trügerisch, denn Merkels Koalitionspartner der vorigen Legislaturperiode, die FDP, war aufgrund der schwierigen innerparteilichen Situation und der Performance der Par-

tei in der letzten Bundesregierung zum ersten Mal in der bundesdeutschen Geschichte an der Fünfprozenthürde gescheitert. Da auch die neu gegründete Alternative für Deutschland (AfD) ähnlich knapp wie die FDP den Einzug in den Bundestag verfehlte, wäre in dem aus nur vier Fraktionen bestehenden Bundestag eine Mehrheit aus SPD, Bündnis 90/Die Grünen und Die Linke möglich gewesen. Zwar hatten SPD und Grüne einer solchen Koalitionskonstellation bereits während des Wahlkampfs eine Absage erteilt, dennoch war im Bundestag eine rechnerische Mehrheit gegen die Union vorhanden. Koalitionssondierungen von Union und Grünen endeten sehr bald mit der Absage der letzteren an eine schwarz-grüne Regierungsbildung, so dass am Ende nur, wie schon in Merkels erster Kanzlerschaft, eine Große Koalition blieb, obgleich die SPD vor der Wahl eine solche eher ausgeschlossen hatte. Trotz des schlechten Wahlergebnisses der SPD war deren Verhandlungsposition jedoch ange-

© Springer Fachmedien Wiesbaden GmbH, ein Teil von Springer Nature 2023
U. Kempf und M. Gloe (Hrsg.), *Kanzler und Minister 2013–2021*,
https://doi.org/10.1007/978-3-658-38669-6_19

sichts dieser Konstellation im Bundestag nicht schlecht.

Als die im Dezember des Vorjahres, kurz vor der Weihnachtspause wiedergewählte Kanzlerin schließlich am 29. 1. 2014 dem Bundestag in einer Regierungserklärung das Programm ihrer neuen aus CDU, CSU und SPD zusammengesetzten Regierung, d. h. letztlich die Ergebnisse der Koalitionsverhandlungen, vorstellte, begann sie mit einem Rückblick auf die in den letzten Jahren unter ihrer Führung erzielten Erfolge: Das Wirtschaftswachstum habe sich seit der tiefen Rezession der Jahre 2008/09 erholt, die Beschäftigung sei auf dem höchsten Stand seit der Wiedervereinigung. Das waren letztlich die Fakten, die am meisten zum Wahlsieg der Unionsparteien beigetragen hatten. Als es in der Rede jedoch konkret wurde, offenbarte sich sehr schnell die starke Position der SPD in den Koalitionsverhandlungen, insbesondere aber nicht nur im sozialpolitischen Teil. Dass im neuen Kabinett die »Kompetenzen von Wirtschaft und Energie in einem Ministerium gebündelt« sein würden, mag durchaus sachliche Gründe gehabt haben, in erster Linie stärkte es jedoch die Position des neuen Vizekanzlers, des SPD-Vorsitzenden Sigmar Gabriel, der nicht nur für die Arbeitsmarktpolitik, sondern auch fast allein für die Weiterentwicklung der Energiewende zuständig war. Die von Merkel angekündigte Einführung eines »gesetzlichen Mindestlohns in Höhe von 8,50 Euro bis Anfang 2015« erfüllte ebenso eine zentrale Forderung der SPD wie die Modifizierung des Renteneintrittsalters dahingehend, dass »Menschen mit 45 Beitragsjahren inklusive des Bezugs von Arbeitslosengeld I eine abschlagsfreie Rente mit 63 Jahren« erhalten sollten. Obwohl die Kanzlerin in derselben Rede die Bedeutung der »Agenda 2010« der Regierung Schröder betonte, die dazu beigetragen habe, den Wirtschaftsaufschwung der letzten Jahre zu ermöglichen, verhalf sie der SPD dazu, sich mithilfe dieser sozialpolitischen Maßnahme ein Stück weit von den Schröderschen Reformen abzusetzen, für die die Partei einen hohen elektoralen Preis bezahlt hatte. Auch die zentralen Forderungen der CSU aus dem Wahlkampf, die so

genannte »Mütterrente«, also dass für Mütter, deren Kinder vor 1992 geboren wurden, »wenigstens ein Jahr mehr für die Anerkennung ihrer Erziehungsleistung« (alle Zitate aus Bulletin d. Bundesregierung Nr. 08-1 v. 29. 1. 2014) bei der Berechnung der Rentenhöhe angerechnet würde, und eine PKW-Autobahnmaut, die die deutschen Kraftfahrzeughalter nicht zusätzlich belasten würde, hatten die CSU-Verhandlungsführer mit dem Parteivorsitzenden Horst Seehofer an der Spitze gegen den ursprünglichen Widerstand der CDU-Vorsitzenden in den Koalitionsverhandlungen durchgesetzt. Dagegen waren genuin mit der CDU verbundene Vorhaben im Koalitionsvertrag und dementsprechend in der Regierungserklärung der Kanzlerin kaum zu finden. Lediglich das Bekenntnis zur 2009 eingeführten Schuldenbremse und das mit der Person des Finanzministers Wolfgang Schäuble verbundene Ziel, ausgeglichene Haushalte vorzulegen, gehörte gewissermaßen zum Markenkern der CDU. Zwar konnten die Unionsparteien die Aufnahme mancher weiter gehender Forderungen der SPD in den Koalitionsvertrag verhindern, wie beispielsweise die Zusammenführung von gesetzlicher und privater Krankenversicherung in einer Bürgerversicherung. Dennoch war die Enttäuschung besonders im Wirtschaftsflügel der Union, dass man solche Kröten wie den Mindestlohn schlucken musste, angesichts des wenige Monate zuvor erzielten Wahlerfolgs groß. Die Position der Parteivorsitzenden Angela Merkel war zwar nach dem Wahlsieg unangreifbar, aber die unterschwellige Missstimmung in Teilen ihrer eigenen Partei sollte sich in späteren Phasen als eine gewisse Hypothek herausstellen.

Das Abarbeiten des Koalitionsvertrags, also das politische Tagesgeschäft der Regierung, passierte, selbstverständlich immer koordiniert vom Kanzleramt, in den Ressorts. Die Kanzlerin dagegen wurde sehr bald von einer Reihe internationaler Krisen in Anspruch genommen.

Die großen Krisen der 3. Amtszeit: Ukraine, Griechenland und Flüchtlinge

Ihre erwähnte Regierungserklärung vom 29.1. 2014 hatte Angela Merkel nicht etwa mit einem Rückblick auf die Bundestagswahl begonnen, sondern mit einigen Bemerkungen zur aktuellen Situation in der Ukraine, wo es seit Ende November 2013 Massendemonstrationen gegen die Regierung gab, als diese angekündigt hatte, das ausverhandelte Assoziierungsabkommen mit der EU nicht zu unterzeichnen (»Euro-Maidan«). Dabei war es zu sehr gewalttätiger Repression und teilweise bürgerkriegsartigen Kämpfen gekommen. Merkel betonte, dass »die Tür für die Unterzeichnung des EU-Assoziierungsabkommens [...] weiter offen« stehe.

Nicht einmal einen Monat später eskalierten die Ereignisse: Der ukrainische Präsident verließ fluchtartig das Land, es kam zu einem Regimewechsel, was jedoch prorussische Separatisten in den östlichen, an die Russische Föderation grenzenden Verwaltungsbezirken Donezk und Luhansk zum Anlass nahmen, den Austritt aus dem ukrainischen Staatsverband zu erklären. Dies wiederum führte zu bewaffneten Auseinandersetzungen zwischen den Separatisten und dem ukrainischen Militär, bei denen die Separatisten von der russischen Regierung inoffiziell mit Truppen und Waffen unterstützt wurden. Zudem nutzte Russland die innenpolitisch schwierige Lage der Ukraine, die vor Neuwahlen von einer Interimsregierung geleitet wurde, um die Halbinsel Krim militärisch zu besetzen und die Annexion durch ein »Unabhängigkeitsreferendum« sanktionieren zu lassen. Die EU und andere westliche Länder reagierten auf dieses offensichtlich völkerrechtswidrige Vorgehen Russlands mit Protesten und Wirtschaftssanktionen gegen zahlreiche russische Personen und Institutionen, ohne damit die von Putin geschaffenen Tatsachen ändern zu können.

Als im Sommer 2014 die bewaffneten Auseinandersetzungen in der Ostukraine eskalierten und die amerikanische Regierung unter Präsident Obama hatte erkennen lassen, dass sie keine aktive Rolle bei der Vermittlung zu übernehmen gedachte, wurde von der europäischen Seite das so genannte Normandie-Format entwickelt, d.h. von Frankreich und Deutschland vermittelte Waffenstillstandsverhandlungen, die in Belarus stattfinden sollten. Beim ersten, Anfang September 2014 unterzeichneten Minsker Protokoll hatten noch die Außenminister Frankreichs und Deutschlands vermittelt. Als sich jedoch schon nach wenigen Wochen zeigte, dass der Waffenstillstand nicht halten würde und die Kämpfe erneut aufflammten, übernahmen der französische Staatspräsident François Hollande und die deutsche Bundeskanzlerin die Vermittlung. In seinen Erinnerungen »Lektionen der Macht« beschreibt Hollande nicht nur sein allgemein gutes Verhältnis zu Angela Merkel, sondern auch ihre zentrale Rolle bei den Verhandlungen in Minsk im Februar 2015. Sie sei unermüdlich zwischen den Verhandlungsparteien gependelt und habe es sich nicht nehmen lassen, die Paragrafen, auf die man sich geeinigt hatte, eigenhändig festzuhalten.

Der am 24.2.2022, nicht einmal drei Monate nach dem Ende von Merkels Kanzlerschaft, begonnene russische Angriffskrieg gegen die Ukraine hat in brutaler Deutlichkeit gezeigt, dass die westliche Sanktionspolitik im Zusammenhang mit der Krim-Annexion und dem Krieg in der Ostukraine von 2014/15 gescheitert ist und dass sie nicht zu einer Beschränkung der imperialen Ziele Wladimir Putins geführt hat. Dennoch wäre es etwas billig, im Lichte dieses Wissens die damalige Vermittlung im Rahmen des Normandie-Formats zu kritisieren. Zwar ist man in Minsk der russischen Position, selbst nicht als Kriegspartei verstanden zu werden, sehr entgegengekommen, dennoch galt das Minsker Waffenstillstandsabkommen mit der von der OSZE kontrollierten Pufferzone trotz aller späteren Unzulänglichkeiten bei der Umsetzung als ein großer diplomatischer Erfolg, der zu Merkels Image als eine wichtige Führungspersönlichkeit der westlichen Welt beitrug.

In ihrer Regierungserklärung im Januar 2014 ging Merkel auch auf die europäische Staatsschuldenkrise ein, die zwar nicht mehr täglich die Schlagzeile bestimme, aber damit noch nicht dauerhaft und nachhaltig überwunden sei. Wie recht sie damit hatte und unter welchen besonderen Umständen die Krise wieder aufflammen würden, ahnte sie wahrscheinlich nicht. Das am härtesten von der Euro-Krise betroffene EU-Mitglied war das hochverschuldete Griechenland, dessen Bevölkerung die zur Haushaltssanierung notwendigen Auflagen von EU und IWF, die dem Land mit zwei umfangreichen Rettungspaketen zu Hilfe gekommen waren, ertragen musste. Bei der Massenprotestbewegung (»Aganaktisménon«) gegen die mit Steuererhöhungen und zum Teil drastischen Leistungskürzungen einhergehende Austeritätspolitik wurden Merkel und in geringerem Maße auch der deutsche Finanzminister Schäuble zu den verhassten Symbolen dieser von außen scheinbar aufgezwungenen Politik. Die Rettungspakete waren mit Regierungen verhandelt worden, die noch von den etablierten, Griechenland seit dem Ende des Militärregimes abwechselnd regierenden, sozialdemokratischen bzw. konservativen Parteien gestellt worden waren. Im Januar 2015 gewann die linkspopulistische Syriza-Partei, eine erst wenige Jahre zuvor gegründete Sammlungspartei verschiedener radikal linker Kleinparteien, die Parlamentswahl. Syriza hatte sich seit 2012 unter der Führung von Alexis Tsipras vorbehaltlos auf die populistische Rhetorik der Protestbewegung eingelassen und war mit der Position in den Wahlkampf gezogen, die Auflagen »der Institutionen« abzuschütteln.

Merkel hatte – anders als ihr Finanzminister, der zeitweilig ein Ausscheiden Griechenlands aus dem Euro für die bessere Lösung zu halten schien – stets die Position vertreten, dass Griechenland im Euro-Verbund gehalten werden müsse, da sonst die Währungsunion in der Gefahr gestanden hätte zu scheitern. Im Frühsommer 2015 war die Gefahr, dass es dazu kommen würde, größer denn je, denn Tsipras brach am 26.6.2015 die Verhandlungen über ein drittes Rettungspaket, das das auslaufende vorige ersetzen sollte, einseitig ab und kündigte ein Referendum über die Vorschläge »der Institutionen« an. Dieses fand am 5.7. statt und die Griechen stimmten fast mit einer Zweidrittel-

mehrheit gegen die Bedingungen für ein neues Rettungspaket. In dem sich anschließenden Verhandlungsmarathon war es wiederum vor allem Merkel, der es gelang, Tsipras zu überzeugen, die im Kern kaum veränderten Bedingungen, die soeben im Referendum abgelehnt worden waren, letztlich doch zu akzeptieren. Die Kanzlerin hat ihren Beitrag zur Erhaltung des Euros (»Scheitert der Euro, dann scheitert Europa«) stets als eine ihrer wichtigsten historischen Leistungen betrachtet.

Diese beiden Krisen hatten die deutsche Politik gewissermaßen ohne eigenes Zutun von außen unter Handlungsdruck gesetzt und Merkels Reaktion, ihr Handeln als Bundeskanzlerin, ihr Verhandlungsgeschick und ihre enorme Ausdauer, hatten dazu beigetragen, einen Ausgleich der Interessen und Lösungen zu erreichen, die ihr Renommee als führende Politikerin der EU ausbauten. Die Flüchtlingskrise der Jahre 2015/2016 unterschied sich, sowohl was ihr Ausgreifen auf Deutschland als auch was die Folgen betraf, von diesen beiden Krisen. Man kann im Übrigen ohne Anführungszeichen von einer Flüchtlingskrise sprechen, weil der kurzfristige Zustrom von Menschen weit überwiegend aus nahöstlichen und afghanischen Kriegsgebieten, die in Europa und speziell Deutschland Asyl und Schutz suchten, die Bundesregierung, die Landesregierungen und besonders die Kommunalverwaltungen mit enormen Herausforderungen konfrontierte, wobei besonders letztere diese trotz mancher Unzulänglichkeiten im Einzelnen mit einer im Nachhinein beeindruckenden Leistungsfähigkeit bewältigten. Insofern hat sich Angela Merkels berühmter Appell in der Pressekonferenz vom 31.8.2015, Deutschland sei ein starkes Land und man müsse mit dem Motiv an die Herausforderungen herangehen: »Wir haben so vieles geschafft – wir schaffen das!«, durchaus bewahrheitet.

In den ersten Jahren von Angela Merkels Amtszeit als Bundeskanzlerin lag die Zahl von Asyl suchenden Menschen unter 20 000 (2007) und stieg selbst nach dem Beginn des Bürgerkriegs in Syrien nur langsam an. 2013 wurden erstmals seit den 1990er Jahren wieder über 100 000 Erstanträge auf Asyl in Deutschland gestellt. Der Grund, warum die Zahlen so vergleichsweise niedrig waren, lag im Dubliner Übereinkommen der EU-Staaten, das die Zuständigkeit für die Asylantragsbearbeitung und letztlich -erteilung für Asylsuchende, die ohne Visum und ohne Familienangehörige eingereist waren, dem EU-Mitgliedsstaat zuwies, in dem diese zuerst registriert worden waren. Die Dublin-Regelung war insofern sehr im deutschen Interesse, als Deutschland ausschließlich von EU-Mitgliedsstaaten umgeben war, also praktisch nur Flüchtlinge, die auf dem Luftweg eingereist waren, in Deutschland ihren Antrag auf Asyl stellen konnten. Dennoch stand das Dublin-System von Beginn an unter einem gewissen Spannungsverhältnis zur Reisefreiheit innerhalb der EU; manche Staaten entledigten sich zumindest eines Teils der Asylsuchenden, indem sie diese einfach nicht registrierten, sondern in einen Zug in andere EU-Länder setzten. Darüber hinaus hatte sich eine organisierte Schlepper-Kriminalität entwickelt, die Asylsuchenden die illegale Einreise in die mittel-, west- und nordeuropäischen Wohlstandszonen – auf häufig extrem riskanten Wegen – ermöglichte. Schreckliche Bilder von im Mittelmeer ertrunkenen oder in LKW erstickten Opfern dieser Form der von Schleppern vermittelten Einreise in die EU hatte die Legitimität der Dublin-Regelung erschüttert, als die Zahl der Asylsuchenden in den Jahren 2014 und 2015 sprunghaft anstieg. Letzteres ging unter anderem darauf zurück, dass die internationale Gemeinschaft Zahlungszusagen an das Flüchtlingshilfswerk der Vereinten Nationen nicht erfüllt hatte, so dass in Staaten wie Libanon, Jordanien oder der Türkei, in denen die meisten nahöstlichen Flüchtlinge zuerst ankamen, die Lebensmittelrationen reduziert werden mussten. Zum Zeitpunkt der erwähnten Pressenkonferenz von Bundeskanzlerin Merkel war daher die Zahl der Asylsuchenden bereits so stark angestiegen, dass das Bundesamt für Migration und Flüchtlinge (BAMF) unter dem Druck dieser Zahlen die Dublin-Regelung faktisch für unwirksam erklärt und angekündigt hatte, dass alle in Deutschland ankommenden Asylsuchenden hier auch ihr Anerkennungs-

verfahren durchlaufen könnten. Man geht davon aus, dass diese Ankündigung zur Attraktivität Deutschlands als Asylland noch einmal beigetragen hat.

Die dramatische Zuspitzung erfolgte in Deutschland am 4. 9. 2015. Zu diesem Zeitpunkt waren die Kapazitäten zur adäquaten Versorgung großer Flüchtlingszahlen in den Ländern des Balkans und Ostmitteleuropas längst erschöpft, so dass sich eine Gruppe von über 10 000 Flüchtlingen zu Fuß auf der Autobahn aufmachte, um von Budapest nach Deutschland zu gelangen. In dieser Notsituation wollte der österreichische Bundeskanzler Faymann eine Entscheidung der Bundesregierung, ob diese Flüchtlinge in Deutschland einreisen dürften. Nach kurzen telefonischen Konsultationen mit führenden SPD-Politikern der Koalition – nicht mit dem CSU-Vorsitzenden und bayerischen Ministerpräsidenten Horst Seehofer, der nicht erreichbar war –, entschied die Bundeskanzlerin zwischen mehreren Veranstaltungen im Kommunalwahlkampf von Nordrhein-Westfalen, die Grenze für diese Flüchtlinge nicht zu schließen. An dieser Entscheidung hielt sie teilweise gegen den Rat der zuständigen Sicherheitsbehörden auch in der Folgezeit fest, so dass im zweiten Halbjahr 2015 und im ersten Vierteljahr 2016 über eine Million überwiegend aus Ländern des Nahen Ostens stammende Flüchtlinge in die Bundesrepublik Deutschland kamen. Die genaue Zahl ist nicht bekannt, da der Zustrom so groß war, dass eine ordnungsgemäße Registrierung vielfach unterblieb. Dass vereinzelt auf diesem Weg auch islamistische Terroristen und Gefährder ins Land kamen, was die Ursache für die Bedenken der Behörden gewesen war, zeigte sich etwa bei dem Anschlag auf den Berliner Weihnachtsmarkt am Breitscheidplatz vom 19. 12. 2016, bei dem dreizehn Personen ihr Leben verloren.

Die Folgen dieser einzelnen Entscheidung war für Angela Merkels dritte Amtszeit als Bundeskanzlerin prägend. Viel ist in der Öffentlichkeit über ihre Motive für die Entscheidung zur Grenzöffnung diskutiert und spekuliert worden. Dabei wurde ihre Kindheit und Jugend im evangelischen Pfarrhaus ebenso angeführt wie ihre Sozialisation in der DDR, wo sie die Grenzen buchstäblich als Mauern wahrgenommen hatte – eine Erfahrung, die sie offenbar für die Bundesrepublik nicht wiederholen wollte. Sie selbst hat zur Begründung immer wieder angeführt, man könne heutzutage Grenzen nicht mehr schließen, es sei denn man sei – wie damals die DDR – bereit, die geschlossenen Grenzen mit Waffengewalt zu bewahren. Das sei für einen demokratischen, Menschenrechte achtenden Staat nicht möglich. Was weniger öffentlich zur Sprache kam, aber dennoch eine wichtige Rolle spielte, war die Tatsache, dass der Staat, in dem die meisten Flüchtlinge ankamen, Griechenland, in dem Moment mit diesem Problem alleingelassen sein würde, in dem die übrigen Staaten Europas ihre Grenzen dicht machen würden. Unter dieser Last, so war die naheliegende Befürchtung, würde Griechenland zusammenbrechen und die gerade erst mühsam erreichte Stabilisierung nicht nur dieses Landes, sondern letztlich des Finanzsystems der EU extrem gefährdet werden. Insofern hingen die verschiedenen damaligen Krisen durchaus miteinander zusammen.

Merkels Entscheidung zur Grenzöffnung für Asylsuchende hatte Auswirkungen auf verschiedenen Ebenen. Zum einen änderte sich die Wahrnehmung ihrer Person in der Öffentlichkeit. Jahrelang hatte sie fast überparteilich, möglichst konsensorientiert regiert, was zuweilen als geradezu präsidialer Regierungsstil bezeichnet wurde. Und nun stand sie mit ihrer Person für eine sehr umstrittene und polarisierende Entscheidung, von der abzuweichen, sie nicht bereit war. Polarisierend war die Grenzöffnung (oder präziser, die Nicht-Schließung der Grenzen), weil sich beispielsweise schon seit 2014 die »Patriotischen Europäer gegen die Islamisierung des Abendlands« (Pegida) als Protestbewegung gegen islamische Migration nach Deutschland konstituiert hatten. Auch hatte es angesichts der steigenden Asylbewerberzahlen bereits rassistisch motivierte Anschläge auf Flüchtlingsunterkünfte gegeben. Während die asylsuchenden Menschen also einerseits auf eine große Hilfsbereitschaft von Teilen der Gesellschaft im Rahmen einer geradezu osten-

tativen Willkommenskultur trafen, schlug ihnen andererseits zum Teil heftige Ablehnung entgegen. Dies spiegelte sich auch in den Beliebtheitswerten von Angela Merkel wider, die in der zweiten Jahreshälfte 2015 eine deutliche Delle erfuhren, sich aber ab Mitte 2016 wieder erholten. Differenziert man jedoch die Popularität Merkels nach Parteianhängerschaft, so lässt sich eine klare Verschiebung nach links erkennen. Der Anteil von die Kanzlerin und ihre Politik positiv beurteilenden Anhängern der SPD und der Grünen wuchs – beide Parteien, auch die oppositionellen Grünen, unterstützten Merkels Kurs in der Flüchtlingspolitik –, während bei konservativen Unionsanhängern, die sich möglicherweise noch an frühere Äußerungen der Oppositionsführerin Merkel erinnerten, dass die multikulturelle Gesellschaft gescheitert sei, eine gewisse Skepsis unverkennbar war.

Des Weiteren wirkte sich Angela Merkels Entscheidung zur Grenzöffnung auf die Entwicklung des deutschen Parteiensystems aus, indem sie der neu gegründeten AfD zu einem Erfolgsthema verhalf. Die Partei war aufgrund der Ablehnung von Merkels Euro-Politik von einigen Professoren der Wirtschaftswissenschaften gegründet worden, hatte sich aber im Sommer 2015 gespalten. Der Sprecher und Gründer Bernd Lucke war zunächst innerparteilich immer schärfer kritisiert worden und hatte schließlich im Sommer 2015 die Partei verlassen. In dieser Phase distanzierten sich führende AfD-Politiker noch vom Rechtspopulismus und definierten die Partei als bürgerlich-konservativ. Die CDU unter Merkels Vorsitz hatte bereits damals keinerlei Bereitschaft zur Kooperation erkennen lassen, sondern grenzte sich klar von der unwillkommenen rechten Konkurrenzpartei ab. Der Beschluss, auf keiner Ebene mit der AfD zusammen zu arbeiten, diente einerseits der Abgrenzung von dieser neuen Konkurrenz, war aber zugleich auch Ausdruck der Hoffnung, die neue Partei werde sich wie frühere populistische Parteien als kurzlebig herausstellen, wenn man ihr nicht zu viel Beachtung schenken würde. Das trat jedoch nicht ein, sondern im Zuge der Flüchtlingskrise der Jahre 2015/16 wurde die AfD zunehmend stärker. Das Menetekel aus Sicht der CDU waren die Landtagswahlen vom 13. 3. 2016. Am größten war der Erfolg der AfD in Sachsen-Anhalt, wo sie mit über 24 % der Stimmen zweitstärkste Kraft im Landtag wurde. Die CDU war dort gezwungen, die so genannte schwarz-rot-grüne Kenia-Koalition, also von CDU, SPD und Grünen, zu bilden, um überhaupt noch eine Regierungsmehrheit ohne Einbeziehung der AfD (oder der Linken) zustande bringen zu können. Die AfD-Erfolge waren jedoch nicht auf Ostdeutschland beschränkt: In Baden-Württemberg, das bis 2011 viele Jahrzehnte von der CDU regiert worden war, erreichte die AfD über 15 % und dieser Erfolg ging hier in weit höherem Maße als in Sachsen-Anhalt mit massiven Verlusten der CDU einher. Sowohl die Wahlerfolge der AfD wie auch deren allmähliche Radikalisierung als rechtspopulistische Bewegungspartei hatten viel mit Merkels Flüchtlingspolitik zu tun.

Mindestens ebenso schlimm aus Sicht der Bundeskanzlerin und CDU-Vorsitzenden wie der unerwartete Aufstieg der AfD war der sachliche Konflikt über die Flüchtlingspolitik im eigenen Lager. In der Nacht der Entscheidung war es Merkel nicht gelungen, den bayerischen Ministerpräsidenten und CSU-Vorsitzenden Seehofer zu erreichen, der insofern besonders betroffen war, als der Flüchtlingstreck zuerst auf bayerischem Territorium ankam. Als Seehofer im Nachhinein mit der Entscheidung zur Grenzöffnung, die auch in den kommenden Wochen nicht zurückgenommen wurde, konfrontiert wurde, entwickelte er sich (und mit ihm die CSU) zum Hauptantagonisten von Merkel in der Flüchtlingspolitik. Mit Begriffen, die zum Teil auch in der AfD benutzt wurden, »Rechtsbruch« und »Kontrollverlust«, wurde aus der CSU die Politik der Bundesregierung angegriffen und die Kanzlerin in eine Kontroverse über den Begriff der Obergrenze für die Zahl der aufzunehmenden Asylbewerber verwickelt, die sogar noch nach der Bundestagswahl von 2017 erneut aufflammen sollte. Als Seehofer auf dem CSU-Parteitag vom 20. 11. 2015 auf Merkels Grußwort antwortete, wurde

dies in der Öffentlichkeit als eine Art »Abkanzeln« auf offener Bühne und geradezu als ein Eklat empfunden.

Dabei waren sich beide, Merkel und Seehofer, CDU und CSU, einig, dass sich eine solche Situation wie im Spätsommer nicht wiederholen dürfe, nur darüber, wie das zu erreichen sei, gab es wenig Konsens. Merkel lehnte die Schließung der Grenzen der verschiedenen Balkan-Staaten ab, aus der erwähnten Befürchtung, dass dies am Ende Griechenland als Erstankunftsland überfordern würde. Damit konnte sie sich indes nicht durchsetzen. Die ungarische Regierung hatte bereits im Spätsommer begonnen, Grenzbefestigungen zu errichten, was dann zu Nachahmungseffekten in den übrigen Ländern auf der so genannten »Balkan-Route« führte, die ihrerseits befürchteten, dass am Ende ein Großteil der Asylsuchenden auf ihrem jeweiligen Territorium bleiben würde. Parallel dazu hatten von Merkel selbst forcierte Verhandlungen mit der Türkei begonnen, die darauf zielten, dass die Türkei gegen die Zusicherung durch die EU, die finanzielle Unterstützung bei der Versorgung der Flüchtlinge erheblich zu verstärken, das illegale Schlepperwesen eindämmen würde. Beide Maßnahmen zusammengenommen, die Schließung der Balkan-Route und der EU-Türkei-Deal, sorgten dafür, dass die Zahl der in Deutschland gestellten Asylanträge in den folgenden Jahren wieder auf ein Maß unter 200 000 pro Jahr zurückging.

Darüber hinaus hatte die Flüchtlingskrise auch Wirkungen auf der internationalen Ebene und trug mit zum Anwachsen des Problemdrucks bei, der die Bundeskanzlerin in der nächsten Amtszeit beschäftigen sollte. Denn bei der britischen Volksabstimmung über die Frage des EU-Austritts des Vereinten Königreichs, des Brexits, im Mai 2016, also nicht einmal ein halbes Jahr nach dem Höhepunkt der Flüchtlingskrise, wurden die Bilder der ankommenden Flüchtlinge von der Pro-Brexit-Kampagne instrumentalisiert und es ist davon auszugehen, dass diese angesichts des knappen Ausgangs der Abstimmung eine wichtige Rolle gespielt haben. Ähnliches gilt auch für den Wahlkampf des Präsidentschaftskandidaten der republikanischen Partei in den USA, Donald Trump, bei dem das Thema Immigration, in diesem Fall allerdings aus Lateinamerika, eine zentrale Rolle spielte; auch Trump hat auf seinen Wahlkampfveranstaltungen Angela Merkels Flüchtlingspolitik als abschreckendes Beispiel kritisiert.

Bundestagswahl 2017: Wahlkampf, Wahlergebnis und Regierungsbildung

Nach einer Klausurtagung der CDU-Führungsgremien am 20. 11. 2016 trat die Parteivorsitzende vor die Presse und informierte darüber, dass sie in der Sitzung ihre Partei informiert habe, auf dem in zwei Wochen stattfindenden Bundesparteitag noch einmal für den Vorsitz der CDU kandidieren zu wollen. Im Hinblick auf die Bundestagswahl des nächsten Jahres betonte sie, in ihrem Verständnis habe dazu auch immer die Bereitschaft gehört, »Bundeskanzlerin zu sein«. Sie habe schon bei der Erklärung ihrer ersten Kandidatur vor allem den Dienst an Deutschland in den Mittelpunkt gestellt, das gelte noch immer. In schwierigen, unsicheren Zeiten – nach dem Brexit und der Wahl Trumps zum US-Präsidenten brauchte sie nicht zu erläutern, was damit gemeint war – hätten viele Menschen sie beschworen weiterzumachen. Diese hätten kein Verständnis gehabt, wenn sie nicht noch einmal ihre Erfahrung, ihre Gaben und Talente in die Waagschale werfen würde. Dennoch habe sie »unendlich viel« nachgedacht und sich die Entscheidung nicht leicht gemacht. Denn nach elf Kanzlerjahren für eine weitere Amtsperiode anzutreten, sei nicht trivial, weder für das Land noch für die Partei noch für sie selbst. Schon bei dieser frühen Gelegenheit äußerte sie ihre Sorge, dass dieser Wahlkampf schwieriger würde als jeder andere, zumindest seit der Wiedervereinigung. Denn es werde zu Anfechtungen von allen Seiten kommen, von rechts, wo die Polarisierung so stark wie nie zuvor sei, als auch von links, wo man darauf ziele, eine rot-rot-grüne Koalition zu bilden, sollte sich eine rechnerische Mehrheit dafür abzeichnen. Damit war eine Sprachregelung getroffen, an der Merkel in den nächsten Tagen und Wochen festhielt. Sowohl in der

Anne Will-Sendung vom selben Abend, bei der sie der einzige Gast war und die sie als Forum nutzte, um ihre Entscheidung zur neuerlichen Kandidatur dem Wahlvolk mitzuteilen und zu begründen, wie auch zwei Wochen später bei ihrer Parteitagsrede in Essen, mit der sie sich für die Wiederwahl zur Parteivorsitzenden bewarb, gebrauchte sie fast wortgleich dieselben Formulierungen. Allerdings erhielt sie dort mit 89,5 % der abgegebenen Stimmen eines der schlechtesten Ergebnisse bei der Wahl zur CDU-Bundesvorsitzenden seit dem Jahr 2000, was in der Presse bereits zu Spekulationen über den Niedergang ihrer innerparteilichen Macht führte. In diesem Sinne ließ sich auch ein Parteitagsbeschluss interpretieren, der trotz einer klaren Äußerung Merkels dagegen eine knappe Mehrheit gefunden hatte. Darin wurde gefordert, die von der Großen Koalition erst zwei Jahre zuvor abgeschaffte Optionspflicht für in Deutschland geborene Kinder ausländischer Eltern wiedereinzuführen; mit dem Parteitagsbeschluss war eigentlich eine Vorgabe für ein zukünftiges Wahlprogramm gemacht, die Merkel jedoch nicht zu akzeptieren bereit war. Damit hatte der Parteitag gezeigt, dass manche in der CDU eher Seehofers als Merkels Sicht in der Flüchtlingspolitik teilten und dass die Enttäuschung über den Koalitionsvertrag nachwirkte. Doch unmittelbar nach dem Parteitag erklärte die Parteivorsitzende, sie glaube nicht, »dass wir jetzt einen Wahlkampf über einen Doppelpass führen sollten, wie wir das früher einmal gemacht haben« (zit. nach Bannas 2016). Indem Merkel sich jedoch über einen solchen Beschluss öffentlich hinwegsetzte, ohne dass es zu einem spürbaren Aufbegehren der Partei kam, demonstrierte sie, dass noch immer alle Fäden bei ihr zusammenliefen und sie die strategische Ausrichtung der CDU kontrollierte.

Das galt trotz aller inhaltlichen Gegensätze in der Flüchtlingspolitik sogar für die CSU, deren Führung zu keinem Zeitpunkt daran dachte, Merkel die Kanzlerkandidatur für beide Unionsparteien streitig zu machen. Dennoch war es keineswegs einfach, zu einem gemeinsamen Wahlprogramm zu kommen; am Ende verabschiedete die CSU neben dem gemeinsamen zusätzlich ein eigenes Programm, den »Bayern-plan«, in dem sie an dem Ziel einer Obergrenze für aufzunehmende Flüchtlinge und Asyl-suchende festhielt.

Wie schon 2013 führten die Unionsparteien einen stark personalisierten, auf Angela Merkel zugeschnittenen Wahlkampf. Das Wahlprogramm war mit dem Titel »Für ein Deutschland, in dem wir gut und gerne leben« überschrieben; neben der Personalisierung wurde im Rahmen einer »Feel-Good«-Strategie vor allem auf die in zahlreichen Umfragen belegte hohe Zufriedenheit der meisten Deutschen mit ihrer wirtschaftlichen Situation gesetzt. Erneut versuchte man, indem man zentrale Begriffe und Positionen der politischen Konkurrenz wie beispielsweise den der »guten Arbeit« sich selbst zuschrieb, eine politische Demobilisierung zu erreichen, die zulasten insbesondere der SPD gehen sollte. Die entscheidende, gewissermaßen taktische Weichenstellung der CDU-Zentrale im Wahlkampf, die ein weiteres Mal zeigte, dass man dort jederzeit die Kontrolle behielt, war es, auf den neuen Hoffnungsträger der SPD, den im Januar 2017 mit 100 % der Delegiertenstimmen zum neuen Parteivorsitzenden gewählten früheren Präsidenten des Europäischen Parlaments, Martin Schulz, nicht mit persönlichen Angriffen zu reagieren. Die Niederlagen der SPD in den drei Landtagswahlen im Saarland, in Schleswig-Holstein und in Nordrhein-Westfalen im Jahr des Bundestagswahlkampfs erwiesen schnell, dass die SPD keine ernsthafte Machtperspektive hatte und dass eine Polarisierung ihr nur hätte nutzen können.

Am Wahlabend zeigte sich, dass die Unionsstrategie gegenüber der SPD aufgegangen war, die mit 20,5 % ihr historisch schlechtestes Wahlergebnis in der Bundesrepublik erzielte. Allerdings hatten die Unionsparteien mit 32,9 % selbst auch Verluste in Höhe von 8,6 Prozentpunkten hinzunehmen. Das wiederum bewies, dass die Strategie gegenüber der AfD nicht aufgegangen war. Denn Merkel und ihr engerer Führungskreis hatten mit der erfolgreichen Reduzierung der Erstanträge auf Asyl auf eine De-Thematisierung der Flüchtlings- und Migrationspolitik gesetzt, um der rechten Konkurrenzpartei

keinen Vorschub zu leisten. Das hat offensichtlich nicht funktioniert, denn die AfD, auf deren Wahlveranstaltungen immer wieder »Merkel muss weg« skandiert worden war, war mit 12,6 % zur drittstärksten Fraktion im Bundestag gewählt worden, was ihr, als die Regierungsbildung schließlich abgeschlossen war, den Status als Oppositionsführer eintragen sollte. Die Konstellation im Deutschen Bundestag hatte sich gegenüber 2013 erheblich verändert, denn mit dem Einzug der AfD und dem Wiedereinzug der von Christian Lindner geführten FDP war aus dem Vier-Fraktionen- ein Sechs-Fraktionen-Parlament geworden. Die Stärke der AfD, mit der keine andere Fraktion zu kooperieren bereit war, bot für CDU und CSU indes den Vorteil, dass gegen sie keine Mehrheit gebildet werden konnte, was zumindest die Kanzlerin über die Verluste an Prozentpunkten und Sitzen hinwegtrösten konnte.

Nachdem die SPD-Führung angesichts der Verluste noch in der Wahlnacht ausgeschlossen hatte, erneut in ein Kabinett Merkel einzutreten, blieb als einzige vorher nicht ausgeschlossene Option eine so genannte Jamaika-Koalition aus Unionsparteien, FDP und Grünen für die Regierungsbildung. Obwohl es ein derartiges Koalitionsmodell bislang auf der Bundesebene noch nicht gegeben hatte, verliefen die fast öffentlich geführten Koalitionsverhandlungen im Oktober und November zumindest zwischen der Union und den Grünen, die mittlerweile in mehreren Bundesländern und im Bundesrat zusammenarbeiteten, relativ harmonisch. Vielleicht gerade deshalb brach der FDP-Vorsitzende Lindner am 19.11. die Verhandlungen ab.

In dieser schwierigen Situation kam dem Bundespräsidenten, Frank-Walter Steinmeier, eine wichtige Rolle zu. Ein Jahr zuvor hatte es noch so ausgesehen, als habe der damalige SPD-Vorsitzende und Vizekanzler Sigmar Gabriel die Kanzlerin ausgetrickst, als er den amtierenden Außenminister Steinmeier als SPD-Kandidaten für die Wahl zum Bundespräsidenten nominierte. Nolens volens hatte sich die Union dem Vorschlag des Koalitionspartners angeschlossen, als sie keinen geeigneten Gegenkandidaten fand, so dass Steinmeier im Februar

2017 mit großer Mehrheit gewählt wurde. In der aktuellen Situation der gescheiterten Koalitionsverhandlungen kam der Bundespräsident, dessen eigene SPD-Mitgliedschaft während seiner Amtszeit ruhte, jedoch Merkel zu Hilfe, indem er die SPD-Führung ins Schloss Bellevue einlud und sie eindringlich an ihre politische Verantwortung erinnerte; wer für Wahlen antrete, müsse auch bereit sein, die Regierungsverantwortung zu übernehmen. Danach setzte bei der SPD ein Umdenken ein. Wegen der Verunsicherung nach der Bundestagswahl und wegen des starken Widerstands bei Teilen der Parteibasis gegen die erneute Beteiligung an der Großen Koalition ließ sich die Parteiführung das Ergebnis der Sondierungsgespräche von einem Sonderparteitag und den schließlich verhandelten Koalitionsvertrag von einer Mitgliederabstimmung legitimieren. Das alles führte dazu, dass die Regierungsbildung nach der Bundestagswahl 2017 die Rekordzeit von 171 Tagen benötigte und die Kanzlerin erst am 14.3.2018 für ihre erklärtermaßen letzte Amtszeit gewählt wurde.

Die letzte Amtszeit: Schwierige Anfänge

Obwohl die SPD sich dermaßen schwergetan hatte, ihre Entscheidung, sich nicht an einer neuen »GroKo« zu beteiligen, zu revidieren, kam die erste schwere Erschütterung des Koalitionsfriedens nicht aus dieser Richtung, sondern von der CSU.

Gemäß seiner früheren Ankündigung hatte sich Horst Seehofer entschieden, zur nächsten bayerischen Landtagswahl, die im Herbst 2018 anstand, nicht mehr als Ministerpräsident anzutreten. Einen Tag vor Merkels Wahl zur Bundeskanzlerin im Bundestag übergab er dieses Amt an seinen Nachfolger Markus Söder, um – wie in den Koalitionsverhandlungen besprochen – das des Bundesinnenministers zu übernehmen. Die Kanzlerin war in ihrer programmatischen Regierungserklärung vom 21.3. 2018 der CSU weit entgegengekommen und hatte das Ziel verkündet, »dass bei Einhaltung all unserer internationalen, europäischen und nationalen humanitären Verpflichtungen pro Jahr

nicht mehr als 180 000 bis 220 000 Flüchtlinge in unser Land kommen. Das entspricht den langjährigen Erfahrungswerten« (zit. nach Bulletin Nr. 32-2 v. 21.3.2018: 7). Diese Zahlen entsprachen im Grunde der CSU-Forderung nach strikten Obergrenzen für Asylanträge. Dennoch war schon zu Beginn von Seehofers Tätigkeit im neuen Amt erkennbar, dass er es darauf anlegte, Angela Merkels Kurs in der Asyl- und Flüchtlingspolitik zu korrigieren. Er kündigte einen »Masterplan« für dieses Politikfeld an, dessen Kern darin bestand, alle Asylsuchenden, die aus einem sicheren EU-Mitgliedsland einreisen wollten, an der Grenze abzuweisen; das wäre eine Rückkehr zum alten Dublin-System gewesen, die mit der Reisefreiheit im Schengen-Raum nur schwer vereinbar gewesen wäre. Schon im Frühsommer 2018 eskalierte die Situation. Als Seehofer an seinen Plänen festhielt und drohte, diese aus seiner eigenen Ressortzuständigkeit umzusetzen, nahm die Kanzlerin, was in Koalitionsregierungen äußerst unüblich ist und unter Mitgliedern derselben Parteienfamilie erst recht, das Wort von der Richtlinienkompetenz in den Mund. Anfang Juli ging das Ganze so weit, dass Seehofer in einer CSU-Vorstandssitzung ankündigte, sowohl vom Ministeramt wie auch vom Parteivorsitz zurückzutreten. Am nächsten Tag relativierte er diese Aussage und verblieb dann doch bis zum Ende der Legislaturperiode im Amt.

Der Konflikt innerhalb des Kabinetts knüpfte an die Divergenzen an, die bereits am Anfang der Flüchtlingskrise zwischen CDU und CSU aufgekommen waren und im Wahlkampf nur durch Formelkompromisse verdeckt worden waren. Dahinter standen unterschiedliche strategische Vorstellungen, wie auf die Herausforderung durch die AfD zu reagieren sei. Die CDU unter Merkels Führung setzte darauf, der AfD möglichst wenig Beachtung zu schenken und die Probleme der Asylpolitik so zu lösen, dass es innerhalb der EU zu einer gerechten Verteilung der Flüchtlinge kommen würde – was allerdings nie gelang – und dass damit die AfD ihr wichtigstes Mobilisierungsthema und damit mittel- oder langfristig ihre parlamentarische Existenz verlieren würde. Die

CSU dagegen, der eine existenzielle Landtagswahl in Bayern bevorstand, wollte die Themen
der AfD übernehmen, um möglichst wenige
Wähler an die rechte Konkurrenz zu verlieren.
Der unionsinterne Konflikt verlor seine Viru-
lenz unmittelbar nach der bayerischen Landtagswahl vom Oktober 2018. Die CSU hatte
dort über 10 Prozentpunkte verloren, aber in der
CSU setzte sich schnell die Erkenntnis durch,
dass man mit der Strategie, Merkels Flüchtlingspolitik heftig zu kritisieren und sogar zu korrigieren, mehr Wähler an die Grünen als an die
AfD verloren hatte. Von einer Regierungskrise
war danach nicht mehr die Rede.

Damit war endlich ruhigeres Regieren möglich. Auch der neue Koalitionsvertrag von Union und SPD enthielt zahlreiche Projekte, die in
den Ressorts umgesetzt wurden. Eine wichtige
Forderung der SPD, die im Koalitionsvertrag
vereinbart worden war, war die Grundrente für
Geringverdiener, die schließlich nach langem
Vorlauf im Sommer 2020 verabschiedet wurde.
Ein weiteres, für die Zukunft weichenstellendes
Projekt war der Ausstieg aus der Kohleverstromung, das mit der Berufung einer Expertenkommission schon 2018 in Angriff genommen
wurde. Deren Ergebnisse bildeten dann die
Grundlage für eine Bund-Länder-Kommission,
die wiederum die entscheidende Vorarbeit für
das im Sommer 2020 verabschiedete Kohleaus-
stiegsgesetz leistete.

Trotz dieser kontinuierlichen Sacharbeit
blieb die Koalition prekär. Denn die Wahl des
Europa-Parlaments im Mai 2019, bei der die
SPD ein desaströses Ergebnis erhielt – mit 15,8 %
lag sie fast fünf Prozentpunkte hinter den Grünen –, führte zu einer gewissen Destabilisierung
in dieser Regierungspartei. Als die Parteivorsitzende Andrea Nahles sich einseitig für dieses
Ergebnis verantwortlich gemacht sah, gab sie
am 2.6.2019 ihren Rücktritt vom Partei- und
Fraktionsvorsitz und die Rückgabe ihres Bundestagsmandats bekannt. Die Interimsführung
der Partei beschloss dann, in einem aufwändi-
gen und langwierigen Verfahren eine zukünftige Doppelspitze per Mitgliedervotum wählen
zu lassen. In diesem Prozess versuchten die innerparteilichen Gegner der »GroKo« erneut zu

mobilisieren und möglichst einer Führung zur
Mehrheit zu verhelfen, die die SPD in irgend-
einer Form aus der Koalition mit den Unionsparteien herausführen würde. Am Ende setzten
sich mit Saskia Esken und Norbert Walter-Borjans in der Stichwahl im November 2019 gegen das Team des Finanzministers Olaf Scholz,
der selbstverständlich als Protagonist der Großen Koalition galt, zwei Personen durch, denen
man zutraute, die Ziele der GroKo-Gegner umzusetzen. Unter diesen Umständen war es für
die Kanzlerin von größter Bedeutung, der SPD
keinerlei Vorwände für einen Bruch zu liefern,
sondern vielmehr den Koalitionspartner äußerst pfleglich zu behandeln. Tatsächlich gelang
es ihr sehr bald, im Koalitionsausschuss ein kol-
legiales Verhältnis zu den beiden neuen SPD-
Vorsitzenden aufzubauen. Nach dem Ausbruch
der Corona-Krise war dann ohnehin kaum
mehr von einem Ende der GroKo die Rede.

Während nach dem Rücktritt von Nahles
mehr denn je für die Kanzlerin die Erhaltung
ihrer Koalition bis zum Ende der Legislaturperiode im Vordergrund stand, setzte eine un-
gewöhnliche Entfremdung, sogar Distanzierung Merkels von ihrer eigenen Partei ein, die
möglicherweise bis zu dem Parteitag vom Dezember 2016 zurückreichte, als die Delegierten
ihrer Empfehlung hinsichtlich der doppelten
Staatsangehörigkeit nicht gefolgt waren. Deutlich zutage trat diese Entwicklung nach der
hessischen Landtagswahl vom 28.10.2018. Die
CDU hatte dort bereits in der letzten Legislaturperiode in einer Koalition mit den Grünen
regiert. Bei der Wahl kam erneut eine Mehrheit für diese Koalition zustande, allerdings
mit hohen Verlusten der CDU von über zehn
Prozentpunkten. Die Koalitionsmehrheit blieb
nur deshalb erhalten, weil die Grünen in ähn-
lichem Umfang zugelegt hatten, zugleich aber
keine rechnerische Mehrheit für eine rot-grü-
ne Koalition vorhanden war. Nach dieser Wahlniederlage kündigte die Vorsitzende der CDU
an, auf dem nächsten Parteitag nach 18 Jahren
nicht wieder für den Vorsitz kandidieren zu
wollen, zugleich aber das Amt der Bundeskanzlerin weiter ausüben zu wollen. Damit wollte sie
offensichtlich möglicher Kritik auch an am Er-

scheinungsbild der von ihr geführten Bundesregierung – damals war der Konflikt mit der CSU und deren Vorsitzenden eben noch nicht beendet –, das zum schlechten Ergebnis der CDU in Hessen beigetragen habe, die Spitze abbrechen. Dennoch war das ein unerwarteter und in gewisser Weise gewagter Schritt. Denn Angela Merkel hatte ihre Sozialisation als bundesdeutsche Politikerin als junge Ministerin im Kabinett von Helmut Kohl erworben und stets dessen Maxime geteilt, dass Parteivorsitz und Kanzlerschaft zusammengehörten. Möglich sei die Trennung nur, weil es sich um einen überschaubaren Zeitraum handele. Dieser erste Teilrückzug bekräftigte also ihre Entscheidung, dass die vierte Amtszeit die letzte sein würde, dass sie diese aber nicht vorzeitig beenden würde, um einem Nachfolger oder einer Nachfolgerin die Möglichkeit zu eröffnen, als amtierender Kanzler oder Kanzlerin in den Wahlkampf zu ziehen. Letzteres wäre ohnehin eine eher theoretische Option gewesen, da zur Wahl im Bundestag die Stimmen des Koalitionspartners notwendig gewesen wäre. Dass die SPD einen neuen CDU-Kanzler gewählt hätte, war eher unwahrscheinlich. Als sich schließlich Annegret Kramp-Karrenbauer, die Merkel ein knappes Jahr zuvor selbst zur Wahl als CDU-Generalsekretärin vorgeschlagen hatte, bei der Wahl einer Nachfolgerin durchsetzte, war dies sicher im Sinne ihrer Vorgängerin. Aber andererseits unternahm Merkel wenig zu ihrer Unterstützung, als sie immer stärker innerparteilich in der Kritik stand und schließlich im Februar 2020 ankündigte, nicht als Kanzlerkandidatin zur Verfügung zu stehen und auch nicht noch einmal zur Wahl als CDU-Vorsitzende antreten zu wollen. Damit wurde das Führungsvakuum in der CDU in einer Weise prolongiert, die eine schwere Hypothek für den Bundestagswahlkampf 2021 werden sollte.

Merkel hatte erklärt, sich nicht in die Wahl eines Nachfolgers oder einer Nachfolgerin einmischen zu wollen, und diesem Vorsatz blieb sie in einer Weise treu, die auf manche Beobachter fast wie Desinteresse wirkte. Bei den Wahlkämpfen der CDU, etwa der Wahl zum Europäischen Parlament im Mai 2019 oder bei Landtagswahlkämpfen, selbst beim Bundestagswahlkampf 2021, beteiligte sie sich kaum noch.

Zwei Vorfälle sind exemplarisch für Merkels Prioritäten und ihre gewachsene Distanz zur eigenen Partei. Das eine ist die Wahl des FDP-Politikers Thomas Kemmerich zum Thüringer Ministerpräsidenten mit den Stimmen seiner Fraktion, der CDU- und der AfD-Fraktion am 5. 2. 2020. Der Hintergrund war, dass die Koalition aus Die Linke, SPD und Grünen bei der letzten Landtagswahl die Mehrheit der Mandate verloren hatte, aufgrund des Absturzes der CDU und des Wahlerfolgs der AfD aber auch keine andere Mehrheit zustande kam. Unter solchen Umständen sieht die Thüringer Landesverfassung vor, dass im dritten Wahlgang derjenige Kandidat mit den meisten Stimmen gewählt ist. Im dritten Wahlgang kandidierten der amtierende Ministerpräsident Bodo Ramelow (Die Linke), Thomas Kemmerich sowie ein von der AfD nominierter weithin unbekannter Kommunalpolitiker. Das von der Landtagspräsidentin bekannt gegebene Ergebnis mit einer Mehrheit für Kemmerich bedeutete, dass die AfD geschlossen für ihn und nicht den eigenen Kandidaten gestimmt hatte. Diese formal korrekte Wahl mit den Stimmen der AfD wurde in der ganzen Republik sofort als ein politischer Skandal betrachtet. Dennoch war es ungewöhnlich, als die Kanzlerin am folgenden Tag während eines Staatsbesuchs in Südafrika auf einer Pressekonferenz in Pretoria entgegen den Usancen, vom Ausland aus heimische Politik nicht zu kommentieren und ohne selbst ein Parteiamt innezuhaben, erklärte, dass dieser Wahlvorgang unverzeihlich sei und das Ergebnis rückgängig gemacht werden müsse. Bezeichnend für Merkels Prioritäten war diese Erklärung insofern, als die Bundeskanzlerin damit fast wörtlich die Forderung der neuen SPD-Vorsitzenden Saskia Esken aufgegriffen hatte. Offenbar fürchtete Merkel, dass diese thüringische Ministerpräsidentenwahl der SPD einen willkommenen Anlass für einen Koalitionsbruch bieten könnte, was am Ende nicht eintrat, da Kemmerich auf Druck seines Parteivorsitzenden Lindner bereits nach wenigen Tagen zurücktrat.

Der zweite Vorfall war ein Versprecher bei Merkels letztem Auftritt vor der Bundespressekonferenz Ende Juli 2021. Auf die Frage, wo sie den Abend der Bundestagswahl verbringen werde, antwortete sie, sie werde vermutlich im Umfeld der Partei, der sie nahestehe, sein – was sie dann gleich korrigierte, deren Mitglied sie sei. Wenn es auch ein Versprecher war, so war die Formulierung doch bezeichnend für die innere Distanz, die Merkel inzwischen zur CDU gewonnen hatte.

Regieren unter Pandemie-Bedingungen: Die Corona-Krise

Am 18.3.2020 erlebten die Bürgerinnen und Bürger der Bundesrepublik ein Novum in der inzwischen schon fast fünfzehn Jahre währenden Kanzlerschaft von Angela Merkel, eine von den großen öffentlich-rechtlichen Fernsehsendern ausgestrahlte Ansprache, die nicht an Neujahr stattfand. Der Anlass war die Corona-Pandemie, die seit Februar des Jahres Deutschland erreicht und sich immer weiter ausgebreitet hatte. Mit der Ansprache verfolgte die Kanzlerin einen doppelten Zweck. Zum einen war es ein Appell an die Einsicht und das solidarische Mitmachen der Menschen: »Es ist ernst. Nehmen Sie es auch ernst. Seit der Deutschen Einheit, nein, seit dem Zweiten Weltkrieg gab es keine Herausforderung an unser Land mehr, bei der es so sehr auf unser gemeinsames solidarisches Handeln ankommt.« Zum anderen ging es ihr darum, den Bürgern zu zeigen, dass sie verstand, welche Zumutungen die Regierungen von Bund und Ländern den Menschen mit dem Lockdown auferlegten, um die Zahl der Ansteckungen zu reduzieren und eine Überlastung des Gesundheitswesens zu verhindern: »Ich weiß, wie dramatisch schon jetzt die Einschränkungen sind: keine Veranstaltungen mehr, keine Messen, keine Konzerte und vorerst auch keine Schule mehr, keine Universität, kein Kindergarten, kein Spiel auf einem Spielplatz … verschärfte Grenzkontrollen und Einreisebeschränkungen zu einigen unserer wichtigsten Nachbarländer.« Was hier noch nicht zur Sprache kam, aber bald darauf angekün-

digt wurde, war die Abkehr von der Politik der »schwarzen Null«; die Regierung war wie in der Finanzkrise des Jahres 2008 bereit, die durch die massiven Schließungen verursachten wirtschaftlichen Schäden auszugleichen und wie damals mittels Kurzarbeitergeldes einen drastischen Anstieg der Arbeitslosigkeit zu verhindern.

Die weltweite Pandemie hat insbesondere in dieser frühen Phase einige europäische Länder, etwa Italien und Spanien, stärker als Deutschland getroffen. Die Maßnahmen zur Eindämmung bzw. Verlangsamung der Ausbreitung des Virus lösten überall, aber in diesen bereits von der Euro-Krise gebeutelten Ländern besonders, eine Wirtschaftskrise aus. In dieser Situation gab Merkel im Juli 2020 ihr Einverständnis, dass die EU-Kommission einen europäischen Wiederaufbaufond (»NextGenerationEU«) in Höhe von 750 Milliarden Euro, der neben Krediten zu einem erheblichen Teil auch Zuschüsse an die von Corona besonders getroffenen Mitgliedstaaten gewähren sollte, durch die Aufnahme eigener Schulden am Finanzmarkt (»Corona-Bonds«) finanzieren könne. Dies war eine klare Kehrtwende gegenüber der früheren Ablehnung einer »Schulden-Union« auch durch die Kanzlerin, die sich in der Zukunft noch als bedeutsam herausstellen könnte – insbesondere falls die ehrgeizigen Ziele zur Rückzahlung dieser Schulden möglicherweise nicht eingehalten werden können.

Ob es die Ansprache vom 18.3. war oder die drastischen Bilder aus Bergamo von Särgen mit Coronatoten, die von Militärfahrzeugen in Krematorien gefahren wurden, lässt sich schwer ausmachen, aber in den Umfragen, etwa im ARD Deutschlandtrend von Anfang April 2020, war ein deutlicher Anstieg der Zufriedenheit mit dem Regierungshandeln zu erkennen und auch das Ansehen Merkels und weiterer Kabinettsmitglieder stieg sprunghaft an.

Ein Jahr später war von der großen Zustimmung zur Regierungspolitik, von dem »rally-around-the-flag«-Effekt in der Corona-Krise nicht mehr viel zu spüren – die positive Bewertung der Regierung hatte sich von 63 auf 35 % fast halbiert. Einige der Dinge, die in der Zwischenzeit zu dem verbreiteten Gefühl vieler Deutscher, nicht gut regiert zu werden, beigetragen haben, hatten wenig mit dem Handeln der Bundesregierung oder der Kanzlerin und mit den Menschen zugemuteten Beschränkungen zu tun, die von einer Mehrheit als sinnvoll und richtig eingeschätzt wurden. Es wurde beispielsweise immer wieder darüber berichtet, dass die kommunalen Gesundheitsämter ihre Daten an das Robert-Koch-Institut per Fax übermittelten, was zu Verzögerungen hinsichtlich der Daten über Fallzahlen führte und was ein schlechtes Licht auf die seit Jahren immer wieder in Regierungsprogrammen beschworenen Anstrengungen bei der Digitalisierung von Politik und Verwaltung warf. Zum Ansehensverlust der Politik der politischen Führung insgesamt trugen auch die in der Öffentlichkeit bekannt gewordenen Fälle der Selbstbereicherung von Abgeordneten bei der Vermittlung von Schutzmaskenkäufen bei.

Am schwersten wog aber wahrscheinlich, und hier war die Kanzlerin sehr direkt involviert, die mangelnde Selbstdisziplin und Einigkeit der Teilnehmer in einem, im Grundgesetz gar nicht vorgesehenen Organ, der Ministerpräsidentenkonferenz (MPK), an der seit dem Beginn der Pandemie auch die Kanzlerin regelmäßig teilnahm. Im Kern war das sinnvoll, da viele der Maßnahmen gegen die Ausbreitung des Virus von den Ländern durchgeführt werden mussten. Aber dass die Verhandlungen geradezu öffentlich geführt wurden, weil über die sozialen Medien die einzelnen Verhandlungspositionen in Echtzeit »durchgestochen« wurden, führte dazu, dass die Bevölkerung einen direkten Eindruck von den Auseinandersetzungen, Konflikten und teilweise der mangelnden Kompromissfähigkeit in diesem Gremium bekam; der Kanzlerin gelang es nicht immer, sich hier mit ihrer Position durchzusetzen. Die Uneinheitlichkeit der Maßnahmen führte dazu, dass das Wort vom föderalen »Flickenteppich« erneut die Runde machte. Der negative Höhepunkt wurde erreicht, als man Ende März 2021 in der MPK beschloss, über Ostern erneut einen Lockdown zu verhängen. Der Beschluss war jedoch so mangelhaft vorbereitet, dass er

aufgrund rechtlicher Bedenken wenige Tage später wieder zurückgenommen werden musste. Im Bundestag übernahm die Bundeskanzlerin persönlich die Verantwortung für die Verwirrung und Verunsicherung, die damit in der Bevölkerung gestiftet worden war, und bat die Bevölkerung um Verzeihung.

Das Verhalten in der MPK hatte vor dem Hintergrund des so genannten »Impfchaos« in den Monaten zuvor eine sehr negative Wirkung auf das Ansehen aller politischen Entscheidungsträger. Die schnelle Entwicklung eines Impfstoffes gegen den Covid-Erreger hatte große, auch von der Politik geschürte Hoffnungen geweckt, bald zu einer gewissen Normalität zurückkehren zu können. In den ersten Wochen und Monaten des Jahres 2021 schlugen diese Hoffnungen in Enttäuschung und Unzufriedenheit um, als deutlich wurde, dass es Versäumnisse bei der Beschaffung einer hinreichenden Zahl von Impfdosen gegeben hatte und dass es erst einmal nur möglich sein würde, die Risikogruppen, also in erster Linie ältere Jahrgänge, zu impfen. Und selbst für diese war es nicht einfach, Termine in den Impfzentren zu erhalten. Für die zweite und dritte Welle der Pandemie mit den mutierten Viren konnte man nicht die politische Führung verantwortlich machen, für die nicht optimal organisierten Impfprozesse dagegen schon.

Das Thema Corona begleitete Angela Merkel durch das letzte Jahr ihrer Kanzlerschaft, in dem jedoch die Auseinandersetzungen in der CDU um den Parteivorsitz, die Konflikte zwischen CDU und CSU, zwischen Armin Laschet und Markus Söder um die Kanzlerkandidatur und schließlich der Wahlkampf die Schlagzeilen beherrschten. Vielleicht gerade deshalb, weil die Kanzlerin immer mehr der Tagespolitik enthoben wirkte, erholten sich ihre Beliebtheits- und Ansehenswerte nach der Delle vom April 2021 sehr schnell wieder. Bis man sie nach ihrem Rückzug aus der Politik aus den Antwortmöglichkeiten bei den Umfragen herausnahm, blieb sie mit Abstand die beliebteste Politikerin in Deutschland.

Fazit: 16 Jahre Kanzlerschaft

Am 30. 5. 2019 ist Angela Merkel nicht nur mit der Ehrendoktorwürde der Harvard Universität ausgezeichnet worden, sie ist auch für ihre *Commencement Speech,* die sie dort in deutscher Sprache gehalten hat, mit *Standing Ovations* gefeiert worden. Sie hat sich und die Prinzipien und Inhalte ihrer Politik dabei in jeder Hinsicht als das Gegenteil von Donald Trump, dessen Name kein einziges Mal genannt wurde, präsentiert und wurde als solches auch verstanden. Kooperativer Multilateralismus sowohl in der Handels- wie auch in der Außen- und Sicherheitspolitik stand gegen Unilateralismus, Protektionismus und Zollkonflikte, die Aufnahme weit über einer Million Flüchtlinge und offene Grenzen als humanitäre Reaktion auf eine Notlage stand gegen den Versuch, die US-Grenze von Mexiko durch eine Mauer zu befestigen, um die Flüchtlingsbewegungen aus Lateinamerika zu unterbinden. Ohne dass es explizit ausgesprochen werden musste, war Angela Merkel auch persönlich als Frau, aufgrund ihres bescheidenen Wesens und ihrer zurückhaltend sachlichen Rhetorik, ihres prinzipien- und wertorientierten Pragmatismus und nicht zuletzt aufgrund der Legitimation durch vier gewonnene Wahlen ein Gegenmodell westlicher, transatlantischer Führung im Vergleich zu Donald Trump. Wäre sie unmittelbar danach vom Amt der Bundeskanzlerin zurückgetreten, hätte dieses Bild von ihrer Kanzlerschaft möglicherweise längeren Bestand gehabt.

Der am 24. 2. 2022, wie bereits erwähnt, nur wenige Monate nach dem Ende von Merkels Kanzlerschaft, begonnene, furchtbare Angriffskrieg Russlands auf die Ukraine zeigt, dass es im Grunde für eine historische Bewertung ihrer langen Kanzlerschaft noch zu früh ist. Denn die auf eine Einbindung Russlands in die kooperativen multilateralen internationalen Strukturen zielende Politik ihrer Regierung hat sich damit offenkundig als gescheitert herausgestellt. Dass Merkel nie allein für die Außenpolitik verantwortlich war, sondern stets Außenminister an ihrer Seite hatte, die von der SPD gestellt wurden bzw. im zweiten Kabinett von der FDP,

steht auf einem anderen Blatt; die Politik ihrer Regierungen war immer die Politik von Koalitionen. Das gilt in noch höherem Maße für die Abhängigkeit der deutschen Energieversorgung von russischen Erdgaslieferungen, die sich als so groß erwiesen hat, dass die Nachfolgeregierung Scholz es für die deutsche Wirtschaft für nicht verkraftbar hält, ein sofortiges Ende der Erdgasimporte als Sanktion gegen Russland zu verhängen. Diese Abhängigkeit hatte bereits zu früheren Zeiten begonnen, sie ist aber in sechzehn Jahren der Kanzlerschaft Merkels nicht reduziert, sondern eher noch erweitert worden, insofern als russische Unternehmen auch einen wesentlichen Teil der deutschen Erdgasspeicherkapazitäten übernehmen durften. Auch die Entscheidung zum Ausstieg aus der Nuklearenergie, für die es nach dem Unfall im japanischen Fukushima in Deutschland eine breite gesellschaftliche Mehrheit gegeben hatte, hat die Abhängigkeit von der Erdgasverstromung als »Brückentechnologie« bis zum hinreichenden Ausbau regenerativer Energieversorgung noch vergrößert.

Am Tag des Kriegsbeginns in der Ukraine schrieb der Inspekteur des Heers, der General Alfons Mais, in den sozialen Medien, dass die Bundeswehr jahrelang vernachlässigt worden sei und »mehr oder weniger blank« dastehe. Das mag aus der Situation heraus etwas übertrieben geurteilt gewesen sein, dennoch wirkte die Ankündigung von Bundeskanzler Scholz im Rahmen seiner »Zeitenwende«-Rede vom 27. 2. 2022, die Bundeswehr mithilfe eines »Sondervermögens« von einhundert Milliarden Euro besser auszustatten, wie eine Bestätigung der Aussage des Heeresinspekteurs. Auch hier wäre es billig, allein Merkel die Verantwortung für die Vernachlässigung der Bundeswehr zuzuweisen, denn der Rahmen der Haushaltsplanung wird selbstverständlich von den Koalitionsparteien gemeinsam gemacht und der Finanzminister des letzten Merkel-Kabinetts war niemand anderes als Olaf Scholz. Zudem hatte es auch in dieser Frage einen langjährigen gesellschaftlichen Konsens gegeben, nach dem Ende des Kalten Krieges die »Friedensdividende« einzustreichen.

Als die ersten Kriegsflüchtlinge aus der Ukraine am Berliner Hauptbahnhof eintrafen, wunderten sich einige, dass sie beim Registrieren handschriftlich Formulare ausfüllen mussten; in der Ukraine sei es üblich, so etwas digital zu erledigen. Die Digitalisierung, sowohl bezogen auf den Ausbau der digitalen Infrastruktur als auch bezogen auf Verwaltungsvorgänge, war ein Leitmotiv der Merkel-Regierungen; bereits die Corona-Krise hatte gezeigt, dass Fortschritte nur sehr inkrementell erzielt worden waren.

Am Anfang ihrer Amtszeit als Kanzlerin wurde Angela Merkel, die frühere Umweltministerin, gerne als »Klima-Kanzlerin« bezeichnet, am Ende ihrer Amtszeit musste sie sich nicht nur von den Aktivisten der *Fridays-for-Future*-Bewegung, sondern sogar vom Bundesverfassungsgericht dafür kritisieren lassen, dass die Fortschritte im Klimaschutz nicht ausreichen, um die natürlichen Lebensgrundlagen künftiger Generationen zu sichern.

Diese Beispiele weisen auf die fundamentale Ambivalenz von Merkels Kanzlerschaft »zwischen Stillstand und Krisenbewältigung« hin, die bereits für einen Sammelband über das dritte Kabinett Merkel titelgebend war. Letzteres, die Krisenbewältigung, ist der Kanzlerin in eindrucksvoller Weise, stets »auf Sicht fahrend«, aber mit dem klaren Kompass eines Wertefundaments ausgestattet, nicht nur für Deutschland, sondern auch die EU gelungen. Man muss nicht so weit gehen wie der Schriftsteller Navid Kermani, der in einem Rückblick auf Merkels Kanzlerschaft einerseits seine Bewunderung für ihre Person, »ihre Intelligenz, ihre Integrität, ihr Pflichtbewusstsein« ausdrückt, andererseits aber ihr »visionsfreies Politikverständnis« dafür verantwortlich macht, dass sie mit kaum etwas anderem als der Bewältigung mehr oder weniger selbst verursachter Krisen konfrontiert war. Die Ursprünge all der Krisen lagen entweder lange vor ihrer Zeit als Kanzlerin oder, wie bei Corona, in höherer Gewalt. Aber insofern ist ihm zuzustimmen, als Merkel trotz aller Erfolge keine »transforming leadership« (James MacGregor Burns) ausgeübt hat. Das hätte bedeutet, für eine neue

Politik neue Mehrheiten zu suchen bzw. herzustellen, was sie – etwa in der Klimaschutzpolitik – nie getan hat und was auch nicht ihr eigener Anspruch an ihre Politik war.

Literatur: Alexander, Robin: Die Getriebenen. Merkel und die Flüchtlingspolitik: Report aus dem Inneren der Macht. München 2017; Alexander, Robin: Machtverfall. Merkels Ende und das Drama der deutschen Politik: Ein Report. München 2021; Bannas, Günter: »Mit schmutzigem Trikot«, in: Frankfurter Allgemeine Zeitung Nr. 289 v. 10. Dezember 2016, S. 4; Berz, Jan: 14 Jahre Bundeskanzlerin Merkel: Unterstützung durch Annäherung. In: Zeitschrift für Parlamentsfragen 50 (2019), S. 545–556; Bieber, Christoph/Blätte, Andreas/Korte, Karl-Rudolf/Switek, Niko (Hg.): Regieren in der Einwanderungsgesellschaft. Wiesbaden 2017; Bollmann, Ralph: Angela Merkel. Die Kanzlerin und ihre Zeit. München 2021; CDU Deutschland: Protokoll 29. Parteitag, 6.–7. Dezember 2016, Essen 2016; Florack, Martin/Korte, Karl-Rudolf/Schwanholz, Julia (Hg.): Coronakratie. Demokratisches Regieren in Ausnahmezeiten, Frankfurt/M. 2021; Hemmelmann, Petra: Der Kompass der CDU. Analyse der Grundsatz- und Wahlprogramme von Adenauer bis Merkel. Wiesbaden 2017; Hollande, François: Les leçons du pouvoir. Paris 2019; Horst, Patrick: Das Management der dritten Großen Koalition in Deutschland 2013–2015: Unangefochtene Dominanz der drei Parteivorsitzenden. In: Zeitschrift für Parlamentsfragen 46 (2015), S. 852–873. Kermani, Navid: Politik statt Programm, in: Die Zeit Nr. 39 vom 23. 9. 2021, S. 7; Marton, Kati: The Chancellor. The remarkable Odyssey of Angela Merkel, London 2021; Merkel, Angela: Was also ist mein Land? Drei Reden. Berlin 2021. Mück, Katharina: »Wir schaffen das!« Hat die Persönlichkeit Angela Merkels Einfluss auf ihre Flüchtlingspolitik? In: Gu Xuewu/Ohnesorge, Hendrik W. (Hg.): Politische Persönlichkeiten und ihre weltpolitische Gestaltung. Wiesbaden 2017, S. 245–273. Oppelland, Torsten: Wahlkampf im Zeichen der Flüchtlingskrise. Die Strategien von CDU und CSU für die Bundestagswahl 2017. In: Grabow, Karsten/Neu, Viola (Hg.): Das Ende der Stabilität? Parteien und Parteiensystem in Deutschland. Sankt Augustin/Berlin 2018. Sturm, Roland: Die Regierungsbildung nach der Bundestagswahl 2013: lagerübergreifend und langwierig. In: Zeitschrift für Parlamentsfragen 45 (2014), S. 207–230; Zohlnhöfer, Reimut/Saalfeld, Thomas (Hg.): Zwischen Stillstand und Krisenmanagement. Eine Bilanz der Regierung Merkel 2013–2017. Wiesbaden 2019.

Torsten Oppelland

Müller, Gerd (CSU)

Bundesminister für wirtschaftliche Zusammenarbeit und Entwicklung

geb. 25.8.1955 in Krumbach (Schwaben); röm.-kath.

1973	Abitur
1975–1980	Studium Pädagogik, Politik und Wirtschaftswissenschaften an der katholischen Universität Eichstätt (Abschluss als Diplomwirtschaftspädagoge)
seit 1976	Mitglied der CSU
1980	Geschäftsführer eines Verbandes
bis 1989	Tätigkeit im Bayerischen Ministerium für Wirtschaft und Finanzen
1988	Promotion an der Universität Regensburg
1989–1994	Mitglied des Europäischen Parlaments
2008–2012	Präsident des Deutschen Heilbäderverbandes e.V.
2009	Honorarprofessor an der Hochschule für Technik und Wirtschaft in Dresden
1994–2021	Mitglied des Deutschen Bundestages
2005–2013	Parlamentarischer Staatssekretär bei der Bundesministerin für Ernährung, Landwirtschaft und Verbraucherschutz
2013–2021	Bundesminister für wirtschaftliche Zusammenarbeit und Entwicklung
seit 2022	Vorsitzender der UNO-Organisation für industrielle Entwicklung (UNIDO)

Gerd Müller war am Ende seiner achtjährigen Amtszeit (17.12.2013 bis 8.12.2021), der am zweitlängsten im Amt befindliche Entwicklungshilfeminister der Bundesrepublik (nach Heidemarie Wieczorek-Zeul, SPD) unter den bisherigen vierzehn BMZ-Ministern. Unter seiner Leitung erfuhr der Haushalt des BMZ eine massive Steigerung, die größte seit seiner Einrichtung im Jahr 1961. Von 6,3 Milliarden Euro (2013) hat sich der Etat auf rund 13,4 Milliarden im Jahr 2021 mehr als verdoppelt. Dies führte auch dazu, dass Deutschland das vor 50 Jahren der internationalen Gemeinschaft gegebene Versprechen, 0,7 % des jeweiligen Bruttonationaleinkommens für Entwicklung auszugeben im Jahr 2016, 2020 und 2021 auch erreichte.

Ursprünglich kommt Gerd Müller aus der Kommunalpolitik. In Krumbach war er von 1978 bis 1988 zweiter Bürgermeister und war außerdem als Kreisrat im Landkreis tätig. Zuvor hat Gerd Müller nach der Realschule und einer Lehre auf dem zweiten Bildungsweg sein Abitur gemacht. Daran schloss sich der Wehr-dienst und ein Studium der Wirtschafts- und Sozialwissenschaften an der KU Eichstätt an. Außerdem war er Landesvorsitzender der bayerischen Jungen Union (1987 bis 1991), über die er auch an der Universität Regensburg 1988 eine Dissertationsschrift vorlegte (Thema: »Die Junge Union Bayern und ihr Beitrag zur politischen Jugend- und Erwachsenenbildung«). Seit Anfang der 1980er Jahre war er im bayerischen Staatsministerium für Wirtschaft und Verkehr tätig und dort stellvertretender Pressesprecher des Wirtschaftsministers Anton Jaumann. Von 1989 an war Müller für eine Legislaturperiode Abgeordneter im Europäischen Parlament, bevor er 1994 in den Deutschen Bundestag einzog (bis 2021). Dort war er bis 2005 außen- und europapolitischer Sprecher der CSU-Landesgruppe. Von 2005 bis 2013 war er bereits in den ersten beiden Kabinetten von Angela Merkel parlamentarischer Staatssekretär (im Bundesministerium für Ernährung, Landwirtschaft und Verbraucherschutz). Seinen Wahlkreis Oberallgäu gewann Müller seit 1994 sieben Mal

© Springer Fachmedien Wiesbaden GmbH, ein Teil von Springer Nature 2023
U. Kempf und M. Gloe (Hrsg.), *Kanzler und Minister 2013–2021*,
https://doi.org/10.1007/978-3-658-38669-6_20

in Folge direkt – jeweils mit über 50 % der Erst-stimmen.

Gerd Müller gilt als ausgewiesener Experte für die Entwicklungszusammenarbeit und Advokat für die unterentwickelten Länder des globalen Südens. Der Deutschlandfunk titelte sogar einmal, dass Gerd Müller das »Gute Gewissen der CSU« sei. Das Politikfeld selbst unterliegt keinen großen Kontroversen zwischen den Parteien, sieht man von der AfD ab, die Zahlungen eher kürzen und anders verwenden würde. So kritisierte 2020 in der Haushaltsdebatte der AfD-Politiker Münz im Bundestag die »Vielzahl fragwürdiger Projekte und ineffizienter Programme« und das »Gießkannenprinzip der deutschen Entwicklungspolitik.« Ein wichtiger Indikator für den weitgehenden Konsens, so die Aussage von Gerd Müller, sind die substantiellen Mittelaufwüchse des BMZ in den letzten Jahren. Diese seien ohne die Unterstützung der im Deutschen Bundestag vertretenen Parteien und der Zivilgesellschaft nicht möglich gewesen. Insgesamt gibt es einen »breiten Rückhalt, den Entwicklungspolitik mittlerweile genießt«, so Müller.

Aus der Policy-Perspektive beruhte die deutsche Entwicklungspolitik unter Müller auf vier Säulen. Die erste Säule war dabei die Stärkung der Eigeninitiative der verschiedenen geförderten Länder durch Investitionen in Bildung, Gleichberechtigung, Armutsbekämpfung und die Schaffung von Arbeitsplätzen für die wachsende junge Bevölkerung. Die empirische Konfliktforschung hat etwa gezeigt (Heinsohn 2003), dass der Anteil junger Menschen und insbesondere Männer, die oft ohne Perspektiven sind, ursächlich mit dem Auftreten von Konflikten und Gewalt zusammenhängen.

Neben öffentlichen Investitionen kommt der Stärkung privater Investitionen als zweite Säule eine herausgehobene Bedeutung bei der Schaffung einer nachhaltigen, industriellen Entwicklung in den Entwicklungs- und Schwellenländern zu. In der öffentlichen Entwicklungszusammenarbeit als dritte Säule setzte das BMF unter Gerd Müller auf Leuchttürme beim Innovations- und Technologietransfer. Beispiele hierfür sind der Bau moderner Solarkraftwerke

in Nordafrika und der Aufbau grüner Wasserstoffproduktion. Diese Policy wird unter dem Schlagwort »Fördern und Fordern« geframt. Seit dem Entwicklungsminister Spranger (CSU) gilt dabei eine Konzentration auf gute Regierungsführung (»Good Governance«), demokratische Strukturen und die Einhaltung der Menschenrechte. Ebenso soll Korruption bekämpft werden und kooperatives internationales Verhalten gefördert werden. Allerdings zeigt die empirische Überprüfung dieser Politik Defizite. Die Korrelation deutscher Ausgaben für die Entwicklungspolitik mit Indikatoren der Good Governance sind schwach. So waren 2019 die größten Empfängerländer (Top-5) Syrien, Indien, China, Irak und Afghanistan. Bis auf Indien alles autoritäre Länder, die wenig bis keine Fortschritte in der Demokratisierung erzielt haben.

Die vierte Säule der Entwicklungszusammenarbeit des BMZ ist die Verwirklichung des fairen Handels zwischen Industrie-, Schwellen- und Entwicklungsländern. Die, so die Aussage von Müller, »die größten Entwicklungssprünge schafft«. Mit dem Lieferkettensorgfaltspflichtengesetz hat Deutschland eine wichtige Vorreiterrolle in der Welt übernommen. Dieses zentrale Reformprojekt sieht vor, dass das Land, das gegen zentrale internationale Vorgaben wie etwa die ILO-Kernarbeitsnormen, das Pariser Klimaschutzabkommen oder die Biodiversitätskonvention verstößt, seinen Anspruch auf handelspolitische Gleichbehandlung verliert.

Zu den wichtigen Reformen der achtjährigen Amtszeit von Gerd Müller zählten neben dem Mittelaufwuchs des Ministeriums, dem Lieferkettengesetz sowie der Bewältigung der Corona-Pandemie folgende Vorhaben: Die Stärkung des Umweltschutzes mit der Gründung der Allianz für Entwicklung und Klima. Der deutsche Beitrag zur internationalen Klimaschutzfinanzierung wurde von 2014 bis 2020 mehr als verdoppelt, von 2 Milliarden Euro auf mehr als 5 Milliarden Euro, wovon das BMZ 85 % trägt. Die Partnerschaft mit Afrika wurde vertieft und ein Marshallplan für Afrika ins Leben gerufen. Das BMZ setzt seit 2017 den Marshallplan mit Afrika um, eine Reminiszenz an den Marshallplan der US-Amerikaner zum Wiederaufbau Nachkriegseuropas. Neben dem Aufbau einer panafrikanischen Freihandelszone werden hier umfangreich Mittel ausgegeben und Bildungs- und Investitionsprogramme gefördert.

Institutionell ist vor allem die Reform »BMZ 2030« aus dem Jahr 2020 wichtig. Dies ist das erste umfassende Reformkonzept der deutschen Entwicklungszusammenarbeit seit 12 Jahren, seit der Zusammenlegung wichtiger Institutionen der Entwicklungszusammenarbeit unter dem Amtsvorgänger Niebel (FDP). Kern des neuen Partnerschaftsmodells sind Reformpartnerschaften, um besonders reformorientierte Staaten verstärkt zu unterstützen (»Fördern und Fordern«). Zudem soll die Zahl der Partnerländer, mit denen Deutschland direkt zusammenarbeitet, reduziert werden, von aktuell 85 auf 60 Länder (BMZ 2020). Dies soll den Veränderungen Rechnung tragen, dass sich einige Länder erfreulicherweise so entwickelt haben, dass sie direkte Unterstützung nicht mehr benötigen. Andere Länder zeigten keine Fortschritte bei der Umsetzung von Reformen, weshalb diese dementsprechend weniger Mittel erhalten sollen.

Die größten politischen Herausforderungen und Schwierigkeiten während der Amtszeit von Gerd Müller lagen beim Lieferkettensorgfaltspflichtengesetz, das im Juni 2021 kurz vor Ende der zweiten Amtszeit von Müller verabschiedet wurde sowie in der Corona-Pandemie. Der Gegenwind dieses Reformprojektes, welches die Einführung von Sozial- und Umweltstandards bedeutete, war groß, insbesondere die deutsche Wirtschaft sah hier einen Wettbewerbsnachteil. Auch Teile der CDU/CSU waren gegen das »Lieferkettengesetz«, so dass Müller sich gegen innerparteiliche Widerstände durchsetzen musst.

Entwicklungspolitisch stellte die COVID-19-Pandemie zweifellos die größte Herausforderung dar, da sie teilweise jahrzehntelange Fortschritte zerstört hat: Die Zahl der Menschen, die in extremer Armut leben ist im Jahr 2020 um bis zu 124 Millionen Menschen angestiegen und es sind umgerechnet 255 Millionen Arbeitsplätze verloren gegangen, wovon Jugend-

liche und Frauen besonders betroffen waren. Daneben ist die Zahl der weltweit Hungernden auch wegen der Pandemie auf über 800 Millionen Menschen gestiegen.

In den Medien wurde Müller in seiner Amtsführung als pragmatisch und empathisch wahrgenommen. Besonders setzte er sich für den afrikanischen Kontinent ein und richtete sein Hauptaugenmerk auf die Förderung von jungen Mädchen und Frauen, insbesondere in der Verbesserung der Bildungsmöglichkeiten. Die Amtsführung verlief weitgehend skandalfrei. 2014 wurden von Plagiatsjägern Vorwürfe gegen die Dissertationsschrift von Müller erhoben. Die Universität Regensburg prüfte die Doktorarbeit und kam im Ergebnis zu dem Schluss, dass die Vorwürfe haltlos seien. Ebenso haltlos erwiesen sich Vorwürfe gegen Müller, seine Frau widerrechtlich auf Dienstreisen mitgenommen zu haben. Sämtliche Kosten trug der Minister selbst.

Bereits mehr als ein Jahr vor Ende der Wahlperiode kündigte der zu diesem Zeitpunkt 65 Jahre alte Politiker an, nicht wieder für den Bundestag zu kandidieren und damit auch das Ministeramt nicht wieder anzustreben. Seine politische Karriere setzt Müller auf internationaler Ebene fort. Im Juli 2021 wurde er zum Vorsitzenden der UNO-Organisation für industrielle Entwicklung (UNIDO) gewählt, was durch die Generalversammlung der UNIDO im November 2021 bestätigt wurde. Müller, der das Amt im Januar 2022 antritt, ist damit der erste Politiker aus einem Industrieland, der UNIDO-Generaldirektor wird. Seine Nachfolgerin im Amt als Ministerin im BMZ wurde im Dezember 2021 die SPD-Politikerin Svenja Schulze.

Literatur: Bundesministerium für Wirtschaftliche Zusammenarbeit und Entwicklung: Reformkonzept »BMZ 2030«. Umdenken – Umsteuern. Berlin 2020; Heinsohn, Gunnar: Söhne und Weltmacht. Terror im Aufstieg und Fall der Nationen. Zürich 2003; Müller, Gerd: Umdenken. Überlebensfragen der Menschheit. Hamburg 2020.

Uwe Wagschal

Nahles, Andrea (SPD)

Bundesministerin für Arbeit und Soziales

geb. 20.6.1970 in Mendig, röm.-kath.

1980–1986	Realschule in Mayen
1986–1989	Gymnasium in Mayen
1990–1999	Studium der Germanistik und Politikwissenschaft an der Universität Bonn
1993–1995	Landesvorsitzende der Jusos in Rheinland-Pfalz
1995–1999	Bundesvorsitzende der Jusos
1997–2013	Mitglied des Vorstands der SPD
1998–2002	Mitglied des Deutschen Bundestages
1999–2009	Kreisvorsitzende der SPD Mayen-Koblenz und Mitglied des Kreistags Mayen-Koblenz
2000–2008	Vorsitz des »Forum Demokratische Linke 21«
2003–2011	Mitglied des Präsidiums der SPD
2005–2019	Mitglied des Deutschen Bundestages
2007–2009	Fraktionssprecherin der SPD-Arbeitsgruppe Arbeit und Soziales
2007–2009	Stellv. Vorsitzende der SPD
2008–2009	Stellv. Vorsitzende der SPD-Fraktion
2009–2013	Generalsekretärin der SPD
2013–2017	Bundesministerin für Arbeit und Soziales
2017–2019	Fraktionsvorsitzende der SPD
2018–2019	Vorsitzende der SPD

Quelle: Presse- und Informationsamt der Bundesregierung; Fotograf: Steffen Kugler

Die politische Karriere von Andrea Nahles war lang und hart erarbeitet. Trotz einiger Rückschläge verlief sie durchaus erfolgreich. Ihre Karriere begann früh, da Nahles schon in Jugendjahren der Partei eng verbunden war: Bereits 1988 trat sie in die Sozialdemokratische Partei Deutschlands (SPD) ein. Seitdem arbeitete sie zielstrebig an ihrem Berufswunsch, welchen sie in der Abiturzeitung mit »Hausfrau oder Bundeskanzlerin« beschrieb (DW vom 2.6.2019): Von 1989 bis 2007 war sie Vorsitzende des Ortsvereins in Weiler in der Eifel, den sie selbst mit Freunden gründete, und saß ab 1994 im Gemeinderat (Munzinger 2020). Von 1993 bis 1995 bekleidete sie das Amt der Landesvorsitzenden der Jungsozialisten (Jusos) in Rheinland-Pfalz bis sie zur Bundesvorsitzenden aufstieg. Bereits in diesem Amt von 1995 bis 1999 verfolgte sie das Thema »Arbeits- und Sozialpolitik« (Die Zeit vom 22.9.2016: 30), womit sie ihre Expertise für ihr späteres Ministeramt

ausbaute. Ihr politischer Ziehvater, Oskar Lafontaine, erkannte bereits 1995 ihr politisches Talent und beschrieb Nahles als »ein Gottesgeschenk an die SPD« (zit. nach DW vom 2.6.2019). Lafontaine selbst wurde 1995 SPD-Vorsitzender anstelle von Rudolf Scharping, zu dessen Sturz Nahles maßgeblich beigetragen haben soll (ebd.; Munzinger 2020).

Im Alter von 28 Jahren wurde sie im Jahr 1998 Mitglied des Deutschen Bundestags. Dort wurde sie in den Ausschuss für Arbeit und Sozialordnung gewählt und wurde zu einer der größten Kritikerinnen des damaligen Kanzlers Gerhard Schröder, den sie selbst als »Abrissbirne sozialdemokratischer Programmatik« (zit. nach Munzinger 2020) beschrieb. Mit ihrer kritischen Haltung mobilisierte sie unter anderem die Jusos, welche auf dem Essener Juso-Kongress im März 1998, und somit noch vor der Bundestagswahl im September, ein Programm verabschiedeten, das der ideologischen

Ausrichtung der Politik Schröders entgegenstand (ebd.). Nahles selbst kritisierte Schröders »Agenda 2010« auf Schärfste und erarbeite sich dadurch das Image als »Hoffnungsträgerin für eine linkere SPD« (zit. nach ebd.). Dieses Image verstärkte sich durch ihre Leitung des »Forum Demokratische Linke 21« von 2000 bis 2008, die von ihr mitbegründete Nachfolgeorganisation des »Frankfurter Kreises« (ebd.). Sukzessive ausbauen konnte sie ihre linke Position innerhalb der SPD und ihre Expertise rund um Sozialfragen in der Leitung der SPD-Kommission zur Bürgerversicherung im Jahr 2004. Für diesen Posten verzichteten Schröder und der damalige SPD-Vorsitzende Franz Müntefering auf die Berufung Ulla Schmidts, die damalige Gesundheitsministerin, die bis dato als Expertin auf diesem Gebiet galt, da sie damit das Ziel verfolgten, »die parteiinternen Kritiker stärker einzubinden und zu besänftigen« (zit. nach Der Spiegel vom 27. 2. 2005) – was zu parteiinternen Machtkämpfen zwischen den beiden Frauen führte (ebd.). Diese erhoffte Einbindung war jedoch nicht unbedingt von Erfolg gekrönt: Gegen den Willen des damaligen Parteichefs Müntefering bewarb sich Nahles im Herbst 2005 um das Amt der Generalsekretärin. In einer Kampfabstimmung im Parteivorstand gegen Karl-Josef Wasserhövel, den Müntefering selbst vorgeschlagen hatte, gewann sie. Daraufhin kündigte Müntefering an, sein Amt als Parteivorsitzender niederzulegen. Nahles wurde daraufhin in den Medien der Ruf einer »Königsmörderin« oder auch »Münte-Mörderin« zuteil, was sie, gepaart mit überaus kritischen Stimmen aus der SPD, dazu verleitete, auf die Kandidatur beim Parteitag 2005 zu verzichten (Munzinger 2020). Ihr Ehrgeiz und ihre Bereitschaft zum Konkurrenzkampf innerhalb der Partei wurden dadurch nicht geschmälert. Stattdessen bekleidete Nahles schnell andere Ämter: Von Oktober 2007 bis 2009 war sie stellvertretende Vorsitzende der SPD. Gleichzeitig war sie als Fraktionssprecherin für Arbeitsmarkt- und Sozialpolitik von November 2007 bis 2009 tätig. Im Januar 2008 wurde sie zudem in den Fraktionsvorstand gewählt.

Während ihrer Amtszeit als Juso-Vorsitzen-

de und als Generalsekretärin ab 2009 unter dem SPD-Vorsitzenden Sigmar Gabriel erarbeitete sie sich das »Image als schrille Nervensäge« (Zeit online vom 27. 9. 2017; DW vom 2. 6. 2019), welchem sie spätestens beim Sprung in die Regierung im Jahr 2013 entgegenwirken wollte (Spiegel online vom 11. 3. 2018). Sie wurde als eine »Impulspolitikern«, eine »Sozialdemokratin mit Herzblut« (FAZ online vom 2. 6. 2019) beschrieben und als überaus ehrgeizig und durchsetzungsfähig (Spiegel online vom 11. 3. 2018). In der Presse und in der Literatur wurde sie häufig als gute Netzwerkerin beschrieben, gar als »die wohl am besten vernetzte Genossin überhaupt« (Die Zeit vom 22. 9. 2016: 30) – nicht nur in der Partei, sondern auch in Hinblick auf die Gewerkschaften (Der Spiegel vom 27. 2. 2005). In ihrer Partei wurde ihr aufgrund dessen der Ruf zuteil, »dass ›keine wichtige Entscheidung mehr an ihr vorbei‹ gehe« (zit. nach Munzinger 2020). Doch nicht nur ihre gute Vernetzung war Grund für ihre steile Karriere in der Politik: Sie scheute keine Konflikte und hatte früh gelernt, wie man »hinter den Kulissen politische Strippen zieht« (DW vom 2. 6. 2019). Dabei schaffte sie es gerade unter Gabriel, durch engen Kontakt, die Parteibasis integrierend einzubinden (Munzinger 2020). Ihre Forderung nach mehr Partizipation innerhalb der Partei stand dabei in klarer Abkehr zu Schröders »Basta-Politik« gepaart mit seinen politischen Alleingängen ohne enge Einbindung der Parteibasis.

Jedoch war Nahles nicht nur integrierend tätig, sondern sie konnte auch polarisieren und innerhalb und außerhalb der Partei spalten: Andrea Nahles' »verbale Ausfälle«, wie ihre eigenen Parteigenossen ihr kritisch attestierten, wurden in der Öffentlichkeit deutlich wahrgenommen und durch die Medien rezitiert (Zeit online vom 27. 9. 2017). Auch ihre politischen Gegner reagierten auf ihre Aussagen mit Kritik und mitunter auch Häme. Ihre Reden und Aussprüche wie »Bätschi« oder »Ab morgen kriegen sie in die Fresse« oder »die Gurkentruppe muss weg« zeugten von ihrer kämpferischen Haltung gegenüber politischen Gegnern und ihrer eigenen Entschlossenheit. Es sprach auch für ihre überaus emotionalen und zeitweise impulsiven, vorlauten sowie polarisierenden Handlungen und Aussagen (DW vom 2.6. 2019): So kritisierte sie beispielsweise die damals von CDU, CSU und FDP geführte Bundesregierung singend mit »Ich mach mir die Welt, wide-wide-wie sie mir gefällt« oder bewarb die Rente mit 63 mit den Worten »Für die Leute machen wir das, verdammte Kacke nochmal« (ebd.). Mit diesen Auftritten setzte sie ihren Ruf als ernstzunehmende Politikerin häufig aufs Spiel. Nichtsdestotrotz hat es Andrea Nahles schlussendlich mit ihrer kämpferischen Haltung geschafft, sich in der SPD bis an die Spitze zu kämpfen. Sie selbst beschrieb es dabei als eine Herausforderung, sich als Frau gegen die Dominanz der Männer in der eigenen Partei und auf der politischen Bühne in Berlin durchzusetzen, die ihr selbst immer fremd blieb (Spiegel online vom 13.8.2019; FAZ online vom 21.6.2019). Erschwerend hinzu kam die Vereinbarkeit zwischen Familie und Beruf, für die Nahles, als erste Frau, die in einem Spitzenamt in der deutschen Politik ein Kind bekommen hat, Pionierarbeit leistete wie beispielsweise in Form ihrer Forderung nach einem politikfreien Sonntag. Nicht zuletzt gab es innerhalb der Partei Konflikte aufgrund Nahles' Bindung zum katholischen Christentum, dem sie seit Kindheitstagen tief verbunden und welches, laut ihrer eigenen Aussage, Grund für ihr politisches Engagement in der SPD war und ihren Wertekodex bestimmte (FAZ online vom 21.6.2019). Nicht nur ihr Glaube, sondern Nahles' gesamte Sozialisierung in der Eifel stand einer Kompatibilität mit den politischen Prozessen und Gepflogenheiten in der Hauptstadt Berlin und innerhalb der Partei häufiger im Weg (ebd.).

Trotz dieser Widrigkeiten konnte sich Nahles auf der politischen Bühne durchsetzen: Ihr bis dato größter Karriereerfolg war ihr Amtsantritt als Bundesministerin für Arbeit und Soziales im Dezember 2013. Neben der intensiven Vernetzung und ihrer erkämpften Stellung in der Partei wurde sie auch aufgrund ihrer Expertise im Bereich der Arbeitsmarkt- und Sozialpolitik, die sie in zahlreichen Funktionen aufgebaut hatte, als Ministerin berufen. Dabei hatte es Nahles geschafft, sich als Expertin für

Soziales bereits 2005 gegenüber der damaligen Gesundheitsministerin Ulla Schmidt geschickt innerhalb der SPD zu profilieren (Der Spiegel vom 27.2.2005). Der Kampf zwischen den Frauen über die »Meinungsführerschaft bei einem Kernthema ihrer Partei« ging mit zunehmender Härte laut Nelles und Neubacher vonstatten, den Nahles über die Zeit für sich entscheiden konnte (ebd.). Nahles' finale Ernennung zur Ministerin war gemäß ihrer eigenen Aussage in einem Interview mit Phoenix jedoch erst am Ende der Koalitionsverhandlungen klar geworden (Presseportal online vom 16.12.2013). Für die Kurzfristigkeit der Besetzung spricht, dass in Peer Steinbrücks (damaliger Kanzlerkandidat der SPD) »Kompetenzteam« (Schattenkabinett) lange IG-Bau-Chef Klaus Wiesehügel als Minister für Arbeit und Soziales vorgesehen war (FAZ online vom 30.9.2013). Wiesehügel hatte für den Posten des Bundesvorsitzes aufgrund seiner Erwartungshaltung den Ministerposten zu bekleiden, auf dem Gewerkschaftstag der IG Bauen, Agrar, Umwelt nicht mehr kandidiert und bis September 2013 den Posten im Falle einer Großen Koalition für sich beansprucht (ebd.) – trotz der zwischenzeitlich nicht-offiziellen, jedoch internen Abwendung der SPD von Wiesehügel und der Präferenz sowie Spekulation, Gabriel oder Nahles als Arbeits- und Sozialminister(in) zu berufen (ebd.; FAZ online vom 6.11.2013). Jedoch beauftragte die SPD schließlich Andrea Nahles mit der Führung der im Vergleich mit anderen Ressorts wohl brisantesten Koalitionsverhandlungen für den Bereich »Arbeit und Soziales«, die sie sehr zielorientiert, konstruktiv und harmonisch mit der zweiten Arbeitsgruppen-Vorsitzenden Ursula von der Leyen leitete (ebd.). Während der Verhandlungen wurde Nahles bereits ein selbstbewusstes Auftreten attestiert (ebd.). So war dieses Auftreten der Auftakt für eine erfolgreiche Amtszeit: Bis 2017 leistete Nahles vier Jahre lang eifrig Sacharbeit mit viel Pragmatismus, während der SPD-Vorsitzende Sigmar Gabriel die Partei führte (Spiegel online vom 11.3.2018). In den Medien wurde sie in ihrer Amtszeit als ruhiger und seriöser wahrgenommen als in der Opposition. Sie erlangte durch ihren Fleiß und ausgeprägten Willen zur konstruktiven Kooperation viel Anerkennung beim Koalitionspartner. Ihre enge Zusammenarbeit mit der Kanzlerin wurde als vertrauensvoll beschrieben, wenn sie auch nicht spannungsfrei ablief und auch aufgrund von politischem Kalkül fortgeführt wurde (Spiegel online vom 11. 3. 2018; Zeit online vom 27. 9. 2017; FAZ online vom 2. 6. 2019). Die frühzeitige und intensive Einbindung von Merkel mag zum Erfolg der durch Nahles vorangetriebenen sozialpolitischen Projekte beigetragen haben. Insgesamt sind nur wenige Vorhaben im Ressort »Arbeit und Soziales« gescheitert:

Als erstes großes Projekt wurde im Jahr 2014 das Rentenpaket beschlossen und umgesetzt, was in vielen Punkten die Handschrift von Andrea Nahles trug. Es beinhaltete die sogenannte »Rente mit 63«, die »Mütterrente«, die Erhöhung der Erwerbsminderungsrente und eine Anpassung des Reha-Deckels an die demografische Entwicklung sowie die Schaffung flexibler Übergänge in die Rente. Dabei war die »Rente mit 63« für die SPD eine rote Linie in den Koalitionsverhandlungen mit der Union im Jahr 2013 gewesen. Diese Reform ermöglichte den Renteneintritt mit 63 Jahren ohne Abschläge nach mindestens 45 Beitragsjahren in der Sozialversicherung. Dieses Gesetz war eine sozialpolitische Kehrtwende in Anbetracht der Rentenreform im Jahr 2007 unter Gerhard Schröder: Die damals beschlossene Rente mit 67 stieß bereits wie die Hartz-IV-Reform auf Kritik und Forderungen der Rücknahme durch den linken Parteiflügel rund um Andrea Nahles (Zohlnhöfer/Engler 2015). Die Rente mit 63 kann somit als Korrektiv gesehen werden in Abkehr von der Agenda 2010 und dem ehemaligen liberalen Reformkurs, den Nahles als Ministerin nach langer Forderung nun durchsetzen konnte. Ebenfalls im Rentenpaket enthalten war die Mütterrente, welche die verbesserte Anerkennung von Erziehungszeiten für Mütter von vor 1992 geborenen Kindern für den Rentenanspruch beinhaltete. Dieses Vorhaben war das Prestigeprojekt der Union und wurde bereits im Koalitionsvertrag festgehalten. Als dritten Hauptpunkt des Pakets lässt sich die Er

werbsminderungsrente herausstellen: Für neu zugehende Erwerbsminderungsrenten, die ab dem 1. 7. 2014 bezogen wurden, wurde seit Juli 2014 die Zurechnungszeit um zwei Jahre von 60 Jahre auf 62 Jahre erhöht, die zeitliche Entwicklung der Berechnungsgrundlage wurde überprüft und zum Vorteil für den betroffen Rentner ausgewählt (Voigt 2019). Zudem wurde das Budget der gesetzlichen Rentenversicherung für Rehabilitationsleistungen – der Reha-Deckel – verändert, welche den Versicherten bei gefährdeter oder eingeschränkter Erwerbsfähigkeit zur Verfügung gestellt werden (ebd.). Auch die Grundlagen für das Flexirentengesetz wurden im Zuge des Maßnahmenpaketes beschlossen.

Nahles hatte für dieses Rentenpaket, als das erste große Maßnahmenpaket in ihrem Ressort, einige Kritik geerntet. So bemängelten beispielsweise Wirtschaftsverbände und Arbeitgeberverbände sowie Gewerkschaften das Maßnahmenpaket aufgrund der fehlenden Finanzierbarkeit, der fehlgesteuerten Anreize für Frühverrentungen und fehlende Generationengerechtigkeit. Prominente Kritik kam zudem von Altkanzler Schröder und anderen Politikern – selbst aus den eigenen Reihen der Großen Koalition. In den Medien wurde jedoch nicht nur die andauernde Kritik erwähnt, sondern auch Nahles' Standhaftigkeit und Gegenargumente in der Verteidigung des Rentenpakets (SZ online vom 12. 2. 2014).

Im Jahr 2015 konnte Nahles mit der Einführung des gesetzlichen Mindestlohns einen der größten Erfolge während ihrer Amtszeit als Ministerin erreichen. Als das Thema eines gesetzlichen Mindestlohns um den Jahrtausendwechsel auf die politische Agenda kam, reagierte die SPD noch mit zurückhaltender Unterstützung auf dem Hintergrund des Hartz-IV-geprägten, neoliberalen Reformpfades. Erst nach erheblicher Kritik an diesem Pfad durch Gewerkschaften, parteiinterne Strömungen rund um Andrea Nahles und die öffentliche Meinung verfolgte die SPD den Mindestlohn als richtungskorrigierende Maßnahme seit 2005 (Marx/Starke 2017; Zohlnhöfer/Engler 2015). So war die SPD auch im Wahlkampf im Jahr 2013 Hauptunterstützer des gesetzlichen Mindestlohns und machte ihn zu einer Conditio sine qua non bei den Verhandlungen über eine Regierungsbildung (Voigt 2019). In enger Kooperation mit den Gewerkschaften gelang es der SPD den gesetzlichen Mindestlohn im Jahr 2013 schlussendlich in den Koalitionsvertrag mit der Union aufzunehmen. Beiden Parteien kann man eine ideologische Neuausrichtung zugunsten des Mindestlohns in den letzten Jahren attestieren, welche sich aus office- und vote-seeking-Strategien sowie der Diffusion der (erfolgreichen) Praxis in anderen europäischen Ländern speist (ebd.). Insgesamt wurden die meisten Forderungen der SPD im Gesetzesvorschlag von Andrea Nahles umgesetzt. Nahles setzte diese »mit viel Pragmatismus« durch und nach »zähem Ringen um Kompromisse« (DW vom 2.6.2019). Jedoch zeugten die zahlreichen Ausnahmeregelungen von den divergierenden Meinungen des linken Flügels der SPD und dem Wirtschaftsflügel der CDU (Voigt 2019). Als Kompromissprojekt, aber gleichzeitig als Erfolg für Andrea Nahles zu verstehen, konnte der gesetzliche Mindestlohn in Höhe von 8,50 Euro pro Stunde durchgesetzt werden. Auch nach dessen Einführung zeigte sich die Kompromiss- und Verhandlungsbereitschaft von Nahles: Die andauernde Kritik an der praktischen Umsetzbarkeit seitens der Wirtschaft und der Union bewog die Ministerin bereits ein halbes Jahr nach der Einführung des Mindestlohns zur Lockerung der Dokumentationspflicht für Arbeitgeber.

Ebenfalls im Bereich der Arbeitsmarktpolitik wurde ein weiteres Prestigeprojekt der SPD in Form des Gesetzes zum besseren Schutz von Leiharbeitern und Arbeitnehmern mit Werkverträgen beschlossen. Bereits im Koalitionsvertrag festgehalten, einigte sich die Regierungskoalition 2016 auf Andrea Nahles' Vorschlag, Leiharbeit neu zu regeln und zu begrenzen (FAZ online vom 11.5.2016). Andrea Nahles musste bis zur Umsetzung einige Entschärfungen an ihrem ursprünglichen Gesetzesentwurf vornehmen (ebd.), jedoch blieben einige Forderungen bestehen und konnten umgesetzt werden.

Das Verhandlungsgeschick und die Hartnäckigkeit von Nahles machten sich auch im Zeitraum von Juli bis Oktober 2016 bemerkbar, in dem die Ministerin einen sogenannten »Rentendialog« in mehreren Gesprächsrunden mit Vertretern von Arbeitgeberverbänden, Gewerkschaften und Sozialverbänden sowie Wissenschaftlern führte. Er diente als Grundlage für einen von Nahles erarbeiteten und im November 2016 vorgestellten Entwurf eines Gesamtkonzepts zur Alterssicherung, welcher eine Untergrenze beim Rentenniveau von mindestens 46 % und eine Obergrenze bei den Beiträgen von 25 % bis zum Jahr 2045 vorsah. Zudem schlug sie eine gesetzliche Solidarrente für Geringverdiener vor. Für ihr Rentenkonzept erntete sie hinsichtlich der Finanzierbarkeit und der Wahlkampforientierung viel Kritik, wenn auch die Grundüberlegung einer langfristigen Rentenstrategie befürwortet wurde.

Das Flexirentengesetz, dessen Grundlagen bereits im Rentenpaket 2014 gelegt wurden, wurde schließlich im Dezember 2016 als »Gesetz zur Flexibilisierung des Übergangs vom Erwerbsleben in den Ruhestand und zur Stärkung von Prävention und Rehabilitation im Erwerbsleben« verkündet. Das Gesetz verfolgte das Ziel, den Übergang zwischen Erwerbsleben und Ruhestand flexibler gestalten zu können: Regelungen zu Verdienstmöglichkeiten bei vorzeitigem Rentenbeginn und den drei Teilrentenstufen bei Überschreitung dieser Grenzen wurden gelockert (Voigt 2019). Zudem wurde eine Weiterbeschäftigung über die reguläre Altersgrenze attraktiver gestaltet (ebd.). Darüber hinaus wurde der Ausgleich von Rentenabschlägen für eine vorgezogene Altersrente mit Zusatzbeiträgen bis zum regulären Regeleintrittsalter sowie die freiwillige Versicherung für Altersvollrentner ermöglicht (ebd.). Das Flexirentengesetz wurde in der Presse als Gegenstück der Rente mit 63 gesehen, welches durch die Union, vor allem durch den Chef der Mittelstands- und Wirtschaftsvereinigung der CDU/CSU (MIT) Dr. Carsten Linnemann, vorangetrieben wurde. Darüber hinaus verkündete Nahles, ebenfalls im Jahr 2016, die größte Rentenerhöhung seit 1993: Die Bezüge der rund 20 Millionen Rentner und Rentnerinnen stiegen im Westen um 4,25 % und im Osten um 5,95 %.

Im Jahr 2017 konnte Andrea Nahles ihre Vorschläge bezüglich einer Reform der Rentenversicherung im Kabinett trotz der Kritik einiger Sozialverbände und vorheriger Abstimmungsprobleme mit der Union durchsetzen (Zeit Online vom 15. 2. 2017): Jahrelang war die Rentenangleichung in Ost- und Westdeutschland umstritten. Im Endeffekt schaffte es Nahles sich gegen die anfänglichen Widerstände aus der Union und dem Kanzleramt durchzusetzen. Mit diesem Beschluss sollte der Rentenwert Ost von 2018 bis 2024 auf das Westniveau angehoben werden (ebd.). Zudem konnte Nahles das Kabinett von einem weiteren Gesetzesentwurf von ihr überzeugen: Die Erwerbsminderungsrente für künftige Betroffene, die ab dem 1. 1. 2018 neu in eine Erwerbsminderungsrente gehen, sollte steigen (ebd.). Beide Beschlüsse waren auf einem Koalitionsgipfel zur Rente bereits im November 2016, einen Tag vor der Vorstellung von Nahles' Gesamt-Rentenkonzept, durch die Partei- und Fraktionsvorsitzenden von Union und SPD zusammen mit Sozialministerin Andrea Nahles und Finanzminister Wolfgang Schäuble auf den Weg gebracht worden.

Insgesamt wurden nur wenige gestaltende Ideen für die Sozialpolitik während der Legislaturperiode nicht durchgesetzt (Voigt 2019, 422): Ein Blick in den Sozialbericht des Bundesministeriums für Arbeit und Soziales (BMAS) (2017) zeigt eine Vielzahl sozialstaatlicher Leistungen, die während Nahles' Amtszeit umgesetzt wurden. Dabei liegt die reine Anzahl an Maßnahmen über der Anzahl aus dem Sozialbericht 2013 (ebd.). Neben den genannten Schlüsselentscheidungen, wie dem Mindestlohn aus dem Bereich Arbeitsmarktpolitik und dem Rentenpaket aus der Kategorie Alterssicherung, an denen Nahles federführend mitgewirkt hatte, konnte die Ministerin weitere verabschiedete Maßnahmen in ihrem Ressort verbuchen, die ebenfalls dem Sozialbericht des Bundesministeriums für Arbeit und Soziales (BMAS) entnommen werden können: So wurden einige generöse Maßnahmen zur besseren medizinischen Versorgung getroffen, welche im Themengebiet Gesundheit, Prävention, Rehabilitation zu verorten sind, wie beispielsweise das Präventions-

gesetz oder das GKV-Versorgungsstärkungsgesetz (ebd.). Die Rehabilitation und Teilhabe von Menschen mit Behinderungen wurde ebenso verbessert, in Form eines aus vier Reformstufen bestehenden Bundesteilhabegesetzes mit dem Ziel, Menschen mit Behinderungen rechtlich und monetär besser zu stellen (ebd.). Als ein weiteres Tätigkeitsfeld lässt sich die Kinder- und Jugendpolitik sowie Familien-, Senioren- und Engagementpolitik eingrenzen. Um die Vereinbarkeit von Familie und Beruf zu verbessern, wurde das Elterngeld durch das ElterngeldPlus mit Partnerschaftsbonus ergänzt; zudem wurden der Kinderfreibetrag, das Kindergeld und der Kinderzuschlag erhöht. Keine Einigung gab es jedoch über das Familiengeld. Eng damit verbunden ist die Gleichstellungspolitik mit einer prominenten Entscheidung zur Geschlechterquote zu nennen, die die Erhöhung des Frauenanteils im öffentlichen Dienst und in der Privatwirtschaft vorschrieb. Nicht zuletzt ist hier das Eheöffnungsgesetz zu beachten, durch welches gleichgeschlechtliche Paare rechtlich gleichgestellt wurden, und in den letzten Monaten der Großen Koalition verabschiedet wurde. Im Bereich Migration, Integration und soziale Inklusion wurden unter dem Einfluss der sogenannten »Flüchtlingskrise« einige Maßnahmen zur Versorgung, Ausbildung und Integration von Asylsuchenden beschlossen. Im Kapitel »Weitere Bereiche der sozialen Sicherung« lässt sich die sogenannte Mietpreisbremse aus dem Jahr 2015 finden, auf das sich die Regierungsparteien bereits im Koalitionsvertrag einigten. Deren Verschärfung und Nachjustierung forderte Andrea Nahles nach dessen Einführung monatelang, wie beispielsweise in Form eines weit über die damaligen Koalitionsbeschlüsse hinausgehenden Zwölfpunkteplans im Jahr 2018.

Trotz Nahles' Engagement in Verhandlungen mit dem Kanzleramt, den Arbeitgebern und Gewerkschaften scheiterte das im Koalitionsvertrag geforderte Rückkehrrecht von Teilzeit in Vollzeit für Beschäftigte schlussendlich im Frühjahr 2017 am Widerstand der Union und Arbeitgeber (FAZ online vom 23. 5. 2017). Der Hauptstreitpunkt war dabei die Größe der Betriebe, die ihren Beschäftigten ein solches Recht einräumen sollten. Nahles äußerte scharfe Kritik an der Union, vor allem an der Kanzlerin, der sie den Bruch des Koalitionsvertrages und die Verhinderung des Gesetzes vorwarf (ebd.). Ebenso gab es während Nahles' Amtszeit keine Einigung zur »solidarischen Lebensleistungsrente«, welche ebenfalls im Koalitionsvertrag festgelegt war. Nahles' Vorgängerin Ursula von der Leyen hatte das Konzept erarbeitet, scheiterte jedoch mit ihrem Vorstoß in ihrer Amtsperiode. Nahles überarbeitet das Konzept ihrer Vorgängerin und warb unter dem Namen »Solidarrente« für ihre Rentenpläne. Nach monatelangem Ringen um einen Kompromiss, scheiterte die solidarische Lebensleistungsrente jedoch nicht zuletzt an der Kritik durch die Union. Das Vorhaben wurde in der 19. Legislaturperiode unter dem Namen »Grundrente« neu ausgehandelt und umgesetzt. Der Beschluss fällt jedoch hinter das 2016 von Andrea Nahles vorgeschlagene Konzept der »Solidarrente« zurück.

Die Bilanz von Andrea Nahles' Zeit als Sozial- und Arbeitsministerin ist beeindruckend. Insgesamt spiegelt sich das auch in dem überwiegend positiven Presseecho wider: Sie wird beschrieben als »gute Verkäuferin« (FAZ online vom 11.5.2016) und als »Kämpferin« (DW vom 2.6.2019), ihr werden in unterschiedlichen Medien viele und große Erfolge in ihrem Ressort attestiert. Auch Dausend stellt ihr ein gutes Zeugnis aus: »Nahles gehört, gemessen an der Zahl umgesetzter Wahlversprechen, zu den erfolgreichsten Kabinettsmitgliedern der Ära Merkel« (Die Zeit vom 22.9.2016: 30). Jedoch müssen diese erfolgreich durchgesetzten Maßnahmen auch auf dem Hintergrund günstiger Rahmenbedingungen gesehen werden, auf die Nahles selbst beispielsweise bei der Verkündung der Rentenerhöhung als Begründung verweist (siehe Voigt 2019): Zum einen konnte Nahles in ihrer Amtszeit von 2013 bis 2017 auf stabile und wachsende Wirtschaftsleistungen aufbauen, die generöse Leistungen ermöglichten. Gleichzeitig entwickelten sich auch andere wirtschaftliche Faktoren günstig, wie die Beschäftigungszahlen und Arbeitslosenquote, sodass diesbezüglich kein Handlungsdruck, sondern sogar neuer

Spielraum entstand. Darüber hinaus erleichterten die sozialen Rahmenbedingungen die Reformvorhaben, da die öffentliche Meinung gegenüber den wohlfahrtsstaatlichen Maßnahmen positiv eingestellt war. Nicht zuletzt trugen die politischen Opportunitätsstrukturen zu dieser Erfolgsgeschichte bei: Die zwei Sozialstaatsparteien CDU/CSU und SPD konnten sich gegenseitig in der generösen Sozialpolitik übertrumpfen und hatten dabei großen politischen Spielraum gegenüber schwachen Oppositionsparteien ohne liberales Korrektiv (ebd.). Nichtsdestotrotz ist die Bilanz der Sozial- und Arbeitsministerin Nahles, besonders in der ersten Hälfte des Kabinetts bevor die sogenannte Migrationskrise erhöhte Aufmerksamkeit und Ressourcen benötigte, als durchaus erfolgreich zu bewerten. In dieser Anfangsphase wurde die gesamte SPD als Motor der Regierung wahrgenommen, was besonders als Nahles' Verdienst verbucht werden kann (Munzinger 2020).

Die Erfolge der umtriebigen Ministerin konnte sie jedoch nicht in Wählerstimmen für ihre Partei ummünzen und somit konnten sie nicht zum Wahlerfolg der SPD beitragen (Die Zeit vom 22.9.2016: 30). Die Bundestagswahl 2017 war für die SPD ein elektorales Desaster: Mit 20,5 % erreichte die SPD ihr bis dato schlechtestes Bundestagsergebnis. Nach diesem desaströsen Wahlergebnis übernahm Andrea Nahles im September 2017 das Amt der Vorsitzenden der Bundestagsfraktion der SPD (FAZ online vom 2.6.2019). Sie wird in den Medien als »Trümmerfrau« bezeichnet, die die Partei motiviert und mit großen Plänen wieder aufrichten wollte (DW vom 2.6.2019). Dabei zeichnete sich bei der Wahl zur Fraktionschefin eine große Unterstützung ab: Sie erlangte 137 von 152 Stimmen, wobei nur 14 Abgeordnete gegen sie votierten und eine Enthaltung abgegeben wurde (Zeit Online vom 30.5.2019). Parteivorsitzender Martin Schulz hingegen kündigte als Konsequenz aus dem ausgebliebenen Wahlerfolg seinen Rückzug von der Parteispitze an, um seiner Partei einen organisatorischen, personellen und programmatischen Neustart zu ermöglichen. Im September 2017 schlug Amtsinhaber Martin Schulz in einer Sitzung des SPD-Präsidiums Andrea Nahles als seine Nachfolgerin vor, woraufhin Nahles einstimmig durch das SPD-Präsidium und den SPD-Vorstand nominiert wurde. Schließlich wurde sie im April 2018 beim SPD-Sonderparteitag zur Parteivorsitzenden gewählt. Damit war sie die erste Frau in der Geschichte der Partei, die als Vorsitzende tätig war. In der Übergangszeit übernahm Olaf Scholz, Parteivize und Hamburger Bürgermeister, kommissarisch das Amt. Die Überlegungen, Nahles bereits nach dem sofort wirkenden Rücktritt Schulz' kommissarisch das Amt bekleiden zu lassen, wurden aufgrund von politischen und rechtlichen Bedenken verworfen: Aus den Landesverbänden in Schleswig-Holstein, Berlin und Sachsen-Anhalt mehrten sich Gegenstimmen und die Forderung, dass einer der sechs stellvertretenden Parteivorsitzenden das Amt kommissarisch übernehmen solle (ebd.). Ein Argument war, dass der Eindruck vermieden werden solle, dass die Ämter in Hinterzimmern vergeben werden (ebd.). Aus rechtlicher Sicht argumentierten die Genossen, dass Nahles weder stellvertretende Parteivorsitzende noch Mitglied des SPD-Vorstands sei und somit die Vereinbarkeit mit der SPD-Satzung nicht gegeben sei (ebd.). Grund für Kritik bot darüber hinaus die generelle Vorfestlegung auf eine einzige Kandidatin und die mangelhafte Einbeziehung der Parteibasis. Insgesamt kündigten vier Kandidaten im Zuge dessen eine Gegenkandidatur an: die Flensburger Oberbürgermeisterin Simone Lange, ein rheinland-pfälzisches SPD-Mitglied namens Mario Lavan, der Dithmarscher SPD-Vize-Kreischef Dirk Diedrich und ein Ortsvereinsvorsteher der SPD Stadland bei Bremerhaven namens Udo Schmitz. Schmitz und Diedrich und schließlich auch Lavan zogen ihre Kandidatur zurück. Die Wahl zur Parteivorsitzenden verlief schlussendlich nur in Konkurrenz zu Simone Lange, auf die 27,6 % der Stimmen entfielen. Andrea Nahles konnte 66,35 % der gültigen Stimmen auf sich vereinen. Das Ergebnis deutete keine breite Unterstützung innerhalb der Partei an und schwächte Nahles' Position von Beginn an. Im Vergleich mit vorherigen Wahlen zum Parteivorsitz erreichte Andrea Nahles hinter Oskar Lafontaine, der im Jahr 1995 mit 62,6 % aus dem Rennen mit Rudolf Scharping herausging, das zweitschlechteste Ergebnis seit Kriegsende. Dabei muss man jedoch beachten, dass die meisten Wahlen ohne Gegenkandidaten abliefen und Simone Lange als eine starke Konkurrentin eingestuft werden konnte. Kinkartz (2019) resümierte über Nahles: »Zur Parteibasis hatte sie lange einen engen Draht. Dort galt sie stets als geradlinig und authentisch. Das Herz der SPD konnte sie trotzdem nie gewinnen« (DW vom 2. 6. 2019). Auch außerhalb ihrer Partei erreichte Nahles keine große Beliebtheit: Lediglich 13 % der deutschen Bevölkerung hielten Nahles für fähig, die Probleme des Landes zu lösen, und ihr wurden insgesamt nur wenige positive Eigenschaften zugeschrieben (Reuters online vom 19. 2. 2018). »Auch bei vielen Bürgern kommt Nahles nicht gut an«, lautete Kinkartz' Urteil (DW vom 2. 6. 2019). Nahles selbst begründete ihre Unbeliebtheit mit folgenden Worten: »Die Menschen sagen, sie wollen authentische Politiker, aber Ecken und Kanten wollen sie nicht« (zit. nach FAZ online vom 21. 6. 2019). Ungeachtet der Gründe für den Wahlausgang und Nahles' Popularität: Für Andrea Nahles war dieser neue Posten ein Rollenwechsel (Zeit online vom 27. 9. 2017) – sie musste sich kurzzeitig von der engen Kooperation mit der Union als Sozial- und Arbeitsministerin umstellen auf die Rolle der oppositionellen Kritikerin (ebd.). Als die sogenannten Jamaika-Koalitionsverhandlungen zwischen CDU/CSU und FDP und den Grünen scheiterten und sich eine Neuauflage der Großen Koalition abzeichnete, musste diese kämpferische Haltung jedoch wieder zurückgefahren werden. Sie selbst musste für eine Neuauflage der Großen Koalition in ihrer Partei werben und sich gegen »NoGroKo«-Stimmen durchsetzen.

Sie selbst setzte sich als Ziel, die SPD zu erneuern: programmatisch, personell. Als Beispiel kann man die Entwicklung der Debattencamps durch Nahles und den SPD-Generalsekretär Lars Klingbeil anbringen, die Raum für Diskussionen zwischen Parteimitgliedern, Experten und weiteren Interessierten über die zukünftige Ausrichtung und zu Projekten der SPD boten

(Munzinger 2020). Doch parteiinterne Konflikte erschwerten den Reformkurs für die Partei enorm, weswegen Nahles' Zeit an der Parteispitze nur knapp über ein Jahr dauerte (FAZ online vom 2.6.2019). Die elektoralen Misserfolge der SPD häuften sich: Bei den Landtagswahlen in Bayern (9,7 %) und in Hessen (19,8 %) im Oktober 2018 brachen die SPD-Stimmen um jeweils 10,9 Prozentpunkte ein. Im Mai 2019 schloss sich die nächste Niederlage in Form der verlorenen Bremer Bürgerschaftswahl mit 24,9 % der Stimmen und somit einem Verlust von 7,9 Prozentpunkten an. Bei der ebenfalls im Mai 2019 stattfindenden Europawahl blieb der erhoffte Erfolg aus und bescherte der Partei ihr bis dato schlechtestes Ergebnis bei einer bundesweiten Abstimmung (FAZ 2019): Die SPD gewann nur 15,8 % der Stimmen.

Die parteiinterne Kritik an Nahles wuchs, die auch in den öffentlichen Diskurs getragen wurde. In Andrea Nahles' Rücktrittserklärung wurde diese wachsende Kritik und der fehlende parteiinterne Rückhalt und Unterstützung als Grund für die Ämterniederlegung genannt (FAZ online vom 2.6.2019). Somit trat Nahles im Juni 2019 sowohl als Parteichefin als auch als Fraktionsvorsitzende zurück. Ihr Rücktritt traf auf Verständnis, Respekt und gleichzeitig mahnende Worte bezüglich der harschen Kritik und Umgang mit Nahles innerhalb der Partei. Zum 1.11.2019 legte Andrea Nahles ihr Bundestagsmandat nieder und zog sich somit aus der Bundespolitik zurück (FAZ online vom 2.6.2019).

Im Juni 2020 wurde Nahles zur Präsidentin der Bundesanstalt für Post und Telekommunikation, welche dem von Parteikollege Olaf Scholz geführten Bundesfinanzministerium untersteht, gewählt und trat ihre neue Stelle als Behördenchefin am 1.8.2020 an. Im gleichen Jahr wurde Nahles Sonderberaterin für den sozialen Dialog von EU-Sozialkommissar Nicolas Schmit in Brüssel. Im Januar 2022 wurde sie zur Vorsitzenden der Bundesagentur für Arbeit bestellt.

Literatur: Bundesministerium für Arbeit und Soziales: Sozialbericht 2017. Bonn 2017; Marx, Paul/Starke, Peter: Dualization as Destiny? The Political Economy of the German Minimum Wage Reform, in: Politics & Society, 45(4) 2017, S. 559–584; Munzinger: Nahles, Andrea, Munzinger Online/Personen – Internationales Biographisches Archiv, Ravensburg 2020, online: www.Munzinger2020.de/document/00000021991 [zuletzt: 18.9.2022]; Voigt, Linda: Let the good times roll – Eine Bilanz der Sozialpolitik der dritten Großen Koalition 2013–2017. In: Saalfeld, Thomas/Zohlnhöfer, Reimut (Hg.): Bilanzband der dritten Großen Koalition. Wiesbaden 2019, S. 415–443; Zohlnhöfer, Reimut/Engler, Fabian: Politik nach Stimmungslage? Der Parteienwettbewerb und seine Policy-Implikationen in der 17. Wahlperiode. In: Zohlnhöfer, Reimut/Saalfeld, Thomas (Hg.): Politik im Schatten der Krise. Eine Bilanz der Regierung Merkel, 2009–2013. Wiesbaden 2015, S. 137–167.

Linda Voigt

Schäuble, Wolfgang (CDU)

Bundesminister des Innern, Bundesminister der Finanzen

geb. 18. 9. 1942 in Freiburg, ev.

Quelle: Presse- und Informationsamt
der Bundesregierung;
Fotograf: Steffen Kugler

1961	Abitur
1961–1966	Studium der Rechtswissenschaft und Volkswirtschaftslehre
1965	Eintritt in die CDU
1969–1972	Bezirksvorsitzender der Jungen Union Südbaden
1970	Zweites juristisches Staatsexamen
1970	Mitglied im Bezirksvorstand der CDU-Südbaden
1971	Promotion zum Dr. jur., Eintritt in die baden-württembergische Steuerverwaltung
1972–2021	Mitglied des Deutschen Bundestages
1981–1984	Parlamentarischer Geschäftsführer der CDU/CSU-Bundestagsfraktion
1984–1989	Bundesminister für Besondere Aufgaben und Chef des Kanzleramtes
1989–1991	Bundesminister des Innern
1991	Vorsitzender der CDU/CSU-Bundestagsfraktion
1998–2000	CDU-Vorsitzender
2005–2009	Bundesminister des Innern
2009–2017	Bundesminister der Finanzen
2017–2021	Bundestagspräsident

In seiner Betrachtung der fast achtjährigen Amtszeit von Wolfgang Schäuble als Finanzminister in der Kabinetten Merkel II und III kommt der Berliner Politologe Thomas Rixen zu folgendem Ergebnis: »Die zweite Große Koalition unter Angela Merkel war steuerpolitisch die am wenigsten aktive Regierung seit 1965. […] Insgesamt lässt sich feststellen, dass sich die Koalition ein wenig ambitioniertes Arbeitsprogramm in Form von Ausgabensteigerungen und kleinteilig angelegten Steuererleichterungen gegeben hat. Die Regierung war die fiskalpolitisch am wenigsten aktive in der Geschichte der Bundesrepublik« (Rixen 2017: 364 f.).

Schäubles Hauptarbeitsfelder in dieser Zeit konzentrierten sich auf

- die Umsetzung der in den Koalitionsverträgen beschlossenen finanzpolitischen Maßnahmen
- in der Schaffung eines ausgeglichenen Haushalts, d. h. der erstmals zu verabschiedeten Haushalten seit 1969 ohne Neuverschuldung mit dem Ziel der »schwarzen Null«

- bescheidene steuerpolitische Entlastungen
- die Vermeidung von Steuererhöhungen trotz beachtlicher Ausgaben im Investitionsbereich.

Im Wahlkampf 2013 wurde von allen Parteien um die Frage von Steuererhöhungen gestritten. Während die SPD ebenso wie die Partei Die Linke und die Grünen u. a. für die Wiedereinführung der Vermögenssteuer, eine Erhöhung der Einkommenssteuer warben, lehnte die Union ebenso wie die FDP jede Steuererhöhung ab. Warben die Sozialdemokraten für eine bescheidene steuerliche Umverteilung von »oben nach unten« zur Finanzierung neuer sozialer Maßnahmen und Investitionen in Bildung sowie Verkehrsinfrastruktur, sprach sich die Union vor allem für eine steuerliche Begünstigung des Mittelstandes aus (ebd.: 353).

Die Partner der zweiten Großen Koalition verständigten sich nach längeren Verhandlungen sowohl 2013 als auch vier Jahre später auf keine Steuererhöhungen. Dies wurde den Sozialdemokraten u. a. dadurch erleichtert, da die

Steuereinnahmen in diesem Zweitraum kräftig sprudelten, so dass Sozialmaßnahmen bzw. entsprechende Wünsche des SPD-Koalitionspartners umgesetzt werden konnten.

Die niedrigen Zinsen erleichterten es Schäuble die Staatsverschuldung auf 60 % der Wirtschaftskraft zu senken bei gleichzeitigen Investitionen in Bildung und Infrastruktur. »Angesichts der entspannten Haushaltlage ergaben sich in der Haushaltspolitik keine wesentlichen politischen Konflikte. Es gab genügend Spielraum, um sowohl die sozialpolitischen Ausgabensteigerungen wie in der Rente als auch die Korrektur des Steuertarifs umzusetzen« (ebd.: 360). Beide Partner konnten sich dank der florierenden Wirtschaft und der Steuereinnahmen auf für beide tragbare Kompromisse in der Finanzpolitik einigen: Entgegenkommen der Union auf sozialpolitische Forderungen der SPD wie die Beantragung der Rente mit 63 Jahre nach 45jähriger Beitragszahlung sowie die Einführung eines gesetzlichen Mindestlohns und Unterstützung von Schäubles »Mantra« einer »schwarzen Null«. Neben der Anpassung der steuerlichen Grundfreibeträge, die in den Existenzminimumberichten der Bundesregierung festgelegt sind, und der Verschiebung des Einkommenstarifs um 1,48 % zur Entlastung der durch die »kalte« Progression belasteten Steuerzahler, Erhöhung des Kinderfreibetrags, des Kindergelds, sowie des Kinderzuschlags im Jahr 2015. »Das Arbeitsprogramm der Koalitionspartner beschränkte sich auf das Notwendigste. Dieses Verhandlungsergebnis kommt den Vorstellungen der Union, die ohnehin wenig verändern wollte, sehr nah« (ebd.: 356).

Ein zentrales Steuerarbeitsthema war die Reform der Erbschaftssteuer. Dazu hatte das Bundesverfassungsgericht das Parlament verpflichtet. Es hatte die Sonderregelungen für den Betriebsübergang von Familienunternehmen für verfassungswidrig erklärt. Die Union hatte in der ersten Großen Merkel-Koalition eine für Familienbetriebe günstige Reform durchgesetzt, um den langjährigen Erhalt von Unternehmen wie beispielsweise den Europa-Vergnügungspark im badischen Lahr und die dortigen Arbeitsplätze zu sichern. Während die SPD eine höhere Erbschaftssteuer auch bei der Übertragung von Familienunternehmen verlangte, lehnte die Union dies ab. Nach langwierigen Verhandlungen kam man schließlich zu einer Einigung, die beinhaltet, dass Familienunternehmen weitgehend von der Erhöhung ausgenommen bleiben. »Am Ende,« so Rixen, »bleibt es dabei, dass 99 % der Erben keine Erbschaftsteuer zahlen müssen, wenn sie ihr Unternehmen lange genug fortführen und Arbeitsplätze erhalten« (ebd.: 359).

Ebenfalls auf Grund einer Entscheidung des Obersten Gerichts wurde den Ländern, denen die Grunderwerbssteuer bei Weiterleitung an die Kommunen zusteht, vom Bundestag eine Reform aufgetragen. Diese wurde schließlich nach langen Diskussionen beschlossen und trat 2022 in Kraft.

»Insgesamt,« so Rixen, »lässt sich feststellen, dass die Regierung ihre im Koalitionsvertrag angekündigten [bescheidenen] steuer- und finanzpolitischen Projekte umgesetzt hat« (ebd.: 364).

Auf dem internationalen »Parkett« engagierte sich der Finanzminister beachtlich stark. So setzte Schäuble, um die internationale Steuerhinterziehung und -vermeidung zu bekämpfen, gemeinsam mit seinen Partnern in der OECD auf der Berliner Steuerkonferenz im Oktober 2014 ein entsprechendes Abkommen durch.

Im Jahr 2017 kam es zur Verabschiedung der europäischen Geldwäscherichtlinie und deren Umsetzung in nationales Rech mit der Einführung eines Transparenzregisters. »Allerdings,« so Rixen, »ist die Regierung auf hier zu zaghaft gegen Steuerflucht vorgegangen« (ebd.: 358). Die Veröffentlichung der sogenannten Panama-Papers im April 2016 hatten die Regierungen in Zugzwang gebracht.

Auch auf nationaler Ebene engagierte sich Schäuble für den Kampf gegen Steuerhinterziehung – allerdings nur mit bescheidenen Ergebnissen. So wandte er sich u. a. gegen den Ankauf von Steuer-CDs. Seine Vorschläge, Steuerhinterziehern Straffreiheit bei Selbstanzeige zu gewähren, konnte er nicht durchsetzen.

Vor dem Untersuchungsausschuss des Deutschen Bundestages wies Schäuble Vorwürfe von Oppositionspolitikern energisch zurück, er habe das Gesetz gegen steuerschädliche Aktiendividenden zu spät angewandt. Das Gesetz gegen die sogenannten cum ex-Steuervermeidungsmöglichkeiten sei erst, so der Finanzminister im Jahr 2012 in Kraft getreten und habe eine »hohe Komplexität der Umstellung, auch bei der verwendeten Software und der Abstimmung mit den Bundesländern« verlangt (FAZ vom 17. 2. 2027). So habe die dem Finanzminister unterstehende Bundesanstalt für Finanzdienstleistungsaufsicht (Bafin) nicht früher gegen die cum ex-Dividendenverschiebungen zur Steuervermeidung aktiv werden können (ebd.).

Mit dem Gesetz zur Reform der Investmentbesteuerung vom 19. 7. 2016 werden sowohl in- als auch ausländische Investmentfonds steuerlich gleich behandelt. Vor 2009 gekaufte Investmentanteile verloren ab 2018 ihre Steuerfreiheit (FAZ vom 20. 4. 2015).

Auf europäischer Ebene war Schäubles wichtigstes Problem die Bewältigung der Schuldenkrise im Euro-Raum. Insbesondere das ausufernde Schuldendilemma Griechenlands forderte die Finanzpolitiker der sogenannten stabilen Euro-Länder heraus. Griechenland hatte seit Beitritt zur Euro-Zone im Jahr 2002 ungebrochen über seine Verhältnisse gelebt und stand 2015 vor dem Staatsbankrott. Sowohl der private als auch der staatliche Konsum wurden bis 2009 in erheblichen Umfang über Importe befriedigt, die kreditfinanziert wurden. Griechenland lebte schlicht und einfach über seine Verhältnisse, da die Exporte in keiner Weise die Importe aufwogen. Hinzu kam eine miserable Steuerpolitik, die insbesondere wohlhabendere Griechen durch Verzicht auf Steuerzahlungen begünstigte. Das Land musste für neu aufzunehmende Kredite deutliche Aufschläge bezahlen, die seine Fähigkeiten bei weitem überstiegen. Die Stabilitätskriterien der Euro-Zone sehen u. a. vor, ein Staatsdefizit dürfe sich allenfalls auf 60 % des Bruttosozialprodukts belaufen. Bei Griechenland betrug dieser Prozentsatz mehr als das Doppelte. In einer Regierungserklärung im August 2015 verlangte Schäuble von der griechischen Regierung die Respektierung der eingegangenen Stabilitätsnormen. Er forderte eine

solidere Haushaltspolitik in Athen und eine deutliche Senkung der griechischen Staatsausgaben u. a. bei Rentenzahlungen und den finanziellen Vergünstigungen für einzelne Klientelgruppen. Nur unter diesen Voraussetzungen seien die übrigen Mitglieder der Euro-Zone bereit, Athen zu unterstützen. Die Bail out-Klausel des Euro-Vertrages schließt eine Schuldenübernahme durch Mitgliedsländer aus. Jeder Euro-Staat hat für seine Verbindlichkeiten selbst zu haften. Da aber das Land vor dem Staatsbankrott stand und die neue linkssozialistische Regierung zunächst Reformmaßnahmen wie Gehaltskürzungen im öffentlichen Dienst und bei Renten ablehnte, schien ein Austritt Griechenlands aus der Euro-Zone unvermeidlich zu sein. Insbesondere der deutschen Finanzminister plädierte für ein vorübergehendes Ausscheiden Griechenland aus der Euro-Zone. Er schlug vor, Griechenland solle sich offiziell für zahlungsunfähig erklären und einen Schuldenschnitt mit seinen Gläubigern aushandeln. Ein solches Ansinnen wurde aber nicht nur vom Präsidenten der Europäischen Zentralbank Draghi, von einigen Mitgliedsländern wie Frankreich, aber auch von Bundeskanzlerin Merkel abgelehnt. Sie lehnte einen solchen Schuldenschnitt ab. Ein solcher könne die auch ebenfalls hochverschuldeten Länder wie Spanien und Italien begraben, eine Schockwelle auslösen und die gesamte Währungsunion auseinanderbrechen lassen. Eine Pleite Athens könnte eine Schockwelle auslösen, so die Kanzlerin (SZ vom 17. 2. 2012). Schließlich ordnete sich der Finanzminister seiner Kanzlerin unter, verwies aber erneut drauf, dass der von der griechischen Regierung geforderte Schuldenerlass nicht zur Diskussion stehe (SZ vom 22./23. 10. 2016). Nach langen Verhandlungen zwischen den Mitgliedstaaten einigten sich die Euro-Länder schließlich auf Artikel 122 des Euro-Vertrages zurückzugreifen, der finanziellen Beistand im Falle eines außergewöhnlichen Ereignisses erlaubt. Schäuble akzeptierte schließlich diesen Ausweg, um Griechenland in der Euro-Zone zu halten. Das Land erhielt in drei Kreditpaketen, die von der Europäischen Zentralbank gewährt und vom Deutschen Bundestag verabschiedet wurden, 290 Milliarden Euro. Hinzu kamen 32 Milliarden Euro Kredite durch den Internationalen Finanzfonds. Die Auszahlung dieses »Euro-Rettungsschirms« war an die Einhaltung der im Sanierungspaket mit der Europäischen Zentralbank und dem IWF verabredeten Maßnahmen gekoppelt. Griechenland musste erhebliche Kontrollen durch die Kreditgeben über seine Budgethoheit hinnehmen, was zu teilweise heftigen innergriechischen Auseinandersetzungen führte. Die Rückzahlung der Kredite wurde Athen über einen langen Zeitraum von teilweise über 30 Jahren erlaubt. Die von den verschiedenen griechischen Regierungen ab März 2010 vorgenommenen teilweise schmerzhaften Sparmaßnahmen und Kürzungen u. a. bei Pensionen und Gehältern für alle Bedienstete im öffentlichen Dienst führten u. a. dazu, dass der deutsche Finanzminister in Griechenland zur verhasstesten Person avancierte. Andererseits erlaubten die rigorosen Eingriffe in den griechischen Staatshaushalt, dass der deutsche Finanzminister am 17. 7. 2015 – gegen den Widerstand in den eigenen Reihen – von Deutschen Bundestag ermächtigt wurde, über ein drittes Hilfspaket für Griechenland in Höhe von 87 Milliarden Euro (siehe oben) zu verhandeln.

Bei seinem Ausscheiden aus dem Kabinett Merkel III hinterließ Schäuble einen wohlgeordneten Haushalt und stabile Finanzen. Erst unter seinem Nachfolger Olaf Scholz musste das Prinzip der »schwarzen« Null wegen der Corona-Pandemie im Jahr 2019/20 aufgegeben werden. Am 24. 10. 2017 wurde Wolfgang Schäuble zum Bundestagspräsidenten gewählt.

Literatur: Rixen, Thomas: Die Verwaltung des Überschusses. Die Fiskalpolitik der Großen Koalition 2013–17. In: Zohlnhöfer, Reimut/Saalfeld, Thomas (Hg.): Zwischen Stillstand, Politikwandel und Krisenmanagement. Eine Bilanz der Regierung Merkel 2013–2017. Wiesbaden 2019; Schäuble, Wolfgang: Grenzerfahrungen. München 2019; Schäuble, Wolfgang: Mitten im Leben. München 2000; Schäuble, Wolfgang: Grenzerfahrungen: Wie wir an Krisen wachsen – Mit einem neuen Vorwort. Berlin 2021; Schäuble, Wolfgang/Michel Safin: Anders gemeinsam. Im Gespräch mit Ulrich Wickert und Dominique Seux. Hamburg 2016; Schütz, Hans Peter: Wolfgang Schäuble. Zwei Leben. Ein Portrait. München 2012.

Udo Kempf

Scheuer, Andreas Franz (CSU)

Bundesminister für Verkehr und Digitale Infrastruktur

geb. 26.9.1974 in Passau, röm.-kath.

seit 1994	Mitglied der CSU
1994	Abitur in Passau
1998	Erstes Staatsexamen Lehramt an Realschulen, anschließend Magisterstudium der Politikwissenschaft, Wirtschaft und Soziologie in Passau
seit 2002	Mitglied des Deutschen Bundestages
2013–2018	Generalsekretär der CSU
2009–2013	Parlamentarischer Staatssekretär beim Bundesminister für Verkehr, Bau und Stadtentwicklung
2018–2021	Bundesminister für Verkehr und Digitale Infrastruktur

Als Andreas Scheuer 2018 das Verkehrsministerium übernahm wurde dies auch von Oppositionspolitikern positiv bewertet. So sagte der Grünen Vorsitzende des Verkehrsausschusses, Cem Özdemir: »Im Gegensatz zu seinen Vorgängern [Peter Ramsauer und Alexander Dobrindt] versteht Scheuer grundsätzlich etwas von Verkehrspolitik« (Badische Zeitung vom 28.1.2021: 3). Als Vertrauter des ehemaligen Ressortchefs Ramsauer galt der neue Minister als bestens vertraut mit dem Ministerium, das mit dem größten Investitionsetat aller Zeiten ausgestattet war. Allerdings währte dieses Wohlwollen des Oppositionspolitikers nicht allzu lang. »Aus dem möglichen Neuanfang«, so der Ausschussvorsitzende, »ist aber nichts geworden.« Scheuer fördere alles nur ein bisschen, setze keine Schwerpunkte und habe schließlich das von seinem Parteifreund Dobrindt geerbte CSU-Prestigeprojekt »Ausländer-Maut« zu seinem persönlichen Fiasko gemacht (ebd.). In der Tat prägte das Mautdesaster Andreas Scheuers Amtszeit. In den Meinungsumfragen fiel der Ressortchef – nach anfänglichen Zustimmungswerten – steil ab. Er galt in der zweiten Halbzeit seiner Ministertätigkeit als der unbeliebteste Minister in Merkels viertem Kabinett. Der Kommentator der FAZ Johannes Pennekamp warf Scheuer vor, »versagt zu haben« (FAZ vom 20.9.2021: 17). »Es ist noch ein Wun-

der, dass er überhaupt noch im Amt ist. Er ist eine Fehlbesetzung, er hat einfach zu viel Mist gebaut,« so der Kommentator. Allerdings hielten sowohl Kanzlerin Merkel, die gegen Ende ihrer Kanzlerschaft eine Kabinettsumbildung unter allen Umständen vermeiden wollte, als auch CSU-Chef Seehofer an dem Minister fest.

Scheuers Absturz in den Meinungsumfragen hängt hauptsächlich mit dem Maut-Debakel zusammen. Diese von seinen Vorgängern geerbte Pkw-Steuer war ein Herzensanliegen seines Parteichefs. Seehofer hatte sie im Jahr 2013 trotz zahlreicher Widerstände in den Koalitionsvertrag der Großen Koalition festschreiben lassen. Im März 2015 beschloss der Deutsche Bundestag trotz Zweifel an den erhofften Einnahmen und der EU-Zulässigkeit die Einführung der Maut. Da deutsche Autofahrer nicht mit einer neuen Steuer belastet werden sollten, wurde beschlossen, ihnen die Mautgebühr über die KFZ-Steuer zu erstatten. Gegen diese Regelung – Deutsche zu entlasten, aber Europäer zu belasten – verklagte die Europäische Kommission Deutschland vor dem Europäischen Gerichtshof. Deshalb milderte Scheuers Vorgänger die Maut ab – unter anderem mit einer stärkeren Steuerentlassung für besonders saubere Autos. Die Europäische Kommission stellte daraufhin im Mai 2017 das Verfahren gegen Deutschland ein. Jedoch klagte nun Österreich vor dem Europäischen Gerichtshof gegen die neu beschlossene Maut wegen Diskriminierung. Zur Überraschung erklärte dieser im Juni 2019 die Maut für einen Verstoß gegen Europarecht, da sie vor allem EU-Bürger treffe. Besonders belastet wäre von der neuen Steuer der Anrainer Österreich. Die Maut sei »eine verbotene mittelbare Diskriminierung aus Gründen der Staatsangehörigkeit. Deutschland verstoße gegen den Grundsatz des freien Waren- und Dienstleistungsverkehrs,« so die Luxemburger Richter (FAZ vom 19. 9. 2019: 1). Damit war die Maut »vom Tisch«.

Da die Straßennutzungsgebühr im Jahr 2020 eingeführt werden sollte, hatte Scheuer im Dezember 2018 trotz des noch laufenden Gerichtsverfahrens langfristige Verträge mit Unternehmen zum Aufbau der Mautinfrastruktur abgeschlossen. Die Verträge enthielten auch Regelungen zur Entschädigung für die entgangenen Gewinne bei Nichteinführung der Maut. Nach dem Entscheid des EuGHs am 18. 6. 2019 erklärte der Minister die Maut für gescheitert und kündigte tags drauf den Vertrag mit den Unternehmen CTS Eventim und Kapsch Traffic Com. Im Dezember 2019 wurde die Höhe der Entschädigungsforderungen der Mautbetreiber bekannt. Diese forderten 560 Millionen Euro vom deutschen Staat. Scheuer betonte hingegen mehrfach, dass die Betreiber aus Sicht des Bundes keinen Anspruch auf Entschädigung hätten. Am 25. 10. 2019 beschloss der Deutsche Bundestag die Einsetzung eines Untersuchungsausschusses zur Pkw-Maut. Die Oppositionsparteien – außer der AfD – warfen dem Minister vor allem vor, das Parlament und die Öffentlichkeit nicht umfassend über die Umstände und Details des Zustandekommens der Verträge informiert zu haben. Außerdem bemängelten sie Scheuers Verhalten nach dem Urteil des EuGH (FAZ vom 25. 10. 2019: 4). Nach zahlreichen Sitzungen, in denen Rede gegen Gegenrede stand, fasste der Ausschuss gegen Ende der Legislaturperiode keine abschließende Beurteilung. Die Vertreter der Maut-Betreiberunternehmen argumentierten, sie hätten dem Minister im November 2018 angeboten, mit der Vertragsunterzeichnung bis nach dem Urteil des

EuGHs zu warten. Dies habe aber Scheuer sofort abgelehnt unter Hinweis auf Gutachten, die die Europaverträglichkeit der Pkw-Maut belegten. Scheuer wies diese Äußerungen vehement zurück; das Wort »EuGH-Urteil« sei bei dem Treffen überhaupt nicht gefallen (FAZ vom 3. 10. 2020: 17). Der Minister betonte vor dem Ausschuss, er sehe kein eigenes Fehlverhalten im Zusammenhang mit der gescheiterten Pkw-Steuer; die Einführung der Maut sei ein gesetzlicher und haushälterischer Auftrag gewesen. Wegen gravierender Fehler der Maut-Betreiber in der sogenannten »Feinplanungsdokumentation habe der Bund nach dem negativen EuGH-Urteil unverzüglich den Kündigungsgrund der Schlechtleistung angeführt, der zum Ausschluss jeglichen Schadenersatzes führe,« betonte der Minister (Badische Zeitung vom 29. 1. 2021). Letztlich werden die Gerichte über mögliche Forderungen der Betreibergesellschaft entscheiden. Scheuer betonte, er würde »wieder so entscheiden« (FAZ vom 20. 9. 2020: 17).

Auch auf einem anderen Gebiet musste der Minister herbe Rückschläge und ätzende Kritik in der Öffentlichkeit »einstecken«. Die Novelle der Straßenverkehrsordnung (StVO), die vor allem Radfahrer besser schützen und für zu schnell fahrende Autofahrer erhebliche Bußgelder bis zum Entzug des Führerscheins vorsah, konnte wegen formaler Fehler nicht in Kraft treten. Eingezogene Führerscheine mussten zurückgeschickt werden. (Ende der Legislaturperiode wurde eine modifizierte StVO mit weniger harten Auflagen doch noch verabschiedet.) Kritisiert wurde auch Scheuers ablehnende Haltung zu einem generellen Geschwindigkeitsverbot von über 130 km/h auf deutschen Autobahnen.

Auf der »Habenseite« seiner Amtszeit ist zu vermerken, die Einigung mit den Betreibern der Lkw-Maut nach 14 Jahren Auseinandersetzungen über die verspätete Einführung dieser Abgabe. Auch die Deutsche Bahn wurde während seiner Amtszeit mit hohen Summen besser ausgestattet als in früheren Jahren u. a. um den »Deutschlandtakt« (d. h. besser abgestimmte Fahrpläne) einzuführen. Das Ladenetz für Elektroautos wurde stark gefördert. Ebenso wurde durch eine Reform des Personen- beförderungsgesetzes der Taxi-Markt liberali- siert; dies ermöglicht u. a. Uber seine Dienste anzubieten. Dagegen haperte es im Jahr 2020 beim Übergang der Länderplanung der Auto- bahnen, für die nun der Bund und nicht länger die Länder zuständig sind. Die Opposition warf dem Minister zu hohe Kosten bei der Übertra- gung vor. Den Vorwurf einiger Oppositions- politiker, der Bund würde Bayern bei der Ver- gabe von Mittel für den Bau neuer Autobahnen Übergebühr bevorzugen, konterte der Minister mit dem Hinweis, in Bayern lägen fertige Vor- haben zum Autobahn- und Bundesfernstraßen- ausbau in den Schubläden. Dagegen hätten ei- nige Bundesländer ihre Planungskapazitäten vernachlässigt bzw. Personal dort abgebaut.

Bemängelt wurde ebenfalls das zögerliche Handeln des Ministers gegenüber den Autokon- zernen, die sich nach dem Aufdecken der Die- sel-Abgasmanipulationen anfänglich gegen die Notwendigkeit von Hardware-Nachrüstungen der Dieselmotoren verwahrten. Erst als der christsoziale Minister den Chefs der Automo- bil-Unternehmen – zu deren großer Über- raschung – mit hohen Ordnungsstrafen drohte, lenkten diese ein (Der Spiegel vom 2. 6. 2018: 61).

Am 31. 1. 2020 stimmte der Bundestag zwei von Scheuer vorgelegten Gesetzen zur Pla- nungsbeschleunigung zu. Geregelt wird die Be- schleunigung von umweltfreundlichen Ver- kehrsprojekten. So benötigen Baumaßnahmen an der Schiene kein Planfeststellungsverfahren mehr. Streitfälle landen zukünftig direkt bei den Oberverwaltungsgerichten. U. a. sieben Schie- nen- und fünf Wasserstraßenprojekte wurden vom Bundestag als Maßnahme-Gesetze be- schlossen. Wenn für jedes einzelne Projekt ein Gesetzgebungsverfahren eingeleitet ist, entfällt die aufschiebende Wirkung von Widersprü- chen oder Anfechtungsklagen. Eine Beschleuni- gung des Windenergie-auf-See-Gesetzes wurde ebenfalls beschlossen (FAZ vom 6. 11. 2020: 18).

Andreas Scheuer war auch für die digitale In- frastruktur zuständig. Seit 2013 ist das Verkehrs- ministerium für den Aufbau eines modernen Mobilfunk- und Breitbandnetzes verantwort- lich. »Was die mittlere Datengeschwindig-

keit im Mobilfunknetz betrifft, liegt Deutsch- land hinter Albanien. Im weltweiten Vergleich belegt Deutschland beim Festnetz- und Breit- bandtempo Platz 31«, so der Spiegel (FAZ vom 13. 7. 2020: 38). Die FAZ widmete diesem Dilem- ma im Oktober 2021 eine ganze Seite in ihrem Wirtschaftsteil: »Glasfaser im Schneckentem- po« (FAZ vom 23. 10. 2021: 19). Und Bundes- kanzlerin Merkel bemerkte in ihrer Rede im März 2019 auf dem Weltwirtschaftsforum in Davos u. a. an ihren dort anwesenden Minis- ter gewandt: »Unsere Bauvorhaben realisieren wir im Weltmaßstab viel zu langsam; speziell der [digitale] Leitungsbau sei viel zu langsam« (FAZ vom 20. 3. 2019: 20). Scheuer, dies sei ihm zugu- te zu halten, hat dieses Versäumnis von seinem Vorgänger geerbt. Anstelle den Glasfaserausbau voranzutreiben, begnügte sich die bundeseigene Telekom – unterstützt von der Bundesnetzagen- tur – aus Kostengründen auf eine Aufrüstung ihres Kupfernetzes mit Hilfe der »Vectoring- Technik«. Diese reicht jedoch mit ihren deut- lich mehr als 100 Megabite je Sekunde nicht aus. »Um zur Gigabit-Nation zu werden, benötigt Deutschland alternativlos Glasfaser. Nur da- mit sind die 1 000 Megabite in der Sekunde und mehr zu erreichen. In Deutschland verwenden gerade mal fünf Prozent aller stationären Breit- bandanschlüsse die Glasfaser […]. Kaum eine andere Industrienation hat einen so geringen Anteil« (FAZ vom 12. 20. 2021: T1). Im Vergleich mit den OECD-Ländern liegt Deutschland im Jahr 2020 auf dem 34. Platz, Litauen dagegen auf dem dritten!

Das ganze Dilemma eines fehlenden leis- tungsfähigen Leitungsnetzes legte die Corona- Pandemie offen. Daten zwischen den Landesge- sundheitsämtern und dem Robert Koch-Institut konnten nur mit deutlicher Verspätung und manchmal auch nur handschriftlich übermit- telt werden. Zwar liegen diese Versäumnisse weniger im Aufgabenbereich des Bundesminis- ters, sondern in demjenigen der Bundesländer. Aber das Bundesverkehrsministerium hätte bei Ausbruch der ersten Pandemie-Welle frühzeitig auf Verbesserungen drängen können.

An den Schulen, die in der Regel digital un- terrichten mussten, verfügte nur jede vierte über ein funktionierendes WLAN-System. Es fehlte an Rechnern, Tablets, an Software und einheitlichen Standards für Fernunterricht. Lehrkräften fehlte häufig die Digitalkompetenz, »und wo sie vorhanden war, hatte man Angst, [...] gegen Datenschutzbestimmungen zu verstoßen«, kommentierte Michael Spehr die Defizite (FAZ vom 12.10.2021: T1). Trotz Kompetenzen der Länder im Schulbereich hätte der Minister in dieser »Notsituation« deutlicher eingreifen und einwirken müssen. Bundestag und Bundesrat legten nach endlosen Diskussionen im Frühjahr 2019 schließlich zu Beginn der Corona-Pandemie einen »Digitalpakt Schule« auf. Er will die Digitalisierung der Schulen bis 2024 mit 6,5 Milliarden Euro vorantreiben; es wurden aber bis Mitte 2021 nur 820 Millionen Euro abgerufen. Überbordender Datenschutz, der auf eine digitale Nachverfolgung von Corona-Infizierten verzichtete und damit Infektionsketten nur langsam durchbrechen ließ, anfänglich fehlende Impfzentren, lange dortige Wartezeiten und eine Überbürokratisierung, die der Minister nicht zu verantworten hatte, führten zu einer Verärgerung der Bevölkerung. Zwar stellte der Bund seit 2015 zunehmend Mittel für einen effizienten Breitbandausbau zur Verfügung, doch kamen diese bei Ausbruch der Corona-Pandemie zu spät. Im Jahr 2018 wurde schließlich ein Sondervermögen »Digitale Infrastruktur« mit 12 Milliarden Euro aufgelegt; abgeflossen aus diesem Topf waren aber etwa zwei Jahre später erst 1,5 Milliarden (FAZ vom 23.10.2021: 19). Die langen Planungsverfahren zu verkürzen, gelang Scheuer während seiner Amtszeit nicht.

Teilerfolge gab es auf einem anderen Gebiet: Nach einem Gipfel mit den Chefs der drei großen Netzbetreiber für Handyempfang konnte der Minister mitteilen, die Funklöcher im Mobilfunkbereich würden in ländlichen Gebieten deutlich reduziert. Wo die privaten Unternehmen wegen mangelnder Umsätze nicht aktiv würden, engagiere sich nunmehr der Bund.

Solche Erfolge verblassen aber am Ende von Scheuers Amtszeit vor allem wegen des Maut-Debakels. Dieses kann die Steuerzahler möglicherweise einen dreistelligen Millionenbetrag kosten.

Literatur: Pletter, Roman/Tatje, Claas: »Ich habe schon viel ausgeteilt«. Interview mit Andreas Scheuer am 5.8.2021. In: Die Zeit Nr. 32/2021.

Udo Kempf

Schmidt, Christian (CSU)

Bundesminister für Ernährung und Landwirtschaft

geb. 26.8.1957 in Obernzenn (Mittelfranken); ev.

Quelle: Presse- und Informationsamt
der Bundesregierung;
Fotograf: Steffen Kugler

seit 1974	Mitglied der CSU
1976	Abitur
1976–1977	Wehrdienst
1977–1982	Studium der Rechtswissenschaften in Erlangen und Lausanne (Schweiz)
1982	Erstes juristisches Staatsexamen
1985	Zweites juristisches Staatsexamen
seit 1985	Rechtsanwalt
1990–2021	Mitglied des Deutschen Bundestages
2005–2013	Parlamentarischer Staatssekretär beim Bundesminister der Verteidigung
seit 2010	Landesvorsitzender des Evangelischen Arbeitskreises der CSU
seit 2011	Stellvertretender Bundesvorsitzender des Evangelischen Arbeitskreises der CDU/CSU
seit 2011	Stellvertretender Parteivorsitzender der CSU
2013–2014	Parlamentarischer Staatssekretär beim Bundesminister für wirtschaftliche Zusammenarbeit
2014–2018	Bundesminister für Ernährung und Landwirtschaft
seit 2021	Hoher Repräsentant der Staatengemeinschaft in Bosnien-Hercegovina

Christian Schmidt war schon in jungen Jahren parteipolitisch aktiv. 1974 trat er in die Junge Union und zugleich in die CSU ein. In beiden Organisationen stieg er bald auf. So war er von 1980 bis 1982 Vorsitzender des Kreisverbandes Neustadt an der Aisch-Bad Windsheim der Jungen Union. Zügig wechselte er auf die nächsthöhere Ebene der Jungen Union: Von 1981 bis 1992 fungierte er als Bezirksvorsitzender von Mittelfranken. In der CSU führte er von 1999 bis 2009 den Kreisverband Fürth-Stadt. Besonders engagiert ist Schmidt im Evangelischen Arbeitskreis der CSU. So war er von 2001 bis 2010 Bezirksvorsitzender des Evangelischen Arbeitskreises Mittelfranken. Danach wurde er Landesvorsitzender in Bayern. Seit 2011 ist er stellvertretender Bundesvorsitzender dieser Vereinigung. Ebenfalls seit 2011 amtiert er als einer von vier stellvertretenden Parteivorsitzenden der CSU.

Schmidt ist seit 1990 Mitglied des Deutschen Bundestages. Er war zu jener Zeit gerade einmal 33 Jahre alt. Von Beginn an gewann er seinen Wahlkreis Fürth/Neustadt an der Aisch direkt. Schmidts Hauptinteresse gilt seit jeher der Au-ßen- und Sicherheitspolitik. So war er verteidigungspolitischer Sprecher der CDU/CSU-Bundestagsfraktion und Mitglied im Auswärtigen Ausschuss sowie im Verteidigungsausschuss des Bundestages. Seit 2004 ist er Landesvorsitzender des Arbeitskreises Außen- und Sicherheitspolitik der CSU und seit 2006 Präsident der Deutschen Atlantischen Gesellschaft. Von 2005 bis 2013 war er Parlamentarischer Staatssekretär beim Bundesminister der Verteidigung. Er nahm diese Funktion unter drei Ministern wahr, nämlich Franz Josef Jung, Karl-Theodor zu Guttenberg und Thomas de Maizière. Für knapp zwei Monate fungierte er ab Dezember 2013 im dritten Kabinett Merkel als Parlamentarischer Staatssekretär beim Bundesminister für wirtschaftliche Zusammenarbeit und Entwicklung. Schmidts Schicksal schien es zu sein, in seiner Karriere nicht über die Ebene eines Staatssekretärs hinauszukommen. Seine Stunde, Bundesminister zu werden, schlug jedoch, als Hans-Peter Friedrich (CSU) am 14.2.2014 als Landwirtschaftsminister zurücktrat.

Völlig überraschend für die Öffentlichkeit

schlug CSU-Vorsitzender Seehofer nämlich Schmidt als neuen Bundeslandwirtschaftsminister vor. Die Öffentlichkeit rechnete nicht mit Schmidt, weil er in den vorausgegangenen Jahren keinerlei Schlagzeilen produziert hatte. Auch als Experte für Agrarpolitik war er nicht aufgefallen. Landwirtschaftliche Kompetenz war bei Seehofers Besetzungsvorschlag also offensichtlich nicht ausschlaggebend. Doch fachliche Kompetenz hatte Hans-Peter Friedrich ebenfalls nicht mitgebracht. Generell spielt schon längst bei Regierungsbildungen Fachlichkeit bei der Besetzung von Ressorts keine Rolle mehr. Im Gegenzug wird von einem Minister erwartet, dass er sich schnell in die ihm zugewiesene Materie einarbeitet.

Maßgebliches Kriterium für Seehofers Entscheidung war der bayerische Regionalproporz: Der zurückgetretene Friedrich stammte aus Oberfranken. Damit musste wieder ein Franke Minister werden. Schmidt ist evangelisch, wie Friedrich auch. Also stimmte auch der konfessionelle Proporz. Die Berücksichtigung des in der CSU fein austarierten internen Machtgefüges brachte also den Ausschlag.

Hinzu kam, dass Schmidt schon lange Minister werden wollte. Seine Enttäuschung war kaum zu übersehen, als er bei der Verteilung der Posten bei der Bildung des dritten Kabinetts Merkel im Herbst 2013 wieder nur Parlamentarischer Staatssekretär werden sollte. Als Hans-Peter Friedrich zurücktrat, wurde kurze Zeit spekuliert, dass Entwicklungsminister Gerd Müller das Landwirtschaftsressort übernehmen könnte. Müller war zuvor Parlamentarischer Staatssekretär beim Bundesminister für Ernährung, Landwirtschaft und Verbraucherschutz gewesen, kannte sich also in der Agrarpolitik aus. Schmidt hätte dann Müller als Entwicklungsminister beerben können, was seinem auf internationale Politik gerichteten Interessenschwerpunkt sicherlich entsprochen hätte. Es kam jedoch nicht so. Landwirtschaftsminister wollte Christian Schmidt jedenfalls nicht werden. Als der Posten frei wurde, griff er jedoch zu. »Der kann nicht nur Panzer, der kann auch Mähdrescher«: So schätzte er sein Können ein.

Schmidt wurde am 17. 2. 2014 vom Bundes-

präsidenten zum Bundesminister für Ernährung und Landwirtschaft ernannt und vor dem Bundestag vereidigt.

Schmidt war ein überaus fleißiger Minister. In den Interviews, die er wenige Wochen nach Amtsübernahme gab, zeigte er, dass er sich in der Agrarpolitik bereits heimisch fühlte und seine politischen Leitvorstellungen darlegen konnte. Er hatte sich mithin in kürzester Zeit die auf der Agenda stehenden Themen angeeignet. Generell war Schmidts Stärke die tiefgehende Analyse, nicht die auf äußere Wirkung bedachte Effekthascherei. Er gehörte nicht zu den Lauten, Auffälligen im Kabinett. Pflichtbewusstsein, Sachorientierung und das ständige Bemühen um Kompromisse auf einem von unterschiedlichen Interessen geprägten sowie ideologisch heftig umkämpften Politikfeld kennzeichneten seine Amtsführung. Akribisch grub er sich in die diversen Problemfelder seines Ressorts ein. Unbedachtes Reden lag ihm fern. »Mein Rezept ist der Fleiß und das Lesen von Akten«, so kennzeichnete Schmidt einmal seinen Arbeitsstil. Seinen Einsatz für das Tierwohl und seine strikte Ablehnung der Vernichtung von Lebensmitteln begründete er mit seinem aus christlicher Überzeugung gespeisten Respekt vor der Schöpfungsordnung.

Schmidt orientierte seine Politik an einer Reihe von Grundsätzen. Einer dieser Grundsätze war die Bemühung um pragmatische, auf Ausgleich bedachte Lösungen. Dementsprechend plädierte er dafür, die Balance zu wahren zwischen dem Klima-, Wasser- und Umweltschutz und den landwirtschaftlichen Notwendigkeiten. Weiterhin lehnte er ein Handeln nach einseitigen, ideologisch begründeten Prinzipien ab. In diesem Sinne sagte er einmal: »Grundsätzlich lehne ich jede Form von Ernährungsideologie und -fanatismus ab. Jeder darf und soll essen, was ihm schmeckt und ihn glücklich macht – aber natürlich in Maßen.« Ferner setzte er auf freiwillige Vereinbarungen. Gesetzliche Regelungen wollte er nur in unvermeidbaren Fällen vornehmen: »Ich möchte keine neuen Verbote und keine neuen Auflagen, wenn sie nicht notwendig sind.« Dem daraus abgeleiteten Vorwurf, politisch zu passiv zu sein, hielt er entgegen: »Meiner Ansicht nach misst sich die Regierungsarbeit nicht an der Anzahl des Ausstoßes von Gesetzen.« Ein letzter Grundsatz Schmidts bestand darin, Verbesserungen auf dem Feld von Ernährung und Landwirtschaft nicht gegen die Bauern, sondern mit ihnen zu erzielen. Hierzu passte, dass er die Landwirtschaft immer wieder gegen Angriffe von Seiten der Umweltschutzverbände verteidigte: »Die Landwirtschaft gehört in die Mitte der Gesellschaft. Sie darf nicht nur als Belästigung der Umwelt gesehen werden. Sie ernährt uns!« In der Ernährungssicherung und der Pflege der Kulturlandschaft sah er die Kernaufgabe der Landwirtschaft.

Paradigmatisch für Schmidts Einstellung war seine Sicht auf die Massentierhaltung. Er fand die von Tierschutzorganisationen und den Grünen vehement vorgetragene Kritik der Tierhaltung in großen Ställen zu undifferenziert. Artgerechte Nutztierhaltung war für ihn keine Frage der Bestandsgröße, sondern des Umganges mit Tieren.

Schmidt hielt die agrarpolitischen Vorstellungen der Grünen generell für nicht realitätsgerecht, da sie einseitig auf eine ökologische Landwirtschaft setzten. Dabei plädierte er selbst durchaus auch für den Ausbau des Ökolandbaues. Seine Zielvorstellung war, den Ökolandbau auf einen Flächenanteil von 20 % zu bringen. Allerdings wehrte er sich dagegen, den Ökolandbau per Gesetz zu verordnen. Denn die Existenzberechtigung der konventionellen Landwirtschaft stand für ihn außer Frage. Dabei lagen ihm insbesondere die familiengebundenen Betriebe am Herzen.

In seiner Amtszeit musste sich Schmidt mit einer Fülle agrarpolitischer Herausforderungen auseinandersetzen. Am Beginn stand die Frage nach dem Umgang mit gentechnisch veränderten Pflanzen. Schmidt sprach sich unmissverständlich für deren Anbauverbot in Deutschland aus. Andererseits hielt er die Gentechnik nicht per se für schlecht. Dann sorgte er für eine Reduktion des Einsatzes von Antibiotika bei der Nutztierhaltung. Mühen bereitete Schmidt die Ausgestaltung des Düngerechts, da es nicht einfach war, in der Abstimmung mit dem Um-

weltministerium die richtige Balance zwischen Wasserschutz und landwirtschaftlichen Notwendigkeiten zu finden. Die Aufstockung der Mittel für die Entwicklung des ländlichen Raums gelang dafür leichter. Ein Lieblingsthema Schmidts war die schulische Ernährungsbildung. Ihm schwebte vor, »das kleine Einmaleins der gesunden Ernährung in den Lehrplänen unterzubringen.« Hierfür wollte er bei den Kultusministern um Zustimmung werben. Ein Dauerthema für Schmidt war der Tierschutz, etwa für Ferkel und Küken. Schrittweise sorgte er für Verbesserungen. Schließlich bereiteten ihm während seiner gesamten Amtszeit die niedrigen Preise für Agrarprodukte, vor allem für Milch, große Sorgen.

Diverse Konflikte hatte Schmidt mit dem Umweltministerium unter Leitung von Barbara Hendricks (SPD) zu bestehen. Schmidt wusste um die gleichsam natürliche Spannung zwischen Landwirtschaft und Umweltschutz. Für ihn waren Ernährungssicherung und Schutz der natürlichen Ressourcen aber keine unvereinbaren Gegensätze. Er sah darin vielmehr eine Aufforderung zum intelligenten Interessenausgleich und zur Erarbeitung gemeinwohlverträglicher Lösungen. Vor allem sah er beide Belange als gleichberechtigt an. Er akzeptierte die eigene Agenda des Umweltministeriums, wies aber dessen gelegentliche Versuche zurück, sich als eine Art Überministerium zu gerieren, d. h. zu fordern, dass sich alles der Frage von Umwelt und Naturschutz unterzuordnen hätte.

Es kam während der Amtszeit Schmidts zu fünf Konflikten mit dem Umweltministerium. So erklärte Schmidt sich nicht einverstanden mit der Forderung seiner Kabinettskollegin, die im Rahmen der europäischen Agrarpolitik vorgesehenen Direktzahlungen an die Landwirte einzustellen. Schmidt hielt dagegen: »Wer die Direktzahlungen infrage stellt, stellt die Existenzfrage für die mittleren und kleinen Betriebe in Deutschland. Nachhaltige Landwirtschaft entsteht nicht durch die Vernichtung der bisherigen Strukturen, sondern durch behutsame Weiterentwicklung.« Schmidt lehnte ebenso die Idee des Umweltministeriums ab, aus Klimaschutz- wie aus Ernährungsgründen den

Fleischkonsum bis 2050 zu halbieren. Er sah darin zum einen eine Missachtung der bereits unternommenen Anstrengungen der Landwirtschaft, tierische Emissionen zu reduzieren, zum anderen eine Ideologisierung des Ernährungsverhaltens der Menschen. Desgleichen konnte sich Schmidt nicht mit dem Vorschlag des Umweltministeriums anfreunden, das Baurecht in der Absicht zu verändern, den Bau von Großställen zu verhindern. Empört reagierte Schmidt schließlich auf die vom Umweltministerium Anfang 2017 gestartete »Bauernregeln«-Kampagne, die in Form kritisch akzentuierter Schüttelreime über die bäuerliche Praxis zum Nachdenken über die Zukunft der Landwirtschaft anregen wollte. Er verlangte nicht nur die unverzügliche Einstellung der Kampagne, sondern auch eine Entschuldigung der Ministerin. Denn die Ministerin habe das Klischee einer zurückgebliebenen Landbevölkerung, die grobschlächtig mit Tieren und Natur umgehe, bedient. Er könne es nicht hinnehmen, wenn ein ganzer Berufsstand und darüber hinaus die Bevölkerung auf dem Lande in ein falsches Licht gerückt werde. Das Umweltministerium stoppte nach wenigen Tagen seine Aktion.

Weitaus am schwerwiegendsten war der letzte Konflikt, der seinen Anfang 2016 nahm und 2017 zum politischen Eklat führte. Es ging um die EU-weite Zulassung des für die konventionelle Landwirtschaft wichtigen Unkrautvernichtungsmittels Glyphosat. Das Kabinett hatte sich im Frühjahr 2016 darauf geeinigt, der Zulassung mit starken Auflagen zuzustimmen. Kurzfristig kündigten jedoch die sozialdemokratisch geführten Ressorts Wirtschaft und Umwelt den Koalitionskompromiss. Der Grund hierfür lag nicht in neuen wissenschaftlichen Erkenntnissen über die von dem Pestizid ausgehenden Gefahren. Zum Umdenken der Minister Sigmar Gabriel und Barbara Hendricks hatte vielmehr eine Sitzung der sozialdemokratischen Fraktion geführt. Dort hatten die Abgeordneten Druck auf die beiden Minister ausgeübt, die Glaubwürdigkeit der SPD bei ihren Wählern nicht weiter mit Koalitionskompromissen zu strapazieren. Die Folge der Kehrtwende der SPD war, dass Schmidt sich

der Stimme im zuständigen Ausschuss enthalten musste.

Ende November 2017 kam es zur endgültigen Abstimmung über die Zulassung für Glyphosat. Ohne über das Plazet des Kabinetts zu verfügen, stimmte Schmidt zu. Das hatte zur Folge, dass die EU-Kommission die Zulassung des Pestizids für weitere fünf Jahre verlängerte. Schmidt löste mit seinem Votum eine Welle der Empörung in der ökologisch gestimmten Öffentlichkeit aus. Er sah sich Beleidigungen und Drohungen gegen Leib und Leben ausgesetzt. Forderungen nach seinem Rücktritt wurden laut. Die Sozialdemokraten fühlten sich tief verletzt. Bundeskanzlerin Merkel rügte ihn unter Hinweis auf die Geschäftsordnung der Bundesregierung. Schmidt akzeptierte die Rüge, blieb aber dabei, die richtige Entscheidung getroffen zu haben. Er erklärte, eine reine Sachentscheidung getroffen zu haben, und fügte hinzu, mit seinem Ja Auflagen und Anwendungsbeschränkungen durchgesetzt zu haben.

Schmidts Amtszeit verlief ohne jeden Skandal, sofern man die Entscheidung in der Glyphosat-Sache nicht als solchen wertet. Er war ein guter Landwirtschaftsminister. So wahrte er die Belange der in der Landwirtschaft Tätigen, kümmerte sich um Tierschutz und Tierwohl, sorgte sich um den gesundheitlichen Verbraucherschutz und förderte die Entwicklung der ländlichen Räume. Hinsichtlich der Vielfalt der Aufgaben äußerte Schmidt einmal, dass sein Ministerium eigentlich die Bezeichnung »Lebensministerium« verdiene. Für die Zukunft wünschte er sich ein Ministerium für Ernährung, Landwirtschaft und ländliche Räume und damit so etwas wie ein Heimatministerium.

Im Anschluss an die Bundestagswahl 2017 wurde das dritte Kabinett Merkel am 24.10. 2017 vom Bundespräsidenten entlassen, blieb aber – solange wie keine Bundesregierung zuvor – bis zum 14.3.2018 geschäftsführend im Amt. Fast fünf Monate dauerten nämlich die Koalitionsverhandlungen, zunächst in der Absicht, eine »Jamaika«-Koalition aus CDU, CSU, FDP und Grünen zu bilden, danach mit dem Ziel, aus CDU, CSU und SPD erneut eine große Koalition zu formen.

Schmidt konnte für diese Zeit einen Zuwachs an Kompetenzen verzeichnen. Verkehrsminister Alexander Dobrindt hatte nämlich am 24. 10. 2017 sein Amt aufgegeben, um sich ganz auf seine Aufgaben als Chef der CSU-Landesgruppe im Bundestag und als Chefunterhändler der CSU neben Parteichef Horst Seehofer zu konzentrieren. Schmidt übernahm am selben Tag kommissarisch die Leitung des Bundesministeriums für Verkehr und digitale Infrastruktur. Die Vertretung durch Schmidt war parteipolitisch begründet, da sich Minister gleicher Couleur gegenseitig vertreten. Kurzzeitig kam es zu Spekulationen hinsichtlich der politischen Zukunft Schmidts. Es wurde gemutmaßt, Schmidt könne künftiger Verkehrsminister werden.

Schmidt war als Spezialist für Agrarfragen intensiv an den Koalitionsverhandlungen beteiligt. Eine Herausforderung für CDU und CSU waren zunächst die als Koalitionspartner ins Auge gefassten Grünen. Denn deren agrarpolitische Vorstellungen waren weit von denen der Unionsparteien entfernt. Schmidt beharrte darauf, dass der »schwarze Gehalt« der Agrarpolitik auch in Zukunft erkennbar sein müsse. Die Grünen konterten, auch in Richtung FDP: »Die einen schreien Weltmarkt! Freie Fahrt für den Weltmarkt! Die anderen sagen: wir müssen dem Tier viel mehr Gerechtigkeit zukommen lassen, ihm mehr Platz geben. Das scheinen ja unüberbrückbare Distanzen zu sein« (Friedrich Ostendorff). Der Streit ging unter anderem um die Zulassung des umstrittenen Unkrautvernichtungsmittels Glyphosat, den Verbindlichkeitsgrad des Tierwohls und die Verknüpfung von EU-Fördermitteln mit Umweltauflagen.

Schmidt stellte nach einer Reihe von Gesprächsrunden fest, dass die Sondierungen entgegen den ursprünglichen Befürchtungen zufriedenstellend verlaufen seien und die Koalition an der Landwirtschaft nicht scheitern werde. Sein Verhandlungspartner bei den Grünen, Friedrich Ostendorff, teilte diese Einschätzung mit dem ergänzenden Hinweis, dass für ein Scheitern der Politikbereich Landwirtschaft einfach nicht wirkmächtig genug sei.

Als agrarpolitischer Verhandlungsführer der CSU nahm Schmidt auch an den anschließenden Koalitionsverhandlungen mit der SPD teil. Dass er Ende November 2017 als geschäftsführender Minister einer verlängerten Zulassung von Glyphosat durch die Europäische Union zustimmte, brachte die SPD aber gegen ihn auf und schwächte Merkels Verhandlungsposition. Gleichwohl konnte Schmidt Anfang Februar 2018 der Öffentlichkeit mitteilen, dass die Unionsparteien und die SPD auf vielen Feldern der Agrarpolitik Einigung gefunden hätten. So wollten beide Seiten mehr Tierschutz und das mittelfristige Verbot von Glyphosat.

Trotz aller Aktivitäten tauchte auf den Anfang 2018 kursierenden Listen künftiger CSU-Kabinettsmitglieder der Name Schmidt nicht auf. Schmidt selbst dürfte nicht dafür gesorgt haben, dass er nicht mehr genannt wurde. Er hatte in mehreren Interviews klar ausgesprochen, gern als Landwirtschaftsminister weitermachen zu wollen. Es ist zu vermuten, dass Schmidt in dem Moment als Minister nicht mehr in Frage kam, als CSU-Parteivorsitzender Seehofer den Anspruch seiner Partei auf das Agrarressort aufgab, um sich selbst das Innenministerium zu sichern und es mit Kompetenzen anzureichern, die bislang beim Landwirtschaftsministerium lagen. Möglicherweise dürfte auch Schmidts Zustimmung zur Verwendung von Glyphosat die Entscheidung gegen ihn beeinflusst haben. Am 14. 3. 2018 erhielt er jedenfalls seine Entlassungsurkunde.

Da Schmidt bei der Bundestagswahl 2017 seinen Wahlkreis erneut gewonnen hatte, blieb er Bundestagsabgeordneter. Er wandte sich wieder seinem ursprünglichen Interesse für Außenpolitik zu und wurde im 19. Bundestag Mitglied im Auswärtigen Ausschuss sowie im Unterausschuss Vereinte Nationen, internationale Organisationen und Globalisierung.

Noch vor Beendigung der Legislaturperiode gelangte Schmidt in eine Funktion, die seinem Interesse an Außen- und Sicherheitspolitik in besonderer Weise entgegenkam. Am 1. 8. 2021 trat er das Amt des Hohen Repräsentanten der Staatengemeinschaft in Bosnien-Hercegovina an, dass die Vereinten Nationen zur Überwachung des Friedensabkommens von

Dayton geschaffen hatten. Auf Anregung von Angela Merkel war Schmidt zu Beginn des Jahres von der Bundesregierung hierfür nominiert und vom internationalen Peace Implementation Council (PIC) Ende Mai hierzu ernannt worden. Das Amt ist mit einer fast absolutistischen Machtfülle ausgestattet. So kann der Hohe Repräsentant gewählte Politiker entlassen, Gesetze annullieren und Dekrete verfügen.

Da es in Bosnien-Hercegovina keine internationalen Militärkontingente mehr gibt, verfügt der Amtsinhaber faktisch jedoch über keine Durchsetzungsmacht. Schmidt erklärte, dass er das Amt mit dem Ziel antrete, es auf Dauer abzuschaffen.

Joachim Detjen

Scholz, Olaf (SPD)

Bundesminister der Finanzen

geb. 14.6.1958 in Osnabrück

seit 1975	Mitglied der SPD
1979–1985	Studium der Rechtswissenschaft in Hamburg
1982–1988	Stellvertretender Bundesvorsitzender der Jungsozialisten
1985–1998	Rechtsanwalt, Fachanwalt für Arbeitsrecht
1998–2001	Mitglied des Deutschen Bundestages
2000–2004	Landesvorsitzender der Hamburger SPD
2001	Innensenator der Freien und Hansestadt Hamburg
2002–2004	Generalsekretär der SPD
2002–2011	Mitglied des Deutschen Bundestages
2005–2007	Erster Parlamentarischer Geschäftsführer der SPD-Bundestagsfraktion
2007–2009	Bundesminister für Arbeit und Soziales
2009–2011	Stellvertretender Vorsitzender der SPD-Bundestagsfraktion
2009–2019	Stellvertretender Bundesvorsitzender der SPD
2011–2017	Erster Bürgermeister der Freien und Hansestadt Hamburg
2018	kommissarischer Bundesvorsitzender der SPD
2018–2021	Bundesminister der Finanzen und Vizekanzler
seit 2021	Mitglied des Deutschen Bundestages
seit 2021	Bundeskanzler

Wer wie Lars Haider – Journalist des Hamburger Abendblatts und Autor der ersten Monographie über Olaf Scholz – dessen Bilanz als Finanzminister und Vizekanzler vor dem Hintergrund der Bundestagswahl 2021 betrachtet, wird zu einem eindeutigen Urteil kommen: Angetreten mit dem Plan, sich in der letzten Amtsperiode von Angela Merkel als erfahrener und sachkompetenter Fachmann und quasi ihr natürlicher Nachfolger zu profilieren, der dann aus Sehnsucht der Deutschen nach Verlässlichkeit und Kontinuität gewählt würde, war Scholz' Regierungszeit von 2018 bis 2021 gleichermaßen Ausgangspunkt und Grundlage seines unaufhaltsamen Aufstiegs bis ins Kanzleramt. Tatsächlich sprechen einige Indizien für eine solche »Scholz-Story« (Der Spiegel vom 28.8.2021: 9), so die sprachlich naheliegende, aber angesichts der diametral unterschiedlichen Wahlausgänge schiefe Analogie zum Bestseller des Spiegel-Journalisten Markus Feldkirchen über den SPD-Kanzlerkandidaten 2017 (»Die Schulz-

Story«). Blieb Scholz trotz seiner Wahlerfolge als Erster Bürgermeister von Hamburg in den Jahren 2011 und 2015 sowie vernehmbaren bundespolitischen Ambitionen – im März 2017 hatte Olaf Scholz einen Gesellschaftsentwurf mit dem Titel »Hoffnungsland. Eine neue deutsche Wirklichkeit« veröffentlicht – bei der SPD-Kanzlerkandidatenkür 2017 noch unberücksichtigt, führte nach der Erdrutsch-Niederlage der Sozialdemokraten an ihm kein Weg mehr vorbei. In den Gesprächen mit CDU/CSU nach den gescheiterten Jamaika-Verhandlungen galt er als einer der entschiedensten Befürworter für die Fortsetzung der großen Koalition innerhalb der (nicht nur) in dieser Frage zerrissenen SPD. Als der glücklose Martin Schulz am 13.2.2018 als Parteivorsitzender zurücktrat und Scholz als dienstältester Stellvertreter das Amt kommissarisch übernahm, verstärkten sich dessen politische Präferenzen (pro GroKo) mit den personellen. Die SPD-Fraktionsvorsitzende Andrea Nahles wurde als neue Vorsitzende nominiert und am 22. 4. 2018 gewählt. Sie gilt als enge Vertraute von Scholz. In dieser Konstellation fiel wohl auch die Entscheidung darüber, Nahles den Vortritt beim Parteivorsitz zu überlassen und Scholz im Gegenzug für 2021 die Kanzlerkandidatur anzutragen. Die exponierte Stellung im Kabinett Merkel IV als Finanzminister und Vizekanzler sollte die Voraussetzung für den Erfolg schaffen, auch wenn bis wenige Wochen vor der Bundestagswahl nichts nach einem Sieg für Scholz aussah.

Was gegen das Narrativ von Scholz' unaufhaltsamen – quasi naturgesetzmäßigen – Weg vom Finanzministerium ins Kanzleramt spricht, sind die zahllosen Unwägbarkeiten, ebenso wie die Aufs und Abs in der vergangenen Legislaturperiode. Hätte sich ein Jamaika-Bündnis formiert, wäre er weder Minister noch vermutlich Kanzler geworden. Zudem ist wohl hochwahrscheinlich von einem anderen Wahlausgang in der Konkurrenzkonstellation mit Söder und Habeck anstelle von Laschet und Baerbock auszugehen – spielten doch die Schwächen der Konkurrenz dem gebürtigen Osnabrücker in die Hände. Und auch Scholz selbst war nicht frei von Versäumnissen und Fehleinschätzungen vor und während seiner Zeit als Finanzminister. Zwar konnte er als Erster Bürgermeister von Hamburg das Bild als Gerhard Schröders »Scholzomat«, der als Generalsekretär der SPD gegenüber der Partei die Agenda-Politik rechtfertigen musste, hinter sich lassen. Sein landes-, oder besser gesagt stadtväterliches, fast schon präsidiales Image nahm jedoch im Juli 2017 während des G20-Gipfels in Hamburg Schaden. So hatte Scholz im Vorfeld die Bedenken zur Sicherheitssituation in der Millionenstadt nicht ernst genommen: »Wir richten ja auch jährlich den Hafengeburtstag aus. Es wird Leute geben, die sich am 9. Juli wundern werden, dass der Gipfel schon vorbei ist. […] Wir können die Sicherheit garantieren. Wir werden Gewalttaten und unfriedliche Kundgebungsverläufe unterbinden. […] Außerdem: Es ist eine gute Sache, dass es diesen G20-Gipfel in Hamburg geben wird.« (Haider 2021: 84). Und selbst während des Gipfels, als die Gewalt mit zahlreichen Verletzten, Plünderun-

gen und brennenden Autos und Straßenzügen bereits an vielen Orten der Stadt eskaliert war, besuchte Scholz noch mit den Gipfelteilnehmern ein Konzert in der Elbphilharmonie, anstatt das Lagezentrum der Polizei. Am Ende des Spitzentreffens musste sich Scholz entschuldigen und einräumen, die Situation unterschätzt zu haben: »Das alles tut mir leid. […] Ich weiß, dass wir den Hamburgerinnen und Hamburgern eine Menge zugemutet haben, durch die erheblichen Verkehrsbeschränkungen, die weit über einen Hafengeburtstag hinausgegangen sind, und durch Gewalt und Chaos, die skrupellose Straftäter in unsere Stadt gebracht haben. Bis heute bedrückt mich, dass ich damals die Bürger nicht so habe beschützen können, wie ich das versprochen habe« (Die Zeit vom 13. 7. 2017). Obwohl im »heißen Juli« Scholz seine sonst über Parteigrenzen hinweg geschätzte Analysefähigkeit und Urteilskraft verlassen hatte, blieb von den – vermeintlichen und tatsächlichen – Fehleinschätzungen sowie dem Führungsversagen in der folgenden Ministerzeit und vor allem im Bundestagswahlkampf 2021 erstaunlich wenig an ihm haften.

Die größte politische Niederlage seiner Karriere erlebte Scholz bei der Kandidatur um den Vorsitz der SPD 2019. Die innerparteilich umstrittene und von den Medien vielfach kompromittierte Amtsinhaberin Andrea Nahles zog sich unter massivem Druck als Reaktion auf das historisch schlechte Abschneiden der Sozialdemokraten bei der Europawahl im Juni 2019 von der Partei- und Fraktionsspitze zurück. Angesichts der miserablen Wahlergebnisse und Umfragewerte ebenso wie mit Blick auf das hohe Maß an Diskontinuität der Vorsitzenden entschied der SPD-Vorstand, die Nachfolgefrage erstmals durch einen Mitgliederentscheid zu regeln. Zudem wurde eine Doppelspitze ermöglicht und explizit empfohlen, wiewohl auch Einzelbewerbungen möglich blieben. Nach anfänglichem Zögern, was dem politisch eher risikoscheuen Naturell von Scholz entspricht, zunächst die Konkurrenzsituation und daraus folgend die eigenen Siegchancen auszuloten, gab er am 20.8. seine Kandidatur gemeinsam mit der Brandenburger

Landtagsabgeordneten Klara Geywitz bekannt. Nach 23 Regionalkonferenzen zur Vorstellung der Kandidaten erzielten die beiden Anfang Oktober im ersten Wahlgang mit 22,7 % die meisten Stimmen, knapp gefolgt von dem Duo Saskia Esken und Norbert Walter-Borjans (21 %). Offenbar siegesgewiss und bei öffentlichen Auftritten betont konziliant anstatt wahlkämpferisch, entschieden sich im zweiten Wahlgang Ende November 53,1 % der Mitglieder für Esken/ Walter-Borjans. Die Jusos und ihr Vorsitzender Kevin Kühnert wurden zum Zünglein an der Waage. Sie hatten die Wahl zur Richtungsentscheidung für eine stärkere Linksorientierung der SPD erklärt und fast geschlossen gegen den Mitte-Kurs von Scholz und Geywitz votiert. Nicht nur die Parteikarriere, sondern jegliche politische Ambitionen des Finanzministers schienen damit beendet. Eine Fortsetzung der Großen Koalition sollte es nach Auffassung der neuen SPD-Spitze um keinen Preis geben; und eine eigene Machtoption war zum damaligen Zeitpunkt angesichts von Umfragewerten zwischen 13 und 15 % für die Partei vollkommen unrealistisch.

Die Bilanz als Finanzminister

Trotz der Enttäuschung über die gescheiterte Kandidatur für den SPD-Vorsitz änderte sich am politischen Tagesgeschäft für Scholz zunächst wenig. Es gelang ihm, seine gescheiterten innerparteilichen Ambitionen in der öffentlichen Wahrnehmung nicht mit seiner Arbeit im Kabinett in Verbindung zu bringen. Die neue SPD-Spitze war angesichts des knappen Mitgliedervotums weder willens noch in der Lage, Scholz in der Partei zu isolieren. Ein Koalitionsbruch und das Erzwingen von Neuwahlen waren wegen der anhaltenden Umfragemisere ohnehin keine Optionen. Gut drei Monate nach der Wahl der neuen Parteispitze sollte sich die politische Konstellation jedoch grundlegend wandeln. Die globale Ausbreitung des Covid-19-Erregers und die Maßnahmen zur Bekämpfung der Coronavirus-Erkrankung wurden zur Zäsur des politischen, gesellschaftlichen, ökonomischen und kulturellen Lebens – und mit-

tendrin als Herr über die finanziellen Mittel zur Bewältigung der Pandemie: Olaf Scholz.

Den Erfolg oder Misserfolg des fiskalpolitischen Krisenmanagements zu bilanzieren, gestaltet sich aus vielerlei Gründen schwierig. Wer umfangreiche Staatshilfen als geeignetes Heilmittel zur Abfederung der wirtschaftlichen Belastungen präferiert, wird zu einem anderen Ergebnis kommen als die Befürworter einer moderaten Ausgabenpolitik bzw. Gegner einer hohen Neuverschuldung. Und gehen denjenigen, die von Lockdowns und Betriebsschließungen selbst unmittelbar betroffen sind, die Unterstützungsmaßnahmen in der Regel nicht weit genug, dürfte es sich bei denjenigen, für die Corona in finanzieller Hinsicht bislang folgenlos blieb, eher umgekehrt verhalten. Vor allem aber sind die mittel- und langfristigen Folgen der Pandemie gegenwärtig kaum prognostizierbar und von zahlreichen Faktoren abhängig: vom Infektionsgeschehen und der Verbreitung neuer Virusmutationen, von Impfquoten, Impfstoffen und deren Weiterentwicklungen, vom Ausmaß der Beschränkungen des grenzüberschreitenden Waren-, Dienstleistungs- und Personenverkehrs, von Handelsverflechtungen und Lieferketten, Arbeitsmarktentwicklungen und sozialen Sicherungssystemen usw.

Was in der letzten Phase der Kanzlerschaft Merkels und ihres Finanzministers Scholz jedoch von Anbeginn der Krise deutlich wurde, war die klare Entscheidung dafür, mit milliardenschweren Hilfsprogrammen die wirtschaftlichen und sozialen Folgen der Pandemie abzufedern. Anders als in den beiden Jahren zuvor, in denen Scholz den Kurs einer ausgeglichenen öffentlichen Haushaltspolitik (»schwarze Null«) seines Vorgängers Wolfgang Schäuble fortgeführt hatte, trotz der vielfachen Begehrlichkeiten nach Bildungs-, Klima- und Digitalisierungsinvestitionen auch aus der eigenen Partei, griff er nun zu drastischen Maßnahmen und Worten: »Das ist die Bazooka, mit der wir das Notwendige jetzt tun«, kommentierte Scholz im März 2020 die zahlreichen Rettungsprogramme im Gesamtumfang von mehr als einer Billion Euro (zit. nach Tagesschau 2021). Diese umfassten Maßnahmen für Unternehmen

(Kapitalmaßnahmen, Bürgschaften, Kreditprogramme), für Selbstständige und Freiberufler (Soforthilfen, erleichterte Zugänge zur Grundsicherung, Steuersenkungen), für Beschäftige (mehrfache Verlängerungen des Kurzarbeitergeldes), für Familien (Kinderzuschlag, Kompensationen für Verdienstausfälle wegen Schul- und Kita-Schließungen) sowie Investitionen in die Gesundheitsversorgung. Bei der Bewertung des »größten Hilfspakets in der Geschichte der Bundesrepublik« (Bundesministerium der Finanzen, Mai 2020) gingen die Meinungen naturgemäß weit auseinander. Der Spiegel schrieb vom »Rettungsdebakel der Corona-Strategen Scholz und Altmaier«. Unternehmen und Selbstständige klagten über bürokratische Hürden bei der Gewährung von Unterstützungsmaßnahmen. Vor allem in der von Beginn der Pandemie an am meisten gebeutelten Veranstaltungs- und Kulturbranche wurde und wird das Ausmaß der staatlichen Hilfsgelder als unzureichend kritisiert. Überwiegend Zustimmung erhielten dagegen die massiven finanziellen Unterstützungen des Arbeitsmarktes, der sich im Vergleich mit den meisten anderen europäischen Staaten nach dem Einbruch im Frühjahr 2020 schnell stabilisierte.

So konnte sich Scholz – trotz aller Kritik im Detail – im Verlauf der Covid-19-Pandemie doppelt profilieren: Zum einen wurde er in der Bevölkerung größtenteils als finanzpolitischer Fachmann wahrgenommen, der anders als manche seiner Kabinettskollegen mit Urteils- und Durchsetzungskraft in der hochkomplexen und komplizierten pandemischen Lage die richtigen Entscheidungen traf. Zum anderen entwickelte sich angesichts der unruhigen Zeiten sein früher oft gescholtener Politikstil zum Vorteil. Der häufig als nüchtern, spröde bis langweilig beschriebene Hanseat vermittelte offenbar vielen verunsicherten Bürgern das Gefühl von Verlässlichkeit und – wie sämtliche Umfragen seit Beginn der Pandemie ausweisen – Kompetenz. Dieser Eindruck dürfte sich bei vielen mit Blick über den deutschen Tellerrand auf ein von Stimmungen und Bauchentscheidungen getriebenem Krisenmanagement im Stile Donald Trumps und Boris Johnsons

noch verstärkt haben. Es ist kein Zufall, dass sich die Zustimmungswerte von Scholz, gemessen an Leistung und Sympathie, im Zeitraum von März bis April 2020 mehr als verdoppelten und bei gewissen Schwankungen bis zum Ende der Legislaturperiode konstant hoch blieben. Hinter Merkel rangierte Scholz in allen Umfragen auf Rang zwei der beliebtesten Politiker in Deutschland (Forschungsgruppe Wahlen 2021).

Doch nicht nur die Bilanz des Corona-Krisenmanagements fällt durchwachsen aus. Viele Reformvorhaben in der Ressortzuständigkeit des Finanzministeriums blieben unerledigt oder wurden nur zum Teil umgesetzt. Vor allem in der Steuerpolitik muss Scholz sich den Vorwurf der Tatenlosigkeit gefallen lassen (vgl. im Folgenden dazu Der Spiegel vom 12.6.2021). Das betrifft einesteils die Kompliziertheit des deutschen Steuersystems. Zwar wird die Unübersichtlichkeit und daraus resultierende Ungerechtigkeit aufgrund zahlreicher Sonderregelungen und Steuervergünstigungen seit Jahrzehnten kritisiert, doch auch unter Scholz änderte sich an der Einnahmepraxis wenig. Andernteils bemängeln Arbeitgeber- wie Arbeitnehmerverbände die Höhe der Abgabenlast. Die Steuerquote in Deutschland erreichte im Jahr 2019 mit 24 % ihr Rekordniveau. Sowohl Unternehmens- als auch Einkommensteuern gehören im internationalen Vergleich zu den höchsten innerhalb der westlichen Industrienationen. Steuerreformen, nach der sowohl die Gesetzeslage als auch eine Selbstverpflichtung des Bundestages verlangen, blieben Stückwerk. Die Zurückhaltung bei dem Thema begründete Scholz zum einen mit dem Argument der Steuergerechtigkeit im Sinne einer Verteilungsgerechtigkeit, zum zweiten nach Ausbruch der Corona-Pandemie mit den fehlenden Spielräumen für Erleichterungen, und zum dritten damit, dass Millionen Steuerzahler von einer anderen wesentlichen Entlastung profitieren würden: der Abschaffung des Solidaritätszuschlags. Kritiker an der Umsetzung dieses im schwarz-roten Koalitionsvertrag festgeschriebenen Projektes monieren jedoch den nicht vollständigen Verzicht auf die Abgabe. Für etwa zehn Prozent mit den höchsten Einkommen wird der Solidaritätszuschlag weiterhin fällig. Eine Entscheidung des Verfassungsgerichts dazu steht aus.

Auch andere anvisierte Steuerprojekte blieben unverwirklicht. Zur Reform der Abgeltungs- und Erbschaftssteuer hatte Scholz – trotz dahingehender innerparteilicher Forderungen – bis zum Ende der Legislaturperiode keinen Gesetzentwurf vorgelegt. Auch bei der Einführung einer EU-weiten Finanztransaktionssteuer blieb er trotz selbstbewusster Ankündigungen glücklos. Ein großer Erfolg gelang Scholz dagegen im Sommer 2021 beim Treffen der G20-Finanzminister in Venedig mit der Einführung einer globalen Mindeststeuer von 15 % für multinationale Konzerne. Seit 2018 hatte er sich für eine Begrenzung des Steuerdumpings engagiert und damit zunächst die europäischen Partner sowie kurze Zeit später sämtliche führenden Wirtschaftsnationen von seinen Plänen überzeugt (WAZ vom 2.9.2021).

Im Gegensatz zu dieser Leistung steht die Rolle von Scholz im Wirecard-Betrug und im Cum-Ex-Skandal. Der deutsche Finanzdienstleister Wirecard musste im Juni 2020 Insolvenz anmelden, nachdem herausgekommen war, dass das Unternehmen jahrelang mit Luftbuchungen seine Bilanzen gefälscht hatte. Anlegern des ehemaligen DAX-Konzerns entstand daraus ein Schaden in Milliardenhöhe – und es kam zu Ermittlungsverfahren gegen die Firmenspitze um den Vorstandsvorsitzenden Markus Braun wegen Bilanzfälschung, bandenmäßigem Betrug, Marktmanipulation und Geldwäsche. Zudem stellte sich die Frage nach der politischen Verantwortung, wofür ein Untersuchungsausschuss des Bundestages eingesetzt wurde, vor dem auch Olaf Scholz auszusagen hatte. Dessen Abschlussbericht vom 22.6.2021 wirft insbesondere den verantwortlichen Behörden, der Bundesanstalt für Finanzdienstleistungsaufsicht (BaFin) und der Financial Intelligence Unit (FIU) massive Versäumnisse vor: die Verletzung ihrer Aufsichtspflicht, eine mangelnde Kooperation bei der Aufklärung des Skandals sowie die viel zu lange Unterstützung des Unternehmens, u.a. durch ein Leerverkaufsverbot von Wirecard-Aktien, obwohl Vorwürfe der Kursmanipulation durch die Recherchen der Financial Times bereits seit 2015 im Raum standen. Da beide Institutionen dem Zuständigkeitsbereich des Finanzministeriums unterstellt sind, wurde Scholz sowohl von Seiten der Opposition als auch der CDU/CSU für den Skandal verantwortlich gemacht – er sei Verdachtsfällen nicht früher und entschiedener nachgegangen. Vor allem der Vorwurf der mangelnden Zusammenarbeit mit dem Untersuchungsausschuss wiegt schwer, z.B. nur lückenhaft Auskunft gegeben und Akten zu spät geliefert zu haben. Im Abschlussbericht heißt es dazu: »Olaf Scholz trägt als Finanzminister die politische Verantwortung für die Fehlentscheidung der BaFin, ein rechtswidriges Leerverkaufsverbot zu erlassen, sowie für die Dienstpflichtverletzungen im BMF, die sich aus dem Nichteingreifen ergeben. Olaf Scholz führte über Jahre ein Ministerium, dessen nachgeordnete Behörde mehr und mehr in Freund-Feind-Denken verfiel und letztlich sogar ein rechtswidriges Leerverkaufsverbot auf Basis einer wilden Verschwörungstheorie erließ. Dabei hätte das BMF schon Jahre zuvor erkennen müssen, welch krude Theorien in der Wertpapieraufsicht der BaFin kursierten. […] Mit der falschen Behauptung, die Rechts- und Fachaufsicht erstrecke sich nicht so weit, die Rechtmäßigkeit eines ex ante zugesandten Verwaltungsaktes zu prüfen, versuchte sich das BMF aus der Affäre zu ziehen. Entsprechend wurde auch niemand im BMF für das Nichtstun kritisiert und es wurde die Chance verpasst, im Ministerium aus dem Skandal zu lernen. Die Abwehrstrategie des BMF steht in großem Kontrast zur Ankündigung, ›an der Spitze der Aufklärung stehen zu wollen‹. […] Olaf Scholz fehlte jedoch letztlich der Mut und der Wille, einen solchen echten Kulturwandel herbeizuführen, für welchen er mit echtem Aufklärungswillen hätte vorangehen müssen, anstatt wie ein Getriebener Entscheidungen erst dann herbeizuführen, wenn der mediale Druck zu groß wird« (Deutscher Bundestag Drucksache 19/30900: 1876 f.).

Noch heikler sind die Vorwürfe gegenüber Scholz im Zusammenhang mit dem Cum-Ex-Skandal der Hamburger Warburg-Bank, da er hier durch persönliche Gespräche mit dem Geschäftsführer des Geldhauses unmittelbar involviert ist. Zwar handelt es sich um Vorkommnisse noch aus der Zeit als Erster Bürgermeister, die Aussagen von Scholz dazu vor dem Finanzausschuss des Bundestages erstmalig am 4.3. 2020 fallen jedoch in die Amtszeit als Finanzminister, auch hier zu seinem Glück im Schatten der alles dominierenden Corona-Thematik. Vereinfacht werden als Cum-Ex Aktiengeschäfte bezeichnet, bei denen sich Banken durch ein undurchsichtiges System von Transaktionen die Kapitalertragssteuern vom Staat mehrfach zurückzahlen lassen. Oder wie es der damalige Hamburger Bundestagsabgeordnete Fabio de Masi (Die Linke) als Mitglied des Finanzausschusses im Bundestag so einfach wie plakativ ausdrückte: »Ich kopiere mir zu Hause einen Pfandbon, gehe direkt an die Supermarktkasse und löse den Bon ein, obwohl ich keine Flaschen abgeben habe« (de Masi in: Linksfraktion.de vom 5.5.2021).

Einen dreistelligen Millionenbetrag hatte die Warburg-Bank seit 2008 auf diese Weise eingenommen. Nachdem der Skandal öffentlich geworden war, kam es 2017 zum Verbot von Cum-Ex-Geschäften und die Hamburger Steuerbehörden erließen Rückzahlungsforderungen in Höhe von 43 Millionen Euro. Daraufhin soll sich der Chef der Bank, Christian Olearius, direkt an Scholz gewandt haben, um mit dem Vorwand des Bankrotts seines Hauses die Zahlung zu verhindern. Tatsächlich wurden die Forderungen wenige Tage später von der Behörde aufgehoben. Die Kenntnisse zur Rolle des Ersten Bürgermeisters in der Affäre gehen maßgeblich auf die Recherchen des Journalisten Oliver Schröm zurück, die mittlerweile in Buchform vorliegen (»Die Cum-Ex-Files«). Zunächst hatte Scholz noch unmittelbare Gespräche mit der Bankspitze bestritten, später jedoch eine einzige Begegnung mit Olearius eingeräumt, nachdem Schröm darüber berichtete. Als jedoch bekannt wurde, dass zwei weitere Treffen stattgefunden hatten, gab Scholz gegenüber dem Finanzausschuss an, sich daran nicht mehr erinnern zu können. Was im juristischen Sinne anders als Lügen und Verschweigen rechtmäßig sein mag, wirkte für die meisten Beobachter der Causa

in hohem Maße unglaubwürdig. Zwar geht es nicht um den Vorwurf der persönlichen Vorteilnahme, allerdings steht die Frage im Raum, warum ausgerechnet der als detailfixiert geltende Scholz, dem ein sehr gutes Gedächtnis zugeschrieben wird, im Fall Cum-Ex zur Vergesslichkeit neigte.

Ungeachtet der massiven Kritik im Zuge des Cum-Ex-Skandals und der Wirecard-Pleite wies Scholz den Vorwurf der persönlichen Verantwortung stets zurück – es handele sich um systemische, nicht um seine eigenen Fehler. Tatsächlich ist vor allem in der Wirecard-Affäre dem Finanzminister nicht die Alleinschuld zuzuschreiben. So reichen die Verdächtigungen von geschönten Bilanzen bis weit vor den Amtsantritt von Scholz ins Jahr 2015 zurück. Zudem wurde vom Untersuchungsausschuss vor allem das Versagen der Wirtschaftsprüfungsgesellschaft Ernst & Young herausgehoben, die über Jahre keine Anzeichen von Manipulationen in den Wirecard-Bilanzen bemerkt hatte. Die Kontrolle der Wirtschaftsprüfer wiederum lag im Verantwortungsbereich des CDU-geführten Wirtschaftsministeriums. Folglich dürfte die unklare Rechenschaftspflicht solcher hochkomplexen finanzpolitischen Prozesse ein Grund dafür gewesen sein, warum die Skandale für Scholz in der heißen Phase des Wahlkampfs nicht zur stärkeren Belastung wurde. Der zweite hängt damit zusammen – das mangelnde Interesse der Bürger an abstrakten Themen wie der Finanzpolitik, die anders als Armin Laschets »Lacher« und die Plagiatsvorwürfe gegenüber Annalena Baerbock nur schwer verständlich sind und noch dazu kaum spürbaren Einfluss auf die Lebenswirklichkeit der meisten Menschen ausüben. Der Dritte: Die Herausforderungen durch die Corona-Krise überlagerten die Finanzaffären, Scholz' entschlossenes Management hier seine Zaghaftigkeit da. Beharrlich bestand er darauf, dass ihm keine persönlichen Fehler nachzuweisen seien – mit Erfolg. Die »aufmerksamkeitsökonomische Schieflage« (Cicero vom 21.5.2021) der Öffentlichkeit an den beiden Finanzthemen und die nur halbherzige Empörung der Opposition über die Rolle des Finanzministers darin taten ihr Übriges.

Auch in einer wesentlichen Personalentscheidung erwies sich Scholz als hartnäckig. Im März 2021 stand die Verlängerung der Amtszeit des Freiburger Ökonomen Lars P. Feld in den Sachverständigenrat zur Begutachtung der gesamtwirtschaftlichen Entwicklung an, besser bekannt als den fünf Wirtschaftsweisen. Der zu diesem Zeitpunkt Vorsitzende des Gremiums gilt als Vertreter einer ordoliberalen Wirtschaftspolitik, der für ausgeglichene Staatsfinanzen steht, auch wenn er in der Corona-Krise die Aussetzung der Schuldenbremse unterstützte, zugleich aber die baldige Rückkehr zur Haushaltsdisziplin anmahnte. Ein halbes Jahr vor der Bundestagswahl blockierte die SPD und maßgeblich ihr Kanzlerkandidat jedoch die erneute Berufung von Feld, mutmaßlich um im Fall eines Wahlsieges nicht von einem eher marktliberal ausgerichteten Rat dafür gemaßregelt zu werden, in volkswirtschaftliche Prozesse zu stark einzugreifen. Da in dem Richtungsstreit zwischen Union und SPD kein Kompromiss zustande kam, wurde der Posten erst anderthalb Jahre später mit der an der University of California in Berkeley lehrenden Wirtschaftswissenschaftlerin Ulrike Malmendier neu besetzt. Die Hartleibigkeit von Scholz wurde in diesem Zusammenhang doppelt kritisiert: zum einen dafür, das wichtige Amt in Zeiten einer schweren Wirtschaftskrise lieber unbesetzt zu lassen, als einen wirtschaftspolitisch unliebsamen, aber fachlich ausgewiesenen Experten zu akzeptieren; zum anderen dafür, den Expertenrat als Schutzschild gegen Kritiker zu benutzen, der den Sozialdemokraten »genau das empfiehlt, was sie ohnehin schon wissen«, nicht »[…] um eine Lage richtig einzuschätzen« (Der Tagesspiegel vom 1. 3. 2021).

Die Gesamtbilanz von Scholz in den dreieinhalb Jahren als Finanzminister ist angesichts seiner Erfolge und Misserfolge, seiner Verdienste und Versäumnisse ambivalent zu bewerten. Dass Deutschland in finanzpolitischer und ökonomischer Hinsicht bisher besser durch die Covid-Pandemie kam als andere Staaten, ist neben der soliden monetären Ausgangssituation dem beherzten Agieren des obersten Kassenhüters geschuldet. Zugleich blieben überfällige

Reformen mit dem Verweis auf das prioritäre Corona-Krisenmanagement unerledigt, bürokratische Hindernisse unbehoben. Der Spiegel-Reporter Christian Reiermann fasste im Frühsommer 2021 das Wirken von Scholz entsprechend zusammen: »Seit mehr als drei Jahren führt er das mächtige Finanzministerium, ausgestattet mit der zusätzlichen Würde des Vizekanzlers. Kein Minister war in dieser Zeit einflussreicher am Kabinettstisch als der Jurist aus Hamburg. Seine Amtszeit war geprägt von den Ausläufern einer Hochkonjunktur, die seine Bundeskasse mit Geld überschwemmte, und einer Pandemie und Rezession, deren Folgen Löcher in die Staatsfinanzen rissen, wie das Land sie noch nicht gesehen hat. Zwischen den beiden Extremen agierte Scholz meist zuverlässig und professionell, zuweilen aber auch verzagt und uninspiriert. Niemand stellt Erfahrung, Sachkenntnis und Befähigung des Mannes für höchste Staatsämter infrage. Doch mit welchem Bundeskanzler hätten es die Deutschen zu tun, wenn nach der Wahl dann doch eine Regierung unter SPD-Führung zustande käme?« (Der Spiegel vom 12. 6. 2021)

Die Bundestagswahl 2021 – Wahlkampf, Ergebnis, Koalitionsverhandlungen und Regierungsbildung

Trotz einer Reihe von Misserfolgen als Finanzminister überwog in der öffentlichen Wahrnehmung das Positivbild des fleißigen und zupackenden Corona-Krisenmanagers. Scholz' Popularitätswerte hatten mit Ausbruch der Pandemie nochmals zugelegt, was vor allem mit seiner medialen Omnipräsenz zusammenhing. Als mit Abstand beliebtester Politiker seiner Partei dominierte er das öffentliche Erscheinungsbild der SPD, während seine Mitbewerber um den Parteivorsitz Esken/Walter-Borjans sowie deren Fürsprecher Kühnert kaum in Erscheinung traten. Da sich Scholz nach seiner Niederlage um den Parteivorsitz als fairer Verlierer erwiesen hatte und dem Spitzenduo trotz des anhaltenden Umfragetiefs der Sozialdemokraten demonstrativ den Rücken stärkte, wandelte sich die einstige Rivalität allmählich in eine konstruktive Zusammenarbeit. Vor allem das Verhältnis zu Saskia Esken verbesserte sich deutlich, die sich noch Ende 2019 in der Talkshow von Markus Lanz zu der Aussage verleiten ließ, Olaf Scholz sei kein »standhafter Sozialdemokrat«. Acht Monate später kam es zur Entscheidung um die Kanzlerkandidatur der SPD. Scholz vermittelte – wenngleich nicht explizit ausgesprochen – deutlich vernehmbar sein Interesse daran. Da niemand sonst Ambitionen anmeldete, war es der Parteiführung unmöglich, über ihr Zugpferd hinwegzugehen. Am 10.8.2020 nominierte der SPD-Vorstand auf Vorschlag der beiden Vorsitzenden Olaf Scholz zum Kanzlerkandidaten für die Bundestagswahl 2021. Zwar gab es innerhalb der Parteilinken bzw. bei den Jusos noch immer große Vorbehalte ihm gegenüber, stand er doch als Mann der Agenda 2010 für den Kurs der Neuen Mitte und nicht für den von Teilen der Partei ersehnten Linksruck der Sozialdemokratie. Doch die in den vergangenen Jahren vielfach zerstrittene SPD disziplinierte sich in den Folgemonaten, stellte sich geschlossen hinter ihren Kandidaten und bestätigte ihn auf dem digitalen Parteitag am 9.5.2021 mit 96,2 % der Stimmen.

Zu diesem Zeitpunkt sah allerdings in Umfragen nichts danach aus, dass der Kandidat Scholz auch Kanzler werden würde. Zwar blieben seine Kompetenz- und Sympathiewerte konstant hoch, was jedoch bei der Sonntagsfrage nicht zu verbesserten Ergebnissen für die SPD führte, die bis zum Frühsommer 2021 bei um die 15 % verharrte. Dies deckte sich im Wesentlichen mit der medialen Berichterstattung. Der Tenor der meisten Artikel war wohlwollend gegenüber Scholz, nicht aber in Bezug auf die SPD. Insbesondere der Spiegel widmete ihm ab etwa einem halben Jahr vor der Bundestagswahl mehrere Porträts (»Verschlumpft«, »Die Ich-AG«, »Angela der Zweite«, »Der Baldrian-Kandidat«), mit abgesehen von manch flapsiger Titelei überwiegend positivem Echo, während die SPD allenfalls am Rande eine Rolle spielte. Wurde in den Jahren zuvor meist die innerparteiliche Zerrissenheit der Partei kritisiert, galt nun ihre Geschlossenheit hinter dem Kandidaten als Zeichen der Schwäche und Mutlosig-

keit. So spottete das Magazin über die Zurückhaltung der Parteivorsitzenden im Wahlkampf, Scholz könne froh sein, wenn beide nicht allzu großen Schaden anrichten würden (Der Spiegel vom 8.5.2021). Was allerdings richtig ist: Anders als von einigen Sozialdemokraten gefordert, verweigerte ihr Kandidat es bis zur Bundestagswahl, mit einem Team bzw. Schattenkabinett den Wahlkampf zu bestreiten. Sahen Beobachter bis zum Beginn der Aufholjagd um das Kanzleramt die starke Personalisierung der SPD-Kampagne auf Scholz als vermeintlich wenig mitreißenden, leidenschafts- und ideenlosen Politiker als strategischen Kardinalfehler, wurde nach dem 27.9. der Wahlsieg der Sozialdemokraten auf die Kandidatenfixierung zurückgeführt und dessen angebliche Makel nun zu Erfolgsfaktoren der Seriosität und Besonnenheit umgedeutet.

Der überraschende Triumph der SPD bei der Bundestagswahl hat zwei maßgebliche Ursachen: die Stärke des Kandidaten und die Schwäche der politischen Konkurrenz, wobei beide Aspekte miteinander zusammenhängen, konnte sich Scholz doch gerade im Vergleich mit seinen beiden Kontrahenten Armin Laschet und Annalena Baerbock als für viele überzeugendere Alternative inszenieren. Für Scholz spricht sein unbeirrbarer Glaube in die eigenen Fähigkeiten, ein Selbstbewusstsein, das seine Gegner als Zeichen von Arroganz bewerteten. Treffend dazu erklärte Scholz in seiner Bewerberrede auf dem SPD-Parteitag in bewusster Anlehnung an den CDU-Kanzler Kurt Georg Kiesinger: »Auf den Kanzler kommt es an. Das gilt jetzt wieder. Das gilt jetzt mehr denn je. […] Ich bewerbe mich für das Amt des Bundeskanzlers, weil ich überzeugt bin: Ich kann das« (zit. nach vorwärts 3/2021). Bereits als die SPD im Frühjahr in Umfragen noch abgeschlagen auf Platz drei lag, betonte er stets das politische Novum einer Bundestagswahl, bei der kein Amtsinhaber mit der Autorität der Kanzlerschaft antrete, was den Wahlausgang unvorhersehbar mache. Die Wahlentscheidung der meisten Menschen falle erst in den letzten Wochen, wenn ihnen dämmere, dass die Ära Merkel nun endgültig zu Ende gehe und sie sich die Frage stellen, wer das Land am besten durch die gegenwärtig unsteten Zeiten zu manövrieren vermöge, lautete die stoische Argumentation des Scholz-Lagers. Eben jener enge Zirkel an Gefolgsleuten gilt als mitverantwortlich für den Erfolg der Wahlkampagne – deren Medienarbeit, Imageberatung und Networking. Dazu zu zählen sind zuvörderst Scholz' Vertrauensleute und Staatssekretäre im Finanzministerium Wolfgang Schmidt und Rolf Bösinger, sein Sprecher Steffen Hebestreit, die Brandenburger Bildungsministerin und Scholz Ehegattin Britta Ernst sowie SPD-Generalsekretär Lars Klingbeil. Letztgenannter war es, der die Werbeagentur brinkertlück creatives mit der Wahlkampagne beauftrage. Belächelten zunächst auch parteiintern viele die Schwarz-Weiß-Porträts vor rotem Hintergrund auf den Wahlplakaten, gilt das Motto »Scholz packt das an« heute als Erfolgsformel und Coup des »Scholzmachers« Raphael Bringert (Der Spiegel vom 28. 8. 2021).

Zum programmatischen Leitmotiv des Wahlkampfs machte Scholz das Thema »Respekt«. In einem Aufsatz in der Zeitschrift Neue Gesellschaft/Frankfurter Hefte formulierte er fünf Säulen seines Konzepts einer neuen sozialen Gerechtigkeit: 1) die materielle Wertschätzung in Form eines Mindestlohns in Höhe von zwölf Euro, 2) die immaterielle Wertschätzung von Lebens- und Arbeitsleistungen, 3) die Wertschätzung von Familien durch die Förderung von Kindern und Jugendlichen, 4) die Schaffung gleichwertiger Lebensverhältnisse in allen Regionen als Zeichen der Anerkennung verschiedener Biographien und Lebensweisen, was sich vor allem an die ostdeutsche Bevölkerung gerichtet haben dürfte und 5) die mit der Anerkennung von Diversität verbundene entschiedene Ablehnung von Diskriminierung und antidemokratischem Gedankengut (vgl. Neue Gesellschaft/Frankfurter Hefte 6/2021). Mit diesem Programm gelang es Scholz, die Balance zu halten – einerseits den dezidiert linken Forderungen der Parteibasis entgegenzukommen, aber andererseits potenzielle Unions-Wechsel-Wähler nicht zu verschrecken. Scholz war klar, dass die in den vergangenen Jahren immer lauteren innerparteilichen Forderungen

nach einem grundlegenden Kurswechsel nicht zum Erfolg, sondern diskontinuierlichen Abstieg der SPD geführt hatten. Sozialpolitisch fanden klassisch sozialdemokratische Wähler in Der Linken längst eine neue politische Heimat, die – anders als die im Bund mitregierende SPD – als glaubhaft in ihrem Kampf gegen Armut und soziale Ungerechtigkeit wahrgenommen wurde. Und soziokulturell hatten die Grünen der SPD den Rang als progressive Kraft abgelaufen. In klassisch linken Großstadt- und Universitätsmilieus sind sie es, die Themen wie Stadtentwicklung, Kultur und Weltoffenheit prägen. Die SPD gilt hier überwiegend als antiquiert. Nur folgerichtig wendete sich Olaf Scholz im Wahlkampf 2021 wieder stärker der politischen Mitte zu. Er stand nicht für die Linksöffnung seiner Partei, sondern für Maß und Mitte, zumal er die Sehnsucht vieler Wähler nach einem erfahrenen Regierungspolitiker, der für Zuverlässigkeit und Beständigkeit steht, richtig einschätzte. Zugleich rückte er das Thema soziale Gerechtigkeit bedachtsam in den Mittelpunkt seines Wahlkampfes. Auch beim Thema Klimawandel gelang ihm die Gratwanderung, die Wirtschaft nicht als Teil des Problems, sondern als Lösung der ökologischen Herausforderungen herauszustellen – und somit klassische und neue sozialdemokratische Milieus miteinander zu versöhnen. Es zählt zu den größten Leistungen von Olaf Scholz im Wahlkampf, einerseits die ihm gegenüber skeptische bis feindselige Parteibasis nicht nur zu befriedet, sondern für sich gewonnen zu haben und andererseits in der Wahrnehmung der Wähler in hohem Maße für Verlässlichkeit und Kontinuität zu stehen – im Stil der norddeutschen Unaufgeregtheit und Sachlichkeit seiner Vorgängerin; in der Sache als undogmatischer und pragmatischer Politiker nach dem Vorbild seines Vorvorgängers Gerhard Schröder.

Zugleich ist der rasante Anstieg an Zustimmungswerten für Scholz und die SPD knapp zwei Monate vor der Bundestagswahl nicht ohne die Fehler der politischen Konkurrenz zu erklären. Die persönlichen Pannen von Armin Laschet und sein Gekicher im Hintergrund bei einer Rede des Bundespräsidenten

Frank-Walter Steinmeier nach der Flutkatastrophe im nordrhein-westfälischen Erftstadt sowie von Annalena Baerbock um die Vorwürfe des Plagiats in ihrem Buch »Jetzt« sowie Unklarheiten in ihrem Lebenslauf waren nur die Spitze des Eisbergs. Viel wichtiger dürfte indes die grundlegende Entscheidungsfindung der Spitzenkandidaten gewesen sein. Lars Haider beschreibt den Unterschied zwischen Scholz und Baerbock/Laschet treffend mit der Metapher »vom Köder, der nicht dem Angler, sondern dem Fisch schmecken muss« (Haider 2021: 141). Während Scholz in der SPD umstritten war, aber mit weitem Abstand vor allen anderen Sozialdemokraten die größte Popularität bei den Wählern besaß, entschieden sich Union und Grüne für die Kandidaten der Parteien – für Laschet, um der CSU als kleinerer Schwesterpartei nicht das Feld zu überlassen, und für Baerbock, weil es dem Wunsch der Basis entsprochen haben dürfte, eine Frau zu nominieren. In Umfragen lagen Markus Söder und Robert Habeck dagegen stets vor ihren parteiinternen Konkurrenten. CDU und Grüne hatten die Bindekräfte an die Sozialmilieus ihrer Kernanhängerschaft überschätzt; die Kandidatenpräferenz als zentralen Faktor der Wahlentscheidung unterschätzt.

Anfang August überholte die SPD in Umfragen erstmalig die Grünen, Anfang September erstmalig die Union (infratest dimap zit. nach Freie Presse vom 12.9.2021). Dabei rechnete das Team um Scholz bis in den Hochsommer hinein gar nicht mit einem Wahlsieg. Das Kalkül war vielmehr, vor den Grünen zu landen und dann als zweitstärkste Kraft eine von ihr geführte Regierung ohne CDU/CSU zu bilden – entweder in Form einer Ampel oder als rot-grün-rote Koalition. Wenn es rechnerisch für eines der beiden Dreierbündnisse reichen würde und die Grünen sich zu entscheiden hätten, als Juniorpartner entweder mit der Union oder mit der SPD regieren zu müssen, würden die rot-grünen Schnittmengen überwiegen, so die Hoffnung der Sozialdemokraten. Da die FDP von der Ampelvariante ungleich schwerer zu überzeugen wäre, hielt sich Scholz bewusst die Option R2G offen, nicht, weil er ein solches

Bündnis selbst präferierte, sondern vielmehr, um auf die FDP Druck ausüben zu können. Vor die Wahl gestellt, selbst mitregieren zu können oder erneut in der Opposition zu landen, und dann noch gegen Rot-Grün-Rot, wären diese quasi zum Regieren gezwungen gewesen, so das Kalkül des Scholz-Teams. Es kam ohnehin anders. Die Umfragetendenz dynamisierte sich etwa vier Wochen vor der Wahl zugunsten der SPD. Die drei TV-Trielle am 29.8., 12. und 19.9. 2021 wendeten die Wechselstimmung nicht mehr, sondern verstärken diese eher noch. Verunsichert von ihren Fehltritten, dem entsprechend negativen Medienecho sowie der jüngsten Trendentwicklung lavierten Laschet und Baerbock in ihren Rollen zwischen präsidialer Versöhnlichkeit und Angriffslust, zwischen sachpolitischem Kompetenzbeweis und Imagekampagne. Scholz dagegen blieb sich konsequent treu – hanseatisch-unterkühlt, sachlich und unaufgeregt. Aus allen drei Triellen ging er laut Blitzumfragen als Sieger hervor – sowohl bei der Frage, wer sich am besten geschlagen habe, als auch wem man am ehesten das Kanzleramt zutraue und wer am sympathischsten wirke. Lediglich in einem Punkt gelang es Laschet, seinen Konkurrenten in die Enge zu treiben – indem er eine klare Absage an Rot-Grün-Rot verlangte, die Scholz – aus den erwähnten taktischen Erwägungen – nicht aussprach. Die Union setzte in den letzten Tagen vor der Wahl auf diese Karte – weniger wie in der Vergangenheit in Form einer Rote-Socken-Kampagne, wonach alte SED-Funktionäre im PDS/Die Linke-Gewand zurück an die Macht kämen, sondern nun als eine Art Sozialismus-light-Variante, die den Wirtschaftsstandort Deutschland und damit den hiesigen Lebensstandard in Gefahr bringe.

Der Rettungsversuch kam für die Union jedoch zu spät. Zwar konnte sie den Abstand zur SPD auf der Zielgeraden des Wahlkampfes verkürzen, doch am Ende lagen die Sozialdemokraten mit 25,7 % knapp vor CDU/CSU (24,1 %) und deutlich vor den Grünen (14,8 %). Scholz leitete daraus naturgemäß seinen Regierungsauftrag ab: »Die Bürgerinnen und Bürger wollen einen Wechsel. Sie wollen, dass der nächste

Kanzler der Kanzlerkandidat der SPD ist« (zit. nach Der Spiegel vom 28.9.2021). Noch am Wahlabend räumte Laschet seine Niederlage ein, ohne jedoch den Anspruch auf eine Regierungsbildung aufzugeben. Durch das schwache Abschneiden Der Linken, die mit 4,9 % an der Fünf-Prozent-Hürde gescheitert war und nur wegen der Grundmandatsklausel drei gewonnener Direktmandate in Fraktionsstärke in den Bundestag einzog, hatte R2G keine Mehrheit. Somit blieben nur Jamaika und die Ampel als realistisch mögliche Optionen (über die Fortsetzung der GroKo unter umgekehrten Vorzeichen dachte wohl niemand ernsthaft nach). Grüne und FDP entschieden folglich über das Kanzleramt – und sich für Olaf Scholz und die SPD. Dass die SPD stimmenstärkste Kraft geworden war, mag der Hauptgrund dafür gewesen sein. Ein anderer resultiert aus dem Blick auf die Gewinne und Verluste der einzelnen Parteien. Während die SPD fast fünf Prozentpunkte gegenüber 2017 zulegte, musste die Union erhebliche Verluste hinnehmen (−8,9 Punkte). Dem Argument der Koalition der Gewinner (neben SPD die Grünen +5,9 und FDP +0,8) und der Opposition der Verlierer (neben der Union die AfD −2,3 und Die Linke −4,3) konnte sich keiner der Partner entziehen. Ein dritter Faktor: Wenige Tage nach der Bundestagswahl rückten führende Unionspolitiker vom Regierungsanspruch Laschets ab, sprachen von der Notwendigkeit, die Partei in der Opposition erneuern zu wollen. Der Vierte: Bereits nach den ersten Sondierungen, zunächst zwischen Grünen und FDP, später in Dreierrunden jeweils mit SPD oder CDU wurden die persönlichen Präferenzen zugunsten der Ampelvariante und damit zu Scholz deutlich. Immer wieder lobten Grüne und FDP die Vertraulichkeit und konstruktive Atmosphäre mit der SPD, während sie wiederholt Indiskretionen aus den Reihen der Union beklagten.

Gingen Beobachter am Wahlabend von langwierigen Koalitionsverhandlungen aus, kam es bei der Bildung des ersten Dreierbündnisses auf Bundesebene überraschend schnell zu einem Ergebnis. Die von den Ampelpartnern vielfach gelobte Diskretion in den Verhandlungen mag den Abschluss der Gespräche beschleunigt haben. In den Medien fand die spärliche Verbreitung von Informationen und Interna ein eher verhaltenes Echo. Zeitweilig kam die Rede von Intransparenz und Hinterzimmerpolitik auf. Das änderte nichts daran, die Regierungsbildung unter dem Siegel der Verschwiegenheit fortzusetzen und auch die entscheidenden Personalfragen bis zum Schluss vertraulich zu behandeln. Gut zwei Monate nach der Bundestagswahl wurde am 7.12.2021 der Koalitionsvertrag von SPD, Grünen und FDP unterzeichnet, einen Tag später die neue Bundesregierung gewählt und Olaf Scholz als neunter Bundeskanzler vereidigt – als zweiter nach Gerhard Schröder mit dem Verzicht auf die religiöse Formel »so wahr mir Gott helfe«; auch hier eine Kontinuitätslinie zu seinem einstigen Förderer. Sowohl inhaltlich als auch personell durften sich alle drei Parteien als Gewinner fühlen. Die SPD hatte das Kanzleramt errungen und sich mit ihrer zentralen Forderung in Punkto sozialer Gerechtigkeit durchgesetzt: der Erhöhung des Mindestlohns auf zwölf Euro. Die Grünen konnten mit einflussreichen Ministerien für den neuen Vizekanzler Robert Habeck (Wirtschaft und Klimaschutz) und Annalena Baerbock (Äußeres) und dem vorgezogenen Kohleausstieg bis 2030 sowie dem generellen Stellenwert der Klimathematik im Koalitionsvertrag reüssieren. Und für die FDP errang nicht nur Parteichef Christian Lindner das von ihm angestrebte wirkmächtige Amt des Finanzministers, sondern auch in der Steuer- (keine Erhöhungen) und Verkehrspolitik (kein Tempolimit) Erfolge. Weil sich die Liberalen auch das zunächst von den Grünen beanspruchte Verkehrsministerium (Volker Wissing) sichern konnten, entstand in der Öffentlichkeit überwiegend der Eindruck, die FDP sei die Gewinnerin der Koalitionsverhandlungen.

Der eigentliche Gewinner heißt allerdings eindeutig Olaf Scholz. Das liegt zum einen an einer strategisch günstigen Mittlerposition – sowohl sozioökonomisch als auch soziokulturell – zwischen Grünen und FDP. Bei Konflikten wird sich der neue Bundeskanzler passend zu seinem Naturell als überparteilicher Vermittler und pragmatischer Problemlöser präsentieren können – eine Rolle, die ihm unzweifelhaft liegt. Zum anderen gelang es Scholz, sich mit seinen persönlichen Präferenzen bei der Besetzung so gut wie sämtlicher SPD-Spitzenämter durchzusetzen. Das gilt sowohl für die paritätische Zusammensetzung im Kabinett von Männern und Frauen, die der überzeugte Feminist Scholz angekündigt hatte, mehr aber noch für die Installierung zahlreicher loyaler Gefolgsleute wie Wolfgang Schmidt als Kanzleramtschef, seiner einstigen Partnerin im Werben um den Parteivorsitz Klara Geywitz als Bauministerin, Hubertus Heil als neuen und alten Arbeitsminister sowie insbesondere Lars Klingbeil als neuen starken Mann an der SPD-Spitze. Die geschickte Einbindung des profiliertesten Kopfes der SPD-Linken Kevin Kühnert als neuen Generalsekretär spricht ebenfalls stärker für als gegen die erfolgreiche Personalpolitik von Scholz. So stehen die Chancen für ihn gut, angesichts der Gesamtkonstellation ein »Kanzler des Aufbruchs« (Schieritz 2022) zu werden und als Bundeskanzler zu vollenden, was er unmittelbar vor Beginn seiner Zeit als Finanzminister als seine Hauptaufgabe und hoffnungsvolle Botschaft niederschrieb: »Fortschritt und Vielfalt können bedrohlich und verheißungsvoll auf uns wirken, in jedem Fall sind sie anstrengend. Wie nehmen die Mühe gerne auf uns, wenn wir

Zuversicht haben dürfen, dass mit den überall spürbaren Risiken tatsächlich Chancen einhergehen, die wir ergreifen können. Das wird uns in einer freien und demokratischen Gesellschaft dann gelingen, wenn wir Gerechtigkeit als politisches Ziel nicht aufgeben. Die Hoffnung der vielen, die zu uns kommen, erinnert uns an das Grundversprechen der Moderne: Die Zukunft kann besser werden; wir haben es in der Hand. Deshalb können wir zuversichtlich und mit gar nicht so kühner Hoffnung in die Zukunft blicken« (Scholz 2017: 219).

Literatur: Annen, Niels/Scholz, Olaf: Wo bitte geht's zur Mehrheit? Wie die SPD bis 2017 zu neuer (und alter) Stärke finden kann. In: Berliner Republik 6/2013, S. 20–46; Haider, Lars: Olaf Scholz. Der Weg zur Macht. Das Porträt. Essen 2021; von Hammerstein, Konstantin u. a.: Angela der Zweite, in: Der Spiegel vom 28. 8. 2021; Kurbjuweit, Dirk/Teevs, Christian: Verschlumpft, in: Der Spiegel vom 13. 3. 2021; Reiermann, Christian: Die Ich-AG, in: Der Spiegel vom 12. 6. 2021; Schieritz, Mark: Olaf Scholz. Wer ist unser Kanzler? München 2022; Scholz, Olaf: Hoffnungsland. Eine neue deutsche Wirklichkeit. Hamburg 2017; Scholz, Olaf: Plädoyer für eine Gesellschaft des Respekts. In: Neue Gesellschaft/Frankfurter Hefte 6/2021, S. 4–48; Thieme, Tom: Gerhard Schröders langer Schatten, in: Sächsische Zeitung vom 14. 12. 2021.

Tom Thieme

Schulze, Svenja (SPD)

Bundesministerin für Umwelt, Naturschutz und nukleare Sicherheit

geb. 29.9.1968 in Düsseldorf

1988	Abitur
seit 1988	Mitglied der SPD
1988–1989	Landesschülersprecherin von Nordrhein-Westfalen
1988–1996	Studium der Germanistik und Politikwissenschaften in Bochum
1990–1991	Vorsitzende des AStA der Ruhr-Universität Bochum
1993–1997	freiberufliche Werbe- und PR-Arbeit
1993–1997	Juso-Landesvorsitzende in Nordrhein-Westfalen
1997–2000	Mitglied des Landtags von Nordrhein-Westfalen
2000–2004	Unternehmensberaterin
2004–2018	Mitglied des Landtags von Nordrhein-Westfalen
2007–2011	Vorsitzende des SPD-Unterbezirkes Münster
2010–2017	Ministerin für Innovation, Wissenschaft und Forschung des Landes Nordrhein-Westfalen
2017–2018	Generalsekretärin der SPD Nordrhein-Westfalens
seit 2017	Mitglied im Parteivorstand und Parteipräsidium der SPD
2018–2021	Bundesministerin für Umwelt, Naturschutz und nukleare Sicherheit
seit 2021	Mitglied des Deutschen Bundestages
seit 2021	Bundesministerin für wirtschaftliche Zusammenarbeit und Entwicklung

Quelle: Presse- und Informationsamt der Bundesregierung; Fotograf: Guido Bergmann

Im März 2018 folgte Svenja Schulze im Amt als Bundesumweltministerin Barbara Hendricks. Sie war damit die 52. Bundesministerin seit 1949 ohne eigenes Bundestagsmandat, das sie erst bei der Wahl zum 20. Deutschen Bundestag erreichen konnte. Allerdings hatte sie nach Studium der Germanistik und der Politikwissenschaft und einer Tätigkeit als Unternehmensberaterin vor ihrer Berufung ins Bundeskabinett bereits 16 Jahre Erfahrungen als Landtagsabgeordnete in Nordrhein-Westfalen und sieben Jahre Regierungserfahrung in den Kabinetten von Hannelore Kraft als Ministerin für Innovation, Wissenschaft und Forschung sammeln können. Dort war Schulze bereits als Umwelt- und Verbraucherschutzministerin im Gespräch, musste dann aber aus Gründen der Koalitionsarithmetik – das Ministerium ging an den grünen Koalitionspartner – mit dem Ministerium für Innovation, Wissenschaft und Forschung »Vorlieb nehmen«.

Schulze kündigte bei ihrer Amtsübernahme ein bundesweites Klimaschutzgesetz an, »das verbindlich sicherstellt, dass wir unsere Klimaziele für 2030 erreichen werden. Dazu bedarf es einer gemeinsamen Kraftanstrengung der gesamten Bundesregierung« (www.bmuv.de/rede/ [20.2.21]). In den Koalitionsverhandlungen war das ursprünglich gesetzte Ziel, die Klimaziele bis 2020 zu erreichen, aufgegeben worden.

Zunächst musste sich die neue Ministerin aber einem Erbe ihrer Vorgängerin widmen: der erhöhten Luftbelastung durch Stickoxid. Kurz vor der Übernahme der Amtsgeschäfte war ihre Vorgängerin Barbara Hendricks von der EU-Kommission zum Rapport nach Brüssel bestellt (Trierischer Volksfreund vom 18.1. 2018: 7). Seit 2010 hatte die Bundesrepublik die in der EU gültigen Jahresgrenzwerte für Stickstoffdioxid in 26 Gebieten systematisch und dauerhaft überschritten. Auch wenn Hendricks ein Sofortprogramm »Saubere Luft« vorstellte, wurde trotzdem von der EU-Kommission Vertragsverletzungsklage gegen Deutschland vor dem Europäischen Gerichtshof eingereicht. Das nachgeordnete Umweltbundesamt warb in der Folgezeit für die Einführung einer blauen Plakette, mit der sich ältere Modelle, die einen bestimmten Grenzwert überschreiten, aus städtischen Umweltzonen aussperren lassen würden (SZ vom 20. 3. 2021: 1). Die neue Ministerin lehnte neben der blauen Plakette auch Fahrverbote ab. »Höhere Dieselsteuern oder Fahrverbote würden jetzt die Falschen bestrafen«, sagte Schulze der BILD-Zeitung (zit. nach Merkur online vom 2. 4. 2018). Stattdessen setzte sie auf technische Nachrüstung der Fahrzeuge auf Kosten der Autobauer. »Viele Leute haben sich einen Diesel gekauft, weil sie dachten, er sei umweltfreundlicher. Teilweise ist massiv betrogen worden. Die Abgaswerte stehen meistens nur auf dem Papier, haben aber mit den realen Werten auf der Straße wenig zu tun«, sagte Schulze. »Die Industrie steht hier in der Verantwortung. Man kann sie nicht juristisch zwingen, das geben die Gesetze nicht her. Aber die Industrie hat eine Verantwortung, da jetzt nachzusteuern« (ebd.). Ihr Kabinettskollege Andreas Scheuer (CSU) weigerte sich. Er beabsichtigte alte Autos nicht nachrüsten zu lassen, sondern durch neue – eventuell gestützt durch Sonderrabatte für Diesel-Fahrer – zu ersetzen (SZ vom 25. 9. 2018). In den Medien warf Scheuer öffentlich der Umweltministerin vor, die Verbraucherinnen und Verbraucher in Bezug auf die Hardware-Nachrüstung bewusst falsch zu informieren. Er werde es nicht mehr akzeptieren, dass die Kabinettskollegin sich »äußert, ohne die dafür nötigen Kenntnisse zu haben« (zit. nach FAZ vom 22. 11. 2018: 23) Der FDP-Fraktionsvize Michael Theurer mahnte an, dass das Hin und Her zwischen Schulze und Scheuer »selbst für die Dauerzoff-Groko ein trauriger Tiefpunkt« (zit. nach ebd.) sei. Im Juni 2021 verurteilte dann auch der Europäische Gerichtshof Deutschland. Sanktionen oder Strafen waren mit dem Urteil zwar nicht verbunden, es hat aber Grundsätze für künftige Fälle festgeschrieben. Damit wurde der Druck auf die Bundesregierung erhöht, konsequenter die Luftreinhaltung zu verfolgen, um entsprechende Auflagen zu vermeiden. Schulze warb

dafür, die Grenzwerte für neue Autos massiv zu verschärfen, erhielt aber nicht nur von Scheuer, sondern auch aus den eigenen Reihen von Olaf Scholz (SPD) entsprechend Gegenwind (SZ vom 25. 9. 2018).

Svenja Schulze hatte sich bei ihrer Antrittsrede auch für einen »gesellschaftlicher Kohle-Konsens« stark gemacht. Sie bezeichnete den Rückgang der Treibhausgasemissionen und einen sozial gerechten Strukturwandel als zwei Seiten derselben Medaille. Vertreter aus der Industrie warnten vor »falschem Aktionismus« (Handelsblatt vom 16./17./18. 3. 2018). Klimapolitiker waren dagegen von den Plänen Schulzes enttäuscht. Als Mitglied der Gewerkschaft IG BCE fiel ihr eine eindeutigere Positionierung wohl auch schwieriger. So forderte sie in der Auseinandersetzung um den Hambacher Forst den Energiekonzern RWE öffentlich auf, auf die Rodung zu verzichten. »Sehr zum Ärger von Gewerkschaft und manchen Genossen daheim in NRW« (SZ vom 25. 9. 2018: 4), wie Michael Bauchmüller in der Süddeutschen Zeitung kommentierte. Nach zähem Ringen zwischen den Koalitionspartnern konnte im Juni 2018 die Kommission »Wachstum, Strukturwandel und Beschäftigung«, medial als Kohlekommission bezeichnet, im Wirtschaftsministerium von Peter Altmaier zusammentreten. Ihr Auftrag war es einen Konsens für den Kohleausstieg, insbesondere für Maßnahmen zur sozialen und strukturpolitischen Entwicklung der Braunkohleregionen vorzulegen. Damit sollte ein Ausgleich der unterschiedlichen beteiligten Interessen ermöglicht und ein breiter gesellschaftlicher Konsens erreicht werden. Gewerkschaften, Industrie, Energiewirtschaft, Umwelt, Wissenschaft, kommunale Verwaltung und lokale Bürgerinitiativen aus den beiden größten deutschen Braunkohlerevieren, Rheinisches Revier und Lausitz, entsandten Vertreterinnen und Vertreter in die Kommission. Mit den Vertreterinnen aus den Bürgerinitiativen waren zum ersten Mal Bürgerinnen und Bürger zu ordentlichen Mitgliedern einer Expertenkommission der Bundesregierung berufen worden.

In ihrem Abschlussbericht, der im Januar

2019 vorgelegt wurde, schlug die Kohlekommission den Ausstieg aus der Tagebauförderung und die Abschaltung aller Kohlekraftwerke bis spätestens 2038 vor. Im Jahr 2032 sollte zudem geprüft werden, ob nicht ein früherer Ausstieg möglich sei. Für die Kohle fördernden Bundesländer Brandenburg, Nordrhein-Westfalen, Sachsen-Anhalt und Sachsen waren 40 Mrd. Euro Finanzhilfen vorgeschlagen, um den Strukturwandel in den betroffenen Regionen sowie für die Beschäftigten und Unternehmen zu bewerkstelligen (vgl. Löw Beer u. a. 2021; Grothus/ Setton 2020). Im August 2019 beschloss das Bundeskabinett die Finanzhilfen zum Ausstieg aus der Braunkohle für die betroffenen Bundesländer. Nachdem im Januar 2020 eine Bund-Länder-Einigung über den Kohleausstieg erreicht werden konnte, beschlossen Bundestag und Bundesrat den Ausstieg aus der Kohleverstromung bis spätestens 2038, möglichst schon 2035, per Gesetz am 3.7.2020. Gleichzeitig wurde das Strukturstärkungsgesetz verabschiedet, das den betroffenen Regionen helfen soll, den entsprechenden Strukturwandel zu bewältigen.

Neben dem Kohleausstieg waren aber weitere Maßnahmen notwendig, um die Klimaziele zu erreichen. Zunächst legte das Umweltministerium am 18.2.2019 einen Referentenentwurf für ein Bundes-Klimaschutzgesetz vor. Er sah jährlich sinkende Emissionsgrenzen für die Sektoren Energiewirtschaft, Industrie, Verkehr, Gebäude, Landwirtschaft sowie Abfallwirtschaft und Sonstiges vor. Zugeordnete Bundesministerien sollten die Einhaltung überwachen. Der Referentenentwurf wurde von den CDU/CSU-geführten Ministerien abgelehnt.

Deshalb wurde im März 2019 das sogenannte Klimakabinett eingesetzt. Der unter dem offiziellen Titel »Kabinettsausschuss Klimaschutz« firmierende Ausschuss bestand aus Bundeskanzlerin Angela Merkel und den sechs Bundesministern Svenja Schulze (Umwelt, Naturschutz und nukleare Sicherheit), Olaf Scholz (Finanzen), Peter Altmaier (Wirtschaft und Energie), Horst Seehofer (Inneres, Bau und Heimat), Andreas Scheuer (Verkehr und digitale Infrastruktur) und Julia Klöckner (Ernährung und Landwirtschaft). Auch der Kanzleramtschef Helge Braun und der Staatssekretär und Regierungssprecher Steffen Seibert gehörten dem Klimakabinett an. Der Ausschuss sollte dafür Sorge trage, dass Deutschland den Klimaschutzplan 2050, der unter Schulzes Vorgängerin Barbara Hendricks aufgestellt wurde, umsetzte.

Um den Druck zu erhöhen, leitete Schulze am 27.5.2019 selbst die Ressortabstimmung über ihren Entwurf für ein Klimagesetz ein, nachdem das Bundeskanzleramt das Gesetz aufgrund der Ablehnung durch die unionsgeführten Ministerien bis dahin nicht weitergeleitet hatte. Dafür erhielt die Ministerin eine Rüge aus dem Kanzleramt. In einem Brief an das Ministerium heißt es: »Das Bundeskanzleramt widerspricht der Einleitung der Ressortabstimmung, der Versendung an Länder und Verbände sowie der Veröffentlichung im Internet. Wir werden zu dem Entwurf keine weitere Stellungnahme abgeben.« (zit. nach taz vom 31.5.2019: 8).

Im Vorfeld der Sitzungen des Klimakabinetts ging die Bundesumweltministerin regelmäßig mit Vorschlägen an die Öffentlichkeit. So forderte sie beispielsweise im Juli 2019 höhere Flugpreise durch eine Anhebung der Luftverkehrsteuer und sorgte damit für Unmut bei den Kolleginnen und Kollegen im Klimakabinett. So kritisierte der Bundeswirtschaftsminister Peter Altmaier den Vorschlag mit den Worten »Ich glaube nicht, dass es jetzt sinnvoll ist, über solche Einzelmaßnahmen zu diskutieren« (zit. nach SZ vom 19.7.2019: 1). Kurz vor der Sitzung des Klimakabinetts im September 2019, auf dem ein erstes Klimapaket vorgelegt werden sollte, wurden die programmatischen Unterschiede der Koalitionspartner in Fragen der Klimapolitik sehr deutlich. Während sich Svenja Schulze und die SPD öffentlich für eine CO_2-Steuer, also Steuererhöhungen auf Benzin, Diesel, Heizöl und Gas ausgesprochen hatten, lehnte die Union in einem Papier mit dem Titel »Klimaeffizientes Deutschland – Mit Innovationen in die Zukunft« eine solche Steuer ab und setzte stattdessen auf CO_2-Begrenzungen über einen entsprechenden Zertifikatehandel. Die SPD lehnte den Zertifikatehandel als bürokratisch und unsozial ab.

Ein erstes Klimapaket wurde im September 2019 vom Klimakabinett vorgelegt: Es sah vor, den CO_2-Preis von 10 Euro auf 35 Euro pro Tonne im Jahr 2025 zu steigern. Ab 2026 soll dann ein entsprechender Emissionshandel in einer Preisspanne von 35 bis 60 Euro eingeführt werden. Die Bürgerinnen und Bürger sollen durch eine Erhöhung der Pendlerpauschale von den Mehrkosten entlastet werden. Zusätzlich sollte die Mehrwertsteuer für Bahnfahrten auf den ermäßigten Satz von 7 % gesenkt werden. Das Paket sah weitere 65 Einzelmaßnahem in den Sektoren Gebäude, Verkehr, Land- und Forstwirtschaft, Industrie, Energie- und Abfallwirtschaft sowie einige sektorenübergreifende Maßnahmen vor.

Die Beschlüsse des Klimakabinetts fanden ihren Niederschlag im Bundes-Klimaschutzgesetz, im Gesetz zur Umsetzung des Klimaschutzprogramms 2030, im Steuerrecht und im Brennstoffemissionshandelsgesetz.

Die Bundesumweltministerin freute sich über die Entscheidung des Deutschen Bundestages. Damit werde »Klimaschutz endlich gesetzlich verankert«, kommentierte Schulze. Dies sei eine »zentrale Weichenstellung« (zit. nach Tagesspiegel Online vom 15.11.2019) für mehr Klimaschutz. Der Opposition kritisierte die Beschlüsse: Die AfD bezweifelte den Sinn von Maßnahmen gegen den Klimawandel grundsätzlich, die FDP hielt den eingeschlagenen Weg für den falschen und Bündnis 90/Die Grünen und Die Linke bemängelten die Beschlüsse als unzureichend (ebd.). Der BUND bedauerte, dass die beabsichtigten Maßnahmen des deutschen »Klimapäckchens« »bei weitem nicht genügen, um die deutschen Klimaziele bis 2030 zu erreichen« (zit. nach FAZ online vom 15.11. 2019).

Auf Klage verschiedener Einzelpersonen unterstützt von Umweltorganisationen erklärte das Bundesverfassungsgericht das Klimaschutzgesetz mit den Grundrechten für unvereinbar. In der Begründung wurde vor allem kritisiert, dass eine Regelung über die Fortschreibung der nationalen Minderungsziele für Zeiträume ab dem Jahr 2031 fehle. Damit verschiebe man zu Lasten der jüngeren Generation hohe Emissionsminderungslasten auf die Zeit nach 2030. Das Bundesverfassungsgericht verpflichtete den Gesetzgeber bis spätestens 31.12.2022 die Fortschreibung der Minderungsziele für die Zeiträume nach 2030 zu regeln.

Schulze und ihr Ministerium erarbeiteten unter Hochdruck nach der Veröffentlichung des Bundesverfassungsgerichtsurteils einen Entwurf für das Erste Gesetz zur Änderung des Bundes-Klimaschutzgesetzes. Er sah eine Verschärfung der bestehenden Ziele für den Zeitraum bis 2030 vor. Die Treibhausgasemissionen sollten bis 2030 um 65 % statt wie bisher um 55 % sinken. Für die Zeit zwischen 2031 und 2045 wurden nun ebenfalls jährliche Emissionsziele festgelegt. Allerdings verzichtete man auf eine Aufteilung auf die verschiedenen Sektoren. Bis 2035 sollte der Ausstoß von Treibhausgasen um 77 % gesenkt werden, bis zum Jahr 2040 um 88 %. Statt 2050 sollte bereits 2045 Klimaneutralität erreicht werden. Der Bundestag verabschiedete die Novellierung am 24.6.2021.

Unter ihrer Vorgängerin, Barbara Hendricks, war die Frage der Lagerung des Atommülls weitgehend geregelt worden. Das im Mai 2017 in Kraft getretene »Gesetz zur Fortentwicklung des Standortauswahlgesetzes« sah vor, die Endlagersuche bis zum Jahr 2031 abzuschließen und ab 2050 den Atommüll am endgültigen Standort einzulagern. Die Bundesgesellschaft für Endlagerung, die als öffentliches Unternehmen zum Geschäftsbereich des Bundesumweltministeriums gehört, schloss in einem Bericht zur Endlagersuche den Salzstock Gorleben aufgrund geologischer Mängel als Standort aus. Der Salzstock war jahrzehntelang – trotz heftigster Proteste – als mögliches Endlager erforscht worden. Im November 2021 teilte dann das Bundesumweltministerium mit, die Bundesgesellschaft für Endlagerung mit der Stilllegung des Salzstocks zu beauftragen.

Neben der Erreichung der Klimaziele hatte die Umweltministerin aber auch noch andere Baustellen. Ähnlich wie in der Vorgängerregierung bei der Auseinandersetzung zwischen Barbara Hendricks und Christian Schmidt stritten sich im Kabinett Merkel IV Julia Klöckner (Bundesministerin für Ernährung und Landwirtschaft) und Svenja Schulze um den »Dauerbrenner Glyphosat« (FAZ vom 22.11.2018). Im Koalitionsvertrag hatte man festgehalten, den Einsatz von Glyphosat systematisch bis zum völligen Verzicht zurückzufahren. Kurz nach Aufnahme der Regierungsgeschäfte durch das Kabinett Merkel IV legte Julia Klöckner einen Vorschlag vor, der ein Verbot des Einsatzes von Glyphosat in Privatgärten und Parks vorsah. Ein komplettes Verbot bewertete Klöckner dagegen kritisch. Als Grund führte sie europarechtliche Bedenken ins Feld. Schulze dagegen engagierte sich für ein Komplettverbot und veröffentlichte mit Unterstützung des Umweltbundesamtes eine entsprechende Ausstiegsstrategie. Ihr Vorschlag sah vor, dass Bauern, die weiterhin Glyphosat einsetzen wollten, im Durchschnitt ein Zehntel ihrer Ackerflächen für den Insektenschutz vorsehen sollten. Michael Bauchmüller bezeichnete es in der Süddeutschen Zeitung als »Trauerspiel«: »Sie reden weniger miteinander als übereinander. Sie klären nicht, wie Alternativen zu Glyphosat aussehen können, die weder neue Chemie noch massive Bodenerosion nach sich ziehen.« (SZ vom 25.11.2020: 4).

Im Koalitionsvertrag spielte Umweltschutz keine große Rolle und an vielen Stellen geriet Schulze mit Kabinettskollegen in Auseinandersetzungen (Fahrverbote, Glyphosat, etc.). Sie

konnte dies aber häufig zur eignen Profilierung nutzen. Neben der Fridays-for-Future-Bewegung, dem Urteil des Bundesverfassungsgerichts zum Klimapaket führte auch das Wirken von Svenja Schulze dazu, dass Umweltschutz in der gesamten Bundesregierung am Ende der Legislaturperiode deutlich mehr Gewicht besaß. Man unterschätze sie als »blonde freundliche Frau« und Schulze ergänzte: »Viele haben nicht auf dem Schirm, wie hartnäckig ich bin.« (zit. nach FAZ vom 12.5.2021). So charakterisiert Michael Bauchmüller Svenja Schulze als »Umweltministerin, die stets freundlich große Ziele erreicht« (ebd.).

Folgerichtig gehörte sie auch dem folgenden Kabinett an. Nach der Bundestagswahl 2021 ernannte Bundespräsident Frank-Walter Steinmeier Schulze auf Vorschlag von Bundeskanzler Olaf Scholz zur Bundesministerin für wirtschaftliche Zusammenarbeit und Entwicklung.

Literatur: Grothus, Antje/Setton, Daniela: Die »Kohlekommission« aus zivilgesellschaftlicher Perspektive. In: FJSB 33 (2020) 1, S. 282–304; Löw Beer, David/Gürtler, Konrad/Herberg, Jeremias/Haas, Tobias: Wie legitim ist der Kohlekompromiss? Spannungsfelder und Verhandlungsdynamiken im Prozess der Kohlemission. In: ZPW (2021) 31, S. 393–416.

Markus Gloe

Schwesig, Manuela (SPD)

Bundesministerin für Familie, Senioren, Frauen und Jugend

geb. 23. 5. 1974 in Frankfurt (Oder), ev.

1992	Abitur
1992–1995	Ausbildung als Diplom-Finanzwirtin (FH) an der Fachhochschule für Finanzen Brandenburg
1992–2000	Gehobener Dienst in der Steuerverwaltung des Landes Brandenburg
2000–2002	Steuerfahndungsprüferin am Finanzamt Mecklenburg-Vorpommern
2002–2008	Beamtin im Finanzministerium des Landes Mecklenburg-Vorpommern
seit 2003	Mitglied der SPD
seit 2003	Vorstand des SPD-Kreisverbands Schwerin
2004–2008	Mitglied der SPD-Fraktion in der Schweriner Stadtvertretung
seit 2005	Vorstand der SPD Mecklenburg-Vorpommern
2008–2011	Landesministerin für Soziales und Gesundheit in Mecklenburg-Vorpommern
2009–2019	Stellvertretende Bundesvorsitzende der SPD
2011–2013	Landesministerin für Arbeit, Gleichstellung und Soziales in Mecklenburg-Vorpommern
2013–2017	Stellvertretende Landesvorsitzende der SPD Mecklenburg-Vorpommern
2013–2017	Bundesministerin für Familie, Senioren, Frauen und Jugend
seit 2017	Landesvorsitzende der SPD Mecklenburg-Vorpommern und Ministerpräsidentin von Mecklenburg-Vorpommern
2019	Kommissarische Co-Bundesvorsitzende der SPD

Quelle: Presse- und Informationsamt der Bundesregierung; Fotograf: Steffen Kugler

Bundespolitisch aufmerksam wurden die Bürgerinnen und Bürger erstmals 2009 auf die damalige jüngste Landesministerin Manuela Schwesig, als Frank-Walter Steinmeier sie als Gegenspielerin zu Ursula von der Leyen (CDU) in sein Schattenkabinett berief für das, was der damalige Bundeskanzler Gerhard Schröder 1998 verächtlich nur »Familie und Gedöns« genannt hatte (FAZ vom 27. 11. 2014: 10). Nach der Wahlniederlage 2009 bemühte sich Schwesig als stellvertretende Vorsitzende der SPD darum, weiter auch bundespolitisch Akzente in ihrem späteren Arbeitsbereich zu setzen. So trat sie insbesondere als öffentliche Kritikerin des von Union und FDP geplanten Betreuungsgeldes auf, das von Kritikern oftmals als »Herdprämie« verschrien wurde (Henninger/von Wahl 2019). Im Rahmen einer Gegenkampagne der SPD stellte Schwesig entgegen, dass die erwarteten Kosten von zwei Milliarden Euro jährlich stattdessen der Finanzierung von 160 000 Krippenplätzen dienen könnten (SZ vom 23. 4. 2012).

Diese zentrale Forderung nach einer Familien- und Sozialpolitik, die die Vereinbarkeit von Beruf und Kindererziehung ins Zentrum stellt, sollte auch ihre kurz darauffolgende bundespolitische Arbeit kennzeichnen. Obgleich bereits ihre Vorgängerin im Amt, Kristina Schröder (CDU), den Kita-Ausbau als »das mit Abstand wichtigste familienpolitische Thema« (Welt vom 24. 6. 2012) bezeichnete und im Rahmen der Einführung eines Rechtsanspruchs auf einen Betreuungsplatz entsprechenden Druck auf die Länder ausgeübt hatte, trat Schwesig mehrfach als Kritikern ihres Vorgehens auf. Letztlich unterbreitete Schröder Schwesig sogar öffentlich einen Vorschlag zur Schaffung einer Bund-Länder-Arbeitsgruppe, um die Festlegung übergreifender Qualitätsstandards in der Kinderbetreuung voranzutreiben.

Im Zuge des Wahlkampfs und der Koalitions-

U. Kempf und M. Gloe (Hrsg.), *Kanzler und Minister 2013–2021*, https://doi.org/10.1007/978-3-658-38669-6_27

verhandlungen 2013 trat Schwesig als Mitglied des Kompetenzteams von Kanzlerkandidat Peer Steinbrück (SPD) bereits vor ihrer Ernennung als Ministerin als Verantwortliche für die Themenbereiche Frauen, Familie, Aufbau Ost, Demografie und Inklusion auf. Dabei erreichte sie gegenüber der Union insbesondere in Hinblick auf den weiteren Ausbau der Kita-Plätze durch die zeitliche Verlängerung staatlicher Unterstützungsleistungen von Neubauten zumindest einen Teilsieg. Mit Blick auf die geplante Abschaffung des Betreuungsgeldes, die Einrichtung kostenfreier Betreuungsplätze oder die Festlegung von gesetzlichen Qualitätsstandards (Schober 2014) konnte Schwesig hingegen trotz teilweise scharfer Rhetorik – zeitweise hatte sie hinsichtlich der Positionen von CDU und CSU zur geplanten Gleichstellung von homosexuellen Paaren der eigenen Mitgliederbasis gar von einer Zustimmung zum Koalitionsvertrag abgeraten (Träger 2015: 280) – vorerst keine größeren Erfolge erzielen.

Auch mit dem Wechsel ins Ministeramt verlief der versprochene Ausbau des Betreuungsangebots nicht völlig unproblematisch. Das 2008 ins Leben gerufene Investitionsprogramm »Kinderbetreuungsfinanzierung« wurde zwar auch unter Schwesig in einer dritten und vierten Fassung weitergeführt und unterstützte die quantitative Erhöhung vorhandener Betreuungsplätze aus finanzieller Sicht. Dennoch überstieg die Nachfrage nach Kita-Plätzen in verschiedenen Regionen oftmals weiterhin das vorhandene Angebot. Auch wuchsen angesichts der rapiden Expansion Sorgen um die Qualität der Betreuungsangebote (Busemeyer 2019). Nach Schätzungen wären für umfassende Angleichungen und Verbesserungen zwischen vier und fünf Milliarden Euro nötig gewesen – Beträge, die von Ländern und Kommunen allein nicht zu stemmen waren (SZ vom 6.11.2014) und für die der Bund bis auf weiteres keine neuen Mittel vorsah.

In diesem Kontext kam es nicht nur aus ideeller Sicht gelegen, dass das Bundeverfassungsgericht im Juli 2015 urteilte, das von Union und FDP eingeführte Betreuungsgeld (siehe oben) sei aufgrund mangelnder Zuständigkeit des Bundes im Gesetzgebungsprozess nicht mit dem Grundgesetz vereinbar (BVerfG vom 21.7.2015). Im Vorfeld der Verhandlungen war medial ein mögliches »doppeltes Spiel« (Der Spiegel 15/2015: 40) von Schwesig vermutet worden, denn als amtierende Ministerin musste sie das Betreuungsgeld in Karlsruhe verteidigen, obwohl sie es vor ihrer Ministerzeit immer als unsinnig, falsch und infam kritisiert hatte (ebd.).

Schwesig beanspruchte die hieraus frei gewordenen Mittel weitgehend erfolgreich für weitere Investitionen im Ausbau der Betreuungsangebote und ging dabei insbesondere auf Konfrontationskurs mit Finanzminister Wolfgang Schäuble (CDU), der die Gelder zuvor wiederum für den Ausgleich von Defiziten im Bundesetat gefordert hatte. Ein zusätzlicher Erfolg gelang Schwesig mit dem Beschluss der »Eckpunkte für bessere Qualität in der Kindertagesbetreuung« (BMFSFJ vom 19.5.2017), die im Rahmen eines Qualitätsprozesses seit 2014 ausgearbeitet wurden und so einen wichtigen Grundstein für spätere gesetzliche Grundlagen (KiQuTG 2018) und damit verbundene Förderprogramme für die Länder darstellten.

Insgesamt betrachtet lässt sich Schwesigs Arbeit im Bereich der frühkindlichen Betreuung somit als weitgehend erfolgreich bewerten. Der bereits zuvor begonnene Ausbau der Betreuungsplätze wurde konsequent weitergeführt und es gelang, die Weichen für ein gesteigertes Bewusstsein hinsichtlich höherer und einheitlicher Qualitätsstandards zu setzen. Die zum Ende der Amtszeit weiterhin bestehende Differenz zwischen Nachfrage und Angebot deutet überdies auf eine wachsende Akzeptanz gegenüber staatlichen Betreuungsangeboten hin. Dieser Umstand stellt angesichts der zuvor und mitunter weiterhin bestehenden gesellschaftlichen Grundsatzdebatten um die Rolle des Staates in der Kindererziehung keine Selbstverständlichkeit dar.

Die verstärkte Fokussierung auf das Doppelverdiener-Prinzip (Henninger/von Wahl 2019) und die damit verbundene Notwendigkeit nach einer Vereinbarung von Beruf und Familie wird auch an der bereits früh geforderten sozialpolitischen Erweiterung des Elterngelds deutlich.

Wie im Koalitionsvertrag vereinbart, wurde daher unter anderem bereits 2015 das sogenannte ElterngeldPlus eingeführt. Im Gegensatz zum Basiselterngeld, das die Kinderbetreuung generell bis zum 14. Lebensmonat durch eine finanzielle Kompensation des Einkommens ermöglicht, sollte des ElterngeldPlus eine höhere Flexibilität in der individuellen Ausgestaltung von Arbeit und Erziehung schaffen. So besteht seitdem die Möglichkeit, die Bezugszeit des Elterngelds zu verlängern beziehungsweise mitunter zu verdoppeln, wenn Eltern gleichzeitig einer Teilzeitbeschäftigung nachgehen. Darüber hinaus können Basiselterngeld und ElterngeldPlus zeitlich flexibel kombiniert werden, was zweifelslos zu einer höheren Autonomie von Eltern hinsichtlich der Vereinbarkeit von Beruf und Familie beiträgt.

Gleichzeitig wurde häufig die Komplexität der Regelungen und Antragsstellungen bemängelt, welche die konkrete Ausgestaltung für Betroffene hinsichtlich der eigenen Lebensumstände und Vorstellungen erschweren könne. Auch wurde festgestellt, dass das ElterngeldPlus in der Folgezeit überdurchschnittlich oft von Paaren mit höheren Bildungsgraden und Einkommen in Anspruch genommen wurde (Institut für Demoskopie Allensbach 2018). Darüber hinaus zeigt sich, dass das Modell zwar die Grundlagen für eine gleichberechtigtere Aufteilung von Erwerbstätigkeit und Kindererziehung schafft, in der Praxis aber Mütter in der Betreuung weiterhin dominieren. Angst vor finanziellen Einbußen oder negativen Konsequenzen für die eigenen Berufschancen werden von Vätern als häufige Entscheidungsgründe dafür angegeben, keine oder nur kurze Elternzeit in Anspruch genommen zu haben (Samtleben/Schäper/Wrohlich 2019).

Trotz solch bestehender struktureller Defizite markiert das ElterngeldPlus einen entscheidenden Wendepunkt in der Familienpolitik, den sich Manuela Schwesig zu Recht als einen der größten Erfolge ihrer Amtszeit anrechnen lassen kann. Insbesondere durch Zustimmung der Union lässt sich das Konzept als politisches Bekenntnis zu einer Abkehr von traditionellen Mustern und Geschlechterrollen in Bezug

auf Erwerb und Kindererziehung interpretieren. Ob allein die rechtliche Grundlage zur realen Erreichung dieser Ziele ausreicht, wird sich allerdings erst noch in Zukunft zeigen müssen.

Eine vorab nicht geplante Sonderaufgabe kam Schwesig im Zuge der Flüchtlingskrise seit 2015 zu. Die steigende Zahl von Asylbewerbern aus Syrien, Afghanistan, Somalia und zahlreichen anderen Ländern stellte verschiedene Ministerien und Behörden vor unterschiedlichste Aufgaben. Für Schwesig stellte sich insbesondere die Frage nach dem Schutz und der Betreuung von Kindern von Geflüchteten sowie deren Eingliederung in die bestehenden Einrichtungsstrukturen. Dies stellte nicht nur wegen der mancherorts ohnehin hohen Nachfrage nach Kita- und Kindergartenplätzen, sondern auch aufgrund offener Rechtsfragen, notwendiger Sonderqualifikationen von Betreuungspersonal und vorhandener Sprachbarrieren eine Herausforderung dar. Schwesig setzte vor diesem Hintergrund als kurzfristige Maßnahme etwa auf das zusätzliche Engagement anerkannter Asylbewerber im Rahmen des Bundesfreiwilligendienstes (SZ vom 24.11.2015), was hinsichtlich notwendiger Sprachkenntnisse und Vorerfahrungen durchaus als pragmatischer und kosteneffizienter Lösungsansatz eingeschätzt werden kann. In diese Kategorie fallen auch Programme wie »Willkommen bei Freunden« (BMFSFJ vom 28.5.2015) und »Menschen stärken Menschen« (BMFSFJ vom 19.1.2016), die unter anderem Kommunen und Länder durch die Förderung von zivilem Engagement entlasten sollten.

Als wichtigste Maßnahme im Zuge der Flüchtlingskrise dürfte allerdings das »Gesetz zur Verbesserung der Unterbringung, Versorgung und Betreuung ausländischer Kinder und Jugendlicher« anzusehen sein. Die ursprüngliche Regelung sah vor, dass unbegleitete minderjährige Geflüchtete grundsätzlich an dem Ort in Deutschland untergebracht werden müssten, an dem sie zuerst erfasst wurden. Dies führte vor allem zu einer ungleichen Belastung der Ressourcen in Großstädten. Die dortigen Unterkünfte waren zunehmend überfüllt und die zuständigen Behörden und Einrichtungen mit dem Andrang überfordert, weshalb bereits der Hamburger Senator Detlef Scheele (SPD) eine neue Verteilungsregelung gefordert hatte. Der neue Entwurf sah deshalb vor, dass unbegleitete minderjährige Geflüchtete, nach vorheriger Prüfung durch das zuständige Jugendamt am Erfassungsort, grundsätzlich ebenso wie erwachsene Geflüchtete nach dem sogenannten »Königsteiner Schlüssel« gleichmäßig auf die einzelnen Bundesländer verteilt werden können (Katzenstein u. a. 2015). Das entsprechende Gesetz trat bereits zum 1. 11. 2015 in Kraft und wurde von verschiedenen Seiten gelobt. Kritische Stimmen aus der Opposition und von Interessensverbänden und Organisationen bemängelten vereinzelt, dass das Gesetz Jugendämter und andere Behörden vor kaum zu meisternde Aufgaben stelle (Deutschlandfunk vom 15. 7. 2015). Auch fehlende gesetzliche Standards zur Altersfeststellung von minderjährigen Flüchtlingen, für die in manchen Ländern mitunter umstrittene Untersuchungen des Intimbereichs angewandt wurden, wurden kritisiert (Migazin vom 16. 11. 2015).

Weitaus problematischer eingeschätzt wurde jedoch das Fehlen weitreichender Schutzmaßnahmen für geflüchtete Frauen und Kinder im 2016 beschlossenen Asylpaket II, die etwa Mindeststandards in der Ausstattung von Flüchtlingsunterkünften, einen Verzicht auf Einschränkungen im Familiennachzug oder eine rechtliche Gleichstellung von Flüchtlingskindern und im Land geborenen Kindern vorsahen (Zeit Online vom 12. 2. 2016). Obwohl Schwesig vorab entsprechende Maßnahmen gefordert hatte (Zeit Online vom 5. 12. 2015), ließ die endgültige Fassung einschlägige Regelungen, abseits von einer Pflicht zur Vorlage von erweiterten Führungszeugnissen für Betreuungspersonen in Unterkünften, vermissen. Hier muss kritisch hinterfragt werden, weshalb sich Schwesig und weitere Teile der SPD in der Öffentlichkeit nicht stärker gegen die Entscheidung von Bundesinnenministerium und Kanzleramt gestellt hatten, entsprechende Schutzkonzepte auf die Länder und Träger der Einrichtungen abzuwälzen (Spiegel vom 18. 3. 2016).

Mit ihrer angestrebten Reform der Kin-

der- und Jugendhilfe hatte Schwesig große Probleme. So verzögerte sich im Jahr 2016 die Erstellung des Referentenentwurfs. Vor allem die damalige Ministerpräsidentin von Nordrhein-Westfalen Hannelore Kraft (SPD) lehnte die sogenannte »inklusive Lösung« ab, die vorsah, dass in jedem Jugendamt Experten für Bedürfnisse von Menschen mit Behinderung vorhanden sein sollen. Für Nordrhein-Westfalen hätte dies zahlreiche Neueinstellung zur Folge gehabt (Der Spiegel 33/2016: 12). Erst am 17. 3. 2017 wurde der Referentenentwurf veröffentlicht. Aber auch danach gab es weitere Auseinandersetzungen. So gab es beispielsweise Streit über mögliche Zielkonflikte, die im Gesetzestext durch die Betonung einer Kontinuität in der Beziehung der Pflegeeltern zum Pflegekind bei gleichzeitiger Gewahrung der verfassungsmäßigen Rechte der Eltern entstehen. Natürlich gab es durchaus auch unstrittige Punkte, wie zum Beispiel die Festschreibung, dass Ärzte, Psychologen oder Familienberater befugt sind, bei Bekanntwerden gewichtiger Anhaltspunkte für die Gefährdung des Wohls eines Kindes oder Jugendlichen das Jugendamt zu informieren, um ihm die erforderlichen Daten mitzuteilen, oder dass für die Mitarbeiter von Strafverfolgungsbehörden in solchen Fällen eine Informationspflicht an das Jugendamt eingeführt wird (Stuttgarter Zeitung online vom 6. 4. 2017). Erst kurz vor Schwesigs Wechsel nach Mecklenburg-Vorpommern wurde der Gesetzesentwurf vom Deutschen Bundestag am 29. Juni 2017 verabschiedet. Allerdings wich er in einigen Regelungen deutlich vom ursprünglichen Referentenentwurf ab.

Neben der Förderung von Familien und Jugend setzte sich die Ministerin während ihrer Amtszeit auch maßgeblich für die Förderung von Frauen ein. Schwesig legte einen Entwurf zur Beteiligung von Frauen in den Führungsgremien der Wirtschaft vor, der seit Ende Juni 2014 im Kabinett beraten wurde. Er sah eine Frauenquote von einem Drittel bei den Aufsichtsräten für ca. 100 börsennotierte Unternehmen vor. Die Ministerin konnte sich auf die Unterstützung von Bundeskanzlerin Angela Merkel (CDU) verlassen. Diese hatte selbst als Bundesfrauenministerin im Jahr 1994 ein Gesetz vorgelegt, um den Frauenanteil in Führungspositionen zu erhöhen. Das Gesetz Schwesigs empfahl eine Besetzung der Hälfte aller Spitzenpositionen im Öffentlichen Dienst mit Frauen. Die Empfehlung des Gesetzes fruchtete allerdings wenig (Schreyögg 2015: 102). Es regte sich Widerstand vor allem von Seiten der Wirtschaft und Vertretern im Wirtschaftsflügel der Union.

Die Vorhaltungen des CDU-Fraktionsvorsitzenden Volker Kauders dürften der Sache Schwesigs letztlich sogar politisch genutzt haben (FAZ vom 27. 11. 2014: 10). Börsennotierte Unternehmen wurden per Gesetz ab 2016 verpflichtet, frei werdende Aufsichtsratsposten ausschließlich mit Frauen zu besetzen, bis ein Prozentsatz von 30 erreicht ist. Dietrich Creutzburg kommentierte in der FAZ, dass Schwesig mit diesem Gesetz »in die Geschichte eingehen« (FAZ vom 27. 11. 2014: 10) würde. Des Weiteren sah das Gesetz vor, dass sich 3 500 mittelgroße Unternehmen selbst Ziele für einen höheren Frauenanteil in Leitungspositionen setzen sollten. Schwesig argumentierte allerdings, dass die Politik von der Wirtschaft nichts erwarten könne, was ihr selbst nicht gelänge (Schreyögg 2015: 102).

Auch mit Hilfe des Entgelttransparenzgesetzes sollte die Gleichstellung von Frau und Mann weiter gefördert werden, um das Gebot des gleichen Entgelts für Frauen und Männer für gleiche und gleichwertige Arbeit stärker durchzusetzen. Um dies zu erreichen ist im Gesetz ein individueller Auskunftsanspruch erhalten, nach dem Arbeitgeber mit mehr als 200 Beschäftigten zukünftig auf Anfrage Beschäftigten erläutern müssen, nach welchen Kriterien sie wie bezahlt werden. Außerdem werden Arbeitgeber mit mehr als 500 Beschäftigten aufgefordert, ihre Entgeltstrukturen regelmäßig auf die Einhaltung des Entgeltgleichheitsgebotes zu überprüfen. Darüber hinaus müssen Arbeitgeber mit mehr als 500 Beschäftigten, die nach dem Handelsgesetzbuch lageberichtspflichtig sind, regelmäßig über den Stand der Gleichstellung und der Entgeltgleichheit berichten. Das Entgelttransparenzgesetz wurde am 30. 6. 2017 ausgefertigt und trat am 6. 7. 2017 in Kraft.

Auch mit dem Pflegeberufegesetz, das Schwesig zusammen mit Gesundheitsminister Gröhe vorantrieb, wollte Schwesig Frauen fördern, denn das Gesetz sollte einen Beruf aufwerten, der ganz überwiegend von Frauen ausgeübt wird. »Der Pflegeberuf ist ein verantwortungsvoller Beruf, der Achtung und Wertschätzung verdient. Wir werden älter und es werden immer mehr gute Fachkräfte gebraucht, um eine gute Pflege zu sichern. Leider wird die Arbeit am Menschen aber immer noch weniger wertgeschätzt als die Arbeit an Maschinen. Deshalb wird es ein neues Pflegeberufsgesetz geben, das auf eine angemessene Ausbildungsvergütung setzt und das Schulgeld abschafft«, erklärte die Bundesfamilienministerin. »Das ist ein wichtiges Signal zur Aufwertung eines Berufs, in dem noch immer überwiegend Frauen tätig sind, und damit auch ein wichtiger Schritt zu mehr Lohngerechtigkeit.« (Pressemitteilung des BMFSFJ vom 13. 1. 2016). Das Gesetz war bereits im Koalitionsvertrag als wichtiger Baustein für eine Aufwertung der Pflege beschlossen worden. Das Gesetz sah vor, die getrennte Ausbildung von Altenpflegern, Krankenpflegern und Kinderkrankenpflegern zusammen zu legen und ein neues Berufsbild der »Pflegefachfrau« bzw. des »Pflegefachmanns« zu schaffen. Am 13. 1. 2016 wurde der Gesetzesentwurf vom Kabinett beschlossen. Allerdings regte sich Widerstand in der CDU/CSU-Fraktion und die Beratungen im Deutschen Bundestag ab März 2016 zogen sich in die Länge. Letztlich konnte auf Betreiben des pflegepolitischen Sprechers der Union, Erwin Rüddel, ein Kompromiss erreicht werden, der vorsah, dass künftige Pflegekräfte zwei Jahre gemeinsam die Grundlagen lernen und sich dann ein Jahr lang auf eine Fachrichtung spezialisieren. Erst am 17. 7. 2017 – also nach dem Ausscheiden von Manuela Schwesig aus der Regierung Merkel – konnte das Gesetz ausgefertigt werden.

Dass Schwesig modern und weltoffen ist, zeigte sich auch in ihrem Streit mit Innenminister Thomas de Maizière (CDU) über das dritte Geschlecht in amtlichen Dokumenten. Während de Maizière das aus Sorge vor juristischen Komplikationen für Behörden ablehnte, zeigte sich Schwesig dafür offen. Dies führte dazu, dass die Regierung auf eine Stellungnahme zu dieser Frage, die vom Bundesverfassungsgericht angefordert worden war, verzichtete (Der Spiegel 6/2017: 21).

Darüber hinaus rief Schwesig am 1.7.2014 das Programm »Demokratie leben! Aktiv gegen Rechtsextremismus, Gewalt und Menschenfeindlichkeit« ins Leben. Im Gegenzug strich sie ein Programm gegen Linksextremismus ihrer Vorgängerin Kristina Schröder (CDU) ersatzlos. Im Jahr 2016 wurde das Programm mit 50 Millionen Euro ausgestattet. Im Jahr 2017 standen bereits über 100 Millionen zur Verfügung. Das Programm zielt neben der Extremismusprävention auf eine Stärkung demokratischer Öffentlichkeit und eine Beteiligung bisher marginalisierter Gruppen. Außerdem soll eine strukturelle Vernetzung gefördert werden, um Transfer und Nachhaltigkeit deutlich zu steigern. Auch Schwesigs Nachfolgerinnen im Amt setzten das Programm fort (Kleist/Weiberg 2022: 192 f.).

Insgesamt gelang es Manuela Schwesig als Bundesministerin für Familie, Senioren, Frauen und Jugend der Union mit der Ausgestaltung der Familienpolitik »einen alten Erbhof« (SZ vom 13.12.2016: 3) wegzunehmen. Auch im Hinblick auf die Frauenförderung erreichte Schwesig mit der Frauenquote und Schritten auf dem Weg zur Lohngerechtigkeit Ziele, die zunächst in einer CDU/CSU-dominierten Regierung nicht vorstellbar waren. Darüber hinaus können das ElterngeldPlus, die Familienpflegezeit sowie der Ausbau der Kinderbetreuung als Erfolge von Manuela Schwesig gesehen werden.

Als Nachfolgerin von Erwin Sellering (SPD), der sich wegen einer Krebserkrankung aus der Politik zurückzog, übernahm sie am 4.7.2017 das Amt der Ministerpräsidentin des Landes Mecklenburg-Vorpommern und wurde Vorsitzende der SPD Mecklenburg-Vorpommern.

Literatur: Busemeyer, Marius R.: Bildung: Kontinuität und Wandel in der Politik der Großen Koalition (2013–2017). In: Zohlnhöfer, Reimut/Saalfeld, Thomas (Hg.): Zwischen Stillstand, Politikwandel und Krisenmanagement. Wiesbaden 2019, S. 487–512; Henninger, Annette/von Wahl, Angelika: Verstetigung des Modernisierungskurses bei Gegenwind von rechts. Bilanz der Familien- und Gleichstellungspolitik 2013–2017. In: Zohlnhöfer, Reimut/Saalfeld, Thomas (Hg.): Zwischen Stillstand, Politikwandel und Krisenmanagement. Wiesbaden 2019, S. 469–486; Institut für Demoskopie Allensbach: Das ElterngeldPlus nach zwei Jahren – Befragung von Bezieherinnen und Beziehern im Auftrag des BMFSFJ, online: https://www.ifd-allensbach.de/fileadmin/studien/Allensbach_ElterngeldPlus_Bericht.pdf [zuletzt: 13.4.2022]; Katzenstein, Henriette/González, Nerea/de Vigo, Méndez/Meysen, Thomas: Das Gesetz zur Verbesserung der Unterbringung, Versorgung und Betreuung ausländischer Kinder und Jugendlicher. Ein erster Überblick. In: Das Jugendamt 11 (2015), S. 530–537; Kleist, Olaf J./Weiberg, Mirjam: Demokratieförderung zwischen Staat und Zivilgesellschaft. Zur Entwicklung des Bundesprogramms »Demokratie leben!« In: FJSB 35 (1) 2022, S. 186–202; Samtleben, Claire/Schäper, Clara/Wrohlich, Katharina: Elterngeld und Elterngeld Plus: Nutzung durch Väter gestiegen, Aufteilung zwischen Müttern und Vätern aber noch sehr ungleich. In: DIW Wochenbericht 86 (2019) 35, S. 607–613; Schober, Pia: Kinderbetreuungspolitik ist auch Bildungspolitik, nicht nur Arbeitsmarktpolitik. In: DIW Wochenbericht 81 (2014) 33, S. 780; Schreyögg, Astrid: Frauen im Top-Management – ein Beitrag zur Quote. In: Organisationsberatung Supervision Coaching (2015) 22, S. 101–107; Träger, Hendrik: Innerparteiliche Willensbildungs- und Entscheidungsprozesse zur Bundestagswahl 2013: Eine Urwahl, zwei Mitgliederentscheide und neue Verfahren der Wahlprogrammerarbeitung. In: Korte, Karl-Rudolf (Hg.): Die Bundestagswahl 2013. Analysen der Wahl-, Parteien-, Kommunikations- und Regierungsforschung. Wiesbaden 2015, S. 269–289.

Markus Gloe/Fabian Heindl

Seehofer, Horst (CSU)

Bundesminister des Inneren, für Bau und Heimat

geb. 4.7.1949 in Ingolstadt, röm.-kath.

Quelle: Presse- und Informationsamt
der Bundesregierung;
Fotograf: Guido Bergmann

1965	Mittlere Reife
1970	Verwaltungsprüfung für den gehobenen Dienst
1971	Eintritt in die CSU
1979	Diplom an der Verwaltungs- und Wirtschaftsakademie München
1980–2008	Mitglied des Deutschen Bundestages
1989–1992	Parlamentarischer Staatssekretär beim Bundesminister für Arbeit und Sozialordnung
1992–1998	Bundesminister für Gesundheit
1994–2008	Stellvertretender Vorsitzender der CSU
1998–2004	Stellvertretender Vorsitzender der CDU/CSU Bundestagsfraktion
2000–2008	Landesvorsitzender der Christlich-Sozialen Arbeitnehmerschaft
2005	Vorsitzender des Verbandes der Kriegshinterbliebenen und Sozialrentner (VdK) in Bayern
2005–2008	Bundesminister für Ernährung, Landwirtschaft und Verbraucherschutz
2008–2019	Vorsitzender der CSU
2008–2018	Ministerpräsident des Freistaats Bayern
2013–2018	Mitglied des Bayerischen Landtags
2019–2021	Bundesminister des Inneren, für Bau und Heimat

Zugleich mit dem Ende der Ära Merkel und dem Verweis der CDU/CSU in die Opposition nach der Bundestagswahl 2021 endete nicht nur Horst Seehofers Amtszeit als Bundesminister des Inneren, sondern seine vielfältige und reichhaltige politische Karriere. Der Übernahme des Innenministeriums im Frühjahr 2018 waren Mitgliedschaften in unterschiedlichen Bundesregierungen vorausgegangen: als Parlamentarischer Staatssekretär im Bundesministerium für Arbeit und Sozialordnung, Bundesminister für Gesundheit sowie Bundesminister für Ernährung, Landwirtschaft und Verbraucherschutz. In all diese Ämter führte ihn seine sozialpolitische Kompetenz und Ausstrahlungskraft: in die beiden ersten sachlich begründet, ins Landwirtschaftsministerium politisch-taktisch.

CSU-Vorsitzender Edmund Stoiber wollte verhindern, dass Seehofer, wegen seiner gesundheitspolitischen Kompromisslosigkeit in Fraktion und Partei ins Abseits geraten, sich durch den geplanten Wechsel vom Landes- in den Bundesvorsitz des artikulations- und mit einer halben Million auch mitgliederstarken Sozialverbandes der Kriegshinterbliebenen und Sozialrentner (VdK) als eigenständige, parteipolitisch unabhängige sozialpolitische Widerspruchsmacht etablierte. Seehofer hatte nämlich bewiesen, auf diesem wählerwirksamen Themenfeld seine Positionen konsequent und konfliktbereit bis zur Unbeugsamkeit gegen die Führungslinie der eigenen Partei zu vertreten. In seinem Kampf gegen die in der Gesellschaft weithin abgelehnten neoliberalen Reformansätze in der Gesundheitspolitik waren ihm weder der Verzicht auf den Stellvertretenden Fraktionsvorsitz, noch heftige Auseinandersetzungen mit der eigenen Partei und ihrer Führung als Preis zu hoch. Im Gegenteil: Demonstrativ blieb er dem entscheidenden Parteitag fern und feuerte dadurch die öffentliche Auseinandersetzung zwischen der unter seinem Vorsitz agierenden Christlich Sozialen Arbeitnehmerschaft und der CSU-Mehrheit um

Stoiber an. Es waren Seehofers sozialpolitische Kompetenz wie seine Popularität bei den »kleinen Leuten«, die ein potentielles Ende der politischen Karriere Seehofers schon 2004 verhindert haben, gepaart mit Stoibers keineswegs weithin geteilter Einsicht, auf einen Wählermagneten nicht verzichten zu können und ihn erst recht nicht als Widerpart im eigenen Milieu aufbauen zu dürfen.

Dieses relativ frühe bundespolitische Beispiel ist für die letzte Amtsführung Seehofers 2018 bis 2021 von hoher Relevanz und Aktualität, weil es das kontinuierlich geltende Selbst- und Politikverständnis Seehofers wie auch Grundzüge seines Charakters offenbart. Diese Eigenarten sind nicht nahtlos kompatibel mit dem üblichen Politikbetrieb. Verschleiert hat Seehofer sie über Jahrzehnte nicht. Insofern wäre eine vor allem geschmeidige und anpassungsgeneigte Amtsführung eher überraschend gewesen. Mit dem Anspruch, dem korrespondierenden Verhältnis von normativen Optionen und sachlich-faktischen Gestaltungschancen oder Gestaltungsgrenzen gerecht zu werden, steht er weniger allein. Eher mit seiner Opportunismus verachtenden, zu Kompromissen, auch wenn er es anders sieht (von Bullion 2021: 10), nur schwer und ungern fähigen, bis zur Selbstüberzeugung neigenden Eigenständigkeit. Seehofer zelebrierte sie auf allen drei relevanten Handlungsebenen: Partei, Parlament, Regierung. Sie steht zum einen in gewissem Widerspruch zu unvermeidlichen Mechanismen Mehrheiten suchender politischer Willensbildung. Zum anderen birgt sie die Gefahr individualisierender Vereinzelung und damit auch der Ausdünnung wechselseitiger Loyalitäten: eine Provokation von Konflikt- und Konkurrenzbereitschaft bei Mitakteuren auf dem Spielfeld der Partei. Seehofers wechselhafte und stets umstrittene Karriere ist dafür beispielhaft.

So scheiterte die Wahl zum Parteivorsitzenden 2007 an Intrigen, während sie im zweiten Anlauf 2008 gemeinsam mit der Übernahme des Ministerpräsidentenamtes in Bayern gelang, weil die ursprünglichen innerparteilichen Sieger über ihn zu Verlierern bei den Wählern ge-

worden waren. Auch der Wiedereintritt in die Bundesregierung während des sich hinziehenden, von Söder betriebenen bayerischen Entmachtungsprozesses war alles andere als ein »normaler« Karriereschritt, sondern wie 2005 und 2008 ein außergewöhnlicher, diesmal dreifach belasteter und obendrein voraussehbar zum Ende der Karriere führender Vorgang:

1) Die grundsätzliche und systemrelevante Idee, die Verbindung des Parteivorsitzes mit einem bedeutenden politischen Amt zu erhalten und dadurch zudem die Münchner und Berliner Verantwortungsbereiche nahtlos zu verzahnen, verflüchtigte sich durch den von innerparteilicher Konkurrenz systematisch herbeigeführten Verlust der CSU-Führung. Auch wenn Seehofer es zu keinem Augenblick so verstand und auch die Dynamik der politischen Herausforderungen keinerlei Funktionsdefizite zulässig oder erkennbar werden ließen, umwehte das Ministeramt im Hintergrund ein Hauch des Ausklangs einer reputierlichen Laufbahn.

2) Die Ansprüche der SPD verdrängten Seehofer ins Innenministerium und verweigerten ihm das ursprünglich von Angela Merkel angebotene Finanzministerium wie auch das ihm naheliegende Sozialministerium. In beiden bieten sich größere Chancen positiver Gestaltung. Nun aber überkam ihm die Verantwortung für eine Vielzahl hochkomplexer kritikanfälliger Themenfelder.

3) Die Zuständigkeit des Innenministers für Migration erstreckte sich auf ein Problem, das soeben noch für tiefgreifende amtliche, politische und persönliche Konflikte zwischen dem bayerischen Ministerpräsidenten und CSU-Vorsitzenden Seehofer und der Bundeskanzlerin und CDU-Vorsitzenden Merkel gesorgt hatte. Angesichts dessen musste der Optimismus, nun die Aufsicht über dieses Themenfeld zu führen, nicht weit tragen.

Werdegang wie Charaktereigenschaften führten einen Minister ins Amt, von dem man wissen konnte, für welche Priorität zwischen Kabinettsdiziplin und persönlicher Überzeugung er sich im Ernstfall entscheiden würde, zumal es auch keine persönlichen Zukunftsoptionen mehr zu berücksichtigen galt. Eine derartige Konstellation ist bislang beispiellos in der Geschichte der Bundesrepublik. Sie provozierte auch beispiellose Abläufe.

Zur Normalität der Berufung ins Kabinett jenseits persönlicher Eigenschaften und politischer Lageeinschätzung gehört dagegen der Anspruch der CSU auf proportionale Amtszuweisungen im Rahmen jeglicher Koalition unter Beteiligung der Unionsparteien. An Seehofers Qualifikation bestand aufgrund seiner Politik- wie Amtserfahrung als Mitglied dreier Bundesregierungen (dazu Weinacht 2015: 215–219) sowie als Ministerpräsident des Freistaats Bayern, wie auch aufgrund seiner außerordentlichen Führungsbereitschaft (samt den ihr innewohnenden Risiken im Rahmen kollegialer oder zumindest kooperativer Strukturen) kein Zweifel. Im bislang schwierigsten Prozess der Regierungsbildung seit 1949, der zunächst nach Jamaika strebte und dann widerwillig in einer erneuten großen Koalition endete, ist Seehofer ein derart positiver Faktor gewesen, dass Angela Merkel ihm gegenüber die Hoffnung ausdrückte, auch in Zukunft (in der neuen Regierung) mit ihm rechnen zu können. Doch die Einbindung des Vorsitzenden der Schwesterpartei in die Verantwortungsgemeinschaft der Koalition besaß nur eine kurze Perspektive. Denn sein Nachfolger als Ministerpräsident Markus Söder strebte ohnehin längst nach der ganzen Macht in Bayern und dynamisierte nach dem mäßigen Landtagswahlergebnis 2018 (immerhin unter seiner eigenen Ministerpräsidentschaft) Seehofers Verdrängung von der Parteiführung. Die Inszenierung dieser Intrigen spitzte sich in München sogar zu, während der Vorsitzende in Berlin über die Koalition und die Einflusschancen der CSU verhandelte. Schon zehn Monate nach seiner Vereidigung als Bundesminister trat Seehofer vom Vorsitz der CSU zurück. Damit war die osmotische Beziehung dieses Amtes zur Bundesregierung nichtig. Offensichtlich besaß Seehofer bei seinem Eintritt in die Regierung größeres Vertrauen bei Angela Merkel als

bei seinem Parteifreund. Mit der Renaissance der Flüchtlingspolitik 2018 und deren von der CSU ausgehenden krisenhaften Zuspitzung bis zur Gefährdung der Fraktionsgemeinschaft und des Bestandes der Koalition zerbröckelte aber auch der Konnex zur Kanzlerin. Söders Überlegungen 2020, im Blick auf die Bundestagswahl 2021 bayerisches Kabinettspersonal auszutauschen, hätten auch Seehofer, der sich gar nicht dagegen wehren wollte, trotz seiner respektablen Lebensleistung einbezogen.

Fazit: Der Bundesinnenminister stand früh im Zentrum eines bemerkenswerten Geflechts von Dysfunktionalitäten. Im Vergleich dazu war das Hadern seines Vorgängers Thomas de Maizière mit seinem Positionsverlust für Seehofer wie für das Verhältnis zwischen CDU und CSU von geringerer politischer wie praktischer Bedeutung.

Dem Innenministerium waren auf Betreiben der CSU zu seinen ohnehin breiten Kompetenzen zusätzlich die Bereiche Bau und Heimat zugewiesen worden. Dieses nach Zahl und Aufgabendifferenzierung schwer zu überblickende und zu koordinierende Gefüge von mehreren Dutzend Abteilungen mit ihren vielen Referaten war eine Herausforderung, der sich zu stellen Jahre zuvor CSU-Prominenz gescheut hatte. Mit 19 zusätzlichen nachgeordneten Behörden ergab sich ein Bestand von 60 000 Bediensteten. Zweifel an seiner Eignung fürs Amt (als Nichtjurist) akzeptierte Seehofer aufgrund seiner Erfahrungen ohnehin nicht. Am Ende lobte er die »hohe Qualität« des Hauses bei der täglichen Bewältigung »ernster und wichtiger Themen« (Passauer Neue Presse vom 22.10.2021). Hatte er als Landwirtschaftsminister noch mitgeteilt, sich angesichts seiner übergeordneten grundsätzlichen Optionen »nicht auf Kartoffeln und Bananen reduzieren« zu lassen (Weinacht 2015: 216), übersah er nun die Bedeutung der neuen Zusatzaufgaben für das Alltagsleben der Menschen nicht. Heimat verstand er konkret nicht bayerisch romantisierend, sondern als Auftrag zur Gewährleistung gleichwertiger Lebensverhältnisse. Im Wohnen sah er die entscheidende soziale Frage unserer Zeit. Gleichwohl blieb die zentrale Bedeutung der klassischen Kernthemen dieses Ressorts nicht nur unberührt, sondern erfuhr in diesen Jahren sogar verstärkte Aktualität.

Zunächst ist ein Blick auf die nüchternen Fakten der Amtszeit zu werfen, bevor sich eine kritische Würdigung jener Vorgänge anschließt, denen sich besondere, gelegentlich sogar dramatische und krisenhaft zugespitzte Aufmerksamkeit zuwandte:

Schon vier Monate nach Amtsantritt legte Seehofer seinen Masterplan Migration vor, den er unter die Leitprinzipien Humanität und Ordnung gestellt hatte, die für ihn ausdrücklich zusammengehören (FAZ vom 18. 7. 2020). Öffentlich zur Kenntnis genommen wurde allein der Aspekt Ordnung. Deren strittige Implikationen schoben den Plan unversehens in eine Sphäre nie dagewesener Spannungen. Nüchterne Ziele waren schnellere und sicherere Asylverfahren, Kampf gegen Schleuser und gezielte Zuwanderung von Fachkräften: Ein einziger von 63 Punkten löste jene Krise aus, die dieser Amtszeit unauslöschlich ihren Stempel aufdrückt. Migration (und Sicherheit) bildeten auch die Schwerpunkte der deutschen EU-Ratspräsidentschaft im zweiten Halbjahr 2020. Dabei folgte das Innenministerium ohne realen Erfolg einem Dreisäulenmodell: legale Zuwanderung besonders von Arbeitskräften, intensive Unterstützung von Herkunftsländern, um Migrationsanreize zu entkräften, Entscheidung über Asylberechtigung an den Außengrenzen.

Der inneren Sicherheit diente die Schaffung von 12 900 Stellen für Bundeskriminalamt, Bundespolizei, Bundesverfassungsschutz sowie Bundesamt für Sicherheit in der Informationstechnik: Die Kriminalitätsrate sank auf den niedrigsten Stand seit 1993. Der Personalausbau versteht sich nicht zuletzt als Reaktion auf den Anschlag auf die Synagoge in Halle am 9. 10. 2019 und den rassistischen Terror in Hanau mit neun Toten mit Migrationshintergrund am 20. 2. 2020. Seehofer wollte den Kampf gegen Antisemitismus und Hasskriminalität intensivieren. Im Rechtsextremismus sieht er die größte Bedrohung für die Sicherheit in Deutschland. Vier rechtsextreme Vereine wurden verboten. Ein umfassendes Maß-

nahmenpaket gegen Rechtsextremismus, eine Verbesserung der Strafverfolgung wie auch eine deutliche Förderung von Forschung und Prävention mit mehr als einer Milliarde Euro wurden auf den Weg gebracht. Die AfD wurde vom »Verdachtsfall« zum »Beobachtungsfall« für den Verfassungsschutz hochgestuft.

Die neuen Aufgabenbereiche Bau und Heimat führte der Minister offenbar nicht nur unter strukturpolitischen Perspektiven, sondern besonders auch nach seinen sozialpolitischen Neigungen zusammen. Unter seinem Vorsitz erarbeitete die Kommission »Gleichwertige Lebensverhältnisse« einen Deutschlandatlas zur Förderung strukturschwacher Regionen. Dort entstanden 26 Behörden und Einrichtungen mit 16 800 neuen Arbeitsplätzen. Herausragend bleibt das 2018 eingeführte Baukindergeld, ein Bundeszuschuss zur Schaffung von Wohneigentum für 310 000 Familien. In diesen vier Jahren wurden zudem 1,2 Millionen neue und speziell noch 100 000 Sozialwohnungen errichtet.

Kontroversen und Krisen lösten Corona, die Affäre Maaßen und ein Teilaspekt des Migrationsdiskurses aus. Bei Corona trug Seehofer nicht die zentrale Verantwortung, auch wenn zwischen seinem und dem Gesundheitsministerium ein Krisenstab gebildet war und er auch dem »Kleinen Corona-Kabinett« unter Merkel angehörte. Doch die Gefahr einer heraufziehenden Pandemie erkannte er im Februar 2020 eher als der Gesundheitsminister. Zum einen hatte er Erfahrungen aus seiner eigenen Amtszeit in diesem Hause wie auch im Landwirtschaftsministerium: verseuchte Blutprodukte, Rinderwahn, Schweinepest, Vogelgrippe. Nach seiner Erkenntnis überwindet man solche Krisen »nur mit radikalen Entscheidungen« (Hickmann 2020: 64). Zum anderen bewegte ihn sein Erlebnis, wehrlos einer medikamentös unbehandelbaren, todesnahen Viruserkrankung (2002) ausgeliefert gewesen zu sein. Er bezeichnet sich als »entschiedenen Anhänger der Suppression« (Der Spiegel 14/2020 vom 27. 3. 2020): in engem Schulterschluss mit der Kanzlerin und als Mitglied ihres Teams Vorsicht, dem als Bundesratspräsident sichtbar und deutlich auch Söder angehörte, der in Bayern einen tiefgreifenderen

Lockdown durchsetzte als es im Zusammenspiel von Bund und Ländern sonst möglich war. Denn »Suppression« traf bei anderen Akteuren auf zurückhaltendere Eindämmungsstrategien. Doch das dramatisch ins Land drängende Infektionsgeschehen veranlasste grenzanrainende Ministerpräsidenten, an Bundeskanzlerin und Innenminister eine Forderung zu stellen, die sie erfüllten. »Es geschieht das, was die Kanzlerin in der Flüchtlingskrise noch verhindert hat« (Hickmann u. a. 2020: 155): Seehofer trat vor die Presse und verkündete Kontrollen an den Landesgrenzen – mit heftigen symbolischen und praktischen Folgen, zumal die Maßnahmen sofort umgesetzt werden konnten: Pläne lagen seit dem Höhepunkt der Flüchtlingskrise 2015 vor. Binnen kurzem erfuhr er heftige Kritik. Aber es war nicht seine persönliche Entscheidung gewesen. Mehr als der kritische Diskurs über Konflikte zwischen Infektionsschutz und Freiheitseinschränkungen besorgten ihn offenbar die zunehmenden Aktivitäten von Extremisten, die Proteste gegen die Coronapolitik für ihre Zwecke zu unterwandern. Der Bundesinnenminister aber war nicht Ursache oder Auslöser, sondern, wie die anderen Amtsträger auch, Unterworfener einer an das politische System herangetragenen Herausforderung, in der es um die primäre Staatsaufgabe ging, das menschliche Leben zu schützen, ohne deren Erfüllung Freiheitsrechte leerliefen – was das Grundgesetz weiß, viele Bürger – und manche Politiker – aber offenbar nicht. Gleichwohl bleibt natürlich die Abwägung der Verhältnismäßigkeit für die einbezogenen Amtsinhaber stets geboten, die zu unterschiedlichen Schlussfolgerungen führen können. Insofern kam Seehofer keine Sonderrolle zu.

Im Gegensatz dazu führte die Affäre Maaßen an den Rand einer Koalitionskrise. Der Präsident des Verfassungsschutzes hatte einer Darstellung des Kanzleramtes zu rechtsextremistischen Übergriffen auf Migranten (»Hetzjagden«) in Chemnitz im August 2018 widersprochen, die Vorfälle relativiert und die Kanzlerin implizit brüskiert. Die SPD forderte seine Entlassung. Seehofer stellte sich hinter ihn, damit nicht nur herbe Kritik in Politik und

Öffentlichkeit, sondern durch seine Unnachgiebigkeit auch ein Zerwürfnis in der Koalition auslösend. Die erste Krisensitzung der drei Parteivorsitzenden Merkel, Nahles und Seehofer führte zur Absetzung Maaßens und zu seiner mit Beförderung verbundenen Versetzung auf einen Staatssekretärsposten: an Absurdität nicht zu überbieten, da Fehlverhalten mit Aufstieg und finanziellem Zugewinn vergolten werden sollte. Rückmeldungen aus dem bayerischen Landtagswahlkampf signalisierten Ansehensverluste für Partei und Person. Proteste aus der SPD setzten die eigene Vorsitzende unter Druck. Sie musste sich entschuldigen und um Nachverhandlung bitten. Nach der dritten Krisensitzung erhielt Maaßen einen finanziell neutralen Beraterposten, zwang aber durch weitere problematische Äußerungen den Minister kurz darauf, ihn in den einstweiligen Ruhestand zu versetzen. Davor aber war der Streit über die Vorschläge zur Problemlösung bewusst nicht beigelegt, sondern nur beendet worden. Speziell Seehofer und Nahles sähten wechselseitig Zweifel an ihrer Wahrheitsliebe. Seehofer suchte die SPD-Vorsitzende gleichsam mit dem Hinweis vorzuführen, die Beraterlösung sei als einer von drei Vorschlägen von Beginn an von ihm auf den Tisch gelegt, von Nahles aber abgelehnt worden, wie auch eine weitere Alternative. Vage scheint Merkel Seehofer zu bestätigen, während die SPD sich in Schärfe gegen ihn übte, gleichzeitig aber begann, ihre Vorsitzende zu demontieren. Die SZ vom 26. 9. 2018 beschreibt einen »Dreiergipfel mit zwei Wahrheiten«. Doch eine davon muss eine Lüge oder eine Folge intellektueller Insuffizienz sein: beides keine tragfähigen Voraussetzungen koalitionärer wie öffentlicher Vertrauensbildung. Die Provokation eines Beamten und das Ungeschick dreier Parteivorsitzender brachten die Koalition ins Wanken und in der Folge in eine Pseudoruhe, »bis es wieder kracht« (SZ vom 25. 9. 2018) und ein Bruch der instabilen Koalition möglich erscheint. Die Presse kritisierte Nahles wegen ihres Ungeschicks, die Kanzlerin wegen mangelnder Führung. In Seehofer aber sah sie »eine einzige Belastung für das schwarzrote Bündnis« (ebd.) und legte das Ende seiner

Amtszeit nach den kurz bevorstehenden bayerischen Landtagswahlen nahe. Nach deren für die CSU mäßigem Ergebnis wurde Seehofer auf einer Pressekonferenz nach seiner Schuld daran und auch danach gefragt, warum er nicht zurücktrete. Er beharrte darauf, in den Debatten um Flüchtlinge und Maaßen recht gehabt zu haben und gab allein Fehler in Stil und Ton zu. In der CSU-Landesgruppe traf ihn Kritik, aber keine konkrete Rücktrittsforderung. Nach Aussagen von Teilnehmern sei der Wunsch nach seinem Rückzug jedoch spürbar gewesen (SZ vom 17.10.2018).

Das heißt, dass zur Demontage im Parteivorsitz, die im Januar 2019 durch die Wahl Söders formal abgeschlossen werden sollte, zusätzlich die Unterstützung der ureigenen bayerischen Basis in der Bundestagsfraktion zu erodieren begann. Da ohne Bundestagsmandat, gehört er ihr ohnehin nicht an: eine zusätzliche Dysfunktionalität speziell in Krisenzeiten.

Die »Republik an den Rand einer Staatskrise« (Deininger 2020: 27) rückten im Sommer 2018 Seehofer und die CSU in der dramatischen Auseinandersetzung um die Zurückweisung von bereits anderswo in der EU registrierten Asylbewerbern an der deutschen Grenze, da das Ersteintrittsland nach den Dublin-Regeln für sie zuständig ist. Im Jahr zuvor hatte er dies noch für juristisch hochkompliziert und an eine Reform von Dublin gebunden gehalten (Detjen/Steinbeis 2019: 222). Jetzt plädiert er notfalls für einen nationalen Alleingang, Merkel für eine europäisch abgestimmte Regelung. Die unterschiedlichen Ansichten werden fast zeitgleich auf Pressekonferenzen in München und Berlin öffentlich und kollidieren geradezu krachend: Seehofer will Anfang Juli mit Zurückweisungen beginnen, Merkel erklärt dies zu einem Verstoß gegen ihre Richtlinienkompetenz. Ein Kompromiss zeichnet sich nicht ab, obgleich Seehofer sich in seinem 63 Punkte umfassenden »Masterplan Migration« in 62,5 Punkten mit Merkel einig sieht, nur in diesem 0,5 Punkt nicht: eine bescheidene Größe, an der die Bundesregierung zerbrechen könnte. Wie von der CSU gefordert, scheint die Kanzlerin vom EU-Gipfel eine befriedigende Lösung mitzubringen, um

dann präzisieren zu lassen, dass sie alles andere als wirkungsgleich mit den ursprünglichen Forderungen ist, um nicht zu sagen ziemlich leer, wie sich beim Treffen beider Kontrahenten für Seehofer herausstellt. Die dramatische Vorstandssitzung der CSU am 1.7.2018 endet mit seiner persönlichen Generalabrechnung mit der Politik Angela Merkels seit Herbst 2015. Sie sei verantwortlich für die Spaltung der Gesellschaft, Europas und der Union wie auch für das Aufblühen der AfD und nicht zuletzt für die Kontrollverluste, die sein Plan korrigiere (Deininger 2020: 28–34). Im Raum stehen nicht nur Seehofers Rücktritt, sondern auch die Spaltung der Bundestagsfraktion und die Sprengung der Regierung.

Schäuble sieht die Union »am Abgrund«. Seehofer, Merkels Hinweis auf ihre Richtlinienkompetenz aufgreifend, teilt der SZ mit, er lasse »sich nicht von einer Kanzlerin entlassen, die nur wegen mir Kanzlerin ist« – ein Hinweis auf die besonderen Wahlergebnisse der CSU, von denen die Regierungsführung durch die Union abhängig ist. Für ihn sei die Situation unvorstellbar: »Die Person, der ich in den Sattel verholfen habe, wirft mich raus.« (SZ vom 3.7.2018). Bemerkenswert, wie hier beide Seiten formale Rechtsfragen und politische Machtfragen vermischen, wobei es im Ernstfall gar nicht um persönliche, sondern um politische Befindlichkeiten ginge. Seehofer ist das vielleicht bewusst geworden, als angesichts der Schreckensbilder des Machtverlusts Söder wie Dobrindt öffentlich Positionen der Mäßigung und Konflikteingrenzung bezogen. Es ist der Moment, ab dem statt Seehofer der designierte Vorsitzende Söder den Ton in der CSU vorgibt (Deininger 2020: 32). In Schäubles Büro entsteht der Kompromiss, der den in der Fraktion bereits herrschenden Fatalismus überwindet: die Einrichtung von Transitzentren, Rücknahmeabkommen mit möglichst vielen Staaten, Zurückweisungen in Absprache mit Österreich. Ist dieser Kompromiss »nach hartem Kampf« (Merkel), in dem sich »wieder einmal gezeigt hat, dass es sich lohnt, für seine Überzeugungen zu kämpfen« (Seehofer), wirklich so herausragend, wie der Innenminister ihn interpretiert, um seinen Verbleib im Amt zu begründen? In der Fassung, welche die Koalition ihm gab, sind bis März 2019 binnen sieben Monaten elf Menschen an der Einreise gehindert worden (ebd.: 44). Dafür eine Staatskrise, den Verlust der Regierung, den Bruch der Fraktionsgemeinschaft und Reputationsverluste in der Gesellschaft zu riskieren, scheint nicht gerade dem Grundsatz politischer Verhältnismäßigkeit zu entsprechen. In der EU ist es auch in der Folge nicht gelungen, die deutsche Ratspräsidentschaft eingeschlossen, eine Einigung über Verpflichtungen zur Aufnahme von Flüchtlingen wie zur Übernahme von Rückführungen oder auch zu Asyl-Vorprüfungen an den Außengrenzen zu erzielen.

Seehofer Humanitätsdefizite zu unterstellen, würde ihm nicht gerecht. Für einen entschiedenen Sozialpolitiker erschienen sie auch seltsam. Es ist auch nicht verwerflich, Humanität und Ordnung – wie nicht nur sein Masterplan hieß – zusammenzusehen. Es ist die fundamentale Idee des Grundgesetzes. Auch der hilfreiche Staat darf seinen Bürgern eigentlich keine Kontrollverluste oder die Außerkraftsetzung von Rechtsregeln zumuten, wie speziell ein Innenminister wissen muss. Unter diesen Vorrausetzungen hat Seehofer die Aufnahme von Flüchtlingen verteidigt und ein zukunftsfestes System dafür gefordert, die Leistungen der EU als »absolut armselig« (FAZ vom 16.9.2020) charakterisierend. Immerhin handelte er im September 2019 mit Frankreich, Italien und Malta eine Vereinbarung zur Verteilung von Migranten aus, die von privaten Organisationen aus Seenot gerettet werden, auf breitere Unterstützung hoffend sowie die Aufnahme von 25 % der Geretteten zusagend. Gegen das Sterben im Mittelmeer und für die Aufnahme geretteter Bootsflüchtlinge setzte er sich ein und wies Kritik daran aus den Reihen von CDU und CSU zurück: »Es ist unglaublich, dass man sich als Innenminister für die Rettung von Menschen verteidigen muss.« (FAZ vom 19.9.2019).

Umstritten gewesen ist auch des Innenministers Feststellung, der Islam gehöre nicht zu Deutschland – speziell im Kontext von Migration und Integration (SZ vom 16.3.2018).

Dass sie historisch-kulturell gemeint war, wurde gerne übersehen. Tatsächlich warnte er vor Muslimfeindlichkeit, die nicht nur Muslime, sondern die ganze Gesellschaft bedrohe. Er warb für einen Islam, der die Werte des Grundgesetzes teilt, für die Ausbildung des religiösen Personals in Deutschland und für Unabhängigkeit vom Ausland. Im Grunde kehrte er den inkriminierten Satz um: ein Islam der die Werte der freiheitlich-demokratischen Grundordnung teilt, ist hier heimisch, ein anderer nicht. Anders kann es ein Innenminister kaum sagen. Dass man Muslimen human zu begegnen hat, ist in diese Position eingeschlossen.

Was ist das Außergewöhnliche an diesem Bundesminister des Inneren? Seehofers Charakterisierung als »Minister für Rabatz« (SZ vom 18.1.2019) ist ein Fehlurteil. Haltung und Verhalten sind komplex. Konflikten ist er nie aus dem Weg gegangen, wenn nach seinem – vielleicht gelegentlich zugespitzten – persönlichen Urteil Gründe und Überzeugungen dafür sprachen. Er ist ein Individualist – in der professionellen Politikwelt und ihren Mechanismen eine außergewöhnliche, selten anzutreffende Erscheinung. Aus dieser Welt erklärt sich auch die bilanzierende mediale Einschätzung: »Ein ewig Rätsel wird er bleiben« (SZ vom 24.11.2021). Umgekehrt erklärt Seehofers Individualismus ebenso seine eigene bilanzierende »Sehnsucht nach einem vollständig anderen Leben« (FAZ vom 18.7.2020).

Und doch bleibt eine eher normale Frage von besonderem Wert: Haben Kanzlerin und Innenminister nach den punktuell tiefen Zerwürfnissen zur Kooperation zurückgefunden? Seehofer, der Angreifer, fand früh zur Annäherung zurück. Merkel galt ihm als »die Beste« (FAZ vom 11.5.2019). In einem sein politisches Leben bilanzierenden Interview sieht er Merkel als »eine ganz große Politikerin. Sie ist ein Glücksfall für Deutschland.« und an anderer Stelle: »Sie ist unheimlich ausdauernd, hat eine starke Überzeugung und ein außergewöhnlich gutes Gespür. Aber sie ist nicht nachtragend« (Passauer Neue Presse vom 22.10.2021). Ist das die Voraussetzung dafür, dass aus den Feindseligkeiten normale Debatten und gute, ja bei-

derseits »freundschaftliche« (SZ vom 27./28. 11.
2021) Zusammenarbeit mit einem aus seiner
Sicht »großen Menschen« (von Bullion 2021: 17)
geworden sind? Und doch verbindet sich diese
Bilanz mit seinem unvermeidlichen – und legi-
timen – Selbstwertgefühl: Er habe es geschafft,
bis zum Schluss im Amt zu bleiben, andere hätten es nicht geschafft, ihn vorher loszuwerden:
»Das ist eine große Befriedigung.«

Literatur: Deininger, Roman: Die CSU. Bildnis einer speziellen Partei, München 2020; Detjen, Stephan/Steinbeis, Maxi-
milian: Die Zauberlehrlinge, Stuttgart 2019; Hickmann, Chris-
toph/Medick, Veit/Knobbe, Martin: Lockdown, München
2020; von Bullion, Konstanze: »Ich bin eigentlich weit über
den Durst«. In: Süddeutsche Zeitung Magazin 22/2021, S. 8–
17; Weinacht, Paul-Ludwig: Seehofer, Horst. In: Kempf, Udo/
Merz, Hans-Georg/Gloe, Markus (Hg.): Kanzler und Minister
2005–2013. Biographisches Lexikon der deutschen Bundesregierungen, Wiesbaden 2015, S. 215–219.

Heinrich Oberreuter

Spahn, Jens (CDU)

Bundesminister für Gesundheit

geb. 16.5.1980 in Ahaus (Nordrhein-Westfalen), röm.-kath.

1995	Eintritt in die Junge Union
seit 1997	Mitglied der CDU
1999	Abitur
1999–2001	Ausbildung zum Bankkaufmann bei der Westdeutschen Landesbank in Münster, IHK-Abschluss 2001
2003–2017	Studium der Politikwissenschaft an der Fernuniversität Hagen; 2008 Bachelor of Arts, 2017 Master of Arts
1999–2008	Mitglied des Stadtrats von Ahau
2009–2015	Mitglied des Kreistags des Kreises Borken (Nordrhein-Westfalen)
seit 2002	Mitglied des Deutschen Bundestags
2005–2007	Stellvertretender Vorsitzender der Arbeitsgruppe Gesundheit der CDU/CSU-Bundestagsfraktion
2009–2015	Vorsitzender der Arbeitsgruppe Gesundheit und gesundheitspolitischer Sprecher der CDU/CSU-Bundestagsfraktion
seit 2012	Mitglied des Bundesvorstands der CDU
2014–2018	Vorsitzender des Bundesfachausschusses Gesundheit und Pflege der CDU
seit 2014	Mitglied des Präsidiums der CDU Deutschlands
2021–2022	Stellvertretender Vorsitzender der CDU Deutschland
2015–2018	Parlamentarischer Staatssekretär beim Bundesminister der Finanzen
2018–2021	Bundesminister für Gesundheit
seit 12/2021	Stellvertretender Vorsitzender der CDU/CSU-Bundestagsfraktion

Quelle: Presse- und Informationsamt der Bundesregierung; Fotograf: Steffen Kugler

Der Koalitionsregierung aus CDU/CSU und SPD von 2018 bis 2021 gehörte Jens Spahn als Bundesminister für Gesundheit an. Dass Angela Merkel den erst 37-jährigen CDU-Politiker ins Kabinett holte, war durchaus nicht selbstverständlich. Spahn hatte sich zuvor wiederholt als innerparteilicher Kritiker der Bundeskanzlerin profiliert, und auch in der Partei war er nicht unumstritten. Er galt als Vertreter konservativer Positionen in der CDU, der Ambitionen auf höchste politische Ämter nicht verhehlte, was ihm die Gegnerschaft einflussreicher Parteirepräsentanten einbrachte. Andererseits hatte Spahn die Unterstützung vieler jüngerer Parteimitglieder sowie des Wirtschaftsflügels der Union, die sich von ihm einen Generations- und Politikwechsel in Partei und Regierung erhofften. Zudem hatte er sich seit 2014 eine fachliche Expertise erarbeitet, die ihn nicht nur in

den Augen der Bundeskanzlerin zu einem geeigneten Kandidaten für das Gesundheitsressort machte. So wurde Spahn auf Vorschlag von Angela Merkel am 14.3.2018 von Bundespräsident Steinmeier zum Bundesminister ernannt. Er war der jüngste Minister im Kabinett Merkel IV.

Spahn hatte einen steilen politischen Aufstieg gemacht. Prägend für seine Kindheit und Jugend sind die Schulzeit an einem bischöflichen Gymnasium und vor allem das Engagement in den katholischen Jugendverbänden KJG (Katholische Junge Gemeinde) und BDKJ (Bund der Deutschen Katholischen Jugend). In seiner Kirchengemeinde St. Georg in Ottenstein am Niederrhein wirkt er jahrelang als Messdiener und Pfarrgemeinderatsmitglied. Zur Politisierung Spahns trägt vor allem die in den 1990er Jahren geführte Debatte über die Atomenergie bei. In seiner Heimatstadt Ahaus befindet sich ein Zwischenlager für radioaktiven Abfall, in dem CASTOR-Behälter mit abgebrannten Brennelementen aus deutschen Atomkraftwerken gelagert werden. Während dies in der lokalen Bevölkerung von vielen vehement abgelehnt wird, ist der jugendliche Spahn ein Atombefürworter, der die Politik der damaligen Umweltministerin Angela Merkel verteidigt. Bereits mit 15 Jahren tritt Spahn in die Junge Union ein, nur vier Jahre später wird der gelernte Bankkaufmann für die CDU Mitglied im Stadtrat seiner Heimatstadt Ahaus im Münsterland (Nordrhein-Westfalen).

Den eigentlichen Start seiner politischen Karriere bildet jedoch 2001 seine Kandidatur um das Bundestagsmandat des damals gerade neu gebildeten Wahlkreises Steinfurt I – Borken I (Nordrhein-Westfalen). Spahn gelingt es aufgrund geschickten Netzwerkens und mithilfe seines überzeugenden Redetalents, sich bei der parteiinternen Nominierung in einer Kampfkandidatur gegen einen anderen Bewerber durchzusetzen. Schon in dieser frühen Phase seines politischen Wegs zeichnet sich seine Bereitschaft ab, politische Ämter auch gegen innerparteiliche Konkurrenz anzustreben. Jahre später überschreibt die FAZ ein Porträt über Spahn mit dem Titel »Kampfkandidaturen begleiten seinen Weg«.

Doch dieses Muster zahlt sich aus: 2002 wird er im Alter von 22 Jahren mit 48,2 % der Erststimmen als direkt gewählter Abgeordneter der CDU in den 15. Deutschen Bundestag gewählt. Fünf Mal gelingt ihm danach die Wiederwahl, dreimal sogar mit über 50 % Stimmenanteil. Neben seiner Abgeordnetentätigkeit studiert Spahn an der Fernuniversität Hagen Politikwissenschaft und erwirbt die akademischen Grade Bachelor of Arts (2008) sowie Master of Arts (2017).

Als jüngster Abgeordneter der CDU/CSU-Fraktion wird er, wie die meisten Parlamentsneulinge, zunächst Mitglied im Petitionsausschuss des Bundestags. Da in seinem Wahlkreis mehrere Bundeswehrstandorte liegen, wird er zudem stellvertretendes Mitglied im Verteidigungsausschuss. Als entscheidende Weichen-

stellung für später wird sich jedoch erweisen, dass die Fraktionsführung Spahn auch in den Gesundheitsausschuss entsendet, obwohl er mit diesem Thema bislang noch keine Berührung gehabt hatte. Doch er arbeitet sich ein, eignet sich das notwendige Fachwissen an und gewinnt rasch Anerkennung als Gesundheitsexperte der CDU. Für Spahn ist es das »mit Abstand spannendste Themenfeld, um etwas zu bewegen« (Milde 2015: 304). Aus seiner Sicht dürfen sich gesundheitspolitische Debatten nicht nur um finanzielle Themen drehen, sondern müssen stärker auf die Menschen eingehen. Es ist die Zeit von Gesundheitsministerin Ulla Schmidt (SPD), die mit dem »Gesetz zur Modernisierung der gesetzlichen Krankenversicherung« 2003 den Versuch startet, das Gesundheitswesen unter Kostengesichtspunkten zu reformieren. Das GKV-Modernisierungsgesetz war von den Fraktionen SPD, CDU/CSU und Bündnis 90/Die Grünen gemeinsam auf den Weg gebracht worden. Spahn stimmt dem Gesetz zu, gibt aber mit 23 anderen Unionsabgeordneten zu Protokoll, »dass das Gesetz entscheidende Fragen nicht beantwortet«. Gefordert wird eine »umfassende, langfristige und generationengerechte Reform des deutschen Gesundheitswesens«. Damit verschafft er sich Anerkennung in der Fraktion.

Nach der vorgezogenen Bundestagswahl des Jahres 2005 stellt die Union mit Angela Merkel die Bundeskanzlerin. Spahn gewinnt in seinem Wahlkreis mit 51,2 % Stimmenanteil und kann damit sein Ergebnis von 2002 verbessern. Er wird stellvertretender Vorsitzender der Arbeitsgruppe Gesundheit der CDU/CSU-Fraktion und deren Obmann im Gesundheitsausschuss. Auch in anderen Politikfeldern verschafft er sich zunehmend Gehör. Im Jahr 2006 gehört er einer Gruppe von jungen Bundestagsabgeordneten unter 40 aus den vier Fraktionen CDU/CSU, SPD, Grüne und FDP an, die mit einer Grundgesetzänderung »die Bedürfnisse der heutigen Generationen mit den Lebenschancen künftiger Generationen verknüpfen« wollten. Doch der Versuch, mit einem neuen Artikel 21b und einer Veränderung des Artikels 109 die Staatsziele Generationengerechtigkeit und

Nachhaltigkeit ins Grundgesetz aufzunehmen, versandet im Bundestag schon nach der ersten Lesung.

Eine Äußerung zur Rentenpolitik macht Spahn im Jahr 2008 erstmals bundesweit bekannt. Die Große Koalition unter Angela Merkel hat gerade eine außerordentliche Rentenerhöhung beschlossen, was Spahn in einer Talkshow mit dem Satz kommentiert: »Das Wahlgeschenk an die Rentner kostet die junge Generation mittel- und langfristig viel Geld« (Bröcker 2018: 81). Die Empörung ist groß, vor allem unter den älteren Wählerinnen und Wählern, aber auch in seiner Partei und im Wahlkreis kommt der 28-Jährige in die Defensive. Sogar seine Nominierung für die Bundestagswahlen von 2009 ist in Gefahr. Doch Spahn kann die Gemüter beruhigen: Erstmals wird er von Anne Will in die ARD-Talkshow eingeladen, was ihm die Chance gibt, die Wogen zu glätten. Sein Fernsehauftritt macht ihn zugleich einem Millionenpublikum bekannt.

Die Bundestagswahl 2009 führt zur Gründung einer christlich-liberalen Bundesregierung unter Angela Merkel. Spahn hat zum dritten Mal seinen Wahlkreis gewonnen und sich längst als Gesundheitsexperte der Union etabliert. Er wird nun Vorsitzender der Arbeitsgruppe Gesundheit und gesundheitspolitischer Sprecher der CDU/CSU-Bundestagsfraktion. Seine Gestaltungsmöglichkeiten sind indes begrenzt, denn das Gesundheitsministerium fällt an die FDP, und an den Koalitionsgesprächen ist er nicht beteiligt. Aber Spahn nutzt die Zeit, um sein Netzwerk in Politik, Wirtschaft und Gesellschaft ausbauen und seinen Bekanntheitsgrad weiter zu steigern.

Nach der Bundestagswahl 2013 sitzt der nun 33-Jährige vermeintlich fest im Sattel. Der Wahlkreis ist erneut mit 52 % Stimmenanteil gewonnen, und in den Koalitionsverhandlungen mit der SPD leitet Spahn für die Union die Gespräche zur Gesundheitspolitik. Zusammen mit SPD-Verhandlungsführer Karl Lauterbach handelt er Kompromisse aus. Dass sich die SPD nicht mit ihrem Plan zur Einführung einer Bürgerversicherung durchsetzen kann, ist auch das Verdienst Spahns. Doch den erhofften Minis-

terposten bekommt er nicht, Merkel beruft ihren Vertrauten Hermann Gröhe in das Gesundheitsministerium. Spahns Enttäuschung währt nicht lange. Er ergreift nun selbst die Initiative, meldet sich zu verschiedenen politischen Themen zu Wort und kandidiert 2014 für das CDU-Präsidium. Ein gewagter Schritt, denn es gibt mehr Bewerber als Präsidiumsposten, aber Spahn erhält genügend Stimmen und setzt sich durch. Vor allem die Unterstützung der Jungen Union und des Wirtschaftsflügels der Partei hatten ihm den Erfolg gesichert.

Finanzminister Wolfgang Schäuble, der schon Spahns Bewerbung für das CDU-Präsidium unterstützt hatte, holt ihn im Juli 2015 als Parlamentarischen Staatssekretär in das Bundesfinanzministerium. Doch es ist nicht die Finanzpolitik, die das Land in dieser Zeit bewegt. Im Spätsommer 2015 spitzt sich die Flüchtlingskrise zu, in deren Folge über eine Million Schutzsuchende und Migranten nach Deutschland kommen. Die Entscheidung von Bundeskanzlerin Angela Merkel, die über die Balkanroute kommenden, in Ungarn festsitzenden Flüchtlinge aufzunehmen, löst eine gesellschaftliche Debatte über die Ausrichtung der Asyl- und Flüchtlingspolitik aus. Spahn ist, anders als die Kanzlerin, für eine restriktive Flüchtlingspolitik. Er warnt vor den Grenzen der Aufnahmefähigkeit Deutschlands, kritisiert eine »falsch verstandene Toleranz« gegenüber kriminellen Ausländern, fordert ein Burkaverbot in Deutschland und schreibt in einem von ihm herausgegebenen Sammelband angesichts der Grenzöffnung von »Staatsversagen« (Spahn 2015: 181 f.). Die Distanzierung Spahns von den Positionen der Kanzlerin könnte kaum größer sein, und die Reaktionen sind entsprechend heftig. Beifall kommt aus rechten Kreisen, selbst in der eigenen Partei wird Spahn hingegen Hetze und Spaltung vorgeworfen.

Die Bundestagswahl von 2017 mündet in langwierigen Koalitionsverhandlungen. Die Sondierungsgespräche über die Möglichkeit einer »Jamaika-Koalition« zwischen CDU/CSU, FDP und Bündnis 90/Die Grünen scheitern. Daraufhin kommt es zur Fortsetzung der seit 2013 bestehenden schwarz-roten Großen Koalition von Union und SPD. Der Koalitionsvertrag wird am 7.2.2018 unterzeichnet, und Angela Merkel kann ihr viertes Bundeskabinett bilden.

Dass Merkel Jens Spahn als Minister vorschlagen würde, war keineswegs sicher. Der junge Politiker hatte in der Union nicht nur Freunde: Seine Kritik an der Kanzlerin während der Flüchtlingskrise wurde ihm übelgenommen; auch seine Äußerungen zur Rentenpolitik waren noch nicht vergessen. Außerdem stehen der CDU laut Koalitionsvertrag nur sechs Ministerposten zu, drei davon sind für Frauen reserviert. Der Merkel-Vertraute Hermann Gröhe will Gesundheitsminister bleiben. Warum sich Angela Merkel dennoch für Spahn entscheidet, hat wohl verschiedene Gründe: Zum einen hatte sich Spahn seit 12 Jahren im Politikbereich Gesundheit einen Namen gemacht. Er hat starke Unterstützer im Parteiestablishment, wie Wolfgang Schäuble, und gilt zugleich als Hoffnungsträger vieler jüngerer Parteimitglieder. Vielleicht ist es aber auch das Kalkül der Kanzlerin, durch die Berufung in die Bundesregierung einen ihrer Kritiker in die Kabinettsdisziplin einzubinden?

In den ersten Wochen seiner Amtszeit als Bundesminister für Gesundheit scheint es, als ob Spahn die Vorbehalte seiner Kritiker bestätigen würde. Er ist in den Medien präsent, tritt eine Debatte zu Hartz IV los, kritisiert, dass der Staat in manchen Bereichen nicht mehr in der Lage sei, die innere Sicherheit aufrecht zu erhalten, und regt sich über »Hipster« auf, die in Berliner Kneipen Englisch sprechen.

Doch dann konzentriert sich der neue Gesundheitsminister auf seine eigentliche Arbeit. Als erstes widmet er sich dem Thema Pflege. Der eklatante Mangel an Fachkräften hat dazu geführt, dass in Deutschland von einem »Pflegenotstand« die Rede ist. Nicht einmal drei Monate nach Amtsantritt stellt Spahn einen Aktionsplan vor, mit dessen Hilfe 13 000 neue Stellen in der Pflege geschaffen werden sollen. Er stimmt sich mit Arbeitsminister Hubertus Heil und mit Familienministerin Giffey ab und bringt in den Deutschen Bundestag ein Gesetzespaket für Verbesserungen der Bedingungen in der Pflege ein, das viel Zustimmung fin-

det. Gegen die Personalnot in der Pflege sollen Fachkräfte aus dem Ausland helfen, die Spahn auf Reisen in den Kosovo und in Mexiko anwirbt. Im September 2018 folgt ein Gesetzentwurf, mit dem Kassenpatienten kürzere Wartezeiten bei Arztterminen ermöglicht werden soll. Auch die medizinische Notfallversorgung will er neu organisieren, mit Sofortmaßnahmen die Geburtshilfe stärken und den Online-Handel verschreibungspflichtiger Medikamente regulieren. Das Verbot von Konversionstherapien bei Homosexuellen und die Einführung einer Masern-Impfpflicht bei Kindern gehen auf seine Initiative zurück.

Im Herbst 2018 gelangt wieder die Parteipolitik in den Vordergrund. Angela Merkel kündigt überraschend an, nach 18 Jahren nicht mehr als Bundesvorsitzende der CDU zu kandidieren. Um ihre Nachfolge bewerben sich CDU-Generalsekretärin Annegret Kramp-Karrenbauer, der frühere Unionsfraktionsvorsitzende Friedrich Merz, und auch Jens Spahn wirft seinen Hut in den Ring. Er präsentiert sich auf den Regionalkonferenzen der Partei als Vertreter der jungen Generation, der für einen »selbstbewussten Patriotismus« eintrete. Doch diesmal verliert Spahn die Kampfkandidatur. Der Gesundheitsminister erhält auf dem CDU-Parteitag im Dezember 2018 nur 157 von 1 001 Delegiertenstimmen und scheidet bereits im ersten Wahlgang aus. In seiner Bewerbungsrede hatte er selbst erkennen lassen, dass er seine Chancen auf einen Wahlsieg als gering einschätzte. Aber dennoch ist seine Kandidatur ein Signal: Spahn will ganz nach oben.

Annegret Kramp-Karrenbauer wird Parteivorsitzende, und Spahn konzentriert sich wieder auf seine Aufgaben im Ministerium. Ein wichtiges Anliegen ist ihm die Digitalisierung des Gesundheitssystems, er will die »Chancen des digitalen Wandels ergreifen«. Im Bundesgesundheitsministerium gründet er eine eigene Abteilung für Digitales, und im Dezember 2019 tritt das Digitale-Versorgung-Gesetz in Kraft, das unter anderem den Ausbau eines digitalen Netzwerks im Gesundheitswesen forciert und Ärzten Videosprechstunden ermöglicht.

Nicht alle Initiativen sind erfolgreich: 2019

initiiert Spahn eine bundesweite Debatte zur Zukunft der Organspende. Wegen im europäischen Vergleich niedriger Spendenzahlen schlägt er eine Neuregelung der Organspende vor. Doch sein Gesetzentwurf, der die Einführung einer doppelten Widerspruchsregelung bei der Organspende vorsah, scheitert Anfang 2020 im Deutschen Bundestag. Auch Spahns Pläne für ein »Gesetz zur Stärkung von Rehabilitation und intensivpflegerischer Versorgung in der gesetzlichen Krankenversicherung«, stößt auf Widerstand. Kritik entzündet sich vor allem daran, dass die häusliche Intensivpflege in Zukunft die Ausnahme und nicht die Regel sein soll. Eine Petition gegen das Gesetz wird von über 130 000 Personen unterstützt. Spahn reagiert, lässt den entsprechenden Passus überarbeiten und erhält im Juli 2020 mit den Stimmen der Koalitionsparteien eine Mehrheit im Bundestag.

Zu diesem Zeitpunkt wird die Gesundheitspolitik jedoch längst von einem anderen Thema überlagert, das bis zum Ende der Amtszeit Spahns seine wichtigste Aufgabe bleiben wird: die Corona-Pandemie. Noch am 22.1.2020 hatte das Robert Koch-Institut (RKI) erklärt, »dass nur wenige Menschen von anderen Menschen angesteckt werden können« und dass sich das Virus nicht sehr stark auf der Welt ausbreiten würde. Ende Februar 2020, als die ersten Infektionsfälle in der Bundesrepublik registriert werden, sieht Spahn Deutschland bestmöglich vorbereitet: Die Bundesrepublik verfüge »über eines der besten Gesundheitssysteme der Welt, das Jahr für Jahr auch die Grippewellen erfolgreich bewältige«. Mitte März 2020 warnt das Gesundheitsministerium auf Twitter vor dem Gerücht, dass bald massive Einschränkungen des öffentlichen Lebens angekündigt werden würden. Doch schon kurze Zeit später erweisen sich diese Aussagen als eklatante Fehleinschätzungen. Die Zahl der Erkrankten und Toten steigt rapide an. Am 22.3.2020 einigen sich Bund und Länder auf ein »umfassendes Kontaktverbot«. Der Bundestag erklärt am 27. März eine »Epidemische Lage von nationaler Tragweite« und stattet Spahns Ministerium mit zusätzlichen Befugnissen aus. Ohne Zustimmung des Bundesrats kann Spahn nun durch Rechts-

verordnungen die Versorgung mit Arzneimitteln und anderen Medizinprodukten oder Schutzausrüstung sicherstellen.

Der erste Lockdown der Pandemie dauert sieben Wochen: Öffentliche Veranstaltungen werden verboten, deutschlandweit werden die Schulen geschlossen, Gastronomie und Dienstleistungsbetriebe müssen den Betrieb einstellen. Das Land befindet sich in der größten Krise seit dem Zweiten Weltkrieg. In einer Regierungsbefragung am 22.4.2020 bittet Spahn um Verständnis für schwierige politische Entscheidungen in der Corona-Krise: »Wir werden in ein paar Monaten wahrscheinlich viel einander verzeihen müssen«.

Die Pandemie macht Spahn zum wichtigsten Minister im Kabinett. In den Medien ist er beinahe omnipräsent: Wöchentlich trägt er zusammen mit dem RKI-Präsidenten Lothar Wieler in der Bundespressekonferenz den Bericht zur Coronalage vor. Sein Krisenmanagement wird ihm lange positiv angerechnet. Im Januar 2021 titelt »Der Spiegel«: »Der Gesundheitsminister ist einer der beliebtesten Politiker des Landes und sondiert seine Chancen auf die Kanzlerkandidatur«. Doch je länger die Pandemie dauert, desto mehr häufen sich die Fehler. Die für 2021 angekündigte Impfkampagne läuft nicht wie geplant, es kommt zu Engpässen bei der Beschaffung und Verteilung von Impfstoffen. Auch bei der Lieferung von Schnelltests und FFP2-Schutzmasken und bei der Einführung der Corona-Warn-App gibt es Schwierigkeiten. Im April 2021 steigt die Zahl der Coronainfektionen trotz aller Maßnahmen wieder so schnell an, dass Spahn davor warnt, das Gesundheitssystem könne an seine Belastungsgrenze kommen.

Mitte 2021 entspannt sich die pandemische Lage wieder etwas. Der Wahlkampf für die Bundestagswahl im September kommt nun in die heiße Phase. CDU-Vorsitzender ist nach dem Rücktritt Annegret Kramp-Karrenbauers inzwischen Armin Laschet, der als Kandidat der Union auch Bundeskanzlerin Angela Merkel beerben will. Spahn hatte bereits im Februar 2020 angekündigt, nicht selbst für den CDU-Vorsitz zu kandidieren, sondern Armin Laschet zu unterstützen. »Es kann nur einen Partei-chef geben, das bedeutet auch, dass jemand zu-rückstecken muss«, erklärt er auf Facebook un-gewohnt bescheiden. Die Kritik an der Arbeit des Gesundheitsministers reißt jedoch nicht ab. Ein Bericht des »Spiegel«, Spahn habe an-geblich minderwertige Masken an Obdach-lose, Behinderte oder Hartz-IV-Empfänger ab-geben wollen, kratzt ebenso an seinem Image wie ein Bericht des Bundesrechnungshofs, der moniert, das Gesundheitsministerium habe zu hohe Preise für Masken an Apotheker bezahlt, und teuer finanzierte Intensivbetten seien nicht auffindbar. Private Immobiliengeschäfte mit seinem Ehemann Daniel Funke beschäftigen die Gazetten. Spahn gerät immer mehr unter Druck. Auch für Unionskanzlerkandidat La-schet sieht es nicht gut aus. Drei Wochen vor der Bundestagswahl möchte Laschet mit einem achtköpfigen »Zukunftsteam« aus dem Um-fragetief kommen. Spahn ist nicht dabei.

CDU und CSU erhalten bei den Bundestags-wahlen am 26.9.2021 nur noch 24,1 % der Stim-men. Spahn gewinnt zwar wieder das Direkt-mandat in seinem Wahlkreis, aber hat mit 40 % Stimmenanteil sein bisher schlechtestes Ergeb-nis. SPD, Grüne und FDP einigen sich darauf, eine neue Bundesregierung zu bilden, und die Union geht in die Opposition. Bis zum Regie-rungswechsel am 8. Dezember bleibt Spahn als geschäftsführender Gesundheitsminister noch einige Wochen im Amt. Die Unionsfraktion wählt ihn zu einem von zwölf stellvertreten-den Vorsitzenden, mit der Zuständigkeit für die Themenfelder Wirtschaft, Klima, Energie, Mit-telstand und Tourismus. Auf dem CDU-Partei-tag im Januar 2022, bei dem der neue Parteivor-stand gewählt wird, kandidiert er nicht erneut als stellvertretender Bundesvorsitzender, son-dern nur noch als einfaches Präsidiumsmit-glied. Er wird gewählt, aber das Ergebnis ist er-nüchternd: Für ihn stimmen lediglich 60,2 % der Delegierten. Doch er kann damit leben. Jens Spahn ist jetzt 41 Jahre alt und kann war-ten, bis seine Zeit wieder kommt.

Literatur: Amann, Melanie u.a.: Der Vielversprechende, in: Der Spiegel Nr. 2/2021, S. 24–29; Amend, Christoph: Wie geht's Dir Deutschland? Hamburg 2019, S. 193–201; Bäu-mer, Beate/Zabel, Frank (Hg.): Wie viel Glaube braucht das Land? Freiburg u.a. 2017, S. 9–16; Bock, Kurt/Trümper, Frank (Hg.): Besser anders weiter so? Verantwortliche Führung in Wirtschaft und Gesellschaft. Freiburg u.a. 2020, S. 221–226; Bröcker, Michael: Jens Spahn. Die Biografie. Freiburg 2018; Knieps, Franz (Hg.): Gesundheitspolitik. Akteure, Aufgaben, Lösungen. Berlin 2017, S. 241–243; Milde, Georg: Wege in die Politik. Berlin/Kassel 2015, S. 303–306; Spahn, Jens: Christ und Demokrat in der Union, in: Kursbuch 196/2018, S. 745–82; Spahn, Jens: Der demografische Wandel und die Finan-zierung des Gesundheitswesens. Lösungsansätze und Per-spektiven. In: Schumpelick, Walter/Vogel, Bernhard (Hg.): Demografischer Wandel und Gesundheit. Lösungsansätze und Perspektiven. Freiburg u.a. 2014, S. 433–439. Spahn, Jens: Ein neues Wir-Gefühl. In: Stoiber, Edmund/Hombach, Bodo (Hg.): Das Corona Brennglas. Demokratie und Öko-nomie nach der Pandemie. Baden-Baden 2021, S. 95–114; Spahn, Jens: Ins Offene: Deutschland, Europa und die Flücht-linge. Freiburg u.a. 2015

Klaus Stüwe

Steinmeier, Frank-Walter (SPD)

Bundesminister des Auswärtigen

geb. 5. 1. 1956 in Detmold (Kreis Lippe)

Quelle: Presse- und Informationsamt der Bundesregierung; Fotograf: Jesco Denzel

1974	Abitur
seit 1975	Mitglied der SPD
1976–1982	Studium der Rechtswissenschaft, ab 1980 auch der Politikwissenschaft an der Universität Gießen
1986	Zweites Juristisches Staatsexamen
1986–1991	Wissenschaftlicher Mitarbeiter am Lehrstuhl für Öffentliches Recht und Politikwissenschaft an der Universität Gießen
1991	Promotion zum Dr. jur.
1991	Referent für Medienrecht und Medienpolitik in der Staatskanzlei des Landes Niedersachsen
1993	Leiter des persönlichen Büros des niedersächsischen Ministerpräsidenten
1994–1996	Leiter der Abteilung Richtlinien der Politik, Ressortkoordinierung und -planung in der Staatskanzlei des Landes Niedersachsen
1996–1998	Staatssekretär und Leiter der niedersächsischen Staatskanzlei
1998	Staatssekretär im Bundeskanzleramt und Koordinator der Nachrichtendienste
1999–2005	Chef des Bundeskanzleramtes
2005–2009	Bundesminister des Auswärtigen
2007–2009	Stellvertreter der Bundeskanzlerin
2007–2009	Stellvertretender Vorsitzender der SPD
2008–2009	Kanzlerkandidat der SPD
2009–2013	Vorsitzender der SPD-Bundestagsfraktion
2013–2017	Bundesminister des Auswärtigen
seit 2017	Bundespräsident der Bundesrepublik Deutschland

Frank-Walter Steinmeiers Karriere ist eng mit Gerhard Schröder verbunden. Sie begann 1993, als ihn Schröder, der 1990 zum Ministerpräsidenten des Landes Niedersachsen gewählt wurde, zu seinem Büroleiter ernannte. 1994 – die SPD hatte bei den Landtagswahlen die absolute Mehrheit gewonnen – übernahm Steinmeier die politische Abteilung der Staatskanzlei. 1996 wurde er deren Leiter im Range eines Staatssekretärs. Nach der Regierungsübernahme von Rot/Grün im November 1998 ernannte ihn Bundeskanzler Schröder zum Staatssekretär im Bundeskanzleramt sowie Koordinator der Nachrichtendienste. Ein Jahr später wurde er Chef des Bundeskanzleramtes in Nachfolge von Bodo Hombach.

Gleich zu Beginn seiner Tätigkeit war Steinmeier mit dem Prestigeobjekt schlechthin der neuen Regierung befasst – dem Atomausstieg. Unter seiner Verhandlungsführung kam es zu einer Vereinbarung über Restlaufzeiten für Kernkraftwerke und zu einer Festlegung der in der Auslaufphase anfallenden Abfallmengen. Steinmeier war auch einer der maßgeblichen Architekten der »Agenda 2010«, einem gleichsam zentralen wie umstrittenen Programm Schröders zum Umbau des Sozialstaats. Bei Steinmeier liefen alle Fäden des Regierungshandelns zusammen. Seine Aufgaben, zu denen u. a. die Informationsvermittlung, die prozedurale Abstimmung im Entscheidungsprozess und die Konfliktprävention gehörten, erfüllte er konsequent und loyal. Im Juni 2005 stellte Kanzler Schröder aufgrund zahlreicher Niederlagen der SPD wegen der Agenda 2010, zuletzt im Mai des Jahres bei der Landtagswahl in Nordrhein-

© Springer Fachmedien Wiesbaden GmbH, ein Teil von Springer Nature 2023
U. Kempf und M. Gloe (Hrsg.), *Kanzler und Minister 2013–2021*,
https://doi.org/10.1007/978-3-658-38669-6_30

Westfalen, gemäß Art. 68 GG die Vertrauensfrage im Bundestag. Dies führte zu dessen Auflösung durch Bundespräsident Köhler und zur
Ausrufung von vorzeitigen Neuwahlen.

Nach dem knappen Wahlsieg von CDU/
CSU bei der vorzeitigen Bundestagswahl am
18. 9. 2005 bildete sich eine Große Koalition unter der Führung von Angela Merkel als Bundeskanzlerin, die dieses Amt 16 Jahre bis 2021 innehatte. Die SPD entschied sich dafür, Steinmeier
in die neue Regierung als Außenminister zu
entsenden, auch wenn die Favoriten für dieses
Amt zunächst Struck, Verheugen und Platzeck
hießen, die jedoch alle aus unterschiedlichen
Gründen nicht zur Verfügung standen. Schröder und auch Joschka Fischer trommelten im
Hintergrund für Steinmeier, die offizielle Nominierung erfolgte durch den Parteivorsitzenden Franz Müntefering, der sich ebenfalls vehement für Steinmeier eingesetzt hatte. Am
22. 11. 2005 wurde Steinmeier zum Bundesminister des Auswärtigen ernannt. Traditionell
war das Amt des Außenministers mit dem des
Vizekanzlers verbunden. Allerdings nahm diese
Funktion zunächst Müntefering als Minister für
Arbeit und Soziales wahr. Erst nach dem Rückzug Münteferings aus dem Kabinett – er wollte seine kranke Frau pflegen – übernahm Steinmeier Ende Oktober 2007 auch das Amt des
Vizekanzlers.

Auch wenn Steinmeier nicht aus der sozialdemokratischen Führungsmannschaft heraus
ins Amt gelangte, stieß seine Berufung zum
obersten Diplomaten Deutschlands auf eine
weitgehend positive Resonanz, weil er in seinem vorherigen Job oft genug diplomatisches
Geschick unter Beweis gestellt hatte. Darüber
hinaus war er als Chef des Bundeskanzleramtes
mit Fragen der Außen- und Sicherheitspolitik
bestens vertraut. Sein neues Amt erforderte indes von ihm, das Wirken im Hintergrund mit
der großen internationalen Bühne einzutau-
schen – »ein Sprung vom Maschinenraum auf
das Sonnendeck der Politik« (Lütjen/Geiges
2017: 94).

Gleich zu Beginn seiner Amtszeit musste
sich Steinmeier sowohl Problemen innerhalb
der EU als auch im transatlantischen Verhältnis

zu den USA widmen. Ende Mai/Anfang Juni
2005 hatten Frankreich und die Niederlande in
Referenden den Vertrag über eine Europäische
Verfassung abgelehnt, wodurch der europäische
Integrationsprozess in ein schweres Fahrwasser
geriet. Erst der Vertrag von Lissabon, der während der deutschen Ratspräsidentschaft 2007
unter der Führung des Duos Merkel/Steinmeier
erarbeitet und verabschiedet wurde und zentrale Teile aus dem Verfassungsvertrag übernahm,
brachte wieder Ruhe und Stabilität ins europäische Haus. Das Verhältnis zu den USA galt seit
der Ablehnung einer Beteiligung am Irak-Krieg
2003 durch die rot/grüne Vorgängerregierung
als belastet. Hinzu kamen Irritationen über die
Weigerung der USA, dem 1997 verabschiedeten Kyoto-Protokoll zur Reduzierung von CO_2-
Emissionen, der 1999 in Kraft getretenen internationalen Konvention über das Verbot von
Landminen sowie dem Abkommen über die Errichtung des Internationalen Strafgerichtshofs
von 1998 (zur Aburteilung von Kriegsverbre-
chen) beizutreten.

Die Außenpolitik der Großen Koalition unterschied sich gleich zu Beginn ihrer Amtszeit
deutlich von der Außenpolitik von Rot/Grün.
Ihr Stil war sachlicher, zurückhaltender und
tendenziell stärker auf Ausgleich und Kooperation ausgerichtet. Steinmeier selbst sprach von
einer neuen Bescheidenheit. Die Einigkeit der
neuen Regierung in außenpolitischen Fragen
lag an einer weitreichenden Übereinstimmung
in der Bewertung wie auch im Umgang mit
den wesentlichen politischen Herausforderungen für Deutschland. Beide Koalitionspartner
zeichnete eine pragmatische Sicht auf die Außenpolitik aus – am politisch Machbaren orientiert, aber stets der Grenzen deutscher Einflussnahme bewusst.

Das Konzept des Multilateralismus stand
erneut im Mittelpunkt deutscher Außenpolitik, womit verloren gegangenes Vertrauen sowohl dies- als auch jenseits des Atlantiks zu-
rückgewonnen werden konnte. So hatten denn
auch beide Partner im Koalitionsvertrag vom
11. 11. 2005 festgehalten, dass europäische Einigung und atlantische Partnerschaft »keine Gegensätze«, sondern die beiden wichtigsten

»Pfeiler« der deutschen Außenpolitik sind (ebd.: 125). Ferner, dass »ein enges Vertrauensverhältnis« zwischen den USA und einem selbstbewussten Europa, das sich nicht als Gegengewicht, sondern als Partner versteht, »unverzichtbar« ist (ebd.: 130). Die Ziele deutscher Außenpolitik erläuterte Steinmeier bei seinem Antrittsbesuch bei den Vereinten Nationen in New York im November 2005 und bekräftigte dabei die Bereitschaft Deutschlands, einen ständigen Sitz im UN-Sicherheitsrat und weltweit mehr Verantwortung übernehmen zu wollen. Ein »verlässlicher Partner in den Vereinten Nationen zu sein«, bezeichnete Steinmeier als »unser außenpolitisches Credo« wenig später bei einer Rede vor dem Deutschen Bundestag (30. 11. 2005).

Auffassungsunterschiede zwischen Bundeskanzlerin und Außenminister wurden vor allem sichtbar in der Frage des angemessenen Umgangs mit Russland und China, wobei es hier keine Differenzen über die Ziele, jedoch über die Instrumente gab. Das Kanzleramt betrieb eine »tendenziös amerikafreundliche Politik« (Kohlmann 2017: 345) unter Vernachlässigung der Beziehungen zu Russland. Dies wiederum eröffnete Steinmeier die Chance, das Vakuum zu nutzen und Russland zur Sache des Chefdiplomaten zu machen. Ganz in der Tradition der Vorgängerregierung unter Kanzler Schröder versuchte Steinmeier gute, vertrauensvolle und belastbare Beziehungen zu Russland aufzubauen. Das im Koalitionsvertrag vereinbarte Konzept einer »strategischen Partnerschaft« im deutsch-russischen Verhältnis (Koalitionsvertrag vom 11. 11. 2005: 134) wollte er mit Leben füllen und ergänzte es mit der Zielsetzung »Wandel durch Verflechtung«. So ließ er vom Planungsstab des Auswärtigen Amts ein Strategiepapier erarbeiten, in dem die Anbindung Russlands an die EU durch eine Energiepartnerschaft angedacht wurde. Im Dezember 2006 reiste Steinmeier nach Moskau, um konkrete Vereinbarungen zu treffen, was auf heftige Kritik seitens der Unionsparteien stieß u. a. wegen der Befürchtung, Verflechtungen könnten von Russland zu Investitionen und Unternehmensbeteiligungen in EU-Ländern genutzt wer-

den. Im Mai 2008 bot Steinmeier Russland in einer Rede in Jekaterinburg eine »Modernisierungspartnerschaft« an, die u. a. Hilfe bei der Realisierung von Projekten zum Aufbau rechtsstaatlicher Strukturen, der effizienteren Energienutzung und der Verbesserung der Verkehrsinfrastruktur beinhalten sollte. Mit dieser Initiative wollte Steinmeier die Chancen nutzen, die sich aus dem Amtsantritt des im März 2008 neu gewählten russischen Präsidenten Dimitrij Medwedjew ergaben, der sich für Reformen und eine starke Zivilgesellschaft in Russland ausgesprochen hatte.

Steinmeiers Werben für ein gutes Verhältnis zu Russland hatte indes nur bedingten Erfolg. Wie problematisch die Beziehungen waren, zeigte sich im August 2008, als ein militärischer Konflikt zwischen Russland und Georgien um Südossetien ausbrach. Die Ursache hierfür lag in einer zuvor von den Bündnispartnern auf die Agenda gesetzten Mitgliedschaft Georgiens in der NATO, die von den USA vorangetrieben, von Deutschland, insbesondere in Person des Außenministers, jedoch gebremst wurde. Unter Vermittlung von Kanzlerin Merkel und Außenminister Steinmeier konnte ein Waffenstillstand zwischen den Kriegsparteien erreicht werden – Steinmeier schlug zudem die Bildung eines internationalen Expertenteams vor, das die umstrittene Schuldfrage klären sollte, und setzte sich für die Wiederbelebung des suspendierten NATO-Russland-Rats ein.

Eine Herausforderung für die deutsche Außenpolitik lag auch im Umgang mit China, einem der entstehenden neuen internationalen Machtzentren. Kanzlerin und Außenminister setzten auch hier unterschiedliche Akzente, insbesondere in der Behandlung der Menschenrechtsfrage. Während Merkel bereit war, die Lage der Menschenrechte in China bei ihren Gesprächen mit den chinesischen Machthabern offensiver anzusprechen als noch ihr Amtsvorgänger, setzte Steinmeier auf die Fortsetzung der Politik der leisen Töne und stillen Diplomatie, um die Wirtschaftsbeziehungen zwischen beiden Staaten nicht zu belasten. Auf Kritik Steinmeiers stieß der Empfang des Dalai Lama zu einem »privaten« Gespräch im Kanzleramt im September 2007 – der Außenminister sprach von »Schaufensterpolitik«. China wertete den Empfang des geistigen und bis 2011 auch weltlichen Oberhaupts Tibets als Affront und Vertrauensbruch mit der Folge, dass sich die deutsch-chinesischen Beziehungen merklich abkühlten. So wurde u. a. der Rechtsstaats- und Menschenrechtsdialog abgesagt, der erst wiederaufgenommen wurde, als Steinmeier, sich um Entspannung und Annäherung bemühend, im Juni 2008 die von einem schweren Erdbeben verwüsteten Gebiete Chinas aufsuchte.

Die Außenpolitik Steinmeiers erschöpfte sich jedoch nicht in der Beziehungspflege zu »global playern«. Vielmehr erkannte er die Bedeutung einer Einbindung der Schwellenländer in eine »globale Verantwortungsgemeinschaft«. Länder wie Indien, Brasilien, Mexiko, Südafrika und die Türkei, die wirtschaftlich und politisch zunehmend wichtiger wurden, sollten gleichrangig mit den Industrieländern in einen Dialog eingebunden werden über die Lösung der durch den Klimawandel und die Verknappung von Ressourcen hervorgerufenen Probleme sowie der Befriedung internationaler Konflikte. Diese Vorgehensweise entsprach einer von ihm propagierten weiteren Aufgabe deutscher Außenpolitik: der »Neuvermessung der Welt« (Steinmeier/Schmidt 2009: 192) – einer Neubestimmung von Chancen und Risiken in Anbetracht der Entstehung neuer internationaler Machtzentren. Zur Unterstützung dieser Strategie, die Absatzmärkte und Energiequellen in Zentralasien, Nordafrika und Lateinamerika durch die Gewinnung von neuen Partnern sichern helfen sollte, wies Steinmeier das Auswärtige Amt an, der auswärtigen Kultur- und Bildungspolitik verstärkte Aufmerksamkeit zu widmen und sie als »dritte Säule der Außenpolitik« (Kohlmann 2017: 344) zu verankern.

Einen konsensorientierten und integrativen Ansatz verfolgte Steinmeier ferner in der deutschen Nahost-Politik. Immer berücksichtigend, dass die Sicherheit Israels deutsche Staatsräson ist, setzte er sich bei seinen unzähligen Reisen in den Nahen Osten für eine Zwei-Staaten-Lösung ein und forderte ein Ende des israelischen Siedlungsbaus. Darüber hinaus sprach er sich für die Einbeziehung Irans und Syriens in den nahöstlichen Friedensprozess aus.

Während Kanzlerin und Außenminister in der Frage der Beziehungen zu Russland und China nur moderate Auffassungsunterschiede hatten, bestand ein offenkundiger Dissens in der Außenpolitik der Großen Koalition in der Frage eines EU-Beitritts der Türkei. Rot/Grün hatte stets eine Beitrittsperspektive für die Türkei gesehen für den Fall, dass das Land die Kopenhagener Beitrittskriterien erfüllt, insbesondere hinsichtlich Demokratie, Rechtsstaatlichkeit und Wahrung der Menschenrechte. Diese Linie wurde von Steinmeier als Außenminister fortgesetzt, womit er sich in Widerspruch zu CDU/ CSU und damit auch zu Kanzlerin Merkel setzte, die eine Vollmitgliedschaft der Türkei ablehnten und dem Land lediglich eine »privilegierte Partnerschaft« in Aussicht stellten. Im Koalitionsvertrag hatte man sich deshalb darauf geeinigt, dass die Beitrittsverhandlungen, die am 3.10.2005 begonnen hatten, »ein Prozess mit offenem Ende« (Koalitionsvertrag vom 11.11.2005: 130) sein sollten, womit auf eine Formulierung zurückgegriffen wurde, die Frankreichs Präsident Chirac zur Bedingung für die Aufnahme von Verhandlungen gemacht hatte.

Unter politischen Druck kam Steinmeier nicht in seiner Eigenschaft als Außenminister, sondern als der für die Koordinierung der Geheimdienste ehemalige Chef des Bundeskanzleramtes. Anfang 2006 war bekannt geworden, dass während des Irak-Krieges 2002 Agenten des Bundesnachrichtendienstes in Bagdad das US-Militär mit Informationen versorgt hatten – mithin Deutschland an dem von US-Präsident Bush geführten Krieg nicht ganz unbeteiligt gewesen wäre. Steinmeier räumte zwar im sogenannten BND-Untersuchungsausschuss die Anwesenheit der deutschen Agenten ein, bestritt aber, dass sie den Amerikanern Informationen über potenzielle Angriffsziele verschafft hätten. Seine Vergangenheit als Geheimdienstkoordinator holte Steinmeier ebenfalls in der sogenannten »Kurnaz-Affäre« ein. Sie traf Steinmeier empfindlicher, musste er sich doch für das Schicksal eines einzelnen Menschen rechtfertigen. Der in Bremen geborene Türke

Murad Kurnaz war im Herbst 2001 in Pakistan festgenommen und wegen Terrorverdachts von den Amerikanern auf Guantánamo (Kuba) inhaftiert worden. Die Opposition warf Steinmeier vor, Anfang 2002 ein Angebot der Amerikaner, den wohl zu Unrecht im Strafgefangenenlager einsitzenden Kurnaz zu entlassen, ausgeschlagen zu haben. Nachdem Kurnaz im Herbst 2006 aufgrund einer Intervention von Kanzlerin Merkel bei US-Präsident Obama freigekommen war, musste Steinmeier im März 2007 im Untersuchungsausschuss seine damalige Entscheidung verteidigen. Er erklärte, dass er die Rückkehr von Kurnaz nach Deutschland aufgrund von Bedenken der deutschen Sicherheitsdienste hatte ablehnen müssen.

Lässt man die erste Amtszeit Steinmeiers als Außenminister von 2005 bis 2009 Revue passieren, wird deutlich: Steinmeier hatte einen außenpolitischen Kompass, dem er stets folgte: Keine Alleingänge Deutschlands, sondern multilaterales Handeln ergänzt durch beharrliche Diplomatie und stete Dialogbereitschaft. Hilfreich für Steinmeiers Politikstil war dabei der weitgehende außenpolitische Konsens in der Großen Koalition, der für eine überwiegend konfliktfreie Zusammenarbeit bei der Bewältigung außen- und sicherheitspolitischer Probleme und Herausforderungen während der gesamten Amtszeit sorgte.

Dass Steinmeier als »effizient, diskret, verlässlich« (Deutsche Welle vom 7.9.2008) galt und in der Bevölkerung zu den beliebtesten Politikern gehörte (was für Außenminister, die sich aus den innenpolitischen Streitigkeiten heraushalten können, die Regel ist), mag ein Grund gewesen sein, warum er am 7.9.2008 vom SPD-Präsidium als Kanzlerkandidat für die Bundestagswahl 2009 vorgeschlagen wurde. Diesem Schritt vorausgegangen war indes eine schleichende Desavouierung des Parteivorsitzenden Kurt Beck – an der auch Medien mit gezielten Falschinformationen ihren Anteil hatten –, die schließlich nicht nur in der Personalie Steinmeier für die Kanzlerkandidatur, sondern auch im Rücktritt Becks eskalierte und dessen innerparteilichen Gegenspieler Franz Müntefering ein Comeback im Amt des Parteivor-

sitzenden ermöglichte. Am 18.10.2008 wurde Steinmeier von den Delegierten des SPD-Bundesparteitags mit rund 95 % zum Kanzlerkandidaten gewählt.

Steinmeier musste fortan den Spagat bewältigen, einerseits weiter loyal mit Bundeskanzlerin Merkel in der Großen Koalition zusammenzuarbeiten, andererseits aber als Wahlkämpfer das Profil der SPD zu schärfen und sich von den Unionsparteien programmatisch abzusetzen. Weil in der Außenpolitik der Konsens zwischen den Koalitionspartnern groß war, musste sich Steinmeier auf Themen der Innenpolitik konzentrieren. Seine Ziele für Deutschland, zu denen u. a. ein zweites Konjunkturpaket zur Abfederung der wirtschaftlichen Folgen der Finanzkrise gehörte, beschrieb er zunächst in seinem Buch »Mein Deutschland – Wofür ich stehe«, das im März 2009 erschien, und legte sie im August 2009 in seinem »Deutschland-Plan« nieder. Steinmeier, der sich im Wahlkampf sowohl gegen zu viel Liberalisierung (CDU/FDP) als auch gegen zu viel Staat (Die Linke) aussprach, strebte eine Koalition mit den Grünen an und wenn dies das Wahlergebnis nicht hergeben sollte auch eine Ampelkoalition mit Grünen und FDP.

Das Ergebnis der Bundestagswahl vom 27.9.2009 machte indes alle Koalitionspläne Steinmeiers und der SPD zunichte: die SPD errang lediglich 23 % der Stimmen und verlor damit 11 % im Vergleich zur Wahl von 2005. Steinmeier konnte seine bundespolitische Beliebtheit – lange Zeit rangierte er im ZDF-Politbarometer auf Platz 2 hinter Kanzlerin Merkel – nicht in Stimmen für die SPD ummünzen. Noch am Wahlabend griff Steinmeier nach dem Vorsitz der Bundestagsfraktion und bremste damit entsprechende Ambitionen von Sigmar Gabriel aus. Dank der Rückendeckung von Beck sowie anderer hochrangiger SPD-Politiker und nachdem Steinmeier erklärt hatte, nicht auch noch zusätzlich für das Amt des Parteivorsitzenden zu kandidieren, war ihm der neue Posten nicht mehr zu nehmen. Am 29.9.2009 wurde er von 88 % der SPD-Abgeordneten zum Fraktionsvorsitzenden gewählt. Fortan war Steinmeier, nachdem sich eine Koalition aus CDU/CSU und FDP unter Kanzlerin Angela Merkel gebildet hatte, für vier Jahre Oppositionsführer im Deutschen Bundestag.

Lange sollte Steinmeier auf den harten Oppositionsbänken indes nicht ausharren müssen. Bei der Bundestagswahl am 23.9.2013 konnte die SPD mit Spitzenkandidat Peer Steinbrück ihren Stimmenanteil zwar nur geringfügig auf 25,7 % steigern, weil jedoch der FDP mit 4,8 % (nach historischen 14,6 % in 2009) der Wiedereinzug ins Parlament misslang, ergaben sich neue Optionen für die SPD in Gestalt einer Wiederauflage der Großen Koalition. Steinmeier, der das einzige Direktmandat der SPD in Ostdeutschland gewonnen hatte, war kurz nach der Wahl mit 91 % von den SPD-Abgeordneten als Fraktionsvorsitzender wiedergewählt worden. Gemeinsam mit Parteichef Sigmar Gabriel – dieser war Franz Müntefering im November 2009 im Amt gefolgt – führte er federführend die Koalitionsverhandlungen mit CDU/CSU, die nach einem erfolgreichen Mitgliedervotum der SPD-Basis zu einer Wiederauflage der Großen Koalition führten. Am 17.12. 2013 wurde Steinmeier zum zweiten Male nach 2009 zum Außenminister ernannt und kam damit zurück ins »alte« Amt.

Der Beginn von Steinmeiers zweiter Amtszeit fiel in ein Jahr, das kein gutes für die Berliner Diplomatie gewesen war. Die Beziehungen zu den USA waren aufgrund des Abhörskandals um das Handy von Kanzlerin Merkel beschädigt und Deutschland schürte erneut nach 2011 (als sich das Land im UN-Sicherheitsrat beim Libyen-Mandat enthalten hatte) die Skepsis an der deutschen Bündnisfähigkeit, weil es in der Nato nach Kenntnis über einen Einsatz von Chemiewaffen im syrischen Bürgerkrieg durch die syrischen Machthaber eine Diskussion um eine mögliche westliche Intervention in Syrien verweigerte. Zudem fehlte Merkels Unterschrift auf der Syrien-Erklärung des G20-Gipfels in Sankt Petersburg neben den Unterschriften der USA, Großbritanniens, Frankreichs, Spaniens und Italiens. Darüber hinaus kam es nach dem Wahlsieg des Sozialisten François Hollande bei den französischen Präsidentschaftswahlen 2012 zu einer Abkühlung des deutsch-franzö-

sischen Verhältnisses, weil sich Deutschland am französischen Militäreinsatz in Mali nur mit logistischer Hilfe und im Rahmen einer europäischen Ausbildungsmission beteiligte. Schließlich sorgten Durchsuchungen russischer Behörden bei in Russland tätigen deutschen Stiftungen für eine Belastung der deutsch-russischen Beziehungen in deren Folge Bundespräsident Gauck und Kanzlerin Merkel entschieden, im Februar 2014 nicht zu den Olympischen Spielen nach Sotschi reisen zu wollen.

Deutschlands Außenpolitik unter CDU/ CSU und FDP erschien teilweise »ohne Ziel und Kompass« (Staack 2014: 173). Auf internationaler Ebene stand sie häufig aufgrund mangelnder Solidarität und Verlässlichkeit und weil sie vom Engagement ihrer Verbündeten für internationale Ordnung und Stabilität profitierte, ohne hierfür selbst einen substanziellen Beitrag zu leisten, in der Kritik. Der Koalitionsvertrag der neuen Regierung aus CDU/CSU und SPD versprach hingegen eine aktivere deutsche Außenpolitik. So gegenüber der EU: »Unser Land muss […] eine verantwortungsvolle und integrationsfördernde Rolle in Europa wahrnehmen« (Koalitionsvertrag vom 14.12.2013: 109). Und im Hinblick auf globale Krisen und Konflikte hieß es: »Wir wollen die globale Ordnung aktiv mitgestalten« (ebd.: 117). Konkret war beabsichtigt, die Beziehungen zu Frankreich zu verbessern und die Kooperation mit Russland zu intensivieren. Darüber hinaus sollte Deutschland bei der Lösung des Atomstreits mit dem Iran, der Realisierung einer Zwei-Staaten-Lösung im israelisch-palästinensischen Konflikt sowie bei der Beilegung des Syrien-Konflikts eine konstruktive Rolle spielen. Mit dieser Zielsetzung bezweckte Steinmeier dem von ihm und anderen wahrgenommenen Reputationsverlust des Außenministeriums unter seinem Vorgänger Guido Westerwelle entgegenzuwirken und dessen Gewicht in der Bundesregierung, insbesondere gegenüber dem Kanzleramt, zu stärken. Flankiert wurde der Anspruch an eine neue deutsche Außenpolitik von dem von Steinmeier initiierten und vom Auswärtigem Amt gesteuerten Dialogprozess zur Zukunft deutscher Außenpolitik mit den wichtigsten außen- und sicherheitspolitischen Stakeholdern unter dem Motto »Review 2014 – Außenpolitik Weiter Denken«.

Die Bühne für eine öffentlichkeitswirksame Bekanntgabe der neuen deutschen Außenpolitik stellte die 50. Münchener Sicherheitskonferenz vom 31.1. bis 2.2.2014 dar. Außenminister Steinmeier, Bundespräsident Gauck und Verteidigungsministerin von der Leyen kündigten dort übereinstimmend eine aktivere deutsche Außenpolitik als in den Jahren zuvor an. Steinmeiers Kernsatz lautete dabei: »Deutschland muss bereit sein, sich außen- und sicherheitspolitisch früher, entschiedener und substantieller einzubringen.« Wenige Tage zuvor, am 29.1. 2014, hatte sich Steinmeier im Deutschen Bundestag wie folgt geäußert: »So richtig die Politik der militärischen Zurückhaltung ist, sie darf nicht als eine Kultur des Heraushaltens missverstanden werden. Dafür sind wir, auch in Europa, inzwischen ein bisschen zu groß und ein bisschen zu wichtig.« Und weiter: »Ohne aktive Außenpolitik eskalieren viele Konflikte.«

An Gelegenheiten für eine aktive Außenpolitik sollte es in den Jahren 2014 bis 2016 nicht mangeln: Ukraine, Syrien, Iran, Irak, Libyen, Mali, Zentralafrika, Süd Sudan, Afghanistan, Türkei sowie Brexit und Flüchtlingskrise. Hinzu kamen Bedrohungen durch den sogenannten »Islamischen Staat«, den internationalen Terrorismus, Cyberattacken und den stetig schwelenden Nahostkonflikt. Wohl noch nie war ein deutscher Außenminister während seiner Amtszeit so vielen, gleichzeitig auftretenden und komplexen Krisen ausgesetzt wie Steinmeier. Insofern war Steinmeiers Einschätzung anlässlich einer Rede an der Freien Universität Berlin am 22.10.2015, dass »die Welt aus den Fugen« geraten sei, so richtig wie wichtig.

Die erste große Bewährungsprobe für die neue deutsche Außenpolitik und für Steinmeier ganz persönlich, war die Ukrainekrise. Deutschland sah sich hier verstärkt als Adressat internationaler Erwartungen des Krisenmanagements, insbesondere, weil die USA aber auch andere Staaten keinen diesbezüglichen Beitrag leisten konnten oder wollten. Ende 2013 hatten sich die Ereignisse in der Ukraine

zugespitzt, nachdem die Regierung unter Präsident Janukowytsch die Unterzeichnung des Assoziierungsabkommen mit der EU verweigert hatte. Zunächst kam es nur zu Protesten für einen pro-europäischen Kurs. Später, im Februar 2014, folgten jedoch gewalttätige Auseinandersetzungen auf dem Kiewer Unabhängigkeitsplatz (Maidan), bei denen rund 100 Menschen ums Leben kamen. Um den Konflikt friedlich zu lösen und zwischen den Parteien zu vermitteln, machte sich Außenminister Steinmeier am 20.2.2014 zusammen mit seinen Amtskollegen aus Polen (Radek Sikorski) und Frankreich (Laurent Fabius) auf den Weg nach Kiew. »Ich war im Gefühl des Notstands angereist, doch zugleich – ehrlich gesagt – ohne sonderlich große Hoffnungen« (Steinmeier 2016: 61). Gleichwohl gelang es den drei Diplomaten unter Einschluss eines russischen Regierungsvertreters und der ukrainischen Oppositionsführung um den ehemaligen Boxchampion Witalij Klitschko, einen Fünf-Punkte-Plan zu verabreden, der u.a. einen Waffenstillstand, eine Beteiligung der Opposition an der Regierung und Neuwahlen beinhaltete. Der Erfolg des Trios war indes nur von kurzer Dauer, denn nur wenige Tage später setzte sich Janukowytsch nach Russland ab und am 27.2.2014 besetzten bewaffnete Kräfte – offenbar russische Spezialtrupps – strategisch wichtige Punkte auf der Krim und hissten an offiziellen Gebäuden die russische Flagge. Die Ukrainekrise hatte eine neue Dimension erreicht. In den Worten von Steinmeier: »In der Nacht vom 20. Februar haben wir den Stein des Sisyphos den Berg hochgerollt, und ein paar Tage später lag er wieder unten« (Steinmeier 2016: 65). Die Sisyphos-Analogie, von der Steinmeier selbst behauptet, sie sei ihm die liebste aus der griechischen Mythologie, begleitete ihn die ganze zweite Amtszeit.

Am 18.3.2014 annektierte Russland – vorausgegangen war ein sogenanntes »Referendum« vom 16. März – die zum Staatsgebiet der Ukraine gehörige Halbinsel Krim. Erstmals nach dem Zweiten Weltkrieg hatte sich damit auf dem europäischen Kontinent ein Staat ein Territorium eines anderen Staates einverleibt und damit Grenzen verschoben. Kanzlerin

Merkel und Außenminister Steinmeier sprachen beide von einer »völkerrechtswidrigen Annexion«. Unbeeindruckt von westlicher Kritik riefen im April 2014 prorussische Separatisten in der Ostukraine mit russischer Unterstützung die sogenannten Volksrepubliken Donezk und Luhansk aus – die Folge waren militärische Auseinanderersetzungen zwischen den Separatisten und der regulären ukrainischen Armee mit Tausenden Todesopfern. Am 24.2.2022 marschierten russische Truppen in die Ukraine ein – der Krieg dauert damit bis zum heutigen Tage (Stand: September 2022).

Die Europäer reagierten auf die Ereignisse mit einem Wechselspiel von diplomatischen Bemühungen und der Verhängung von Sanktionen gegen Russland. Insbesondere Steinmeier, der sich noch in seiner ersten Amtszeit für einen »Wandel durch Annäherung« in den Beziehungen zu Russland eingesetzt hatte, war enttäuscht von Russlands Vorgehen in der Ukraine. Gleichwohl warb er für Gespräche mit Moskau, weil er das Land nicht nur als Teil des Problems, sondern insbesondere als Teil der Lösung sah, denn schon im Koalitionsvertrag hieß es: »Sicherheit in und für Europa lässt sich nur mit und nicht gegen Russland erreichen« (Koalitionsvertrag vom 14.12.2013: 118). Auffallend in dieser Krise war, dass sich Kanzleramt und Außenministerium eng abstimmten, frühere Differenzen zwischen einem eher moderat gegenüber Russland auftretenden Außenminister Steinmeier und einer eher einen härteren Kurs verfolgenden Kanzlerin Merkel traten in den Hintergrund, wohl aufgrund der historischen Dimension des Konflikts. Darüber hinaus war bemerkenswert, wie Deutschland, auch von seinen EU-Partnern akzeptiert, die Führungsrolle in der Krise übernahm. So versuchten dann auch Kanzlerin und Außenminister gemeinsam einen politischen Prozess anzustoßen, um den Konflikt zu entschärfen. Hierzu gehörten Treffen im sogenannten »Normandie-Format« (die Bezeichnung geht auf eine erste Zusammenkunft auf Regierungsebene zwischen Deutschland, Frankreich, Russland und der Ukraine am 6.6.2014 am Rande der Gedenkfeiern zur Landung der Alliierten

in der Normandie zurück), Konsultationen der europäischen Außenminister und die besonders von Steinmeier favorisierte Einbindung der OSZE. Im Herbst 2004 zeichnete sich der erste Erfolg der diplomatischen Bemühungen ab. Im sogenannten »Minsker Protokoll« vom 5. September einigten sich die Konfliktparteien auf einen Waffenstillstand, der allerdings nicht lange hielt und ergänzt wurde durch ein durch die Vermittlung Deutschlands und Frankreichs zustande gekommenes neues Abkommen zwischen der Ukraine und Russland (»Minsk II«) vom 12.2.2015. Dieses sah u.a. eine Beendigung der Kämpfe, einen Abzug aller schweren Waffen und eine Überwachungsmission der OSZE vor.

In dem Konflikt war Steinmeier insofern Kritik ausgesetzt, als er einerseits als Appeasement-Politiker bezeichnet wurde (weil er z.B. Waffenlieferungen der USA an die Ukraine ablehnte und immer wieder Vermittlungsversuche startete), andererseits als Kriegstreiber, weil er Russlands Vorhaben deutlich anprangerte und die gegen das Land verhängten Sanktionen unterstütze. Als Erfolg der diplomatischen Bemühungen sah Steinmeier bereits die Eindämmung des Konflikts an, also die Vermeidung einer großen Konfrontation zwischen Ost und West.

Einen wirklich greifbaren Erfolg konnte die Diplomatie, insbesondere die deutsche vertreten durch den Außenminister, im Konflikt mit dem Iran über dessen Atomprogramm erzielen. Über zehn Jahre lang war verhandelt worden – für die abschließenden zweiwöchigen Verhandlungen in Wien im Juli 2015 erwies sich Steinmeier als »Knotenlöser« (Lütjen/Geiges 2017: 222) und Brückenbauer, der seine Stärken als ausdauernder Vermittler in den Gesprächen mit der iranischen Verhandlungsdelegation voll einsetzen konnte. Am 14.7.2015 wurde die Wiener Nuklearvereinbarung mit dem Iran unterschrieben – von Deutschland, Frankreich, Großbritannien, USA, Russland und China. Mit dem Vertrag verpflichtete sich der Iran, sein Atomprogramm zu beschränken, keine Atomwaffen zu bauen und Kontrollen zuzulassen. Im Gegenzug wurden die gegen den Iran verhängten Sanktionen der Vereinten Nationen, der EU und der USA gelockert, teils auch komplett aufgehoben. Das Abkommen war sicherlich einer der Höhepunkte der zweiten Amtszeit Steinmeiers. Den Erfolg sah er u. a. begründet in den Grundkoordinaten der Außenpolitik, die er nach seiner Wahrnehmung mit US-Außenminister John Kerry gemeinsam hat: »Dialog, Beharrlichkeit, Rückschritte einstecken und immer wieder nachfassen auf der Suche nach politischen Lösungen« (Steinmeier 2016: 69). Das Atom-Abkommen war insofern auch bemerkenswert und ein Beweis für die neue aktive Rolle Deutschlands in der Außenpolitik, weil Deutschland an den Gesprächen neben den fünf ständigen Mitgliedern des UN-Sicherheitsrat beteiligt war, womit eine gestiegene Bedeutung in der internationalen Diplomatie zum Ausdruck kam. Dass die USA 2018 unter Präsident Trump das Abkommen kündigten und die Europäer sowie China und Russland seitdem versuchen die Vereinbarungen mit dem Iran zu retten – unterstützt von der Ankündigung von US-Präsident Biden im Jahr 2021, in den Vertrag wieder einzutreten –, passt einmal mehr zu Steinmeiers Sisyphos-Analogie zum Wesen von Außenpolitik.

Eine im Vergleich nachgeordnete Rolle zur Ukrainekrise spielte Deutschland im Syrienkonflikt, der zweiten großen sicherheitspolitischen Krise während der Regierungszeit der Großen Koalition. Gleichwohl brachte sich die deutsche Diplomatie in den seit 2011 währenden Konflikt zwischen dem Assad-Regime und einer Vielzahl von Oppositionsgruppen stärker ein als noch die Vorgängerregierung. Nachdem sich die USA und Russland im September 2013 auf ein Abkommen geeinigt hatten, auf dessen Grundlage Syrien seine Chemiewaffen bis Mitte 2014 vernichten lassen soll (vorausgegangen war ein Giftgas-Einsatz der syrischen Armee gegen die Zivilbevölkerung), erklärte sich Deutschland bereit, einer Anfrage der Vereinten Nationen nachzukommen und sich an der Zerstörung der Chemiewaffen des Assad-Regimes zu beteiligen. Angesichts der 2015 nach vier Jahren Bürgerkrieg zählenden rund 200 000 Toten schloss Außenminister Steinmeier Gespräche mit Assad nicht mehr grund-

sätzlich aus: »Der Weg zu einem Ende der Gewalt führt einzig über Verhandlungen für eine politische Lösung, auch wenn das Gespräche mit dem Assad-Regime notwendig macht« (SZ vom 18. 3. 2015). Noch in seiner ersten Amtszeit als Außenminister wurde Steinmeier dafür kritisiert, dass er Assad – vor Ausbruch des Konflikts 2011 – mit Gesprächsangeboten an den Westen hatte binden wollen. Steinmeier setzte also einmal mehr auf den diplomatischen Instrumentenkasten. So auf Konsultationen mit den beteiligen Konfliktparteien, insbesondere mit Russland, der Schutzmacht des Diktators, die zu einer schrittweisen Lösung des Konflikts führen sollten. Als ein Erfolg erwies sich die in München im Februar 2016 erzielte Einigung auf eine Feuerpause und schnelle humanitäre Hilfe für belagerte Orte durch die sogenannte Syrien-Unterstützergruppe aus USA und Russland sowie der wichtigen Regionalmächte Iran und Saudi-Arabien. Auch auf die EU und die Vereinten Nationen versuchte der Außenminister einzuwirken, reiste nach Brüssel, Washington und New York. Doch Erfolge wie Waffenstillstände waren nur von kurzer Dauer – Russland konnte trotz aller diplomatischen Bemühungen nicht zu einer Abkehr von Assad bewegt werden.

Deutschland war indes nicht nur diplomatisch, sondern auch humanitär tätig. Im Jahr 2016 war das Land mit einer knappen Milliarde US-Dollar der größte Geldgeber für humanitäre Hilfe für Syrien (FAZ vom 12. 8. 2016). Als Ende 2016 mit Aleppo eine der letzten großen Rebellen-Hochburgen fiel – Steinmeier hatte eine Luftbrücke zur Versorgung der notleidenden Bevölkerung vorgeschlagen – war der militärische Sieg Assads augenscheinlich. Die Diplomatie, auch die deutsche, war an ihre Grenzen gekommen. Steinmeier kommentierte damals die Lage in Syrien mit den Worten: »Die Situation in Syrien ist zum Verzweifeln; die dramatischen Bilder verfolgen nicht nur mich bis in den Schlaf« (RP Online vom 20. 10. 2016).

Neuland beschritt die deutsche Außenpolitik im Kampf gegen den sogenannten Islamischen Staat (IS). Als die Bedrohungslage durch die Terrororganisation immer größer wurde – im

Juni 2014 hatte sie große Gebiete im West- und Nordwestirak sowie die Millionenstadt Mossul eingenommen – beschloss die deutsche Regierung am 1.9.2014 die kurdischen Peschmerga im Norden Iraks mit Waffen und Munition zu unterstützen und brach damit einen Grundsatz deutscher Rüstungsexportpolitik, keine Waffen in Krisengebiete zu liefern. Während Steinmeier die militärische Unterstützung der Kurden begrüßte, lehnte er einen Einsatz von Bundeswehrsoldaten in Syrien zum Kampf gegen den IS ab. Deutschland unterstützte jedoch Luftschläge Frankreichs und anderer westlicher Verbündete gegen den IS in Syrien und dem Irak mit Tornado-Aufklärungsflügen und einer Fregatte der Bundesmarine. Vorausgegangen war eine Anfrage Frankreichs in Reaktion auf die Terroranschläge in Paris im November 2015.

Eine weitere Bewährungsprobe für die neue deutsche Außenpolitik war die sogenannte Flüchtlingskrise 2015. Anfang September des Jahres entschied Bundeskanzlerin Merkel (nach vorheriger Konsultation von SPD-Chef Gabriel und Außenminister Steinmeier), die in Ungarn festsitzenden Flüchtlinge, die im Wesentlichen aus Syrien, Afghanistan und dem Irak stammten, in die Bundesrepublik einreisen und Asyl beantragen zu lassen. Deutschland handelte schnell und entschieden, weil es eine humanitäre Katastrophe verhindern helfen wollte. Die Folge waren rund 1,1 Millionen Flüchtlinge, die in Deutschland versorgt werden mussten. Schnell zeigte sich indes die Problematik der deutschen Vorgehensweise. Einerseits außenpolitisch – Deutschland hatte seine Entscheidung ohne breitere Abstimmung im Kreise der EU-Partner getroffen. Andererseits innenpolitisch – neben der weltweit bewunderten deutschen »Willkommenskultur« war die Aufnahme der Flüchtlinge Wasser auf den Mühlen der AfD und Pegida und provozierte Anschläge auf Flüchtlingsunterkünfte. Besonders außenpolitisch geriet die Regierung in ein schweres Fahrwasser, weil sie in der EU aufgrund des Widerstands vor allem osteuropäischer Staaten wie Polen und Ungarn keine gerechte Verteilung von Flüchtlingen über ein Quotensystem durchsetzen konnte. Steinmeier, der sich ge-

gen eine wie von der CSU geforderte Obergrenze für Flüchtlinge, jedoch für »mehr ordnen und steuern« aussprach (Spiegel Online vom 20.11.2015), setzte sich in unzähligen Gesprächen für eine Reform der europäischen Asylpolitik sowie eine Bekämpfung der internationalen Fluchtursachen ein.

Im März 2016 schloss die EU ein Abkommen mit der Türkei, mit dem die illegale Migration über die Türkei in die EU-Staaten, vor allem nach Griechenland, gestoppt und weitere Todesfälle in der Ägäis verhindert werden sollten. Die Türkei erklärte sich zur Rücknahme der irregulär auf den griechischen Inseln ankommenden Migranten bereit. Im Gegenzug sicherte die EU der Türkei eine Unterstützung in Höhe von sechs Mrd. Euro zu und stellte zudem Fortschritte bei der Visaliberalisierung für türkische Staatsbürger und im EU-Beitrittsprozess in Aussicht. Historisch im Zusammenhang mit der sogenannten Flüchtlingskrise wurden Bundeskanzlerin Merkels Worte: »Wir schaffen das«. Deshalb war auch sie es, die von der Kritik im Zusammenhang mit der Aufnahme der Flüchtlinge in Deutschland am härtesten getroffen wurde. Die Beliebtheit von Steinmeier, der im Wesentlichen Merkels Kurs mittrug, litt weniger.

Die Außenpolitik der Großen Koalition während der dritten Amtszeit Angela Merkels zeichnete sich durch zwei parallele Entwicklungen aus: Durch die Vielzahl an internationalen Krisen stieg die Erwartung an Deutschland, mehr internationale Verantwortung zu übernehmen, gleichzeitig bekannte sich Deutschland selbst zu einer aktiveren Außenpolitik, die ihren Beitrag zur Lösung von internationalen Krisen und Konflikten leistet. Die Ukrainekrise steht hierbei als ein Beispiel dafür, wie die deutsche Außenpolitik den Erwartungen nach einem aktiveren Beitrag Deutschlands auf internationaler Bühne entsprach. Steinmeier selbst hat Verantwortung in der Außenpolitik wie folgt definiert: »Diese Verantwortung verlangt, im Interesse der Menschen in Not auch über den eigenen Schatten zu springen und – wenn andere schnellwirkende Instrumente nicht zur Verfügung stehen – mit denen zu verhandeln, die die Not zu verantworten haben« (RP On-line vom 20.10.2016). Daraus lässt sich – be-trachtet man insbesondere die zweite Amtszeit Steinmeiers als Außenminister – eine Steinmei-er-Doktrin ableiten, die lauten könnte: Diplo-matie nachhaltig pflegen, Konflikte friedlich einhegen.

Das Amt des Außenministers war nicht das Ende des politischen Werdeganges Steinmeiers, sondern nur ein Zwischenziel zu noch höheren politischen Weihen. Anfang Juni 2016 erklärte Bundespräsident Gauck, nicht mehr für eine zweite Amtszeit im Februar 2017 kandidieren zu wollen. Diese Ankündigung war der Startschuss für alle Parteien, Namen für das höchste Staats-amt ins Spiel zu bringen. Der Favorit der CDU, Bundestagspräsident Norbert Lammert, winkte frühzeitig ab, ebenso die von Merkel vorgeschla-gene ehemalige Bundesbeauftragte für die Sta-si-Unterlagen, Marianne Birthler. Auch die Op-tion Winfried Kretschmann – Merkel konnte sich den ersten grünen Ministerpräsidenten aus Baden-Württemberg gut im Schloss Belle-vue vorstellen – scheiterte für die Union am Wi-derstand der CSU. Die Gunst der Stunde nut-zend, schlug SPD-Parteichef Sigmar Gabriel im Oktober 2016 Steinmeier für das Amt des Bun-despräsidenten vor. Die Union akzeptierte nach anfänglichem Zögern Gabriels Vorschlag – hat-te sie doch viele Jahre mit Steinmeier vertrau-ensvoll zusammengearbeitet – und nominierte ihn zusammen mit der SPD Mitte November 2016 für das Präsidentenamt. Auch Grüne und FDP sprachen sich für Steinmeier aus. Am 12.2. 2017 wurde Frank-Walter Steinmeier mit großer Mehrheit im ersten Wahlgang von der Bundes-versammlung zum 12. Bundespräsidenten der Bundesrepublik Deutschland gewählt.

Die Bundestagswahl am 26.9.2021 hatte auch Folgen für Bundespräsident Steinmeier, der bereits im Mai 2021 angekündigt hatte, für eine weitere Amtszeit kandidieren zu wollen. Nach dem überraschenden Sieg der SPD und der Bildung einer Ampelkoalition aus SPD,

Grünen und FDP unter Bundeskanzler Olaf Scholz (SPD), erklärte zunächst die FDP, kurze Zeit später auch die Grünen, Steinmeiers Kan-didatur für eine zweite Amtszeit zu unterstüt-zen. Die CDU, die keine Chance sah, eine Al-ternative zu Steinmeier mit Erfolgsaussichten ins Rennen zu schicken, sprach sich Anfang Ja-nuar 2022 ebenfalls für Steinmeiers Wahl aus. Am 13.2.2022 wurde Frank-Walter Steinmeier von einer breiten Mehrheit der Bundesver-sammlung als Bundespräsident wiedergewählt.

Literatur: Gareis, Sven Bernhard: Die Außen- und Sicher-heitspolitik der Großen Koalition. In: Bukow, Sebastian/See-mann, Wenke (Hg.): Die Große Koalition. Regierung – Po-litik – Parteien 2005–2009. Wiesbaden 2010, S. 228–243; Kohlmann, Sebastian: Frank-Walter Steinmeier. Eine politi-sche Biographie. Bielefeld 2017; Lütjen, Torben/Geiges Lars: Frank-Walter Steinmeier. Die Biographie. Freiburg 2017; Nünlist, Christian: Mehr Verantwortung? Deutsche Aussen-politik 2014. In: Center for Security Studies (CSS)-Analysen zur Sicherheitspolitik, Nr. 149, März 2014; Oppermann, Kai: Deutsche Außenpolitik während der dritten Amtszeit Ange-la Merkels. Krisenmanagement zwischen internationalen Er-wartungen und innenpolitischen Vorbehalten. In: Zohlnhöfer, Reimut/Saalfeld, Thomas (Hg.): Zwischen Stillstand, Politik-wandel und Krisenmanagement. Eine Bilanz der Regierung Merkel 2013–2017. Wiesbaden 2019, S. 619–644; Rinke, An-dreas: Wie Putin Berlin verlor. Moskaus Annexion der Krim hat die deutsche Russland-Politik verändert. In: Internatio-nale Politik Mai/Juni 2014, S. 33–45; Spanger, Hans-Joachim: Die deutsche Russlandpolitik. In: Jäger, Thomas/Höse, Alexander/Oppermann, Kai (Hg.): Deutsche Außenpolitik. Sicherheit, Wohlfahrt, Institutionen und Normen, 2. Auf-lage. Wiesbaden 2011, S. 648–672; Staack, Michael: Ohne Ziel und ohne Kompass? Anmerkungen zur neuen deutschen Außenpolitik. In: Staack, Michael/Krause, Dan (Hg.): Europa als sicherheitspolitischer Akteur. Opladen 2014, S. 173–200; Steinmeier, Frank-Walter: Flugschreiber. Notizen aus der Au-ßenpolitik in Krisenzeiten, 2. Auflage. Berlin 2016; Steinmeier, Frank-Walter/Schmidt, Thomas E.: Mein Deutschland. Wofür ich stehe. München 2009.

Florian Furtak

von der Leyen, Ursula, geb. Albrecht (CDU)

Bundesministerin der Verteidigung

geb. 1958 in Brüssel, ev.

1976	Abitur
1977–1980	Studium der Volkswirtschaft an der Georg-August-Universität Göttingen und der Westfälischen Wilhelms-Universität Münster
1980–1987	Studium der Medizin an der Medizinischen Hochschule Hannover (MHH)
1987	Staatsexamen und Approbation
1988–1992	Assistenzärztin an der Frauenklinik der MHH
seit 1990	Mitglied der CDU
1991	Promotion zum Dr. med.
1996–1997	Mitglied im Landesfachausschuss Sozialpolitik der CDU Niedersachsen
1998–2002	Wissenschaftliche Mitarbeiterin Abteilung Epidemiologie, Sozialmedizin und Gesundheitssystemforschung (MHH)
2001	Magister Public Health an der Medizinischen Hochschule Hannover
2001–2004	Kommunalpolitische Mandate in der Region Hannover
2003–2005	Mitglied der CDU-Fraktion im Niedersächsischen Landtag
2003–2005	Ministerin für Soziales, Frauen, Familie und Gesundheit des Landes Niedersachen
seit 2004	Mitglied des Bundespräsidiums der CDU
seit 2005	Vorsitzende der CDU-Kommission »Eltern, Kind, Beruf«
2005–2009	Bundesministerin für Familie, Senioren, Frauen und Jugend
seit 2009	Mitglied des Deutschen Bundestages
2009–2013	Bundesministerin für Arbeit und Soziales
2010–2019	Stellvertretende Vorsitzende der CDU
2013–2019	Bundesministerin der Verteidigung
seit 2019	Präsidentin der Europäischen Kommission

Quelle: Presse- und Informationsamt der Bundesregierung; Fotograf: Steffen Kugler

Ursula von der Leyen war Mitglied jedes Kabinetts, das Angela Merkel nach den von CDU/CSU mit ihr als Kanzlerkandidatin gewonnenen Bundestagswahlen 2005, 2009, 2013 und 2017 gebildet hat. Damit konnte Ursula von der Leyen nicht nur Erfahrung im Regieren mit unterschiedlichen Koalitionspartnern gewinnen, da Bundeskanzlerin Merkel von 2005 bis 2009 und von 2013 bis 2021 eine Koalition aus CDU/CSU und SPD sowie von 2009 bis 2013 ein Bündnis aus Union und FDP anführte, sondern sie war auch Ministerin für drei verschiedene Politikbereiche: von 2005 bis 2009 leitete sie das Ministerium für Familie, Senioren, Frauen und Jugend, während der Koalition mit den Liberalen das Ministerium für Arbeit und Soziales und von 2013 bis 2019 stand sie als erste Frau in diesem Amt dem Ministerium der Verteidigung vor. Obwohl Ursula von der Leyen nicht Spitzenkandidatin der Europäischen Volkspartei (EVP) bei der Wahl zum Europäischen Parlament 2019 war, wurde sie vom Europäischen Rat für das Amt der EU-Kommissionspräsidentin nominiert und im Juli 2019 vom Europäischen Parlament für den Zeitraum bis 2024 gewählt. Ursula von der Leyen trat gleichzeitig zu ihrer Wahl als Kommissionspräsidenten als Bundesverteidigungsministerin zurück und schied damit vorzeitig aus dem Kabinett Merkel IV aus. Ihre aktive Tätigkeit in der Politik, die sie in Niedersachsen begann und die sie dann nach Berlin und Brüssel führte, sowie

© Springer Fachmedien Wiesbaden GmbH, ein Teil von Springer Nature 2023
U. Kempf und M. Gloe (Hrsg.), *Kanzler und Minister 2013–2021*,
https://doi.org/10.1007/978-3-658-38669-6_31

ihre Affinität zur CDU, der sie 1990 beitrat, sind auch deshalb nicht überraschend, da sie aus einer politischen Familie stammt: Ursula von der Leyens Vater war Ernst Albrecht, der von 1976 bis 1990 Ministerpräsident des Landes Niedersachsen und 1980 als Kanzlerkandidat der Unionsparteien im Gespräch war.

Während von der Leyen aufgrund ihres beruflichen wie familiären Hintergrunds – sie ist Ärztin und Mutter von sieben Kindern – eine ideale Besetzung für Kabinettsposten war, die sich mit den Bereichen Gesundheit, Arbeit und Soziales sowie Familie, Senioren, Frauen und Jugend beschäftigen, so war ihre Ernennung zur Bundesministerin der Verteidigung 2013 in der zweiten »großen Koalition«, die von Angela Merkel als Bundeskanzlerin geführt wurde, eine große Überraschung (Sturm 2014: 224), stellte doch »das Militärische eine ganz neue Materie« (von Bredow 2017: 360) für Ursula von der Leyen dar. Generell kam sie als Kandidatin für eine Vielzahl führender politischer Ämter in Betracht. So wurde sie bis 2018 als mögliche Nachfolgerin Angela Merkels als Bundeskanzlerin gehandelt und galt auch als Kandidatin für das Amt der Bundespräsidentin, nachdem Horst Köhler 2010 als Bundespräsident überraschend zurücktrat (Demmer und Goffart 2015, 167 ff.). Wohl auch aufgrund ihrer progressiven Familienpolitik, die sie in ihrer Amtszeit als Ministerin von 2005 bis 2009 umgesetzt hat und sie innerparteilich als Vertreterin des liberalen Flügels erscheinen ließ (Rahlf 2009, 294; Gerlach 2015; Baumann et al. 2017, 988; Och 2019, 363 f.), blieb ihr eine weitere Karriere innerhalb der CDU und der deutschen Politik versperrt. Dass sie mit ihrer Expertise über verschiedenste Politikfelder schlussendlich als Präsidentin der Europäischen Kommission das zentrale Amt auf EU-Ebene übernehmen konnte, ist somit eine folgerichtige Konsequenz und auch Ausdruck der Unterstützung von Angela Merkel im Laufe ihrer Karriere (vgl. etwa Rahlf 2009: 296; Och 2009: 364; Mushaben 2021).

War die Ernennung Ursula von der Leyens zur Leiterin des Ressorts Arbeit und Soziales im Rahmen der Koalitionsverhandlungen zwischen Union und FDP 2009 ein Aufstieg in ein

bedeutsameres und einflussreicheres Ministerium (vgl. Druckman/Warwick 2005, 39), so ist die Vergabe dieses Amtes an eine Repräsentantin der Unionsparteien in einer Koalition mit den Liberalen einfacher als in einer Koalition mit der SPD. Da das Politikfeld Arbeit und Soziales ein Kernbereich sozialdemokratischer Parteien ist und diese danach streben, entsprechende Kabinettsposten zu besetzen, auch um die Interessen ihrer Anhängerschaft besser durchsetzen zu können (Budge/Keman 1990; Pappi/Schmitt/Linhart 2008; Bäck et al. 2011), ist es nicht verwunderlich, dass in den Koalitionsverhandlungen die SPD, in der es bereits 2013 nicht ganz unbedeutenden Widerstand gegen die erneute Bildung einer Koalition mit CDU und CSU gab und die SPD im Wahlkampf eine Koalition mit der Union zwar nicht ausschloss, aber ablehnte (vgl. Sturm 2014: 209 f., 223 f.), den Besetzungsvorschlag für das Arbeits- und Sozialressort machen wollte. Somit musste Ursula von der Leyen einen anderen Ministerposten erhalten, sofern sie im Kabinett verbleiben sollte. Dass sie während der Koalitionsverhandlungen von CDU, CSU und Sozialdemokraten die Delegation der Unionsparteien in der Arbeitsgruppe »Arbeit und Soziales« anführte und somit das Pendant zu ihrer Nachfolgerin im Amt der Arbeits- und Sozialministerin, Andrea Nahles, bildete, die den Vorsitz der Sondierungsgruppe der SPD für diesen Politikbereich innehatte (Sturm 2014, 214), macht deutlich, dass Ursula von der Leyen zumindest Interesse an der Fortsetzung ihrer Tätigkeit als Bundesministerin für Arbeit und Soziales hatte. Im Kontext des programmatischen Wandels der CDU von einer gesellschaftspolitisch konservativen hin zu einer moderat ausgerichteten Partei in diesem Politikfeld (vgl. Bräuninger et al. 2020: 75 f.) ist die Nominierung der ersten weiblichen Verteidigungsministerin ein weiteres Signal, wie sich die CDU unter dem Vorsitz Angela Merkels sowie in der Zeit von Merkels Kanzlerschaft verändert hat (Mushaben 2021). Gleichzeitig kann aber auch argumentiert werden, dass von der Leyen ein die Internationale Politik und Beziehungen abdeckendes Ministerium anstrebte, um ihre Chancen aufrechtzuerhalten oder gar zu steigern, Nachfolgerin von Angela Merkel als Bundeskanzlerin zu werden (Mushaben 2021: 6). Aufgrund des Wechsels von Ursula von der Leyen auf die europäische Ebene der Politik 2019 in Folge der erneuten Wiederwahl Merkels als Bundeskanzlerin nach der Bundestagswahl 2017 ist eine solche Überlegung keineswegs abwegig, konte von der Leyen durch ihre Arbeit als Verteidigungsministerin massiv an Profil auf internationaler wie europäischer Ebene gewinnen.

Der Posten des Bundesverteidigungsministers gilt – im Vergleich zu anderen Ministerposten – als »besonders schwierig« (von Bredow 2017: 349). Dies traf auch auf die Amtszeit von Ursula von der Leyen als Bundesverteidigungsministerin zu. Als Schwerpunkte der Arbeit der 2013 ernannten und 2019 aus dem Amt ausgeschiedenen Ministerin können insbesondere (1) die Rüstungspolitik, (2) die Umstrukturierung des Beschaffungssystems durch moderne Methoden des Managements, (3) die Attraktivitätssteigerung der Bundeswehr als Arbeitgeber und (4) die Erneuerung des Selbstverständnisses sowie der Traditionsgrundlagen der Bundeswehr im Kontext auftretender Fälle von Rechtsextremismus gelten (ebd.: 349). Zudem setzte Ursula von der Leyen wenige Monate nach Amtsantritt mit einer vielbeachteten Rede auf der Münchner Sicherheitskonferenz 2014 Akzente, indem sie – zusammen mit Bundespräsident Gauck und Bundesaußenminister Steinmeier – die künftige Rolle Deutschlands in der Außen- und Sicherheitspolitik darlegte. In dieser Rede betonte von der Leyen, dass Deutschland in führender Funktion mehr Verantwortung bei der Lösung von internationalen Krisen und Konflikten übernehmen und – so von Bredow (2017: 360) – sich »rascher, entschlossener und mit höherem Einsatz auf der weltpolitischen Bühne« im Kontext der multilateralen Außenpolitik Deutschlands engagieren müsse. In der Sicherheitspolitik wird somit der Bundeswehr eine wichtige, an Bedeutung gewinnende Rolle zugewiesen (vgl. Iso-Markku/Müller-Brandeck-Bocquet 2020).

Vor dem Hintergrund dieser von der Verteidigungsministerin geäußerten Vorstellung der

künftigen Funktion Deutschlands in der globalen Sicherheitspolitik sind auch die genannten Arbeitsschwerpunkte zu sehen. Die Rüstungspolitik stellt hierbei einen Bereich dar, der immer kritisch beleuchtet wird und eine Herausforderung für jeden Bundesverteidigungsminister dargestellt hat, jedoch erlangten die Beschaffungsprobleme in der Amtszeit von der Leyens und ihres Vorgängers, Thomas de Maizière, einen Höhepunkt (von Bredow 2017: 352 f.). Vielfach litt die Bundeswehr unter dem Ausfall von nicht nur Standardausrüstungsmaterial, sondern auch von Großgeräten wie Transportflugzeugen oder Hubschraubern. Der Ausfall des Schulschiffes »Gorch Fock« 2015 trotz einer Generalüberholung 2010 ist ein prominentes Beispiel. Ein weiteres, die gängige Ausrüstung der Soldatinnen und Soldaten betreffendes Exempel war die Diskussion um die angeblich beschränkte Tauglichkeit des Standardsturmgewehrs G36, welches von der Leyen mit einem Beschluss im April 2015 ausmustern lassen wollte. Im Zuge eines Rechtsstreits mit dem Hersteller des Gewehrs, Heckler & Koch, legte ein Gutachten jedoch dar, dass das G36 alle Erfordernisse erfülle und auch die Soldatinnen und Soldaten gemäß einer Studie keine negativen Erfahrungen mit dem Gewehr machten (ebd.: 354).

Die Handhabung dieses Problems und die gescheiterte rasche Ausmusterung des G36 ist ein Beispiel dafür, in welchem Sinne von der Leyen seit ihrem Amtsantritt das Beschaffungswesen der Bundeswehr umstrukturieren wollte. Moderne Managementmethoden sollten zu verstärkter Effizienz führen und in personalpolitischer Hinsicht sollten diese neuen Praktiken mit der Ernennung neuer beamteter Staatssekretäre – unter anderem Katja Suder, die bis 2014 das Berliner Büro der Beratungsfirma McKinsey leitete – implementiert werden. Gerade die Verabschiedung der bisherigen Staatssekretäre in den einstweiligen Ruhestand in Kombination mit der Ernennung von Katja Suder und Gerd Hoofe, einem engen Vertrauten von der Leyens, kann als ein »programmatisches Signal« gewertet werden (ebd., 354). Kritisch ist an dieser Implementation neuer Prinzipien innerhalb des

Verteidigungsministeriums, dass – folgt man von Bredows (2017: 354 f.) Bilanz der Arbeit von Ursula von der Leyen als Verteidigungsministerin – das soldatische Selbstverständnis bei der Einführung der – zweifelsohne notwendigen – modernen Managementmethoden nicht adäquat berücksichtigt wurde, was zwangsläufig zu Friktionen in der direkten Umsetzung durch die »Truppe« führen muss, und dass solche Reformen des auch international ausgerichteten Beschaffungswesens nicht von heute auf morgen umgesetzt werden können, sondern einen längeren Vorlauf benötigen. Insgesamt betrachtet wuchs der Verteidigungsetat während der Amtszeit von der Leyens von 2013 bis 2019 um rund ein Drittel deutlich an, wobei es massive Investitionen in das Ausrüstungsmaterial gab. Gleichzeitig wurde nicht nur innerhalb, sondern auch außerhalb der Bundeswehr die neue Management-Strategie des Ministeriums kritisiert, indem etwa der Steuerzahlerbund von einem »Heer teurer Unternehmensberater« sprach (Handelsblatt online vom 19. 10. 2018) und ein Untersuchungsausschuss des Verteidigungsausschusses des Deutschen Bundestages von 2019 bis 2020 aufgrund von Berichten des Bundesrechnungshofes die Beschaffungs- und Ausschreibungspolitik des Bundesverteidigungsministeriums unter die Lupe nahm.

In engem Zusammenhang mit der Ernennung der neuen Staatssekretäre und der Implementation neuer Managementkonzepte, aber auch in Kontinuität mit ihrer liberalen Sozial-, Frauen- und Familienpolitik, die sie in ihren früheren Ministerämtern verfolgt hat, ist das Ziel von Ursula von der Leyen zu sehen, die Bundeswehr als Arbeitgeberin attraktiver zu gestalten, insbesondere um die schon lange bestehende Notwendigkeit der Rekrutierung von künftigen Soldatinnen und Soldaten mit sehr hohen fachlichen Qualifizierungen sicherzustellen (von Bredow 2017: 355). So lagen Ziele der Attraktivitätssteigerung der Bundeswehr in der Schaffung besserer Kinderbetreuungsmöglichkeiten, der Verminderung der insbesondere für Familien belastenden Versetzungen und der Etablierung flexiblerer Arbeitszeitmodelle. Allerdings kann die mangelnde Einbindung der

Bundeswehr selbst in die Ausarbeitung neuer, die Attraktivität der Bundeswehr als Arbeitgeberin steigernde Maßnahmen kritisiert werden, was sich auch im Scheitern der Einführung eines – in Wirtschaftsunternehmen vielfach üblichen – Verhaltenskodex niederschlug, der stark einschränkende Vorgaben hinsichtlich der Kontakte von Bundeswehrangehörigen zu Medien und Parlamentsabgeordneten machte, in der Bundeswehr wie auch den Medien als »Maulkorb-Erlass« angesehen und daher deutlich abgemildert wurde (ebd.: 356; siehe auch SZ online vom 15. 12. 2016).

Ein weiteres Vorhaben Ursula von der Leyens war die Überarbeitung bzw. Erneuerung des Selbstverständnisses der Bundeswehr sowie ihrer Traditionsgrundlagen, mit dem man den aufgetretenen Fällen von Rechtsextremismus in der »Truppe« sowie einer gestiegenen Anzahl von Beschwerden über das Verhalten von Vorgesetzten gegenüber Untergebenen zu begegnen versuchte, die auch sexuelle Belästigungen umfassen. Die in diesem Zusammenhang getätigte, pauschale Aussage der Ministerin, dass die Bundeswehr ein Haltungsproblem und »Führungsschwäche auf verschiedenen Ebenen« habe, hat zu heftigem Widerstand etwa des Deutschen Bundeswehrverbands geführt (von Bredow 2017: 356 f.). Zwar nahm Ursula von der Leyen mehrfach ihre zuvor geäußerte Kritik öffentlich zurück, jedoch hat das Verhältnis der Ministerin zur »Truppe« massiv hierdurch gelitten, auch aufgrund der vom Bundesverteidigungsministerium strikt betriebenen »puristischen Traditionspolitik« (ebd.: 359), die etwa dazu führte, das Fotos des ehemaligen Bundesverteidigungsministers und Bundeskanzlers Helmut Schmidt in Wehrmachtsuniform an der nach Schmidt benannten Bundeswehr-Universität Hamburg zunächst abgehängt wurden, später mit erläuternden Bemerkungen wieder angebracht werden durften (ebd.: 358).

Aufgrund dieser durchaus massiven Friktionen zwischen der Bundeswehr und der für sie zuständigen Ministerin konstatiert von Bredow (2017: 365), dass das Verhältnis zwischen Ursula von der Leyen und der »Truppe« zum Ende der Legislaturperiode 2017 »nicht gleich als zerrüttet, aber doch als ziemlich gestört« gelten kann. Trotz dieser eher gemischten Bilanz der Bundesverteidigungsministerin während der Legislaturperiode von 2013 bis 2017 stützte Bundeskanzlerin Merkel Ursula von der Leyen (Mushaben 2021: 6), so dass diese auch nach den komplizierten Koalitionsverhandlungen im Herbst, Winter und Frühjahr 2017/2018 und der erneuten Bildung einer Koalition aus CDU/CSU und SPD im Amt der Verteidigungsministerin verblieb. Bereits im Herbst 2016 signalisierte Ursula von der Leyen öffentlich im Rahmen einer Tagung von Führungskräften der Bundeswehr, dass sie gerne auch nach der Bundestagswahl 2017 Verteidigungsministerin bleiben wolle, um die von ihr angestoßenen Reformmaßnahmen weiter vorantreiben zu können (SZ online vom 17.10.2016). Zum Zeitpunkt dieses Statements war noch offen, ob Angela Merkel noch einmal als Kanzlerkandidatin der Unionsparteien antreten wollte, was dahingehend interpretiert werden kann, dass von der Leyen nach wie vor Chancen hatte und das Ziel verfolgte, Merkels Nachfolgerin zu werden. Nach der erneuten Nominierung Merkels als Kanzlerkandidatin durch die CDU 2017 und der Wiederwahl als Kanzlerin 2018 schwanden von der Leyens Chancen, Vorsitzende der CDU und ihre Kanzlerkandidatin zur nächsten Bundestagswahl zu werden. Als Angela Merkel den Verzicht auf den CDU-Vorsitz sowie auf eine erneute Kanzlerkandidatur 2021 in Folge der für die Christdemokraten schlecht ausgegangenen hessischen Landtagswahl vom 28.10.2018 ankündigte (vgl. Debus und Faas 2019), war sie als Kandidatin nicht mehr im Gespräch. Ein Hauptgrund hierfür war nicht unbedingt nur der Unmut, die von der Leyens Reformmaßnahmen und Äußerungen in der Bundeswehr ausgelöst hatten, sondern vor allem innerparteiliche Faktoren. So hat es Ursula von der Leyen versäumt, sich eine »Hausmacht« in der CDU aufzubauen, auf die sie sich in der Nachfolgedebatte hätte stützen können und die den anderen Aspiranten auf den CDU-Vorsitz 2018 – Annegret Kramp-Karrenbauer, Friedrich Merz und Jens Spahn – ebenbürtig gewesen wäre (SZ online vom 12.11. 2018). Zudem präferierte zu dieser Zeit Angela

Merkel bereits Annegret Kramp-Karrenbauer als ihre Nachfolgerin im Parteivorsitz und Kanzleramt; gewissermaßen folgerichtig war es daher, dass nach dem Wechsel Ursula von der Leyens nach Brüssel in das Amt der EU-Kommissionspräsidentin Annegret Kramp-Karrenbauer die Nachfolgerin von Ursula von der Leyen im Amt der Bundesverteidigungsministerin wurde.

Insgesamt betrachtet fällt die Bilanz der Arbeit Ursula von der Leyens als Verteidigungsministerin weit weniger negativ aus, als es die Konflikte erscheinen lassen, die sich im Zuge der von ihr initiierten – dringend notwendigen – Reformierung und Modernisierung der »Truppe« ergeben haben. So stieg der Etat des Verteidigungsministeriums in von der Leyens Amtszeit von 32 Milliarden auf rund 43 Milliarden an und es wurde massiv in die Ausrüstung investiert, was von der militärischen Führung der Bundeswehr, die sich meist hinter vorgehaltener Hand, aber teils auch öffentlich skeptisch nach dem Amtsantritt von der Leyens äußerte (FAZ online vom 16.7.2019), zunehmend gewürdigt wurde. Gleichzeitig verkomplizierte und belastete die Äußerung von der Leyens, dass die Bundeswehr ein »Haltungsproblem« habe, massiv das Verhältnis zwischen der »Truppe« und der Ministerin, obwohl sie die Aussage rasch zurücknahm. Auch die teilweise nicht mit den spezifischen Interessen der Bundeswehr kompatiblen, auf modernen Managementmethoden basierenden Modernisierungsbestrebungen haben zu Friktionen geführt. Die personelle wie inhaltliche Umsetzung dieser Reformmaßnamen haben bis weit nach der Amtszeit von der Leyens als Verteidigungsministerin einen Untersuchungsausschuss des Bundestages beschäftigt, vor dem die nunmehrige EU-Kommissionspräsidentin auch aussagen musste; jedoch konnten ihr – so das Ergebnis des Untersuchungsausschusses – in der so genannten »Berateraffäre« keine Vorwürfe gemacht werden (SZ online vom 9.6.2020). Die außen-, verteidigungs- und sicherheitspolitischen Akzente, die von der Leyen als Bundesverteidigungsministerin bereits früh – etwa durch ihre Rede auf der Münchner Sicherheits-

konferenz 2014 – setzte, ihre durch das Amt gewonnene Erfahrung auf europäischer Ebene
und ihr Eintreten für das transatlantische wie
das deutsch-französische Bündnis haben, so die
von der Frankfurter Allgemeinen Zeitung gezo-
gene Bilanz der Arbeit von der Leyens als Bundesverteidigungsministerin (FAZ online vom
16.7.2019), massiv dazu beigetragen, dass sie
vom Europäischen Rat als Präsidentin der Europäischen Kommission nominiert und vom
Parlament der Europäischen Union – trotz der
Tatsache, dass sie nicht Spitzenkandidatin der
Europäischen Volkspartei bei der Parlamentswahl 2019 war – in dieses Amt gewählt wurde.

Literatur: Bäck, Hanna/Debus, Marc/Dumont, Patrick: Who
Gets What in Coalition Governments? Predictors of Portfolio Allocation in Parliamentary Democracies. In: European Journal of Political Research 50 (2011) 4, S. 441–78; Baumann, Markus/Debus, Marc/Klingelhöfer, Tristan: Keeping
one's seat: the competitiveness of MP renomination in
mixed-member electoral systems. In: The Journal of Politics
79 (2017) 3, S. 979–994; Bräuninger, Thomas/Debus, Marc/
Müller, Jochen/Stecker, Christian: Parteienwettbewerb in
den deutschen Bundesländern. 2. Auflage. Wiesbaden 2020;
Budge, Ian,/Keman, Hans: Parties and Democracies. Coalition
Formation and Government Functioning in 20 States. Oxford
1990; Debus, Marc/Faas, Thorsten: Die Hessische Landtagswahl vom 28. Oktober 2018: Bundespolitische Überlagerung
und Fortsetzung der schwarz-grünen Wunschehe mit starken Grünen und schwacher CDU. In: ZParl 50 (2019) 2, S. 245–
262; Demmer, Ulrike/Goffart, Daniel: Kanzlerin der Reserve:
Der Aufstieg der Ursula von der Leyen. Berlin 2015; Druck-
man, James N./Warwick, Paul V.: The Missing Piece: Meas-
uring Portfolio Salience in Western European Parliamentary Democracies. In: European Journal of Political Research 44
(2005) 1, S. 17–42. Gerlach, Irene: Ursula von der Leyen. In:
Kempf, Udo/Merz, Hans-Georg/Gloe, Markus (Hg.): Kanzler und Minister 2005–2013. Biografisches Lexikon der deutschen Bundesregierungen. Wiesbaden 2014, S. 116–121; Iso-
Markku, Tuomas/Müller-Brandeck-Bocquet, Gisela: Towards
German leadership? Germany's evolving role and the EU's
common security and defence policy. In: German Politics 29
(2020) 1, S. 59–78; Mushaben, Joyce Marie: Against All Odds:
Angela Merkel, Ursula von der Leyen, Annegret Kramp-Karrenbauer and the German Paradox of Female CDU Leadership. In: German Politics 31 (2022), S. 20–39; Och, Malliga:
Conservative Feminists? An Exploration of Feminist Argu-
ments in Parliamentary Debates of the Bundestag. In: Parliamentary Affairs 72 (2019) 2, S. 353–378; Pappi, Franz Urban/
Schmitt, Ralf/Linhart, Eric: Die Ministeriumsverteilung in den
deutschen Landesregierungen seit dem Zweiten Weltkrieg.
In: ZParl 39 (2008) 2, S. 323–342; Rahlf, Katharina: Ursula
von der Leyen – Seiteneinsteigerin in zweiter Generation.
In: Lorenz, Robert/Micus, Matthias (Hg.): Seiteneinsteiger
Unkonventionelle Politiker-Karrieren in der Parteiendemo-
kratie. Wiesbaden 2009, S. 274–302; Sturm, Roland: Die Regierungsbildung nach der Bundestagswahl 2013: Lagerübergreifend und langwierig. In: ZParl 45 (2014) 1, S. 207–230;
von Bredow, Wilfried: Sicherheits- und Verteidigungspolitik:
vor einer Neudefinition? In: Zeitschrift für Staats- und Eu-
ropawissenschaften (ZSE)/Journal for Comparative Government and European Policy 15 (2017) 2/3, S. 347–367.

Marc Debus

Wanka, Johanna (CDU)

Bundesministerin für Bildung und Forschung

geb. 1951 in Rosenfeld (Sachsen-Anhalt); ev.-luth.

1970	Abitur in Torgau
1970–1974	Studium der Mathematik an der Universität Leipzig
1974–1985	Wissenschaftliche Assistentin an der TH Leuna-Merseburg
1980	Promotion zum Dr. rer. nat.
1985–1993	Wissenschaftliche Oberassistentin an der TH Leuna-Merseburg
1989	Gründungsmitglied des »Neuen Forums« in Merseburg
1990–1994	Mitglied des Kreistages Merseburg für das »Neue Forum«
1993–2000	Professorin für Ingenieurmathematik an der FH Merseburg
1994–2000	Rektorin der FH Merseburg
2000–2009	Brandenburgische Ministerin für Wissenschaft, Forschung und Kultur
seit 2001	Mitglied der CDU
2005	Präsidentin der Kultusministerkonferenz
2008–2010	Vorsitzende der CDU Brandenburg
2010–2013	Niedersächsische Ministerin für Wissenschaft und Kultur
2013–2018	Bundesministerin für Bildung und Forschung

Bei ihrem Amtsantritt wurde Johanna Wanka als Mini-Merkel beschrieben, denn beide Lebensläufe zeigen interessante Parallelen: Beide wurden in der ehemaligen DDR geboren und sind evangelisch, sie wurden Naturwissenschaftlerinnen und heirateten Wissenschaftler. Dazu blieben beide in der DDR durch ihre naturwissenschaftliche Betätigung politisch unbelastet und begannen ihre politischen Karrieren erst 1989. Bei genauerem Hinsehen zeigen sich allerdings die Unterschiede, so ist Johanna Wanka Mathematikerin und Mutter von zwei Kindern.

Vor dem Abitur trat Johanna Wanka der Freien Deutschen Jugend (FDJ) bei, um einen Studienplatz zu erhalten, durchaus zum Missfallen ihrer Mutter. Parallel zum Abitur erwarb sie an der Erweiterten Oberschule in Torgau den Berufsabschluss zur Agrotechnikerin und nahm anschließend ihr Mathematikstudium in Leipzig auf. Sie studierte als erstes Mitglied ihrer Familie und schloss ihr Studium 1974 mit dem Diplom erfolgreich ab. Während des Studiums in Leipzig lernte sie auch ihren Mann Gert Wanka kennen. Nach ihrem Abschluss nahm sie eine

Tätigkeit als wissenschaftliche Assistentin auf und promovierte 1980 zum Dr. rer. nat., 1993 wurde sie zur Professorin für Ingenieurmathematik an der Technischen Hochschule Merseburg berufen. Bereits 1986 wurde gegen sie und ihren Mann ein Disziplinarverfahren eingeleitet, sie galten als politisch unzuverlässig und wurden durch die Stasi beobachtet. Nach der Wende wurde Wanka 1994 Rektorin der Hochschule. Das Angebot, Ministerin in Sachsen-Anhalt zu werden, lehnte sie zunächst ab. Erst sechs Jahre später entschied sie sich für den vollständigen Wechsel in die Politik. Ihr Mann Gert Wanka blieb dagegen in der Wissenschaft tätig. Die politische Karriere Johanna Wankas begann 1989 in der Bürgerbewegung, zwischen 1990 und 1994 war sie für das Neue Forum Mitglied im Kreistag von Merseburg. 2000 wurde sie von Ministerpräsident Manfred Stolpe zunächst noch als Parteilose als Ministerin für Wissenschaft, Forschung und Kultur in die brandenburgische Landesregierung berufen. 2001 trat sie in die CDU ein und war zwischen 2004 und 2010 Landtagsabgeordnete sowie ab 2009 zusätzlich Landes- und Fraktionsvorsitzende der

© Springer Fachmedien Wiesbaden GmbH, ein Teil von Springer Nature 2023
U. Kempf und M. Gloe (Hrsg.), *Kanzler und Minister 2013–2021*,
https://doi.org/10.1007/978-3-658-38669-6_32

CDU in Brandenburg. Die Landtagswahlen 2009 verlor sie als Spitzenkandidatin der CDU und mit der Bildung der rot-roten Landesregierung in Brandenburg nach der Wahl auch ihr Ministeramt. Sie wechselte auf die Oppositionsbank und bemühte sich um die Einheit der zerstrittenen Landespartei. Das Angebot in Hamburg Bildungssenatorin unter Ole van Beust zu werden, lehnte sie zunächst ab, wechselte dann aber 2010 als Ministerin für Wissenschaft und Kultur ins Kabinett von Christian Wulff nach Niedersachsen (Der Spiegel vom 13. 3. 2018). Sie wurde damit die erste und bisher einzige ostdeutsche Ministerin in einem westdeutschen Bundesland. 2013 wurde sie nach dem Rücktritt von Annette Schavan als Bundesbildungsministerin ins Kabinett Merkel II berufen. Nach dem Verlust der Wahl in Niedersachsen durch die CDU, bei der sie nicht für ein Landtagsmandat kandidiert hatte und der Bildung der rot-grünen Landesregierung unter Stephan Weil, gelang ihr damit erneut ein Karrieresprung, ähnlich wie schon nach der verlorenen Wahl 2009 in Brandenburg. Einerseits blieb der Eindruck, einer wenig erfolgreichen Wahlkämpferin, die auch schon in Brandenburg ihren Wahlkreis nicht hatte gewinnen können. Andererseits zeigte sich einmal mehr, dass eine verlorene Wahl erfolgreiche Minister nicht grundsätzlich aufhalten muss.

Während Wanka im Kabinett Merkel II neben der Kanzlerin noch die einzige Ministerin mit ostdeutscher Vergangenheit war, erweiterte ab 2013 Manuela Schwesig aus der SPD diesen Kreis. Mit Wanka setzte Merkel nach der Demission Schavans einerseits auf eine perspektivische Lösung durch die erfahrene Bildungspolitikerin und konnte sie so reibungslos in das Kabinett der großen Koalition integrieren. Anderseits war Wanka mit 61 Jahren bereits in einem Alter, wo auch bei einer erfolglosen Bundestagswahl 2013 die verbleibende achtmonatige Amtszeit kein Problem dargestellt hätte. Merkel und Schavan hatte eine lange Freundschaft verbunden und die Bundeskanzlerin hatte ihr auch nach dem Aufkommen der Plagiatsvorwürfe noch ihr vollstes Vertrauen ausgesprochen und sie als hervorragende und sehr erfolgreiche Ministerin bezeichnet. Nur Stunden vor dem Rücktritt Schavans rief Merkel Wanka an; diese sagte später, sie habe die Annahme des Angebots der Kanzlerin als Pflicht verstanden, sich aber auch ein bisschen geschmeichelt gefühlt. Merkel kannte Wanka aus ihrer Zeit als Vorsitzende der CDU Brandenburg, sie galt als konservativ, kompetent und penibel. Gleichzeitig kam die Kanzlerin damit der Forderung der ostdeutschen CDU-Landesverbände entgegen, die sich neben Merkel weitere ostdeutsche Minister im Kabinett wünschten. Trotz ihrer beachtlichen politischen Karriere war Wanka zum Zeitpunkt ihrer Ernennung in der Bevölkerung wenig bekannt. Die Ernennung kam auch deshalb überraschend, weil viele Beobachter den abgewählten niedersächsischen Ministerpräsidenten McAllister für das Amt auf der Rechnung gehabt hatten. Wanka übte das Amt in den Kabinetten Merkel II und III, sowie noch geschäftsführend nach der Bundestagswahl 2017 bis zum Amtsantritt der Nachfolgeregierung 2018 aus. Wankas berufliche Erfahrungen hatten sie Einblick in die verschiedenen Aufgabenbereiche gewinnen lassen, als Professorin und Rektorin war sie vertraut mit dem Wissenschaftssystem, als Wissenschaftsministerin in zwei Bundesländern und Präsidentin der Kultusministerkonferenz (2005) kannte sie die Perspektive der Bundesländer. Schon in Brandenburg war ihre erfolgreiche Amtsführung nicht im Verborgenen geblieben, sie wurde 2008 vom Deutschen Hochschulverband zur besten Ministerin aller Länder gekürt. Bundespräsident Joachim Gauck sagte zu ihrer Ernennung: Sie leben Wissenschaft und Forschung. Freilich hatte sie mit dem Wechsel von der Landes- auf die Bundesebene auch an Macht verloren, dafür waren ihre Fähigkeiten als Vermittlerin nun deutlich stärker gefragt. Dass das ihrer Beliebtheit und der positiven Einschätzung ihrer Arbeit allerdings nicht abträglich war, zeigten die Bewertungen durch den Deutschen Hochschulverband. Dieser wählte sie 2014 erneut zur Wissenschaftsministerin des Jahres und im Jahr darauf wurde sie zweite hinter Ihrer Kollegin aus Baden-Württemberg Theresia Bauer. Dabei wurde ihr ein hohes Maß an Kompetenz bescheinigt und von ihr ein Mehr an Durchsetzungskraft innerhalb des Kabinetts gewünscht.

Als Ministerin in Brandenburg hatte sie auch unpopuläre konservative Maßnahmen zu vertreten, so plädierte sie 2005 als Präsidentin der Kultusministerkonferenz für eine Umwandlung des Bafög in ein Modell des Volldarlehens. Die Begründung mutete geradezu kurios an, denn sie mutmaßte, dass so der Anteil der Studierenden aus sozial unterprivilegierten Schichten gesteigert werden könne. Deren Anteil sei in England und Australien höher und dort gebe es schließlich Studiengebühren. Auch 2013 hielt sie Studiengebühren noch für eine Motivation für ein erfolgreiches Studium statt für eine Bremse. Diese Argumentation überzeugte wohl nur die wenigsten Zuhörer. Schon in Brandenburg wurden ihr allerdings auch gute parteiübergreifende Kontakte zu SPD und Linken nachgesagt. Als Bundesministerin zeigte sie sich in dieser Frage ebenfalls als Pragmatikerin und unternahm keinen Vorstoß zur bundesweiten Einführung von Studiengebühren. Wegen ihrer früheren Äußerung wurden mit ihrem Amtsantritt allerdings zunächst wenig Hoffnungen auf eine rasche Bafög-Erhöhung verbunden. Dass sie durchaus in der Lage war, Fehler einzugestehen, hatte sie schon bei der Rechtschreibreform gezeigt; diese hatte sie schon 2006 als Fehler eingestuft, der nun aber nicht mehr rückgängig zu machen sei. Als Bundesministerin forderte sie beim Hochschulpakt ein stärkeres Engagement der Bundesländer, der Bund stockte seinen Anteil an den Mitteln zwischen 2013 und 2015 um 2,2 Milliarden Euro auf, die Bundesländer erklärten sich nur bereit, in vergleichbarer Höhe Mittel bereitzustellen. Diese Mittel wurden seit 2007 vor allem für den Aufbau neuer Studienplätze verwendet, die bis 2020 um eine Dreiviertelmillion im Vergleich zu 2005 gesteigert werden sollten. Zusätzlich wurde den Universitäten 2014 auferlegt, mindestens zehn Prozent der Mittel zu verwenden, um die Abbrecherquoten zu verringern. Das Kooperationsverbot wollte sie im Wissenschaftsbereich lockern, in Schulfragen sollte die Verantwortlichkeit der Länder dagegen unangetastet bleiben. Die von Schavan initiierte Qua-

litätsoffensive Lehrerinnen- und Lehrerbildung sollte aber weiterhin vom Bund unterstützt werden. In der Frage des acht- oder neunjährigen Gymnasiums betonte Wanka die Kontinuität im Bildungssystem und warnte vor einer vorschnellen Abkehr vom G8, sagte allerdings gleichzeitig, dass schlussendlich die Länder in dieser Frage selbst entscheiden müssten. Nach den Skandalen um die Doktorarbeiten auch bei ihrer Vorgängerin drängte Wanka auf die Entwicklung einheitlicher Standards und Prüfverfahren in der Wissenschaft. Auch in ihrer weiteren Amtszeit verlor sie dieses Thema nicht aus dem Blick und sprach sich 2015 für eine Reform der Nachwuchsförderung an Hochschulen und Universitäten aus, die vor allem den Anteil der befristeten Stellen reduzieren sollten. Gleichzeitig sprach sie sich gegen einen völligen Verzicht auf solche Stellen aus, denn »mit einem befristeten Drei-Jahres-Vertrag kann auch ein Familienvater leben« (Der Spiegel vom 13.3. 2018). Wanka schlug ein Bundesprogramm vor, mit dem für junge Wissenschaftler und Wissenschaftlerinnen durch eine Tenure Track-Stelle die Möglichkeit auf eine Lebenszeitbeschäftigung eröffnet werden sollte. Damit würden mehr Dauerstellen unterhalb der Professuren entstehen. Nach den Koalitionsverhandlungen 2013 konnte sie eine Erhöhung des Etats für Bildung und Forschung vermelden, von den geplanten insgesamt 23 Milliarden Euro Mehrausgaben sollten neun für Bildung und Forschung aufgewendet werden. Dies stellte eine erhebliche Etatsteigerung für das Ministerium dar. Davon sollten fünf Milliarden für Bildung und Hochschulen, drei für Forschung und eine Milliarde Euro für Kindertagesstätten aufgewendet werden. Nachdem der Bund nach Artikel 91b des Grundgesetzes die Forschung an den Universitäten und Hochschulen fördern konnte, wollte Wanka diese Möglichkeit auch für die Lehre ermöglichen und dazu das in der Föderalismusreform 2006 beschlossene Kooperationsverbot auch im Bereich der Lehre lockern. Gegen den erwartbaren Widerspruch aus den Bundesländern bot die Bildungsministerin im Gegenzug eine vollständige Übernahme der Bafög-Kosten durch den Bund an. Diese Übernahme der Kosten von den Ländern bezeichnete sie als »Herzensangelegenheit«. Außerdem sollten die von ihrer Vorgängerin angestellten Überlegungen zur Gründung von Universitäten des Bundes beendet werden. 2014 akzeptierten die Bundesländer diesen Vorschlag und die Grundgesetzänderung wurde im Bundesrat einstimmig verabschiedet. In den Kooperationsgremien zwischen Bund und Ländern galt allerdings zukünftig wieder das Einstimmigkeitsprinzip, um die Interessen der Länder zu schützen. Das Bundesministerium für Bildung und Forschung (BMBF) konnte dadurch Forschung und Lehre nicht mehr nur zeitlich eingeschränkt, sondern auch langfristig fördern. Die Bundesländer erhofften sich mit diesem Schritt auch die Rücküberführung von Geldern in den universitären Wissenschaftsbereich, nachdem zuvor durch das Kooperationsverbot vorrangig der außeruniversitäre Wissenschaftsbereich von den Bundesmitteln profitiert hatte. Gleichzeitig kam es mit der Übernahme der Bafög-Kosten zu einer zuvor kaum erwarteten Erhöhung der Bafög-Sätze um sieben Prozent. Diesen Schritt hatten die wenigsten Wanka zugetraut, die sich aber gleichzeitig gegen einen Erhöhungsautomatismus etwa durch eine Koppelung an die allgemeine Einkommensentwicklung und damit schwer kalkulierbare Kosten für das Ministerium wehrte. Damit zeigte sie sich im Vergleich zu ihren vorherigen Positionen anpassungsfähiger und verschob Grenzen. Das 2011 unter ihrer Vorgängerin eingeführte Deutschlandstipendium wurde fortgesetzt, 2016 wurde allerdings deutlich, dass die Förderung vor allem von Kindern aus Akademikerhaushalten genutzt wurde und damit nicht wie gewünscht der sozialen Ungleichheit entgegenwirkte. Der Bundesrechnungshof hatte bereits zuvor kritisiert, dass von den aufgewendeten Mittel nur rund 60 % bei den Empfängern ankamen und der Rest für Verwaltung und Werbung aufgewendet würde. Für die Einrichtung von Studienplätzen wendete der Bund ab 2016 zusätzlich zehn Milliarden Euro auf. Die Opposition kritisierte, dass der Bund allerdings keinen Kontrollmechanismus zur Verwendung der Mittel eingeführt hatte. Diese Verstetigung

der Mittel bedeutete jedoch kein Ende der Förderung von Spitzenforschung durch den Bund; so beschloss die Ministerin 2014 die Exzellenzinitiative in Forschung und Bildung auch ab 2017 weiter fortzusetzen. Darüber hinaus sollten aber zusätzlich kleinere Hochschulen gefördert werden. Das galt auch für die Förderung der islamischen Theologie an insgesamt fünf Universitäten im Land durch den Bund. Diese war im Wintersemester 2011/12 begonnen worden und belief sich zunächst auf 20 Millionen Euro. Im Wintersemester 2015/16 hatten sich insgesamt 1800 Personen für diesen Studiengang entschieden, das waren bereits 300 mehr als ein Jahr zuvor, was auf die zunehmende Akzeptanz hinwies.

Im Zuge der sogenannten Flüchtlingskrise im Jahr 2015, in dem die Zuwanderung nach Deutschland erheblich zunahm, engagierte sich auch das BMBF zusammen mit der Bundesagentur für Arbeit und dem Präsidenten des deutschen Handwerks. In einem Programm, das das BMBF 2016 mit 20 Millionen Euro förderte, sollten 10 000 junge Flüchtlinge auf eine Ausbildung im deutschen Handwerk vorbereitet werden. Damit konnte der Sektor einerseits seinem seit Jahren vorhandenen Fachkräftemangel entgegenwirken, andererseits leistete die Branche damit einen wirksamen Beitrag zur Integration der zugewanderten Menschen. Zwischen den Systemen der akademischen und beruflichen Ausbildung setzte sich Wanka für eine bessere Verknüpfung ein, dazu sollten einerseits die Hochschulen auch für Menschen ohne Abitur geöffnet werden und andererseits Qualifikationen von Studienabbrechern in der beruflichen Bildung leichter anerkannt werden.

Ministerin Wanka nahm 2016 auch die Schulen in den Blick und erkannte das Digitalisierungsdefizit, diesem wollte sie mit dem Digitalpakt #D entgegenwirken. Diese Förderung sollte auf der Grundlage von Medienplänen gewährt werden, mit deren Hilfe die sinnvolle Verwendung der Mittel gesichert werden sollte. Diese Pläne sollten von den Schulträgern entwickelt werden, so dass die Schulen für das Abrufen der Mittel nicht mit zusätzlichem Aufwand belastet werden sollten. Das Konzept scheiterte schließlich an Finanzminister Schäuble, der feststellte, dass für das Programm kein Finanzierungsplan aus dem Budget des BMBF vorgesehen war und keine zusätzlichen Mittel aus dem Haushalt bereitstellen wollte. Im Jahr 2017 schlug Wanka die Begrenzung von Kindern mit Migrationshintergrund in den Klassen vor. Die Ministerin erkannte, dass sich Schülerinnen und Schüler in einigen wenigen Schulen konzentrierten und sich dort in ihrer Muttersprache unterhielten. In diesen sogenannten Brennpunktschulen würde damit die Integration sogar generationenübergreifend erschwert. Diese Problemwahrnehmung wurde aus den Bundesländern deutlich kritisiert, dabei wurde vor allem betont, dass das Problem eben nicht der Migrationshintergrund selbst sei, sondern die fehlende Sprachkompetenz. Daher wünschten sich die Länder eine verbesserte Förderung von Kindern mit Migrationshintergrund bzw. fehlenden Sprachkompetenzen durch den Bund. Gleichzeitig fiel auf, dass für das Institut für gesellschaftlichen Zusammenhalt im Zeitraum bis 2022 eine Förderung von 37 Millionen Euro vorgesehen war, es allerdings noch kein Konzept für das Institut gab. Für die Sanierung maroder Schulen im Land einigten sich Bund und Länder auf ein gemeinsames Programm, in das beide Seiten je 3,5 Milliarden Euro investierten. Die Förderung des Ausbaus von Ganztagsschulen durch den Bund lief dagegen 2015 aus, als der Bund letztmalig 1,9 Millionen Euro investierte und damit das 2003 gestartete Programm beendete. Bis 2009 war dieses Programm vor allem ein Bauprogramm gewesen, danach wurden jährlich rund 4,3 Millionen Euro in das Begleitprogramm investiert.

Im Jahr 2015 ließ Wanka eine Stellungnahme unter der Überschrift »Rote Karte für die AfD« auf der Homepage ihres Ministeriums veröffentlichen. Die AfD hatte zu einem Protest gegen die Regierung Merkel unter dem Motto »Rote Karte für Merkel! – Asyl braucht Gren-

zen!« aufgerufen. Die AfD klagte gegen dieses Vorgehen vor dem Bundesverfassungsgericht und erreichte zunächst per Eilantrag, dass der Kommentar von der Homepage des Ministeriums entfernt werden musste. Zwei Jahre später urteilte das Gericht in der Organklage, dass die Regierung damit in die Chancengleichheit der Parteien eingegriffen und damit verfassungswidrig gehandelt habe. Dem Einwand Wankas, dass bei unsachlichen oder diffamierenden Angriffen die Regierung ein Recht zum Gegenschlag habe, folgte das Gericht dabei nicht.

Schon vor der Bundestagswahl 2017 kündigte Johanna Wanka an, sich aus der Politik zurückziehen zu wollen. Sie wolle mehr Zeit für ihre Kinder und Enkel haben, Gemüse anbauen und alte Obstbaumsorten pflanzen. Das passende Domizil hatte sie mit ihrem Mann in Nitzow (Sachsen-Anhalt) bereits gefunden, es handelt sich um ein ehemaliges Pfarrhaus. Durch die verzögerte Regierungsbildung nach der Wahl verschob sie die Pläne zunächst und blieb bis in den März 2018 geschäftsführend im Amt. Während Wanka also bei ihrem Amtsantritt als »Mini-Merkel« beschrieben wurde, so wandelte sich der Eindruck am Ende der Amtszeit durchaus, denn der geräuschlose und vornehme Rückzug Wankas ins Privatleben ohne finanziellen Nutzen in Wirtschaft oder Gesellschaft aus der Ministerkarriere ziehen zu wollen, könnte durchaus als Vorbild dienen. Er zeigt das Bild einer pragmatischen und konservativen Politikerin, die politische Verantwortung übernahm, als sie gebraucht wurde und sich als erfolgreiche und beliebte Ministerin in Würde zurückzog. In diesem Sinne sollte man sich vielleicht eher viele Mini-Wankas in Ministerämtern wünschen.

Literatur: Deutscher Hochschulverband: 25 Jahre Wiedervereinigung, Bonn 2015.

Gordon Carmele

Zypries, Brigitte (SPD)

Bundesministerin für Wirtschaft und Energie

geb. 16. 11. 1953 in Kassel

1972	Abitur
1972–1977	Studium der Rechtswissenschaft an der Universität Gießen
1978	Erste juristische Staatsprüfung
1978–1980	Referendariat im Landgerichtsbezirk Gießen
1980	Zweite juristische Staatsprüfung
1980–1985	Wissenschaftliche Mitarbeiterin an der Universität Gießen
1985–1988	Referentin in der Hessischen Staatskanzlei
1988–1990	Wissenschaftliche Mitarbeiterin am Bundesverfassungsgericht
seit 1991	Mitglied der SPD
1991–1995	Referatsleiterin in der Niedersächsischen Staatskanzlei
1995–1997	Abteilungsleiterin in der Niedersächsischen Staatskanzlei
1997–1998	Staatssekretärin im Niedersächsischen Ministerium für Frauen, Arbeit und Soziales
1998–2002	Staatssekretärin im Bundesministerium des Innern
2002–2009	Bundesministerin der Justiz
2005–2017	Mitglied des Deutschen Bundestages
2009–2013	Justiziarin der SPD-Bundestagsfraktion
2012–2018	SPD-Unterbezirksvorsitzende Darmstadt-Stadt
2013–2017	Parlamentarische Staatssekretärin beim Bundesminister für Wirtschaft und Energie
2014–2018	Koordinatorin der Bundesregierung für die Deutsche Luft- und Raumfahrt
2016–2021	Mitglied der Stadtverordnetenversammlung Darmstadt
2017–2018	Bundesministerin für Wirtschaft und Energie

Quelle: Presse- und Informationsamt der Bundesregierung; Fotograf: Steffen Kugler

Brigitte Zypries amtierte in der dritten Bundesregierung von Angela Merkel als Ministerin für Wirtschaft und Energie für ein gutes Jahr vom 27. 1. 2017 bis zum 14. 3. 2018. Sie folgte auf Sigmar Gabriel, der ins Außenministerium wechselte, nachdem Frank-Walter Steinmeier von diesem Amt zurückgetreten war, um im Februar 2017 zum Bundespräsidenten gewählt zu werden. Da die Minister aus dem Kabinett III von Merkel nach der Bundestagswahl im September 2017 nur noch kommissarisch amtierten und Zypries nur wenige Monate vor der Wahl berufen worden war, war ihre Amtszeit von wenig Handlungsspielraum gekennzeichnet.

Zypries war bereits Bundesjustizministerin in der 2005 gebildeten Großen Koalition (Merkel I) gewesen und hatte dieses Amt zuvor bei Antritt der zweiten rot-grünen Regierung am 22. 10. 2002 übernommen. Sie hatte vor ihrem Ministeramt als Staatssekretärin im Bundesministerium des Innern unter Otto Schily gewirkt und dort insbesondere als Koordinatorin der Computerumstellungen im Gerichtswesen zum Jahr 2000 und der Fluthilfe 2002 auf sich aufmerksam gemacht.

Nach dem zweiten juristischen Staatsexamen war Zypries bis 1985 zunächst Wissenschaftliche Mitarbeiterin an der Universität Gießen gewesen, arbeitete dann drei Jahre als Referentin in der Hessischen Staatskanzlei und zwei Jahre am Bundesverfassungsgericht in Karlsruhe. Vor ihrem Wechsel nach Berlin hatte die ausgebildete Volljuristin seit 1991 der Niedersächsischen Staatskanzlei unter dem damaligen Ministerpräsidenten Schröder angehört – zunächst als Referats-, ab 1995 als Abteilungsleiterin. Mit ihrem Dienstantritt in Niedersachsen wurde Zypries 1991 auch Mitglied der SPD.

© Springer Fachmedien Wiesbaden GmbH, ein Teil von Springer Nature 2023
U. Kempf und M. Gloe (Hrsg.), *Kanzler und Minister 2013–2021*,
https://doi.org/10.1007/978-3-658-38669-6_33

Abgeordnete wurde sie erst mit der Bundestagswahl vom 18.9.2005, bei der sie ein Direktmandat im Wahlkreis Darmstadt, der seit den 1950er Jahren fast ununterbrochen von der SPD gewonnen worden ist (außer 1994 und 2017), errang (mit 44,8 % der Erststimmen). Bei der Wahl 2009 verteidigte Zypries ihr Direktmandat, allerdings mit nur 45 Stimmen Vorsprung vor ihrem CDU-Gegenkandidaten, der ebenfalls 35,0 % der Stimmen erhielt. Auch bei der Wahl 2013 konnte sie ihren Wahlkreis gewinnen, dieses Mal erzielte sie 37,3 % der Erststimmen. In Darmstadt übernahm sie auch ihr erstes Parteiamt: 2012 wurde sie dort zur Unterbezirksvorsitzenden Darmstadt-Stadt gewählt und mehrere Male wiedergewählt, ehe sie im November 2018 zurücktrat, »um eine Verjüngung der Parteispitze zu ermöglichen« (FR vom 2.2.2020). Zudem zog sie im März 2016 in die Stadtverordnetenversammlung von Darmstadt ein. Dies war das erste kommunale Mandat, das sie übernahm; zur Wahl 2021 trat sie nicht mehr an.

Im Gegensatz zu vielen anderen Ministern, die vor ihrem Amtsantritt bereits Parteiämter übernommen und kommunale Mandate ausgeübt hatten und/oder Mitglied des Bundestages waren, ist bei Zypries die Reihenfolge umgekehrt: Sie wurde 2002 erstmals Ministerin, zog aber erst 2005 das erste Mal in den Bundestag ein, übernahm erst 2012 ihr erstes Parteiamt und 2016 ihr erstes kommunales Mandat. Nur der Beginn ihrer SPD-Parteimitgliedschaft liegt fast zehn Jahre vor der Übernahme ihres ersten Ministeramts.

Im Jahr 2002, bei ihrem Wechsel als Staatssekretärin vom Innenministerium zur Leitung des Justizressorts wurden Befürchtungen laut, sie würde als »Mädchen Schilys« weniger liberal agieren. Diese Annahme bestätigte sich im Großen und Ganzen nicht. Zypries verfolgte eine eigenständige Linie, die Abweichungen vom Kurs ihrer Vorgängerin Herta Däubler-Gmelin (SPD), aber auch von Vorstellungen Schilys und der rot-grünen Koalition insgesamt beinhaltete. Zudem erwies sie sich als offen gegenüber Vorstellungen der Opposition und gesprächsbereit nicht nur mit den Regierungs-

und Oppositionsfraktionen. Generell wurde ihr meist wie in der Berliner Zeitung vom 22.10.2002 »kein übermäßiger Drang zur Selbstdarstellung« nachgesagt sowie »Detailfreude und Beharrlichkeit«. Sie arbeite »flott, resolut, kräfteökonomisch«, drücke sich »klar und direkt« aus und sei konfliktfreudig (Klaus Hartung, in: Die Zeit vom 6.11.2003). Sie galt als Politikertyp, »der seinem Wesen nach Spitzenbeamter ist« (Heribert Prantl, in: SZ vom 14.10.2005), und als »politische Beamtin« (Peter Carstens, in: FAZ vom 17.9.2005).

Während der ersten Großen Koalition unter Merkel wurde Zypries immer öfter attestiert, sich von einer politischen Beamtin zu einer Politikerin »aus eigenem Recht« (Frankfurter Allgemeine Sonntagszeitung vom 14.5.2006) zu entwickeln. Sie zeigte sich als Widersacherin von Innenminister Wolfgang Schäuble, mit dem sie zahlreiche Konflikte, vor allem über sicherheitspolitische Entscheidungen, austrug. Deshalb galt sie als »Sinnbild für die Zerrissenheit der Koalition« (Spiegel vom 28.7.2008). Da sie sich durchaus auch aus parteipolitischen Erwägungen für Positionen entschied, wurde sie als »taktische Zeitspielerin« beschrieben, die nichtsdestoweniger eine »leidenschaftliche Sachpolitikerin« sei (ebd.).

In Schröders zweiter Regierung war Zypries eine von sechs Ministerinnen und mit 48 Jahren die jüngste der SPD-Ministerriege. Wie ihre Kolleginnen Ulla Schmidt und Heidemarie Wieczorek-Zeul blieb sie auch in der Großen Koalition unter Bundeskanzlerin Angela Merkel in ihrem Amt und war eine von fünf Ministerinnen. Bei der Vereidigung am 22.11.2005 war sie die Einzige, die auf den Zusatz »so wahr mir Gott helfe« verzichtete. Als Zypries für die Regierung Merkel III vereidigt wurde, wurde sie sechste Ministerin in diesem Kabinett und die erste Wirtschaftsministerin in der Geschichte der Bundesrepublik.

Während der 17. Wahlperiode, als die Bundesregierung aus CDU/CSU und FDP amtierte, konzentrierte sich Zypries auf ihre Arbeit als Bundestagsabgeordnete in der Opposition. Sie war Justiziarin der SPD-Fraktion und Mitglied im Ausschuss für Kultur und Medien. Dort trat sie als Berichterstatterin für Themen in Erscheinung, die sie zum Teil schon als Ministerin aktiv verfolgt hatte wie das Urheberrecht, Presse- und Medienfreiheit, Informationsrecht und -freiheit sowie Datenschutz und Informations- und Datensicherheit.

Mit dem Antritt der zweiten Großen Koalition aus CDU/CSU und SPD unter Kanzlerin Merkel wurde Zypries Parlamentarische Staatssekretärin beim Bundesminister für Wirtschaft und Energie, Sigmar Gabriel. Verantwortlich war sie für die Bereiche Digitalpolitik, Außenwirtschaft und Gründerförderung (FAZ vom 25. 1. 2017). Außerdem fungierte sie als Koordinatorin für die Deutsche Luft- und Raumfahrt. Diese Koordinierung passte zu ihrem Wahlkreis Darmstadt, da dort die European Space Agency (ESA) ein Raumflugkontrollzentrum, das European Space Operations Centre (ESOC), betreibt, und die European Organisation for the Exploitation of Meteorological Satellites (EUMETSAT) ansässig ist. Ihre Tätigkeit als Parlamentarische Staatssekretärin wurde als nicht »besonders auffällig« (FAZ vom 25. 1. 2017) beschrieben; andere meinten, sie hätte ihren Job nach erstem Fremdeln gut gemacht (Tagesspiegel vom 26. 1. 2017). Visionen wurden bei ihr vermisst, auch gelang es ihr nicht, ein seit längerer Zeit geplantes Luftverkehrskonzept der Bundesregierung zu entwickeln; es blieb bei Eckpunkten. In der so genannten Gründerbranche, gerade bei Start-Ups, hatte Zypries einen besseren Stand, da sie hier zahlreiche Initiativen startete und sich auch speziell für Gründerinnen einsetzte. Sie selbst sah sich als Rollenvorbild, Initiativen wie das Gründerinnenfrühstück und »Frauen in Unternehmen« seien in ihrer Amtszeit stärker in den Fokus gerückt (Welt vom 15. 11. 2017).

Ihre Besetzung als Ministerin galt als Übergangsregelung, da zu Beginn schon feststand, dass Zypries nicht mehr beabsichtigte, bei der Bundestagswahl 2017 anzutreten. Daher wurde auch nichts Entscheidendes von ihr als Wirtschaftsministerin erwartet (FAZ vom 25. 1. 2017). Sie wurde als »unsichtbar im Amt« beschrieben, sie sei »kaum aufgefallen« (SZ vom 11. 10. 2017). Ihr Amtsantritt als Wirtschaftsministerin

war hingegen überwiegend wohlwollend kommentiert worden; sie galt als »kompetente Frau für alle Fälle« (SZ vom 24. 1. 2017). Zypries sei zupackend und »für einen nahtlosen Übergang die beste Wahl« (Tagesspiegel vom 26. 1. 2017, zit. nach Joachim Bühler vom IT-Verband Bitkom). Es wurde aber auch argumentiert, dass es bessere Kandidaten für das Ministeramt gegeben hätte (FAZ vom 25. 1. 2017).

Kurz nach ihrem Amtsantritt wurden einige Gesetzesinitiativen aus dem Wirtschaftsministerium in den Bundestag eingebracht, die maßgeblich vor ihrem Amtseintritt vorbereitet sein dürften. Dabei ging es unter anderem um ein Wettbewerbsregister, die Umsetzung der Zweiten Zahlungsdienstrichtlinie oder die 4. EU-Geldwäscherichtlinie. Eine originäre Handschrift von Zypries kann hier aber nicht erkannt werden.

In einigen Debatten brachte sie sich als Ministerin jedoch ein: Nach dem Antritt von Donald Trump als US-Präsident Anfang 2017 warnte sie vor möglichen schweren Konsequenzen für die Weltwirtschaft, sollte ein zu protektionistischer Kurs von der neuen US-Administration verfolgt werden. In der Diskussion um Managergehälter sprach sie sich schon kurz nach ihrer Amtsübernahme gegen eine Deckelung aus und widersprach damit Positionen aus der eigenen SPD-Bundestagsfraktion (FAZ vom 16. 2. 2017). Letztlich beschloss der Bundestag im November 2019 die zweite EU-Aktionärsrichtlinie, nach der Obergrenzen für die Vergütung von Vorstandsmitgliedern festzulegen sind. Ende Mai 2017 initiierte Zypries einen Neun-Punkte-Plan, in dem sie eine weitergehende Digitalisierung in der Gesundheitswirtschaft forderte (Pressemitteilung des Ministeriums vom 31. 5. 2017), was auch als Angriff auf den damaligen Gesundheitsminister Hermann Gröhe gewertet wurde. Kontrovers wurde im Herbst 2017 darüber diskutiert, dass nach der Insolvenz der Fluglinie Air Berlin die Ticketpreise bei der Lufthansa stiegen. Zypries verteidigte die Lufthansa und sprach von einem »Lufthansa-Bashing« (z. B. Zeit vom 7. 12. 2017). Ihr wurde auch vorgeworfen, sich im Bieterkampf um Air Berlin vorschnell für die Lufthansa eingesetzt zu haben (Tagesspiegel vom 26. 9. 2017). Nachdem Siemens im Herbst 2017 angekündigt hatte, Werke in Görlitz und Leipzig zu schließen und mehrere tausend Arbeitsplätze in Deutschland abzubauen, suchte Zypries zunächst den schriftlichen Kontakt zu Siemens und initiierte dann ein Gespräch mit Janina Kugler, die als Siemens-Personalvorstand fungierte. Das Gespräch endete allerdings ohne konkrete Ergebnisse; auch blieben die Bemühungen von Zypries danach spärlich (Tagesspiegel vom 13. 2. 2018), was aber auch mit dem Antritt der neuen Regierung im März 2018 zusammenhängen kann.

Nach dem Ausscheiden aus der Bundesregierung war und ist Zypries im politiknahen Bereich aktiv. Ihr bereits im Mai 2018, also kurz nach ihrem Ausscheiden aus dem Ministerium, der Bundesregierung angezeigtes Anliegen, in verschiedenen Beiräten (masterplan.com, Deutsche Vermögensberatung AG, Mitgliedschaft im politischen Beirat beim Bundesverband mittelständische Wirtschaft e. V.) aktiv zu werden, untersagte die Bundesregierung nach § 6b des Bundesministergesetzes für eine Zeit von neun bis 15 Monaten (Bekanntmachung des Bundeskanzleramts vom 28. 5. 2018). Medial wurde ihr Kontakt zum Parlamentarischen Staatssekretär Thomas Bareiß thematisiert (Bundestags-Drs. 19/23050 vom 1. 10. 2020). Sie ist seit 2019 auch Aufsichtsratsmitglied bei der Bombardier Transportation GmbH; gegen die Aufnahme dieser Tätigkeit hatte die Bundesregierung keine Bedenken (Bekanntmachung des Bundeskanzleramts vom 11. 7. 2019). Zusätzlich zu ihren Beiratsposten ist Zypries Ethik-Beauftragte in diversen Sportverbänden (zum Beispiel beim Deutschen Turner-Bund und beim Deutschen Tischtennis-Bund) und stellvertretende Vorsitzende einer Expertenkommission bei Ernst&Young. Zudem plante sie laut Eigenaussage, ein Start-Up in der Finanzbranche zu gründen, das Bürgern die Altersvorsorge erleichtern sollte (FAZ vom 25. 10. 2018; Welt vom 15. 11. 2017).

Literatur: Zypries, Brigitte: Reform der bundesstaatlichen Ordnung im Bereich der Gesetzgebung. In: Zeitschrift für Rechtspolitik 2003, S. 265–268; Zypries, Brigitte: Rechtspolitik in der Europäischen Union – Rückblicke und Ausblicke. In: Recht und Politik 2004, S. 3–12; Zypries, Brigitte: Der »Aktionsplan für ein kohärentes europäisches Vertragsrecht« der Kommission – oder – Was ist zu tun im Europäischen Vertragsrecht. In: Zeitschrift für europäisches Privatrecht 2004, S. 225–233; Zypries, Brigitte: Ein neuer Weg zur Bewältigung von Massenprozessen. In: Zeitschrift für Rechtspolitik 2004, S. 177–179; Zypries, Brigitte: Mehr Rechtssicherheit im Umgang mit Patientenverfügungen. In: Recht und Politik 2005, S. 5–8; Zypries, Brigitte: Rechtspolitik im Dienst der Freiheit. Das rechtspolitische Programm der Großen Koalition. In: Recht und Politik, S. 5–8; Zypries, Brigitte (Hg.): Die Renaissance der Rechtspolitik. Zehn Jahre Politik für den sozialen Rechtsstaat. München 2008; Zypries, Brigitte: Für den sozialen Rechtsstaat! Die rechtspolitische Bilanz der Großen Koalition. In: Recht und Politik 2009, S. 129–137; Zypries, Brigitte (Hg.): Verfassung der Zukunft. Ein Lesebuch zum 60. Geburtstag des Grundgesetzes. Berlin 2009; Zypries, Brigitte: Herausforderungen der Digitalisierung für Wirtschaft und Gesellschaft. In: Bär, Christian (Hg.): Informationstechnologien als Wegbereiter für den steuerberatenden Berufsstand. Berlin 2016, S. 243–249; Zypries, Brigitte: Die Bedeutung der Musikbranche als Teil der Kultur- und Kreativwirtschaft. In: Moser, Ralf (Hg.): Handbuch der Musikwirtschaft, München 2018, S. 1–14.

Franziska Carstensen/Suzanne S. Schüttemeyer

Anhang

Bundestagswahlergebnisse

Wahlergebnis vom 22.9.2013

	Zweitstimmen	%	Mandate
CDU/CSU	18 165 446	41,5	311
SPD	11 252 215	25,7	193
Die Linke	3 755 699	8,6	64
Bündnis '90/Die Grünen	3 694 057	8,4	63

Wahlergebnis vom 24.9.2017

	Zweitstimmen	%	Mandate
CDU/CSU	15 317 344	32,9	246
SPD	9 539 381	20,5	153
AfD	5 878 115	12,6	94
FDP	4 999 449	10,7	80
Die Linke	4 297 270	9,2	69
Bündnis '90/Die Grünen	4 158 400	8,9	67

© Springer Fachmedien Wiesbaden GmbH, ein Teil von Springer Nature 2023
U. Kempf und M. Gloe (Hrsg.), *Kanzler und Minister 2013–2021*,
https://doi.org/10.1007/978-3-658-38669-6

Wahl der Bundeskanzlerin 2013 und 2018

18. Wahlperiode: 2013–2017: Kandidatin: Angela Merkel

Wahlergebnis (17. 12. 2013)

Abgegebene Stimmen:	621
Davon: Ja-Stimmen:	462
Nein-Stimmen:	150
Enthaltungen:	9
Ungültige:	0
Abwesend:	10
Mehrheit der Mitglieder:	316
Stimmenzahl der Koalition:	504
Koalition: CDU/CSU/SPD	

19. Wahlperiode: 2017–2021: Kandidatin: Angela Merkel

Wahlergebnis (14. 3. 2018)

Abgegebene Stimmen:	692
Davon: Ja-Stimmen:	364
Nein-Stimmen:	315
Enthaltungen:	9
Ungültige:	4
Abwesend:	17
Mehrheit der Mitglieder:	355
Stimmenzahl der Koalition:	399
Koalition: CDU/CSU/SPD	

Die Kabinette

18. Wahlperiode (2013–2017): Kabinett Merkel

Amt	Name	Partei
Bundeskanzlerin	Angela Merkel	CDU
Stellvertreter der Bundeskanzlerin	Sigmar Gabriel	SPD
Auswärtiges	Frank Walter Steinmeier *(bis 27. Januar 2017)*	SPD
	Sigmar Gabriel *(ab 27. Januar 2017)*	SPD
Inneres	Thomas de Maizière	CDU
Justiz und Verbraucherschutz	Heiko Maas	SPD
Finanzen	Wolfgang Schäuble *(bis 24. Oktober 2017)*	CDU
	Peter Altmaier *(ab 24. Oktober 2017)*	CDU
Wirtschaft und Energie	Sigmar Gabriel *(bis 27. Januar 2017)*	SPD
	Brigitte Zypries *(ab 27. Januar 2017)*	SPD
Arbeit und Soziales	Andrea Nahles *(bis 28. September 2017)*	SPD
	Katarina Barley *(ab 28. September 2017)*	SPD
Ernährung und Landwirtschaft	Hans-Peter Friedrich *(bis 17. Februar 2014)*	CSU
	Christian Schmidt *(ab 17. Februar 2014)*	CSU
Verteidigung	Ursula von der Leyen	CDU
Familie, Senioren, Frauen und Jugend	Manuela Schwesig *(bis 2. Juni 2017)*	SPD
	Katarina Barley *(ab 2. Juni 2017)*	SPD
Gesundheit	Hermann Gröhe	CDU
Verkehr und digitale Infrastruktur	Alexander Dobrindt *(bis 24. Oktober 2017)*	CSU
	Christian Schmidt *(ab 24. Oktober 2017)*	CSU
Umwelt, Naturschutz, Bau und Reaktorsicherheit	Barbara Hendricks	SPD
Bildung und Forschung	Johanna Wanka	CDU
Wirtschaftliche Zusammenarbeit und Entwicklung	Gerd Müller	CSU
Besondere Aufgaben Chef des Bundeskanzleramtes	Peter Altmaier	CDU

19. Wahlperiode (2017–2021): Kabinett Merkel

Amt	Name	Partei
Bundeskanzlerin	Angela Merkel	CDU
Stellvertreter der Bundeskanzlerin	Olaf Scholz	SPD
Auswärtiges	Heiko Maas	SPD
Inneres, Bau und Heimat	Horst Seehofer	CSU
Justiz und Verbraucherschutz	Katarina Barley *(bis 27. Juni 2019)*	SPD
	Christine Lambrecht *(ab 27. Juni 2019)*	SPD
Finanzen	Olaf Scholz	SPD
Wirtschaft und Energie	Peter Altmaier	CDU
Arbeit und Soziales	Hubertus Heil	SPD
Ernährung und Landwirtschaft	Julia Klöckner	CDU
Verteidigung	Ursula von der Leyen *(bis 17. Juli 2019)*	CDU
	Annegret Kramp-Karrenbauer *(ab 17. Juli 2019)*	CDU
Familie, Senioren, Frauen und Jugend	Franziska Giffey *(bis 20. Mai 2021)*	SPD
	Christine Lambrecht *(ab 20. Mai 2021)*	SPD
Gesundheit	Jens Spahn	CDU
Verkehr und digitale Infrastruktur	Andreas Scheuer	CSU
Umwelt, Naturschutz und nukleare Sicherheit	Svenja Schulze	SPD
Bildung und Forschung	Anja Karliczek	CDU
Wirtschaftliche Zusammenarbeit und Entwicklung	Gerd Müller	CSU
Besondere Aufgaben Chef des Bundeskanzleramtes	Helge Braun	CDU

Alphabetische Übersicht der Ministerien 18. und 19. Wahlperiode

Bundesminister für besondere Aufgaben und Chef des Bundeskanzleramtes
Peter Altmaier 2013–2017
Helge Braun 2017–2021

Bundesminister/in für Arbeit und Soziales
Andrea Nahles 2013–2017
Katarina Barley 2017–2018
Hubertus Heil 2018–2022

Bundesminister des Auswärtigen
Frank-Walter Steinmeier 2013–2017
Sigmar Gabriel 2017–2018
Heiko Maas 2018–2021

Bundesminister des Innern
Thomas de Maizière 2013–2018
Horst Seehofer 2018–2021

Bundesminister/in der Justiz und des Verbraucherschutzes
Heiko Maas 2013–2018
Katarina Barley 2018–2019
Christine Lambrecht 2019–2021

Bundesminister der Finanzen
Wolfgang Schäuble 2013–2017
Peter Altmaier 2017–2018
Olaf Scholz 2018–2021

Bundesminister/in für Wirtschaft und Energie
Sigmar Gabriel 2013–2017
Brigitte Zypries 2017–2018
Peter Altmaier 2018–2021

Bundesminister/in für Ernährung und Landwirtschaft
Hans-Peter Friedrich 2013–2014
Christian Schmidt 2014–2018
Julia Klöckner 2018–2021

Bundesministerin der Verteidigung
Ursula von der Leyen 2013–2019
Annegret Kramp-Karrenbauer 2019–2021

Bundesministerin für Familie, Senioren, Frauen und Jugend
Manuela Schwesig 2013–2017
Katarina Barley 2017–2018
Franziska Giffey 2018–2021
Christine Lambrecht 2021–2021

Bundesminister für Gesundheit
Hermann Gröhe 2013–2018
Jens Spahn 2018–2021

Bundesminister für Verkehr und digitale Infrastruktur
Alexander Dobrindt 2013–2017
Christian Schmidt 2017–2018
Andreas Scheuer 2018–2021

Bundesministerin für Umwelt, Naturschutz, Bau und Reaktorsicherheit
Barbara Hendricks 2013–2018

Bundesministerin für Umwelt, Naturschutz und nukleare Sicherheit
Svenja Schulze 2018–2021

Bundesministerin für Bildung und Forschung
Johanna Wanka 2013–2018
Anja Karliczek 2018–2021

Bundesminister für wirtschaftliche Zusammenarbeit und Entwicklung
Gerd Müller 2013–2021

Literaturverzeichnis

Alexander, Robin: Die Getriebenen. Merkel und die Flüchtlingspolitik: Report aus dem Inneren der Macht. München 2017.

Alexander, Robin: Machtverfall. Merkels Ende und das Drama der deutschen Politik: Ein Report. München 2021.

Berz, Jan: 14 Jahre Bundeskanzlerin Merkel: Unterstützung durch Annäherung. In: Zeitschrift für Parlamentsfragen 50 (2019), S. 545–556.

Bieber, Christoph/Blätte, Andreas/Korte, Karl-Rudolf/Switek, Niko (Hg.): Regieren in der Einwanderungsgesellschaft. Wiesbaden 2017.

Bollmann, Ralph: Angela Merkel. Die Kanzlerin und ihre Zeit. München 2021.

Grabow, Karsten/Neu, Viola (Hg.): Das Ende der Stabilität? Parteien und Parteiensystem in Deutschland. Sankt Augustin/Berlin 2018.

Gu, Xuewu/Ohnesorge, Hendrik W. (Hg.): Politische Persönlichkeiten und ihre weltpolitische Gestaltung. Wiesbaden 2017.

Hebel, Stephan: Merkel: Bilanz und Erbe einer Kanzlerschaft. Frankfurt/M. 2018.

Hemmelmann, Petra: Der Kompass der CDU. Analyse der Grundsatz- und Wahlprogramme von Adenauer bis Merkel. Wiesbaden 2017.

Hilmer, Richard/Gagné, Jérémie: Die Bundestagswahl 2017: GroKo IV – ohne Alternativen für Deutschland. In: ZParl 49 (2018), S. 372–406.

Hilmer, Richard/Merz, Stefan: Die Bundestagswahl vom 22. September 2013: Merkels Meisterstück. In: ZParl 1 (2014), S. 175–207.

Horst, Patrick: Das Management der dritten Großen Koalition in Deutschland 2013–2015: Unangefochtene Dominanz der drei Parteivorsitzenden. In: ZParl 46 (2015), S. 852–873.

Jesse, Eckhard: Die Bundestagswahl 2021 im Spiegel der repräsentativen Wahlstatistik. In: ZParl 53 (2022) 1, S. 53–74.

© Springer Fachmedien Wiesbaden GmbH, ein Teil von Springer Nature 2023
U. Kempf und M. Gloe (Hrsg.), *Kanzler und Minister 2013–2021*,
https://doi.org/10.1007/978-3-658-38669-6

Kempf, Udo/Merz, Hans-Georg (Hg.): Kanzler und Minister 1949–1998 – Biographisches Lexikon der deutschen Bundesregierungen. Wiesbaden 2001.

Kempf, Udo/Merz, Hans-Georg unter Mitarbeit von Gloe, Markus (Hg.): Kanzler und Minister 1998–2005 – Biographisches Lexikon der deutschen Bundesregierungen. Wiesbaden 2008.

Kempf, Udo/Merz, Hans-Georg/Gloe, Markus (Hg.): Kanzler und Minister 2005–2013 – Biographisches Lexikon der deutschen Bundesregierungen. Wiesbaden 2015.

Korte, Karl-Rudolf/Schoofs, Jan (Hg.): Die Bundestagswahl 2017. Analysen der Wahl-, Parteien-, Kommunikations- und Regierungsforschung. Wiesbaden 2019.

Korte, Karl-Rudolf/Schwanholz, Julia (Hg.): Coronakratie. Demokratisches Regieren in Ausnahmezeiten. Frankfurt/M. 2021.

Korte, Karl-Rudolf/Grunden, Timo (Hg.): Handbuch Regierungsforschung. Wiesbaden 2013.

Marton, Kati: The Chancellor. The remarkable Odyssey of Angela Merkel, London 2021.

Merkel, Angela: Was also ist mein Land? Drei Reden. Berlin 2021.

Murswieck, Axel: Vier Jahre Schwarz-Rot. Eine Bilanz. In: Bürger & Staat 2/2017, S. 122–131.

Niclauß, Karl-Heinz: Die Bundestagswahl als Kanzlerwahl? Personen und Parteien im Wahlkampf 2021. In: ZParl 53 (2022) 1, S. 3–16.

Niclauß, Karl-Heinz: Kanzlerdemokratie: Regierungsführung von Konrad Adenauer bis Angela Merkel. 3. Auflage. Wiesbaden 2015.

Niedermayer, Oskar: Parteimitgliedschaften im Jahre 2019. In: ZParl 51 (2020) 2, S. 319–448.

Niedermayer, Oskar: Parteimitgliedschaften im Jahre 2020. In: ZParl 52 (2021) 2, S. 373–407.

Siefken, Sven T.: Der Weg zur ersten Ampel-Koalition im Bund – rationalisierte Regierungsbildung hinter verschlossenen Türen 2021. In: ZParl 53 (2022) 1, S. 172–199.

Siefken, Sven T.: Regierungsbildung »wider Willen« – der mühsame Weg zur Koalition nach der Bundestagswahl 2017. In: ZParl 49 (2018), S. 407–436.

Sturm, Roland: Die Regierungsbildung nach der Bundestagswahl 2013: lagerübergreifend und langwierig. In: ZParl 45 (2014), S. 207–230.

Zohlnhöfer, Reimut/Saalfeld, Thomas (Hg.): Zwischen Stillstand und Krisenmanagement. Eine Bilanz der Regierung Merkel 2013–2017. Wiesbaden 2019.

Bildnachweise

Alle Bilder der Kanzlerin und der Ministerinnen und Minister wurden freundlicherweise beim *Presse- und Informationsamt der Bundesregierung* besorgt und von dort zur Verfügung gestellt.

Bild	Quelle	Fotograf/in
Altmaier, Peter	B 145 Bild-00305875	Kugler, Steffen
Barley, Katarina	B 145 Bild-00382617	Kugler, Steffen
Braun, Helge	B 145 Bild-00296539	Kugler, Steffen
de Maizière, Thomas	B 145 Bild-00307962	Denzel, Jesco
Dobrindt, Alexander	B 145 Bild-00304383	Kugler, Steffen
Friedrich, Hans-Peter	B 145 Bild-00237754	Kugler, Steffen
Gabriel, Sigmar	B 145 Bild-00301251	Bergmann, Guido
Giffey, Franziska	B 145 Bild-00401977	Denzel, Jesco
Gröhe, Hermann	B 145 Bild-00295676	Kugler, Steffen
Heil, Hubertus	B 145 Bild-00483097	Steins, Sandra
Hendricks, Barbara	B 145 Bild-00297520	Steins, Sandra
Karliczek, Anja	B 145 Bild-00403413	Kugler, Steffen
Klöckner, Julia	B 145 Bild-00209144	Kugler, Steffen
Kramp-Karrenbauer, Annegret	B 145 Bild-00435437	Wilke, Sebastian
Lambrecht, Christine	B 145 Bild-00432003	Bergmann, Guido

© Springer Fachmedien Wiesbaden GmbH, ein Teil von Springer Nature 2023
U. Kempf und M. Gloe (Hrsg.), *Kanzler und Minister 2013–2021*,
https://doi.org/10.1007/978-3-658-38669-6

Bild	Quelle	Fotograf/in
Maas, Heiko	B 145 Bild-00298097	Denzel, Jesco
Merkel, Angela	B 145 Bild-00304083	Kugler, Steffen
Müller, Gerd	B 145 Bild-00298471	Kugler, Steffen
Nahles, Andrea	B 145 Bild-00360030	Kugler, Steffen
Schäuble, Wolfgang	B 145 Bild-00298126	Kugler, Steffen
Scheuer, Andreas	B 145 Bild-00402192	Bergmann, Guido
Schmidt, Christian	B 145 Bild-00298912	Kugler, Steffen
Scholz, Olaf	B 145 Bild-00489594	Denzel, Jesco
Schulze, Svenja	B 145 Bild-00402181	Bergmann, Guido
Schwesig, Manuela	B 145 Bild-00301548	Kugler, Steffen
Seehofer, Horst	B 145 Bild-00418541	Bergmann, Guido
Spahn, Jens	B 145 Bild-00446689	Kugler, Steffen
Steinmeier, Frank-Walter	B 145 Bild-00297267	Denzel, Jesco
von der Leyen, Ursula	B 145 Bild-00296265	Kugler, Steffen
Wanka, Johanna	B 145 Bild-00278900	Kugler, Steffen
Zypries, Brigitte	B 145 Bild-00296748	Kugler, Steffen